Die Traumstraßen Europas

Lieber Vati,

Zu Deinem 66. Geburtstag wollen wir Dich mit diesem Buch auf "Entdeckungs-Gedanken" bringen und hoffen, daß Du viel Freude beim "Durchreisen" der Straßen bzw. der Orte hast.

Deine Zange Kinder
Ralf, Sylvia, Heidi + Frank

Hubert Neuwirth

Die Traumstraßen Europas

Die schönsten Reiserouten
planen und erleben

Süddeutscher Verlag

Schutzumschlag: R.O.S. Werbeagentur GmbH, Stuttgart
Mit 118 Farbaufnahmen von folgenden Fotografen (die Zahlen bezeichnen Bildnummern):
Leonore Ander, München: 114; Fridmar Damm, Köln: 12; Eduard Dietl, Ottobrunn: 98; Erika Drave, München: 28; Edmond van Hoorick, Richterswil: 43, 44, 45, 51, 66, 83, 86, 91, 94; Bildarchiv Hans Huber, Garmisch: 31; Foto Löbl-Schreyer, Bad Tölz: 13, 20, 21, 23, 29, 33, 50, 78, 92, 93; Manfred Mehlig, Lauf: 14, 15, 24, 34, 80, 81; Dietmar Mitschke, München: 87; Heinz Müller-Brunke, Bernau: 4, 5, 25, 32, 36, 49, 85, 106, 107, 117, 118; Werner Neumeister, München: 18, 59, 61, 62, 64, 68, 82, 96, 100, 101, 108, 110, 112; Neuwirth-Bösch, Schondorf: 1, 3, 9, 16, 17, 19, 22, 30, 35, 40, 41, 47, 48, 54, 55, 56, 57, 60, 63, 65, 67, 69, 70, 71, 72, 73, 75, 90, 109, 111; Ursula Pfistermeister, Fürnried: 37; Klaus Rohmeyer, Fischerhude: 8, 11; Toni Schneiders, Lindau: 2, 6, 7, 10, 26, 27, 38, 39, 42, 46, 52, 53, 58, 74, 76, 77, 79, 84, 88, 89, 95, 97, 99, 102, 103, 104, 113, 115, 116; Werner Stuhler, Hergensweiler: 105.

Vorsatzkarte und 22 Routenkarten von Neuwirth-Bösch

Beiliegende Europakarte © Karl Wenschow GmbH, München
ISBN 3-7991-6172-4

© 1983 Süddeutscher Verlag GmbH, München
Alle Rechte vorbehalten. Printed in Germany.
Satz, Reproduktion und Druck des Bildteils:
Karl Wenschow GmbH, München
Druck des Textteils und Bindearbeit: May+Co, Darmstadt

Inhalt

Zum Geleit 7

1 **Norwegens Fjordlandschaft** 8
Durch Telemark nach Bergen und Trondheim

2 **Durch die Heide zur Ostsee** 20
Lüneburger Heide, Lauenburgische Seen und Holsteinische Schweiz

3 **Rhein- und Moselfahrt** 28
Der Dreiklang von Flüssen, Burgen und Wein

4 **Spessart, Mainfranken und Romantische Straße** 36
Der schönste Weg in den deutschen Süden

5 **Schwarzwald, Hochrhein und Bodensee** 48
Auf Panoramastraßen zum »Schwäbischen Meer«

6 **Oberbayerns Seen- und Alpenland** 56
Von München ins Berchtesgadener Land

7 **Von Salzburg nach Wien** 68
Salzkammergut, Wachau und Weinviertel

8 **Von Tirol zu den Kärntner Seen** 76
Österreichs große Alpenschau

9 **Graubünden und sein Engadin** 84
Terra Grischuna, das Land der 150 Täler

10 **Von Luzern durch das Wallis nach Genf** 92
Mediterrane Paradiesgärten und arktische Gletscherwüsten

11 **Elsaß, Vogesen und Burgund** 104
Die Weinlandschaft am Rhein und das glanzvolle Herzogtum

12 **Paris und das Tal der Loire** 112
Der Kopf und der Garten Frankreichs

13 **Normandie und Bretagne** 124
Von der Alabasterküste zu den Menhiren von Carnac

14 **Provence und Côte d'Azur** 132
Der Zauber des Midi

15 **Madrid und Altkastilien** 144
Rundreise durch Spaniens Schatzkammer der Städtebaukunst

16 **Andalusien und Algarve** 152
Durch das maurische Spanien zum »Ende Europas«

17 **Südtirol und die Dolomiten** 164
Der schönste Umweg vom Brenner nach Meran

18 **Italiens Seen am Südrand der Alpen** 176
Auf Uferstraßen von Südtirol in das Tessin

19 **Toskana und Umbrien** 184
Entdeckungsfahrt im Land der Etrusker

20 **Rom und der Golf von Neapel** 196
Vom Petersdom zu den Tempeln von Paestum

21 **Von Venedig nach Dubrovnik** 204
Auf den Spuren des geflügelten Löwen

22 **Von Korfu nach Athen und Kap Sunion** 216
Eine Reise an die Wiege unserer Kultur

Register 224

Bilderverzeichnis

1. Die Stabkirche von Heddal in Telemark
2. Abend an einem See in Telemark
3. Der Låtefoss zwischen Seljestad und Odda
4. Am Hardangerfjord
5. Gletschersee in Jotunheimen
6. Blick von der ›Adlerstraße‹ zum Geirangerfjord
7. Trondheim, Nidelvufer mit Blick zum Dom
8. Schafstall im Naturschutzpark Lüneburger Heide
9. Die Kogeler Mühle im Naturpark Lauenburgische Seen
10. Das Holstentor in Lübeck
11. Schloß und Stadt Plön
12. Der Kölner Dom
13. Burg Katz bei St. Goarshausen am Rhein
14. Trier, Kurfürstliches Palais
15. Burgruine Metternich über der Mosel
16. Schloß Mespelbrunn im Spessart
17. Miltenberg, Blick über den Marktplatz zum Main
18. Die Residenz in Würzburg
19. Rothenburg ob der Tauber, Riemenschneider-Altar
20. Nördlingen, Blick vom »Daniel«
21. Augsburg, Augustusbrunnen und Rathaus
22. St. Koloman bei Schwangau
23. Schloß Neuschwanstein
24. Blick zum Feldberg im Schwarzwald
25. Das Kaufhaus in Freiburg
26. Der Rheinfall bei Schaffhausen
27. Meersburg am Bodensee, Altes Schloß
28. Blick über München zu den bayerischen Alpen
29. Der Starnberger See bei Tutzing
30. Blick auf Walchensee und Wettersteingebirge
31. Garmisch-Partenkirchen mit dem Wettersteingebirge
32. Der Chiemsee mit Fraueninsel und Hochgern
33. Reit im Winkl
34. Blick über den Königssee zum Steinernen Meer
35. Salzburg, Blick über die Altstadt zur Festung Hohensalzburg
36. Gosausee mit Dachsteingruppe
37. Dürnstein an der Donau
38. Wien, Stephansdom
39. Im Zillertal bei Finkenberg
40. Die Krimmler Wasserfälle
41. Heiligenblut mit Großglockner
42. Das Gailtal in Kärnten
43. Die Rheinschlucht bei Flims
44. Soglio im Bergell
45. Der Cavlocciosee im Oberengadin
46. Das Sertigtal bei Davos
47. Luzern, Kapellbrücke
48. Urner See mit Uri-Rotstock
49. Der Totensee am Grimselpaß
50. Aletschwald und Aletschgletscher
51. Das Matterhorn
52. Wallis: Blick durch das Rhônetal
53. Schloß Chillon am Genfer See
54. Straßburg, »Klein-Frankreich« mit Blick zum Münsterturm
55. Kaysersberg, Partie am Weißbach
56. Weingut Clos-de-Vougeot an der Côte d'Or
57. Dijon, Turmfassade von St-Michel
58. Paris, Kathedrale Notre-Dame
59. Paris, Basilika Sacré-Coeur
60. Versailles, Bassin des Apollo mit Blick zum Schloß
61. Fontainebleau, Blick zur Westfront des Schlosses
62. Gien an der Loire
63. Schloß Chambord
64. Schloß Villandry, Blick über die Gärten
65. Mont-St-Michel
66. Bretonische Frauen mit Spitzenhäubchen
67. Guimiliau, Calvaire
68. Pointe du Raz
69. Aigues-Mortes, Blick von der Tour de Constance auf die Wehranlagen
70. Avignon, Fassade des Papstpalastes
71. Die Ruinenstadt Les Baux
72. Landschaft im Lubéron
73. Roussillon in der Provence
74. Blick auf Monaco
75. Das Bergdorf Eze an der Côte d'Azur
76. Blick auf Toledo
77. Der Escorial
78. Vor den Mauern von Avila
79. Granada, Löwenhof der Alhambra
80. Blick zur Sierra Nevada
81. Nerja an der Costa del Sol
82. Blick über die Straße von Gibraltar auf das Atlasgebirge
83. Stierkämpfer in Andalusien
84. Die Große Moschee in Córdoba
85. Algarveküste bei Lagos
86. Burg Sprechenstein über dem Eisacktal
87. Kreuzgang im Dom von Brixen
88. Die Kirche von Kolfuschg vor dem Sass Songher
89. Die Langkofelgruppe in den Grödner Dolomiten
90. Am Fuß der Sellagruppe in den Dolomiten
91. Karersee mit Latemar
92. Burg Karneid mit Blick auf Bozen
93. Das Westufer des Gardasees mit Blick auf Riva
94. Blick von Paradiso auf Lugano
95. Motiv aus dem Verzascatal
96. Auf dem Dach des Mailänder Doms
97. Florenz, Palazzo Vecchio
98. Florenz von der Piazzale Michelangelo
99. Assisi, Blick auf Santa Chiara
100. Siena, Blick vom Stadtturm, Torre del Mangia, auf die Piazza del Campo
101. Blick über San Miniato auf die Landschaft der Toskana
102. San Gimignano in der Toskana
103. Pisa, Schiefer Turm
104. Rom, St. Peter und Petersplatz
105. Pompeji, Apollotempel mit Vesuv
106. Paestum, Basilika und Poseidontempel
107. Capri, Marina Piccola mit den Faraglioni-Felsriffen
108. Venedig, Santa Maria della Salute
109. Udine, Piazza della Libertà mit Loggia di San Giovanni
110. Triest, Canal Grande mit San Antonio Taumaturgo
111. Im Nationalpark Plitvice
112. Am Kanal von Maslenica in Dalmatien
113. Blick auf Dubrovnik
114. Mostar, Alte Brücke über die Neretva
115. Meteora-Kloster Agios Trias
116. Delphi, Tholos von Marmaria
117. Athen, Akropolishügel mit Parthenon
118. Kap Sunion mit den Resten des Poseidon-Tempels

Zum Geleit

Nachdem die Europäer die Erde entdeckt hatten, schickten sie sich an, ihren eigenen Erdteil zu entdecken – diesmal aber nicht als Eroberer und Abenteurer, sondern als Reisende (wie man damals die Touristen nannte). Die Engländer waren die ersten, die schon am Ende des 18. Jahrhunderts in die Schweizer Berge stiegen; dann bevölkerten sie die Côte d'Azur, während die Deutschen ihre Sehnsucht nach dem Süden durch Italienbesuche befriedigten. Franzosen, Holländer, Skandinavier folgten, und heutzutage gerät alljährlich ganz Europa in Bewegung, um in den schönsten Regionen unseres Kontinents die Ferien zu verbringen. Es scheint wohl kaum noch ein Fleckchen zu geben, das nicht von Touristen besucht wird und das nicht auf gut ausgebauten Straßen erreichbar wäre.
So stellt sich die Frage, ob man von Traumstraßen Europas überhaupt sprechen kann: sind sie vorstellbar in einem Erdteil, der so dicht besiedelt und hochindustrialisiert ist? Bei dem die Freiräume immer mehr abnehmen und die Städte schier grenzenlos in ihr Umland hineinwuchern? Sind überhaupt noch Gegenden, Landschaften, Regionen zu finden, die nicht überlaufen sind, in denen der Mensch frei sein kann und wo er noch ursprünglicher Natur und unverstellter Geschichte begegnen kann? Trotz aller düsteren Prognosen von Pessimisten ist unser Kontinent – immer noch! – reich und beinahe unerschöpflich an Städten und Dörfern, Flüssen und Bergen, Tälern und Seen, die sich als Steinchen zu dem Mosaik »Europa« zusammenfügen. Es ist »unser Europa« mit allen seinen Licht- und Schattenseiten, aus dem wir hervorgegangen sind und das wert ist, es zu pflegen und zu erhalten. Die »Traumstraßen Europas« mögen als Anregung verstanden werden, unseren Kontinent zu er-fahren und ihn auf diese Weise kennenzulernen! So kleinteilig sich das Erscheinungsbild Europas auf der Karte darbietet, so vielgestaltig sind die landschaftlichen Gegebenheiten. Auf engem Raum sind die abwechslungsreichsten Szenerien vereint: neben den zerklüfteten Küsten Norwegens die urtümliche Verlassenheit der Berge von Jotunheimen; neben dem stillen Tal der Mosel die Betriebsamkeit am Rhein; auf die weitausholende Geste der flachen Ufer der Normandie folgen die felsigen Küsten der Bretagne; die Bergwelt des Wallis kontrastiert zum paradiesischen Tal der oberen Rhône. Und ähnlich der Vielgestaltigkeit der Landschaften liegen die Stätten europäischer Geschichte eng nebeneinander – Wien und das alte Durchzugstal der Wachau; das Elsaß mit Straßburg bis hin zum ehemaligen Herzogtum Burgund; die Metropole Paris und die bukolische Gelassenheit des Loiretals; der Glanz Roms in den Überresten des Imperium Romanum. Wem aber die Historie zu übermächtig erscheint, der findet in den Zeugnissen europäischer Kultur eine beinahe unerschöpfliche Fülle – die verträumten Städtchen an der Romantischen Straße; Antikes und Mittelalterliches in der Provence; Granada und das Erbe der Mauren im südlichen Spanien; der schier unermeßliche Reichtum der Toskana und die schillernde Pracht Venedigs; oder die Wiege unserer Kultur im klassischen Griechenland.
All diese Aspekte werden in diesem Band angesprochen und in Farbaufnahmen gezeigt, in denen der Betrachter Vertrautes ebenso findet wie weniger Bekanntes. Aus der Fülle der Möglichkeiten wurden zweiundzwanzig Gebiete ausgewählt und durch »Traumstraßen« erschlossen: in das jeweilige Gebiet führt ein Text ein, der das wesentliche der Landschaft, seiner Geschichte und Kultur charakterisiert; das dazugehörige Reise-Lexikon spricht die Sehenswürdigkeiten der vorgeschlagenen Route im einzelnen an: Alle hier beschriebenen Routen sind praktisch erprobt, so daß sie dem Reisenden tatsächlich eine Hilfe sind. Aber auch derjenige, der nur in diesem Band blättert, die Bilder betrachtet und die Texte liest, erlebt in seiner Phantasie die Freude des Reisens. Auf die eine oder andere Weise mag der Leser das Land seiner Sehnsucht entdecken – und er wird dabei feststellen, daß der Titel dieses Buches nicht zu viel verspricht: Indem wir uns mit den mannigfachen Landschaften Europas vertraut machen, wird uns unser Erdteil zur Heimat!

1 Norwegens Fjordlandschaft
Durch Telemark nach Bergen und Trondheim

Skandinavien, dem »Subkontinent« im europäischen Norden, gebührt unter den Reisegebieten unseres Erdteils eine Sonderstellung. Durch die Meerarme von Skagerrak und Kattegat und durch die Ostsee geographisch und atmosphärisch von der dicht besiedelten Enge Mitteleuropas abgerückt, verkörpert seine Landschaft das Sinnbild einer heilen, weil weitgehend urtümlichen und unberührten Welt. Eine Reise dorthin fordert allerdings die Abkehr von touristischen Klischeegewohnheiten. Es gibt keine aneinandergereihten Glanzpunkte und Sehenswürdigkeiten, sondern vorherrschend ist die heroische Größe und Weite einer Landschaft, die stellenweise einer Vision vom Urzustand am Schöpfungstag nahe kommt. Der Nordlandreisende muß die Ruhe mögen und Einsamkeit ertragen können, muß einen Hang zum Ungewissen, Abenteuerlichen mitbringen.

Skandinavien hat viele Gesichter: Die stille Poesie der grünen Ebenen mit ihren weiten Himmeln, die amphibische Welt der von festlicher Helligkeit überstrahlten Inseln, den steinernen Ernst der urweltlichen Gebirge, die unendlichen Weiten der Wälder und den verwunschenen Zauber Tausender von Seen. Aus der Fülle der Möglichkeiten wählten wir für dieses Reisekapitel eine Fahrt durch den wohl spektakulärsten und dramatischsten Bereich dieser Reisewelt, die Fjordlandschaft Norwegens. Die verwirrende topographische Gliederung des wie von Klauenhieben zerfetzten Landsaums am Europäischen Nordmeer bedingt eine sorgfältig durchdachte Reiseroute, die alle landschaftlichen Höhepunkte erschließt und dennoch den mit mitteleuropäischen Verkehrsverhältnissen vertrauten Autotouristen nicht überfordert. Schon die Anreise bedarf der Überlegung. Wer genügend Zeit hat (etwa 4 Wochen), folgt der »Vogelfluglinie« über Fehmarn und die dänischen Inseln, um sich entlang der Westküste Schwedens auf reizvolle Art in die nordische Landschaft vorzutasten. Zeitsparender ist der Landweg zur Nordspitze Dänemarks, wo von Frederikshavn und Hirtshals aus ein reger Fährbetrieb zur Südküste Norwegens besteht. Für unseren Reisevorschlag wurde die Fähre von Frederikshavn nach Larvik gewählt (im Juli und August Vorbuchungen ratsam).

Larvik, unser Startpunkt in Südnorwegen, liegt wie viele norwegischen Küstenorte am Ausgang eines Fjords. Diese schmalen Meeresarme sind ein prägendes Element der norwegischen Landschaft, das uns auf Schritt und Tritt begegnet und begleitet. Sie durchschlängeln und gliedern das ganze Land, weiten sich zu riesigen Seen, verengen sich zu Wasserschluchten, wandeln sich zu reißenden Flüssen und verwirren alle geographischen Vorstellungen des Reisenden, der schließlich (wie auch mancher Einheimische) nicht mehr zu bestimmen weiß, ob es sich bei Gewässern um Binnenseen oder Meeresarme handelt. In *Skien,* der von bewaldeten Bergen umrahmten alten Hauptstadt von *Telemark,* begegnet man erstmals einem Phänomen dieser Gattung: dem Telemarkkanal, einer Schiffahrtsstraße, die sich durch Fjorde und Flüsse 140 Kilometer lang bis in den innersten Gebirgswinkel Telemarks hineinwindet. Die Fahrt längs des Norsjø stimmt mit lauschigen Waldtälern und karstigen Bergrücken behutsam in die von sanfter, fremdartiger Melancholie überlagerte nordische Landschaft ein. Man staunt über die erstmals auftauchenden einsamen Bauerngehöfte und Stabburen (Vorratsspeicher) aus dunkelbraunem Holzgebälk, auf deren mit Torf gedeckten Dächern zuweilen Gras wächst. Aufregend wird es kurz hinter Notodden, wo hart am Straßenrand die Kirche von *Heddal* steht, die größte der im Land noch aus dem Mittelalter erhaltenen 25 Stabkirchen. Die Architektur der ganz aus Holz bestehenden Kirchen, deren Statik von einer Mastkonstruktion getragen wird, ist von der Schiffsbaukunst der Wikinger abgeleitet. Ungewöhnlich eindrucksvoll ist das Verweilen in einer solchen Kirche während eines Sturmes: Zuerst kracht und dröhnt das Gebälk in allen Fugen, dann kommt die Baulast zum Ausgleich und geht in rhythmisches Wiegen über. (Der Stabkirche von Heddal benachbart ist übrigens ein kleines Freilichtmuseum, dessen köstlichster Schmuck eine über und über mit »Rosenmalerei« aus dem 18.

1 *Die Stabkirche von Heddal in Telemark. – Stabkirchen sind eine ureigene Architekturschöpfung Norwegens. Die vollständig aus Holz gebauten Kirchen entstanden im Mittelalter; ihre Konstruktion und Statik ist von der Schiffsbaukunst der Wikinger abgeleitet. Tragende Bauelemente sind senkrecht aufgestellte Masten, weshalb sie, treffender, auch Mastkirchen genannt werden. Von den mehreren hundert Stabkirchen Norwegens sind heute noch etwa 25 erhalten und vortrefflich restauriert; die im Bild gezeigte Kirche von Heddal ist die größte.*

2 *Abend an einem See in Telemark. – Wer aus der drangvollen Enge Mitteleuropas nach Skandinavien kommt, empfindet die ungeheure Größe und Weite der nordischen Landschaft als einprägsamstes Erlebnis. Zuweilen durchfährt man weltentrückte Regionen von kaum vorstellbarer Einsamkeit. Zu den prägenden Landschaftselementen des Subkontinents zählen die mehr als hunderttausend Seen, die oft durch phantastische Stimmungen verklärt werden.*

3 *Der Låtefoss zwischen Seljestad und Odda. – Wasserfälle ohne Zahl und in vielfältigsten Erscheinungsarten sind die fesselnden Blickpunkte jeder Norwegenreise. Ihre Häufigkeit erklärt sich aus den riesigen Gletscher- und Schneefeldern, die weite Teile des norwegischen Plateauhochlandes bedecken und ihre Schmelzwasser in die Täler schicken. Der Låtefoss, ein wildtosender, zweiarmiger Fall mit 165 m Fallhöhe wirkt besonders eindrucksvoll, da er unmittelbar neben der Straße herabstürzt und diese oft mit einem dichten Wasserschleier umhüllt.*

4 *Am Hardangerfjord. – Der Hardangerfjord ist der Hauptarm eines der größten norwegischen Fjordsysteme, das sich zwischen Stavanger und Bergen mit vielen Verzweigungen bis 120 Kilometer ins Landesinnere erstreckt. Im Gegensatz zu vielen anderen Fjorden, denen oft ein ernster, melancholischer Charakter eigen ist, überrascht dieser mit südlicher Heiterkeit. Dies ist umso erstaunlicher, als der Landstrich auf dem gleichen Breitengrad wie die Südspitze Grönlands liegt. Das klimatische Wunder bewirkt der Golfstrom, der gleich einer Warmwasserheizung Skandinavien umspült. Er verhindert auch, daß die Fjorde im Winter zufrieren.*

5 *Gletschersee in Jotunheimen. – Jotunheimen und Jostedalsbre sind das Kernstück der Skanden, des zentralen skandinavischen Gebirgsstocks. Während Jotunheimen (Heim der Götter) mit dem Galdhøpig, 2486 m, die höchste Erhebung Nordeuropas aufweist, bildet der Jostedalsbre mit seiner 1000 Quadratkilometer großen Eiswüste das größte zusammenhängende Gletscherfeld des Kontinents. Die Überquerung Jotunheimens ist für den Autotouristen auch heute noch ein fesselndes Abenteuer. Die Straße, im Bild links angeschnitten, verläuft 40 Kilometer lang durch eine Bergregion von erschreckender Urgewalt und großartiger Monotonie.*

6 *Blick von der ›Adlerstraße‹ zum Geirangerfjord. – Norwegens Fjorde sind tiefe, trog- oder schluchtartige Täler, die einst von Gletschern ausgeschliffen und später vom eindringenden Meer überflutet wurden. Die vielverzweigten Wasserarme waren bis in unser Jahrhundert oft die einzigen Verkehrswege des Landes. Eines der begeisterndsten touristischen Ziele ist der Geirangerfjord, von dessen Ufern heute die Autostraße in zwei Richtungen auf die mächtigen Randberge hinaufklettert und eine Reihe faszinierender Blicke bietet.*

7 *Trondheim, Nidelvufer mit Blick zum Dom. – Trondheim, die einst »Nidaros« benannte, drittgrößte Stadt des Landes, gilt als Wiege des norwegischen Reiches. Die Domkirche, über dem Grab Olavs des Heiligen um 1070 begonnen und später mehrfach umgebaut und erweitert, zählt neben den Domen von Lund und Uppsala zu den drei großartigsten Kirchen Skandinaviens. Die teilweise auf Holzpfählen erbauten Speicherhäuser am Nidelv zeugen von alter Hafen- und Handelstradition.*

Jahrhundert verzierte Bauernstube darstellt.) Die freundlichen Berghänge um *Morgedal*, wo der alpine Skisport »erfunden« wurde, leiten über zum Bandaksee, einem elegisch-verträumten, dunkelgrünen Wasserspiegel, in steiles Felsgemäuer gezwängt. Großartig ist der Tiefblick vom obersten Rand der Uferberge auf den See und das in weltverlorener Einsamkeit auf der Schwemmzunge angesiedelte, aus ein paar hingestreuten Häusern bestehende Dalen (das, wie man überrascht erfährt, immerhin Endhafen der oben erwähnten Wasserstraße ist). Die Fahrt über das Bergland um den See Bjørnevatn macht erstmals mit einem der typisch norwegischen Fjells bekannt, einer Mischung aus urweltlicher Geröll-Landschaft, Hochtundra und Bergheide, bewachsen mit Armeen von Krüppelbirken, überragt von nackten, in weichen Rundungen verwitterten Felsrücken. Auf langen Gefälleserpentinen schwenkt man bei Flateland in das *Setesdal* ein, eines der ursprünglichsten und wildromantischsten Täler Norwegens. Es wird geprägt von der Otra, einem Bergfluß, der sich in dutzenderlei Erscheinungsformen zeigt: als lauschiger Wiesenbach, wildtosender Felsklammstrudel, still verklärter Bergsee oder kilometerbreiter, felsdurchsetzter Rinnsalfächer. In der Folge überwindet die Straße, gleich einem Lasso über das Gestein geworfen, die Urlandschaft des *Lislefjells*, senkt sich in das Grungedal hinunter. Die folgende Haukelistraße, erst 1969 gebaut, zählt zu den prächtigsten Panoramastraßen Europas. Mit Tunnels und Aussichtsrampen erschließt sie die Randzone der *Hardangervidda*, ein 100 Kilometer langes und 60 Kilometer breites Gebirgsplateau von erschreckender Unberührtheit, in dem noch wilde Rentiere leben. Røldal und Seljestad sind die einzigen von Leben erfüllten Stationen in dieser Felswüstenei, dann entläßt uns der Wasserfall Låtefoss, der seine Gischt zuweilen über die Autostraße peitscht, in die liebliche Region um den *Hardangerfjord*. Urplötzlich grünen und blühen hier die Ufer wie in südlichen Zonen. Der kurze, aber durch die Wirkung der Mitternachtssonne intensivierte Sommer animiert die Flora zu überschwenglicher Üppigkeit.

Bergen, Pflichtabstecher auf dem Weg in den Norden, ist eine wundersame Stadt. Als Metropole der Seefahrt und des Seehandels gleicht es, wenn auch in nordisch-karger Version, den großen Seerepubliken der Vergangenheit wie Venedig oder Ragusa. Dieses Exklusivgefühl wird verständlich durch einen Blick in die Geschichte der Hansestadt: Sie war einst Norwegens Hauptstadt und bis weit in das 19. Jahrhundert gab es von Bergen keine in das Landesinnere oder nach Oslo führende Straße. – Die Fahrt von Bergen nach Trondheim führt weiterhin durch ein bizarres Labyrinth heroischer Felsgebirge, harmonisch geformter Täler, einsamer Hochsteppen und atemberaubend kühn eingeschnittener Fjorde. Höhepunkte des Landschaftserlebens, die man trotz einiger Umwege nicht versäumen sollte, sind eine Fährüberfahrt von *Gudvangen* durch den Naerøy- und Aurlandfjord nach Kaupanger, die Überquerung von *Jotunheimen*, des höchsten Gebirgsstocks der Skanden zwischen Sogndal und Lom, sowie der Weg über die Adlerstraße und den Trollstigveien, der mit den Tiefblicken zum Geirangerfjord die wohl großartigsten Perspektiven der norwegischen Landschaft präsentiert.

Trondheim, das Ziel dieses Reisekapitels, überrascht mit einem Stadtwesen voll lebhafter Farbigkeit und hemdsärmeligem Charme; mit viel Grün in Gärten und Parks, lustig bemalten Holzhäusern und hübschen Flanierstraßen, durch die vorgestrige Straßenbahnen nostalgisch rappeln und bimmeln. Den respekteinflößenden Gegenpol zu dem heiteren Getriebe setzt der majestätische Dom, die nördlichste gotische Kathedrale der Welt, neben den Domen von Uppsala und Lund der großartigste Kirchenbau in Skandinavien. Trondheim, das (ähnlich wie Bergen) scheinbar am Meer liegt und doch 60 Kilometer davon entfernt ist, wird für alle Nordlandfahrer zur großen Drehscheibe. Wer ganz hoch hinaus will, startet hier auf den langen Weg zum Nordkap; wer zur Heimfahrt rüstet, findet im Innern Norwegens über Otta und Lillehammer schnelle Straßen nach Oslo. Am reizvollsten ist allerdings der Rückweg über Schweden, auf dem man – als Kontrastprogramm – mit den Landschaften Dalarna und Värmland die liebenswürdigsten Landstriche Skandinaviens kennenlernen kann.

Reise-Lexikon

① **Schiffsreise über das Skagerrak.** Die bequemste und rationellste Art der Anreise ist die Überfahrt mit einem Autofährschiff von der Nordspitze Jütlands zur südnorwegischen Küste. Die gebräuchlichsten, je nach Saison bis mehrmals täglich bestehenden Verbindungen sind: Frederikshavn – Larvik (5 Stunden); Frederikshavn – Oslo (10 Stunden); Hirtshals – Kristiansand (5 Stunden); Hirtshals – Arendal (4 Stunden). Eine weitere Verbindung besteht von Kiel nach Oslo (19 Stunden). Während der Hauptreisezeit ist Vorbuchung ratsam.

② **Larvik,** 12000 Einwohner, hübsch am Nordende des aus dem Skagerrak einschneidenden gleichnamigen Fjords gelegene Hafenstadt mit Walfangtradition. Am südöstlichen Stadtrand steht auf einer Anhöhe der Herregård, ein stattliches Holzbauwerk (1670–1680), die einstige Resistenz der Grafen von Larvik (heute Stadtmuseum). Von der nahen Kirche genießt man einen schönen Blick über die Fjordküste. In Larvik ist der Anthropologe Thor Heyerdahl (Weltmeerfahrten mit dem Floß Kon-Tiki) geboren.

③ **Skien,** 16000 Einwohner, die Verwaltungshauptstadt der Provinz Telemark, liegt am Nordufer des Skienelv inmitten einer waldreichen Landschaft. Die Stadt liegt zwar am Rand Telemarks, besitzt aber an der Pforte einer wichtigen, weit ins Land greifenden Wasserstraße eine Schlüsselposition für den Land- und Seehandel. Skien ist Geburtsort des Dichters Henrik Ibsen (1828–1906); im Freilichtmuseum Brekkepark ist ihm ein Museumsraum gewidmet.

④ **Telemark,** Provinz in Südnorwegen, die zum Landschaftsbegriff für den gemäßigt alpinen Bereich zwischen dem Skagerrak und dem Gebirgsblock der Hardangervidda wurde. Die abwechslungsreich gegliederte Region vereinigt in sich fast alle Erscheinungsformen Norwegens: liebliche Wiesentäler, bewaldete Bergrücken, Gebirgsseen, Wildbäche und Wasserfälle, freundliche Dörfer in den Niederungen und einsame Gehöfte an steilen Hängen. Das Land ist ein Hort alter Bauernkultur mit ›Rosenmalerei‹ und Fiedelmusik, Silberschmieden, Holzschnitzern und Weberinnen, Sagen und Volksliedern. Das reizvoll gruppierte Bergland um Morgedal gilt als die Wiege des alpinen Skisports.

⑤ **Heddal,** Talschaft in Telemark, mit der großartigen Sehenswürdigkeit einer Stabkirche aus dem 13. Jh., der größten Norwegens. Die ganz aus Holz gebauten Stabkirchen sind eine ureigene Architekturschöpfung des Landes. Typische Merkmale sind die ineinandergeschichteten, holzschindelgedeckten Dächer, eingeschnitzte Runenzeichen und Tierornamente, stellenweise auch die von Wikingerschiffen bekannten Drachenkopfsymbole. Das Innere ist meist in diffuses Halbdunkel getaucht, da man Fensterglas zur Bauzeit in Norwegen noch nicht kannte. Der Stabkirche benachbart ist das beachtliche Heddal-Freilichtmuseum mit alten norwegischen Bauernhäusern und Stabburen (Speicherscheunen) sowie eine mit ›Rosenmalerei‹ dekorierte Stube.

⑥ **Bandaksee,** schmaler, 26 km langer Bergsee, von mächtigen, bewaldeten Steilhängen umschlossen, die keine Uferstraßen zulassen. Von unserer Fahrstrecke bieten sich auf den Höhen diesseits und jenseits des Sees begeisternde Panoramablicke. Im Taltrog liegt am Westende des Sees das Dörfchen Dalen, eine freundliche Oase inmitten der Urweltszenerie.

⑦ **Setesdal,** eines der urtümlichsten und großartigsten Täler Südnorwegens, dessen aufregendstes Teilstück zwischen Flateland und dem Quellgebiet der Otra von unserer Route durchfahren wird. Der Fluß, aus unzählbaren Bächen und Rinnsalen der Hochgebirgsregion gespeist, schuf hier eine ungewöhnlich eindrucksvolle Szenerie, die Vergleiche mit den Urlandschaften Kanadas und Alaskas anklingen läßt. Südlich von Bykle, einer der wenigen weltverlorenen Siedlungen, wird die Otra durch ein Wasserkraftwerk gebändigt, doch ansonsten hat Menschenhand kaum in das archaische Landschaftsbild eingegriffen. Die Straße durch das Tal wurde erst 1969 gebaut, vorher gab es hier nur abenteuerliche Saumpfade.

⑧ **Lislefjell,** weiträumiges Hochgebirgsplateau um das Quellgebiet der Otra, mit unabsehbaren Seenketten und vegetationslosen Felsbergen eine Landschaft von erschreckender Monotonie: Moore, Birkengestrüpp, hausgroße Felstrümmer, Wildwasser und Geröllhalden wechseln einander ab. Auf den Bergsäumen der an den Rändern schüsselförmig gewölbten Hochfläche liegt auch im Sommer Schnee. In Hovden, einer Hotelstation am 717 m hohen Scheitelpaß, sind Ansätze eines Wintersportbetriebs erkennbar. Die erst 1969 gebaute Straße über das Fjell bildet die einzige wintersichere Landverbindung zwischen Südnorwegen und Bergen.

⑨ **Haukelistraße,** erst in den letzten Jahren wintersicher ausgebaute Bergstraße zwischen Haukeligrend und Røldal, eine der eindrucksreichsten Gebirgsstrecken Norwegens. Die 53 km lange Straße überwindet den Gebirgsblock Hardangervidda – Haukelifjell, weist 3 Tunnels auf (1,7; 6 und 1 km lang) und erreicht auf dem Scheitel des Dyrskars eine Höhe von 1085 m. Sie veranschaulicht im obersten Bereich die gewaltigen Dimensionen der benachbarten Hardangervidda, eines mehr als 6000 qkm großen urweltlichen Gebirgsplateaus, das nur in Touristenhütten und Sommeralmen spärliche Anzeichen menschlichen Lebens zeigt.

⑩ **Røldal,** freundliche, weit verstreute Siedlung am gleichnamigen See, liegt malerisch in einer von mächtigen Gebirgszügen umschlossenen Talmulde. Das Dorf ist Zentrum einer umfangreichen Ziegenhaltung, die den Geitost, einen karamelfarbenen Ziegenkäse, produziert. Einen Besuch lohnt die bäuerlich-originelle Wallfahrtskirche aus dem 13. Jh., eine abgewandelte Stabkirche.

⑪ **Seljestad,** einladende Touristenstation jenseits der 865 m hohen Paßhöhe des Røldalsfjell. Nordwärts schließt sich bei der Abfahrt zum Sørfjord ein schluchtähnliches Tal mit zahlreichen Wasserfällen an, deren großartigster, der **Låtefoss,** mit 165 m Fallhöhe unmittelbar neben der Straße herabstürzt und unter deren Steinbrücke abfließt.

⑫ **Sørfjord,** 40 km langer Seitenarm des Hardangerfjords, der durch seine Kontrastperspektiven zwischen der nordisch-winterlichen Gebirgsumrahmung und der südländisch-üppigen Flora seiner Uferstreifen überrascht und begeistert. Im ersten Abschnitt zieht der **Folgefonn,** ein massiger, nur dem Wanderer zugänglicher Bergblock mit 42 qkm großem »Gletscherhut«, die Blicke an, talauswärts genießt man auf herrlicher Küstenstraße ein Seenpanorama nach Schweizer Muster. **Ullensvang** und **Lofthus,** von Obstgärten umlagert, animieren mit ihrer heiteren Note fast magisch zur Einkehr.

⑬ **Hardangerfjord,** eines der größten norwegischen Fjordsysteme, das sich mit vielen Verästelungen bis 120 km tief in das Landesinnere erstreckt. Während viele der Fjorde von nordischer Strenge geprägt sind, zeigt die Landschaft um den Hardangerfjord viel südländisch anmutende Freundlichkeit, die an oberitalienische Seen erinnert. An den malerischen, klimatisch geschützten Uferstreifen gedeiht eine üppige Obst- und Gartenkultur. Unsere Route sieht die Überquerung des Hardangerfjords mit der Fähre zwischen Kinsarvik und Kvanndal vor (40 Minuten); nicht minder schön, aber durch Umwege zeitraubender, ist die Überfahrt von Brimnes nach Ulvik. Auf der Fahrt längs des Nordufers bieten sich zwischen Kvanndal und Norheimsund von der panoramafreundlich auf- und absteigenden Uferstraße zauberhafte Blicke auf das von vielen Schärenklippen durchsetzte Fjordsystem.

⑭ **Tokagjeletschlucht,** Bergpassage zwischen Norheimsund und Tysse. Die berühmt-berüchtigte Schlucht schneidet stellenweise so tief und eng in den Fels ein, daß die Straßenanlage nur mit vier langen Tunnels und vielen Galeriebauten zu bewerkstelligen war; streckenweise klebt die Fahrbahn förmlich an der Hunderte von Metern hohen Felssteilwand. Das dann erreichte Höhengelände von **Kvamskogen** ist eine weiträumige Paßlandschaft mit idyllischen Wiesen, moorigen Seen und lichten Birkenwäldchen. Jenseits des Plateaus senkt sich die Straße mit aussichtsreichen Kehren zum Samnangerfjord hinunter.

⑮ **Bergen,** 220000 Einwohner, Norwegens zweitgrößte und wohl eindrucksstärkste Stadt. Im Jahr 1070 von König Olav Kyrre gegründet, war Bergen im 12. und 13. Jh. Haupt- und Residenzstadt Norwegens. Seefahrt und Handel prägten zu allen Zeiten die Existenz und die Gestalt der Stadt, waren die Grundlage für Blüte und Reichtum. Den größten Aufschwung brachte das 14. und 15. Jh., als Bergen einer der wichtigsten Stützpunkte der deutschen Hanse war, die von hier aus den gesamten Nordlandhandel beherrschte. Der Kern der durch eine verwirrende Topographie mit zahlreichen Hügeln und Wasserarmen gegliederten Stadt liegt im Stadtteil Vagen, der einen Winkel des Byfjords hufeisenförmig umschließt. Hier liegt auch die stadtbildprägende Häuserzeile Bryggen (ehemals Tyskebryggen oder Deutsche Brücke genannt) mit den stolzen Fassaden der hanseatischen Kaufherrenhäuser. Viel Originales aus jener Zeit gibt es allerdings nicht zu entdecken, denn Bergen wurde – wie fast alle früher gänzlich aus Holz gebauten Städte des Nordens – periodisch von Brandkatastrophen heimgesucht. Aus dem reichhaltigen Angebot an Sehenswertem ist als besonders lohnend zu empfehlen: Fischmarkt am alten Hafen; Stadtpanorama vom Aussichtsberg Fløien (Zahnradbahn ab Bryggen, besonders abends eindrucksvoll); Marienkirche (12. Jh.), eine der ältesten Steinkirchen Norwegens und dreihundert Jahre lang Kirche der deutschen Kolonie; Gamle-Bergen, ein Freilichtmuseum mit städtischen Holzhäusern aus dem 18./19. Jh.; Festung Bergenhus mit Rosenkranzturm und Håkonshalle; Hafenrundfahrt.

⑯ **Voss,** 4500 Einwohner, freundliches Städtchen in einer Talweitung zwischen den beiden Seen Vangsvatn und Lønavatn; mit Kirche aus dem 13. Jh. (bäuerliche Kreuzigungsgruppe). Am westlichen Ortsrand steht die um 1250 gebaute »Finnefottet«, eines der ältesten Holzhäuser Norwegens, das einen schockierenden Rückblick in die Lebensweise jener Zeit vermittelt. Wenige Kilometer nördlich stürzt der imposante **Tvindefoss,** ein Wasserfall mit faszinierender, teppichartiger Fächerung, über eine Felswand zu Tal.

⑰ **Stalheimskleiv,** Paßhöhe vor dem atemberaubend tief eingeschnittenen, von zuckerhutartigen Felsgipfeln flankierten Naerøytal, das in den gleichnamigen Fjord mündet. Auf der Höhe steht ein traditionsreiches Hotel mit angegliedertem Volkskundemuseum, gleich daneben senkt sich die schmale Straße mit kühn angelegten Kehren zum Talgrund hinunter. An dessen Ende liegt in unvorstellbarer Abgeschiedenheit das winzige **Gudvangen,** umschlossen von lotrecht hochfluchtendem, wasserfallübersprühtem Felsgemäuer. Abrupt en-

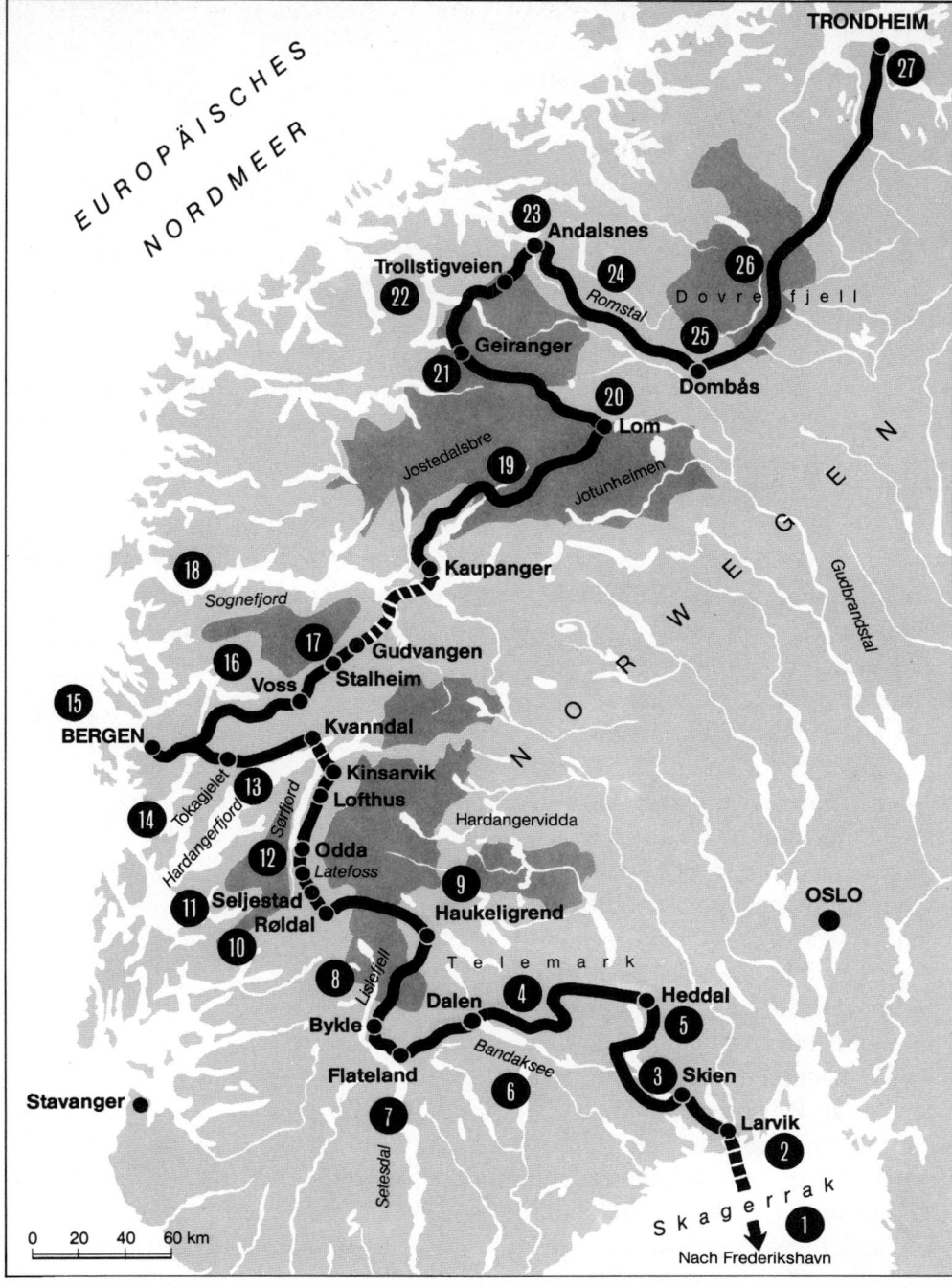

det hier die E 68 und setzt sich erst hinter einem Gewirr von Fjordarmen wieder fort.

⑱ **Sognefjord**, das größte der norwegischen Fjordsysteme, das bis 180 km tief in das Land einschneidet. Mit einer maximalen Tiefe von 1245 m übertrifft der schluchtartige Fjord die Nordsee um das Sechsfache. An seinen innersten Verzweigungen wie dem Naerøy- und Aurlandsfjord ist das Wasser klammartig von steilen Felswänden umfaßt, wodurch eine strenge, melancholische Note vorherrscht. Auf unserer Route überquert man das Wassersystem (Naerøy-, Aurlands- und Sognefjord) mit der Fähre von Gudvangen nach Kaupanger (4 mal täglich, Fahrzeit 2,5 Stunden).

⑲ **Jotunheimen** und **Jostedalsbre** sind das Kernstück der Skanden, des zentralen skandinavischen Gebirgsblocks. Während Jotunheimen (Heimstatt der Götter) mit Galdhøpig (2468 m) und Glittertind (2452 m) die höchsten Erhebungen Nordeuropas aufweist, bildet der Jostedalsbre mit seiner 1000 qkm großen Gletscherwüste das größte Firnfeld des Kontinents. Anders als in den mitteleuropäischen Alpen überlagert die bis zu 500 m dicke Eismasse dachartig die gesamte Gipfelzone, aus der sich nur wenige Felshöcker herausheben. Der Routenverlauf führt über das Sognefjell mit einer Paßhöhe von 1430 m (höchste Straße Skandinaviens) in unmittelbare Nähe dieser Eis- und Felswildnis. Die Jotunheimen-Straße zwischen Lustrafjord und Lom (12%, Sandbelag, Engstellen) ist in der Regel vom 1. 6. bis 10. 10. befahrbar.

⑳ **Lom**, Knotenpunkt und Touristenstation im Ottatal, ein aus wenigen Häusern und 2 Hotels bestehender Ort. Sehenswert ist die Stabkirche (vermutlich im 11. Jh. erbaut; schön geschnitztes Westportal). 15 km talabwärts liegt der Weiler Garmo mit dem Geburtshof des Dichters Knut Hamsun (1859–1952).

㉑ **Geiranger** und **Geirangerfjord**, die wohl kühnste und faszinierendste Landschaftskomposition der norwegischen Fjordwelt; dies vor allem deshalb, weil hier ein landschaftliches Juwel erschöpfend durch Bergstraßen erschlossen ist. Der Geirangerfjord ist eine tief eingekerbte Wasserschlucht, über deren Steilhänge aus zwei Richtungen großartige Serpentinenstraßen mit Dutzenden von Aussichtspunkten auf den Talgrund führen. Die Straße Grotli – Geiranger (von der Paßhöhe lohnender Abstecher zum Aussichtsberg Dalsnibba, 1465 m) überwindet auf 16 km Länge einen Höhenunterschied von mehr als 1000 m, die jenseitige ›Adlerstraße‹ klettert vom Meeresniveau mit einer Kehrenfolge wieder auf 624 m Höhe hinauf.

㉒ **Trollstigveien** (Stiege der Trolle), eindrucksvolle, kühne Gebirgsstraße zwischen dem Norddalsfjord und Andalsnes, überwindet auf engem Raum mit 11 Kehren (8,5%) einen Höhenunterschied von 800 m. Nächst der Paßhöhe **Trollstigheimen** bietet sich bei dem kleinen Café (350 m Fußweg zur Terrasse) ein großartiger Blick über das Istertal und die Serpentinen des Trollstigveien. Das ganze Straßensystem Grotli – Geiranger – Andalsnes ist im Regelfall nur vom 1. 6. bis 15. 10. geöffnet.

㉓ **Andalsnes**, 2500 Einwohner, auf einer Schwemmlandzunge im Mündungsgebiet der Rauma zum Isfjord gelegen, ein Ort mit regem Schiffsverkehr und kleiner Industrie, in dem bereits die strenge und bescheidene Wesensart der Siedlungen des hohen Nordens anklingt.

㉔ **Romstal** (Romsdalen), vom markanten Romsdalshorn überragt und von der wildwasserartigen Rauma durchflossen, ist eine langgezogene Senke zwischen Andalsnes und Dombås. Überraschenderweise flankieren hier (im Gegensatz zu den sonst vorherrschenden abgerundeten Formen) zerrissene und zerklüftete Felsformationen das Tal.

㉕ **Dombås**, ein aufgelockerter Ort im weiten Talbecken, ist Drehscheibe und Touristenstation. Hier beginnt südostwärts das **Gudbrandstal** (Gudbrandsdalen), das sich als einer der wenigen überregionalen Talzüge über 250 km bis Lillehammer erstreckt und die Funktion einer zentralen Verkehrsader zwischen Oslo und dem Norden des Landes erfüllt.

㉖ **Dovrefjell**, mächtiger Gebirgsrumpf, der den Süden und Norden Norwegens topographisch voneinander trennt. Da weder auf dem Land noch auf dem Wasser eine Umfahrungsmöglichkeit besteht, verläuft seit altersher die große Nord-Süd-Straße über das Gebirge, auf der vor Jahrhunderten die norwegischen Könige zur Krönung nach Nidaros (Trondheim) zogen. Schon im 12. Jh. wurden längs des »Königsweges« Raststationen, sogenannte Fjellstuer (Berghütten) errichtet, die sich (vielfach erneuert) bis heute als die einzigen Stationspunkte für Straße und Eisenbahn erhalten haben. Weitgedehnte, steppenähnliche Hochflächen mit spärlichem Heidebewuchs und stillen Hochmoorseen prägen die Plateaulandschaft, die von weißglitzernden Schneebergen effektvoll umrahmt wird.

㉗ **Trondheim**, mit 135000 Einwohnern die drittgrößte Stadt Norwegens, liegt von schönen Höhen umkränzt am meerähnlichen Trondheimsfjord. Die Stadt gilt als Kernzelle des norwegischen Reiches. Der Wikingerkönig Harald Hårfager (Schönhaar) einigte von hier aus erstmals alle Stämme zur gemeinsamen Nation. Einer seiner Urenkel, Olav Tryggvason, errichtete 997 einen Königshof und eine Kirche, um die sich die Stadt Nidaros entwickelte. Als eigentlicher Gründer der Stadt gilt jedoch König Olav der Heilige, nach dessen Tod und Heiligsprechung die Stadt zum großen Wallfahrtsziel wurde. Im 12. Jh. entstand der mächtige Dom, Nidaros wurde Sitz eines Erzbischofs und ab 1449 Krönungsort der norwegischen Könige. Die Reformation beendete die Blüte, Kirchen und Klöster verfielen, der Dom wurde zur Ruine. Erst ab 1814, als Norwegen wieder ein selbständiges Reich wurde, blühte auch Trondheim als Hafen- und Handelsstadt wieder auf, hatte aber längst seinen einstigen Rang an Bergen und Oslo abtreten müssen. Heute ist Trondheim, das nach vielen Brandkatastrophen die noch jetzt gültige weiträumige Straßenplanung erhielt, eine ungewöhnlich sympathische, lebendige und fröhliche Stadt. Hauptsehenswürdigkeit ist der Dom mit seiner imposanten Westfassade, in die nicht weniger als 54 überlebensgroße Statuen eingearbeitet sind. Beachtenswert sind außerdem das Erzbischöfliche Palais, der Stiftsgard, das wohl größte und schönste Holzpalais Skandinaviens, die Liebfrauenkirche (13., 16. und 17. Jh.), die Hafenanlagen rings um die Nidelvmündung mit den alten, auf Holzpfählen ruhenden Speicherhäusern sowie die Festung Kristiansten mit schönem Blick auf Stadt und Fjord.

2 Durch die Heide zur Ostsee

Lüneburger Heide, Lauenburgische Seen und Holsteinische Schweiz

Vielen Kapiteln dieses Buches liegt der Leitgedanke zugrunde, dem Reisenden, der ein Fernziel ansteuert, eine Alternative zu den drangvollen Autobahnstrecken aufzuzeigen. Eine Alternative, die nicht im Sinn der Verkehrslenkung die Autoströme gebündelt auf Umleitungsstraßen verlagert, sondern die abseits der Trampelpfade eigene Wege geht, die kulturellen und landschaftlichen Schönheiten erschließt und doch das Fernziel nicht aus dem Auge verliert. Ein treffliches Beispiel dieser Art zu reisen veranschaulicht diese Route. Sie folgt in groben Zügen der Süd-Nord-Autobahn von Hannover nach Kiel, durchstreift jedoch auf Nebenstraßen Gebiete, die zu den liebenswürdigsten und poetischsten deutschen Landschaften zählen: Lüneburger Heide und Lauenburgische Seen, Ostseeküste und Holsteinische Schweiz. Bereichert wird die malerische Landschaftspalette durch prachtvolle alte Städte wie Celle, Lüneburg und Lübeck.

Für die erste dieser Landschaften, die *Lüneburger Heide*, ist eine Begriffsbestimmung angebracht. Nach landläufiger Vorstellung umfaßt die Heide den großen Raum zwischen Hamburg und Hannover, Bremen und der Elbe. So umfangreich war die Heideausdehnung vor mehr als zweihundert Jahren. Heute sind die überwiegend mit sogenannter Zwergheide, nämlich Heidekraut und Wacholder, bedeckten Flächen von ursprünglich 4000 Quadratkilometer (1750) auf ganze 80 Quadratkilometer geschrumpft. Sie konzentrieren sich im wesentlichen auf den »Naturschutzpark Lüneburger Heide« um Wilsede und den »Naturpark Südheide« bei Hermannsburg. Der große Rest, häufig treuherzig als Heide angepriesen, ist land- oder forstwirtschaftlich genutztes Gelände, auf dem hier und dort durch Bewuchsreste oder bäuerliche Bausubstanz Heidecharakter anklingt. Ein Blick in die Vergangenheit erhellt die Zusammenhänge: Bis in das frühe Mittelalter war das ganze Gebiet zwischen Weser und Elbe von mächtigen Eichenwäldern bedeckt. Lüneburgs Salzindustrie, die der Stadt Reichtum und Macht bescherte, holzte sie schonungslos ab, um jahrhundertelang das Feuer unter ihren 216 Siedepfannen zu schüren. Zurück blieb ein ausgemergelter Steppenboden, auf dem sich rasch die *Calluna vulgaris*, die rotblühende gemeine Besenheide, ausbreitete. Da das Gelände für andere Zwecke nicht nutzbar war, überließ man es den widderähnlichen Heidschnucken, deren Zahl sich um die Mitte des vorigen Jahrhunderts auf etwa 700 000 Stück belief. Später fand man die land- und forstwirtschaftliche Nutzung doch rentabler und ging zur Aufforstung und Bodenkultivierung über. Diese Entwicklung wurde erst in den letzten Jahrzehnten durch die einsetzende Besinnung auf den Schutz der letzten Naturreservate unseres Lebensraumes gebremst. Vorbildliche Arbeit leistete dabei der Verein Naturschutzpark e. V., der das 200 Quadratkilometer große Kerngelände um den Wilseder Berg ankaufte, damit jeder wirtschaftlichen Nutzung und Spekulation entzog und so die Erhaltung eines der schönsten deutschen Landschaftskleinode (und der größten Heidefläche Europas) sicherte.

Ausgangspunkt für diese Route ist *Celle*, die fürstliche Residenzstadt, der es gelang, ihren von den geschlossenen Zeilen spitzgiebeliger Fachwerk- und Rotbacksteinfronten geprägten Stadtkern in unsere Zeit herüberzuretten. Das ebenso prunkvolle wie liebenswürdige Schloß und der Turmbläser, der jeden Morgen und Abend von der Kupferhaube des Kirchturms seinen Choral erschallen läßt, runden die Impressionen ab zu einer Vision aus der »guten alten Zeit«. Draußen vor der Stadt kündigt sich bald die Landschaft der *Heide* an: zuerst mit vereinzelten Vorboten in der Vegetation, mit moorigen Bachläufen und Auwäldern, der charakteristischen Bauart von Häusern und Scheunen. Dann, nach Hermannsburg, verdichten sich die Eindrücke. Am Wietzer Berg kann man erstmals durch ausgedehnte, sorgsam erhaltende Heidekrautfluren spazieren und wenig später lernt man in Müden ein typisches niedersächsisches Heidedorf kennen. Von mächtigen Baumkronen überwölbt, breiten sich die gedrungenen Gehöfte mit ihren Backsteinmauern aus, hingelagert gleich bäuerlichen Burgen. Über

8 *Schafstall im Naturschutzpark Lüneburger Heide. – Die romantische Heidelandschaft, alljährlich im Spätsommer mit einem rotvioletten Blütenteppich überzogen, entstand durch das jahrhundertelange Abholzen der Wälder. Naturschutzorganisationen erhalten ein Zwischenstadium der Landschaftsgeschichte künstlich am Leben. Unerläßliche Helfer dabei sind die Heidschnucken, die mit ihren lederharten Mäulern den wilden Strauchwuchs verbeißen, sowie Millionen von Bienen, die den befruchtenden Blütenstaub von Pflanze zu Pflanze tragen.*

9 *Die Kogeler Mühle im Naturpark Lauenburgische Seen, ein ›Erdholländer‹ von 1894. – Schleswig-Holstein war einst, ähnlich wie Holland, ein Land der Windmühlen. War im Nachmittelalter ausschließlich die Bockmühle gebräuchlich, die auf einem Bock als Ganzes gegen den Wind gedreht wurde, so heißt der seit dem 18. Jahrhundert verbreitete Mühlentyp nach seinem Ursprungsland »Holländer«. Bei ihm wird nur die Kappe mit den Flügeln in Windrichtung gestellt. Heute stehen in Schleswig-Holstein noch 70 von ehemals rund tausend Mühlen.*

10 *Das Holstentor in Lübeck. – Mehr als jede andere deutsche Stadt ist Lübeck der Inbegriff einer Kaufmanns- und Handelsstadt. Die türmereiche Silhouette der Altstadt erinnert noch lebhaft an jene Glanzzeit des Mittelalters, in der Lübeck das Zentrum der Hanse bildete und neben Köln die größte Stadt Deutschlands war. Das flandrische Holstentor, von 1466 bis 1478 erbaut, gehört zu den schönsten und bekanntesten Stadttoren der Welt. Seit mehr als fünfhundert Jahren trägt es den Leitspruch der Stadt: Concordia domus, foris pax – Eintracht daheim, Frieden vor den Toren.*

Munster und Bispingen erreicht man schließlich das Herzstück der Heide, den Naturschutzpark um den Wilseder Berg. Hier hat das Auto Pause, denn die Straßen enden an den Rändern des Parks. Eine Kutschfahrt nach Wilsede, dem urtümlichen »Heidjer«-Dorf, eine Wanderung durch die mehr elegischen Wacholderhaine zum melancholisch hingemuldeten Totengrund oder zur Kuppe des Wilseder Berges mit seiner befreienden Weite gehören zu den obligaten Unternehmungen im Reiseprogramm.

Nachher sind wir in *Lüneburg,* jener Stadt, die der Heide nicht nur ihren Namen, sondern auch ihre Gestalt gab. Salz, das »weiße Gold« des Mittelalters, hat sie einst groß gemacht. Eine »Träumerei in Backstein« hat sie einmal die Dichterin Ricarda Huch genannt, und so kann man sie auch heute noch empfinden, wenn man durch die lauschigen Gassen mit den stolzen, überreich mit Treppengiebeln und Steinornamenten geschmückten Patrizierhäusern spaziert. Die »Alte Salzstraße«, auf der man dann nordwärts fährt, ist allerdings nur noch bruchstückweise mit jenem Karrenweg identisch, auf dem einst das begehrte Trave-Salz die Reise bis in das ferne Nowgorod antrat. Dafür erteilt das wenig später auftauchende *Lauenburg* anschaulichen Geschichtsunterricht über seine beherrschende Lage am Elbübergang. Das alte Schifferstädtchen ist gleichsam in zwei Etagen angelegt: Unten, hart am Wasser, drängt sich die malerische Unterstadt mit einer einzigen, kopfsteinpflasterigen Fachwerkgasse an den schmalen Uferstreifen; hoch darüber liegt die Neustadt mit den Fragmenten des oft umkämpften Schlosses, in dem sich 1627 sogar die Feldherren Tilly und Wallenstein zur Lagebesprechung trafen. *Mölln,* die nächste Station, pflegt beflissen ihren Ruf als »Eulenspiegelstadt«. Dem Schalksnarren kann man sogar leibhaftig begegnen – das Fremdenverkehrsamt macht's möglich. So verlockend schnell und gradlinig die Straße von Mölln nach Ratzeburg auch ist, in diesem Gebiet sollte man einen Abstecher in den östlich anschließenden *Naturpark Lauenburger Seen* einlegen. Er führt durch eine abgeschiedene kleine Welt mit Buchenwäldern und Kiefernheiden, Mooren und Seen, die überall zum Schauen und Verweilen, Wandern und Einkehren verlocken. Orte wie Groß-Zecher, Seedorf, Dargow und Mustin sind voll beglückender Natürlichkeit ohne touristischen Aufputz, und an den einsamen Ufern des Schaalsees kündigt sich bereits die unendliche Weite der Mecklenburgischen und Masurischen Seenplatten an. Ratzeburg, die Inselstadt, erheischt schon durch ihre malerischen Panoramen einen Besuch.

Lübeck, als »Königin der Hanse« einst eine der großen Metropolen Europas, konnte seinen Glanz als städtebauliches Juwel nach Beseitigung der Kriegsschäden zwar mit großartigen Baudenkmälern in unsere Zeit herüberretten, doch ist die Stadt zu sehr von der Hektik des Heute durchpulst, als daß sie zu jener Besinnung und Bewunderung anregen könnte, die ihr eigentlich gebührt. Immerhin prägen das massige Holstentor, die riesige gotische Backsteinhalle der Marienkirche und das eigenwillige, dunkelglasierte Rathaus mit den großen Firstwindlöchern unverlierbare Eindrücke von hanseatischer Architektur. Nicht weit vor den Backsteintoren Lübecks greift die Ostsee mit mächtigen Armen und Buchten ins Land. In *Neustadt,* dessen Stadtgestalt sich wohltuend von der uniformen Reihung der Strandsiedlungen abhebt, wendet sich der Weg landeinwärts zur *Holsteinischen Schweiz.* In diesem Gebiet zwischen Geest und Meer hat die Eiszeit mit Moränenhügeln und vielformigen Seenbecken eine wunderliche Geländestruktur hinterlassen, die durch Buchenwälder und Weidewiesen, Rapsfelder und uralte Eichen auf's schönste dekoriert wird. Einsamkeit wird zwar auch hier kleingeschrieben, doch hat man erst den Schritt von der Betriebsamkeit in die Stille getan, dann findet man überall lauschige Flecken, an denen »Immensee«-Stimmung aufkommt. Inmitten dieses Labyrinths aus Land und Wasser geben *Plön,* die alte Herzogstadt, und Eutin, das »Weimar des Nordens«, auch dem Bildungsbeflissenen vielerlei Anregungen. Ehe man in Kiel einfährt, sollte man das Freilichtmuseum Molfsee aufsuchen. Es zeigt auf großem Freigelände mit Katen und Windmühlen, Klappbrücken und Ziehbrunnen jenes reizvolle traditionelle Landeskolorit, dem man auf den Straßen Schleswig-Holsteins oft mühevoll (und zuweilen vergeblich) nachspürt.

11 *Schloß und Stadt Plön. – In Ostholstein hinterließ die Eiszeit eine reizvolle Moränenhügel- und Seenlandschaft, Holsteinische Schweiz genannt. Der Große Plöner See, von einer Satellitenschar kleinerer Seen umgeben, ist mit zehn Kilometern Länge und acht Kilometern Breite das größte Binnengewässer Schleswig-Holsteins. Auf einer Moränenzunge, die sich in das Wasserlabyrinth schiebt, liegt die Stadt Plön, überragt vom Residenzschloß der Herzöge von Schleswig-Holstein – Sonderburg-Plön. Herzog Joachim Ernst ließ von 1633 bis 1636 den noblen Renaissancebau errichten, der im 18. Jahrhundert eine aufwendige Hofhaltung nach französischem Vorbild erlebte und heute als Internat dient.*

Reise-Lexikon

① **Celle,** 80000 Einwohner, ehemalige herzogliche Residenzstadt, liegt an der Aller am Südrand der Lüneburger Heide. Ein Urenkel Heinrichs des Löwen baute im 13. Jh. am Fluß eine Wasserburg, in deren Schutzkreis sich die Stadt entwickelte. Nachdem Lüneburgs aufgebrachte Bürgerschaft 1371 ihren Fürsten vertrieben hatte, wurde Celle 1378 zur ständigen Residenz der Herzöge von Braunschweig-Lüneburg. Die Altstadt, von Kriegszerstörungen verschont geblieben, ist in ihrer Geschlossenheit und Stiltreue von außergewöhnlichem Reiz. In vielen Straßen reihen sich lückenlos prächtige Fachwerkhäuser aneinander, viele mit großartiger Holzarchitektur und farbenprächtigem Schnitzwerk, alle liebevoll gepflegt und herausgeputzt. – Über der Stadt thront inmitten eines Parks auf einer Anhöhe das herzogliche Schloß. Seine heutige barocke Gestalt erhielt es von 1660 bis 1680 durch den kunstsinnigen Herzog Georg Wilhelm. Sehenswert sind die herrlichen Prunkräume, die Schloßkapelle und das Schloßtheater, das älteste fürstliche Theater Deutschlands. Besondere Anziehungspunkte in der Stadt: Stadtkirche (14. Jh., 1600 barockisiert) mit der Fürstengruft, in der u. a. die Särge von Herzog Georg Wilhelm und den beiden unglücklichen Welfenprinzessinnen Sophie Dorothea und Caroline Mathilde ruhen; Altes Rathaus (14./16. Jh.), ein schöner Bau der Weserrenaissance; Bormann-Museum am Schloßplatz; »Französischer Garten« mit Bienenmuseum; Celler Landgestüt (Besichtigung 16. 7.–14. 2., im Herbst Hengstparaden).

② **Hermannsburg,** 8000 Einwohner, freundliche Kleinstadt am Rand des Naturparks Südheide. Die durch ihre eigenwillige Architektur auffallende Kirche Peter und Paul, 1959 im neogotischen Stil erneuert, reicht mit ihren Anfängen bis 972 zurück. Besuchenswert ist das Heimatmuseum, das auch Erinnerungsstücke an den größten Sohn des Ortes enthält: Pastor Ludwig Harms, den Begründer der Hermannsburger Mission, die seit 1849 in Australien, Afrika und Indien wirkt. Im Vorort Oldendorf befindet sich ein hübscher Vogelzoo mit 2000 Tieren.

③ **Wietzer Berg,** 102 m, Naturreservat der Südheide mit weiten Heidekrautfluren, Wacholderbüschen, Harfenfichten und bizarren Schirmkiefern. Sorgsam angelegte Wanderwege führen zum Löns-Gedenkstein auf der Kuppe des Berges.

④ **Müden,** 2000 Einwohner, romantisch-altertümliches Heidedorf im Naturpark Südheide. Unter mächtigen Bäumen stehen gedrungene Bauerngehöfte, vereinzelt mit Ziehbrunnen und bemoosten Speicherhäusern, auf einer Anhöhe das pittoreske Kirchlein mit hölzernem Glockenturm. Am Ortsrand liegt ein hübscher See mit alter Mühle, im Südosten ist ein weiträumiger Wildpark angelegt.

⑤ **Faßberg,** bäuerlicher Nachbarort von Müden mit schönen Heidjer-Gehöften, besonders im Ortsteil Schmarbeck. Rings um den Ort und längs der Straße nach Unterlüß laden viele lauschige Landschaftswinkel (Gerdehaus, Ohöfe, Hausselberg) zu Spaziergängen ein.

⑥ **Munster,** 18000 Einwohner, ehemaliges Heidedorf, das sich durch seine Lage inmitten eines großen Truppenübungsplatzes zur Garnisonstadt wandelte und verfremdete. An die Vergangenheit erinnert nur mehr die kleine St. Urbani-Kirche aus dem 15. Jh.

⑦ **Bispingen,** freundliches Heidedorf am Südostrand des Naturschutzparks. Sehenswert ist die 1353 aus Findlingsteinen erbaute, inzwischen durch Pfeiler gestützte alte Dorfkirche; daneben stehen eine uralte Linde und das strohgedeckte Pfarrhaus. 5 km nördlich des Orts, um Borstel in der Kuhle, liegt die idyllische Erholungslandschaft der »Borsteler Schweiz«.

⑧ **Naturschutzpark Lüneburger Heide,** das 200 qkm große Kerngebiet der Lüneburger Heide, gruppiert sich rings um den Wilseder Berg. Durch das Gebiet führen 2 Autostraßen: im Norden die Straße Egestorf – Handeloh, im Süden die Straße Bispingen – Wintermoor. Das Zentrum des Parks ist für den motorisierten Verkehr gesperrt. Von den Randorten wie Undeloh, Döhle, Volkwardingen, Nieder- und Oberhaverbeck, Behringen und Egestorf werden fortlaufend Kutschwagenfahrten nach Wilsede durchgeführt. Etwa ein Drittel der Parkfläche ist mit Heidekraut bedeckt, das zur Blütezeit im Hochsommer einen leuchtendvioletten Schleier über die Landschaft breitet. Kiefern- und Eichengruppen, weiße Birkenstämme, dunkle Wacholderhaine, Nadel- und Laubwaldparzellen gliedern und beleben das Gelände; strohbedeckte Schafställe, Heidschnuckenherden und die unter Baumkronen versteckten backsteinroten Heidjer-Höfe runden die Eindrücke zu einer der romantischsten deutschen Landschaften ab. Mehrere steinzeitliche Hünengräber zeugen von vorgeschichtlicher Besiedelung. Der Naturschutzpark ist durch ein Netz von Wanderwegen erschlossen.

⑨ **Wilsede,** typisches Heidedorf mit etwa 100 Einwohnern im Zentrum des Naturschutzparks, dessen Häuser im bäuerlich-altertümlichen Stil erhalten werden. Das Dorf, das einem Freilichtmuseum ähnelt, kann nur zu Fuß, zu Pferd, mit dem Fahrrad oder mit dem Kutschwagen erreicht werden. Die Entfernung zu den nächstgelegenen Parkplätzen des öffentlichen Straßennetzes beträgt 3,5 bis 4 km. Ein Museumsgehöft, das »ole Huus«, veranschaulicht mit seiner kompletten Einrichtung die Lebensart in einem der malerischen Heidjer-Bauernhäuser in der Zeit um 1800. – Unweit östlich des Orts liegen die Billungsteine, auch »Hannibals Grab« genannt, Fragmente eines Megalithgrabes aus der jüngeren Steinzeit. 1,5 km westlich von Wilsede liegt der **Wilseder Berg,** mit 169 m die höchste Erhebung der norddeutschen Tiefebene. Er bietet einen schönen Rundblick über den Heidepark, der bei schönem Wetter bis Lüneburg und Hamburg reicht.

⑩ **Undeloh,** charakteristisches Heidedorf mit originalen Häusern und einem sehenswerten Kirchlein: Dem alten romanischen Feldsteinfundament wurde im 17. Jh. ein Fachwerkbau aufgesetzt. Der schöne Fachwerkchor ist von 1639, das Eichenholzkruzifix aus dem 14. Jh. Neben der Kirche steht ein hölzerner Glockenturm mit uraltem Geläut (um 1500). Westlich des Orts verläuft ein lohnender, 3 km langer Forstlehrpfad, der die Flora der Heide veranschaulicht.

⑪ **Egestorf,** einladendes Dorf an der nordöstlichen Pforte des Naturschutzparks. Schmuckstück ist die kleine Kirche, ein Fachwerkbau (1645) auf Feldsteinsockel; hart daneben steht der hölzerne Glockenturm. In der Kirche predigte von 1885 bis 1923 der »Heidepastor« Bode, der Vorkämpfer für die Errichtung des Naturschutzparks. 6 km nordwestlich liegt der **Wildpark Nindorf** mit 400 in unserer Klimazone heimischen Tieren.

⑫ **Salzhausen,** 1700 Einwohner, gemütliches Dorf mit originellen Heidehäusern und einer uralten, noch aus Feldsteinen erbauten Wehrkirche. Der Josthof, das älteste Gehöft im Dorf, wurde zum Romantik-Hotel umgestaltet. Das südöstlich benachbarte **Luhmühlen** ist eine Hochburg des Pferdesports.

⑬ **Lüneburg,** 68000 Einwohner, die über tausend Jahre alte Salz- und Hansestadt, bewahrt mit ihren Bauwerken in Backsteingotik, Renaissance und Barock eines der eindrucksvollsten Stadtbilder Deutschlands. Die Geschichte der Stadt ist vom Salz geprägt, das seit dem 10. Jh. aus der Tiefe der Erde gefördert wurde. 1371 verjagte die Bürgerschaft das welfische Fürstenhaus und gelangte zu Souveränität, Wohlstand und Reichtum. Den Rat der Stadt bildeten einzig die Sülfmeister, deren geschäftstüchtiges Wirken Lüneburg zu einer der reichsten norddeutschen Städte machte. Nach dem 16. Jh., als die Hanse zerfiel und am Salzmarkt viele Konkurrenten auftauchten, schrumpfte auch die Bedeutung der Stadt. 1980 stellte die letzte Saline ihren Betrieb ein. Verblieben ist ein durch die Jahrhunderte fast unverändertes Stadtbild, das vom roten Backstein beherrscht wird. Der platzartige Straßenzug »Am Sande« weist eine Vielzahl prächtiger Patrizierhäuser auf, darunter viele mit den charakteristischen Treppen- und Stufengiebeln. Das Rathaus am Marktplatz gilt als eines der schönsten Deutschland. Im Innern sind besonders die Gerichtslaube (1330), die Große Ratsstube (1589) und der Fürstensaal sehenswert. Ein Blickfang ist die Johanniskirche (14. Jh.) mit ihrem 108 m hohen Spitzturm, ein imposantes Hallenbauwerk, das ebenso lang wie breit ist. – In und um Lüneburg sind außerdem beachtenswert: Das Benediktinerinnenkloster **Lüne** mit bedeutenden Kunstwerken, darunter farbenprächtige Bildteppiche aus dem 14. und 15 Jh. (nur Ende August zu besichtigen); der Dom im Vorort **Bardowick,** das einzige Relikt einer einst mächtigen Stadt, die von Heinrich dem Löwen 1189 zerstört wurde; das ehemalige »Kaufhaus« und der alte Kran an der Ilmenau, einst das geschäftliche Zentrum des Salzhandels; die Kirchen St. Nikolai (15. Jh.) und St. Michaelis (14.–15. Jh.); das Museum des Fürstentums Lüneburg.

⑭ **Lauenburg,** 12000 Einwohner, malerische Kleinstadt am Steilufer der Elbe. An dem strategisch wichtigen Punkt entstand 1181 eine Burg, in der bis 1619 die Herzöge von Sachsen-Lauenburg residierten. Damals brannte das Schloß ab und das Herzoghaus übersiedelte nach Ratzeburg. Unter der Burg und deren Schutz hatte sich schon im 13. Jh. am schmalen Elbufer eine Schiffersiedlung gebildet, die mit dem Bau des für die Lüneburger Salztransporte bedeutsamen Stecknitzkanals (1398) aufblühte. Die Unterstadt, bestehend aus der hart am Strom entlangführenden Elbstraße, weist eine Vielzahl von Fachwerk- und Giebelhäusern aus dem 17. bis 19. Jh. auf und erfreut durch die geschlossene Atmosphäre einer alten Schifferstadt. Das Elbschiffahrtsmuseum veranschaulicht mit herrlichen Schiffsmodellen die große Tradition. Die Stecknitzschleuse von 1725 gilt als älteste Schleuse Europas.

⑮ **Naturpark Lauenburgische Seen,** ein 440 qkm großes Gelände zwischen Büchen bei Lauenburg und Lübeck, das die reizvolle, hügelige Wald-, Seen- und Heidelandschaft längs der Grenze zur DDR umfaßt. Die Landschaftsgestalt wurde – ähnlich wie in der Holsteinischen Schweiz – durch die Eiszeit geformt. Die Eismassen der skandinavischen Gletscher lagerten an ihren südlichen Rändern das mitgeführte Geröll als Moränenhügel ab; mit dem Rückzug der Gletscher bildeten die verbliebenen Eisreste und Schmelzwasserbäche das Labyrinth der heutigen Seenlandschaft. Birkenbestandene Moore, verschilfte Teiche, bäuerliche, von »Knicks« unterteilte Feldfluren, fette Weiden und immer wieder Seen fügen sich zu einem zauberhaften Mosaik zusammen, das durch seine abgeschiedene Lage noch an Stimmungsgehalt gewinnt. Wenn man nicht schon ab Büchen in den Naturpark einschwenkt, ist folgende Fahrstrecke für einen Streifzug empfehlenswert: Mölln – Gudow – Hollenbeck – Klein-Zecher – Groß-Zecher – Seedorf – Salem – Dargow – Kittlitz – Mustin – Ratzeburg.

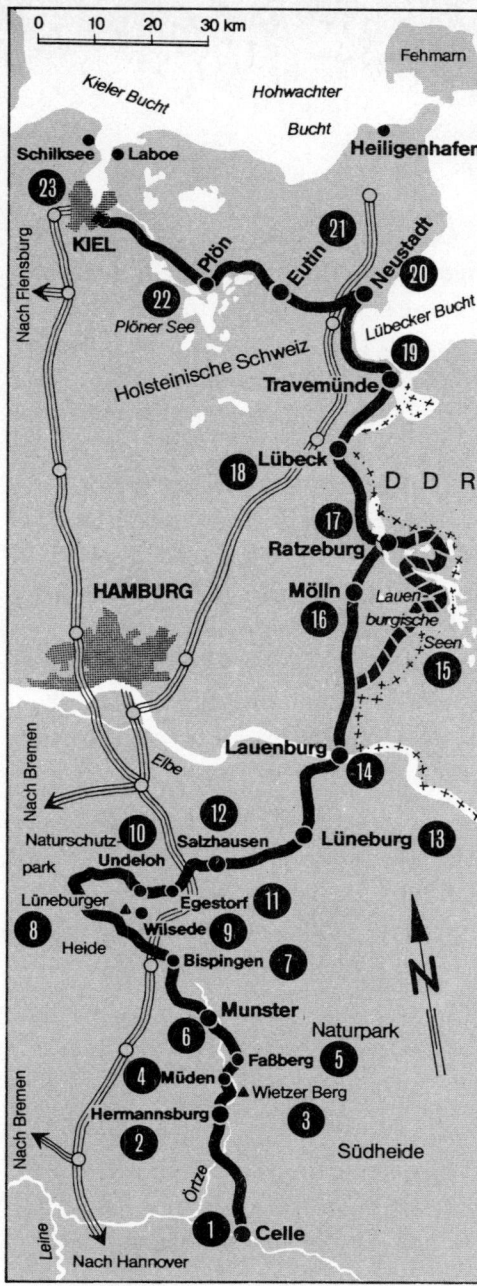

⑯ **Mölln,** 15 000 Einwohner, die Stadt des Till Eulenspiegel, gruppiert sich mit vielen malerischen Ansichten um den gleichnamigen See. Das blitzblanke Städtchen entstand um eine Mühle und kam im Mittelalter durch seine Lage an den bevorzugten Handelswegen des Lüneburger Salzes, Alte Salzstraße und Stecknitzkanal, zu beachtlichem Wohlstand. Kernstück ist der romantische Markt mit vielen schönen Fachwerkhäusern aus dem 16. und 17. Jh. und einem Eulenspiegelbrunnen. Die überhöht auf dem Eichberg stehende Nikolaikirche ist romanischen Ursprungs (13. Jh.); besonders eindrucksvoll ist die Pracht der Innenausstattung. An der Außenwand des Turms befindet sich der Grabstein Till Eulenspiegels, der 1350 in Mölln an der Pest gestorben sein soll.

⑰ **Ratzeburg,** 13 000 Einwohner, Zentrum der Sportruderer und -segler, zeichnet sich durch eine ungewöhnlich hübsche Seenlage aus. Der alte Kern der Stadt liegt auf einer Insel im Ratzeburger See, die durch drei Dammbrücken mit den Ufern verbunden ist; an den beiden Ufern entstanden die neueren Stadtviertel. 1154 gründete Heinrich der Löwe das Bistum und legte den Grundstein zum Dom, der erst 50 Jahre später vollendet wurde. 1693 beschossen die Dänen die Stadt und zerstörten sie bis auf den Dom und fünf Bürgerhäuser; man baute sie nach »Mannheimer Muster« schachbrettartig wieder auf. Der Ratzeburger Dom ist die größte noch erhaltene romanische Kirche in Norddeutschland und neben dem Dom von Lübeck eines der ältesten Beispiele der romanischen Ziegelbauweise. Sein schönster Teil ist die südliche Vorhalle mit der prächtigen Giebelfront. Ratzeburg ist die Geburtsstadt des Dichters und Bildhauers Ernst Barlach (1870–1938).

⑱ **Lübeck,** 240 000 Einwohner, die zweitgrößte Stadt Schleswig-Holsteins und der größte Ostseehafen der Bundesrepublik, liegt an der Trave vor deren Mündung in die Lübecker Bucht. Die Stadt wurde von Heinrich dem Löwen 1159 gegründet, erhielt bereits 1226 Reichsfreiheit, entwickelte sich in den folgenden Jahrhunderten zur »Königin der Hanse« und stieg neben Köln zur größten Stadt Deutschlands auf. Als zentrale Handelsmetropole zwischen dem Norden, dem Westen und dem Osten Europas floß ihr immenser Reichtum zu, was sich noch heute in Anlage und Bausubstanz dokumentiert. Als im 15. und 16. Jh. durch den Niedergang der Hanse die wirtschaftliche Basis zu schwinden begann, erlebte die Stadt eine Blüte der Künste, schufen Künstler wie Bernt Notke und Henning von der Heide prachtvolle Flügelaltäre, die im ganzen Ostseeraum verbreitet wurden. Zu den berühmtesten Söhnen der Stadt zählen die Brüder Heinrich (1871–1950) und Thomas Mann (1875–1955).
Die gesamte Altstadt, inselförmig von der Trave und ihren Kanälen umflossen, bietet auch heute noch das eindrucksvolle Beispiel einer mittelalterlichen Hansestadt; viele der im Krieg beschädigten Bauwerke wurden inzwischen originalgetreu wieder aufgebaut. Von den vielen Sehenswürdigkeiten sind herausragend: Das Holstentor mit seinen wuchtigen Rundtürmen, 1477 bis 1478 nach dem Vorbild flandrischer Brückentore errichtet; das Rathaus am Markt, entstanden vom 13. bis zum 16. Jh., ist das mächtigste Stadthaus Deutschlands; die Marienkirche (1350 vollendet) gilt mit ihrer mächtigen Hallenarchitektur als großartigstes Werk deutscher Backsteingotik und war beispielgebend für den Kirchenbau im Ostseeraum. Beachtenswert sind außerdem: Dom (13./14. Jh.); Katharinenkirche (um 1350); Heiligen-Geist-Spital (13. Jh.); St.-Jakobi-Kirche (13./14. Jh.); St.-Petri-Kirche (13./14. Jh.) mit herrlicher Stadtsicht vom Turm (9–18 Uhr); »Buddenbrookhaus« (1758); Haus der Schiffergesellschaft (1535, heute Restaurant); viele Bürgerhäuser und mehrere Museen.

⑲ **Travemünde,** das Städtchen an der Lübecker Bucht, ist heute ein Stadtteil von Lübeck. Das ehemals exklusive Seebad hat sich in den Nachkriegsjahren zum riesigen Ferienzentrum gewandelt. Weithin sichtbares Symbol dieser Veränderung ist der 118 m hohe Hotelturm, dessen Leuchtfeuer 30 Meilen weit zu sehen ist. Der Badeort zählt jährlich mehr als 150 000 Urlaubsgäste. Nostalgische Romantik findet man nur noch in der sorgsam gepflegten Altstadt, wo sich die schmalen Treppengiebel-Häuser um die alte Fischerkirche St. Lorenz scharen. Travemünde besitzt mit dem Skandinavien-Kai einen der größten Fährhäfen Europas, in dem regelmäßig die Seeverbindungen nach Dänemark, Schweden, Finnland, Polen und in die Sowjetunion abgewickelt werden. Zahlreiche Veranstaltungen sorgen für eine pausenlose Betriebsamkeit. Etwas mehr Ruhe und Naturnähe findet man auf der Halbinsel Priwall, zu der regelmäßig Fähren verkehren. Dort ist auch die Viermastbark »Passat«, das Schwesternschiff der 1957 gesunkenen »Pamir«, vertäut und während des Sommers zu besichtigen. An Travemünde schließt sich fast nahtlos eine Reihe von Kur- und Badeorten wie Timmendorfer Strand, Scharbeutz-Haffkrug und Sierksdorf an, die zwar dem zum Bleiben entschlossenen Urlaubsgast vergnügliche und anregende Badeferien bieten, doch dem Durchreisenden wenig Impulse geben.

⑳ **Neustadt** in Holstein, 16 000 Einwohner, beendet den Reigen der Siedlungen an der inneren Lübecker Bucht. Das sympathische Städtchen weist in seinem Kern um den rechteckigen Markt noch viel altertümliche Details und ein rühriges Eigenleben auf. Sehenswert sind die zu den schönsten gotischen Kirchen Holsteins zählende Stadtkirche (13./14. Jh.), der Kornspeicher am Hafen und das mittelalterliche Kremper Tor.

㉑ **Eutin,** 18 000 Einwohner, heimeliges Städtchen inmitten der Holsteinischen Seenplatte, einst das »Weimar des Nordens« genannt. Der Komponist Carl Maria von Weber (1786–1826) ist hier geboren, der Maler J. H. W. Tischbein und der Homer-Übersetzer Johann Heinrich Voß haben lange hier gelebt. An die künstlerische Tradition knüpfen das Voß-Haus, das Carl-Maria-von-Weber-Museum und die alljährlich im Juli/August veranstalteten »Eutiner Sommerspiele« im Schloßpark an. Das einer Wasserburg ähnliche Schloß, einst Residenz der Lübecker Bischöfe, lohnt wegen seiner prächtigen Interieurs und reichhaltigen Sammlungen einen Besuch.

㉒ **Plön** und **Plöner See** bilden das Zentrum der Holsteinischen Schweiz. Die 12 000 Einwohner zählende, ehemalige Residenzstadt liegt malerisch auf einer inselähnlichen Landenge zwischen dem Großen Plöner See und mehreren kleinen Seen. Dominierender Mittelpunkt ist das dreiflügelige Renaissanceschloß (1633–1636), in dem sich jetzt ein Internat befindet (nicht zu besichtigen). Empfehlenswert ist ein Spaziergang auf der Prinzeninsel, die als schmale Zunge weit in den Großen Plöner See hineinragt und herrliche Panoramen bietet.

㉓ **Kiel,** 275 000 Einwohner, die Landeshauptstadt Schleswig-Holsteins, umsäumt mit seinen Vororten große Teile der 16 km ins Land einschneidenden Kieler Förde. Die ehemalige Hansestadt, im 13. Jh. gegründet und bis in unser Jahrhundert einer der wichtigsten deutschen Kriegshäfen, wurde im Zweiten Weltkrieg stark zerstört und dann modern wieder aufgebaut. Außer der Nikolaikirche (14./15. Jh.) sind die meisten Sehenswürdigkeiten neueren Datums: Das Olympiazentrum Schilksee, zweimaliger Austragungsort olympischer Segelwettkämpfe (1936 und 1972) und alljährlicher Schauplatz der Kieler Woche; das besuchenswerte Freilichtmuseum Molfsee, ein 60 ha großes Gelände mit vielen alten Bauernhäusern, Wind- und Wassermühlen; der Gutshof Knoop in Holtenau, eines der schönsten klassizistischen Herrenhäuser des Landes; das 86 m hohe Marine-Ehrenmal (1929–1939) im Vorort Laboe. Am Ufer der Förde liegt auch die »Gorch Fock«, das traditionsreiche Segelschulschiff der ehem. deutschen Kriegsmarine.

3 Rhein- und Moselfahrt

Der Dreiklang von Flüssen, Burgen und Wein

Es gibt auf der Erde viele Wasserläufe, die gewaltiger sind als der *Rhein*. Dennoch erscheint er als der Inbegriff eines großes Stromes, als das pulsierende Herz eines Erdteils, Grenze und Mittler zwischen den Völkern zugleich. »Flüsse sind Wege, die wandern«, sagte Blaise Pascal. Der Rhein ist wahrlich weit gewandert auf seinem Gang durch die Jahrtausende. Er war Weg und Ziel für Germanen und Römer, Krieger und Kaufleute, Kirchenfürsten und Generäle, für Schiffsleute und Touristen. Er erlebte den fortwährenden Wechsel von Barbarei und Kultur, von Blüte und Niedergang, wurde auf solche Art gleichsam zur lebendigen Chronik der Geschichte Europas. Oft schien es, als wäre er alt und müde geworden, gemartert von den Lasten, die man ihm aufbürdet. Doch er ertrug und erträgt alle Zumutungen mit zeitloser Gelassenheit: Raubritter, die sein Bett mit Ketten durchspannten; Franzosen, die ihm das Wasser abzugraben begannen; die Bomben des Krieges und die Giftstoffe der Industrieabwässer ebenso wie die heute jährlich rund siebentausend Schiffe und Lastkähne, die ohne Unterlaß durch seine Fluten pflügen. Der Rhein wird auch unseren Zeitabschnitt überleben, und es stimmt hoffnungsfroh, zu vernehmen, daß sich in dem noch vor kurzem zur »Kloake Europas« abgestempelten Fluß neuerdings wieder Fische heimisch fühlen. Da sich auch der große Verkehr von den Uferstraßen auf die parallelen Autobahnen verlagert hat und damit viele störende Einwirkungen beseitigt sind, ist das Stromtal heute durchaus wieder eine Reise wert. Die klassische Reiselandschaft war der Rhein seit altersher, gibt es doch keinen Fluß auf der Erde, der auf knapp zweihundert Kilometern Länge, nämlich zwischen Köln und Mainz, so viel Sehenswertes aneinanderzureihen vermag.

Des Rheins kleine Schwester, die *Mosel*, war (das Römerzentrum Trier ausgenommen) beim großen Welttheater ohnedies meist nur Zaungast. Ihrem mit zahllosen Schleifen tief in das Schiefergebirge eingravierten Talbett vermochte selbst das Industriezeitalter kaum etwas von seiner Idylle zu rauben. – Um den Reiseweg dieses Kapitels sinnvoll abzurunden, ist eine Fahrt durch wenig bekannte, aber höchst erlebnisreiche Landschaften eingefügt. Sie führt durch das weingesegnete Tal der Nahe zur Edelsteinstadt Idar-Oberstein und über den waldreichen Höhenrücken des Hunsrück in das Tal der Saar, die auf ihrem Unterlauf zwischen Mettlach und der Mündung in die Mosel mit kaum erwarteten Eindrücken überrascht.

Die Reise beginnt in *Köln*, der »Colonia Agrippinensis« der Römer, einer der traditionsreichsten Metropolen des alten Europa. Doch wer die Stadt schon kennt, kann ebensogut *Bonn* als Startpunkt wählen, denn erst ab dort gewinnt das Rheintal Form und Gestalt. Als erster Blickfang baut sich am Ostufer das *Siebengebirge* auf, jene Gruppe von sieben Hügeln, das der Sage nach seine Entstehung sieben Riesen verdankt, die nach vollbrachter Aushebung des Rheinbetts hier ihre Spaten abgeklopft haben. Die am rechtsrheinischen Ufer folgenden Orte Unkel, Erpel und Linz bezaubern mit ihrer idyllischen Fachwerkromantik. Hier, an den sanften Uferhängen des Westerwaldes, wachsen seit zweitausend Jahren die Reben, während der Eifelfels auf der gegenüberliegenden Seite keinen Wein hervorbringt. Dafür diente er als vielgefragtes Baumaterial, das auf den Schiffen in alle Welt schwamm. Der Rheinkran in Andernach, bis 1911 in Betrieb, erinnert an diese Tradition. In *Koblenz,* wo die Mosel dem Rhein ihre grünen Wasser und ihren spritzigen Wein zuschickt und sich unter dem abweisend strengen, felsgestaffelten Ehrenbreitstein ein stolzes Stadtwesen ausbreitet, beginnt der schönste Teil der Rheinfahrt. Da drängen sich die Steilufer mit ihren hochgespachtelten Rebenparzellen dicht an den Strom, krallt sich dürftiges Strauchwerk an das nackte Gestein. Auf den Hängen und Kuppen stehen, kühn hochgereckt oder bescheiden geduckt, Burgen und Ruinen wie steinerne Wachposten. In schmale Ufernischen schmiegen sich uralte Flecken, wie schutzsuchend um romanische oder gotische Kirchtürme

12 *Der Kölner Dom. – Mit 144 Metern Länge und 41 Metern Breite ist der Kölner Dom eine der größten gotischen Kathedralen Europas. Das imposante Bauwerk wurde 1248 begonnen und erst 1880, mit der Fertigstellung der beiden 157 Meter hohen Türme, vollendet. Doch die Kathedrale ist, wie Dombaumeister Arnold Wolff es formuliert, »zwar vollendet in der Idee, aber niemals fertig in der Wirklichkeit«. 1248 begann Meister Gerhard mit hundert Handwerkern seinen Bau. Heute sind fast ebensoviele Fachleute auf unabsehbare Zeit damit beschäftigt, den Dom vor der Zerstörung durch Emission zu retten.*

13 *Burg Katz bei St. Goarshausen am Rhein. – Seit altersher gilt das Rheintal mit seinen lauschigen Uferorten, seinen Weinbergen und Ritterburgen als Inbegriff der romantischen deutschen Landschaft. Die einst mächtigen Grafen von Katzenelnbogen, Rheinzoll und Salmfang beherrschend, bauten 1393 über der Strombiegung unweit der Loreley die martialische Burg, die 1806 durch Napoleon zerstört und 1898 in Anlehnung an den Originalzustand wiederaufgebaut wurde.*

14 *Trier, Kurfürstliches Palais. – Die älteste Stadt auf deutschem Boden war eine der vier Hauptstädte des Römischen Reiches, in der sieben römische Kaiser residierten. Sie schmückten die Stadt mit Bauten, die in Deutschland ohne Beispiel sind. Die Römer verließen Trier im 5. Jahrhundert, Attilas Hunnen zerstörten es wenig später. Erst im 12. Jahrhundert konnte die Stadt als Residenz der Erzbischöfe und Kurfürsten an die frühere Größe anknüpfen. Kurfürst Johann Philipp von Walderdorff ließ im 17. Jahrhundert den prächtigen Barockpalast errichten, der im 18. die reizvolle Rokokofassade erhielt. (Dahinter die aus spätrömischer Zeit stammende ›Basilika‹.)*

gehäuft. Bei jeder Biegung des Tals und der Straße wechseln die Bilder, die Panoramen, die Stimmungen. Auf diesem Teilstück wird die Wahl zwischen den beiden Uferstraßen zur Qual. Unsere Route gibt von Koblenz bis Lorch, wo man mit der Fähre übersetzen kann, der linksrheinischen den Vorzug, weil sie manche Ansichten durch räumlichen Abstand besser ins Blickfeld setzt. Doch wie man sich auch entscheidet, – Versäumnisse sind unvermeidbar. Gleich hinter Koblenz reckt sich Burg *Stolzenfels* wolkenwärts. Der preußische Hofbaumeister Friedrich von Schinkel baute im 19. Jh. die alte kurtrierische Zollburg zu einer neogotischen Spielzeugkasten-Architektur mit Turm- und Zinnengekröne um. Dessen ungeachtet genießt man von dort einen faszinierenden Rundblick über die Rheintal- und Moselfurche, über die Höhenzüge von Eifel und Hunsrück, Westerwald und Taunus. Das Gegenstück zu Stolzenfels taucht wenig später am jenseitigen Ufer auf: Die *Marksburg* über Braubach, in der sich alte Ritterherrlichkeit versinnbildlicht und konserviert. Es ist die einzige mittelalterliche Burg am Rhein, die allen Angriffen und Belagerungen widerstand. In ihren Mauern befindet sich neben einem Museum der Sitz der Deutschen Burgenvereinigung, die alle der fünfzehn- bis zwanzigtausend deutschen Burgen und Schlösser archiviert hat. Rhens und Boppard sind zwei liebenswerte altertümliche Kleinstädte; die Burgen Liebenstein und Sterrenberg, die »feindlichen Brüder« genannt, haben längst ihre barbarische Spießmauer von Blüten umranken lassen. Bald nach St. Goar, dessen Fachwerkzeilen von Burg Rheinfels überwacht werden, und nach dem Burgenduo Katz und Maus über St. Goarshausen erscheint die *Loreley*. Sie ist eigentlich nur ein 132 Meter hoher, spärlich begrünter Felsblock, doch durch das sentimentale Lied von der goldhaarigen Zauberin wohl für alle Zeiten zutiefst im deutschen Gemüt verankert. Das alte Reichsstädtchen Oberwesel ist ein durch raumkarge Gotik von Mauern und Türmen geprägtes Städtejuwel, Bacharach mit der filigranen Ruine der Wernerkapelle und seinen urgemütlichen Gassen nicht minder anziehend und eindrucksvoll. Nach dem Binger Loch öffnen sich die Hänge zu befreiender Weite, anstelle der felsbedrängten Rebenparzellen treten riesige, auf- und abwogende Weinhänge, das Herzland des rheinhessischen Weinbaus, über das schon Heinrich Heine meditierte: »Mon Dieu, wenn der Glaube Berge versetzen könnte, der Johannisberg wäre just der Berg, den ich mir überallhin nachkommen ließe.«

Nach einer Visite im goldenen *Mainz*, dem Mittelpunkt der mittelalterlichen Gelehrsamkeit und des Humanismus, wendet sich unser Weg am Südufer des Rheins stromabwärts bis Bingen und folgt über Bad Kreuznach und Bad Münster am Stein, wo sich der steilaufragende Rotenfels effektvoll im Wasser spiegelt, dem Tal der *Nahe*. Erst begleiten sanft geschwungene Weinhänge den Weg, dann wandelt sich die Szenerie zur kargen Schiefergesteinslandschaft. Im topographisch wildesten Winkel des Tals liegt *Idar-Oberstein,* die Stadt der Edelsteinschleifer. Nachher fährt man auf der ›Eichenlaubstraße‹ durch eine anmutige Mittelgebirgslandschaft mit aussichtsreichen Höhen, grünen Tälern und großen Forsten, doch bar aller Sensationen. Diese folgen erst bei Mettlach, wo sich die Saar um Orscholz, Taben-Rodt und Kastel-Staadt in dramatischen Windungen durch das Gebirge gegraben hat. In Saarburg erheischt ein Wasserfall mitten in der Stadt das Interesse, dann streben Fluß und Straße der *Mosel* zu. Nach dem obligaten Besuch in *Trier,* der ältesten deutschen Stadt mit ihren beeindruckenden Baudenkmälern, bummelt man moselabwärts, auf lauschigen Uferwegen bald hüben, bald drüben, und ist erstaunt darüber, daß die vielgerühmte Romantik dieses Tals kaum etwas von ihrem Zauber eingebüßt hat. Die Ortsschilder der heimeligen Dörfer muten an wie Flaschenetiketten eines gut sortierten Weinkellers, die bald steil eingeschnittenen, bald sanft ausschwingenden Uferhänge sind bis in den letzten Winkel mit Rebengärten übersät, und von den Hügelkuppen grüßen die morschen Gemäuer der Burgen. Bernkastel, Beilstein und Cochem sind die beliebtesten Besuchsziele; doch daneben und dazwischen verlocken die sympathischen Flecken dutzendweise zur Einkehr und zur Bleibe, und man empfindet, wie Goethe vor zweihundert Jahren, ein »Gefühl von Wohlfahrt und Behagen, welches über Weinländern in der Luft zu schweben scheint«.

15 *Burgruine Metternich über der Mosel. – An sonnigen Herbsttagen wird das Moseltal, das »Land der brüchigen Mauern und vollen Humpen«, in vielen Abschnitten eine anmutige Farbkomposition aus Gold und Blau. Über der Beilsteiner Moselschlinge stehen die Ruinen der einstigen Metternich'schen Burg: Fürst Clemens von Metternich, der 1773 in Koblenz geborene österreichische Staatskanzler, war ihr letzter Besitzer. Auf den Hängen reift der edle Tropfen des »Bruttiger Rathausberg«.*

Reise-Lexikon

① **Köln,** 980 000 Einwohner, die größte Stadt Nordrhein-Westfalens, liegt zu beiden Seiten des Rheins, über den sich 6 Brücken spannen. Die Stadt erhielt schon 50 n. Chr. Stadtrechte, war im Mittelalter kulturelles Zentrum des Rheinlandes und neben Lübeck und Danzig eine der bedeutendsten Hansestädte. Im 12. Jh. besaß Köln die größte Stadtbefestigung Deutschlands, in deren Schutz sich romanische und gotische Architektur, Malerei und Bildhauerkunst großartig entfalten konnten. Der Zweite Weltkrieg fügte der Stadt schwere Schäden zu, der Wiederaufbau (der auch zahlreiche historische Bauwerke umfaßte) ist heute abgeschlossen. Wahrzeichen und Mittelpunkt ist der gotische Dom, der 1248 begonnen und erst 1880 vollendet wurde. Mit seinen 144 m Länge, 41 m Breite und einer Turmhöhe von 157 m ist er eine der größten Kathedralen Europas. Das Innere birgt Kunstschätze von höchstem Rang. – Aus einer Reihe von Museen heben sich das Römisch-Germanische-Museum (reiche Funde aus römischer Zeit) und das Wallraf-Richartz-Museum (bedeutende Gemälde vom 15. Jh. bis heute) heraus. Von den zahlreichen Kirchen sind neben dem Dom jene von St. Gereon (4.–14. Jh.), St. Pantaleon (10.–17. Jh.), St. Apostel (13. Jh.), Groß-St.-Martin (13. Jh.) und St. Severin (11.–15. Jh.) die bedeutendsten. Weitere Sehenswürdigkeiten: Gürzenich (1444), der älteste Profanbau; Altes Rathaus (15./16. Jh.); Römerturm (50 n. Chr.); Colonia-Hochhaus (46 Stockwerke, höchstes Wohnhaus Europas); Rheinseilbahn.

② **Bonn,** 300 000 Einwohner, die Hauptstadt der Bundesrepublik, ausgedehnt zu beiden Seiten des Rheins gelegen. Von den Römern im Jahr 12 n. Chr. gegründet, war Bonn später Residenz der Kölner Erzbischöfe und Kurfürsten und entwickelte sich im 19. Jh. zur noblen Universitätsstadt. Zu den Sehenswürdigkeiten zählen das romanische Münster (11.–13. Jh.), eine der schönsten alten Kirchen des Rheinlands, die Universität im Rokoko-Schloß, das Alte Rathaus, das Beethoven-Geburtshaus (Museum) und die moderne Beethovenhalle sowie das Poppelsdorfer Schloß (1730) mit dem Hofgarten. Südwestlich des Zentrums liegt am Westufer des Rheins das Regierungsviertel mit dem Bundeshaus; diesem schließt sich der »Diplomatenstadtteil« Bad Godesberg an. Im rechtsrheinischen Stadtteil Beuel steht die architektonisch ungewöhnliche, übereinandergebaute Doppelkirche von Schwarz-Rheindorf (12. Jh.).

③ **Siebengebirge,** benannt nach einer Gruppe von vulkanischen Bergkegeln, die sich am westlichen Rheinufer aufbauen. Die bekanntesten Erhebungen sind die burgengekrönte Drachenfels (Zahnradbahn), 324 m, die Löwenburg (Ruinenkuppe), 455 m, der Ölberg, 460 m, und der Petersberg (Zahnradbahn), 331 m. Das Gebiet ist einer der ältesten deutschen Naturparke und wird vorbildlich gehegt und gepflegt; zahlreiche Wanderwege führen zu den schönsten Punkten.
Am Fuß des Siebengebirges liegen die Orte Königswinter (Weinort mit schöner Promenade), Rhöndorf (Adenauer-Wohnhaus, jetzt Museum) und Bad Honnef (schönes Parkgelände auf der langgestreckten Rheininsel Grafenwerth).

④ **Linz,** 7000 Einwohner, bildet mit den benachbarten **Unkel** und **Erpel** eine Gruppe von heimeligen, altertümlichen Weinorten mit farbenfrohen Fachwerkhäusern und Relikten einstiger Befestigungsanlagen.

⑤ **Andernach,** 28 000 Einwohner, entwickelte sich aus einem römischen Kastell, war dann fränkischer Königshof und später vielumkämpfte Reichsstadt. Aus ihrer großen Vergangenheit bewahrt die Stadt nur mehr wenige, aber eindrucksvolle Reste: Runder Turm (1450, 56 m hoch); Rheintor und Burgtor; Rathaus (1572); Alter Kran (16. Jh.). Bedeutendstes Bauwerk ist die Marienkirche aus dem 12. und 13. Jh., eine der schönsten romanischen Kirchen im Rheinland.
Am rechten Rheinufer liegt in einer Senke das industriereiche **Neuwied,** dessen streng symmetrische Stadtanlage beachtenswert ist.

⑥ **Koblenz,** 125 000 Einwohner, liegt prächtig um den Zusammenfluß von Rhein und Mosel gruppiert. Hervorgegangen aus einem römischen Kastell, war die Stadt oft Schauplatz geschichtlicher Ereignisse. Trotz seiner militärischen Vergangenheit gibt sich Koblenz heute sehr zivil und touristenfreundlich. Es ist zudem ein bedeutendes Weinhandelszentrum und pflegt diesen Ruf u. a. mit seinem seit 1925 bestehenden »Weindorf«. Die historischen Sehenswürdigkeiten der Stadt sind: Festung Ehrenbreitstein mit übereinandergestaffelten Wehrmauern und Bastionen, heute Museum und Jugendherberge; Liebfrauenkirche (12.–15. Jh.) mit stadtbildprägenden barocken Hauben; St. Castor, mit romanischen Bauteilen; Schloß der Trierer Kurfürsten (18. Jh.); Balduinbrücke über die Mosel (14. Jh., 13 Steinbögen).
Südlich der Stadt prunkt über dem Rhein Schloß **Stolzenfels,** 1836–1845 im historisierenden neugotischen Burgenstil wiederaufgebaut. Alljährlich am zweiten Samstag im August wird zwischen Braubach und Koblenz mit bengalischer Beleuchtung und bombastischem Feuerwerk der »Rhein in Flammen« gesetzt.

⑦ **Rhens,** 3000 Einwohner, freundliches Rheinuferstädtchen mit großer Vergangenheit. In der Stadt findet man noch teilweise erhaltene Mauern und Türme sowie hübsche Fachwerkhäuser, am Nordwestrand steht der historische Königsstuhl (1843 nach Zerstörung neu aufgeführt), einst ein geschichtlich bedeutsamer Versammlungsort zur Vorbereitung der Kaiserwahl. – Gegenüber von Rhens ragt über Braubach effektvoll auf einer Bergkuppe die **Marksburg** (13. Jh.) empor, die einzige unzerstört gebliebene mittelalterliche Burg am Rhein.

⑧ **Boppard,** 9500 Einwohner, ein ehemaliges Reichsstädtchen, liegt malerisch an der großen Rheinschleife des »Bopparder Hamm«. Von den Römern gegründet, kam die Stadt unter die Hohenstaufen zu großer Blüte und war ein wichtiges Mitglied im Rheinischen Städtebund. Heute ist sie ein vielbesuchtes Ausflugsziel mit heimeliger Atmosphäre. Schönstes Bauwerk ist die St. Severuskirche (12./13. Jh.), eine spätromanische Emporenbasilika mit auffallenden Doppeltürmen. Außerdem erinnern alte Tore und Mauerteile, die kurfürstliche Burg und einige Adelssitze an die einstige Bedeutung der Stadt.

⑨ **St. Goar,** 2500 Einwohner, eine reizvolle Kleinstadt, wird von der größten der rheinischen Burganlagen überragt: der Burgruine Rheinfels, einer ehemaligen Zollfeste der hessischen Grafen Katzenelnbogen. – Jenseits des Rheins liegt **St. Goarshausen** mit den beiden Burgen Katz und Maus.
Stromabwärts taucht wenig später die vielumschwärmte **Loreley** auf, ein 132 m hoher Uferfelsen und Symbol deutscher Rheinromantik, darunter die Stromverengung mit den gefährlichen Felsriffen »Sieben Jungfrauen« oder »Hungersteinen«.

⑩ **Oberwesel,** 5000 Einwohner, zeigt mit seiner vollständig erhaltenen, mit 18 Türmen bewehrten Ummauerung die wohl geschlossenste mittelalterliche Silhouette aller Rheinstädte. Die äußerlich schlichte Liebfrauenkirche aus dem 14. Jh. weist im Innern eine kostbare Ausstattung (gotischer Schnitzaltar von 1331, Lettner von 1350) auf. Südöstlich liegt auf einer Anhöhe die Ruine der Schönburg (heute intern. Jugendburg und Hotel).
Rheinaufwärts folgt nach 4 km die **Pfalz,** auf einer winzigen Insel stehende ehemalige Zollfeste mit ungewöhnlich malerischer Wirkung, berühmt geworden durch Blüchers Rheinübergang in der Neujahrsnacht 1813/14.

⑪ **Bacharach,** 3000 Einwohner, uraltes Weinstädtchen mit gut erhaltener türmereicher Stadtmauer aus dem 16. Jh., überragt von der Burgruine Stahleck (Jugendherberge). Der Ort war zu allen Zeiten ein Stapelplatz der Rheingauer Weine und erfreut sich als Ausflugsziel eines regen Zuspruchs. Sehenswert ist die Peterskirche (12.–14. Jh.) mit schöner Innenausstattung; als Wahrzeichen gilt die Ruine der hochgotischen Wernerkapelle.

⑫ **Rüdesheim,** 8000 Einwohner, altes Rheingaustädtchen mit zahlreichen Weinschänken, der wohl bekannteste aller Weinorte. In der Brömserburg befindet sich ein Heimat- und Weinmuseum, im Brömserhof ein sehenswertes »Mechanisches Musikkabinett«. – Eine Kabinenseilbahn schwebt zum pompösen Niederwalddenkmal hoch, das man im Verlauf unserer Route über Lorch und Aßmannshausen auch auf einer Nebenstraße erreicht.

⑬ **Rheingaugebirge,** die südlichen und südwestlichen Ausläufer des Taunus, die sich zwischen Lorch und Wiesbaden zum Rhein hin absenken und mit ihren langgezogenen, besonnten Hängen das Herzstück des Rheingauer Weinlandes bilden. Neben Rüdesheim sind **Geisenheim, Schloß Johannisberg,** die verstreute Winzergemeinde **Oestrich-Winkel** und das Wein- und Sektzentrum **Eltville** die beliebtesten, durch die »Rheingauer Riesling-Route« miteinander verbundenen Reisestationen.

⑭ **Mainz,** 200 000 Einwohner, die Landeshauptstadt von Rheinland-Pfalz, ist vielleicht die typischste aller Rheinstädte. Sie wurde 38 v. Chr. von den Römern gegründet und erlangte im Mittelalter Reichtum (das »goldene Mainz«) und Macht; ihre Erzbischöfe und Kurfürsten fungierten als Erzkanzler des Heiligen Römischen Reiches deutscher Nation. Durch Gutenbergs Erfindung der Buchdruckkunst wurde die Stadt zum Ausgangspunkt einer der größten Umwälzungen im Geistesleben des Abendlandes. – Zu den größten Sehenswürdigkeiten zählen: der vieltürmige Dom (10.–13. Jh.), neben jenen von Worms und Speyer einer der ganz großen romanischen Kaiserdome am Rhein, im Innern ausgestattet mit hervorragenden Bischofsgrabmälern und herrlichem Chorgestühl; das Gutenberg-Museum, Weltmuseum der Druckkunst, veranschaulicht das Spektrum von Druck und Schrifttum; das Kurfürstliche Schloß (17./18. Jh.), eines der schönsten Bauwerke der deutschen Renaissance; mehrere Kirchen (St. Stephan, St. Peter, St. Quintin) und inhaltsreiche Museen (u. a. Römisch-germanisches Zentralmuseum) sowie die Altstadtwinkel um den Dom mit dem Renaissance-Kleinod des Marktbrunnens.

⑮ **Bingen,** 27 000 Einwohner, liegt prächtig an der Nahemündung und am Beginn des Rheindurchbruchs durch das Rheinische Schiefergebirge (»Binger Loch«). Aus dem einstigen römischen Kastell erwuchs eine wichtige Station der Rheinschiffahrt und ein angesehenes Weinhandelszentrum. Auf einer Anhöhe über der Stadt bietet Burg Klopp (1789–1875, heute Rathaus und Heimatmuseum) einen einzigartigen Blick über die Rheingaulandschaft. – Auf einer Rheininsel steht der vielfotografierte »Mäuseturm«, früher Zollstation, dann Signalturm für die Schiffahrt.

⑯ **Bad Kreuznach,** 38 000 Einwohner, reizvoll auf beiden Ufern der Nahe gelegenes Städtchen, das sich aus einem römischen Kastell zum Salzsieder-

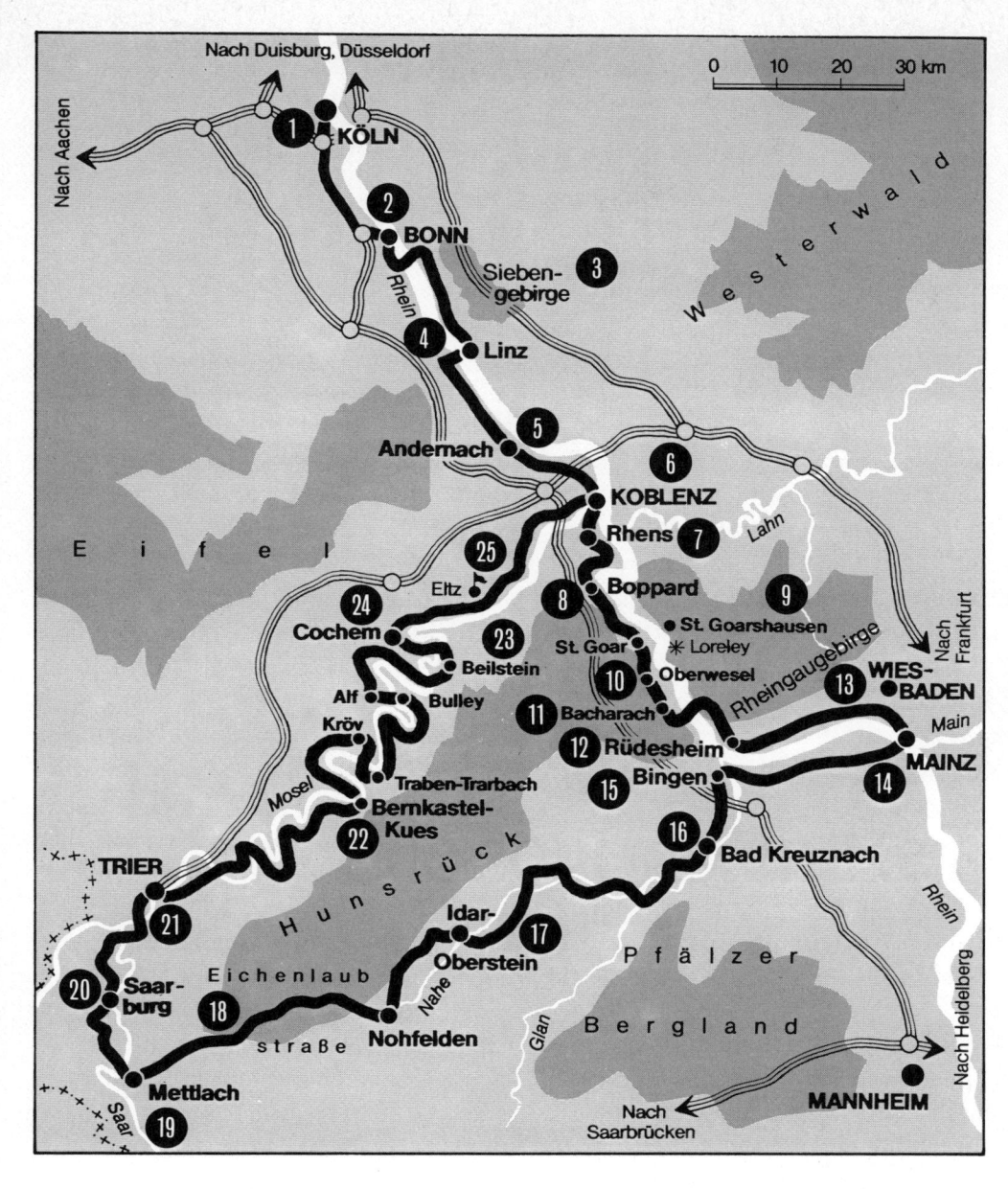

Wahrzeichen der Stadt; der Dom, die älteste deutsche Bischofskirche, entstanden im 4. Jh. und im 11./12. Jh. erweitert; die römische »Basilika«, erbaut um 310 durch Konstantin d. Gr.; die Kaiserthermen aus dem 4. Jh.; das Amphitheater der Römer; die auf 7 Pfeilern ruhende Römerbrücke. Aus späteren Epochen stammen das Kurfürstliche Palais, ein Prachtbau in Renaissance und Barock, die barocke Paulinuskirche (1754), die gotische Dreifaltigkeitskirche (13.–15. Jh.), das Dreikönigenhaus (13. Jh.), die Marktkirche St. Gangolf (13.–16. Jh.), das Wein- und Festhaus »Steipe« (15. Jh.) sowie weitere Kirchen und mehrere interessante Museen.

㉒ **Bernkastel-Kues,** 6000 Einwohner, malerisch auf beiden Seiten der Mosel inmitten von Weinbergen gelegen, ist mit seinen verwinkelten Fachwerkgassen einer der liebenswürdigsten Weinorte des Tales. Herzstück ist der stimmungsvolle, winzige Marktplatz mit dem Rathaus von 1608, dem Michaelsbrunnen (1606) und dem Pranger. Am Moselufer steht die frühgotische St. Michaelskirche mit schöner Barockausstattung. Am linken Moselufer, im Stadtteil Kues, lohnt ein Besuch des St. Nikolaus-Hospitals (mit Kapelle, Kreuzgang und Bibliothek), das der größte Sohn des Orts, der Kardinal und Philosoph Nicolaus Cusanus, im 15. Jh. gestiftet hat. Auf der östlichen Uferhöhe steht die Burgruine Landshut (lohnende Auffahrt).

Auf der Straße moselabwärts verlocken die malerischen Orte **Kröv** (Dreigiebelhaus), **Traben-Trarbach** (Ruinen der Grevenburg und der Vauban-Feste Royal) und **Alf-Bullay** (Marienburg auf dem Kamm der großen Moselschleife) zur Pause und Einkehr.

㉓ **Beilstein,** 200 Einwohner, einer der romantischsten Flecken im Moseltal. Der winzige Ort, auf engstem Raum zwischen Fluß und Fels eingeschmiegt, gruppiert sich mit Fachwerkhäusern, winkeligen Gäßchen, Toren und Türmchen um die hochragende barocke Hallenkirche (1635). Über dem Ort liegt die Ruine der 1689 zerstörten Burg Metternich.

㉔ **Cochem,** 8000 Einwohner, neben Bernkastel der meistbesuchte Moselort, wird von drei Burgen umrahmt: der Burg Arras, der Winneburg und der blickbeherrschenden alten Reichsburg, die Ende des 19. Jh. im neugotischen Stil wieder aufgebaut wurde.

㉕ **Burg Eltz,** der Inbegriff deutscher Schloßromantik, versteckt sich in einem engen Seitental der unteren Mosel. Ihre abgeschiedene Lage und diplomatisches Geschick (einer der Burgherren stand im Dienst Ludwigs XIV.) bewahrte sie als einzige Moselburg vor der Zerstörung in den französischen Raubkriegen. Die um einen engen Hof hochgemauerten Gebäudeteile wurden vom 13. bis 16. Jh. aufeinandergetürmt, teils aus Schutzbedürfnis, teils zur Lösung der Wohnprobleme. Mit ihren vielen Türmchen, Giebeln und Erkern verkörpert sie eine architektonische Rarität. (Die Zufahrt ist etwas umständlich: Der bequemste Weg führt von Hatzenport über Münster-Maifeld und Wierschem zur Antoniuskapelle, ab dort etwa 10 Minuten Fußmarsch.)

zentrum entwickelt hat. Heute wird die Stadt vom Weinbau und den Anlagen des Kur- und Badebetriebes (Quellen und Thermen gegen Rheuma und Frauenleiden) geprägt. – Sehenswert sind die mittelalterliche Nahebrücke mit Brückenhäusern aus dem 15. Jh. sowie der Kurbezirk auf der Insel Badewörth mit Kurhaus, Park, Gradierwerken und Freiluft-Inhalatorium (Sole-Zerstäuber).
Über dem linken Naheufer erhebt sich der weinberühmte Kauzenberg (Auffahrt, Burgruine). Rings um Bad Münster, den südlichen Nachbarort, bildet das Nahetal mit den schroffen Porphyrfelsformationen des Rheingrafenstein und des Rotenfels eindrucksvolle Landschaftsszenerien.

⑰ **Idar-Oberstein,** 40000 Einwohner, dicht zusammengedrängt im felsflankierten Taldreieck von Nahe und Idar, ist Zentrum der Edelsteinverarbeitung und Schmuckwarenindustrie. Die Stadtgestalt ist eine seltsame Mischung aus Gewerbestädtchen, Goldgräbersiedlung und Verkaufsschau; fast jedes Haus bekundet mit Aufschriften, Schildern oder Schaufenstern die Dominanz der Branche. Seit dem 16. Jh., als man im Hunsrückfels ergiebige Achatvorkommen fand, blüht das Gewerbe der Edelsteinschleifer. Obwohl die Schätze aus der Erde seit 150 Jahren erschöpft sind und heute ausschließlich Importsteine verarbeitet werden, ist der Aufwärtstrend ungebrochen. Einen anschaulichen Einblick vermitteln das Deutsche Edelsteinmuseum und das Heimatmuseum. Sehenswert sind außerdem die in eine Felswandnische gebaute evangelische Felsenkirche sowie die »Weiherschleife«, eine alte wasserbetriebene Edelsteinschleiferei.

⑱ **Eichenlaubstraße,** touristische Bezeichnung für eine Strecke im Grenzbereich von Hunsrück, Nordpfälzer Bergland und Saarland, der unsere Reiseroute zwischen Nohfelden und Mettlach folgt. Sie führt durch eine sanft geformte, waldreiche Landschaft mit viel ländlichem Kolorit. Stationen am Weg sind der »Hunnenring« (keltische Fliehburg aus Steinwällen) bei Nonnweiler, das lauschige Primstal sowie die hübschen Erholungsorte Weiskirchen und Waldhölzbach.

⑲ **Mettlach,** 5000 Einwohner, freundliches Städtchen im Saartal mit Spuren einer großen Vergangenheit (Alter Turm, um 1000; Benediktinerkloster, heute Keramik- und Porzellanmuseum). Hauptanziehungspunkt ist die etwa 8 km entfernte Saarschleife (Zufahrt über Orscholz zum Aussichtspunkt Cloef). Nördlich davon, zwischen Mettlach und Saarburg, grub sich die Saar ein schluchtähnliches Durchbruchstal in den Buntsandstein- und Quarzitfels. Dessen schönste Panoramen eröffnen die hochgelegenen Orte Taben-Rodt (Michaelskapelle) und Kastel-Staadt (Kriegerfriedhof).

⑳ **Saarburg,** 6000 Einwohner, sympathisches Kreisstädtchen in malerischer Lage auf dem Grund des fels- und weinbergumrahmten Saartals, überragt von der Ruine der kurtrierischen Burg (Auffahrt, Restaurant, Panoramablick). Hauptattraktion ist der 20 m hohe Wasserfall mitten in der Stadt, den das Saargauflüßchen Leuk bildet.

㉑ **Trier,** 110000 Einwohner, Mittelpunkt der Weinlandschaft Mosel-Saar-Ruwer, ist die älteste Stadt nördlich der Alpen. Im Jahr 15 v. Chr. durch Kaiser Augustus gegründet, war sie bis 395 Residenz von 6 römischen Kaisern und erlebte im Mittelalter als Bischofsstadt und Zentrum des Kurfürstentums eine zweite Blüte. Von der einstigen Bedeutung zeugen einzigartige Bauwerke: Die Porta Nigra, römische Torburg aus dem 2. Jh. und das

4 Spessart, Mainfranken und Romantische Straße

Der schönste Weg in den deutschen Süden

Der Leitfaden dieses Reisekapitels ist eine Straße, die Romantik zu ihrem Programm erhoben hat. Sieht man einmal von der Frage ab, ob sich Romantik, eine orts- und zeitunabhängige Stimmungslage, überhaupt verordnen und durch reale Sachobjekte ausdrücken läßt, so ist der Weg, den die Romantische Straße markiert, immerhin besäumt und bestreut mit einer Fülle von Szenenbildern, die romantische Gefühle wachzurufen vermögen. Er ist ein Gang durch die deutsche Geschichte, doch beileibe nicht – wie mancher befürchten mag – der Weg durch ein dreihundert Kilometer langes Museum. Das Museale zwischen Würzburg und Füssen besteht nicht aus erstarrten, konservierten Gegenständen, sondern aus recht lebendigen Reichs- und Bürgerstädten, aus Burgen, Schlössern und den hundertfachen Zeugnissen einer aus frommer Gläubigkeit geborenen Gestaltungskunst. Obgleich diese Kunst am Weg zwischen Mittelalter und Rokoko schon lange besteht, rief sie erst 1950 ein Augsburger Stadtrat mit seiner Idee der »Romantischen Straße« ins organisierte Leben. Seitdem sind Millionen von Touristen aus aller Herren Länder den alten Handelsweg durch das Main-, das Tauber- und das Lechtal nachgefahren; von Kirche zu Kirche und von Schloß zu Schloß, durch die uralten Städte Rothenburg, Dinkelsbühl und Nördlingen bis zum Traumschloß Neuschwanstein am Fuß der Alpen. Angesichts solch massierten Zuspruchs wird es freilich immer schwieriger, dort Romantik zu empfinden, wo Kulturbauten zum flüchtigen Schauobjekt und Geschichte in Form eines Tagesschau-Stenogramms verabreicht wird. Der engagierte Reisende wird deshalb versuchen, zeitlich und räumlich den großen Fremdenströmen auszuweichen. Zeitlich, indem er die Hauptreisemonate Juli und August meidet; räumlich, indem er seine Fahrstrecke nicht sklavisch an die vorprogrammierte Route bindet, sondern da und dort variiert. In diesem Sinn wurde auch unser Reisevorschlag zusammengestellt, der zwar der Romantischen Straße auf ihren wichtigsten Abschnitten folgt, sie aber mit einer Fahrt durch Mainfranken und den Spessart ergänzt und erweitert und somit zur erlebnisreichen Ferienstraße zwischen Frankfurt und den Alpen abrundet.

Ausgangsort ist *Aschaffenburg*, wo das rote Sandsteinschloß Johannisburg majestätisch über dem Main prunkt und König Ludwig I. mit seinem ›Pompejanum‹ die Reichweite bayerischen Territoriums unterstrich. Wenig später umgibt uns das Laub- und Nadelgrün der Spessartwälder, nach den Turbulenzen des gegenwartorientierten Rhein-Main-Beckens eine balsamische Quelle für Herz und Gemüt. Zwar hat der Spessart das Odium des gefährlich-finsteren Räuberwaldes längst abgestreift, doch dank seiner jahrhundertelangen hermetischen Abriegelung als kurmainzisches Jagdrevier konnte er seine großartige Urtümlichkeit in weiten Bereichen erhalten. Zum Sinnbild der geheimnisträchtigen Zauberwelt wurde Schloß *Mespelbrunn*, ein bildgewordenes deutsches Märchen am grünumrankten Waldteich. In Miltenberg, dem betriebsamen, fachwerkdekorierten Bilderbuchstädtchen unter der Mildenburg, erreicht man wieder den Main und folgt diesem, ab Freudenberg die Norduferstraße benützend, bis Wertheim. Das sympathische Städtchen, zusammengedrängt auf das von Tauber und Main gebildete Mündungsdreieck, erfreut in seinem engwinkeligen Kern mit altfränkischer Atmosphäre.

Wer Würzburg schon kennt oder der Stadt einen separaten Besuch widmen will, kann von Wertheim gleich in das Taubertal abbiegen, das auf seinem unteren Abschnitt mit den in den mürbroten Fels geschnittenen Mäandern besonders eindrucksvoll ist. Für alle anderen empfiehlt sich auf dem Weg nach *Würzburg* die schnelle Autobahn. Die bedeutendste Stadt Mainfrankens ist eine Kulturstätte von höchstem Rang. Drei Künstlern verdankt sie ihre strahlendsten Glanzpunkte: Tilman Riemenschneider (1460-1531), dem genialen Holzbildhauer; Johann Balthasar Neumann (1687-1753), dem

16 Schloß Mespelbrunn im Spessart. – Das Land der Franken ist reich an Burgen, Schlössern und Residenzen. Zu den meistumschwärmten zählt das Wasserschlößchen Mespelbrunn, das sich in der Abgeschiedenheit des Spessartwaldes verträumt im Teich spiegelt. Um 1430 erbaut, erhielt es seine heutige Gestalt im 16. Jahrhundert durch Peter Echter, den Vater des hier geborenen, bedeutenden Würzburger Fürstbischofs Julius Echter.

17 Miltenberg, Blick über den Marktplatz zum Main. – »Miltenberg«, bekannte einst Elly Heuss-Knapp, die Frau des früheren Bundespräsidenten, »erschien mir immer als das Herz Deutschlands.« Der Marktplatz des Mainstädtchens wirkt mit seinem ochsenblutrot gestrichenen Fachwerkgebälk, dem »Schönenbrunnen« und dem Schnatterloch in der Tat wie die Kulisse einer Freilichtbühne.

18 Die Residenz in Würzburg. – Die alte main-fränkische Bischofsstadt gelangte im Mittelalter zu Ansehen, Macht und Reichtum. Als kulturelles Zentrum wurde sie schließlich, ähnlich wie Dresden, als Stadtganzes selbst zum Kunstwerk. Ihre große architektonische Gestalt erhielt sie im Zeitalter des Barock und Rokoko durch die kunst- und baufreudigen Fürstbischöfe aus dem Haus Schönborn. Mit der fürstbischöflichen Residenz gelang ihnen, zusammen mit Baumeister Balthasar Neumann, der großartigste Profanbau auf deutschem Boden, der sich mit Schlössern wie Versailles und Schönbrunn messen kann. Im Bild der Blick vom Hofgarten auf den Südflügel.

19 Rothenburg ob der Tauber, Riemenschneider-Altar in St. Jakob. – Tilman Riemenschneiders Werke sind ein untrennbarer Teil der Kulturlandschaft des Taubertals. Das Besondere an seiner Bildschnitzerkunst war, daß er erstmals auf Gold und Farbe verzichtete und sie durch eine bis dahin unbekannte Verfeinerung der Holzbearbeitung ersetzte. Eines seiner Hauptwerke ist der Heiligblutaltar in einer Kapelle von St. Jakob mit einer Darstellung des Letzten Abendmahls.

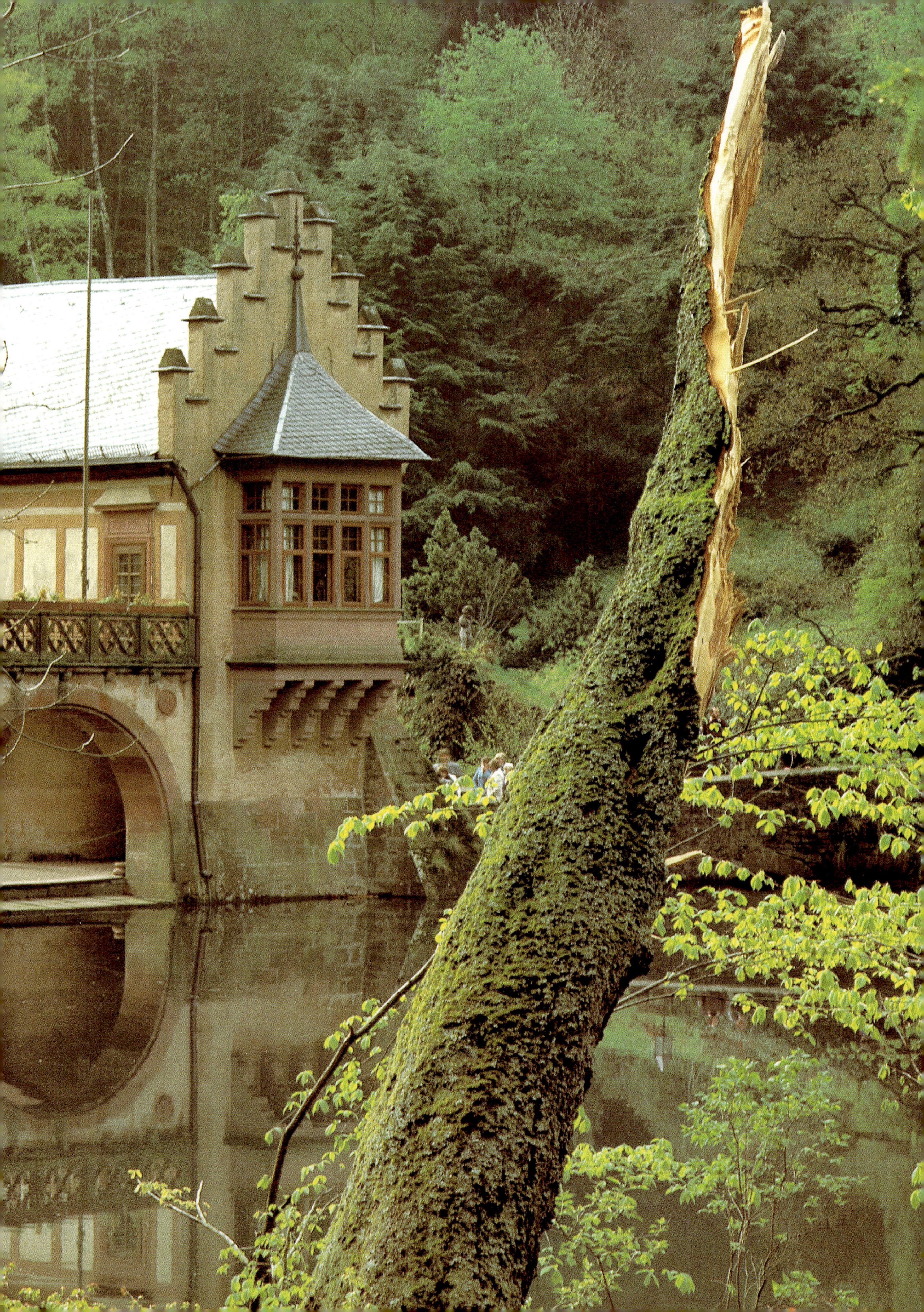

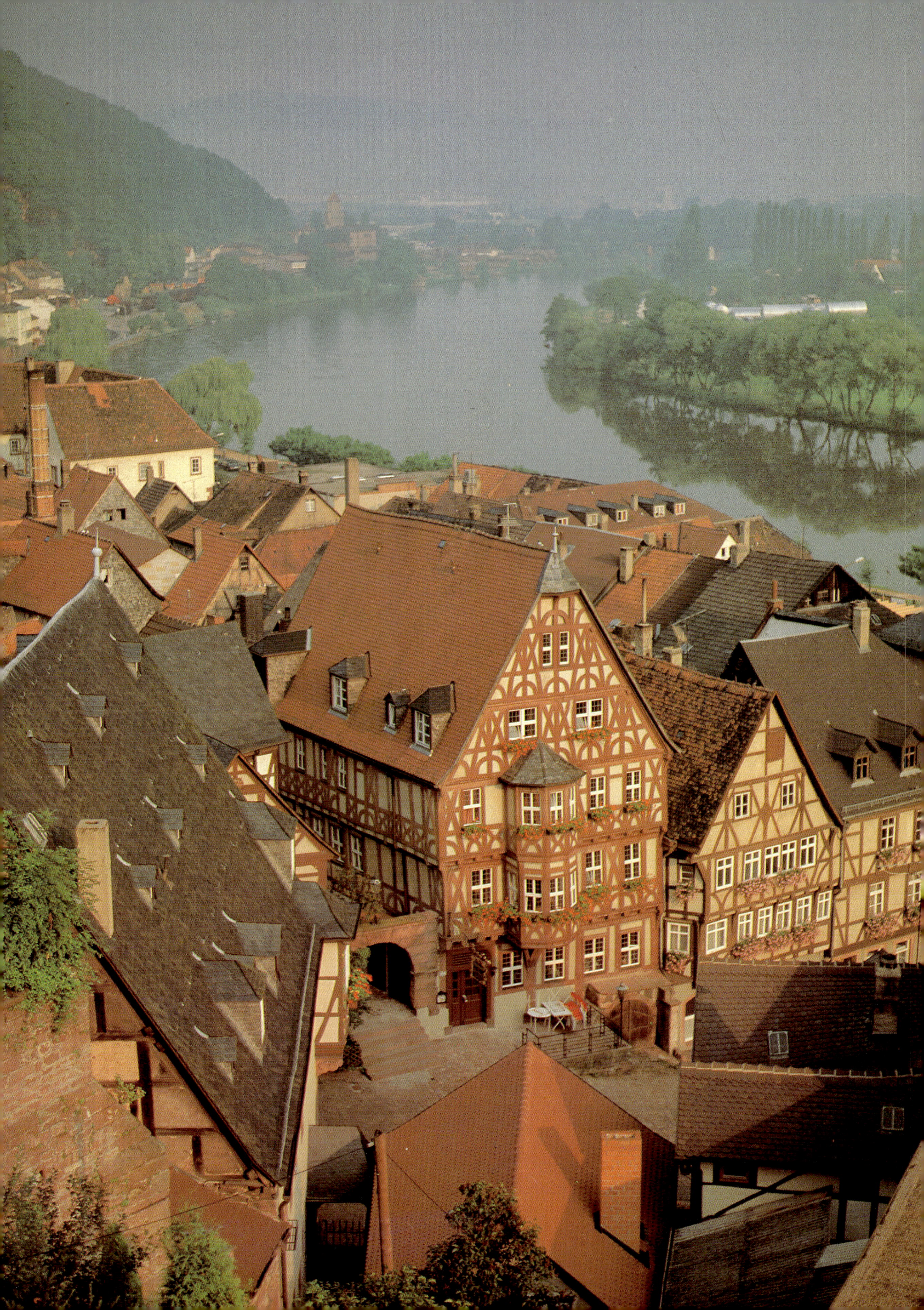

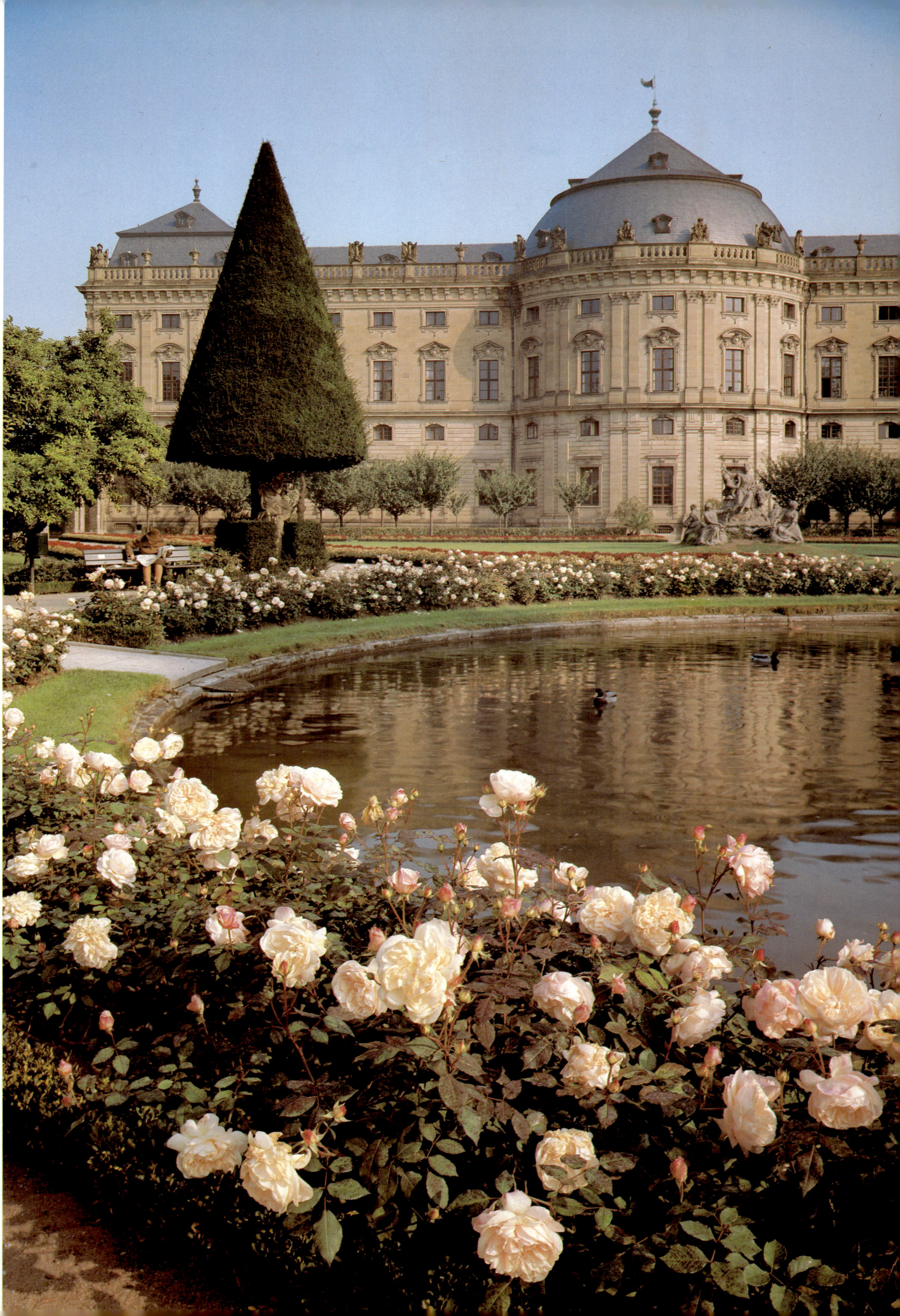

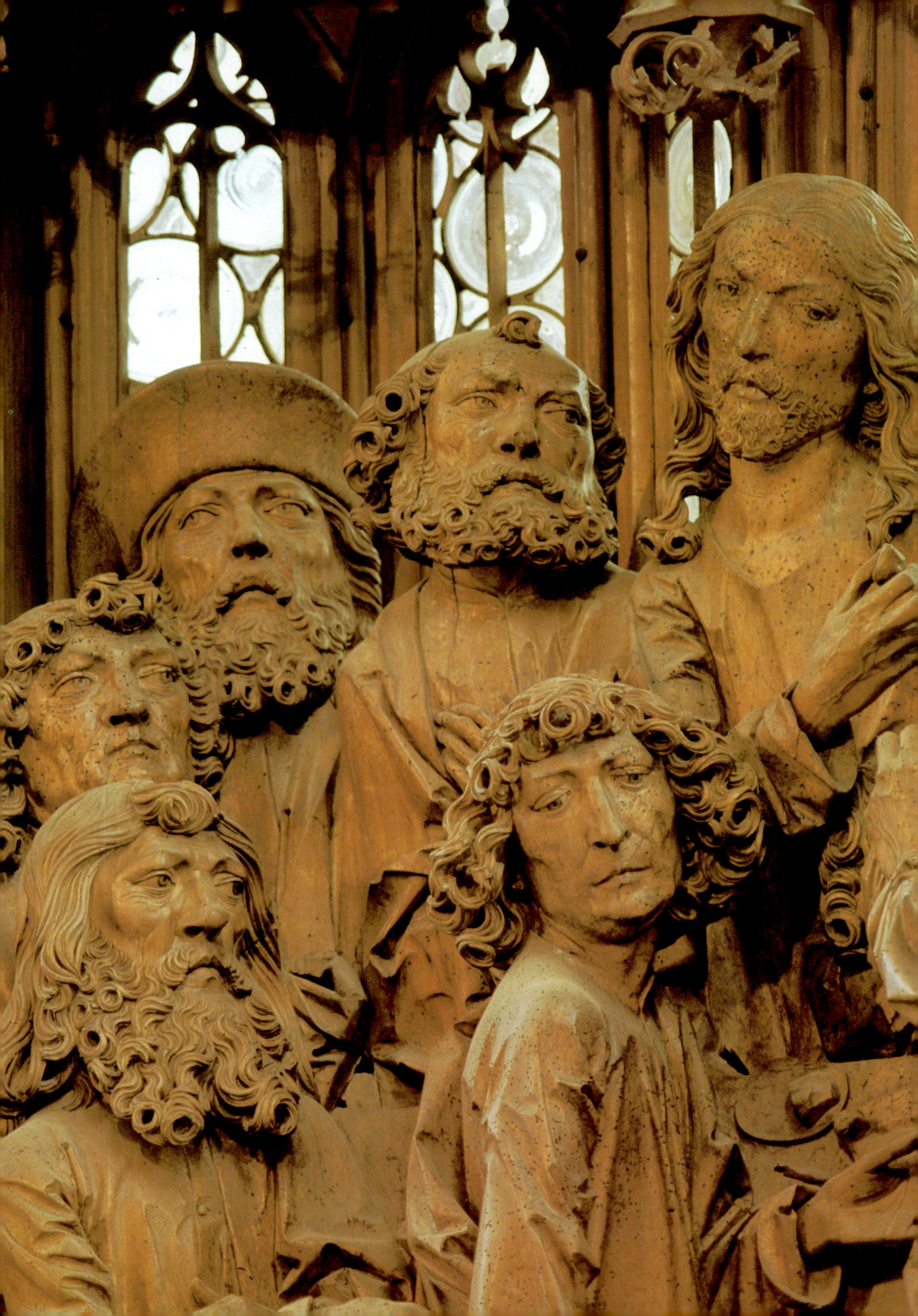

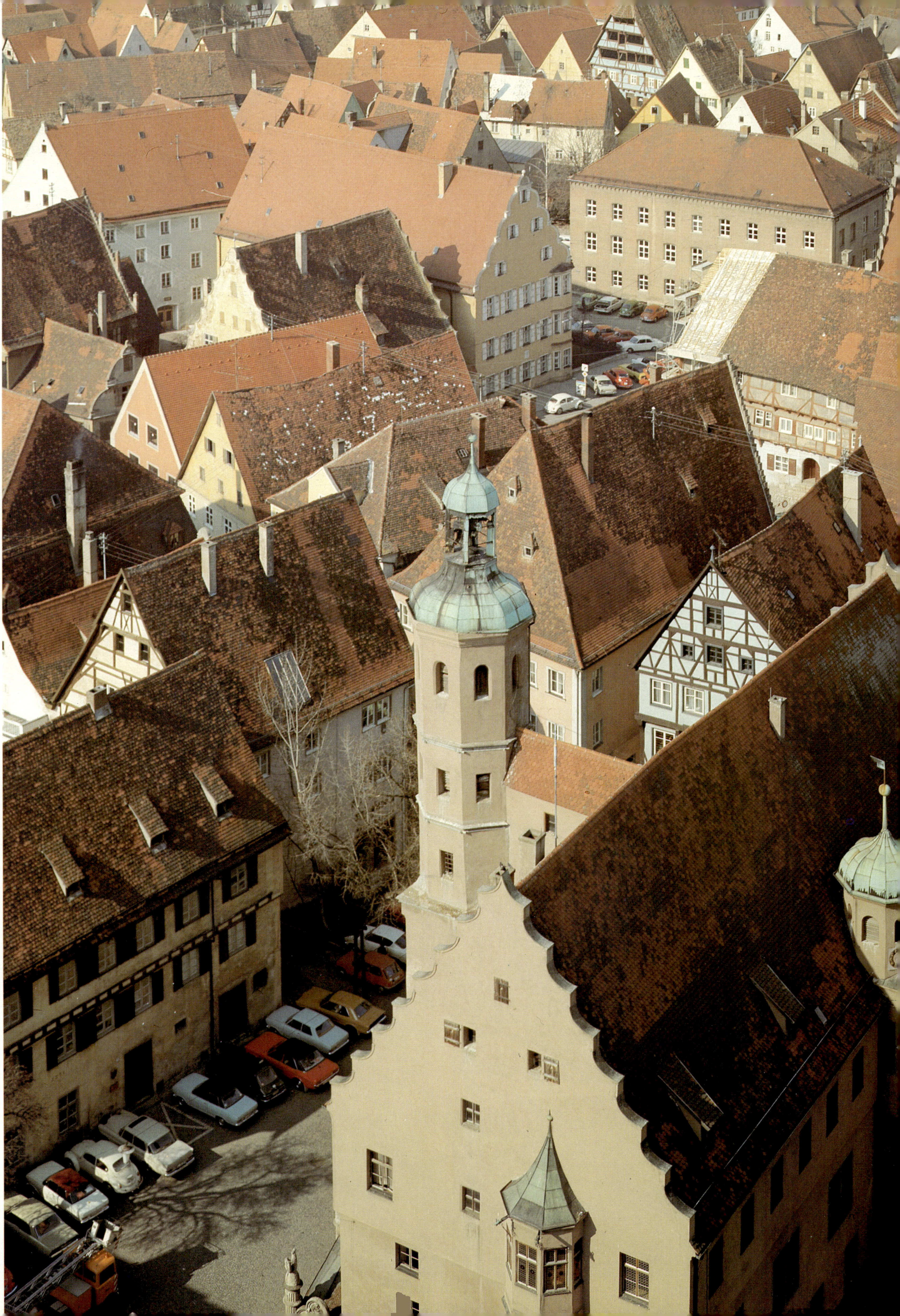

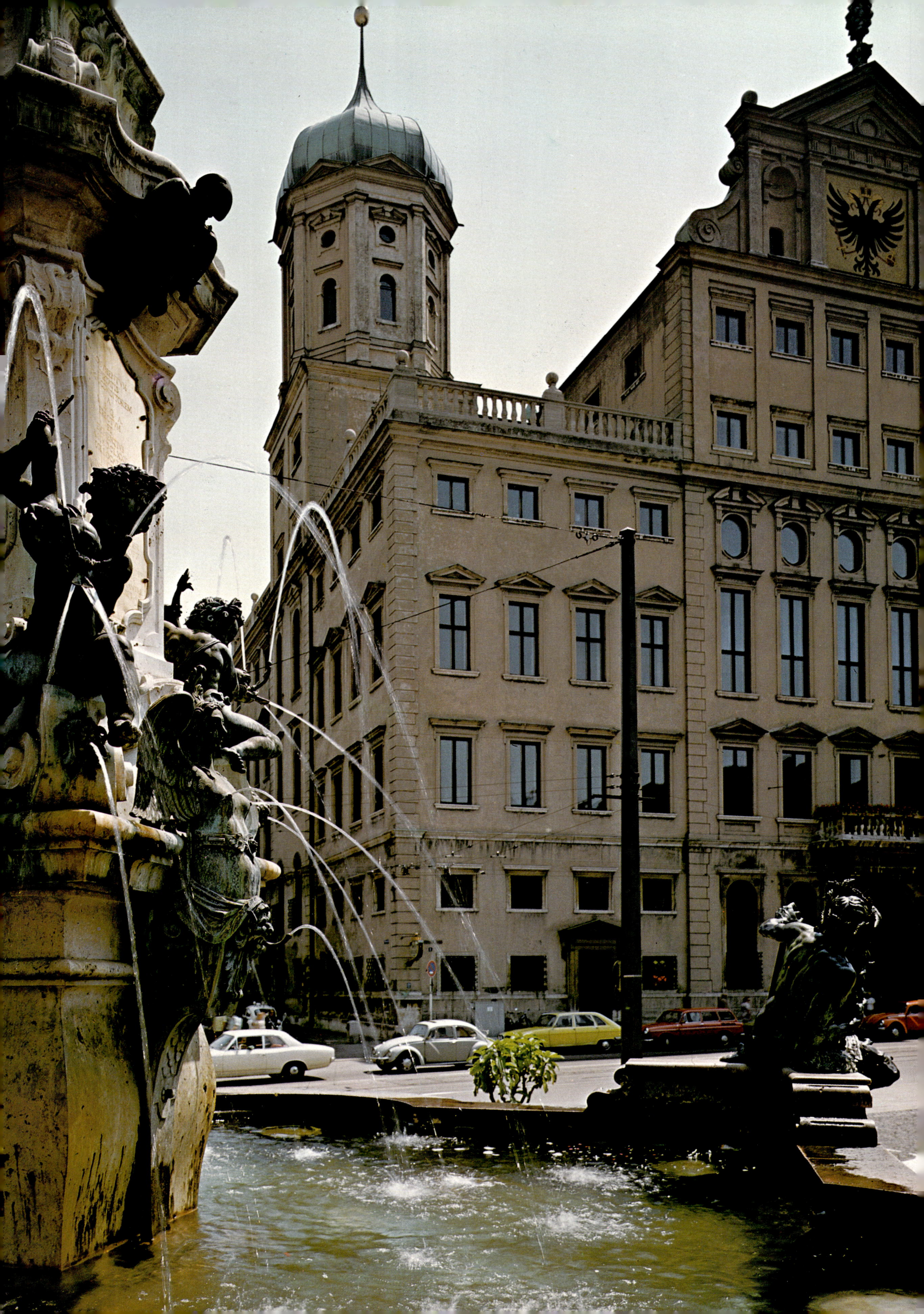

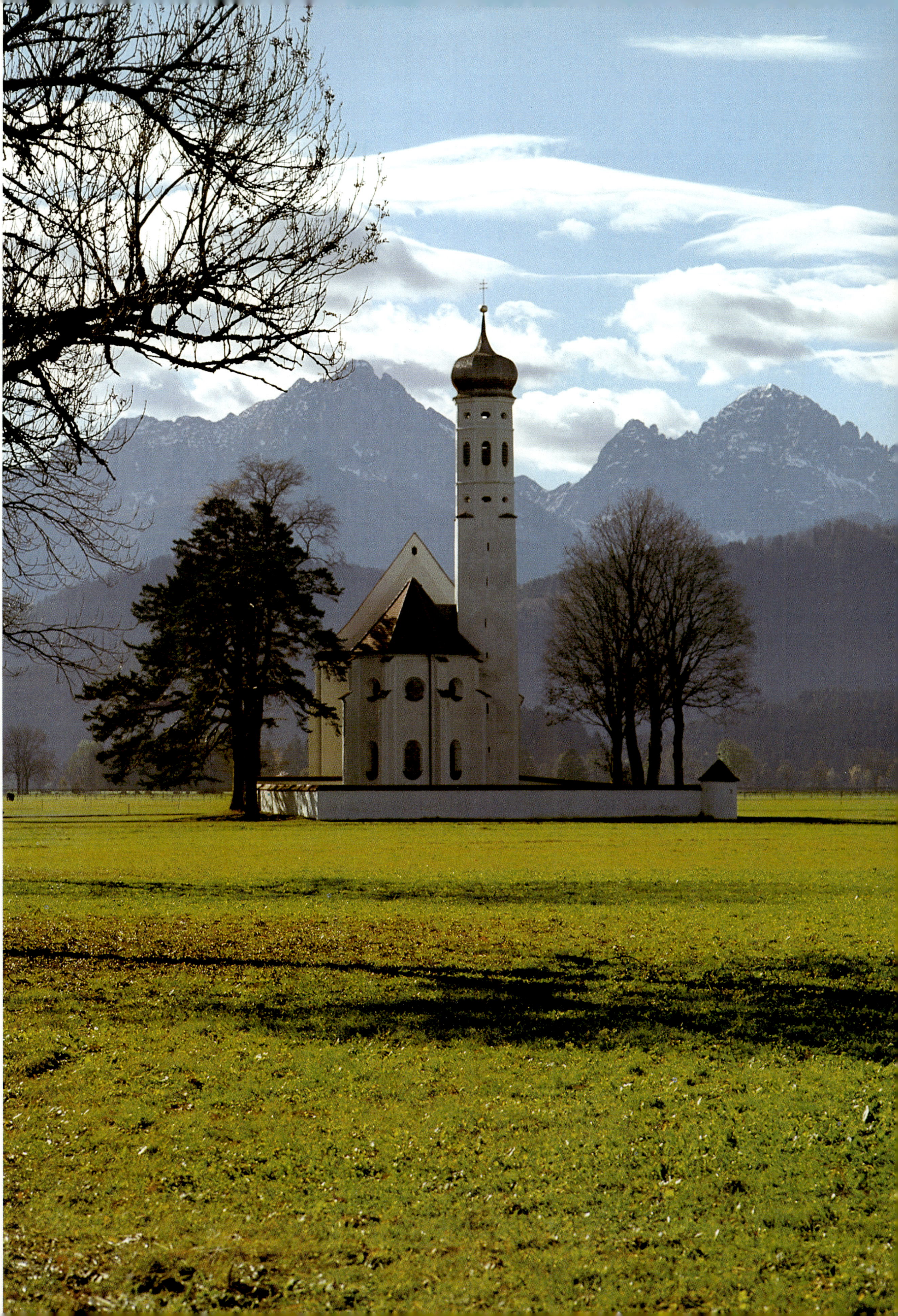

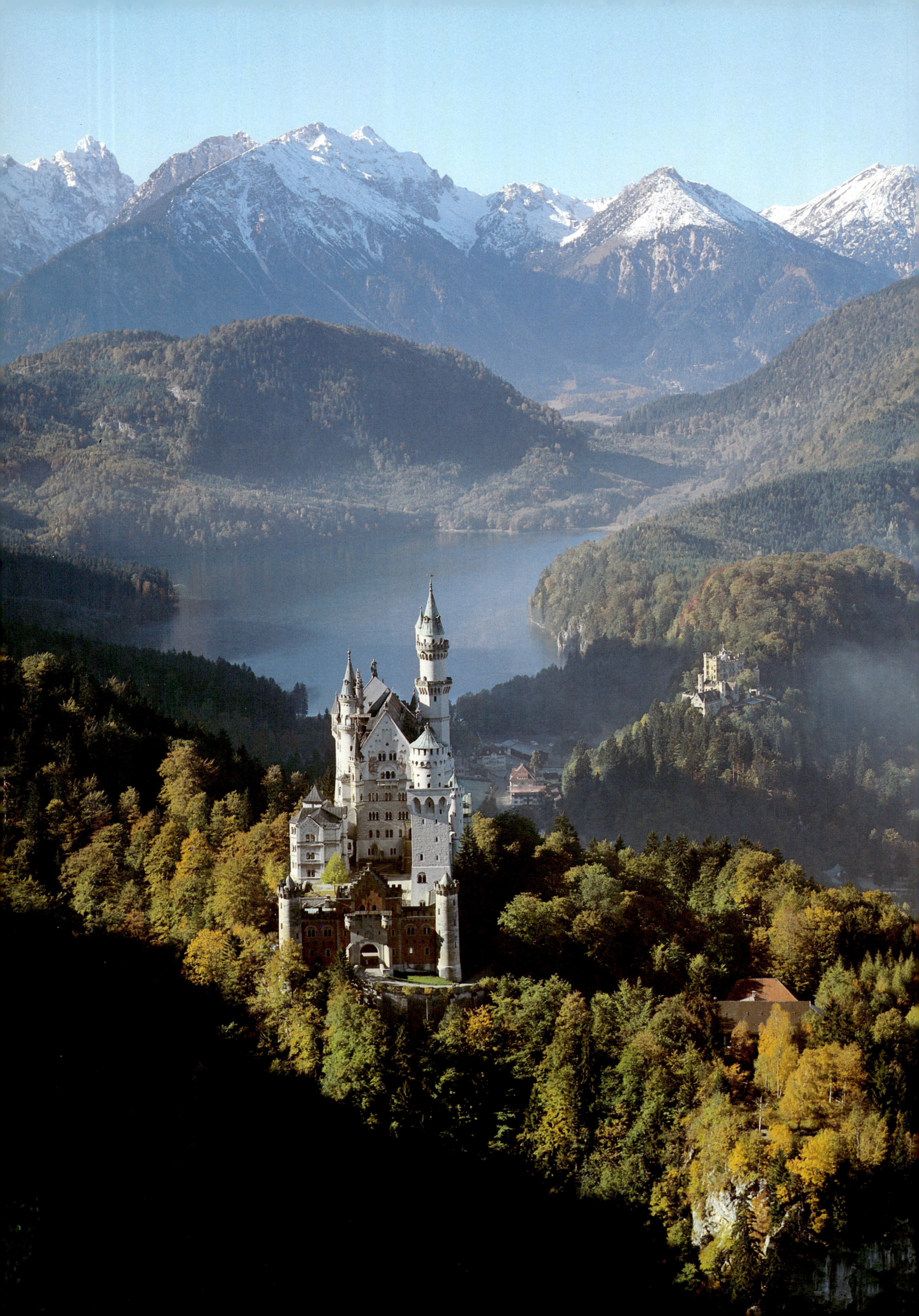

20 *Nördlingen, Blick vom »Daniel«. – Vom berühmten »Daniel«, dem Turm der Nördlinger Stadtpfarrkirche, dessen plattgedrückte Haube die Kulturgrenze ins schwäbische Zwiebelturmland bezeichnet, genießt man einen anschaulichen Blick auf das mittelalterliche, von Mauer, Wall und Graben ringförmig umgürtete Stadtgefüge.*

21 *Augsburg, Augustusbrunnen und Rathaus. – Der Römergründung Augusta Vindelicum gelang unter der Protektion des Kaisers Maximilian I. und der Förderung durch die Handelsgeschlechter der Fugger und Welser eine Blüte von Architektur und formenden Künsten, die als »Augsburger Geschmack« bezeichnet wurde. Zu den Zeugnissen dieser Glanzzeit zählen das bürgerstolze Renaissance-Rathaus und das Kleinod des figurenreichen Augustusbrunnens.*

22 *St. Koloman bei Schwangau. – Ehe die anmutig geformte Allgäuer Voralpenlandschaft zu den Ammergauer und Tannheimer Bergen ansteigt, liegt auf freiem Wiesenboden die stimmungsvolle Wallfahrtskirche St. Koloman. Sie wurde von 1671 bis 1678 von der Wessobrunner Baumeisterfamilie Schmuzer errichtet und mit schönen Stukkaturen geschmückt. Die Kirche ist dem irischen Jerusalem-Pilger Colomanus geweiht, der sich nach der Legende während einer Pilgerfahrt ins Heilige Land an dieser Stelle ausgeruht hat.*

23 *Schloß Neuschwanstein. – In einzigartiger Lage vor den Tannheimer Bergen, auf einem Felssporn über dem Alpsee, erbaute der Bayernkönig Ludwig II. vor hundert Jahren sein Traumschloß Neuschwanstein. Altdeutsche Ritterromantik, die Wagnersche Opernwelt, das Vorbild Wartburg und allegorische Visionen inspirierten den Monarchen zu dem pittoresken Bauwerk. Ungeachtet der architektonischen und künstlerischen Wertung wurde das Schloß inzwischen zum Sinnbild deutscher Romantik und zum meistbesuchten Touristenziel unseres Landes.*

berühmten fränkischen Barockbaumeister; und Giovanni Battista Tiepolo (1696-1770), dem großen venezianischen Maler. Den beiden letzteren gelang mit der Würzburger Residenz ein Meisterwerk, das als »Weltereignis der Raumkunst« gerühmt und mit den Schlössern von Versailles und Schönbrunn verglichen wird. Doch auch wer nicht auf Kunst eingestellt ist, gibt sich gern den bezwingenden Eindrücken der noblen Stadtarchitektur, der herrlichen Mainuferperspektive mit der mittelalterlichen Marienburg oder der fröhlichen Einkehr im Julius- oder Bürgerspital hin, wo der »Stein« oder der »Leisten« direkt aus dem Weinberg des Hauses fließt. Ist man erst auf den Geschmack gekommen, hängt man gern eine Fahrt durch die weinseligen Dörfer am Mainufer an. Das kann eine große Runde über Volkach und Kitzingen werden, doch für den Anfang tut's auch, wie auf unserer Route vorgesehen, ein Abstecher mainaufwärts über Randersacker und Sommerhausen bis Ochsenfurt, von wo man dann über die B 19 dem *Taubertal* zustrebt. Hier, in der Herzkammer des anmutig geformten, fruchtbaren Taubergrundes, begegnet man zuhauf barocken Kirchen und Kapellen, Bildstöcken, Madonnen und Brückenheiligen. In Creglingen, Detwang und Rothenburg findet man auch die reifsten Schöpfungen Tilman Riemenschneiders, dessen Werke für das Taubertal gleichsam Symbolausstrahlung haben. *Rothenburg,* das vielgepriesene Denkmal mittelalterlicher Städteherrlichkeit, wirkt am eindrucksvollsten, wenn man es von Südwesten über das Taubertal hinweg betrachtet: Türme, Giebel, Dächer, Kirchen und Wehrmauern verdichten sich zu einem einzigartigen Relief. Während Rothenburg sich als steingewordene Geschichte präsentiert, zeigt sich das nachfolgende Dinkelsbühl, nicht minder alt und schön, mehr heimlich-gemütlicher. *Nördlingen,* im größten Meteoritenkrater der Erde gelegen, wirkt mit seinem vollständig erhaltenen, eirunden Befestigungsring und seinen um den 90 Meter hohen »Daniel« gescharten Häuserhaufen wie eine Stadt aus dem Modellbaukasten. Der Harburg über dem Wörnitztal sieht man an, daß an ihr siebenhundert Jahre lang gebaut und angebaut wurde: sie ist eine der größten Burganlagen Süddeutschlands. Ihr Besuch empfiehlt sich nicht zuletzt wegen der interessanten Museumsräume. – Donauwörth, einstmals Freie Reichsstadt und Zankapfel der Konfessionen, reiht das Sehenswerteste an seiner »Reichsstraße« auf: Kirchen und Rathaus, strenge Patrizier- und verspielte Fachwerkhäuser. Die Bundesstraße von Donauwörth nach Augsburg ist schnell und monoton. Wer etwas Zeit hat, wählt die gemütlichen Landstraßen und findet in Holzen, Thierhaupten und Biberbach stimmungsvoll ausgestaltete Bauernkirchen.

»Es ist wissentlich und liegt am Tage, daß Euere Majestät die Römische Krone außer mein nicht hätte erlangen können« – wer sich solches seinem Kaiser zu sagen getraute, der mußte wohl ein mächtiger Herr sein. Jakob Fugger, der Reiche, der ungekrönte Wirtschaftskönig der beginnenden Neuzeit, findet in der deutschen Vergangenheit eine Entsprechung nur in der Macht der deutschen Hanse. Wo die Geschlechter der Fugger und Welser jahrhundertelang Einfluß und Reichtum anhäuften, entstand eine Stadt von monumentaler Gestalt und triumphaler Ausstrahlung. Augsburger Kaufleute waren es auch, die aus dem Morgenland den Einfall mitbrachten, Kirchturmspitzen als stilisierte Kerzenflammen auszuformen. Dieses Flämmchen zündete und schmückt heute das ganze Schwabenland und weite Teile Bayerns mit den behaglichen Zwiebelturmhauben.
Landsberg ist ein reizvolles Stadtkleinod mit türme- und torereicher Architektur. Wo danach am südlichen Horizont die Kette der Alpen Kontur gewinnt, zeugen im Pfaffenwinkel zahlreiche Dorfkirchen von bau- und kunstfreudiger Vergangenheit im Zeichen von Barock und Rokoko. Begeistern schon die Kirchen von Rottenbuch, Ilgen und Steingaden mit ihrer prächtigen Ausstattung, so steigern sich in der Wieskirche die Eindrücke zu einem berauschenden Fest der Farben und Formen.
Wenig später holt die Landschaft am Alpenrand überreich all das nach, was sie uns seit Donauwörth vorenthielt. Den schönsten Winkel vor den Ammergauer Bergen erkor sich der unglückliche Bayernkönig Ludwig II., der an der Unvereinbarkeit seiner Märchenwelt mit den Zwängen der Wirklichkeit zerbrach, für sein Traumspiel Neuschwanstein.

Reise-Lexikon

① **Aschaffenburg,** 56000 Einwohner, lebhafte Stadt am Unterlauf des Mains und am Westrand des Spessarts. Ursprünglich eine alemannische Siedlung, kam die Stadt gegen Ende des 10. Jh. in den Besitz des kurfürstlichen Erzbistums Mainz und erst 1814 zum Königreich Bayern.
Bauliche Dominante ist das mächtige Schloß Johannisburg in beherrschender Lage über dem Mainufer, erbaut von 1605 bis 1614. Im Innern befinden sich interessante Sammlungen (Gemäldegalerie, Korkmodelle antiker Bauten, Bibliothek). Die Stiftskirche (12.–17. Jh.) prunkt mit großzügiger Freitreppe, reicher Schaufront und romanischem Kreuzgang. Das »Pompejanum«, das König Ludwig I. durch Friedrich von Gärtner 1840 bis 1848 erbauen ließ, ist eine Nachbildung (mit antiker Einrichtung) der in Pompeji ausgegrabenen ›Villa Castor und Pollux‹. – In einer Flußschleife des linken Mainufers liegt der Park Schönbusch mit Lustschlößchen, Pavillons und einem künstlichen See.

② **Mespelbrunn,** 2200 Einwohner, langgezogenes Straßendorf im Elsavatal im Spessart. Etwas abgerückt steht, von schönem Park umgeben, das Wasserschloß Mespelbrunn. Es wurde im 15. Jh. erbaut und später mehrmals verändert; seine romantische Schauseite zum waldumschlossenen See ist von märchenhafter Wirkung. Im Innern sind der Rittersaal, der Gobelinsaal, der Chinesische Salon und das Geburtszimmer des Fürstbischofs Julius von Echter beachtenswert.

③ **Groß-** und **Kleinheubach,** an beiden Seiten des Mains gelegen, beeindrucken durch stattliche Bauwerke: Das linksmainische Kleinheubach durch das Löwensteinsche Schloß, einem Barockbau nach Anregungen von Versailles (1722–1732, heute Bundespost-Schule) mit schönem Park; Großheubach mit dem auf einer Spessarthöhe stehenden Kloster Engelberg (1630, Aussicht, Klosterweinschänke).

④ **Miltenberg,** 10000 Einwohner, betriebsames, altertümliches Städtchen am Main. Im Ort gibt es mehr als 150 Fachwerkhäuser, wie sie sich besonders malerisch am »Schnatterloch« um einen stimmungsvollen Brunnen gruppieren. Auf dem buchenbewachsenen Felshang über dem Ort steht die Mildenburg (14. Jh.), eine ehemalige Grenzfeste der Erzbischöfe von Mainz gegen die Würzburger Rivalen. – Mainaufwärts folgen hübsche Orte wie Stadtprozelten (Ruine der Henneburg) und Hasloch (alte Eisenschmiede).

⑤ **Wertheim,** 21000 Einwohner, malerische altfränkische Stadt an der Mündung der Tauber in den Main. In der engen, pittoresken Altstadt stehen hübsche Fachwerkhäuser (Rathaus von 1540, Haus der »Vier Gekrönten«), die stattliche Stiftskirche und der figurenreiche Engelsbrunnen. Hoch über der Stadt thront die Ruine einer mächtigen Burg, ehemals Residenz der Grafen von Wertheim, im Dreißigjährigen Krieg zerstört und heute nach dem Heidelberger Schloß eine der größten deutschen Burgruinen (Auffahrt, prächtige Rundsicht).
Am gegenüberliegenden Mainufer, im bayerischen Kreuzwertheim, befindet sich das Renaissanceschloß der Fürsten Löwenstein-Wertheim-Freudenberg.

⑥ **Würzburg,** 125000 Einwohner, die alte Bischofsstadt und der kulturelle und wirtschaftliche Mittelpunkt Mainfrankens, liegt malerisch in einem von Rebenbergen umkränzten Talkessel. Die Stadt geht zurück auf einen Herzogsitz der Merowinger (um 700 erwähnt), wurde im 8. Jh. zum Bistum erhoben, dessen Bischöfe im 12. Jh. fürstliche Gewalt erhielten, und gelangte mit dieser Sonderstellung zu Ansehen, Macht und Reichtum. Als kulturelles Zentrum wurde sie in der Folge – ähnlich wie Dresden – selbst zum Kunstwerk. Um 1500 gelangte die in Franken allzeit blühende plastische Kunst durch Tilman Riemenschneider zu Weltruhm. Seine große architektonische Gestalt erhielt Würzburg während der Zeit des Barock und Rokoko durch die kunst- und baufreudigen Fürstbischöfe aus dem Haus Schönborn. Im Zweiten Weltkrieg zu mehr als 80% zerstört, ist der Wiederaufbau, der auch viele historische Bauwerke umfaßte, heute abgeschlossen.
Schönstes Baudenkmal der Stadt ist die fürstbischöfliche Residenz, der großartigste Profanbau auf deutschem Boden, von 1720 bis 1744 im wesentlichen von Balthasar Neumann errichtet. Mit der Ausmalung der Decken von Treppenhaus und Kaisersaal gelang dem Venezianer Tiepolo sein künstlerisches Hauptwerk. – Das die Stadtsilhouette prägende Wahrzeichen, die Feste Marienberg, erhebt sich majestätisch auf einem Weinberg über dem linken Mainufer. Weitere Sehenswürdigkeiten: Käppele (1747–1750), Wallfahrtskirche auf einer Bergkuppe südlich von Marienberg; Dom St. Kilian (11.–18. Jh.); Alte Mainbrücke (1473–1543) mit 12 Sandsteinfiguren; Altes Rathaus; weitere bedeutende Kirchen und Museen. – 7 km mainabwärts liegt das Lustschloß Veitshöchheim mit bezauberndem Rokokogarten.

⑦ **Die Mainuferstraße,** eine Art »Fränkischer Weinstraße«, verbindet zwischen Würzburg und Volkach eine Reihe der berühmtesten mainfränkischen Weinorte miteinander. Viele von ihnen sind nicht nur wegen ihrer erlesenen Rebengewächse, sondern besonders wegen ihrer schönen alten Ortsbilder und kulturellen Kleinodien besuchenswert. Zum ausführlichen Kennenlernen empfiehlt es sich, von Würzburg auf der B 19 (Richtung Schweinfurt) bis Kürnach und von dort nach Escherndorf-Volkach zu fahren. Von Volkach fährt man dann mainabwärts am Ufer entlang zurück. Man berührt dabei die Orte Volkach (Wallfahrtskirche »Maria im Weinberg« mit Tilman Riemenschneiders »Maria im Rosenkranz«), Münsterschwarzach (Benediktinerkloster), Dettelbach (Wallfahrtskirche »Maria im Sand«), 30 Türme der mittelalterlichen Stadtbefestigung), Kitzingen (altertümliches Stadtbild), Sulzfeld (malerisches Ortsbild), Marktbreit (Befestigungen, Stadttore, Malerwinkel am Breitbach), Frickenhausen (alter Weinort) und Ochsenfurt, wo man wieder die Hauptroute erreicht. Diese folgt der Mainuferstraße in verkürzter Version von Würzburg bis Ochsenfurt und berührt dabei **Randersakker** (mit spätromanischer Kirche und einem Pavillon Balthasar Neumanns), **Eibelstadt** (mit alter Stadtbefestigung), **Sommerhausen** (mit Teilen der alten Stadtbefestigung, schönem Treppengiebel-Rathaus und seinem entzückenden Torturm-Theater) sowie **Ochsenfurt** (mit einem der schönsten fränkischen Rathäuser).

⑧ **Bad Mergentheim,** 19000 Einwohner, hübsch in einer Talmulde der Tauber gelegenes Kurstädtchen (Bitterwasserquellen gegen Leiden der Verdauungsorgane). Der Ort war von 1527 bis 1809 Sitz der Hoch- und Deutschmeister, deren Tradition noch heute gepflegt wird. Am Rand der Altstadt steht das Residenzschloß (16. Jh.) mit sehenswerter Wendeltreppe und barocker Schloßkapelle (1730 bis 1735). Außerdem sind beachtenswert: viele schöne Fachwerkhäuser, die Stadtkirche (1250 bis 1270), die Marienkirche (1330), das Rathaus (1564) sowie die gepflegten Kuranlagen mit dem Freizeitzentrum »Solymar«.
6 km südlich, in der Stiftskirche von **Stuppach,** befindet sich die »Stuppacher Madonna«, ein Altarbild von Matthias Grünewald.

⑨ **Weikersheim,** 7200 Einwohner, lauschiges Städtchen im Taubertal, Musterbeispiel einer kleinfürstlichen Residenz. Das Schloß (1546–1610) der Fürsten zu Hohenlohe-Langenburg ist durch seinen herrlichen Rittersaal und seinen stimmungsvollen Barockgarten (mit origineller »Zwergengalerie« und reichem figuralen Schmuck) berühmt.

⑩ **Creglingen,** 2000 Einwohner, freundliches Tauberstädtchen mit Resten der Befestigungsanlagen und des einstigen Schlosses. Die Stadtkirche (erbaut um 1200, 1727 barockisiert) birgt einen Altar aus der Riemenschneider-Schule.
Hauptanziehungspunkt ist die am südlichen Ortsrand gelegene Herrgottskirche mit dem als Hauptwerk Tilman Riemenschneiders geltenden Marienaltar (1505–1510) und weiteren kostbaren Ausstattungsstücken (Altäre, lebensgroßes Kruzifix, lederne Totenschilder, moderne Kunstorgel).

⑪ **Rothenburg ob der Tauber,** 13000 Einwohner, alte Reichsstadt, großartig auf einem Plateau hoch über dem Taubertal gelegen, prunkt mit dem am reinsten aus dem Mittelalter erhaltenen deutschen Stadtbild. 706 gegründet, 1172 zur Stadt und 1274 zur Freien Reichsstadt erklärt, entwickelte sich Rothenburg im 14. Jh. (unter Bürgermeister Heinrich Toppler) zur mächtigsten Stadt Frankens. 1802 verlor sie die Reichsfreiheit und kam zu Bayern. Seit Beginn unseres Jahrhunderts wurde sie mehr und mehr zum vielbesuchten Fremdenverkehrsort.
Die Stadt, seit dem 16. Jh. unverändert, wird von einem 3 km langen, teilweise begehbaren Mauerring mit etwa drei Dutzend Toren und Türmen umgürtet. Aus der Fülle der Sehenswürdigkeiten ragen heraus: Rathaus (13.–16. Jh.), vom 55 m hohen Turm einzigartige Stadtsicht; Jakobskirche mit dem berühmten Heiligblutaltar von Tilman Riemenschneider (1501–1505); Plönlein (malerischer Stadtwinkel) mit Sieberstürm und Kobolzeller Tor; Rödertor mit Vorburg, Torhäuschen und Gerlachschmiede; Franziskanerkirche (13./14. Jh.) mit mehreren Grabdenkmälern; Topplerschlößchen (1388) im Taubergrund; Reichsstadtmuseum; Burggarten mit schöner Aussicht. – Im nördlich anschließenden Vorort **Detwang** befindet sich in der romanisch-gotischen Dorfkirche der Heiligkreuzaltar (1508) von Tilman Riemenschneider.

⑫ **Schillingsfürst,** 2600 Einwohner, altfränkische Kleinstadt, eigenwillig an einen Hang gebaut. Auf der Höhe steht ein alter Wasserturm mit einzigartiger Ochsentretanlage; etwas abgesetzt das stattliche Barockschloß (1723–1750) der Fürsten Hohenlohe mit prunkvollen Innenräumen.

⑬ **Feuchtwangen,** 11500 Einwohner, altertümliches Reichsstädtchen im Sulzachtal mit schönem, in sich geschlossenen und von Fachwerkhäusern umrahmten Marktplatz. Sehenswert sind die ehemalige Klosterkirche mit gotischem Chorgestühl (1510), Marienaltar (um 1483) und stimmungsvollem Kreuzgang sowie das Heimatmuseum (Lederdruck-Model).

⑭ **Dinkelsbühl,** 10500 Einwohner, alte Reichsstadt an der Wörnitz mit einheitlichem mittelalterlichen Stadtbild, zu dessen Charakteristik die Umschließung mit Teichen und Wasserläufen gehört. Die mächtig aufragende St. Georgskirche (1448–1499) zählt durch ihre Raumwirkung zu den eindrucksvollsten Hallenkirchen Süddeutschlands. Einzigartig sind die alten Fachwerkgassen mit prächtigen Gebäuden wie das Deutsche Haus, die alte Kornschranne und das Palais des Deutschen Ordens. Alljährlich im Juli findet das Festspiel der »Kinderzeche« zur Erinnerung an die Rettung der Stadt vor schwedischer Plünderung statt.

⑮ **Nördlingen,** 18000 Einwohner, ehemalige Freie Reichsstadt mit unversehrt erhaltenem mittelalterlichen Stadtbild, umgürtet von der mit 15 Tür-

Hoch über dem Ort steht auf steilem Berg die gewaltige Harburg (13.–18. Jh.) der Fürsten von Oettingen-Wallerstein, ein komplexes Bauwerk mit Sehenswürdigkeiten wie Bergfried, Rittersaal (1721) und Burgmuseum mit kostbaren Sammlungen.

⑰ **Donauwörth,** 18000 Einwohner, alte Reichsstadt in malerischer Lage an der Einmündung der Wörnitz in das breite Donautal. Die ursprüngliche Stadtanlage aus dem 13. Jh. wurde im Zweiten Weltkrieg stark zerstört und teilweise wieder aufgebaut. Die meisten Sehenswürdigkeiten reihen sich an der platzartigen Reichsstraße auf: Fuggerhaus (1543, jetzt Landratsamt); Rathaus (1309, 1853 neugotisch restauriert); Stadtpfarrkirche (1444 bis 1461) mit reicher Ausstattung; Heilig-Kreuz-Kirche (1717–1722). Einen Besuch lohnt das Gerberhaus (15. Jh.) mit dem Heimatmuseum.

⑱ **Augsburg,** 260000 Einwohner, die drittgrößte Stadt Bayerns, liegt ausgedehnt in einer weiten Talsenke am Zusammenfluß von Lech und Wertach. Aus dem 14 v. Chr. gegründeten Römerlager »Augusta Vindelicorum« entwickelte sich eine Metropole des deutschen Südens, durch deren Tore im Mittelalter fast der gesamte deutsche Handel mit Italien ging. Die Geschlechter der Fugger und Welser beherrschten das Wirtschaftsleben ganz Europas. Anders als Würzburg, das lediglich Bischofssitz war, demonstrieren sich im Stadtbild Augsburgs das Selbstbewußtsein eines mächtigen und reichen Bürgertums. Die bedeutendsten Bauwerke der ehemals Freien Reichsstadt sind: das Rathaus (1615–1620), ein prächtiger Renaissancepalast, errichtet von Elias Holl; der ursprünglich romanische, mehrfach veränderte Dom (4.–15. Jh.); das Fuggerhaus (1512–1515), die Stadtresidenz des gleichnamigen Kaufmannsgeschlechts; das Schaezler-Palais (1765 bis 1767), ein Rokokobau mit herrlichem Bankettsaal; das Münster St. Ulrich und Afra (1500), mit seinem hochragenden Turm und der angebauten kleinen Ulrichskirche eine blickbeherrschende Baugruppe; das Rote Tor mit Freilichttheater; die »Fuggerei« (1516–1525), von Jakob Fugger gestiftete Sozialsiedlung; zahlreiche Kirchen sowie mehrere wunderschöne Brunnen.

⑲ **Landsberg am Lech,** 16500 Einwohner, Kreisstadt in schöner Lage an den steilen Uferhängen des Lech mit bedeutenden Bauteilen aus der Vergangenheit, in der die Stadt eine der stärksten Festungen Bayerns war. Mittelpunkt ist der dreieckige Marktplatz mit dem Schönen Turm und der kunstvollen Stuckfassade des Rathauses, die Dominikus Zimmermann schuf. Sehenswert sind außerdem das Bayertor, das Sandauer Tor, das Färbertor, der Nonnenturm, mehrere Kirchen sowie die reizvollen Partien am Lechufer.

⑳ **Schongau,** 12000 Einwohner, lebhaftes Allgäuer Gewerbestädtchen, das in seinem auf eine Bergkuppe gebauten Kern ein reizvolles altertümliches Stadtbild bewahrt. Beachtenswert sind die alte Stadtbefestigung mit zum Teil noch erhaltenem Wehrgang (schöne Ausblicke), die Stadtpfarrkirche (1750–1753) mit schönem Hochaltar und herrlichen Deckenfresken, das Ballenhaus (1419/1515, ehemaliges Stapelhaus), die Heiliggeistkirche und das Herzogschloß.

㉑ **Pfaffenwinkel,** volkstümliche Bezeichnung für den voralpinen Raum um Lech und Ammer, der sich durch mehrere Klöster und zahlreiche kunstvolle Kirchen auszeichnet. Ihre Ausstattung ist zumeist beeinflußt von der Wessobrunner Schule, die im 17. und 18. Jh. die Kunst der Stuckdekoration zu höchstem Formenreichtum entwickelte.
Im Verlauf unserer Reiseroute empfehlen sich die folgenden Ziele für einen Besuch: **Rottenbuch,** Klosterkirche des ehemaligen Augustinerchorherrenstifts, eine dreischiffige gotische Basilika aus dem 15. Jh., die Mitte des 18. Jh. eine glanzvolle Rokoko-Ausstattung erhielt. **Wieskirche,** in verträumter Moorwiesen- und Waldlandschaft gelegen, die vollkommenste Schöpfung des süddeutschen Rokoko: Die äußerlich schlichte, im Innern festlich-beschwingte Architektur schuf von 1746 bis 1754 der Wessobrunner Baumeister Dominikus Zimmermann, die prächtige Deckenbemalung stammt von seinem Bruder Johann Baptist. **Steingaden,** typisches Allgäuer Dorf mit ursprünglich romanischer Klosterkirche (1176) mit reicher barocker Ausstattung.

㉒ **Schwangau,** 3300 Einwohner, beliebter Luftkurort am Fuß der Ammergauer und Tannheimer Alpen, umgeben von vier Seen (Forggensee, Bannwaldsee, Alpsee und Schwansee). – Südlich des Orts steht im freien Wiesengelände die malerische Wallfahrtskirche St. Koloman (1673), unweit davon schwebt eine Kabinenseilbahn auf den Tegelberg (830–1720 m), einen der schönsten Allgäuer Aussichtsberge.
Hauptanziehungspunkt ist das 4 km südlich des Orts gelegene Hohenschwangau mit dem stimmungsvollen Alpsee und zwei Königsschlössern: Schloß **Hohenschwangau,** 1832 auf den Resten einer früheren Burg im englischen Tudorstil neu errichtet und im romantisierenden Geschmack der damaligen Zeit ausgestattet; **Neuschwanstein,** das Traumschloß König Ludwigs II., erbaut ab 1869 durch Münchner Theater-Architekten und deutlich beeinflußt von der Leidenschaft des Königs für die visionäre Opernsphäre Richard Wagners. Trotz des an Theatereffekte erinnernden Bauwerks mit seiner neugotischen Ausstattung und der Fresken aus Themen deutscher Sagen gilt das Schloß heute als Inbegriff der Romantik schlechthin. Neben den Wohn- und Arbeitsräumen des Königs verdienen der Thron- und Sängersaal besondere Erwähnung.

㉓ **Füssen,** 13000 Einwohner, Erholungsstädtchen mit altertümlicher Substanz in großartiger Lage am Austritt des Lech aus dem Gebirge der Ammergauer und Tannheimer Berge in das sanfthügelige Allgäuer Alpenvorland. Unmittelbar nördlich der Stadt wird der Lech zum 16 qkm großen Forggensee gestaut, südwestlich schließt sich das idyllisch um eine Wald- und Teichlandschaft gruppierte Bad Faulenbach (Schwefelquelle, Moorbäder) an. Das Stadtbild wird geprägt von dem auf einem Felsen errichteten Hohen Schloß (14.–19. Jh.), einst Sommerresidenz der Augsburger Fürstbischöfe, heute Amtsgericht und Gemälde-Galerie. Bauliches Juwel Füssens ist die Klosteranlage St. Mang mit der 1701 bis 1717 errichteten Klosterkirche (jetzt Stadtkirche), die in schönstem Barock gestaltet ist. Der herrliche Festsaal und andere Räume des Klosters beherbergen heute das Heimatmuseum.

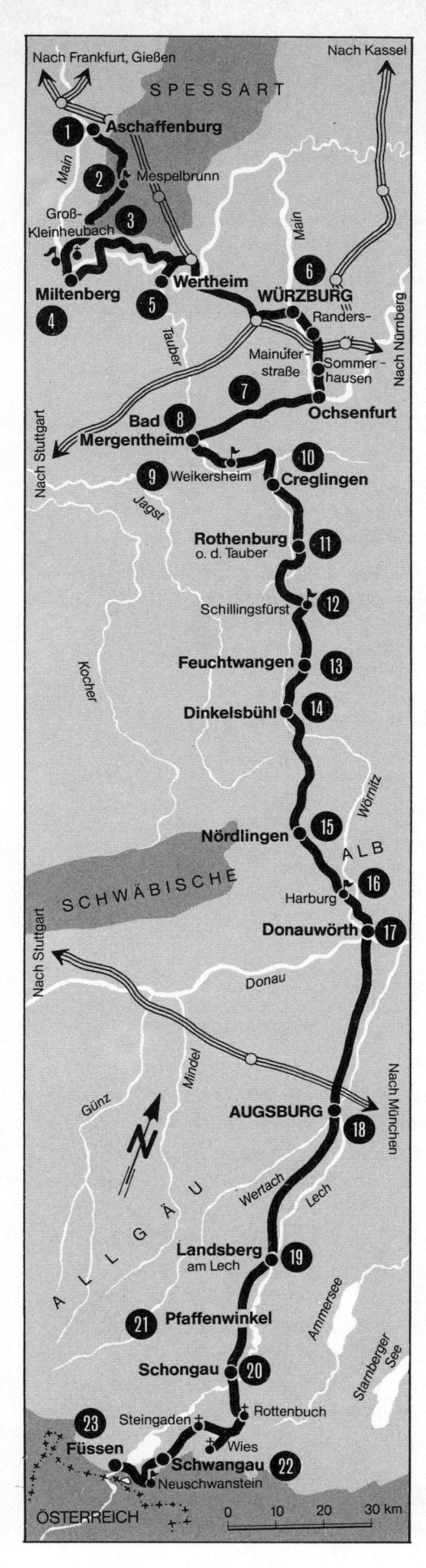

men und Toren bewehrten Stadtmauer. Dominierendes Bauwerk ist die St. Georgskirche aus dem 15. Jh. mit erlesener Ausstattung und 90 m hohem Turm, der einen weitreichenden Rundblick gewährt. Unter den vielen urtümlichen Häusern sind das Tanz- oder Brothaus (1444), das Hohe Haus (1442), das Spital (13. Jh., jetzt Museum) sowie das gotische Rathaus (13. Jh.) besonders erwähnenswert.

⑯ **Harburg,** 3300 Einwohner, Städtchen an einer Engstelle des Wörnitztals mit uralten Winkeln und romantischer Partie an der Wörnitz-Steinbrücke.

5 Schwarzwald, Hochrhein und Bodensee

Auf Panoramastraßen zum »Schwäbischen Meer«

Gälte es, unter den Reiserouten durch die deutschen Lande die liebenswürdigste, vielleicht sogar rührseligste auszuwählen, stünde dieser wohl der Siegeslorbeer zu. Schwarzwaldfahrt – schon das Wort vermag Ferienstimmung zu wecken, läßt Vorstellungen lebendig werden von Tannengrün und Wiesenblüte, Strohdachgehöften und Bommelhüten, Mühlrädern und Kukkucksuhren. Dieses anmutige Wesen hat sich der Schwarzwald freilich erst in unserem Jahrhundert zugelegt. Für die Römer etwa, die sich in Aqua Aurelia (dem heutigen Baden-Baden) von ihren Kriegsgeschäften kurierten, war der dahinterliegende Bergwald eine unzugängliche, furchterregende Wildnis, in der Bär und Wolf, Ur und Wisent hausten. Zwischen den Jahren 800 und 1300 wurde der Schwarzwald von Menschen in Besitz genommen. Pioniere waren die Mönche, die sich in den Tälern von Nagold, Kinzig, Enz und Alb ansiedelten, mit ihren Rodungen erste Breschen in den Urwald schlugen, und Holzfäller, Waldbauern und Köhler anzogen. Doch keine der vielen Siedlungen, die besonders im Mittelalter gegründet wurden, wuchs zu größerem städtischen Format; Freiburg und Villingen-Schwenningen sind eher Schwarzwaldpforten als Schwarzwaldstädte. Diese Verweigerung des Fortschritts, aus welchen Gründen sie auch immer erfolgt ist, hat dem Schwarzwald jenen liebenswerten, nostalgisch-altertümlichen Charakter erhalten, um dessentwillen er heute als Erholungs- und Reiselandschaft geschätzt ist. Hausformen, Handwerk, Trachten und Brauchtum haben vielenorts ihre alten Traditionen bewahrt. Seltsamerweise wurde der Hochschwarzwald im Süden früher besiedelt als der niedrigere Nordschwarzwald. Dieser weist auch heute noch die größten zusammenhängenden Waldgebiete auf, in die die Schwarzwald-Hochstraße großartige Einblicke gewährt.

Ganz anders verlief die Geschichte des Bodensee-Gebiets. In seinem weiten, klimatisch begünstigten Raum, in dem schon Steinzeitmenschen siedelten, entstanden im Mittelalter reiche Städte und prunkvolle Klöster, die sich zu einem Zentrum europäischer Kultur und Wirtschaft zusammenformten. Stolze Handelsflotten durchpflügten den See, und an den Ufern entstanden Werke, die aus der europäischen Kunstgeschichte nicht wegzudenken sind. Erst nach der Entdeckung Amerikas, als man die Welt mit anderer Elle zu messen begann, schwand die Bedeutung, übernahmen Seestädte wie Amsterdam und London die wirtschaftlichen Machtpositionen; politische Zersplitterung tat ein übriges. Geblieben sind bis heute der kulturelle Glanz, die gleiche Sprache, die historisch gewachsenen Verflechtungen. So lebt an den Ufern des Sees, in unseren Tagen mehr denn je, ein kleines Europa.

Ausgangspunkt dieser Reiseroute ist *Karlsruhe*, das trotz der Überwucherung durch die Industrie mit seinen majestätischen Schloßanlagen und der reizvollen, strahlenförmigen Stadtgliederung immer noch einen Sonderrang unter den deutschen Städten einnimmt. Wenig später erfreut Rastatt mit kleinstädtischer Traulichkeit rings um das vom »Türkenlouis« Markgraf Ludwig Wilhelm in Auftrag gegebene Schloß aus rotem Sandstein. Auf dem Weg nach Baden-Baden weckt das entzückende Schlößchen *Favorite* Erinnerungen an des Markgrafen Gemahlin Sibylla Augusta, die mit ihrem Wandel von der lebenslustigen, festeliebenden Herrscherin zur asketischen Büßerin ihre Mitwelt in Erstaunen versetzte. *Baden-Baden,* das auf der Zufahrt über Eberstein burg und die Ruine Hohenbaden seine schönste Begrüßungsperspektive zeigt, gebührt unter den Kurorten Deutschlands nach wie vor die Krone. Mit seinen noblen Kur- und Parkanlagen, seiner angestammten, aus weltstädtischer Noblesse und altbadischer Gemütlichkeit gemischten Atmosphäre rettet es ein Stück der Belle Epoque in unsere nüchterne Zeit. An Kloster *Lichtental* vorbei, zu dem von Baden-Baden längs der Oos die wohl stimmungsvollste deutsche Gartenallee führt, fährt man in die Schwarzwald-Hochstraße ein. Behutsam windet sich das Straßen-

24 Blick zum Feldberg im Schwarzwald. – Während der Nordschwarzwald die größten zusammenhängenden Waldgebiete aufweist, sind die Berge des Südschwarzwalds mächtiger, freier und reich an Fernblicken. Herzstück dieser Region ist das Feldbergmassiv, mehr breiter Mittelgebirgsrücken als Bergspitze, mit 1493 Metern die höchste Erhebung des Schwarzwalds. Die Gletscher der Eiszeit haben im Hochschwarzwald alle schroffen Formen kräftig abgeschliffen und zusammenhängende große Flächen mit weichen Übergängen geschaffen.

25 Das Kaufhaus in Freiburg. – Am südlichen Münsterplatz steht das historische Kaufhaus, ein spätgotischer Bau mit Türmchen und bunten Ziegeldächern, ochsenblutrot angemalt und mit Gold verziert. Die offenen Gewölbe im Erdgeschoß dienten als Markthalle, das Obergeschoß ist seit 450 Jahren städtischer Festsaal. Es ist nicht bekannt, wann mit dem Bau begonnen wurde, doch 1527 erhielt der Schreinermeister Sebolt den Auftrag, die »groß Stuben« (Festsaal) für 14 Gulden mit Decke, Wandvertäfelung und Fußboden auszustatten.

26 Der Rheinfall bei Schaffhausen. – Unter der imposanten Schloßanlage von Laufen stürzt der Rhein in seiner ganzen Breite von 150 Metern, von Kalkfelsriffen in mehrere Ströme gespalten, 23 Meter tief in das Rheinfallbecken. Mit der maximalen Wassermenge von 1080 Kubikmetern pro Sekunde bildet der Strom den volumenreichsten Wasserfall Europas. Treppenwege mit Aussichtskanzeln sowie Bootsfahrten ermöglichen das unmittelbare Erleben des eindrucksvollen Naturschauspiels.

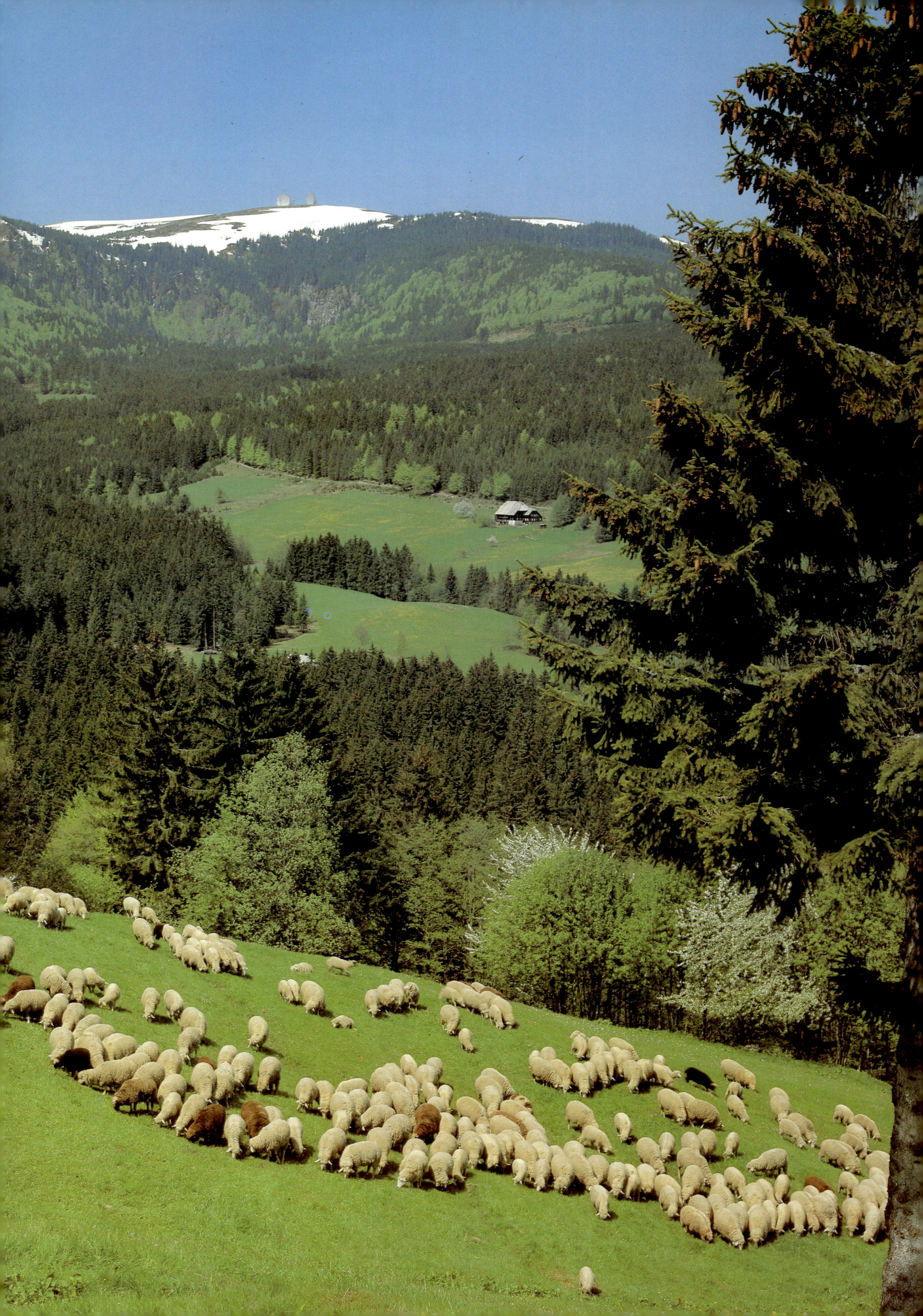

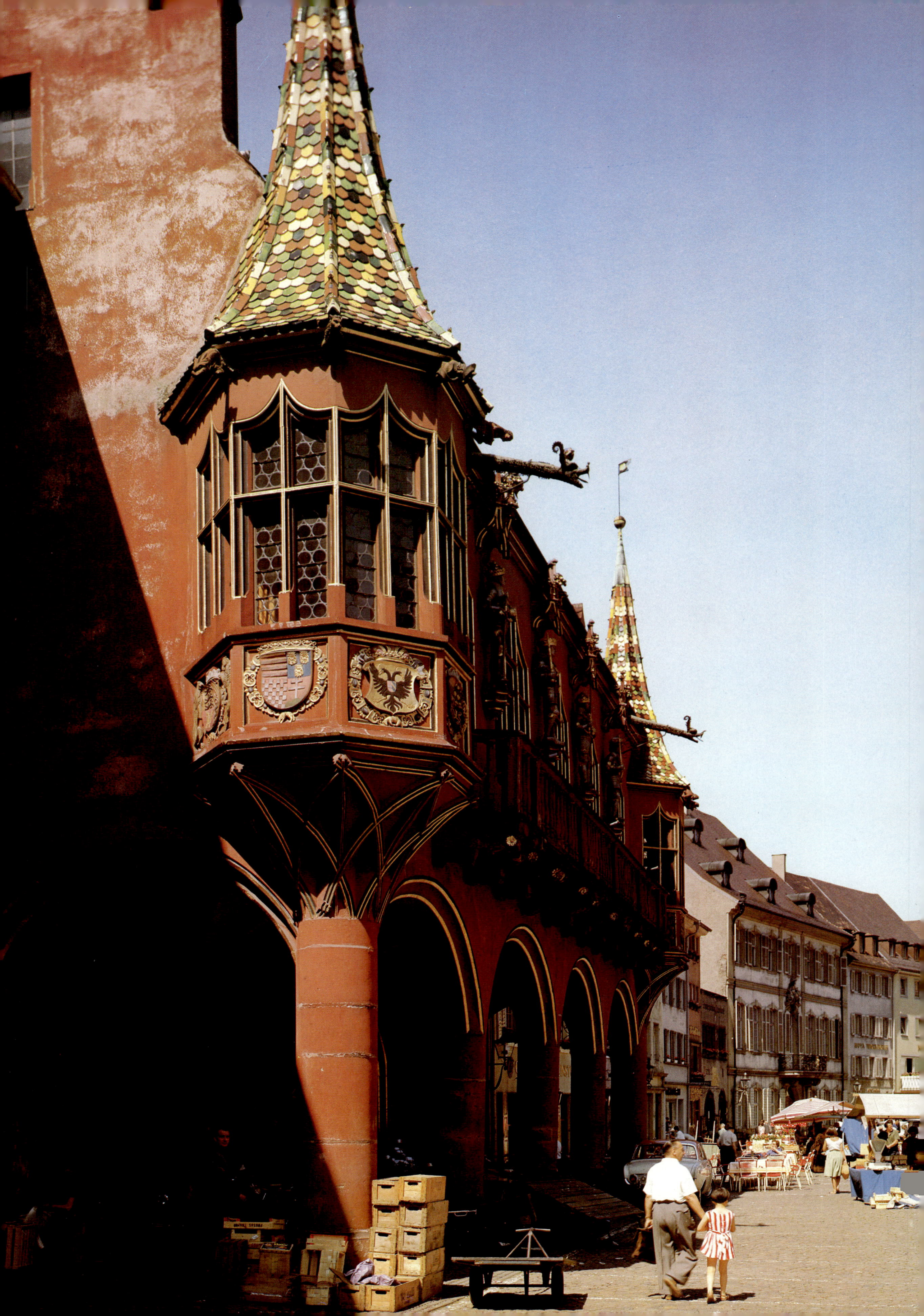

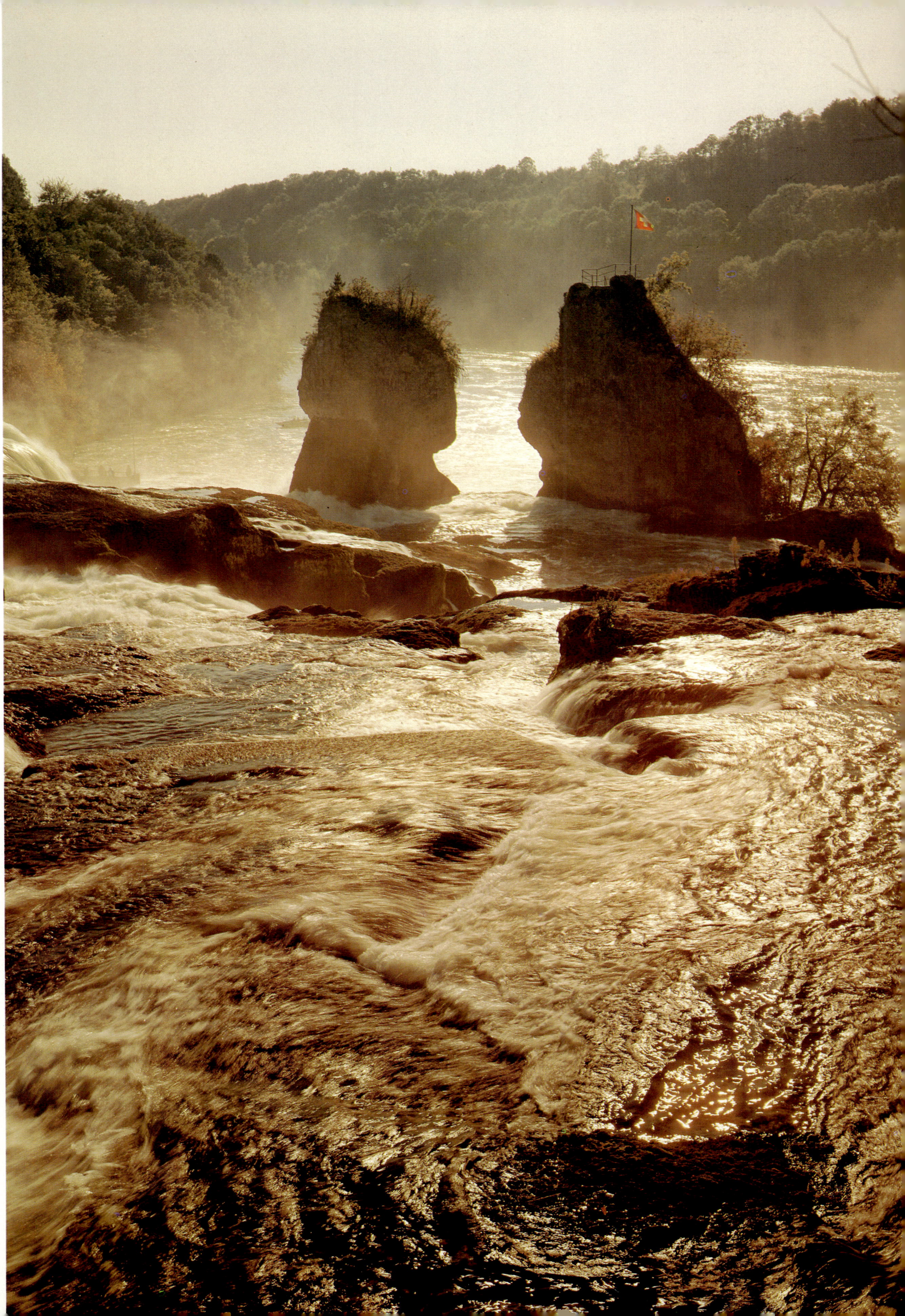

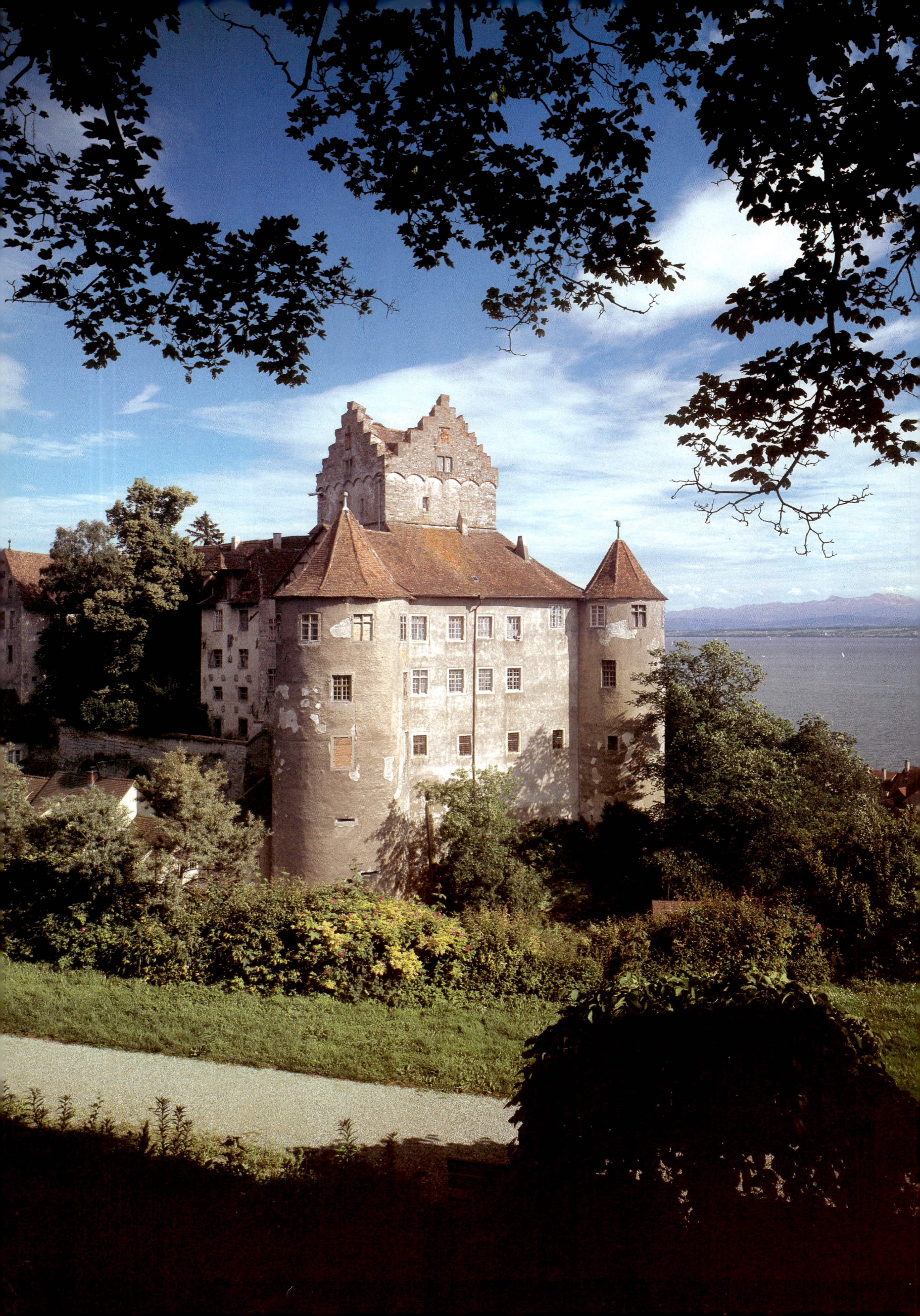

band im dichten Grün bergwärts bis zur Höhe von tausend Metern. Hier und dort öffnet sich der Wald zu großartigen Fernblicken, auf blumenübersäte Bergwiesen und in lauschige Täler, aus denen zuweilen, »wenn die Hexen Kaffee kochen«, dichte Nebelschwaden emporwallen. In gemessenen Abständen, meist an den Kreuzungspunkten alter Paßstraßen, tauchen Hotels und Sanatorien auf. Am tiefgrünen, geheimnisvollen Wasser des *Mummelsees* ließ Grimmelshausen seinen Simplicius Simplicissimus die Nixen sehen und die Lilien, die um Mitternacht zu tanzen begannen. Lohnend ist ein Abstecher nach *Allerheiligen,* einer vor mehr als hundert Jahren vom Blitz zerstörten gotischen Klosterkirche, die noch als Ruine die einstige Schönheit ihrer Architektur ahnen läßt. *Freudenstadt* ist mit seiner nach einem Mühlebrettspiel erfolgten Straßenanlage eine städtebauliche Rarität und eine sympathische Reisestation.

Ab hier geht die Schwarzwald-Hochstraße in die Schwarzwald-Tälerstraße über, auf der *Alpirsbach* eine erste Pause erheischt. Der Klosterbezirk mit der stilrein erhaltenen romanischen Kirche aus der Hirsauer Schule atmet Ruhe und Abgeklärtheit, macht aber auch die Weltabkehr des einstigen klösterlichen Lebens deutlich. *Schiltach,* mit einer Goldmedaille für musterhafte Stadtsanierung ausgezeichnet, bewahrt mit schönen Fachwerkhäusern mittelalterliches Gepräge. In *Triberg* ticken auf Schritt und Tritt Schwarzwälder Uhren, und an den Hängen rings um das Tal zieht die Schwarzwaldbahn ihre kühnsten Girlanden. In diesem Raum findet man, besonders wenn man auf Nebentäler ausweicht, noch malerische Schwarzwaldgehöfte mit stroh- oder holzschindelgedeckten Krüppelwalmdächern. Auch die schönen Trachten mit den aus 14 Wollkugeln bestehenden Bommelhüten (in Rot für ledige Mädchen, in Schwarz für verheiratete Frauen) haben hier ihre Stammheimat. – Das intime, verträumte Wesen des Nordschwarzwaldes wird nach Süden hin mehr und mehr abgelöst von großräumiger Szenerie. Der breite Rücken des *Feldbergs,* die formschöne Haube des *Belchen,* die touristenumschwärmten Wasserbecken von *Titisee* und *Schluchsee* lenken hier die Aufmerksamkeit auf sich. Nicht unterlassen sollte man einen Abstecher nach *Freiburg,* dem liebenswerten Städtejuwel, den man am schönsten mit der Hinfahrt durch das Glottertal und dem Rückweg über Schauinsland bereichert. Durch den geheimnisvollen Hotzenwald senkt sich danach die Straße zum Tal des Hochrhein hinunter, den man bei *Waldshut* erreicht. Vor *Schaffhausen* bietet der Rheinfall ein dramatisches Naturschauspiel, und nach Diessenhofen entfaltet sich die Bilderbuchlandschaft des Rhein- und Bodenseeufers, die in den alten Hausfassaden von *Stein am Rhein* einen Höhepunkt erreicht. Bald danach häufen sich die Sehenswürdigkeiten zur prallen Fülle: Da ist *Konstanz,* die stolze, von der Geschichte ins Abseits gedrängte Reichsstadt; dort animiert des Grafen Bernadottes Parkparadies *Mainau* zum Besuch, gibt die Insel *Reichenau* Zeugnis von uralter klösterlicher Nutzgartenkultur. Hat man wenig Zeit, kann man ab Staad mit der Autofähre in 20 Minuten nach Meersburg übersetzen. Doch schöner ist es, am Gnadensee entlang nach *Radolfzell* zu fahren und von dort zum Nordufer des Überlinger Sees hinüberzuwechseln. *Überlingen,* die alte alemannische Herzogsresidenz und Freie Reichsstadt, begeistert mit einem herrlichen Stadtbild, das sich besonders eindrucksvoll vom Turm des Nikolaus-Münsters darbietet. Die Wallfahrtskirche *Birnau* verkörpert den schönsten sakralen Barockbau des Bodenseeraumes, in *Meersburg,* wo die Rebenhänge erst vor der Uferpromenade halt machen, findet die Erinnerungsstätte an Annette von Droste-Hülshoff ebensoviel Zuspruch wie das Neue Schloß, das riesige oberschlächtige Wasserrad und der funkelnde Weißherbst. *Friedrichshafen* informiert im Zeppelin-Museum über die Geschichte des ersten lenkbaren Luftschiffs und *Wasserburg* bietet ein heiteres Hafen- und Kirchenidyll. Einen besonderen Rang, schon von ihrer topographischen Situation her, beansprucht *Lindau,* die Stadt im Bodensee und der Zielpunkt dieser Reise: Im historischen Kern, auf eine Insel gebaut und durch zwei Brücken mit dem Festland verbunden, wird tiefstes Mittelalter ebenso lebendig wie die stolze Zeit der Reichsfreiheit. Draußen am Hafen aber späht der bayerische Löwe aufmerksam über den Wasserspiegel, auf daß ihm keiner seinen winzigen Anteil am alemannischen Meer streitig mache.

27 *Meersburg am Bodensee, Altes Schloß. – Zwischen Weinbergen und dem weiten Wasserspiegel erhebt sich das alte Gemäuer der Burg, einst ein Stützpunkt von strategischer Bedeutung, heute romantischer Anziehungspunkt für Touristen. Im Nordostturm (im Bild links) lebte von 1841 bis 1842 das westfälische Adelsfräulein Annette von Droste-Hülshoff: Hier entstanden ihre Meersburger Gedichte.*

Reise-Lexikon

① **Karlsruhe,** 285 000 Einwohner, die vor den nordwestlichen Ausläufern des Schwarzwalds im breiten Rheintal gelegene Großstadt, ist eine junge Gründung: 1715 legte der badische Markgraf Karl Wilhelm den Grundstein für ein neues Residenzschloß, um das sich – in strahlenförmigem, vom Schloß ausgehenden Halbkreis – die Stadt entwickelte. Seine klassizistische Gestalt erhielt Karlsruhe im 18./19. Jh. durch den Baumeister Friedrich Weinbrenner (1766–1826). Das Schloß, von 1749 bis 1781 weitgehend nach Plänen von Balthasar Neumann erneuert, enthält heute das Badische Landesmuseum (u. a. berühmte Beutestücke des »Türkenlouis«); in einem Flügelbau befindet sich die Staatliche Kunsthalle, eine der bedeutendsten deutschen Gemäldegalerien. Das Schloß und der weitläufige, mit schönen Skulpturen geschmückte Schloßpark (1967 Bundesgartenschau) bilden den Hauptanziehungspunkt. Außerdem sind beachtenswert: Stadtpfarrkirche St. Stephan (1814, dem Pantheon in Rom nachempfunden); Stadtkirche (1811, mit antikischem Säulenportikus); Markgräfliches Palais; Stadtgartenbereich mit Schwarzwaldhalle und Stadthalle (Theater).

② **Rastatt,** 41 000 Einwohner, sympathisches Städtchen im breiten Rheintal, nach der Zerstörung durch die Franzosen ab 1689 im Barockstil neu aufgebaut; nach 1705 markgräfliche Residenz. Beherrschendes Bauwerk ist das noble Residenzschloß von Markgraf Ludwig Wilhelm I. (»Türkenlouis«), ein prachtvoller, breit hingelagerter Mehrflügelbau aus rotem Sandstein, errichtet von 1697 bis 1707 durch den italienischen Baumeister D. E. Rossi. In der sehenswerten Schloßkirche befindet sich die Grabstätte von Markgräfin Sibylla Augusta; das Schloß enthält außerdem das kriegsgeschichtliche Museum sowie ein Heimatmuseum. Im Ort sind noch der langgestreckte Marktplatz mit Rathaus und Stadtkirche bemerkenswert. – 5 km südöstlich, bei Kuppenheim, liegt das entzückende Lustschloß Favorite der Markgräfin Sibylla Augusta, sehenswert wegen seiner intimen, kostbar-kuriosen Interieurs.

③ **Baden-Baden,** 53 000 Einwohner, der renommierteste deutsche Kurort, liegt gründurchrankt in einer Talnische des Oosbaches am Fuß des Schwarzwaldes. Die heilkräftigen Quellen wurden schon von den Römern geschätzt (Bäderruinen), um 1500 begann der organisierte Badebetrieb (Gicht, Rheuma, Katarrhe). Das Kurviertel entstand nach 1766 mit den klassizistischen Bauwerken Friedrich Weinbrenners; seitdem ist Baden-Baden ein Kurort von Weltrang. Sehenswert sind die Altstadt mit ihren heimeligen Gassen, die Stiftskirche (15./18. Jh.), das Neue Schloß (einst markgräfliche Residenz, 1689 teilzerstört) sowie das Kurviertel mit Kurhaus, Casino und herrlichem Park. In der näheren Umgebung sind beachtenswert: Zisterzienserinnenabtei Lichtental (14./15. Jh.); Schloßruine Hohenbaden (Auffahrt, Restaurant, herrliche Aussicht).

④ **Schwarzwald-Hochstraße,** 62 km lange Panoramastraße zwischen Baden-Baden und Freudenstadt, eine an Aus- und Durchblicken reiche Strecke auf dem Kamm zwischen Rhein- und Murgtal. Die wichtigsten Stationen im Verlauf sind: Geroldsau (Wasserfälle); Bühlerhöhe (schloßartiges Kurhotel); Mummelsee (romantischer, von Sagen umrankter kleiner Bergsee unter der 1164 m hohen Hornisgrinde); Kniebis (Höhenkurort in schöner Wald- und Hochmoorlandschaft).

⑤ **Allerheiligen,** abseits der Strecke im Wald versteckte, frühgotische Kirchenruine. Im erneuerten Klostergebäude jetzt Kurbetrieb; in der waldreichen Umgebung die Lierbach-Wasserfälle.

⑥ **Freudenstadt,** 20 000 Einwohner, prächtig auf einem Geländeplateau gelegenes Städtchen im zentralen nördlichen Schwarzwald. Einzigartig ist der nach einem Großbrand von 1632 in Form eines Mühlebrettspiels neu angelegte Stadtgrundriß. Das freie Mittelkarree, auf dem ein mächtiges, wegen Geldmangel nicht gebautes Schloß geplant war, ist von schönen Laubenganghäusern umsäumt. Eine Besonderheit bildet auch die 1614 in Winkelhakenform erbaute Stadtpfarrkirche. Einen Besuch lohnt außerdem das Schwarzwaldmuseum (u. a. Mineralien, Werke einheimischer Künstler).

⑦ **Alpirsbach,** 7000 Einwohner, reizvoll im oberen Kinzigtal gelegener Ort mit der eindrucksvollen Klosterkirche, einer romanischen Basilika aus dem 11. Jh. und eines der stilreinsten Beispiele der Hirsauer Baukunst. Im altertümlichen Städtchen stehen noch schöne Häuser, darunter das Rathaus von 1566. Während des Sommers finden im stimmungsvollen Kreuzgang des Klosters Konzerte statt.

⑧ **Schiltach,** 4600 Einwohner, Schwarzwälder Musterstädtchen im Taldreieck von Kinzig und Schiltach und eine alte Flößerstation. Der dreieckige Marktplatz wird von schönen Fachwerkhäusern umrahmt, das Heimatmuseum veranschaulicht die Tradition der Flößerei. Über der Stadt steht die Ruine einer Burg.

⑨ **Schramberg,** 20 000 Einwohner, im Schnittpunkt von 5 Tälern gelegenes Städtchen, eines der Zentren der Schwarzwälder Uhrenherstellung. Bemerkenswert ist die astronomische Uhr am Rathaus; die handgefertigten Figuren und Vasen der Schramberger Majolika-Fabrik sind hübsche Souvenirs. Im Umkreis der Stadt stehen die Burgruinen Hohenschramberg, Falkenstein und Schilteck.

⑩ **Triberg,** 7000 Einwohner, malerisch von Waldbergen umrahmtes Städtchen und vielbesuchter Kur- und Erholungsort. Sehenswert ist das Heimatmuseum mit Uhren, Trachten und einem Modell der Schwarzwaldbahn, die rings um den Ort ihre kühnste Trassierung aufweist. Die Wallfahrtskirche Maria in der Tanne ist ein Kleinod in bäuerlichem Barock. In Ortsnähe befinden sich die 162 m hohen Gutach-Wasserfälle.

⑪ **Furtwangen,** 11 000 Einwohner, die Heimstatt der Schwarzwälder Uhr. Das Uhrenmuseum enthält die größte historische Uhrensammlung Deutschlands. Im südwestlich gelegenen Neukirch befindet sich eine originelle Sammlung von 160 Musikautomaten. – Für die Weiterfahrt nach Freiburg empfiehlt sich der Weg über das Hexenloch (historische Hexenlochmühle), St. Märgen (schöne Barockkirche), St. Peter (barocke Klosterkirche von Peter Thumb) und das urtümliche, malerische Glottertal.

⑫ **Freiburg** im Breisgau, 174 000 Einwohner, in schöner Lage am Fuß des Hochschwarzwalds, nennt sich die »Stadt des Waldes, der Gotik und des Weins«. Von den Zähringern 1120 gegründet und als souveräne Bürger- und Handelsstadt groß und reich geworden, bewahrt sie im Kern ein reizvolles, altertümliches Stadtbild von ungewöhnlicher atmosphärischer Dichte. Schwere Bombenschäden im Zweiten Weltkrieg konnten weitgehend behoben werden.
Wahrzeichen der Stadt ist das Münster (13./14. Jh.), eines der bedeutendsten Bauwerke deutscher Gotik. Der 116 m hohe Westturm (328 Stufen, prächtige Aussicht) wird mit seiner durchbrochenen Spitze als »schönster Turm der Christenheit« gepriesen. Das Kircheninnere beherbergt eine Fülle von Kunstschätzen. Um das Münster gruppiert sich die heimelige Altstadt mit schönen Patrizierhäusern, aus denen das sog. Kaufhaus, das Kornhaus, das Wenzingerhaus sowie das durch eine Brücke verbundene Alte und Neue Rathaus herausstechen. Einen besonderen Akzent geben dem Stadtbild mehrere schöne Brunnen. Sehenswert sind außerdem Teile der Stadtbefestigung mit Martins- und Schwabentor sowie eine Reihe schöner Kirchen. Den schönsten Blick auf Stadt und Münster genießt man vom 460 m hohen Schloßberg (Seilbahn). Freiburgs stadtnächste Landschaftsattraktion ist der 1264 m hohe **Schauinsland** (Straße bzw. Seilbahn), eine freie, aussichtsreiche Bergkuppe mit Blicken bis zu den Vogesen und den Alpen.

⑬ **Feldberg, Titisee** und **Schluchsee** bilden das touristische Zentrum des Hochschwarzwaldes. Der Feldberg, mit 1493 m der höchste Schwarzwaldberg, ist ein kahler, sanft gewölbter Bergrücken (Skisport; von der Autostraße Sessellift zum 1448 m hohen Nebengipfel Seebuck). – Der Titisee, 2 km lang und 750 m breit, ist der größte Natursee der deutschen Mittelgebirge; er wird von dunklen Waldhängen umrahmt. Der an die Nordbucht anschließende, gleichnamige Ort zählt zu den beliebtesten Ferienzentren im Schwarzwald. – Der 7,5 km lange und bis 1,5 km breite Schluchsee, beliebt als Wassersport- und Badesee, entstand 1929 als Stausee, ist aber inzwischen mit der Landschaft verwachsen. Bei der Weiterfahrt auf der B 500 verdienen der Erholungsort **Höchenschwand,** wegen seiner exklusiven Lage »Dorf am Himmel« benannt, sowie das 3,5 km abseits gelegene **St. Blasien** mit einer der größten Kuppelkirchen Europas (65 m hoch, erbaut 1768–1783) Beachtung.

⑭ **Waldshut-Tiengen,** 23 000 Einwohner, Doppelstadt am Fuß des schluchtartig durchkerbten Hotzenwaldes in einem von Rhein, Aare und Wutach gebildeten Talkessel. Waldshut, eine Habsburgergründung (1245) und im 16. Jh. Brennpunkt der Bauernaufstände, bietet ein rustikalen Stadtkern mit Zunfthäusern und zwei Stadttoren. In Tiengen, einer alten Alemannensiedlung, sind die von Peter Thumb 1753 erbaute Barockkirche, das Schloß von 1499, Teile der Stadtmauer mit dem ›Storchenturm‹ sowie schöne Sgraffito-Häuser sehenswert.

⑮ **Schaffhausen,** 40 000 Einwohner, traditionsreiche Stadt am rechten Rheinufer und Hauptstadt des gleichnamigen Schweizer Kantons. Dominante im Stadtbild ist der imposante Festungsbau Munot mit 36 m hohem Plattformturm. In der Altstadt sind außerdem das Allerheiligenmünster (1104), die spätgotische Pfarrkirche St. Johann (1515) sowie zahlreiche Zunft- und Bürgerhäuser mit schönen Erkern und Portalen beachtenswert. – Berühmtester Anziehungspunkt in der nächsten Umgebung ist der **Rheinfall** im Südwesten der Stadt: Unter der imposanten Schloßanlage Laufen (seit 1123; im 19. und 20. Jh. teilweise erneuert) stürzt der Rhein über seine ganze Breite von 150 m, von Kalkfelsriffen in mehrere Ströme gespalten, 23 m tief in das Rheinfallbecken. Mit einer maximalen Wassermenge von 1080 cbm pro Sekunde ist der Rheinfall der mächtigste Wasserfall Europas. Ein Treppenweg mit Balustraden führt unmittelbar an die tosende Gischt heran.

⑯ **Stein** am Rhein, 3000 Einwohner, zählt zu den besterhaltenen mittelalterlichen Städtchen der Schweiz. Im Ort befinden sich viele schöne Fachwerkhäuser, mit Erkern und Fassadenmalerei reich geschmückt. Eine eindrucksvolle Baugruppe bildet die ehemalige Benediktinerabtei St. Georgen mit romanischer Kirche (1060), massigem Konventsbau (jetzt teilw. Museum) und malerischem Gewölbekreuzgang. Auf einer Uferhöhe über dem Rhein thront Burg Hohenklingen.

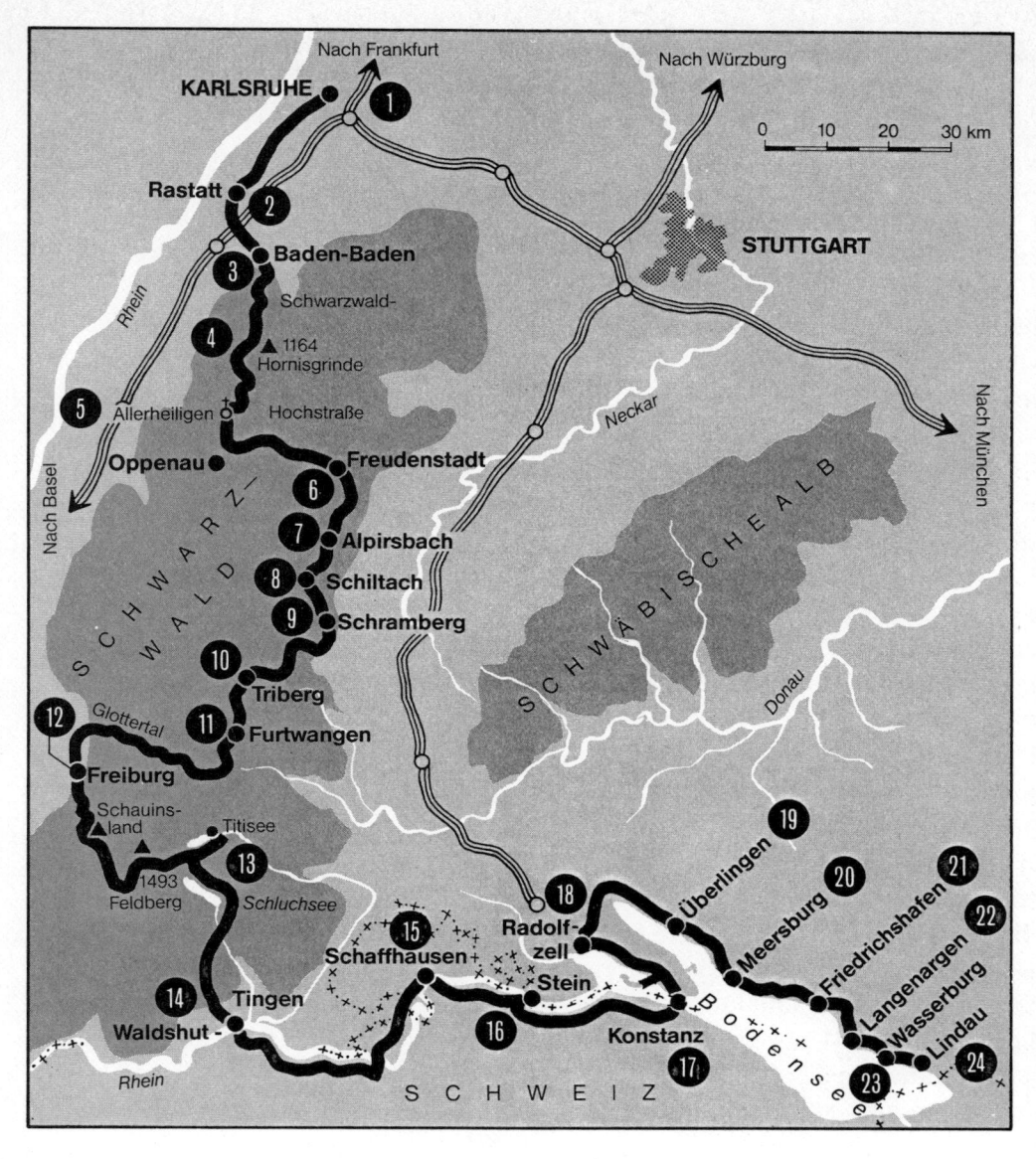

rin Annette von Droste-Hülshoff (1797–1848); das Neue Schloß (1741–1750 nach Plänen Balthasar Neumanns erbaut) beherbergt jetzt Museen. Die weiteren Anziehungspunkte: Schloßmühle mit dem größten oberschlächtigen Mühlrad Deutschlands (9 m Durchm.); mehrere alte Stadttore; Kornhaus am Hafen (1505); Weinbaumuseum, Strandpromenade. – 6 km nordwestlich liegt das Freilichtmuseum **Unteruhldingen.** Das seit 1922 bestehende, älteste deutsche Freilichtmuseum enthält u.a. eine nach vorgeschichtlichen Funden aus der Jungsteinzeit (etwa 2000 Jahre v. Chr.) rekonstruierte Pfahlbausiedlung (durch Brandschaden beeinträchtigt). Nach neuesten Erkenntnissen ist die Darstellung allerdings umstritten, da die Pfahlbauten nicht im Wasser, sondern auf festem Uferboden stehen müßten.

㉑ **Friedrichshafen,** 53000 Einwohner, die zweitgrößte Stadt am deutschen Bodenseeufer mit Fährhafen und Industrieanlagen. Die ursprünglich Buchhorn benannte Stadt (Stadtrechte von 1215) wurde 1811 zu Ehren des württembergischen Königs umgetauft. Sie wurde weltberühmt als Wiege der ersten lenkbaren Luftschiffe des Grafen Zeppelin. Die am Stadtgarten entlangführende Uferpromenade bietet schöne Blicke auf den See und die Alpen, das 1956 erbaute Rathaus enthält u.a. das Zeppelin-Museum. Eine Oase der Stille ist der Bereich um das am Westende gelegene Schloß (1830 erneuert) mit schönem Park und der besuchenswerten barocken Schloßkirche (1695–1701 von Christian Thumb), deren Türme die Stadtsilhouette prägen.

㉒ **Langenargen,** 5800 Einwohner, beliebter Erholungsort auf einer Landzunge mit schönen Kuranlagen. Einen Besuch lohnt die barocke Pfarrkirche St. Martin (1718–1722); effektvoller Hauptanziehungspunkt ist das im maurischen Stil erbaute Schloß Montfort (1861–1866) am Seeufer, heute ›Haus des Gastes‹.

㉓ **Wasserburg** am Bodensee, altes Fischerdorf und vielbesuchter Erholungsort auf einer in den See vorspringenden Halbinsel mit malerischen Uferpartien. Bemerkenswert sind die St. Georgskirche (15. Jh.) und das Schloß (jetzt Hotel).

㉔ **Lindau,** 27000 Einwohner, die meistbesuchte Bodenseestadt, gliedert sich in die Gartenstadt auf dem Festland und die historische Altstadt auf einer durch Straßenbrücke und Eisenbahndamm angebundenen Insel. Ursprünglich eine Fischersiedlung und im 9. Jh. ein Damenstift, entwickelte sich die Stadt (ab 1220 Freie Reichsstadt) zu einem bedeutenden Umschlagplatz des Italienhandels. Die malerische Altstadt, seit 1976 gänzlich unter Denkmalschutz, bewahrt eindrucksvolle Zeugnisse aus reichsstädtischer Zeit wie das Alte Rathaus (1578; herrlicher Renaissancebau), die Häusergruppe um den Marktplatz mit dem Haus »zum Cavazzen« (Heimatmuseum), die Peterskirche (um 1500, mit Fresken von Hans Holbein d. Ä.), Diebsturm und Heidenmauer. Attraktivstes Besuchsziel ist die Uferpromenade um den Hafen mit altem und neuem Leuchtturm und dem 6 m hohen bayerischen Löwen aus Stein, dem Wahrzeichen der Stadt.

⑰ **Konstanz,** 65000 Einwohner, liegt reizvoll gruppiert um den 4 km langen Rheindurchfluß zwischen dem Bodensee-Hauptbecken (Obersee) und dem Untersee. Seit der Mittelsteinzeit Siedlungsplatz und um die Zeitwende ein römisches Kastell, entwickelte sich die Stadt ab dem 6. Jh. zum Bischofssitz, dessen Besitztümer vom Gotthardpaß bis nach Stuttgart reichten. Unglückliche geschichtliche Fügungen rückten die Stadt an die Grenze des Reiches und nahmen ihr die einstige große Bedeutung. Die wichtigsten Sehenswürdigkeiten: Das Münster, dessen Baugeschichte vom 11. bis 16. Jh. reicht, mit schöner Ausstattung und herrlicher Rundsicht vom Turm; das Konzilsgebäude (Konstanzer Konzil 1414–1418); das Dominikanerkloster (jetzt Inselhotel) mit schönem Kreuzgang; mehrere interessante Museen.
3 km nördlich liegt die **Insel Mainau** (45 ha) mit herzoglichem Barockschloß (1739–1746). Dank der ungewöhnlich günstigen klimatischen Lage entstand durch den schwedischen Grafen Bernadotte ein Garten- und Blumenparadies von südländischer Üppigkeit.
6 km westlich von Konstanz liegt, auf einem Fahrdamm zugänglich, die **Insel Reichenau** (5 km lang, 1,5 km breit), deren Benediktinerkloster eines der ältesten Kulturzentren Süddeutschlands war. Seit altersher ist die Insel ein Nutzgartenparadies mit großen Freiland- und Treibhauskulturen, die jährlich mehrere Ernten ermöglichen. Sehenswert sind die teilweise romanischen Kirchen von Ober-, Mittel- und Unterzell.

⑱ **Radolfzell,** 20000 Einwohner, beliebter Kur- und Badeort in der formenreichen Uferlandschaft um Gnaden- oder Zellersee mit malerischer Altstadt. Hervorgegangen aus einem um 826 gegründeten Kloster, wurde Radolfzell als Freie Reichsstadt ein bedeutender Handelsplatz. Sehenswert sind u.a. das gotische Liebfrauenmünster (1436–1466, teilw. barockisiert), das imposante Ritterschaftshaus (1626), der Renaissancebau des sog. Österreichischen Schlößchens (1626/18. Jh.), Reste der Stadtbefestigung und der Stadtgarten. Auf der Halbinsel Mettnau befinden sich Kuranlagen und eine Vogelfreistätte (Naturschutzgebiet).

⑲ **Überlingen,** 18000 Einwohner, altertümliche ehemalige Reichsstadt in prächtiger Lage am gleichnamigen See. Hervorgegangen aus einer alemannischen Herzogsresidenz, wurde die Stadt, durch starke Befestigungen geschützt, im Mittelalter der wichtigste Getreidehandelsplatz am Bodensee. Die bedeutendsten Sehenswürdigkeiten sind das fünfschiffige Nikolausmünster (14. Jh. bis 1586), das 1490 erbaute Rathaus, die Franziskanerkirche (spätgotisch mit Rokokoausstattung), die Stadtkanzlei, das Susohaus und der Reichlin-von-Meldegg-Patrizierhof (1462, heute Museum). Bemerkenswert sind die Kuranlagen mit Seepromenade und Stadtgarten. – 5 km südöstlich liegt am Bodenseeufer die Wallfahrtskirche **Neubirnau.** Das auf einer grünen Terrasse über dem weiten Wasserspiegel des Überlinger Sees liegende Gotteshaus gilt als der schönste sakrale Barockbau des Bodenseeraums. Der Vorarlberger Baumeister Peter Thumb errichtete von 1747 bis 1750 die Kirche, die vom Wessobrunner Stukkateur Joseph Anton Feuchtmayer mit prächtiger Rokokoausstattung versehen wurde. Aus den zahlreichen Bildwerken heben sich die Kreuzwegstationen Feuchtmayers, von denen leider nur noch acht erhalten sind, als künstlerisch besonders bedeutend heraus.

⑳ **Meersburg,** 5000 Einwohner, Kur- und Erholungsort, wegen seiner baulichen Gestalt und der malerischen Lage am Uferhang einer der Hauptanziehungspunkte am Bodensee. Im Alten Schloß, der einstigen Residenz der Konstanzer Bischöfe, befindet sich das Wohn- und Arbeitszimmer der Dichte-

55

6 Oberbayerns Seen- und Alpenland
Von München ins Berchtesgadener Land

»Herr, wen du lieb hast, den lässest du fallen in dieses Land«, sinnierte vor hundert Jahren der bayerische Erzähler Ludwig Ganghofer. Diese Liebeserklärung galt zwar vorzugsweise dem Berchtesgadener Alpenwinkel um Königssee und Watzmann, doch gemeint hat er damit wohl das ganze oberbayerische Arkadien zwischen München und der hochwuchtenden Gipfelkette der Berge, jenen bukolischen Landstrich aus Seengeglitzer, Wiesenidyll, Waldeinsamkeit und Bauernbarock, in dem sich von der einstigen Einheit zwischen Mensch, Tier und Landschaft noch vieles erhalten hat.

Nicht immer war und ist Oberbayern dieses gelobte Land. Als vor zweihundert Jahren der Berliner Buchhändler Friedrich Nikolai den Versuch machte, es zu ergründen, nahm er angesichts unzugänglicher Bergwildnis, disharmonischen Kuhglockengebimmels, vollbärtiger Passionsspieler und grölender Wildschützen verstört Reißaus und faßte seinen Reisebericht in der lakonischen Schlußfolgerung zusammen: »Bayern – kleines, diebisches Bergvolk«. Wer heutzutage auf der Ferienreise in den Süden während der sommerlichen Hauptsaison auf der Autobahn nach Salzburg in endlosen Staureihen vorwärtskriecht, stimmt wohl auch nicht gerade ein Loblied an auf das Bayernland, das ihm neben den vorhandenen sechs Fahrspuren die benötigten weiteren zehn hartnäckig verweigert. Ihm könnte dieser Reisevorschlag Trost und Hilfe sein. »Der Bayer ist gewöhnt, seine Schätze in stiller Bescheidenheit zu genießen«, sagte einmal der Historiker Lorenz Westenrieder. Das stimmt zwar auch nicht mehr so ganz und läßt sich auch nicht immer und überall nachvollziehen, aber ein Wegweiser zu dieser Erlebniswelt könnte unser Routenvorschlag immerhin sein. Ein Wegweiser freilich mit dem Leitgedanken, daß nicht die Ankunft, sondern der Weg das Ziel sein möge.

Ausgangspunkt dieser Reise ist *München*. »Weltstadt mit Herz« hat man es getauft und nachgerade mit Titeln und Prädikaten überhäuft: Isar-Athen, Olympiastadt, Deutschlands heimliche Hauptstadt, Stadt der Lebensfreude, Metropole der Künste. Ein Superlativ-Tüftler hat sogar herausgefunden, daß es die größte Stadt Deutschlands sei, weil Berlin und Hamburg als Bundesländer nicht zu den Städten zählten. Mit solch weltstädtischen Höhenflügen hat München wenig gemein. Die Stadt gleicht zwar ein wenig der Bauerntochter, die zur Primadonna wurde, doch die Bezeichnung »Bayerische Landeshauptstadt« steht ihr immer noch am besten. Im Kern ihres Wesens ist München wie kaum eine andere deutsche Großstadt mit ihrem bäuerlichen Umland verbunden und hat sich stets aus den Wurzeln der bayerischen Provinz regeneriert. Daran hat auch der gewaltige Zustrom in den letzten Jahrzehnten wenig geändert. Die urwüchsige, barocke Kraft der Stadt hat alles Zufließende assimiliert – spätestens in der zweiten Generation sind alle Zuwanderer echte Münchner. Der Katalog der Münchner Sehenswürdigkeiten ist so umfangreich, daß er an dieser Stelle nicht einmal flüchtig besprochen werden kann. (Der Besucher möge sich das ihm Zusagende aus dem Reise-Lexikon auswählen.) Darüber hinaus wird Münchens Wesen in fortschreitendem Wechsel von jahreszeitlich bedingten Festen und Veranstaltungen mitgeprägt, die vom Fasching bis zum Christkindlmarkt und vom Oktoberfest bis zur Modewoche für schillernde Facetten sorgen.

Ein paar Autominuten südlich von München breitet sich, von pastoralen Hügeln umrahmt, der *Starnberger See* aus. Im Schloß Possenhofen wuchs Sissy, die nachmalige Kaiserin Elisabeth von Österreich, auf. Zeitlebens sehnte sie sich an »die sanften Gestade der Kindheit« zurück. Tutzing, dessen Evangelische Akademie zu einem geistigen Zentrum unserer Zeit wurde, ist ein rühriger Uferort, Bernried mit seinem klösterlichen Habitus eine köstliche Oase der Ruhe. Seeshaupt, das am Südufer hochklettert, bietet einen letzten Blick auf den großen Wasserspiegel, wenig später umfängt uns die verträumte Moorweiher-Landschaft der Ostersee, deren

28 *Blick über München zu den bayerischen Alpen. – Die Silhouette der bayerischen Landeshauptstadt wird weitgehend von den beiden Kirchen in der Bildmitte geprägt: dem mächtigen Baukörper der Frauenkirche mit den beiden von »welschen« Hauben bekrönten Türmen und der Theatinerkirche, deren hochbarocke patinagrüne Tambourkuppel einen Akzent Italiens über die Alpen bringt. An manchen Föhntagen erscheint über den Dächern der Stadt die 70 Kilometer entfernte Alpenkette – im Bild mit Karwendel- und Wettersteingebirge – zum Greifen nahe.*

29 *Der Starnberger See bei Tutzing. – Von der Ilkahöhe, einer 711 Meter hohen Moränenkuppe unweit von Tutzing, bietet sich ein reizvoller Blick über den zweitgrößten bayerischen See und das Alpenvorland bis hin zu den Tegernseer und Schlierseer Bergen. Die Ufer des Sees sind stellenweise mit schönen Schlössern, Villen und Parkanlagen gesäumt. Als angenehm registriert der Besucher, daß heute immerhin mehr als die Hälfte der 47 Uferkilometer öffentlich zugänglich und als einladende Bade- und Erholungsanlagen gestaltet sind.*

30 *Blick auf Walchensee und Wettersteingebirge. – Im Grenzbereich zwischen der voralpinen oberbayerischen Seenlandschaft und der geschlossenen Gebirgsregion liegen zahlreiche Wander- und Ausflugsberge, die sich durch begeisternde Panoramablicke auszeichnen. Unser Bild entstand an einem Spätherbsttag beim zweistündigen Aufstieg von der Kesselberghöhe zum 1567 Meter hohen Jochberg.*

31 *Das Talbecken von Garmisch-Partenkirchen mit dem Wettersteingebirge. – Das Werdenfelser Land ist neben dem Berchtesgadener Land der großartigste Winkel im deutschen Alpenanteil. Unser Bild zeigt einen Blick über das herbstliche Partenkirchen zum Wettersteinmassiv. In der Bildmitte die charakteristische Pyramide der Alpspitze, 2620 m, rechts außen die Zugspitze, mit 2963 m Deutschlands höchster Berggipfel.*

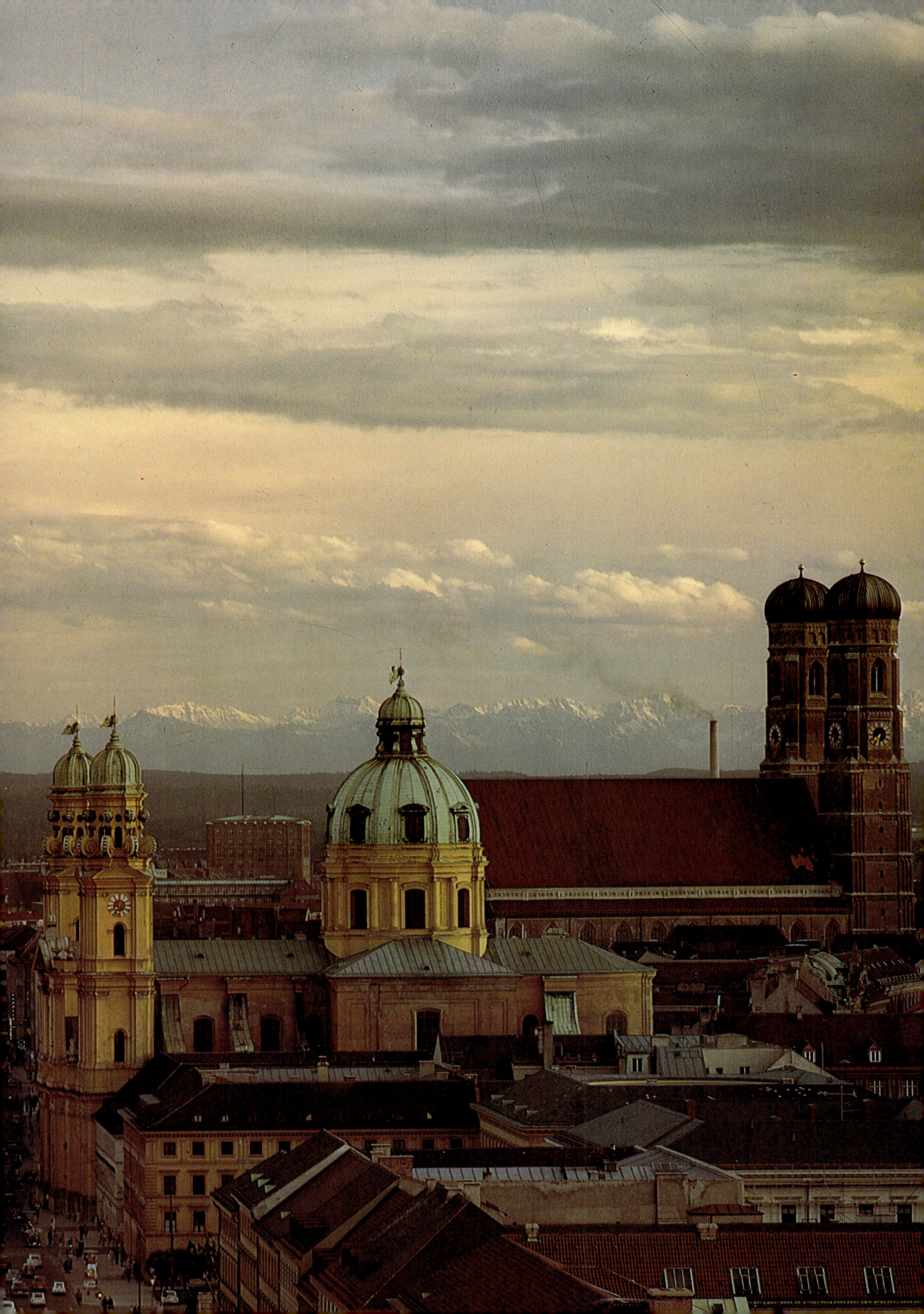

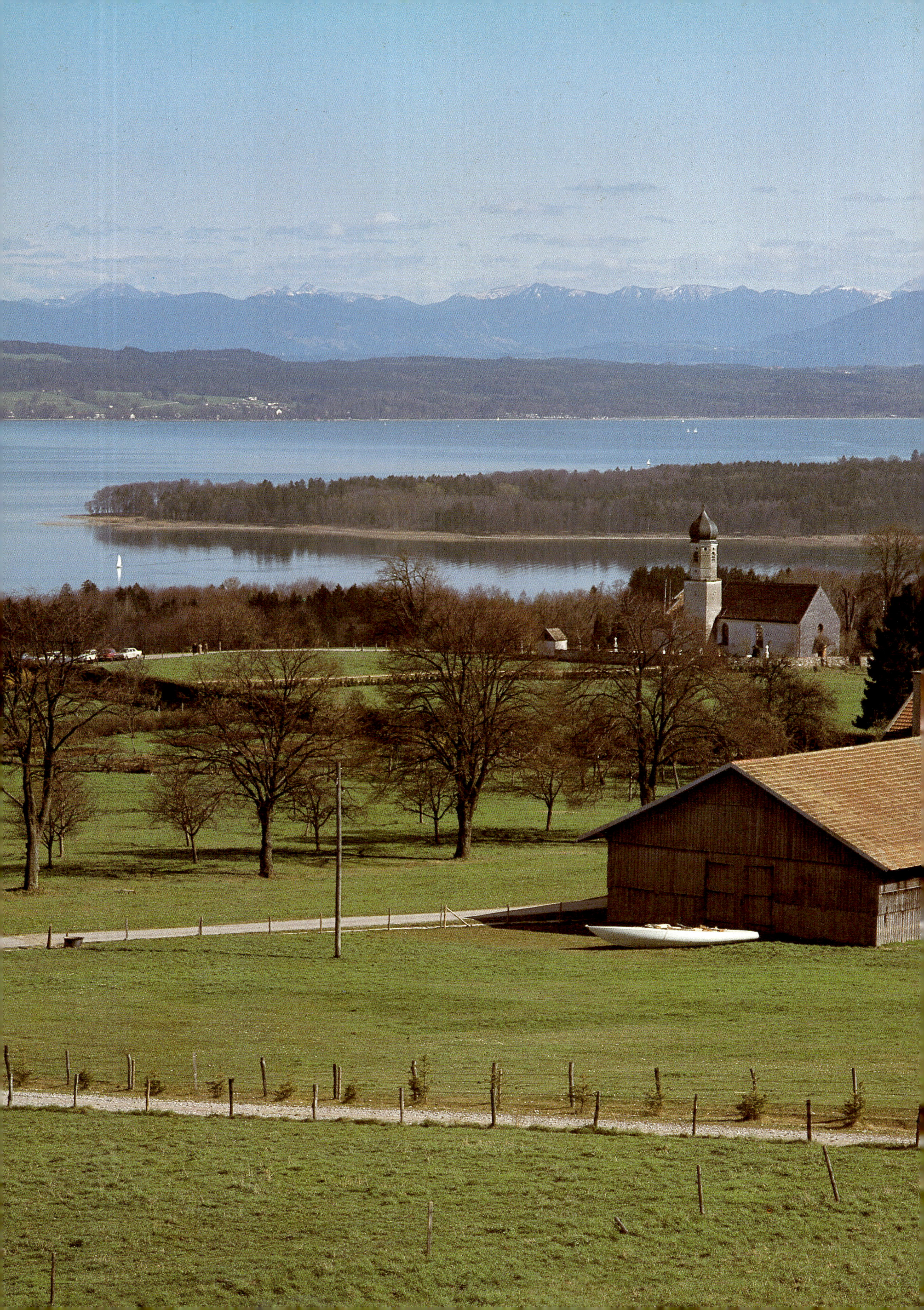

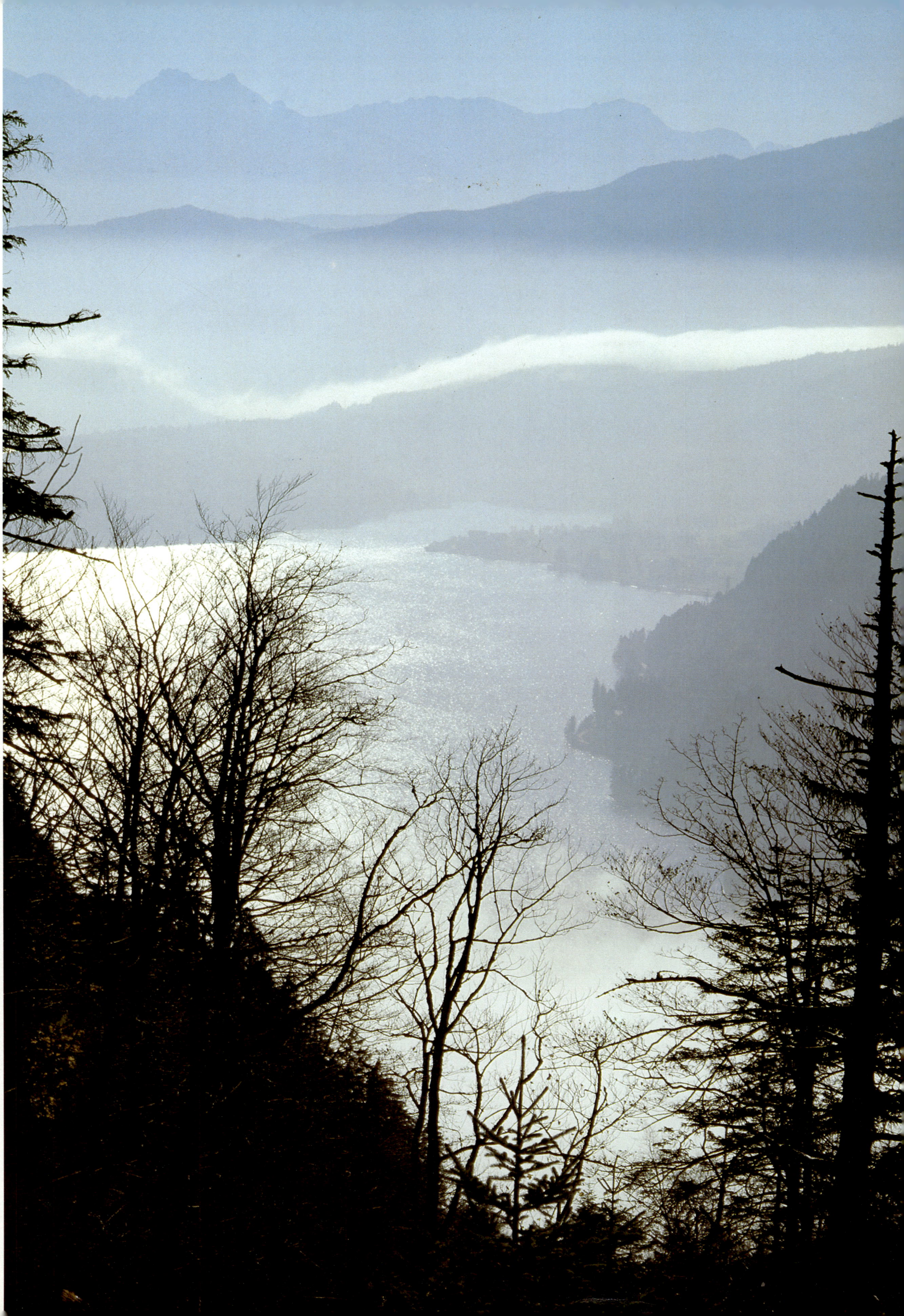

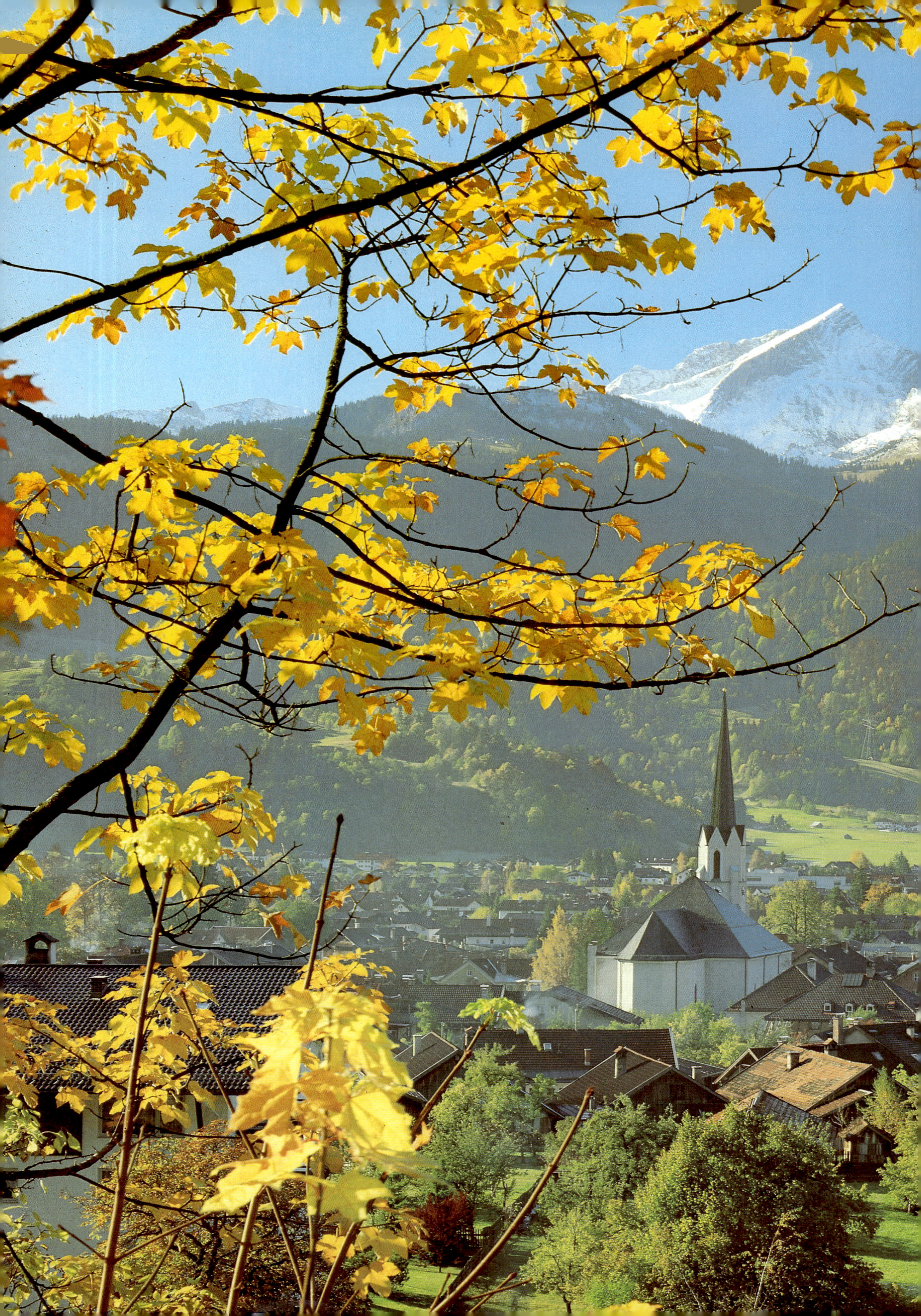

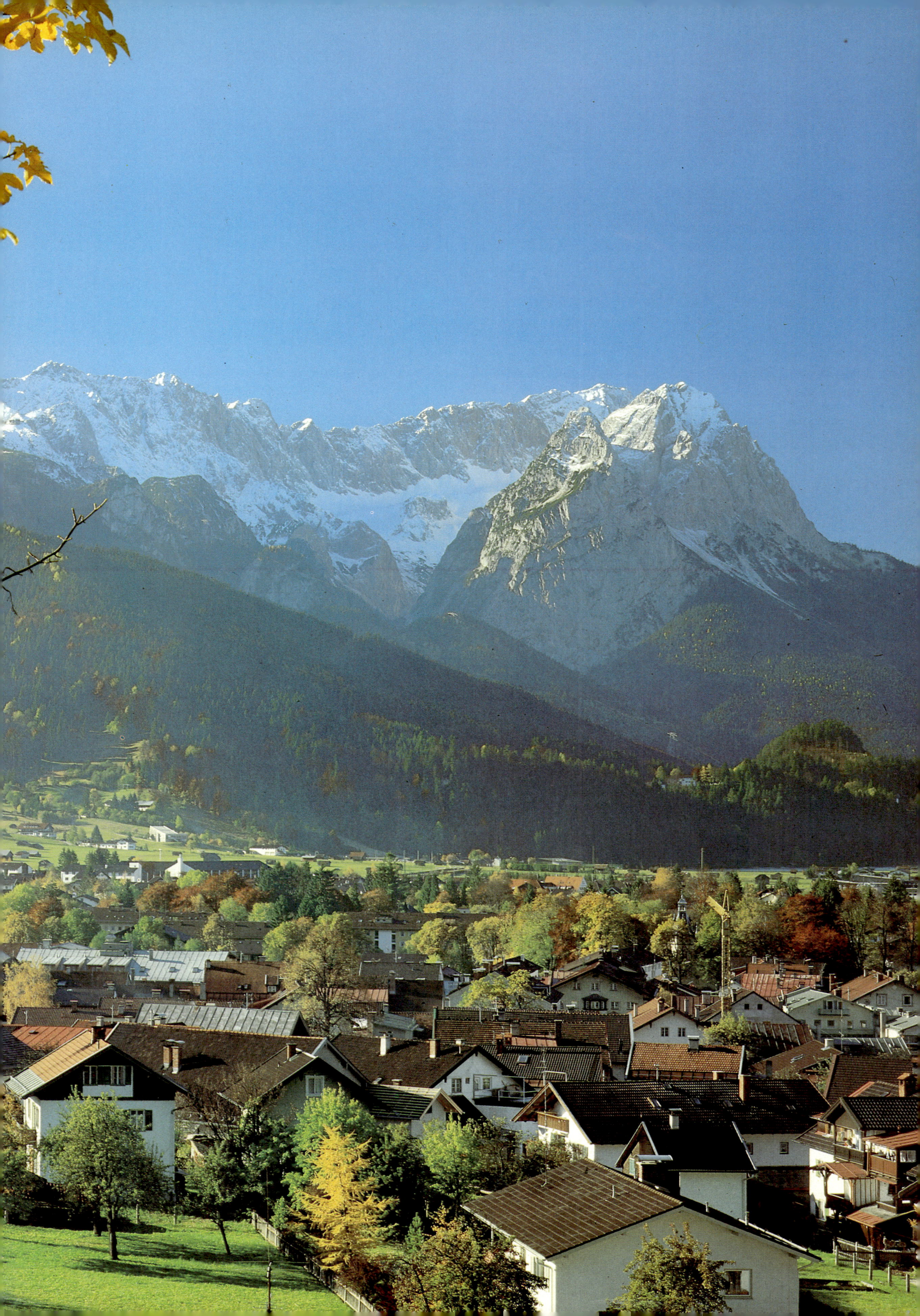

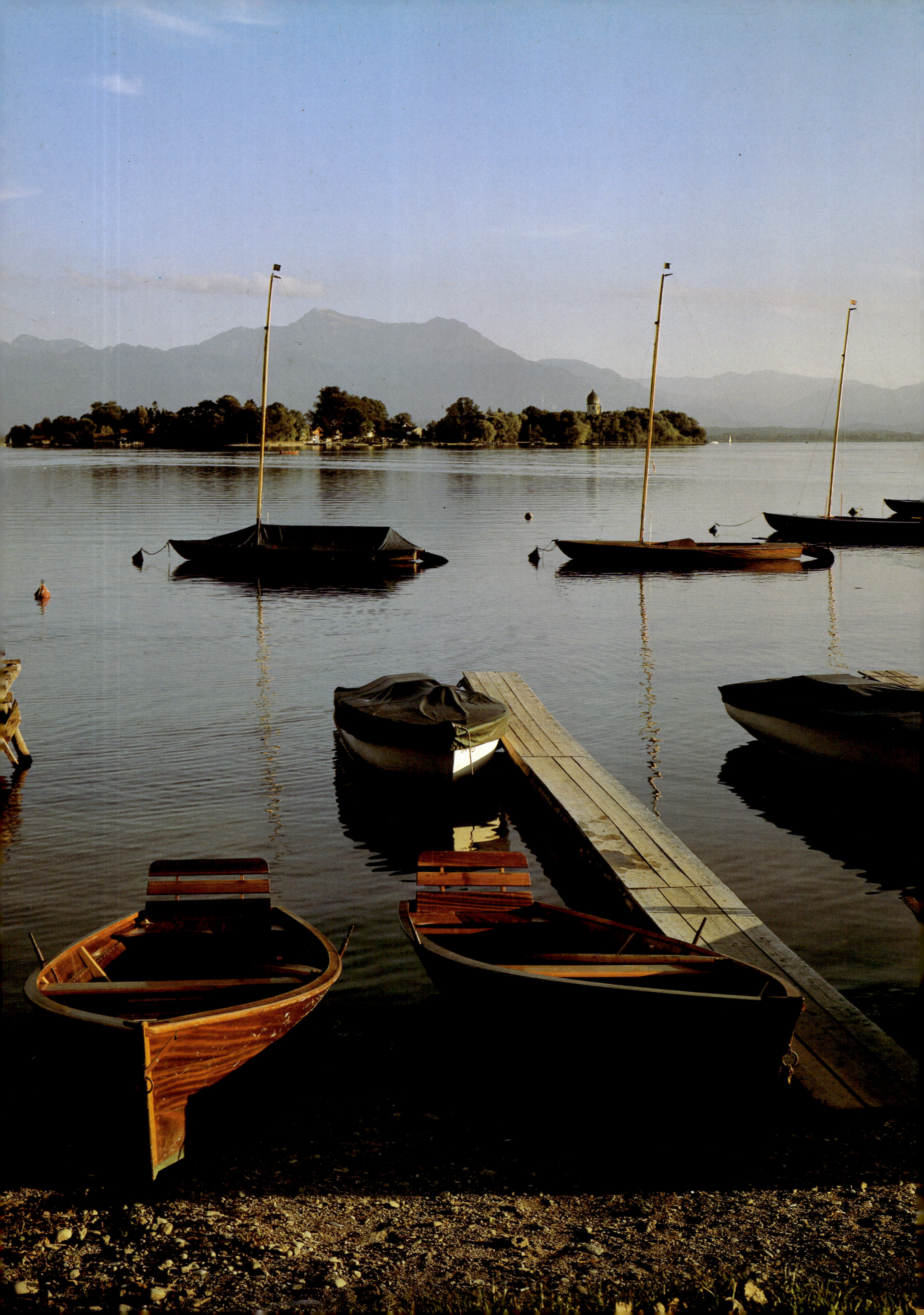

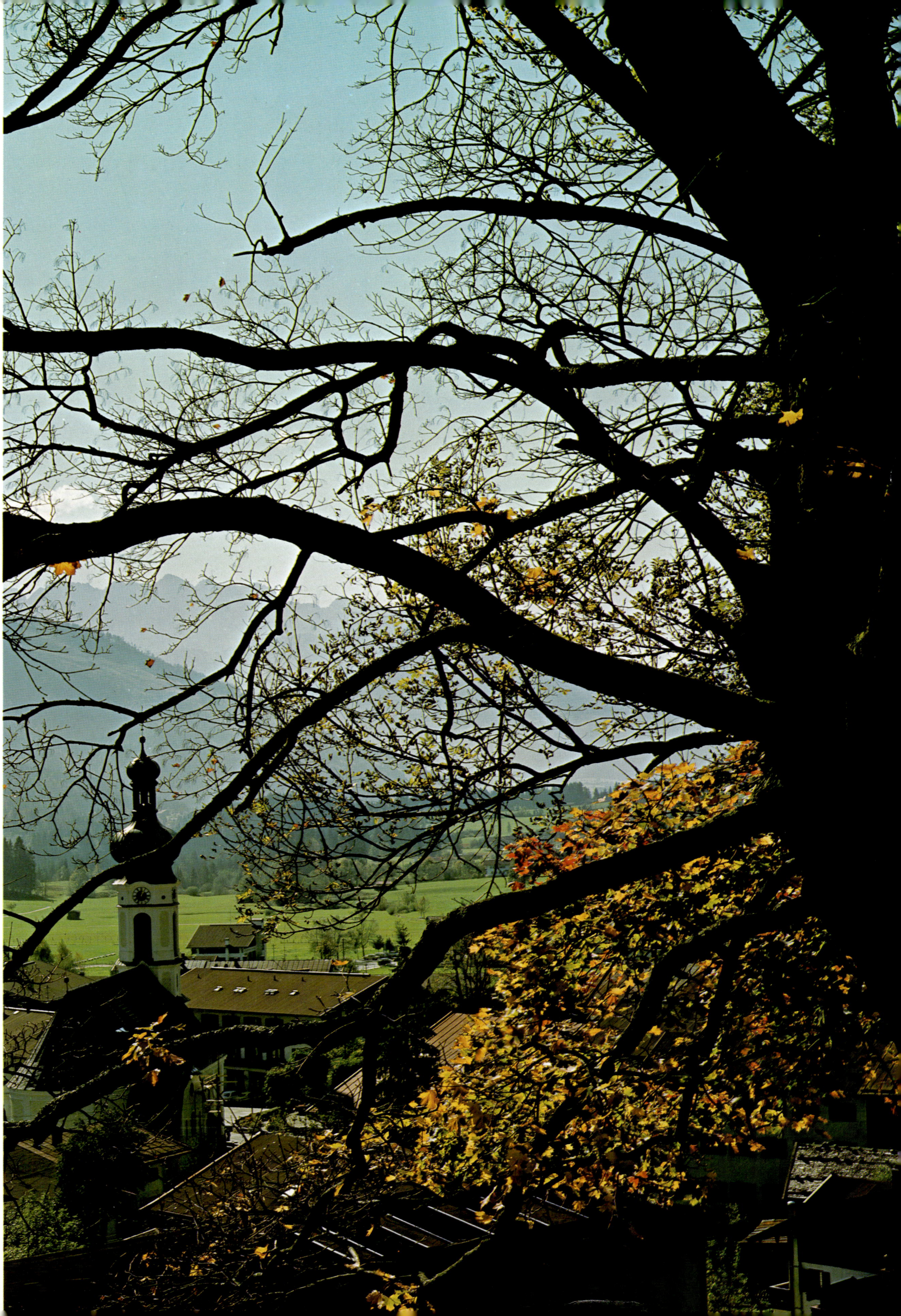

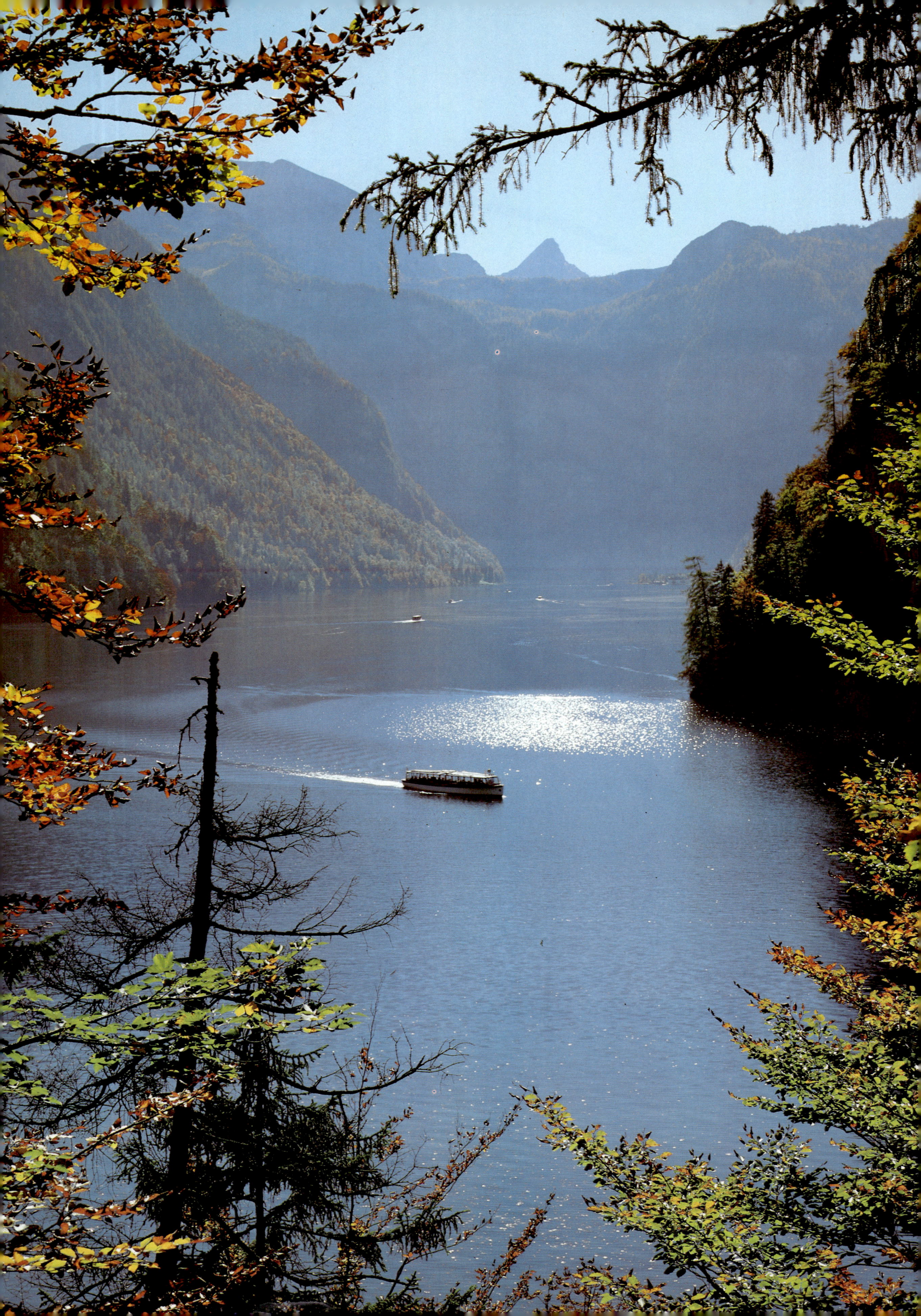

32 *Der Chiemsee mit Fraueninsel und Hochgern. – In der zweiten Hälfte des 8. Jahrhunderts schenkte Herzog Tassilo III. die zweitgrößte der drei Chiemseeinseln den Benediktinerinnen. Ihr Kloster wurde 782 vom Salzburger Bischof Virgil geweiht. In den 1200 Jahren ihrer Geschichte fügte sich die Insel zu einer Szenerie von bezwingender Beschaulichkeit und Intimität: die malerische Klosterkirche aus dem frühen Mittelalter, der winzige, in allen Farben leuchtende Friedhof, die kleinen Häuschen der Handwerker und Fischer, dazwischen die pittoresk aufgespannten Netze, all das überragt und beschirmt von uralten Linden.*

33 *Reit im Winkl. – In der südlichsten Ecke der Chiemgauer Berge, topographisch schon dem Tiroler Kaisergebirge zugewandt, liegt das oberbayerische Bilderbuchdorf Reit im Winkl. Der hübsch herausgeputzte, einladende Ort hat fast das ganze Jahr hindurch Saison: Während er im Sommer zu vergnüglichen Wanderungen einlädt, gilt er im Winter als das schneereichste Skifahrerziel Bayerns.*

34 *Blick über den Königssee zum Steinernen Meer. – Inmitten des Alpen- und Nationalparks Berchtesgaden liegt, umschlossen von den mächtigen Felswänden des Watzmanns, des Hagengebirges und des Steinernen Meeres, der fjordartige Königssee. Der acht Kilometer lange und bis 1,5 Kilometer breite See gilt als der schönste der Ostalpen und zieht alljährlich tausende von Besuchern aus aller Welt an. Im Bild der Blick vom Nordufer unweit des Malerwinkels; im Hintergrund der Bildmitte erkennt man die 2653 Meter hohe Schönfeldspitze, links davon die Wände der Funtensee-Tauern.*

Schönheit man allerdings nur in Wanderstiefeln erspüren kann. Nach Habach, an der Hohen Lüß, öffnet sich erstmals das Land zur großen Panoramaschau: Über den anmutigen Riegsee, den vielbuchtigen Staffelsee und die weite Senke des Murnauer Mooses streift der Blick bis zu den imposant hochgetürmten Felsmassiven von Wetterstein und Karwendel. Der Marktflecken Murnau wirkt inmitten der barocken Buntheit von Lüftlmalerei und Geranienfenstern geradezu nordisch streng. Bei Bad Kohlgrub und Saulgrub öffnet sich ein Guckloch ins bayerische Allgäu, dann schwenkt man südwärts und ist in Oberammergau, dem Passionsspieldorf, schon mitten in den Bergen. Nach den obligaten Stationen am Märchenschloß Linderhof und dem »Alpen-Escorial« Ettal fährt man auf kühner Kehre ins Loisachtal hinunter. *Garmisch,* das Zentrum des deutschen Alpenanteils, füllt anspruchsvoll und gegenwartsbezogen den von Alpspitze, Wank und Kramer umschlossenen Talkessel. Den städtischen Aufputz verzeiht man, wenn man seine Umgebung erkundet, *Partenkirchens* rustikal-bodenständige Ludwigstraße, das Gartendorf Grainau, das Wildbachschluchtspektakulum von Höllental- und Partnachklamm, schließlich den Gipfel der 2963 m hohen *Zugspitze,* Deutschlands höchsten Berg. Nur ein Katzensprung ist es nach Mittenwald hinüber, wobei man gut beraten ist, wenn man ab Klais die alte aussichtsreiche Fahrstraße benützt. *Mittenwald,* einst venezianischer Handelsmarkt, seit dem 17. Jh. Zentrum des Geigenbauerhandwerks, vermag mit seiner unverwechselbaren Dorfarchitektur unter der großartigen Karwendelkulisse auf Anhieb zu begeistern. Über das in bäuerlich-barocker Schmuckfreudigkeit kaum mehr zu übertreffende Wallgau fährt man auf schmaler Forststraße, von den Mäanderfächern der jungen Isar begleitet, direkt durchs Ganghofer-Land, dem selbst der fjordartig ausgreifende Sylvenstein-Stausee kaum etwas von seiner verträumten Poesie zu rauben vermochte. – Vom *Tegernsee,* den man über Kaiserwacht und Achenpaß erreicht, kann man dies nicht gerade sagen: Der See, der Karl Stieler »wie ein Spiegel des Glücks« erschien, wurde wegen seiner traumhaft schönen Lage frühzeitig entdeckt und erschlossen und wandelte sich in unserer Zeit zur »möblierten Landschaft«, in der Komfort die Beschaulichkeit übertrumpft. Dessen ungeachtet sind der gondelbahnerschlossene Wallberg, die Uferpromenade von Rottach und das Klosterbräuhaus in Tegernsee durchaus eine Visite wert. Wer danach etwas Zeit hat und als Autofahrer nicht zimperlich ist, kann auf mautpflichtiger Straße über Rottachtal, Valepptal und Spitzingsee einen der reizvollsten deutschen Alpenwinkel durchstreifen. Alle anderen fahren über den Schliersee, des Tegernsees kleinen »Stiefbruder«, nach Bayrischzell. Mit gemessenen Kehren schraubt sich die Straße auf das Bergplateau des Sudelfeldes hinauf und über dieses hinweg, bietet eine Schau köstlicher Bergweltperspektiven. Am Tatzelwurm teilt sich der Weg. Der nördliche Ast führt nach Degerndorf ins Inntal hinunter, wo man über Nußdorf und den Samerberg, einer hübschen Hügelregion von ländlichem Liebreiz, dem weiten Becken des *Chiemsees* zusteuert. Das »bayerische Meer« wartet mit zwei hochrangigen Inselzielen auf: Herrenchiemsee mit stolzem Königsschloß, Frauenchiemsee mit traulicher Kloster- und Fischertradition. Nachher geht es wieder bergwärts in die Chiemgauer Alpen, über Reit im Winkl und den hübschen Naturpark um Weit-, Mitter- und Lödensee auf der Deutschen Alpenstraße ins *Berchtesgadener Land.* »Yellowstonepark der deutschen Alpen« nannte es Heinrich Noë, und dieser hohe Anspruch bestätigt sich schon auf der Einfahrt über das »Wachterl«, den 868 m hohen Schwarzbachwachtsattel, wo sich mit Reiteralpe, Hochkalter, Watzmann und Hintersee die ganze Herrlichkeit dieses Alpenwinkels aufbaut. Mehrere faszinierend angelegte Bergstraßen, allen voran die Roßfeldringstraße, erschließen ein einzigartiges, durch seine verwirrende Gliederung ungewöhnlich abwechslungsreiches Hochgebirgspanorama. Touristische Höhepunkte sind eine Bergbahnfahrt auf den 1874 m hohen Jenner, der am Rand des Nationalparks den umfassendsten Einblick in die Berchtesgadener Alpen gewährt, und schließlich eine Bootspartie auf dem fjordartig von Felswänden umschlossenen *Königssee,* in dessen hinterstem Winkel sich die ganze Spanne alpiner Schönheit in einem Bild konzentriert: Die Wallfahrtskirche St. Bartholomä unter der schaurig abstürzenden *Watzmann*-Ostwand.

Reise-Lexikon

① **München,** 1,3 Millionen Einwohner, die bayerische Landeshauptstadt und nach Berlin und Hamburg die drittgrößte Stadt der Bundesrepublik, liegt ausgedehnt in einer von der Isar durchflossenen Aufschüttungsebene am nördlichen Rand der Moränenhügel- und Seenlandschaft des Alpenvorlandes. Münchens Stadtgeschichte begann mit einem Handstreich Heinrichs des Löwen, der 1158 die Isarbrücke des Bischofs von Freising zerstörte und sich beim Dorf Munichen einen wirtschaftlichen und militärischen Stützpunkt schuf. Noch im gleichen Jahr erhielt München Stadt- und Münzrecht, wurde 1255 Residenzstadt des Hauses Wittelsbach und 1505 alleinige Hauptstadt Bayerns. Albrecht V. (1528–1579) begründete Münchens Ruf als Kunststadt, das 17. Jh. brachte die große Entfaltung des Barock (Schloß Nymphenburg und viele Kirchen), unter König Ludwig I. entstand im 19. Jh. das klassizistische Stadtbild. 1972 war München Schauplatz der XX. Olympischen Sommerspiele. Heute ist die Stadt Deutschlands größtes Fremdenverkehrszentrum, es besitzt die meisten Museen und das umfangreichste künstlerische Spektrum der Bundesrepublik. Aus der Fülle der Sehenswürdigkeiten ragen heraus: Frauenkirche (1468–1488), ein mächtiger Backsteinbau mit zwei 99 m hohen Türmen, das Wahrzeichen der Stadt; Marienplatz mit Altem Rathaus (15. Jh.), Neuem Rathaus (1867–1908) und, etwas abgerückt, Peterskirche (»Alter Peter«, Ursprung 1050); Sankt Michael (1583–1597), die größte Renaissancekirche nördlich der Alpen; Theatinerkirche (17./18. Jh.), mächtiger Kuppelbau in italienischem Barock; Residenz (16.–19. Jh.), der Welt bedeutendstes Raumkunstmuseum; Ludwigstraße (19. Jh.), eine monumentale Straßenachse zwischen Feldherrnhalle und Siegestor; Alte und Neue Pinakothek, zählen zu Europas bedeutendsten Bildergalerien; Bayerisches Nationalmuseum; Deutsches Museum, das größte (und erste) technische Museum der Welt; Königsplatz (19. Jh.), klassizistische Platzanlage mit Propyläen, Glyptothek und Staatl. Antikensammlung; Schloß Nymphenburg (1664–1728) mit prächtigem Park; Olympiapark (1965–1972) mit Zeltdachstadion und Olympiaturm (290 m); Tierpark Hellabrunn; zahlreiche weitere Kirchen und Museen; herrliche Parkanlagen und schöne Brunnen.

② **Starnberger See** (57 qkm), 20 km lang und bis 5 km breit, ein ehemaliges Gletscherbecken, von bewaldeten Endmoränenhügeln umsäumt. Die Ufer sind stellenweise mit schönen Parkanlagen, Schlössern und Villen im Stil der Belle Epoque geschmückt. Mehr als die Hälfte der 47 Uferkilometer sind heute mit schönen Freizeitanlagen öffentlich zugänglich. Lohnender als die Fahrt auf den Uferstraßen sind die von mehreren Orten aus möglichen Schiffsrundfahrten.
Unsere Route längs des Westufers berührt die Orte Starnberg (mit Schloß und schönen Strandanlagen), Possenhofen (Schloß und Freizeitpark), Feldafing (Roseninsel), Tutzing (Evang. Akademie im Schloß), Bernried (Schloß Höhenried, Benediktinerinnen-Kloster, Naturschutzgebiet Seeseiten mit malerischem Uferwinkel) und Seeshaupt (ländliche Sommerfrische mit schönem Seeblick).

③ **Osterseen,** verträumte Moor- und Waldlandschaft mit mehr als zwanzig versteckten Tümpeln, Weihern und Seen. Das unter Naturschutz stehende Gebiet ist nur auf Wanderwegen lohnend zu erkunden; eine Kostprobe vermittelt der Blick von der Hügelterrasse der Kirche in Iffeldorf.

④ **Murnau,** 9000 Einwohner, 750 m, rustikaler Marktflecken und Luftkurort zwischen Staffelsee und Riegsee in schöner Lage am erhöhten Nordrand des der Alpenkette vorgelagerten Murnauer Mooses. Die im 12. Jh. entstandene Siedlung war im Mittelalter ein rühriger Marktort an einem Zweig der Fernstraße Augsburg – Brenner – Verona. Sehenswert ist die Pfarrkirche St. Nikolaus (1717–1734).
10 km östlich, in Großweil, befindet sich auf der Glentleiten das oberbayerische **Freilichtmuseum** (etwa 20 alte Bauerngehöfte und Handwerksgebäude).
In der nächsten Umgebung Murnaus liegen im Osten der Riegsee (3 km lang und bis 800 m breit), ein Moorgewässer mit Camping- und Badeanlage, im Westen der vielgeformte **Staffelsee** (7,6 qkm), wegen seines milden, warmen Moorwassers und seiner schönen Voralpenperspektiven ein beliebter Badesee.

⑤ **Bad Kohlgrub,** 2100 Einwohner, 815 m, höchstgelegenes deutsches Alpenheilbad (Moorbäder, Eisenquellen) in schöner Hangterrassenlage. Die Sesselbahn zum Hörnle (1390 m) erschließt ein hübsches Wander-, Aussichts- und Skigelände.

⑥ **Oberammergau,** 5000 Einwohner, 840 m, der weltbekannte Passionsspielort, liegt in einem schönen Hochtal der Ammergauer Berge. Im Pestjahr 1634 gelobten die Einwohner, alle 10 Jahre das Spiel vom Leiden Christi aufzuführen. Daraus entstand bis in unsere Zeit ein aufwandreiches sakrales Volksschauspiel mit über 1000 Mitwirkenden (das Passionsspielhaus ist zu besichtigen). Der Ort, schon im 12. Jh. benannt, pflegt außerdem die Tradition des künstlerischen Schnitzhandwerks. Sehenswert sind die reich ausgestattete Rokokokirche (1736–1742) sowie zahlreiche mit Fresken (»Lüftlmalerei«) geschmückte Hausfassaden. Bergbahnen führen zum Laber und zur Kolbenalm (Wander- und Skisportgelände).
14 km südwestlich liegt im bergwaldumschlossenen Graswangtal das Schloß **Linderhof** mit kunstreichem Park: Das entzückende, dem Petit Trianon in Versailles nachempfundene Schlößchen ließ sich König Ludwig II. von 1847 bis 1878 erbauen. Es ist der einzige vollendete Schloßbau des »Märchenkönigs«.

⑦ **Ettal,** 1100 Einwohner, 878 m, kleines Alpendorf um die imposante Benediktinerabtei, die Kaiser Ludwig der Bayer 1330 gegründet hat. Die heutige Klosterkirche mit ihrer mächtigen, 68 m hohen Kuppel entstand 1752. Beachtenswert ist der seltsame Zusammenklang des zwölfeckigen gotischen Zentralbaus mit der später reich eingeflossenen Barock- und Rokokoausstattung.

⑧ **Garmisch-Partenkirchen,** 28 000 Einwohner, 720 m, Deutschlands bedeutendster Alpen- und Wintersportort, liegt ausgebreitet in einem von markanten Bergen (Alpspitze, 2628 m; Wank, 1780 m; Kramer, 1981 m) umkränzten Taldreieck. Während sich der Ortsteil Garmisch zur modernen Siedlung entwickelte, bewahrt Partenkirchen noch teilweise seinen ursprünglichen ländlichen Charakter. Sehenswert sind die alte und die neue Kirche St. Martin in Garmisch, die Wallfahrtskirche St. Anton in Partenkirchen sowie das Werdenfelser Museum (Ludwigstr. 47). Garmisch-Partenkirchen, 1936 Austragungsort der Olympischen Winterspiele, bietet zum Skilaufen und Wandern ein ganzes Netz von Bergbahnen an; deren bedeutendste führen auf die **Zugspitze** (2963 m, Zahnradbahn und Luftseilbahn), Deutschlands höchsten Berggipfel, auf den Wank, den Hausberg und zum Eckbauer. Touristische Anziehungspunkte sind außerdem die wildromantischen Bachschluchten von Höllentalklamm und Partnachklamm.

⑨ **Mittenwald,** 8300 Einwohner, 913 m, traditionsreiches Alpendorf in einzigartiger Lage am Fuß der schroff aufsteigenden Karwendelberge. Das Ortsbild wird von aneinandergebauten alpenländischen Giebelhäusern mit schönen Fassadenfresken (»Lüftlmalerei«) sowie vom bemalten Turm der barockisierten Pfarrkirche geprägt. Im Mittelalter war Mittenwald ein lebhafter Marktort an der Fernstraße von Augsburg nach Italien; im 17. Jh. begründete der Amati-Schüler Matthias Klotz das Kunsthandwerk des Geigenbaus. Von dem beliebten Erholungsort und Fremdenverkehrsplatz führen Bergbahnen zur Westlichen Karwendelspitze (2385 m) und zum Hohen Kranzberg (1391 m).

⑩ **Wallgau,** 1100 Einwohner, 868 m, und der Nebenort **Krün** im Isartal sind von »Lüftlmalerei« und bäuerlich-barocker Schmuckfreudigkeit geprägte Alpendörfer. – 6 km nördlich liegt der bergumschlossene **Walchensee,** Deutschlands größter Alpensee (7 km lang und 5 km breit), dessen Wasser über ein Kraftwerk in den benachbarten, 200 m tiefer gelegenen Kochelsee abfließt.

⑪ **Sylvensteinsee,** 750 m, fjordartig in mehrere Bergtäler ausgreifender Alpensee, zwischen 1953 und 1955 durch den Aufstau der Isar entstanden. Dabei versank das Dorf Fall, Handlungsort von Ludwig Ganghofers Bergroman »Der Jäger von Fall«, in den Fluten; es wurde am Seeufer als Forstsiedlung neu aufgebaut. Im winzigen Vorderriß am Westende des Sees verlebte der Dichter Ludwig Thoma seine ersten Kinderjahre. Von Vorderriß führt eine 25 km lange, mautpflichtige Forststraße in das Herzstück des Karwendelgebirges zur Alm »in der Eng« mit dem Großen Ahornboden. In Fortsetzung unserer Route überquert man den **Achenpaß,** 941 m, und erreicht durch das Weißachtal den Tegernsee.

⑫ **Tegernsee,** 9 qkm, 727 m, an drei Seiten von vielgestaltigen Bergen und Hügeln umrahmt, ist der am intensivsten erschlossene deutsche Alpensee. Von den Wittelsbachern zu Beginn des 19. Jh. als Feriendomizil entdeckt, entwickelte sich das Tegernseer Tal zu einem vielumschwärmten Urlaubsparadies mit stellenweise mondänem Einschlag. Den See umsäumt ein Reigen von Orten, deren Keimzelle das Kloster **Tegernsee** war. 746 gegründet, war es fast tausend Jahre lang ein kulturelles Lehrzentrum des Landes. Um das Kloster wuchs der gleichnamige – nicht zuletzt wegen seiner Klosterbrauerei – vielbesuchte Ferienort. Touristisch tonangebend ist **Rottach-Egern,** ein nobler alpenländischer Fremdenort, zugleich Landhaussiedlung der »oberen Zehntausend«. Auf dem Dorffriedhof von Egern ruhen die Schriftsteller Ludwig Thoma und Ludwig Ganghofer sowie der Opernsänger Leo Slezak. Eine Gondelseilbahn führt zum aussichtsreichen Wallberg (1722 m). Am Westufer des Sees liegt, eine Nuance dezenter, das vornehme **Bad Wiessee** mit vielbesuchtem Spielcasino und Deutschlands stärksten Jod-Schwefelquellen.

⑬ **Rottachtal, Valepptal** und **Spitzingsee,** ein wunderschöner Winkel in den Tegernseer und Schlierseer Bergen, der auf 25 km langem, mautpflichtigem Bergsträßlein (bis 17%, Engstellen, Steinschlaggefahr) durchfahren werden kann und eine Verbindung zwischen Rottach-Egern und der B 307 (Schliersee – Bayrischzell) herstellt.

⑭ **Schliersee,** 9800 Einwohner, 800 m, stattliches, schmuck- und farbenreiches Voralpendorf in schöner Lage am gleichnamigen See, Stammheimat des »Schlierseer Bauerntheaters«. Sehenswert sind die Pfarrkirche (1712–1714) mit Stuck und Fresken von Johann Baptist Zimmermann sowie das Heimatmuseum im Schrödelhof.

⑮ **Bayrischzell,** 2000 Einwohner, 802 m, Alpendorf im Leitzachtal, überragt von der 1838 m hohen

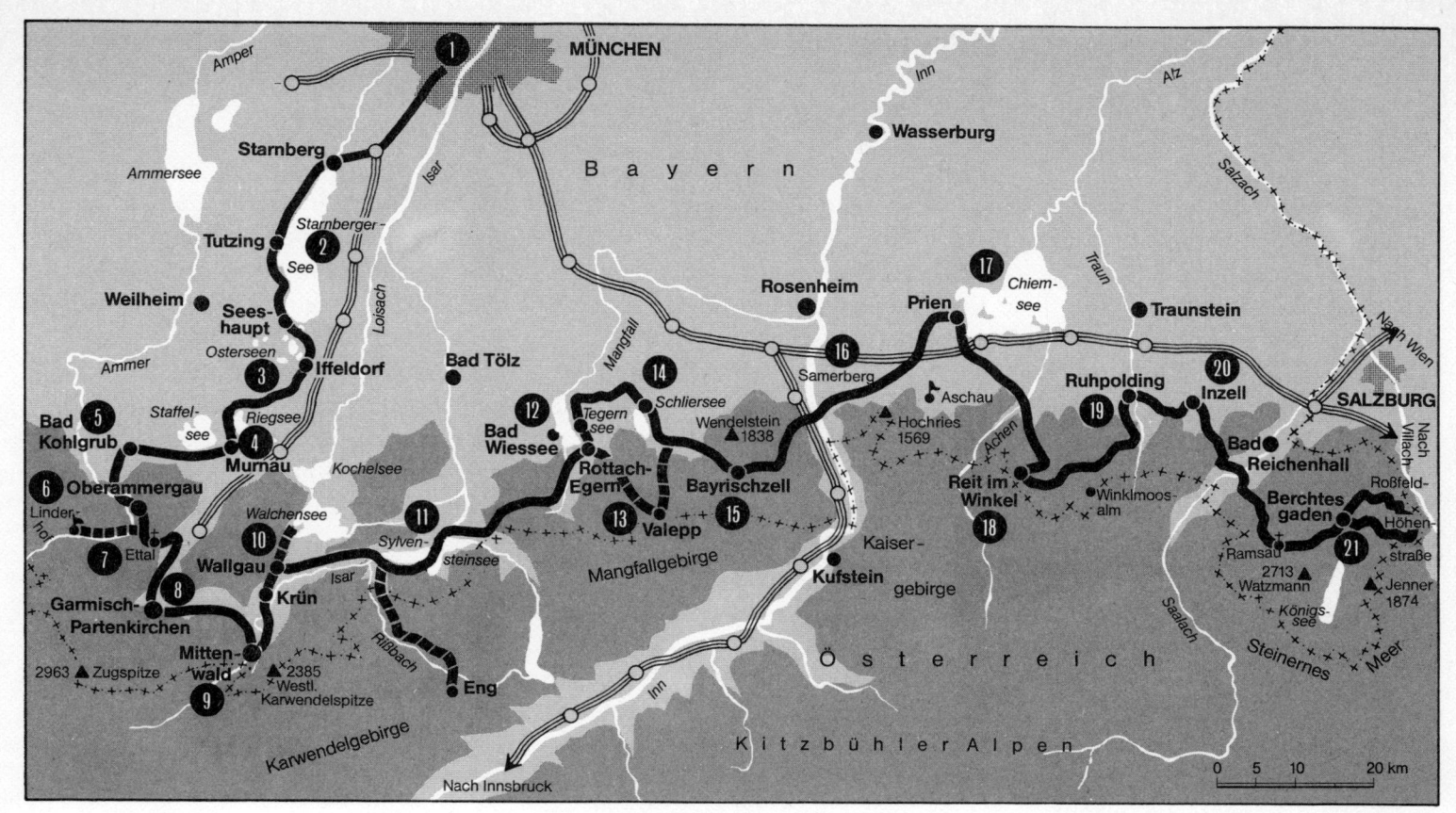

»Zuckerhut«-Kuppe des Wendelstein, traditionsreiche Sommerfrische und vielbesuchter Wintersportplatz.
Der **Wendelstein** ist mit Hotelstation, Bergkirchlein und Sonnenobservatorium ein traditionelles Ausflugsziel; er wird durch eine moderne Luftseilbahn von Bayrischzell-Osterhofen und aus der Gegenrichtung ab Brannenburg durch eine altertümliche Zahnradbahn erschlossen.
Aus dem Bayrischzeller Tal schraubt sich mit gut angelegten Kehren die Bergstraße zum **Sudelfeld** (ein Teil der unvollendeten Deutschen Alpenstraße) hinauf und bietet reizvolle Nah- und Fernblicke in die alpine Szenerie.

⑯ **Samerberg,** 900 m hoher, den Alpen vorgelagerter Bergrücken, der schöne Panoramen bietet. Die kleinen Samerbergdörfer Roßholzen, Steinkirchen und Törwang zeigen viel bäuerlich-urtümliches Kolorit. Eine Bergbahnanlage erschließt ab Grainbach die 1569 m hohe Hochries. Vom weiter östlich gelegenen **Aschau** (Schloß Hohenaschau aus dem 12./16. Jh.) schwebt eine Seilbahn auf die 1669 m hohe Kampenwand, die markante, felsgekrönte Bergfront über dem Chiemsee.

⑰ **Chiemsee,** 80 qkm, der größte bayerische See, liegt malerisch zwischen den Alpen und der voralpinen Moränenhügellandschaft. Er ist der Rest eines Eiszeitgletschers, nur bis 70 m tief und von fortschreitender Verlandung bedroht. Da seine Ufer nur schwach besiedelt sind, herrscht eine weiträumige Naturszenerie vor. Auffallende Blickpunkte sind die beiden großen Inseln im See. Auf diesen standen bereits im 8. Jh. Benediktinerklöster, von denen das auf der Fraueninsel noch heute besteht. Auf der größeren Herreninsel ließ König Ludwig II. ab 1867 sein berühmtes, nie vollendetes Schloß Herrenchiemsee bauen, das Versailles zum Vorbild hatte. Von mehreren Uferpunkten, vorzüglich vom Hauptort Prien, verkehren regelmäßig Ausflugsschiffe zu den Inseln.

⑱ **Reit im Winkl,** 2600 Einwohner, 695 m, reizvoll von Bergen umrahmtes Chiemgauer Alpendorf, das sich dem Wintersportler mit überdurchschnittlich guter Schneelage empfiehlt. – Das 8 km östlich gelegene Ski- und Wandergebiet der **Winklmoosalm** (Bergstraße, Sessellift zum Dürrnbachhorn, Liftkette zur in Österreich gelegenen Steinplatte) ist die Heimat der durch ihre Skisporterfolge bekannten Mittermaier-Schwestern. In der Folge durchfährt man einen von Weit-, Mitter- und Lödensee besonders anmutig garnierten Bereich des Naturschutzgebietes Chiemgauer Alpen.

⑲ **Ruhpolding,** 7000 Einwohner, 690 m, weithin bekannter Luftkurort und Wintersportplatz, idyllisch in einer Talweitung der Weißen Traun gelegen. Der Ort verfügt über ein reichhaltiges Angebot in Kur-, Erholungs- und Sportanlagen. Kulturelles Juwel ist die »Ruhpoldinger Madonna«, eine Skulptur aus romanischer Zeit (um 1230), aufgestellt in der das Ortsbild beherrschenden Pfarrkirche St. Georg (18. Jh.) auf dem ›Bichl‹. – 3 km südlich, unmittelbar neben der Deutschen Alpenstraße, führt eine Luftseilbahn auf den 1671 m hohen Rauschberg.

⑳ **Inzell,** 3500 Einwohner, hübsch in einer harmonisch geformten, weiten Talmulde am Fuß der Berge gelegen, ist ein Luftkur- und Ferienort mit alpenländisch-sportlicher Note. Der Ort genießt als Eisschnellaufzentrum von europäischem Rang einen besonderen Ruf, was sich auch in den Sportanlagen (Eisstadion, beheiztes Großfreibad) und im Freizeitprogramm widerspiegelt. Bemerkenswert ist das sympathische Ortsbild mit der gut ausgestatteten barocken Pfarrkirche aus dem 16. Jh. – 3 km südlich, über dem sich schluchtartig öffnenden Weißbachtal, liegt der ›Gletschergarten‹, eine (beim Bau der Alpenstraße 1937 freigelegte) Formation eiszeitlicher Felsschliffe.

㉑ **Berchtesgadener Land,** ein Landschaftsbegriff, der das knapp 400 qkm große Gebiet zwischen Steinernem Meer, Hagengebirge, Lattengebirge und Untersberg umfaßt. Dieser Bereich deckt sich annähernd mit dem Territorium der einstigen reichsunmittelbaren Fürstpropstei Berchtesgaden, deren Selbständigkeit um 1100 mit der Gründung eines Augustiner-Chorherrenstifts begann und 1810 mit der Angliederung an Bayern endete.
Mittelpunkt der Landschaft ist **Berchtesgaden** (9000 Einwohner, 571 m), der älteste Fremdenort Bayerns, der malerisch auf einer bergumkränzten Hangterrasse liegt. Das Chorherrenstift (mit romanischem Kreuzgang), im 19. Jh. zum Schloß der Wittelsbacher umgestaltet (heute Schloßmuseum) und die gotische Stiftskirche (12.–15. Jh.) bilden den baulichen Mittelpunkt des stattlichen Markts, dessen einziger Reichtum früher das Salzvorkommen war. Das Salzbergwerk, noch heute in Betrieb, ist ein beliebtes Touristenziel. Den heutigen Reichtum Berchtesgadens begründet die außergewöhnlich vielgestaltige landschaftliche Umgebung, die, zusammen mit 5 anderen Gemeinden, den »Alpenpark Berchtesgaden« bildet. Hauptattraktion ist der fjordartige **Königssee** (8 km lang, bis 1,5 km breit, 188 m tief), der mit seinen fast senkrecht abfallenden Felsufern als einer der schönsten Alpenseen gilt. An seinem Südende schließt sich der durch einen Bergsturz abgetrennte Obersee an. Auf einer Schwemmlandzunge an der Westseite liegt das malerische Kirchlein St. Bartholomä (mit ehem. Jagdschloß, heute Gaststätte); dahinter reckt sich abrupt die Watzmann-Ostwand empor, mit fast 2000 m die höchste Felswand der Ostalpen. Der **Watzmann,** mit 2713 m der zweithöchste Berg Deutschlands, erhebt sich mit mehreren turmartigen Gipfeln westlich des Königssees. Er bildet mit seiner unverwechselbaren Form das Wahrzeichen Berchtesgadens. Die **Roßfeldringstraße** (rund 20 km lang), die mit gut ausgebauter Trassierung eine Scheitelhöhe von 1608 m erreicht, gewährt als hervorragende Panoramastraße faszinierende Ausblicke ins Salzburger Land, zum Dachstein, Tennengebirge, Hohen Göll und in das Berchtesgadener Tal. Vom Dorf Königssee führt eine Seilbahn auf den 1874 m hohen **Jenner,** der eine umfassende Gesamtschau über den Alpenpark bietet. – Westlich von Berchtesgaden, unter den Felsabstürzen von Reiteralpe und Hochkalter, erstreckt sich das vielumschwärmte Tal der **Ramsau,** ein ebenso idyllischer wie heroischer Alpenwinkel mit dem Kleinod des tiefdunklen, waldumsäumten Hintersees.

7 Von Salzburg nach Wien
Salzkammergut, Wachau und Weinviertel

Unter den zahlreichen Städten Europas, die von Kirchenfürsten gebaut und gestaltet wurden, ist *Salzburg* die heiterste. Über dem »heimeligen« Friedhof von St. Peter befindet sich, gleich einem Schwalbennest in den Steinabbruch des Nonnbergs gekrallt, jene Eremitenklause, die als Urzelle der Stadt gilt. Um 690 entstand hier, auf den Trümmern der Römerstadt ›Juvavum‹, das erste Kloster, dem bald weitere folgten. Landschenkungen, diplomatisches Geschick und immense Einkünfte aus dem Salzabbau Halleins und dem Goldbergbau der Tauern förderten den Aufstieg der Klostergründung zur Bischofsstadt, zum Kulturzentrum und schließlich zum Machtblock zwischen Österreich und Bayern, der sich bis 1803 behauptete. Eine Reihe kunstsinniger und baufreudiger Erzbischöfe formten die heutige Gestalt Salzburgs, in der Geistliches und Weltliches zu einer einzigartigen Stadtlandschaft zusammenklingt: Die beherrschende Wucht der Festung Hohensalzburg, die feierliche Pracht des Dombezirks, das enge Gewinkel der Bürgerstadt entlang der Salzach, die italienische Note durch die patinagrünen Kuppeln und die barocke Heiterkeit der Lustschlösser und Parks – all das ist eingebettet in einem aus Wald und Wasser, Bergen und Tälern aufs glücklichste geformten Landstrich am Nordrand der Alpen. Die Stadt ist ein lebendiges Freilichtmuseum barocker Architektur – der ideale Schauplatz für Festspiele, die heute Salzburgs Ruhm als Theater- und Musikstätte in alle Welt tragen.

Was sich in Salzburgs Stadtwesen andeutet, – das harmonische Nebeneinander von Kulturlandschaft und Natur –, setzt sich in der Umgebung auf höchst angenehme Weise fort. Östlich, fast vor den Toren der Stadt, beginnt das *Salzkammergut*, ein bunter Teppich aus sommerseligen Badeseen, grünen Wiesenhügeln, schattigem Walddunkel und anmutigen Dörfern, dessen alpine Umgebung mehr dekorativ umrahmt als beengt oder erschreckt. Doch der frivol-leichtlebige Operettencharme, den man dem Salzkammergut gemeinhin zuschreibt und dessen Quellen wohl in der einst salopp verbreiteten Weltuntergangsstimmung der verfallenden k. u. k. Monarchie wie auch in der Beliebtheit der Singspielmelodien von Komponisten wie Robert Stolz und Ralph Benatzky zu suchen sind, ist zwar auf den ersten Blick wesensbestimmend, wird jedoch für den aufmerksam Reisenden mehr als einmal widerlegt. Schon in *Mondsee*, der ersten Station, bildet die gedämpfte Feierlichkeit des Klosters, eines der ältesten des Landes, einen überraschenden Kontrast zur verspielten Heiterkeit der Landschaft. Ähnliches wiederholt sich in *St. Wolfgang* vor Michael Pachers Flügelaltar in der Wallfahrtskirche, einem großartigen und in seiner Innigkeit ergreifenden Meisterwerk des Südtiroler Holzbildhauers. Am Ufer des bergumschlungenen *Gosausees* wird die Lieblichkeit des Landes von der heroischen Mächtigkeit des Dachsteinmassivs übertönt, in *Hallstatt* wandelt sich am tiefdunklen Alpensee der Charakter gar zur melancholischen Szenerie. Völlig aus dem Rahmen fällt schließlich das Tote Gebirge, eine wildzerklüftete, vegetationslose Felswüstenei, wie man sie allenfalls dem Innern Anatoliens zuordnen würde. Zum Ausgleich schmiegt sich in dessen südliche Täler das ebenso liebenswürdige wie idyllische Ausseer Land, als dessen Schutzpatron immer noch Johann, der Erzherzog der Alpen und des »Steirerg'wands«, gilt.

Mit dem Ausseer Land verläßt unser Weg auch das Salzkammergut, dessen Ende die freundliche Tauplitzalm und der schroffe Grimming markieren. Für eine Weile folgt man dem Lauf der Enns, die sich mit ihrem breiten Talboden zunächst recht gutmütig und behäbig gibt. Umso überraschender ist der Wechsel: Hinter Admont zwängt sich der Fluß in eine achtzehn Kilometer lange Schlucht, in der kaum mehr Platz für Straße und Bahn bleibt. Das fortwährende Rauschen und Sausen der Enns, vom steilen Felsgemäuer reflektiert und verstärkt, gab diesem Engtal seinen seltsamen Namen »Gesäuse«. Das folgende Teilstück, eine Landschaft des Übergangs zwischen den Waldalpen und dem breiten Stromtal der Donau, blickt auf

35 Salzburg, Blick über die Altstadt zur Festung Hohensalzburg. – Kirchen, Residenzen, Paläste und noble Bürgerhäuser, die sich in drängender Fülle um den Dom gruppieren, prägen Salzburgs unverwechselbares Gesicht. Eine Reihe kunstsinniger und baufreudiger Fürstbischöfe hat Geistliches und Weltliches zu einer einzigartigen, von südlicher Heiterkeit überstrahlten Stadtlandschaft vereinigt.

36 Gosausee mit Dachsteingruppe. – Unweit des Bergdorfes Gosau im Salzkammergut liegt eines der eindrucksvollsten Panoramen der österreichischen Alpen: Über dem stillen Wasserspiegel des von dunklen Waldhängen umrahmten, 933 Meter hohen Vorderen Gosausees erhebt sich die formschöne, von sechs Gletschern überwallte Dachsteingruppe, deren turmrumpfartige Gipfel fast dreitausend Meter Höhe erreichen.

37 Dürnstein an der Donau. – Das Städtchen mit seinen prächtigen Stiftsbauten und den lauschigen Gassen mit den schönen Bürgerhäusern gilt als die Perle der Wachau. Die Pfarrkirche Mariä Himmelfahrt mit ihrem charakteristischem Turm ist eine der schönsten Barockkirchen Österreichs. In der einstigen Kuenringerburg war der englische König Richard I. Löwenherz nach einem Streit mit dem Kaiser Friedrich Barbarossa während der Kreuzzüge einige Monate unfreiwillig zu Gast. Heute kredenzt der Wirt im Gasthof »Zum Richard Löwenherz«, der sich im ehemaligen Kloster der Klarissinnen etabliert hat, bereitwillig den köstlichen Tropfen, der an den Uferhängen der Donau gedeiht.

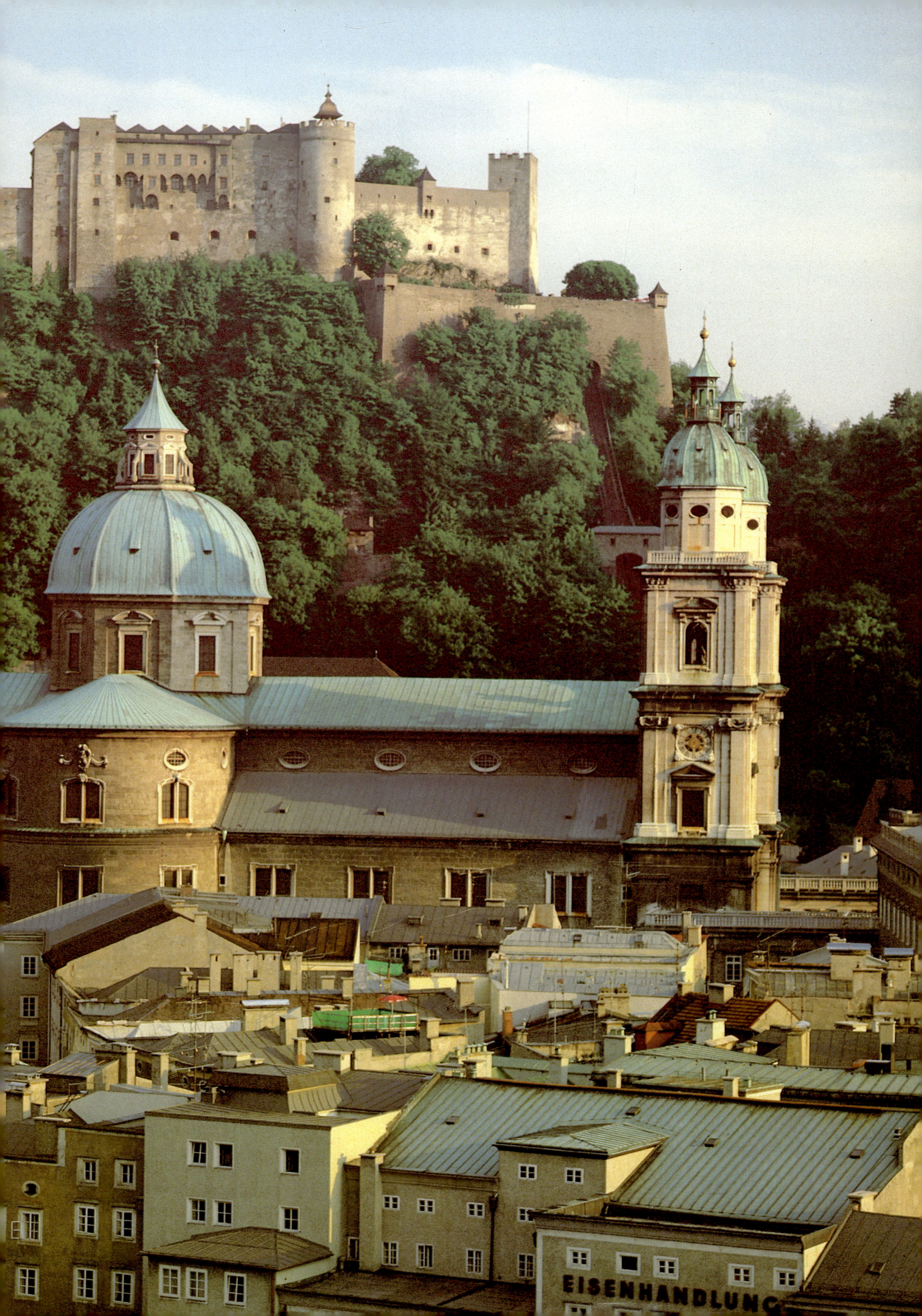
EISENHANDLUNG

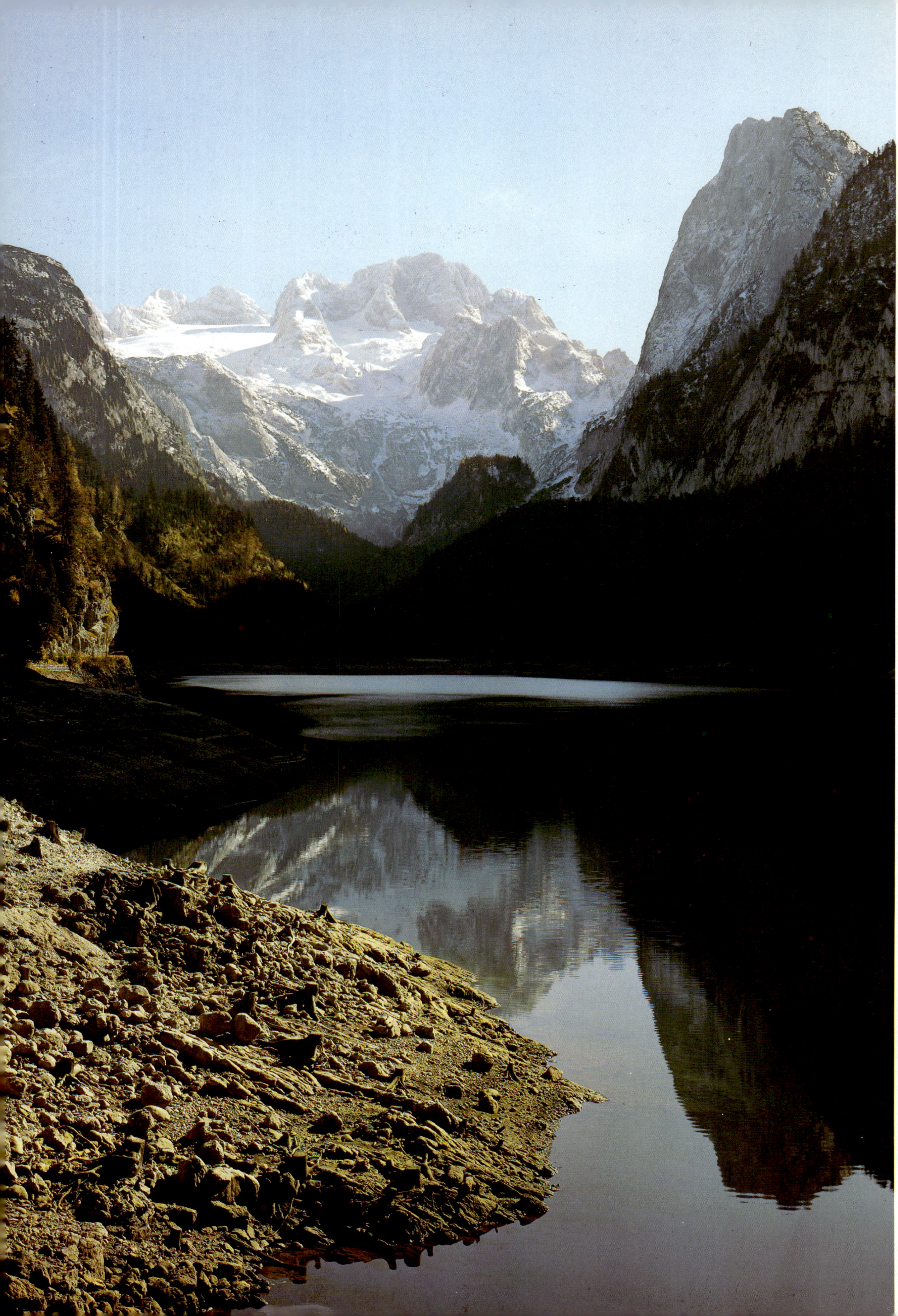

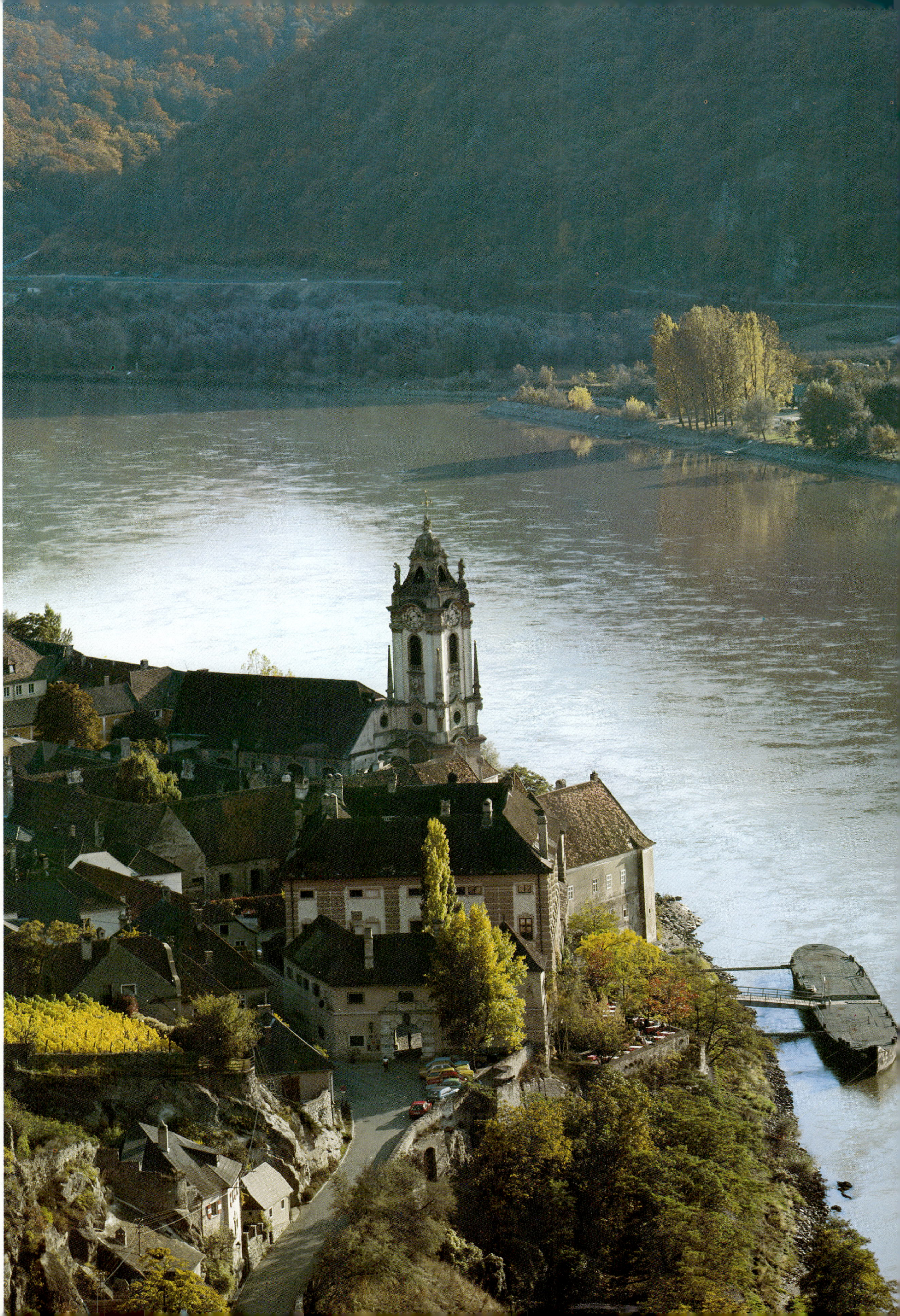

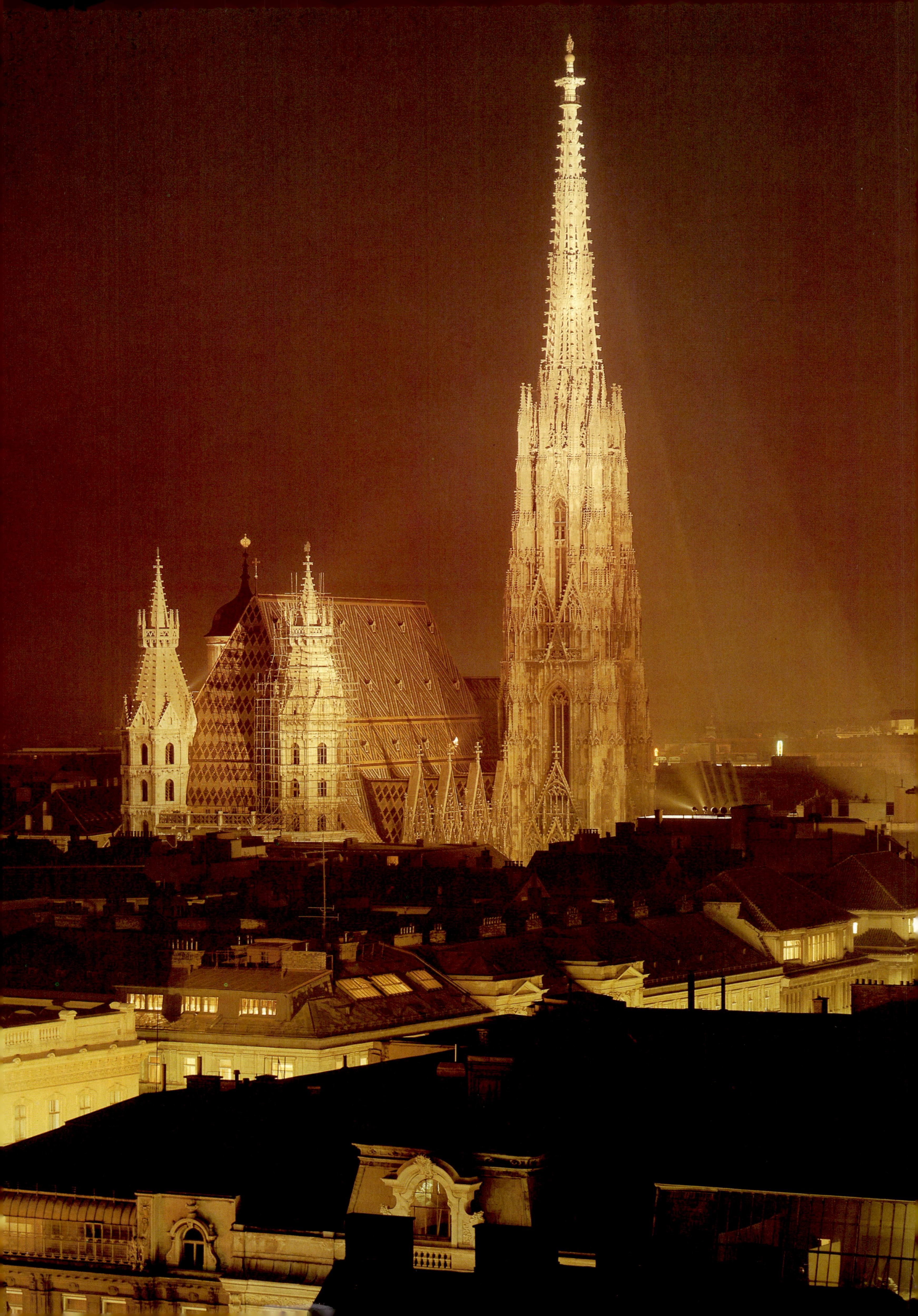

eine interessante Tradition zurück. Im vorindustriellen Zeitalter des 18. Jahrhunderts blühte hier die Zunft des Nagelschmiedehandwerks. Das in *Eisenerz* geförderte Eisen wurde in Hunderten von Schmieden verarbeitet, deren wuchtige, von hurtigen Bergbächen betriebene Eisenhämmer mit ihrem tausendfachen Klingen die Täler erfüllte (wie es Peter Rosegger in den Geschichten seiner Kindheit noch schildert).

Allmählich treten die Berge zurück, verflachen zu waldigen Hügeln, bleiben schließlich als blaues Band am Horizont zurück. Bei Ybbs erreicht man die *Donau*, das landschaftsgestaltende Element und die Lebensader dieser Gegend. Zwischen Grein und Krems durchschneidet der Strom den Südrand des Böhmischen Gneis- und Granitplateaus und bildet ein malerisches Durchbruchstal, auf dessen nach Norden hin abgeschirmten Lößterrassen Wein und Obst, besonders Aprikosen (hier Marillen genannt) in Fülle gedeihen. Der erste Abschnitt zwischen Grein und Ybbs, Strudengau genannt, war mit seinen Felsriffen und Granitengen einst der Schrecken der Donauschiffer. Jetzt ist hier die Donau durch den 35 Kilometer langen Rückstau der Kraftwerksanlagen Persenbeug zum ruhigen, gebändigten Wasserlauf geworden. Den Talabschnitt zwischen Persenbeug-Ybbs und Melk nennt man Nibelungengau, weil hier – der Sage nach – die Nibelungen auf ihrem Zug zur Burg des Hunnenkönigs Etzel bei Markgraf Rüdiger von Bechelaren, dem heutigen Pöchlarn, gastfreundliche Station fanden. Hoch oben am nördlichen Uferhang zieht die vielbesuchte Wallfahrtskirche Maria Taferl den Blick auf sich. *Melk*, das monumentale Benediktinerstift mit seiner großartigen Schaufassade zum Donautal bildet die Pforte zur *Wachau*, einer lieblich geformten Tallandschaft voller Idylle und Romantik, eine Klimaoase unter den rauhen Hängen des nördlich gelegenen ›Waldviertels‹. An den sonnseitigen Hängen staffeln sich die Rebenhänge, darüber thronen die Gemäuer verfallener Burgruinen. In diesem gesegneten Landstrich löst ein Besuchsziel das andere ab: Burg Aggstein mit ihrem unvergleichlichen Blick in die Wachau, Spitz mit seinem »Tausendeimerberg« mitten im Ort, das malerische Dürnstein mit seinen ehrwürdigen Stiftsbauten und den Resten der Kuenringerburg (in der einst Richard Löwenherz ein Vierteljahr unfreiwillig zu Gast war). Den Höhepunkt bildet schließlich Krems, das Zentrum der klassischen Weinlandschaft, mit seinen gotischen Kirchen und behäbig-barocken Patrizierhäusern, seinen verträumten Kellergassen und weinlaubumrankten Arkadenhöfen.

Hinter Krems schwingt nach Osten hin das Land zur großen Ebene aus, in die Tieflandschaft des Wiener Beckens. Hier gibt es wenig Kulisse, das Land war stets eine ungeheure Bühne der Geschichte. Hunnen und Awaren, Franken und Magyaren, Schweden und Hussiten, Türken und Polen, große Armeen, ja ganze Völker prallten hier aufeinander und entschieden mehr als einmal die Geschicke des Abendlandes. Nach Tulln streift man die Ausläufer des hügeligen *Wienerwaldes* und erreicht Klosterneuburg mit seinem mächtigen, dem Escorial bei Madrid nachempfundenen Barockbau, dessen Kirche mit dem »Verduner Altar« eines der bedeutendsten Emailkunstwerke des Abendlandes bewahrt. Profanes Gegenstück ist das 560 Hektoliter fassende Weinfaß im Stiftskeller, an und in dem sich im Spätherbst zu Leopoldi manch vergnügte Wiener Runde zum »Faßrutschen« trifft. Von Klosterneuburg starten wir auf die Höhenstraße zum Leopoldsberg, und dies ist zugleich die prächtigste Art, nach *Wien* einzufahren: Von der Terrasse um Kirche und Kloster genießt man den schönsten Blick auf das Wiener Becken mit der Donau und der Kaiserstadt mit ihrem Häusermeer. Wien ist Zielpunkt, für viele auch Höhepunkt dieser Reise, und eine der wenigen Großstädte des Kontinents mit einer eigenen, unverwechselbaren Lebensatmosphäre. Doch Wien systematisch zu erforschen und darzustellen, das vermochte in den zweitausend Jahren seiner Geschichte noch niemals ein Fremder, nicht einmal ein Wiener. Wien gleicht einer allegorischen Gestalt, die sich einer exakten Analyse entzieht. Die Stadt vermag, ähnlich wie Paris, allein mit dem Strom ihrer Atmosphäre jeden Besucher dorthin zu tragen, wo seine Wünsche und Erwartungen erfüllt werden. Wer den Glanz und den Verfall, den Reichtum und die Dürftigkeit, die Eleganz und den Leichtsinn dieser Stadt einmal verspürt hat, wird sich immer wieder nach ihr zurücksehnen.

38 *Wien, Stephansdom. – Der Stephansdom ist das bedeutendste gotische Bauwerk Österreichs. Seine Baugeschichte erstreckt sich vom 12. Jahrhundert bis zum Wiederaufbau nach dem Zweiten Weltkrieg. Der 137 Meter hohe Turm, von den Wienern zärtlich »Steffl« genannt, verkörpert mit seiner himmelstrebenden, durch keine Absätze unterbrochenen Architektur die Idealgestalt eines gotischen Turmbaus. Für die Wiener ist der Stephansdom mehr als nur ein Gotteshaus: in ihm sind Gedenksteine, Statuen, Königlich-Kaiserliches, Sagenumwobenes, Volkstümliches und Skurriles untergebracht wie in einem gewaltigen Bilderbuch.*

Reise-Lexikon

① **Salzburg,** 145 000 Einwohner, Hauptstadt sowie wirtschaftlicher und kultureller Mittelpunkt des gleichnamigen österreichischen Bundeslandes, liegt am nördlichen Rand der Alpen, malerisch eingebettet in das von mehreren Felsblockbergen flankierte Talbecken der Salzach. Schon Kelten und Illyrer nutzten die vortreffliche Lage zur Besiedelung, die Römer errichteten hier ihre Munizipalstadt Juvavum, und um 690 gründete der hl. Rupert die Klöster St. Peter und Nonnberg. Sie wurden Keimzelle und Zentrum der geistigen und kulturellen Entwicklung der ›Ostmark‹ bis hin nach Slowenien und Ungarn. Schon im 8. Jh. war Salzburg das bedeutendste baierische Bistum, baute 774 den ersten Dom, gelangte im 12. Jh. zu höchster kultureller Blüte und in der Folge durch seine Bodenschätze Salz und Gold zu bedeutender wirtschaftlicher Stärke und Macht. Eine Reihe baufreudiger Fürstbischöfe schuf die prächtige Stadtarchitektur. Als das Fürsterzbistum 1803 im Zuge der Säkularisation aufgehoben wurde, standen in und um Salzburg etwa 60 Schlösser, Sommerresidenzen und Lusthäuser. Etwa die Hälfte davon blieb erhalten, viele darunter sind heute sehenswerte Besuchsziele. Nicht minder glanzvoll, wenn auch jüngeren Ursprungs, ist Salzburgs Rang als Musik- und Festspielstadt.
Von den zahlreichen Sehenswürdigkeiten der Stadt sind die ranghöchsten: Dom St. Rupert (1614–1628, Türme 1655) im Stil des italienischen Frühbarock, mit 10000 Personen Fassungsvermögen die größte Kirche nördlich der Alpen; Hohensalzburg (1077–1681), weitläufige Burgfestung (30000 qm Fläche), eine der wenigen vollständig erhaltenen Burganlagen des Mittelalters (Burgmuseum, Führung, Terrassenrestaurant mit prächtiger Stadtsicht); Festspielhäuser und Felsenreitschule, teilweise in das Felsgemäuer des Mönchsbergs eingebaut (außerhalb der Festspielzeiten Führungen); Residenzplatz mit Residenz (1596–1792) und Residenz-›Neugebäude‹ (1592–1602, im Turm berühmtes Glockenspiel); Franziskanerkirche (romanischgotisch); Erzabtei St. Peter mit Stiftskirche und altem Friedhof; Schloß Mirabell mit Park.

② **Mondsee,** 5500 Einwohner, stattlicher Markt an der Nordspitze des gleichnamigen 11 km langen und bis 2 km breiten Sees, dem lieblichsten und heitersten des Salzkammerguts. Der Ort war bereits in der späten Jungsteinzeit mit Pfahlbauten besiedelt, später ein römischer Straßenknotenpunkt und trat mit dem um 745 gegründeten Kloster in das Licht der Geschichte, das sich zu einem Hort von Kunst und Wissenschaft entwickelte. Das Kloster – heute Schloß genannt – wurde 1791 aufgehoben, seine Kirche (jetzt Pfarrkirche) ist ein sehenswertes Bauwerk der späten Gotik mit ungewöhnlich reicher Barockausstattung.

③ **Wolfgangsee** (Abersee), 11 km langer und zwischen 300 und 1800 m breiter, anmutig von Bergen und grünen Hügeln umrahmter See des Salzkammerguts. Landschaftlicher Gegenpol zur lieblich hingebreiteten Wasserfläche ist der über dem Nordostufer mit mächtigem Rücken emporfluchtende Schafberg (1783 m, Zahnradbahn), dessen Nordseite mit atemberaubenden Steilwänden abbricht.
Die Hauptorte am See sind St. Gilgen und St. Wolfgang: **St. Gilgen,** 3500 Einwohner, am Nordwestende gelegen, ist ein beliebter Erholungs- und Badeort mit alpenländisch-historischer Ortskulisse. Hausberg ist das mit mehreren Bergfahrtanlagen erschlossene Zwölferhorn (1522 m). – **St. Wolfgang,** 3000 Einwohner, anheimelnd an die Uferhänge geschmiegt, gilt als Juwel des Salzkammerguts. Der Ort ist benannt nach dem hl. Wolfgang, der 976 am Falkenstein eine Klause baute. Nach seiner Heiligsprechung wurde diese Ziel einer blühenden Wallfahrt. Im 15. Jh. ließ das Kloster Mondsee, dessen Außenstelle St. Gilgen war, die heutige Kirche bauen, die einen einzigartigen Kunstschatz bewahrt: Michael Pachers Flügelaltar. Das Meisterwerk, 1481 nach zehnjähriger Arbeit vollendet, vereinigt Schnitzkunst und Tafelmalerei in beispielloser Vollkommenheit und zählt zu den berühmtesten Schöpfungen spätgotischer Kunst.

④ **Bad Ischl,** 15000 Einwohner, Kleinstadt in dem von Traun und Ischl gebildeten Taldreieck, gilt als symbolische Hauptstadt des Salzkammerguts. Das älteste Solebad Österreichs wurde als ›Ferienresidenz‹ des österreichischen Kaiserhauses im 19. Jh. weltberühmt. Viele reale und atmosphärische Relikte erinnern noch an die berühmte Vergangenheit: Kaiservilla und Lehárhaus, die Kurhallen der Biedermeierzeit, die Esplanade am Ufer der Traun und das von Nostalgie erfüllte Konditorei-Café Zauner, in dem sich einst der Kaiser regelmäßig mit seiner Theaterfreundin Katharina Schratt traf und an dessen Tischen Johann Strauß die Einfälle zu seinen Melodien auf die Manschetten notierte.

⑤ **Dachstein,** 2996 m, mächtiges Bergmassiv in den oberösterreichisch-steirischen Kalkalpen, das sich durch seine markante Gestalt deutlich aus seiner alpinen Umgebung abhebt. Das stark verkarstete Kalkplateau trägt 6 Gletscher, mehrere seiner turmrumpfartigen Gipfel kommen nahe an die 3000-m-Grenze. Die spektakulärsten alpinen Perspektiven bieten der Blick vom Gosausee, die Steilabstürze der Dachstein-Südwand (Türlwandhütte, Seilbahn Hunerkogel) und das Höhlensystem mit Eisriesenhöhle und Mammuthöhle (Seilbahn Obertraun – Krippenstein).

⑥ **Gosau,** Dorf und Tallandschaft am nordöstlichen Rand der Dachsteingruppe, die allein wegen ihrer großartigen Dachsteinschau den 17 km langen Abstecher vom Hallstätter See lohnen. Der Blick über den Vorderen Gosausee zu dem dramatisch aufgebauten Gebirgsstock mit seinem bleichen, in der Sonne grell aufleuchtendem Fels und den blaugrün schimmernden Gletscherfeldern zählt zu den ganz großen Alpenansichten. Von den links und rechts des Sees kulissenartig hochfluchtenden Waldsteilhängen optisch betont, bauen sich im Hintergrund die Hohe Dachstein, Hohes Kreuz, Mitterspitz und Torstein auf, umlagert vom Firn des Großen Gosaugletschers.

⑦ **Hallstatt,** 1300 Einwohner, der geschichtsträchtigste und auch malerischste Ort des Salzkammerguts. Dicht aneinandergedrängt, zum Teil auf Pfählen ins Wasser gebaut, staffeln sich die Häuser den schmalen Uferhang hinauf, lassen nur Raum für schmale Gassen und Treppenwege. Schon 4000 Jahre v. Chr. wurden vermutlich hier Bodenschätze abgebaut; durch umfangreiche Funde (mehr als 3000 Gräber) aus der Zeit um 800–400 v. Chr. wurde die damalige prähistorische Epoche der illyrischen Hochkultur mit dem Namen »Hallstattzeit« belegt. Auch in der folgenden Latènezeit blühte der Salzabbau, ebenso unter den Römern, im Mittelalter und bis in unsere Zeit. Eine Seilbahn führt zum Gräberfeld und zum größten Salzbergwerk Österreichs (Führungen). Im Ort ist die Pfarrkirche mit ihrem schindelgedeckten Turmhelm, einem der schönsten Flügelaltäre Oberösterreichs und dem historischen Karner (Beinhaus) sehenswert.
Vom benachbarten, am Südostende des Hallstätter Sees gelegenen **Obertraun** führt ein Seilbahnsystem zu Krippenstein und Gjaidalm, von dessen Mittelstation man die Dachsteinhöhlen erreicht. Die Mammuthöhle auf 1350 m Höhe erstreckt sich in mehreren Stockwerken über mehr als 30 km Gesamtlänge. Zu diesem Superlativ bietet die Eisriesenhöhle das optische Gegenstück: ein glitzerndes, in Blau und Grün leuchtendes Reich von Eispalästen, irreal anmutend und durch den Klimakontrast zur Außenwelt, der bis zu 35 Grad Celsius betragen kann, auch körperlich recht eindrucksvoll spürbar.

⑧ **Ausseer Land,** ein unter den Südabhängen des Toten Gebirges idyllisch gruppierter Landschaftswinkel des steirischen Salzkammerguts, eine in sich geschlossene kleine Welt mit malerischen Seen (Grundlsee, Toplitzsee, Altausseer See), heimeligen Ferienorten (Hoferhaus, Altaussee) und viel blühendem und grünendem Land. Liebenswertversponnen pflegt man die Erinnerung an Erzherzog Johann, den »kleinen« Bruder von Kaiser Franz, der hier mit der Posthalterstochter Anna Plochl die Liebe seines Lebens fand und die Heirat gegen die gesellschaftlichen Normen des Hofes durchsetzte.
Bad Aussee war durch den Salzabbau schon im 14. Jh. ein blühendes Gemeinwesen, wovon heute noch prächtige Häuser (Hoferhaus, Winklersches Sgraffitohaus) und die stattliche Pfarrkirche (Marienkapelle mit steinerner Madonna) zeugen. Sehenswerte Besuchsziele sind das Salzbergbaumuseum, der Alpengarten (mit 4000 verschiedenen Alpenpflanzen) und besonders die 9 km lange Panoramastraße auf den Loser (1600 m), einen aussichtsreichen Eckpfeiler des Toten Gebirges.

⑨ **Mitterndorf-Tauplitz,** weitläufige Kur- und Ferienregion, deren touristische Bedeutung von der mit Bergstraße und Sessellift erschlossenen Tauplitzalm (1965 m) ausgeht, einem reizvollen Wander- und Wintersportgebiet, in dem die Struktur des Toten Gebirges deutlich wird. Effektvolles Gegenüber im Süden ist der schroffe Grimming (2351 m), ein hütten-, wege- und wasserloser Bergklotz.

⑩ **Admont,** 3500 Einwohner, stattlicher Ort in einer Talweitung der Enns, der sich um das 1047 gegründete Benediktinerstift entwickelte. Das Kloster spielte im geistlichen und wissenschaftlichen Leben des Mittelalters eine führende Rolle. Nach einem Großbrand (1865) wurde der Bau weitgehend in neugotischem Stil erneuert, doch blieben Reste der romanischen Bausubstanz ebenso erhalten wie die prachtvolle Bibliothek, die größte unter den Klosterbibliotheken Österreichs und der ganze Stolz des Städtchens. Das Kloster ist außerdem als Pflegestätte edler Blumen (Dahliengarten) bekannt.

⑪ **Gesäuse,** 18 km langes, wildromantisches Klammtal der Enns zwischen Admont und Hieflau, flankiert von Hochtor (2365 m) und Großem Buchstein (2224 m), den höchsten Erhebungen der Ennstaler Alpen.

⑫ **Eisenwurzen,** Landschaft im Umland der Täler von Enns und Ybbs in den nördlichen Randzonen der Waldalpen, bis in unser Jahrhundert eine von der kleinbetrieblichen Eisenverarbeitung geprägte Gegend. Das am Erzberg in Eisenerz (ab Hieflau lohnender Abstecher, 16 km) gewonnene Metall wurde in Hunderten von Hammerschmieden zu Nägeln, Sensen und Kleineisenwaren verarbeitet. Hier und dort sind noch Relikte (Schmieden, Wasserräder, Fenstergitter, Grabkreuze) aus dieser Zeit zu finden.

⑬ **Lunz,** 2100 Einwohner, Sommerfrische im Ötscherland, sympathischer Marktflecken inmitten eines reizvollen Feriengebiets (Lunzer See, Wintersportstation Lackenhof am Ötscher-Bergbahn). Im Ort sind Rathaus und Pfarrkirche beachtenswert. Auf unserer Route folgt nach 10 km **Gaming,** die größte Kartause im deutschsprachigen Raum, eine (wenn auch teilweise verfallene) ungewöhnlich eindrucksvolle Klosteranlage (13./16./18. Jh.) mit Höfen und Gärten, Laubengängen und Freitreppen, barocker Klosterkirche und prachtvoller Bibliothek.

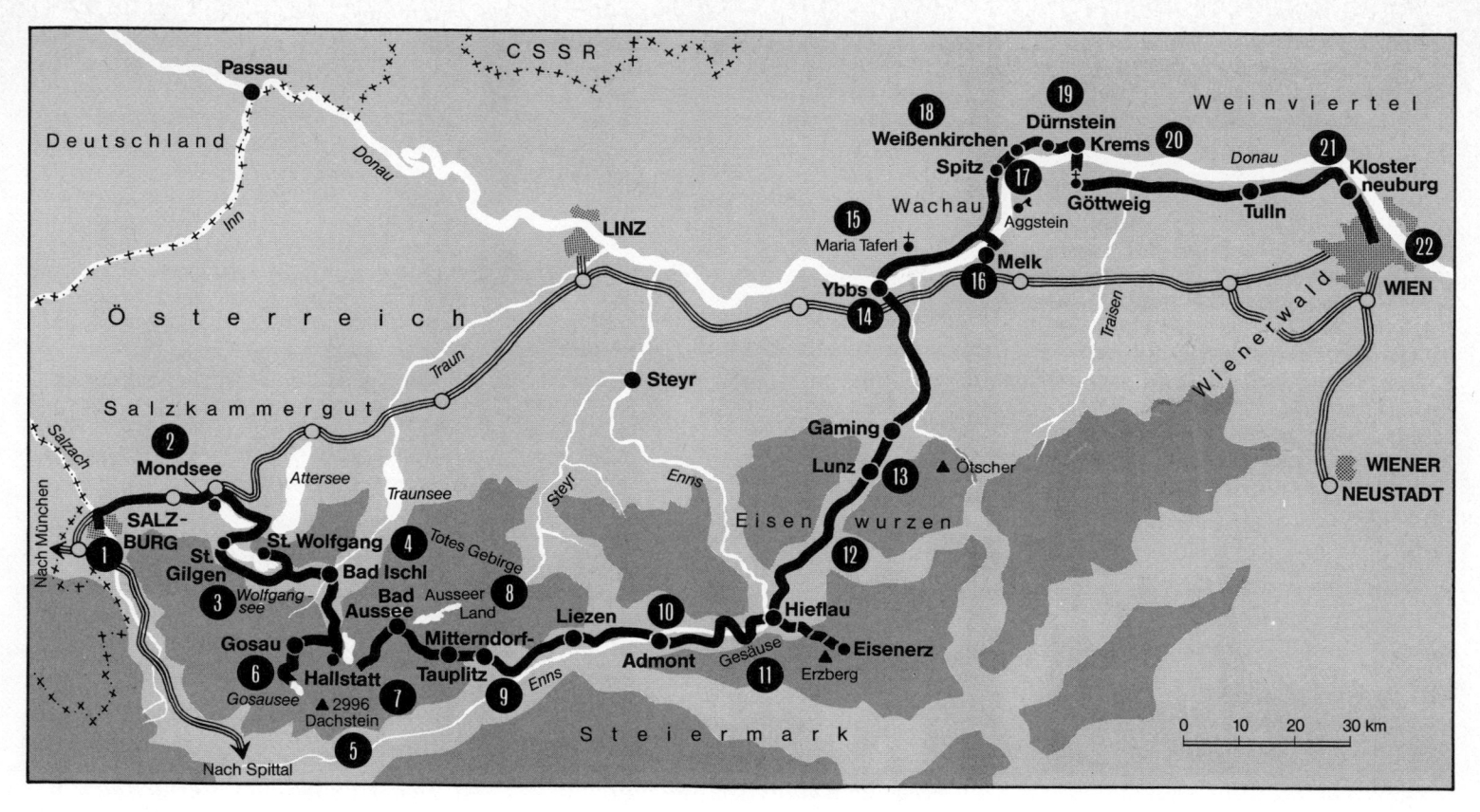

⑭ **Ybbs,** 6500 Einwohner, rührige Kleinstadt am Donauufer, war einst römisches Kastell und im Mittelalter ein wichtiger Donauhafen. Im Ort sind die barocke St.-Lorenz-Kirche, schöne Bürgerhäuser aus dem 15. Jh. und Reste der Befestigung beachtenswert. – 2 km flußaufwärts liegt das Donaukraftwerk Ybbs-Persenbeug (kostenlose Führungen), am Nordufer gegenüber der Markt **Persenbeug,** 2000 Einwohner, mit stattlichem Schloß (1617–1621, Geburtsort des letzten österr. Kaisers Karl I.) und schöner Pfarrkirche.

⑮ **Maria Taferl,** 750 Einwohner, vielbesuchter Wallfahrtsort auf einem Uferhügel über der Donau mit großartiger frühbarocker Gnadenkirche (1660–1710); Innenkuppel von Jakob Prandtauer, Altarbilder vom Kremser Schmidt, Schatzkammer, barocker Freskenschmuck, vor der Kirche vorchristlicher Opfertisch.

⑯ **Melk,** 6000 Einwohner, Bezirkshauptstadt an der westlichen Pforte der Wachau mit hübschem altertümlichen Stadtbild. Dominante ist das auf einem 60 m hohen Felsrücken über dem Donauufer thronende, weltberühmte Benediktinerstift, einer der großartigsten barocken Baukomplexe Europas. Schon die Römer errichteten auf dem talbeherrschenden Punkt ein Kastell, später lag hier eine Burg der Babenberger, die 1106 in ein Kloster umgewandelt wurde. Der geniale Baumeister Jakob Prandtauer und sein Schüler Josef Munggenast schufen schließlich von 1702 bis 1736 das mächtige, trotz seiner riesigen Dimensionen außergewöhnlich elegante Bauwerk mit seiner faszinierenden Schaufront zur Donau. Nicht weniger prachtvoll ist das Innere des 5 Höfe gruppierten Bautrakte mit Kaiserzimmern, Marmorsaal, Kirche, Bildersaal, Bibliothek und Archiv. Im Ort verdienen die hübschen Häuser (z. B. das Posthaus in der Linzer Str.), 4 km südlich die **Schallaburg** (Renaissancebau mit Arkadenhof) Beachtung.

⑰ **Spitz,** 1600 Einwohner, Weinort im Zentrum der Wachau mit Schloß und Burgruine sowie vielen pittoresken Ansichten und Winkeln rings um den »Tausendeimerberg«, einem Weinberg mitten im Ort. Am Ortsrand liegt die mauerumgürtete Wehrkirche St. Michael (16. Jh.), die als Wahrzeichen dieser Region gilt.

⑱ **Weißenkirchen,** 1700 Einwohner, typischer Wachauer Weinort, dessen laubenverzierte Häuser sich malerisch um die hochgelegene Wehrkirche (14. Jh., im 18. Jh. barockisiert) scharen.

⑲ **Dürnstein,** 600 Einwohner; der als Perle der Wachau gerühmte Weinort schmiegt sich zwischen Berg und Fluß in die Ufernischen der Donau, überragt von den Ruinen der Kuenringerburg, geschmückt mit dem barocken Juwel des Augustiner-Chorherrenstifts (1710–1740), an dessen Bau und Gestaltung die namhaftesten Künstler jener Zeit mitwirkten.

⑳ **Krems,** 26000 Einwohner, die lebendige Weinstadt am östlichen Rand der Wachau, schon 995 als »urbs« genannt und im Mittelalter ein berühmter Weinhandelsplatz, konnte ihre altertümliche Charakteristik weitgehend bewahren und erhielt dafür von den europäischen Denkmalspflegern das Prädikat einer »Musterstadt«. Neben dem geschlossenen Stadtbild mit 400 Bürgerhäusern aus den Stilepochen Gotik, Renaissance und Barock sind an Sehenswertem hervorzuheben: Stadtburg des einstigen Richters Gozzo; Steiner Tor (1480/1765); Rathaus mit wappenverziertem Erker (1548/18. Jh.); Minoriten-, Pfarr- und Frauenbergkirche; Weinbau- und Stadtmuseum; ehem. Wohnhaus (jetzt Museum) des Malers Martin Johann Schmidt, gen. ›Kremser Schmidt‹. – 7 km südlich thront auf einem freistehenden Bergrücken **Stift Göttweig,** das unvollendete Bauwerk einer ins Gigantische greifenden Planung, deren übersteigerte Ansprüche noch in den Fragmenten zum Ausdruck kommen (Kaiserstiege, Fürstenzimmer, Altmannsaal, Gemäldegalerie).

㉑ **Klosterneuburg,** 26000 Einwohner, schon vor den Toren Wiens gelegen und durch einen Auwald von der Donau getrennt, wird geprägt von den imposanten Bauwerken des Augustiner-Chorherrenstifts. Kaiser Karl VI. plante hier im 18. Jh. nach dem Vorbild des spanischen Escorial eine Monumentalarchitektur, die der vereinigten Machtfülle von Kirche und Staat Ausdruck verleihen sollte. Vollendet wurde unter Mühen nur ein Viertel der Anlage, die mit dem Patinagrün der Kuppeldächer (mit den Bekrönungen in Form der Kaiserkrone) und dem leuchtenden Gelb der mächtigen Mauerfronten dennoch sehr eindrucksvoll ist. Bedeutendste Sehenswürdigkeit ist der »Verduner Altar« in der Leopoldskapelle; Beachtung verdienen außerdem der Kreuzgang, die Schatzkammer und die Bibliothek, mit 160000 Bänden eine der größten Österreichs.

Von Klosterneuburg aus erreicht man über die Wienerwald-Höhenstraße den **Leopoldsberg,** der eine erste großartige Gesamtschau über den Stadtkomplex Wien bietet.

㉒ **Wien,** 1600000 Einwohner, die Hauptstadt Österreichs und zugleich das kleinste Bundesland, liegt weit ausgebreitet am Übergang der östlichen Alpenausläufer in die Tiefebene des von der Donau durchflossenen Wiener Beckens. Kelten und Römer, Babenberger und Habsburger prägen die mehr als zweitausend Jahre alte Geschichte der Stadt, die über den Zeitraum von acht Jahrhunderten die große politische, geographische und geistige Metropole des östlichen Mitteleuropa war. Für eine Biographie der Stadt reicht der Platz in diesem Buch nicht aus; auch nicht für eine Aufzählung ihrer Sehenswürdigkeiten, die man in vielen Reiseführern findet. Vielleicht ist dem Besucher zum Kennenlernen und Erleben eine umrißartige Deutung des Wesens dieser Stadt nützlich.
Wien, einst eine der großen Weltstädte wie Rom, Paris oder London, unterscheidet sich von diesen durch sein besonderes Schicksal. Mit Ende des Ersten Weltkriegs und dem Zerfall der k. u. k. Monarchie verlor die Zweimillionenstadt über Nacht ihre Funktion und Bedeutung, wurde Hauptstadt ohne Reich, Haus ohne Fundament, Kopf ohne Rumpf. Wie nun eine Stadt dieser Rangstufe ihr Schicksal meistert und die Kunst des Überlebens praktiziert, wie sich geschichtliche Fügung auf die Gestalt, die Entwicklung und das tägliche Leben dieses Gemeinwesens auswirkt, dies zu erspüren ist ein Schlüssel zu der Faszination, die von Wien ausgeht. Das alte, kaiserliche Wien existiert nicht mehr, es hat legendäre Züge angenommen. Doch es gleicht einem erloschenen Fixstern, dessen Leuchtkraft immer noch strahlt und sich tausendfach im Scherbenmosaik des Alltags spiegelt. Die realen Teile der historischen Stadtgestalt (um Stephansdom, Hofburg, Oper, Burgtheater) liegen fast alle im I. Bezirk, der von den Ringstraßen und vom Donaukanal umschlossen wird. Am Rand bzw. außerhalb dieses Bereichs liegen Parlament, Karlskirche, Schwarzenbergpalais und die prunkvollen Schlösser Belvedere und Schönbrunn. Die liebenswerte Umrahmung der Stadt bildet ein Kranz von stillen, oft ländlichen Vororten mit alten Winzerhäusern, buntblühenden Gärten und verträumten Naturwinkeln.

8 Von Tirol zu den Kärntner Seen
Österreichs große Alpenschau

Österreich ist, wie die Statistik in langer Folge alljährlich bestätigt, der Deutschen liebstes Reiseland. Dafür sind mancherlei Gründe zu nennen, wie die gleiche Sprache und eine verwandte Lebensart; doch die Hauptanziehung üben wohl Schönheit und Vielfalt seiner Landschaft aus, die sich im Zusammenklang mit der alten Kultur und dem bäuerlichen Brauchtum zu einer fesselnden Szenerie formiert. Das Land ist, ungeachtet seines begrenzten Raumes, gleichsam ein Haus mit vielen verschiedenartigen Zimmern und Kammern, in denen fast alle mitteleuropäischen Großlandschaftsformen im kleinen enthalten sind. Doch von den 83 850 Quadratkilometern Gesamtfläche sind nur ein Viertel Tal- und sanftes Hügelland, drei Viertel aber Gebirgsland, dessen Gipfelhöhen bis fast an die Viertausendmetermarke heranreichen. Die labyrinthreiche alpine Struktur birgt zwar eine immense Zahl schöner Landschaftswinkel, doch lassen sich diese oft nur schwer zu einer flüssigen Reiseroute verbinden und damit dem Besucher genußreich erschließen. Deshalb ist es Ziel und Inhalt dieses Kapitels, Österreichs eindrucksvollste alpine Regionen im Rahmen eines durchgehenden Reiseweges aneinanderzureihen. Er führt durch die anmutigen Täler Tirols, über die Großglocknerstraße (die höchste und schönste Alpenstraße des Landes), in die reiche Kulturlandschaft Kärntens und endet an den Badeseen der »Österreichische Riviera« benannten Ferienregion vor den Karawanken.

Startpunkt ist *Innsbruck,* die Hauptstadt Tirols. Die Stadt liegt am Übergang des engeren, herberen Oberinntals zum breiten, milden Unterinntal, wird dekorativ umrahmt von den fruchtbaren, reich besiedelten Stufen der Talsohle und überragt vom effektvollen Felsgemäuer des 2500 Meter hohen Karwendelgebirges und den etwas abgerückten Randbergen der Stubaier und Tuxer Alpen. Schon die Römer wußten die strategisch ungewöhnlich günstige Tallage am Schnittpunkt der großen Straßen durch und über die Alpen zu nützen; ihr Militärlager (bei Wilten) lag allerdings außerhalb der in jener Zeit öfter überschwemmten Talsohle. Im 12. Jahrhundert entstand dann direkt am Inn eine Siedlung, die sich schnell zur Stadt entwickelte. Schon damals lag deren Hauptplatz dort, wo heute das ›Goldene Dachl‹ steht und ringsherum ein kleiner Teil des mittelalterlichen Stadtbildes erhalten blieb. Innsbruck ist vom profanen, kaiserlichen Stil geprägt: Dies wird nirgendwo deutlicher als beim Besuch der Hofkirche, wo die eherne Garde der »Schwarzen Mander« am Grabmal Kaiser Maximilians I., des ›letzten Ritters‹, postiert ist. Die überlebensgroßen Statuen stellen Sagenhelden, berühmte Vorfahren und Zeitgenossen des Kaisers dar. Die Entwürfe stammen zum Teil von Albrecht Dürer, der auch das berühmteste Bild Maximilians gemalt hat. Während der Regierungszeit Maximilians, um 1500, erlebte Innsbruck seine größte Blüte. Später setzten Erzherzog Ferdinand und Kaiserin Maria Theresia noch bauliche Glanzlichter (Schloß Ambras, Triumphpforte, Ausbau der ›Hofburg‹), die heute alle mit dem alten Baubestand und der großartigen Bergkulisse zu einem optisch und atmosphärisch einmaligen Stadtmosaik verschmelzen.

Auf dem Weg inntalabwärts reihen sich viele sehenswerte Stationen aneinander: Solbad Hall, die alte Salinenstadt mit ihren geschlossenen mittelalterlichen Straßenzeilen unter der Felswandfront des Bettelwurfmassivs, Volders mit der »orientalischen« Gestalt seiner Servitenkirche, Schwaz mit seinen prächtigen Kirchen, Bürgerhäusern und Schlössern. Doch sehenswert ist auf diesem reichen Kulturboden ohnedies jedes Dorf, und selbst die kleinste Kirche Tirols birgt irgend eine Kostbarkeit des bäuerlichen Barock. Bald nach Jenbach, wo sich linkerhand die aussichtsreiche Achenseestraße in das Inntal herabsenkt, öffnet sich südwärts das *Zillertal.* Den geradezu legendären Ruf, der diesem Tal vorauseilt, scheint die Landschaft auf den ersten Blick kaum zu bestätigen. Aus dem weiten, lebhaft besiedelten

39 *Im Zillertal bei Finkenberg.* – Während das untere Zillertal mit seiner breiten Sohle und den gemütlich ansteigenden Randbergen etwas einförmig erscheint, steigern sich die Eindrücke im Talschluß, der sich in vier tiefe »Gründe« aufspaltet, zur formenreichen hochalpinen Szenerie. Den Bewohnern des Tals wird seit altersher eine fast sprichwörtliche Geschäftstüchtigkeit nachgesagt; sie gelten aber auch als besonders musikalisch. Im 19. Jahrhundert waren die Zillertaler Natursänger berühmt, die ganz Europa bereisten und das Weihnachtslied »Stille Nacht« verbreiteten. Trotz umfangreicher touristischer Erschließung erhielt sich in den innersten Talwinkeln bis heute eine bodenständige bäuerliche Lebensart und Kultur.

40 *Die Krimmler Wasserfälle.* – In drei Kaskaden mit 380 Metern Fallhöhe stürzen die Wasser der Krimmler Ache, von den Gletscherweiten der Zillertaler Alpen und Hohen Tauern kommend, über die bewaldete Südfront des Oberpinzgauer Trogtalbeckens. Ein mustergültig angelegter Treppenweg mit Aussichtskanzeln ermöglicht es, das Naturschauspiel aus nächster Nähe zu verfolgen.

41 *Heiligenblut mit Großglockner.* – Der Ort an der Südrampe der Großglocknerstraße zählt zu den schönsten und bekanntesten Alpendörfern. Der Legende nach brachte ein dänischer Prinz im 10. Jahrhundert das Blut Christi aus Byzanz. An der Stelle, wo er von einer Lawine begraben wurde, wuchsen drei Ähren aus dem Schnee, die zur Auffindung des Leichnams und zur Gründung der Kirche führten. In dem Gotteshaus mit dem schönen nadelfeinen Turm wird noch heute das Fläschchen mit dem wundertätigen Blut verwahrt.

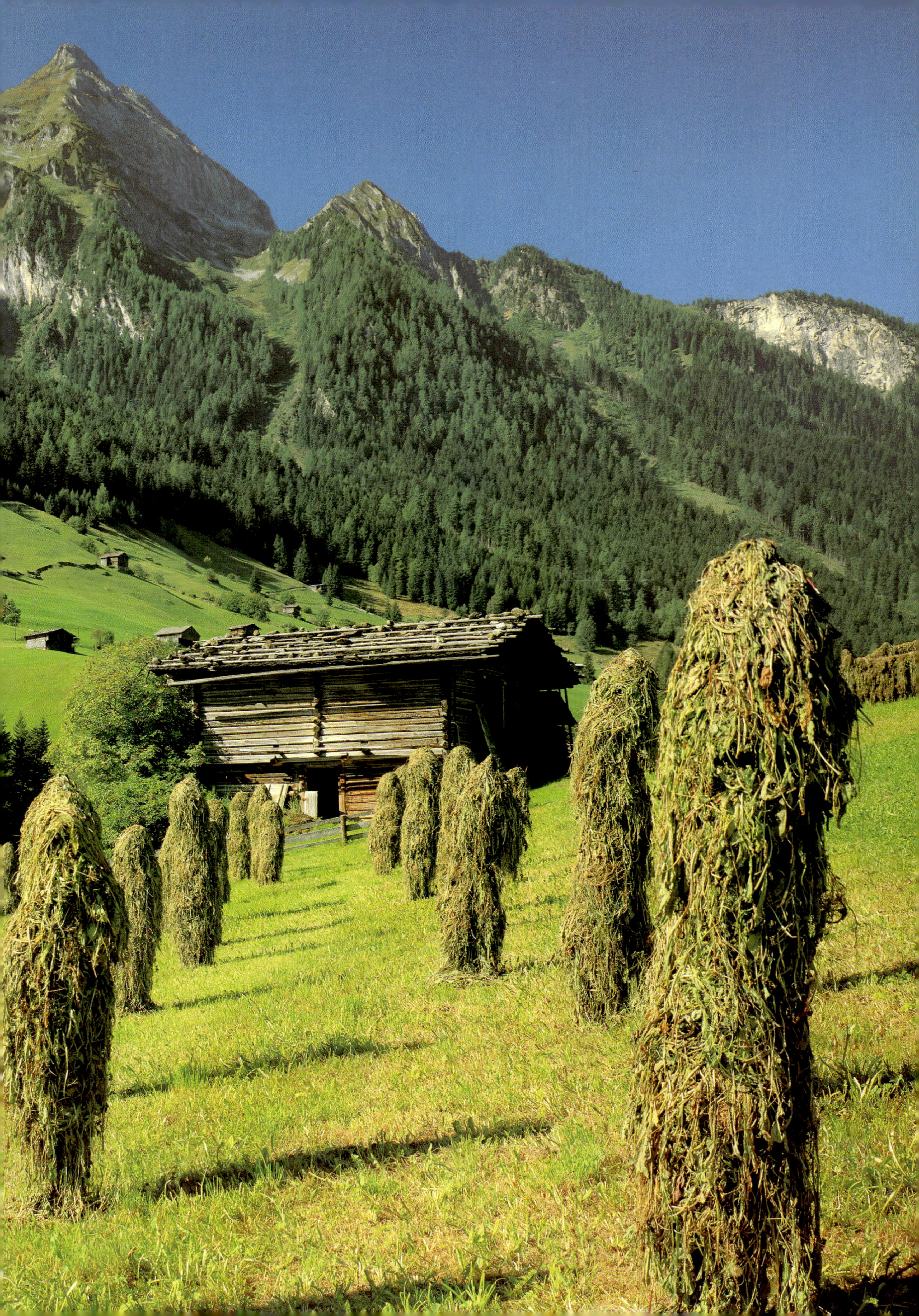

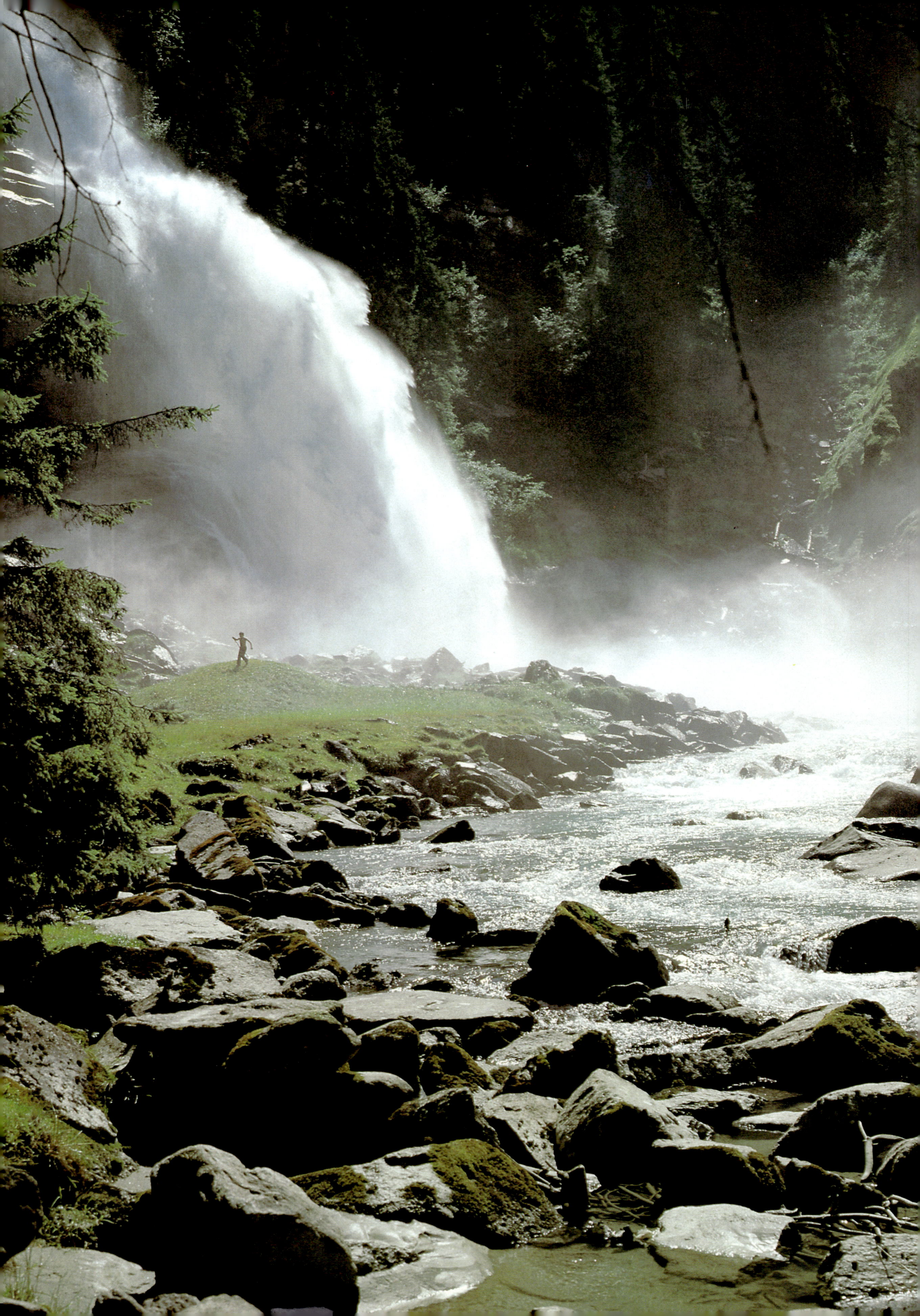

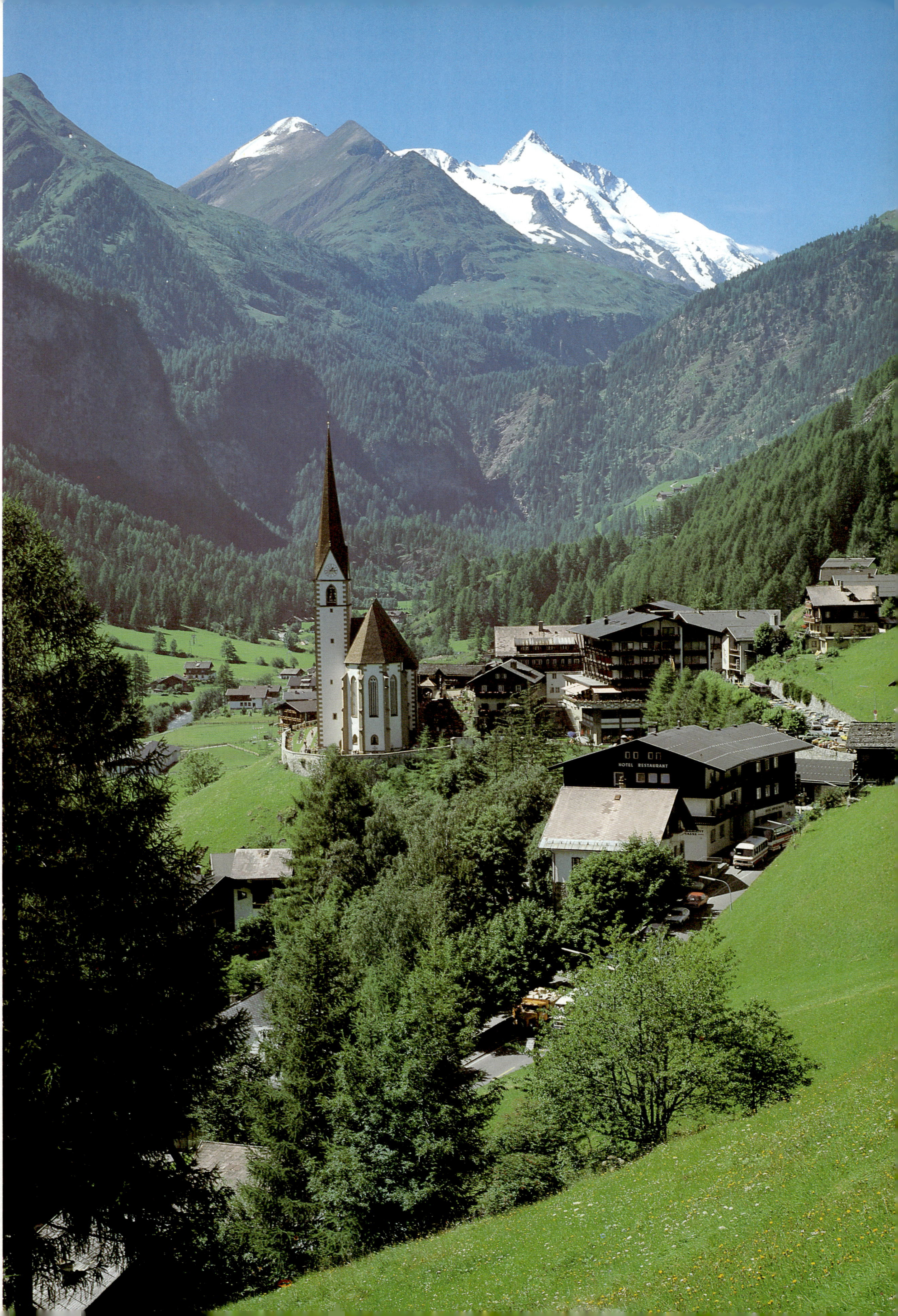
HOTEL RESTAURANT

Talboden fluchten an den Rändern etwas gleichförmige Hänge empor. Doch die Qualitäten des Tals liegen an seinem Südende, wo es sich hinter Mayrhofen fächerförmig in die tief eingekerbten »Gründe« verzweigt, die sich – mit ihrer schluchtartigen Ausprägung ein wenig dem Schweizer Wallis verwandt – bis an den Rand der Gletscherregion der Zillertaler Alpen hinaufwinden. Dies freilich ist ein Reich der Wanderer und Bergsteiger, denn der Alpenhauptkamm wird in diesem Bereich von keiner Verkehrsader überwunden oder durchbrochen. Für den Autoreisenden ist ein Abstecher in den äußersten Winkel des Talsystems, nach Hintertux, sehr lohnend; eine Kostprobe der großartigen Hochgebirgsszenerie vermitteln aber auch eine Fahrt auf der Zillertaler Höhenstraße (zwischen Aschau und Hippach) oder eine Bergbahnauffahrt von Mayrhofen zum Penkenplateau. Man verläßt das Zillertal in Zell auf einer seitlichen Auffahrtsrampe, die in das waldumschlossene Gerlos-Hochtal überleitet. An dessen Ende, der *Gerlospaßhöhe,* öffnet sich wie auf den Rängen eines Amphitheaters der Blick über das Pinzgauer Salzachtal, dessen breit hingelagerte Senke die Mächtigkeit des dahinter aufgetürmten Tauernmassivs optisch noch betont und verstärkt. Die großartige Ouvertüre zur Einfahrt in das Salzburger Land bildet das Naturschauspiel der *Krimmler Wasserfälle,* die in drei Kaskaden über 380 Meter tief ins Tal hinabdonnern. Ein Panoramaweg mit Schaukanzeln animiert dazu, das Naturschauspiel mit seiner tosenden Gischt und den permanente Regenbögen erzeugenden Wasserschleiern hautnah zu erleben. – Später fährt man gemütlich durch die alpine Pinzgauer Bilderbuchlandschaft mit ihren im Blumenschmuck versinkenden Holzhäusern ostwärts, legt nach Lust und Laune hier eine Visite, dort eine Pause oder einen Abstecher ein: In Neukirchen für eine Liftfahrt zum Wildkogel (Venedigerpanorama), in Uttendorf für eine Fahrt durch das Stubachtal zum Enzingerboden und Weißsee, in Kaprun zum Besuch der hochalpinen Kraftwerkanlagen und des über 3000 Meter hohen Kitzsteinhorns, in Zell am See zum Spaziergang durch den Ort, dessen einstiger Zauber freilich längst von der Entwicklung zum »urlaubsgerechten« Gemeinwesen überwuchert und verschüttet ist. All diese Impressionen werden weit übertroffen vom nächsten Reiseabschnitt, der Fahrt über die *Großglockner-Hochalpenstraße,* eine der schönsten Anlagen dieser Art in den Alpen. Kehre um Kehre windet sich die Straße durch die verschiedenen geologischen Klima- und Vegetationszonen auf das »Dach Europas«, den Zentralalpenkamm der Hohen Tauern, hinauf. Die Fahrt gleicht einer Präsentation der komplexen Hochalpenwelt, von Bergwäldern und Almweiden über Felsschluchten, Wasserfällen, Geröllwüsten und Firnfeldern bis zu den Gipfeln gletscherumpanzerter Dreitausender, wie sie sonst nur dem passionierten Berggänger zuteil wird. Exzellenter Höhepunkt ist der Blick von der Franz-Josephs-Höhe über den 10 Kilometer langen Pasterzengletscher auf die wildzerklüftete Gestalt des *Großglockner,* mit 3798 Metern nicht nur der höchste Gipfel Österreichs, sondern das Bergsymbol der Ostalpen schlechthin.

Heiligenblut, der erste Talort auf der Südseite der Tauern, verkörpert mit seiner vielfotografierten Pfarrkirche ein alpines Musterdorf, dessen Charme sich kaum ein Besucher entziehen kann. Nachher fährt man durch das Mölltal und über die Jochstraße des Iselsberges, die eine prächtige Sicht zu den Lienzer Dolomiten bietet, nach Lienz im Tal der Drau. Das gastfreundliche Osttiroler Städtchen, in dem schon die ersten Zeichen des Südens spürbar werden, bildet den Auftakt zur vergnüglichen Fahrt durch die mit vielen ländlichen und naturnahen Komponenten geschmückten Kärntner Täler der Drau und der Gail. Danach folgen im bunten Wechsel Berglandschaften und Badeseen, schlichte Bauerndörfer und schmucke Kurorte, karge Baureste aus der Römerzeit, reich ausgestattete Kirchen des Mittelalters und der Barockzeit. Zu den Kärntner Besonderheiten zählen auch die vielen Bildstöcke, ›Marterl‹ genannt, die uns auf allen Wegen begegnen; Denksteine der Volkspoesie, mit Religion und Aberglauben verwoben. Unser Reiseweg endet schließlich im Klagenfurter Becken, auf dem Boden der geschichtsträchtigen Römerprovinz Noricum, wo sich, von der Gunst der südlichen Sonne verwöhnt, die Berge der Karawanken und der Karnischen Alpen mit einem Dutzend badefreundlicher Seen mosaikartig zur einladenden Ferienlandschaft gruppieren.

42 *Blick über das Gailtal in Kärnten. – In entlegeneren Regionen der Alpen, besonders in den südösterreichischen Bundesländern Steiermark und Kärnten, gibt es zahlreiche Winkel, in denen Menschenwerk und Natur noch in schönem Einklang sind. Einer davon ist das Gailtal. Umrahmt von den Karnischen und den Gailtaler Alpen, breitet sich der langgezogene, sanft geschwungene Talboden aus, bestanden mit soliden Bauerndörfern, garniert mit Kapellen, Bildstöcken, Wassermühlen, Heustadeln und den landestypischen »Harpfen«, überdachten Holzgerüsten zum Trocknen von Heu und Getreide.*

Reise-Lexikon

① **Innsbruck,** 125 000 Einwohner, die Hauptstadt des österreichischen Bundeslandes Tirol, liegt am Schnittpunkt großer transalpiner Verkehrswege. Seine topographische Plazierung im prägnant ausgeformten, von stattlichen Bergen der Tuxer Alpen, des Karwendelgebirges und der Stubaier Alpen flankierten und umrahmten Inntals hebt es in den Rang einer der schönsten Gebirgsstädte Europas. Die Ursprünge der Stadt gehen zurück auf eine römische Siedlung (Veldidena); um 1180 bauten die bayerischen Grafen von Andechs am Innübergang eine Burg, um die sich rasch eine Siedlung entwickelte, die 1239 das Stadtrecht erhielt. Seine Glanzzeit erlebte Innsbruck vom 15. bis zum 17. Jh. als Haupt- und Residenzstadt der Grafen von Tirol; sie genoß auch die besondere Förderung durch den römisch-deutschen Kaiser Maximilian I. (1493 bis 1519), der Innsbruck zu seiner Lieblingsresidenz erkor. Mit dem Aussterben der Grafen von Tirol (1665) verblaßte auch die Ausstrahlung der Stadt, die fortan von Wien aus regiert wurde. Ein Markstein in der Geschichte wurde der Tiroler Freiheitskampf (1809) unter Andreas Hofer gegen die alliierten Franzosen und Bayern. Nach dem Zweiten Weltkrieg entwickelte sich Innsbruck mehr und mehr zum erstrangigen Fremdenverkehrs- und Wintersportzentrum und war zweimal Schauplatz Olympischer Winterspiele (1964, 1976). Der historische Kern der Stadt mit Hofburg, Dom St. Jakob, Hofkirche, Goldenem Dachl und vielen prächtigen Renaissancehäusern liegt dichtgedrängt am südöstlichen Innufer, ihre landschaftlich-touristischen Glanzpunkte sind Hafelekar (2334 m) und Patscherkofel (2247 m), beide durch Bergbahnen erschlossen. Ein lohnendes Besuchsziel ist außerdem Schloß Ambras (16. Jh.) am südöstlichen Stadtrand, das gleichsam zur Kunstkammer für Innsbrucks kaiserliche und gräfliche Tradition wurde.

② **Solbad Hall,** 14 000 Einwohner, wenige Kilometer östlich von Innsbruck am Nordufer des Inns gelegene alte Salinenstadt mit einem mittelalterlichen Stadtbild von seltener Geschlossenheit. In strenger Ordnung stehen die gotischen Straßenzeilen mit ihren schmalen, hochgiebeligen Häusern den ganzen Hang hinauf gestaffelt. Wie aus dem Namen »Hall« erkennbar, begründete Salz den einstigen Reichtum der Stadt, die zeitweise das nahe Innsbruck an Bedeutung überragte. Schiffsverkehr, Stapelrechte, Münz- und Marktrechte brachten gehäuften Wohlstand, der noch heute im Stadtbild nachklingt. Hervorstechende Sehenswürdigkeiten sind Burg Hasegg, die einstige Münze mit Münzerturm, die stattliche Pfarrkirche mit der kuriosen Waldaufkapelle (riesige Reliquiensammlung), das Rathaus und das Stadtmuseum.

③ **Volders,** 1450 Einwohner, Dorf im Inntal mit einer in diesem Landstrich höchst seltsamen Sakralarchitektur, der Kirche des Servitenklosters: Mit dem sechskuppeligen, byzantinisch anmutenden Bau (1620–1654) wollte der Haller Stiftsarzt Hippolytus Guarinoni das Wesen der heiligen Dreifaltigkeit architektonisch darstellen.

④ **Schwaz,** 10 000 Einwohner, im Inntal am Fuß des 2344 m hohen Kellerjochs gelegen, war im Mittelalter Zentrum des Silber- und Kupferbergbaus und Tirols bedeutendste Handelsstadt. Der Bergsegen verhalf nicht nur der Stadt zu Wohlstand und Reichtum, sondern trug auch zur Errichtung und Stabilisierung des Habsburger Weltreiches bei. Unter den vier Kirchen, um 1500 in wenigen Jahrzehnten errichtet, ragt die mit 15 000 Kupferplatten gedeckte Pfarrkirche als damals größte Kirche Tirols heraus. Vom einstigen Reichtum zeugen viele prächtige Bürgerhäuser, deren schönstes das Palais der Augsburger Fugger darstellt. Überragt wird die Stadt von Schloß Freundsberg, einer aus dem 11. Jh. stammenden Burg mit romanischem Bergfried (heute Heimatmuseum).

⑤ **Zillertal,** knapp 30 km langes Seitental des Inntals, das sich im Talschluß in 4 Quelltäler (Zillergrund, Stillupptal, Zemmgrund und Tuxer Tal) verzweigt, die tief in die zum Zentralalpenkamm gehörenden Zillertaler Alpen einschneiden. Während der untere Abschnitt mit seiner breiten Senke und den nur allmählich ansteigenden Randbergen relativ einförmig wirkt, steigern sich die Eindrücke im inneren Tal zur prächtigen hochalpinen Szenerie, die von vergletscherten Gipfeln wie Hochfeiler (3510 m), Großer Möseler (3479 m) und Olperer (3480 m) überragt und gekrönt wird. Touristischer Hauptort des Tales ist Mayrhofen, kulturell sehenswert sind die Kirchen in Fügen (spätgotisch) und Zell am Ziller (Rokoko). Da die Talstraße wenig landschaftliche Reize bietet, empfiehlt sich für berggeübte Autofahrer die parallele Zillertaler Höhenstraße zwischen Aschau und Hippach (Maut, bis 2050 m Höhe, max. 20%). Die lohnendsten Bergbahnen führen von Mayrhofen zum Penken (1984 m) und zur Ahornspitze (1960 m) sowie von Zell zum Gerlosstein (1830 m). Eine nostalgische Attraktion ist die schmalspurige Dampfeisenbahn zwischen Jenbach und Mayrhofen.

⑥ **Gerlostal,** 38 km langes Hochtal zwischen Zell am Ziller und Krimml im Pinzgau, verläuft parallel zu den Zillertaler Alpen und verbindet über den Gerlospaß (1507 bzw. 1628 m) das Zillertal mit dem Salzachtal. Die schönsten Ausblicke bietet das Tal beim Stausee Durlaßboden, wo sich das Wildgerlostal mit den Gletschergipfeln von Wildkarspitze (3073 m) und Reichenspitze (3303 m) südwärts öffnet. Auf der Abfahrtsrampe ins Salzachtal gabelt sich die Straße zur alten Bundesstraße (links, 1507 m, eng und abschüssig) und zur Gerlos-Panoramastraße (rechts, 1628 m, mautpflichtig, schöner Blick auf die Krimmler Wasserfälle).

⑦ **Krimmler Wasserfälle.** Die aus den Hohen Tauern kommende Krimmler Ache stürzt in drei mächtigen Kaskaden mit insgesamt 380 m Fallhöhe über die bewaldete Südfront des Talbeckens. Längs der Wasserfälle (der größten Europas) verläuft ein Panoramaweg mit Aussichtskanzeln (2–3 Stunden), der aus unmittelbarer Nähe nachhaltige Eindrücke dieses gewaltigen Naturschauspiels vermittelt.

⑧ **Mittersill,** 4300 Einwohner, der Hauptort des oberen Pinzgaus, liegt im Schnittpunkt der Salzachtalstraße mit der Nord-Süd-Verbindung Paß Thurn-Felbertauern-Straße, die das Massiv der Hohen Tauern mit 5,2 km langem Tunnel durchstößt und so einen ganzjährig befahrbaren Straßenübergang der Alpen ermöglicht. Am Südhang über dem Ort steht Schloß Mittersill (heute Hotel) aus dem 12./16. Jh., dessen Kapelle einen spätgotischen Flügelaltar vom »Meister des Ausseer Altars« birgt.

⑨ **Kaprun,** 2500 Einwohner, früher ein unbekanntes Bergsteigerdorf am Fuß der Hohen Tauern, wurde durch den Bau der Tauernkraftwerke weltbekannt und ein lebhaft besuchtes Touristenzentrum. Zur Besichtigung der Tauernwerke fährt man im Kapruner Tal bis zum Ende der Straße (9 km), dort übernimmt ein Schrägaufzug und anschließend der Busverkehr der Tauernwerke zur Weiterbeförderung längs des Stausees Wasserfallboden zum Stausee und Berghaus Moserboden (2108 m). Die gigantischen, in der Hochgebirgslandschaft aus Fels, Schnee und Eis irreal anmutenden Stauseen und Kraftwerksanlagen – derzeit die größten Europas – erzeugen mehr als 1000 Millionen kWh elektrische Energie. Mit ihrem Bau zwischen 1938 und 1951 waren 13 000 Menschen beschäftigt. Ein Nebenprodukt, für den Tourismus allerdings nicht minder gewichtig, sind die aus dem Kapruner Tal auf die Gipfelschulter des 3203 m hohen Kitzsteinhorns führenden Bergbahnanlagen: Sie erschließen den Skisportlern das 10 qkm große Gletscherplateau am Schmiedinger Kees und bieten außerdem vom Gipfelhaus eine großartige Aussicht.

⑩ **Zell am See,** 7500 Einwohner, Hauptort und touristisches Zentrum des salzburgischen Pinzgaus, liegt auf einem Schwemmlandkegel, den das Wasser von der knapp 2000 m hohen Schmittenhöhe in Jahrtausenden an das Ufer des 50 qkm großen Sees herabgespült haben. Das vielbesuchte Städtchen, von Wasser-, Berg- und Wintersportlern gleichermaßen geschätzt, entstand aus einer im 8. Jh. gegründeten Mönchszelle, der »Cella in Bisonico«. Vom alten Stadtbild blieb nur der Dreiecksplatz mit dem Vogtturm und der Pfarrkirche St. Hippolyt erhalten. Heute bietet der Ort (mit einem Trend zum Massentourismus) jedweden Ferienkomfort.

⑪ **Großglockner-Hochalpenstraße,** 47,8 km lange, in Höhen bis 2571 m führende, mautpflichtige Panoramastraße zwischen Bruck im Salzachtal und Heiligenblut in Kärnten. Die Straße verläuft über den zentralen Alpenkamm der Hohen Tauern und ist eine der großartigsten Bergstraßen Europas. Ihre Besonderheit liegt darin, daß sie nicht (wie fast alle anderen Paßstraßen) die bequemste und kürzeste Trasse über die Berge benützt, sondern mit voller Absicht als Panoramastraße angelegt ist, die auf dem höchsten Alpenrücken ausgiebig umherkurvt. – Von der Hauptroute zweigen 2 Stichstraßen ab: die 1,8 km lange Edelweißstraße auf die 2571 m hohe Edelweißspitze (großartige Rundsicht auf 37 Dreitausender und 19 Gletscher); die 8,7 km lange Gletscherstraße zur Franz-Josephs-Höhe (2369 m, herrliches Hochgebirgspanorama mit dem Pasterzengletscher und dem 3798 m hohen Großglockner). Die Großglocknerstraße, 1930–1935 nach den Plänen des Wiener Ingenieurs Franz Wallack gebaut, ist in der Regel nur vom 1. 5. bis 1. 11. befahrbar.

⑫ **Heiligenblut,** 1400 Einwohner, reizvoll im Mölltal am Südabhang der Hohen Tauern gelegen, gilt als eines der schönsten Alpendörfer Österreichs. Name und Ursprung des Orts leitet sich von einer frommen Legende ab; seine Pfarrkirche St. Vinzenz (15. Jh.) enthält ein großes Christophorus-Fresko und einen wunderschönen Flügelaltar aus der Werkstatt Michael Pachers, des großen Südtiroler Holzbildhauers.

⑬ **Döllach,** 1500 Einwohner, heute ein eher unscheinbares Dorf in dem von der hurtigen Möll durchplätscherten Tal, blickt auf eine glanzvolle Vergangenheit als Stätte des Goldbergbaus zurück. Im 15. und 16. Jh. kam der Ort zu ungewöhnlichem Wohlstand. Die Gewerkenfamilie Putz, Hauptnutznießer der Edelmetallgewinnung, konnte sich 1561 das schöne Renaissanceschloß Großkirchheim bauen, das jetzt als Heimatmuseum jene große Zeit veranschaulicht.

⑭ **Lienz,** 13 000 Einwohner, die einzige Stadt Osttirols und zugleich seine Hauptstadt, liegt im prägnanten, von Isel und Drau gebildeten Taldreieck, das von den Bergen der Schobergruppe und der Lienzer Dolomiten effektvoll umrahmt wird. Die lebendige, gastliche Stadt, in der schon ein Hauch des Südens spürbar wird, blickt auf eine reiche Vergangenheit zurück. Ganz in der Nähe lag die Römerstadt Aguntum, die jetzt ausgegraben wird, etwas südwestlich davon die keltische Siedlungs- und Kultstätte (und Fluchtburg der Römer) Lavant, heute ein vielbesuchtes Wallfahrtsziel. Lienz war einst Residenz der Grafen von Görz und kam 1500 zu Tirol. Sehenswert sind die gotische Pfarrkirche St. Andreas mit reicher Ausstattung (Fresken des 17. Jh., 4 Flügelaltäre aus der Schule Friedrich

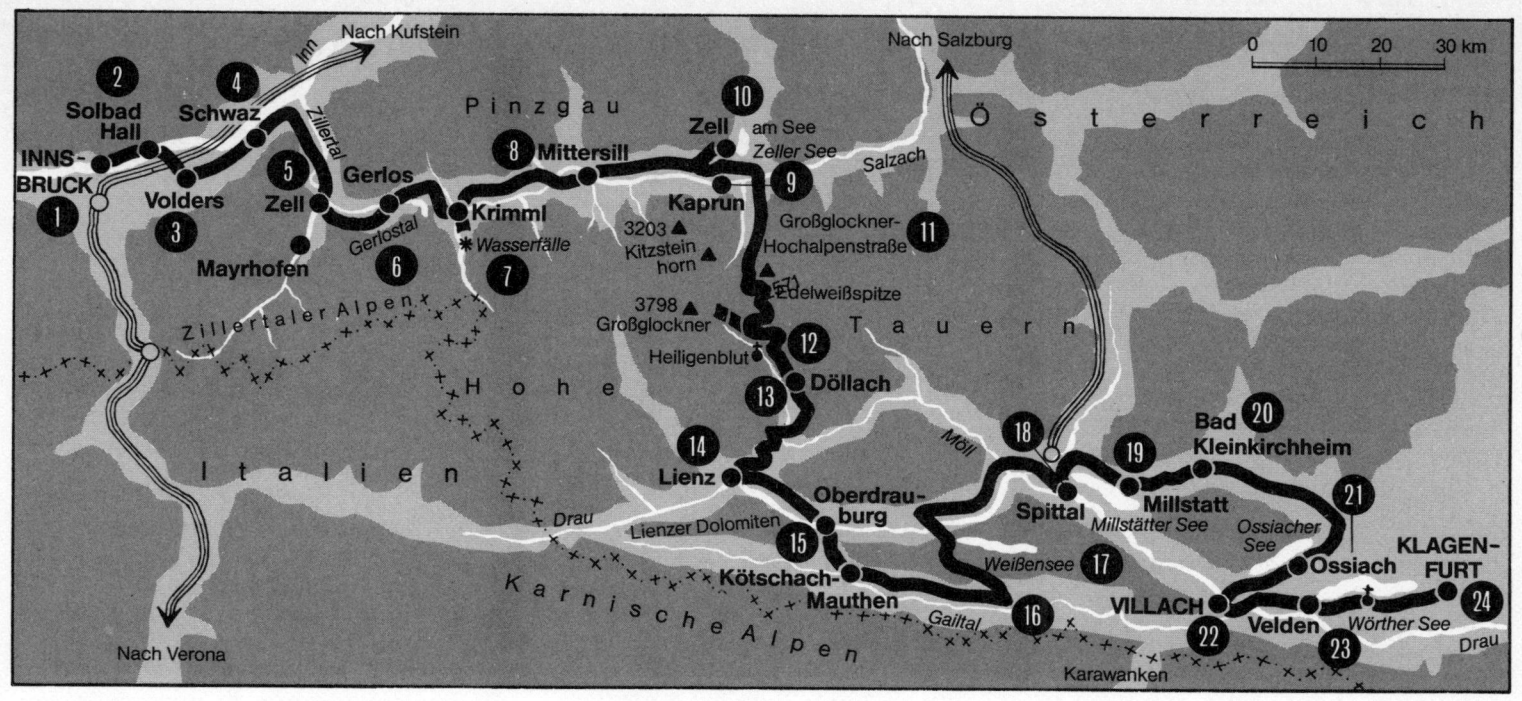

Pachers und kostbare Marmortumben), die zum Wahrzeichen der Stadt gewordene, zwiebeltürmige Liebburg (16./18. Jh.) sowie die am Ortsrand gelegene Burg Bruck (13. Jh., einstige Residenz der Görzer Grafen, heute Heimatmuseum).

⑮ **Oberdrauburg,** 1200 Einwohner, reizvoll in der breiten Senke des Drautals inmitten einer reichen Bauernlandschaft gelegener Marktflecken mit vielen ländlichen Attributen. Am nördlichen Ortsrand steht die Ruine Hohenburg (13. Jh.), im nördlichen Vorort Zwickenburg befinden sich die alte Leonhardskirche (14. Jh.) und das ehemalige Goldbergwerk Carinthia.

⑯ **Gailtal,** reizvoll geformtes, mit vielen bäuerlichen Motiven aufwartendes Tal längs der beherrschenden Grenzgebirgskämme Karnische Alpen und Karawanken. **Kötschach-Mauthen,** der sympathische Doppelort am Talanfang, besitzt mit der Kötschacher Marienkirche, 1518–1527 von dem aus Innichen stammenden Baumeister Barthlmä Firtaler erbaut, ein durch die reiche Gewölbedekoration aus phantasievollem, der Flora entlehnten Schlingwerk sehr eigenwillig gestaltetes Gotteshaus. Touristisches Zentrum des Tals ist das Städtchen **Hermagor,** das (wie das ganze obere Gailtal) im Mittelalter zu den Besitzungen der Grafen von Görz (dem heutigen Gorizia bei Triest) gehörte.

⑰ **Weißensee,** 12 km langer, aber nur 200 bis 800 m breiter, fjordartig unter dicht bewaldeten Hängen eingeschmiegter See von malachitgrüner Färbung. Der Westteil um Techendorf ist ein beliebtes Baderevier, der weitaus größere Ostteil ist überwiegend naturbelassen und (das Ostende ausgenommen) nur auf Wanderwegen zugänglich.

⑱ **Spittal an der Drau,** 15000 Einwohner, altes Städtchen am Taldreieck von Drau und Lieser, wirtschaftliche und touristische Drehscheibe am südlichen Ende der Tauernautobahn. Dominierende Sehenswürdigkeit der Stadt ist Schloß Porcia, eines der wenigen im venezianischen Renaissancestil gestalteten Bauwerke im Raum nördlich Italiens: 1533 bis 1597 als Residenz der Grafen von Ortenburg erbaut, war das Schloß von 1662 bis 1912 im Besitz der Fürsten von Porcia, deren Namen es heute trägt. Das bemerkenswerteste dieses Bauwerkes ist der mit phantastischen Figurenreliefs geschmückte dreigeschossige Arkadenhof, der gelegentlich für Freilichtveranstaltungen benützt wird.

⑲ **Millstatt,** 3200 Einwohner, uralter Markt in reizvoller Lage am Nordufer des Millstätter Sees, seit altersher beliebter Bade- und Luftkurort. Millstatt entwickelte sich aus einem von den bayerischen Aribonen um 1070 gegründeten Benediktinerkloster, das mit Schreib- und Malschule im 12. Jh. ein kulturelles Zentrum Kärntens war. Seine Stiftskirche (heute Pfarrkirche) und sein Kreuzgang verkörpern den größten Schatz romanischer Bauplastik in Österreich. Urban Görtschachers Fresko des Weltgerichts (1513–1519) ist den bedeutendsten Wandgemälden der mitteleuropäischen Renaissance zuzuordnen.

⑳ **Bad Kleinkirchheim,** 1500 Einwohner, malerisch zwischen die reizvoll gruppierten Nockberge eingeschmiegter Gebirgsort und eines der ältesten Heilbäder des Landes. Es rühmt sich des größten Thermalschwimmbades Europas. Über der Katharinenquelle steht die schöne gotische Wallfahrtskirche St. Katharina im Bade, erbaut 1493, mit prächtigem gotischen Flügelaltar. Im 1300 m hoch gelegenen Nachbarort **St. Oswald** blieben mehrere alte Ringhöfe, ein zweistöckiger Getreidekasten und die spätgotische Kirche erhalten.

㉑ **Ossiach,** 600 Einwohner, der sympathische Ort am Südufer des gleichnamigen Sees, ist unter den Kärntner Badeorten der wohl traditionsreichste. Er entstand aus einer 1028 gegründeten Benediktinerabtei, die viele Jahrhunderte zu den angesehensten Klöstern des Landes zählte. Sie überstand zwar leidlich die Verheerungen der Türkenkriege (1484), wurde dann aber gegen Ende des 18. Jh. aufgelöst und teilweise abgetragen. Überraschend gut kam die Stiftskirche aus dem 11. Jh. (jetzt Pfarrkirche) durch alle Zeitläufe: sie erhielt sogar im 18. Jh. eine festliche Ausstattung in Barock und Rokoko, die zu den liebenswürdigsten Schöpfungen dieser Stilepoche in Österreich zählt.

㉒ **Villach,** 34000 Einwohner, neben Klagenfurt das wirtschaftliche und touristische Zentrum der Kärntner Seen- und Ferienlandschaft, ist seit Jahrtausenden Station und Knotenpunkt großer Verkehrswege. Zusätzlichen Wohlstand brachte im Mittelalter der Erzbergbau in die Stadt, kulturelle Bedeutung bezeugen das Wirken von Friedrich von Villach (spätgotische Malschule) und des Arztes Paracelsus. Sehenswert ist der malerische Hauptplatz mit mehreren schönen Patrizierhäusern, der barocken Dreifaltigkeitssäule und der stattlichen Pfarrkirche St. Jakob (13./15. Jh.) mit ihrem mächtigen, 53 m hohen Turm. Im Innern sind das Christophorusfresko, der barocke Hochaltar, die Steinkanzel und zahlreiche Grabmäler beachtenswert. Ein Anziehungspunkt anderer Art ist das anschauliche Relief von Kärnten im Maßstab 1:10000 im Schillerpark. Das südlich der Stadt gelegene Warmbad Villach, in dem sich schon die Römer kurierten haben, hat einen täglichen Ausstoß von 40 Mill. Liter radonhaltigem Thermalwasser (Heilanzeigen: Rheuma, Herz, Kreislauf). Ein kulturgeschichtliches Juwel ist die am östlichen Stadtrand gelegene Wallfahrtskirche Maria Gail, wohl die Urkirche der seit dem 9. Jh. bestehenden, zu Aquileja gehörenden Pfarrei. Der heutige Bau wurde (unter Verwendung des romanischen Mauerwerks) 1486 fertiggestellt. Sein schönster Schmuck ist ein gotischer Schnitzaltar (16. Jh.) der St. Veiter Werkstatt. Von den zahlreichen Ausflugszielen der Umgebung sind die Burgruine Landskron (mit Spezialitätenrestaurant), die Villacher Alpe (mautpflichtige Panoramastraße auf den Dobratsch, 2166 m; Alpengarten und prächtige Aussicht) sowie der reizvolle Faaker See hervorzuheben.

㉓ **Wörther See,** 19,4 qkm, der größte und beliebteste der Kärntner Seen, liegt mit seinen sanft geschwungenen Uferlinien im reizvoll geformten Hügelland vor den Karawanken. Die Ufer des 16 km langen und 500–1500 m breiten Sees sind besäumt mit einladenden Ferienorten; die bedeutendsten sind das ländlich-gemütliche **Krumpendorf,** das gepflegte, mit seinen schönen Parkanlagen nostalgisch-nobel wirkende **Pörtschach,** schließlich das tonangebende **Velden,** dessen mondäne Note aber auch von der breiten Basis des »Jedermann-Tourismus« getragen wird. Wie Veldens elegantestes Hotel, das ehemalige Khevenhüllersche Lustschloß, so sind praktisch alle historischen Bauwerke rings um den See in den Dienst des Fremdenverkehrs gestellt worden. Selbst das romantische Kleinod **Maria Wörth** mit seinen beiden malerisch auf einer felsigen Halbinsel gruppierten Kirchen mußte den Wandel vom Hort der Besinnung zu einem von Lärm und Trubel erfüllten Touristenziel erdulden.

㉔ **Klagenfurt,** 86000 Einwohner, die Hauptstadt Kärntens, grenzt fast an das Ostende des Wörther Sees. Bei einem verheerenden Stadtbrand 1514 total eingeäschert, nützte der italienische Baumeister Domenico de Lalio die Chance zum großzügigen Neuaufbau in Form einer rechtwinkelig symmetrischen Villen- und Gartenstadt, die noch heute mit spätbarocken Adelspalästen und anmutigen Biedermeierhäusern den Charakter der Stadt prägt. Die wichtigsten Sehenswürdigkeiten sind das Landhaus (1574–1588) mit den beiden markanten Türmen und einem schönen Arkadenhof, der als Wahrzeichen der Stadt geltende Lindwurmbrunnen (1590/1636), die Domkirche (1581/91) sowie das vorzüglich ausgestattete Landesmuseum (römische, karolingische und venetische Relikte, reiche vorgeschichtliche Sammlungen). Am westlichen Stadtrand liegt der vielbesuchte Park ›Minimundus‹ mit zahlreichen Modellen berühmter Bauwerke aus aller Welt.

9 Graubünden und sein Engadin
Terra Grischuna, das Land der 150 Täler

»Graubünden, italienisch Grigioni, romanisch Grischun, mit 7109 qkm der größte Kanton der Schweiz, 167 700 Einwohner...« So steht es im Brockhaus, deshalb wird es wohl stimmen. Das ergibt ganze 23 Bewohner auf einen Quadratkilometer. Man wird in Mitteleuropa kaum einen ähnlich dünn besiedelten Landstrich finden, selbst das gebirgsreiche Österreich weist noch 89 Einwohner auf den Quadratkilometer aus. Das statistische Zahlenspiel verdeutlicht die Topographie dieses Kantons, der von den mächtigsten und urtümlichsten Gebirgsmassiven der Alpen beherrscht wird. Da die Berggipfel kaum mehr zählbar sind, hat man Graubünden das »Land der 150 Täler« benannt, wobei die vielen entlegenen Hochtäler noch gar nicht mitgezählt sind. Es ist verständlich, daß in alter Zeit diese Bergwildnis den Menschen nicht geheuer erschien, und noch im 18. Jahrhundert warnte ein Kalenderspruch boshaft-lakonisch: »Wer seines Lebens quitt will seyn, der reise hinauf ins Engadeyn«. Inzwischen hat sich einiges gewandelt, und Conrad Ferdinand Meyer sah 1866 das Land schon mit anderen Augen: »Hier ist es schön und still und kühl, daß man die Rätsel des Daseins vergißt und sich an die klare Offenbarung der Schönheit hält.«
In der Tat ist Graubünden ein alpines Paradies par excellence. Nichts in diesem Bergland ist kleinräumig oder niedlich, überall spürt man den Zug ins großartige, monumentale, heroische. Die Berge beengen oder erdrücken einen nicht, sie sind erhebend, lassen freier atmen in ihrer kristallklaren Luft. Graubünden fehlt es auch nicht an Superlativen. Es ist der einzige Schweizer Kanton, der die Alpen von ihrem nördlichen bis zu ihrem südlichen Rand überspannt; in dem drei Sprachen (Deutsch, Rätoromanisch und Italienisch) gleichberechtigt vertreten sind; in dem die meisten Heilquellen aus der Erde sprudeln; der die meisten Hochgebirgspässe und die meisten Bergbahnen der Schweiz aufweist. Zu ergänzen bliebe noch, daß in entlegenen Tälern die ärmlichsten Hütten und in den Ferienzentren die mondänsten Hotelpaläste stehen.
Der Gesamtcharakter Graubündens ist ethnisch und topographisch, von der Geologie bis zur Flora und Fauna, von verwirrender Vielfalt. Kein Dorf, kein Tal, kein Bergwinkel gleicht dem andern, und selbst die großen Gebirgszüge sind von unterschiedlicher Struktur: Die gewaltigen Gletschermassive der Bernina kontrastieren zu den scharfkantigen Granitriffen des Bergell, die mächtigen Wandfluchten des Rätikon zu den bizarr zerrissenen Türmen und Graten der Münstertaler Alpen.
Ausgangs- und Zielpunkt dieser Reise ist *Chur*, wahrscheinlich die älteste Stadt der Schweiz, im breiten Rheintalbecken gelegen und vom mächtigen Calandamassiv beherrscht, seit altersher die letzte Station vor der Reise über die Alpenpässe in den Süden. Die Fahrt geht rheinaufwärts, wo sich bei Reichenau der Fluß in den Vorder- und Hinterrhein aufspaltet und gleich darauf mit einer dramatischen Szenerie aufwartet. In Bonaduz abzweigend, erklimmt das Sträßlein die Höhen von Versam und bietet kurz nach dem Ort einen Einblick in die Urweltlandschaft der *Flimser Rheinschlucht*. Vom Felsmassiv des 2637 m hohen Cassonsgrates, an dessen Flanke man die Abbruchstelle noch deutlich erkennt, stürzten in der Nacheiszeit 900 Millionen Kubikmeter Erd- und Felsmasse in die Tiefe und bedeckten eine Fläche von fünfzig Quadratkilometern. Drüben, auf der einstigen Schuttmasse, breitet sich jetzt das Skiparadies von Laax und Flims aus, tief unten grub sich der Vorderrhein ein neues Bett. Das folgende *Vorderrheintal*, auch Bündner Oberland oder rätoromanisch Surselva genannt, ist ein weiter, gradliniger Talzug mit reizvoll ausgebreiteten, von Wäldern und Wiesen durchsetzten Hangterrassen und prachtvollen Seitentälern. Wo das mächtige, weißleuchtende Mauerwerk des Klosters Disentis das Tal beherrscht, biegen wir in eines davon, das Val Medel, südwärts zum Lukmanierpaß ab. Durch die wildromantische Höllenschlucht geht es auf die öde, von Felstrümmern übersäte Paßhöhe, jenseits begrüßt uns das *Tessin* mit dem prächtig gelegenen Olivone und herrlichen Blicken auf die Adulagruppe und das Rheinwaldhorn.

43 *Das Rheintal bei Flims. – In vorgeschichtlicher Zeit lösten sich von den über dreitausend Meter hohen Glarner Alpen um den Piz Sardona fast eine Milliarde Kubikmeter Erd- und Gesteinsmassen und stürzten in das Tal des Vorderrheins, das sie völlig zuschütteten. Der Fluß, zunächst zum riesigen See aufgestaut, grub sich dann in jahrhundertelanger Erosionsarbeit ein neues Bett durch die Geröllmasse. Im Raum von Laax und Versam sind noch heute die Spuren dieser Naturkatastrophe deutlich feststellbar, ebenso oben am Cassonsgrat über Flims, der einstigen Abbruchkante. Die »Ruinaulta« benannte Schlucht steht jetzt unter Naturschutz.*

44 *Soglio im Bergell. – Über dem schluchtartig eingekerbten Talbett der Mera krallt sich eine Handvoll Häuser, von Kastanienhainen umgeben, an eine Steilhangstufe. Jenseits des Tales bilden die Granitkronen der Bondasca- und Scioragruppe den großartigen Hintergrund. »Die Schwelle zum Paradies« taufte einst Giovanni Segantini, der große Engadiner Maler, das alpine Kleinod.*

45 *Der Cavlocciosee im Oberengadin. – Mit seinen Arvenwäldern, den fast violettblauen Seen und den Silberkronen der gletscherüberwallten Berninagruppe formiert sich das Oberengadin zur alpinen Bilderbuchlandschaft. Seine Schönheit lockte die Begüterten aus aller Welt an, die das begnadete Fleckchen Erde um St. Moritz mit weltläufiger Eleganz überzogen. Dessen ungeachtet findet der wanderfreudige Naturfreund noch Hunderte unverfälschter Winkel, wie auf unserem Bild am Cavlocciosee im Val Forno vor dem schön geformten, 3026 Meter hohen Piz dei Rossi.*

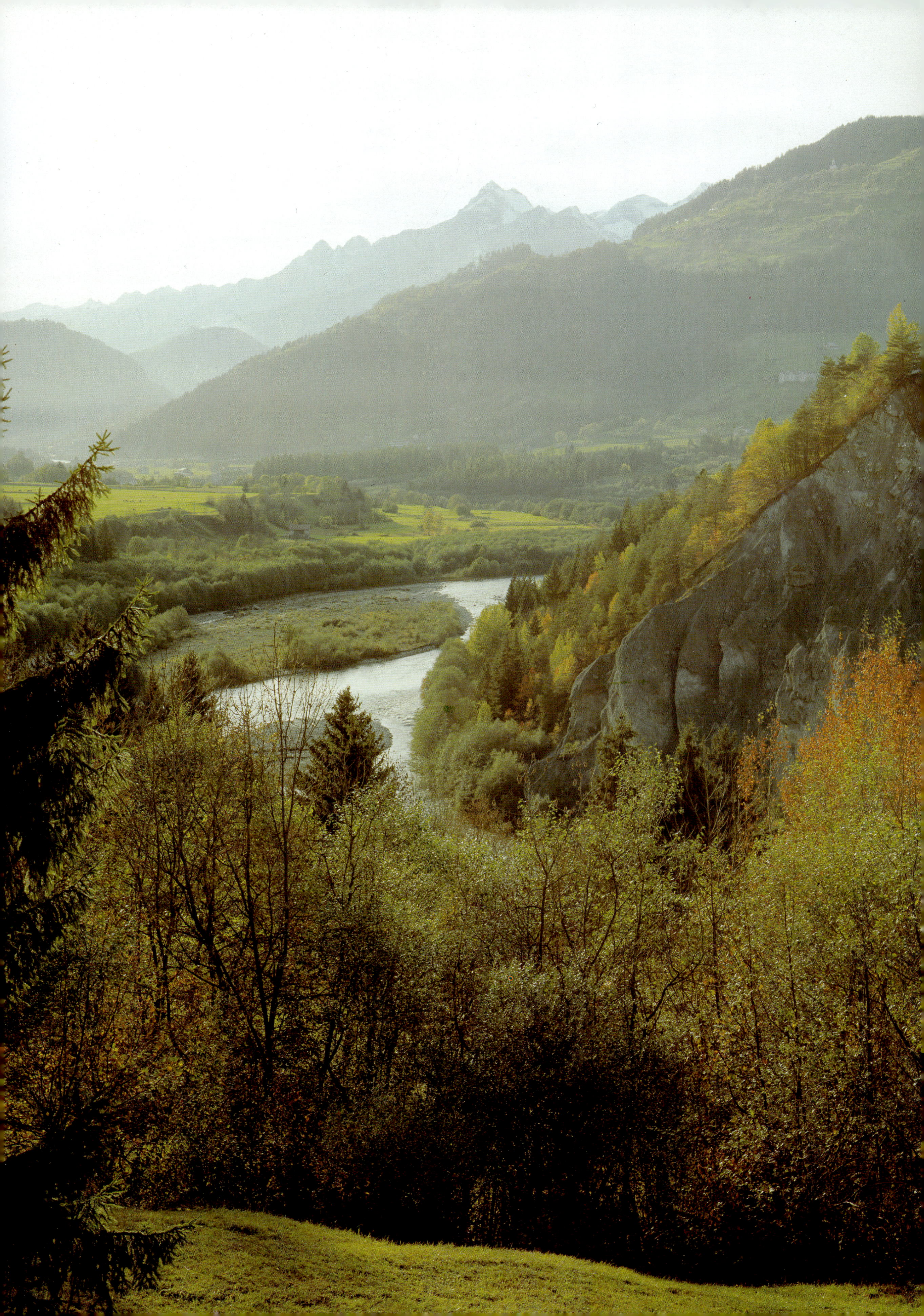

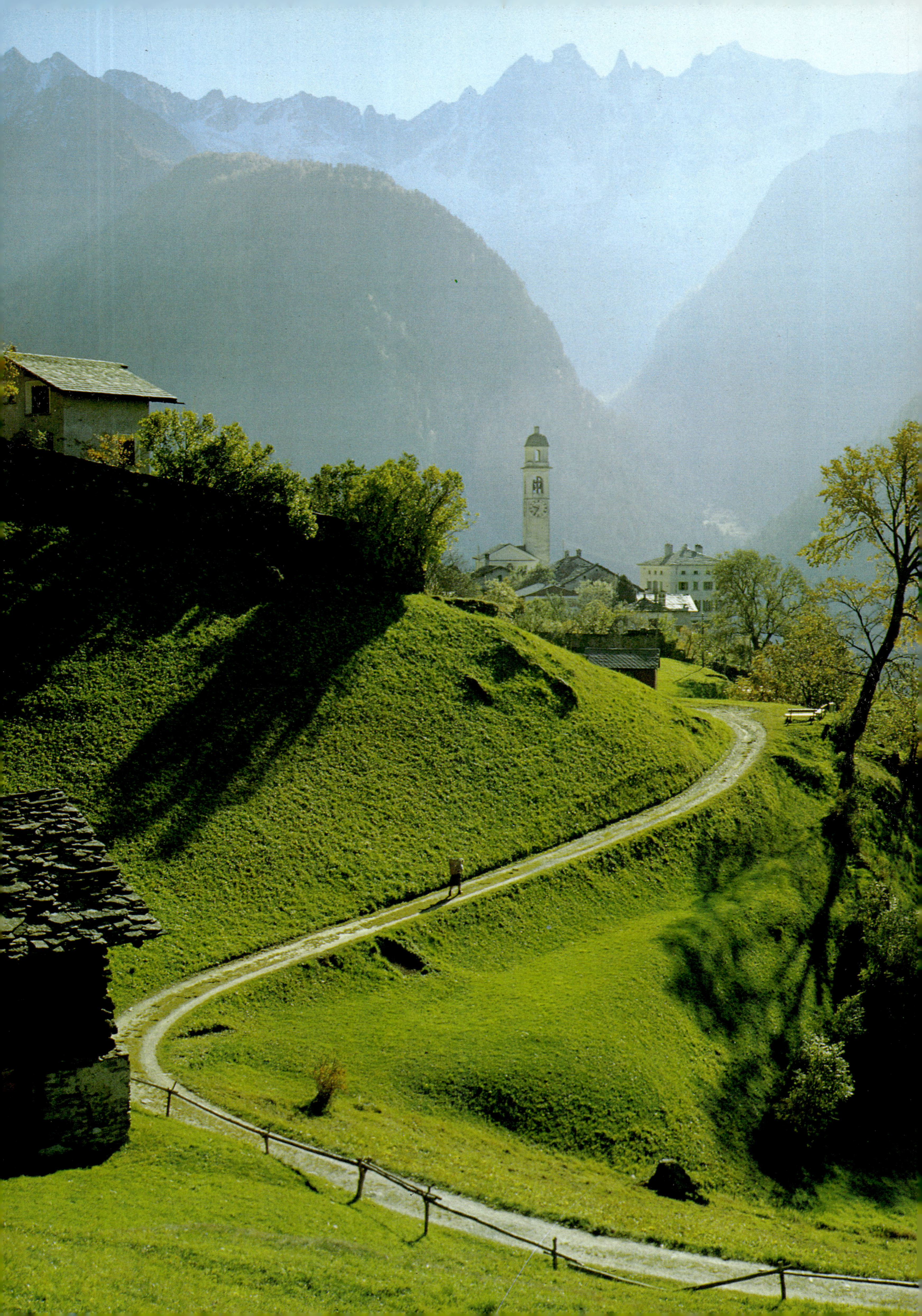

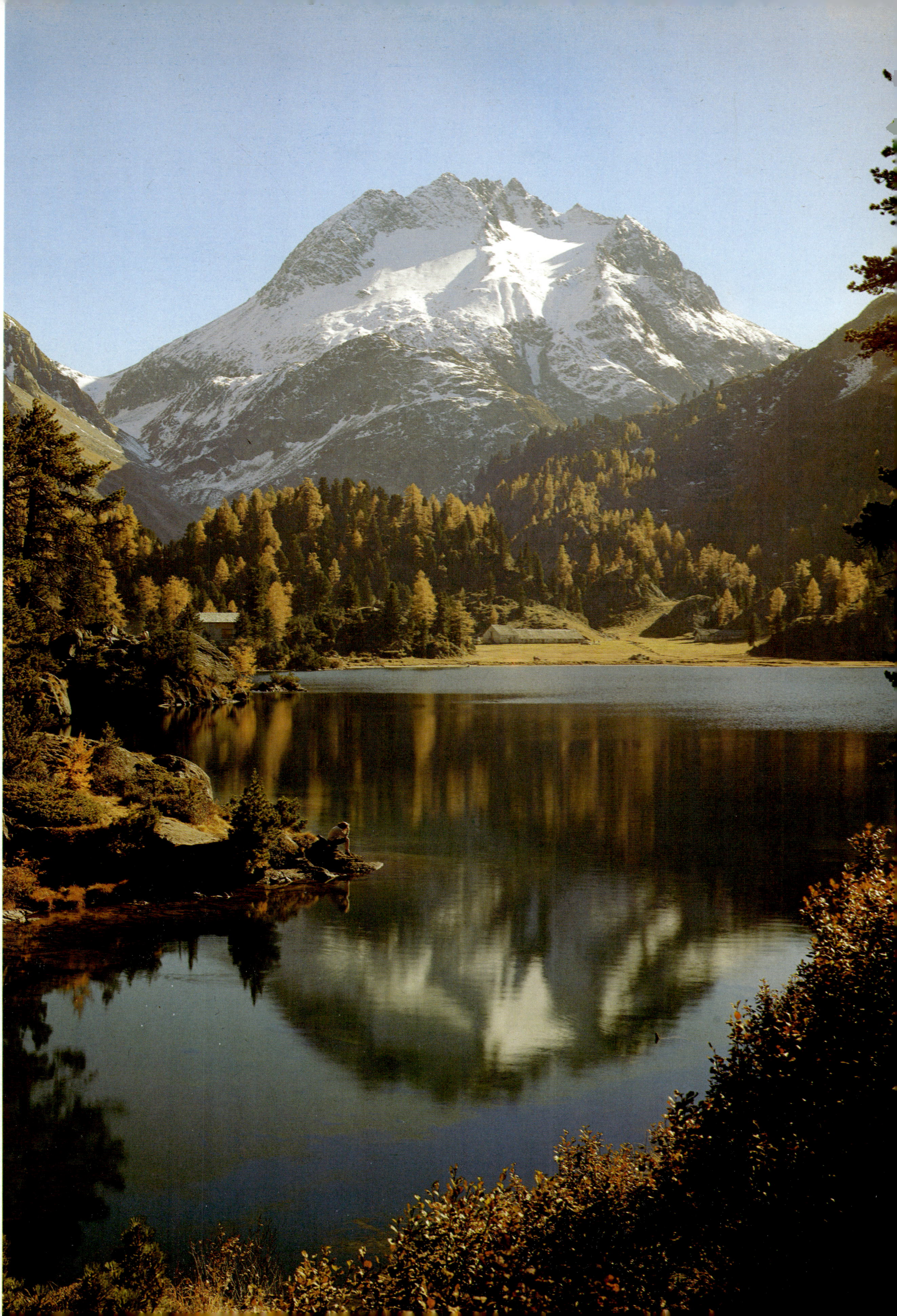

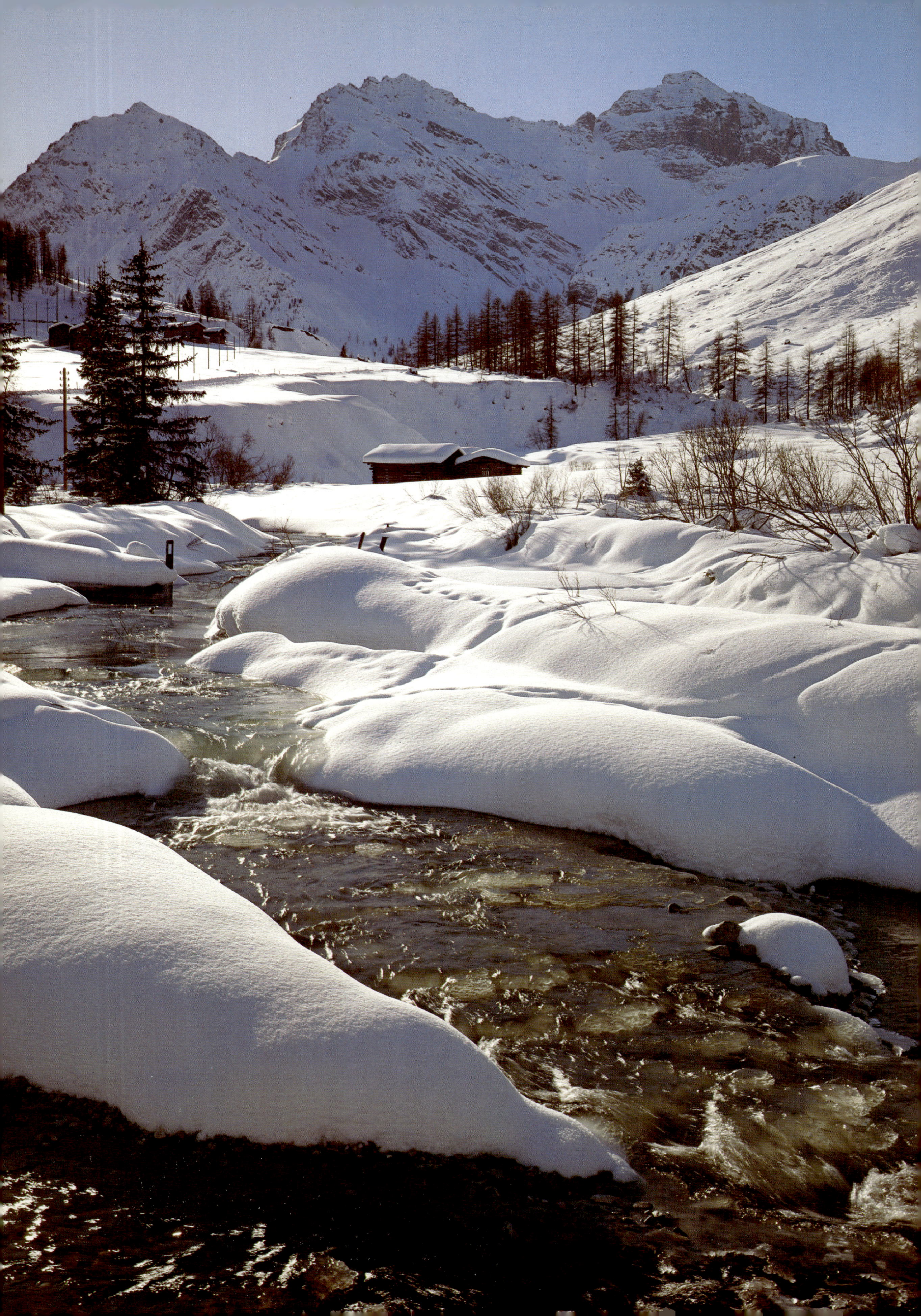

Im fruchtbaren Bleniotal, wo die Kirchen von Negrentino und Dongio treffliche Beispiele bergländischer Romanik verkörpern, rollt man südwärts und erreicht bei Biasca das breite, von Felswänden flankierte Ticinotal, wegen seines südländischen Charakters auf dem Teilstück bis Bellinzona »Riviera« genannt. Kurz vor *Bellinzona,* wo sich eine Kombinationsmöglichkeit mit Route 18 anbietet, biegt man bergwärts in das *Misoxer Tal* ab, durch das die San-Bernardino-Route verläuft. In dem hübsch geformten, mehrere Klima- und Vegetationszonen umfassenden Stufenland stehen Kirchtürme wie Wegzeichen. Das Misoxer Tal (Val Mesolcina) brachte ganze Generationen von Baumeistern, Stukkateuren und Malern hervor, von denen hier nur Enrico Zuccalli (Münchner Theatinerkirche, Schloß Schleißheim, Kloster Ettal) und Alberto Camessina (Schloß Belvedere, Wien) genannt seien. Langgezogene Serpentinen, die schöne Rückblicke gewähren, führen zum *San-Bernardino-Paß* hinauf, seit dem Bau des 6,5 km langen Tunnels (1967) einer der wenigen wintersicheren Straßenverbindungen über den Schweizer Zentralalpenkamm. Während der San-Bernardino-Paß durch das neue Korsett seines urtümlichen alpinen Charakters beraubt ist (für Unternehmungsfreudige steht die alte Paßstraße offen), zeigt sich der folgende *Splügenpaß* noch als hochalpiner Übergang aus der Pionierzeit der Alpenerschließung. Von der Paßhöhe genießt man einen einzigartigen Ausblick nach Süden (der bei klarer Sicht bis Mailand reichen soll), dann senkt sich der Weg in kühner Trassierung in die Valle di San Giácomo hinab, die mit der Felswildnis um Cimaganda furchterregende Eindrücke erweckt. In Chiavenna hat man auf 30 Kilometer Länge einen Abstieg über 1800 Höhenmeter hinter sich.

Nach der Stippvisite in Italien betritt man in Castasegna wieder Bündner Boden und durchfährt – nach einem Abstecher in Soglio, das der Schweizer Maler Giovanni Segantini wegen seiner zauberhaften Lage die »Schwelle zum Paradies« genannt hat – das von der Mera gegrabene, von bizarren Felsfronten großartig umschlossene *Bergell*. Auf der Paßhöhe von Maloja erreicht man das vielgerühmte *Oberengadin.* Mit seinen dekorativen Arvenwäldern, den fast violettblauen Seen und den Silberkronen der gletschergepanzerten Berninaberge formiert sich das Gebiet, gleichsam die Dachterrasse der Graubündner Berge, zur hochalpinen Bilderbuchlandschaft. Der Landstrich war zu schön, um unentdeckt zu bleiben; er mußte geradezu die Begüterten aus aller Herren Länder anlocken. Ihr Reichtum hat um St. Moritz und Pontresina das begnadete Stück Erde mit weltläufiger Eleganz überzogen, hat die Natur »möbliert«. Dessen ungeachtet verhelfen die Bergbahnen von Piz Nair und Piz Corvatsch, Diavolezza und Lagalb zu hochalpinen Schauerlebnissen, die den meisten von uns sonst verschlossen blieben. Am Piz Lunghin über dem Silser See scheiden sich die Wasser für drei Meere: Das eine fließt über die Julia und den Rhein in den Atlantik, das zweite zur Mera und durch den Comer See und den Po zum Mittelmeer, das dritte schließlich durch den Inn und die Donau in das Schwarze Meer. Wir folgen dem *Inn,* der dem Land Prägung und Namen (Engadin; rätoromanisch En = Inn) gegeben hat. Da reihen sich uralte Dörfer wie Samedan, Zuoz und Cinous-chel mit ihren sgraffitigeschmückten Herrenhäusern und Bauernpalästen, Dorfbrunnen und Backöfen aneinander. Bei Susch, wo eben das *Unterengadin* begonnen hat, zweigt die Route aus dem Inntal zum Flüelapaß ab. Vorher sollte man wenigstens einen Abstecher nach Guarda einlegen, das gleich einem lebendigen Freilichtmuseum die Eigenart des Unterengadins – das sich nordostwärts noch bis zur österreichischen Grenze fortsetzt – symbolhaft verkörpert. *Davos* im Landwassertal, dessen Umgebung wie jene von St. Moritz im Winter zur großen Skiarena wird, zählt mit seiner ozonreichen Landschaft und dem sonnigen Höhenklima zur Kurortprominenz Europas. Über Tiefencastel, auf dessen Höhen um die karolingische Kirche von Mistail dem Beschauer die Terrassenlandschaft des Oberhalbstein wie ein Teppich zu Füßen liegt, erreicht man das freundliche Waldparkgelände von *Lenzerheide,* in dem sich die Eichhörnchen tummeln wie anderwärts die Spatzen. Durch Dörfer, an deren Giebelwänden das berühmte Bündnerfleisch bündelweise zum Trocknen hängt, senkt sich die Straße durch die Rabiusaschlucht ins Rheintal und nach *Chur* hinunter.

46 *Das Sertigtal bei Davos mit Blick zum Hoch Dukan, 3063 m. – Fast ganz Graubünden ist im Winter ein riesiges Skiparadies. Eine der zentralen Wintersportstationen ist Davos im Landwassertal; es hat in der Bündner Touristik gleichsam Geschichte geschrieben. Heute liegen im Raum um Davos fünf große Skigebiete mit 40 Berbbahnen. Trotz des immensen Gästezustroms finden Wanderer und Langläufer rings um den Ort noch viele zauberhafte Landschaftswinkel, wie auf diesem Bild im Sertigtal, das südlich von Davos vom Landwassertal abzweigt. Der Schnee um Davos rühmt sich übrigens eines besonders intensiven blauvioletten Farbtons.*

Reise-Lexikon

① **Chur,** 34 000 Einwohner, 585 m, die Hauptstadt des Schweizer Kantons Graubünden, das »Curia Raetorum« der Römer und seit 451 Bischofssitz, besitzt seit 2000 Jahren eine Schlüsselposition zur Beherrschung der großen Alpenpässe. Im Mittelalter das Machtzentrum eines bischöflichen Feudalstaats, ist Chur heute eine lebendige Industrie- und Fremdenstadt mit sehenswertem historischen Kern. Gravierend ist die deutliche Teilung in die tief gelegene alte Bürgerstadt und die Bischofs- oder Oberstadt, eine Folge der Glaubensspaltung während der Reformationszeit. Rote und grüne Fußspuren führen zu den interessantesten Bauwerken wie der romanischen Kathedrale (12./13. Jh.; bedeutender Domschatz), dem Rathaus (15. Jh.), der protestantischen Stadtpfarrkirche St. Martin (8./15. Jh.; Glasfenster von Augusto Giacometti), dem bischöflichen Schloß (1733; Barockfassade) und mehreren Museen mit bedeutenden Sammlungen. Im Süden schließt sich das bergbahnerschlossene Ski- und Wandergelände des Brämabüesch an.

② **Rheinschlucht** bei Flims. In vorgeschichtlicher Zeit lösten sich am Cassonsgrat über Flims gewaltige Erdmassen und stürzten in das Rheintal. Sie kamen am gegenüberliegenden Ufer erst über dem heutigen Dorf Versam zum Stillstand. Der Vorderrhein, dadurch zunächst aufgestaut, grub sich dann in jahrtausendelanger Erosionsarbeit sein jetziges Bett durch die Geröllmassen. Die »Ruinaulta« benannte Schlucht steht unter Naturschutz. Den schönsten Überblick gewinnt man von der Höhenstraße kurz nach Versam.

③ **Ilanz,** 2000 Einwohner, 702 m, uralter Marktflecken im von Vorderrhein und Glenner gebildeten Taldreieck. Schon 766 genannt und später Hauptort des »Grauen Bundes«, wurde der Ort im 13. Jh. befestigte Stadt. In der mittelalterlichen Altstadt stehen schöne, wappengeschmückte Patrizierhäuser, Reste (Rotes Tor und Obertor) der im 18. Jh. erneuerten Ummauerung sowie die gotische Pfarrkirche St. Margrethen (16. Jh.).
Nördlich von Ilanz erstreckt sich das weiträumige Berghanggelände der Skiarena von Laax und Flims, deren Bergbahnnetz im 3028 m hohen Bündner Vorab (Sommerskilauf) seinen höchsten Punkt erreicht.

④ **Disentis** (roman. Mustér), 3500 Einwohner, 1140 m, stattlicher Marktflecken und Erholungsort (radonhaltige Bäder) im Vorderrheintal am Fuß des mit Bergbahnen und Skiliften erschlossenen Piz Ault (3027 m). Weithin sichtbares Wahrzeichen und kulturelles Zentrum der Surselva ist das um 750 gegründete Benediktinerkloster, das im 17. Jh. seine heutige barocke Gestalt erhielt. Die prächtige zweitürmige Klosterkirche in Vorarlberger Barock entstand ab 1696 bis 1712 unter Kaspar Moosbrugger. Das Kloster und seine kulturhistorische Sammlung sollte man besichtigen.

⑤ **Lukmanierpaß,** 1940 m, max. 10%, geöffnet vom 15. 5. bis 30. 11. (teilweise auch während des Winters), verbindet das Vorderrheintal (Surselva) mit dem Val Blenio im Tessin und bildet die Sprachgrenze zwischen Deutsch und Italienisch. Die Auffahrt führt mit 10 Tunnels durch die Medelser Schlucht (Höllental), jenseits des geröllreichen Paßscheitels (großer Stausee) senkt sich die Straße mit weitläufigen Serpentinen und schönen Fernblicken in das fruchtbare, dicht besiedelte Val Blenio hinunter.

⑥ **Val Blenio,** Seitental des Ticinotals, erstreckt sich vom Lukmanierpaß bis Biasca und bietet mit dem Übergang vom schroffen Hochgebirge in die südländisch geprägte Landschaft des Tessin reizvolle Eindrücke und Kontraste. Unter den zahlreichen, von Kastanien, Maulbeerbäumen, Nußbäumen und Reben umgebenen Siedlungen ragen heraus: **Olivone,** 893 m, in schöner Lage unter dem markanten Sosto (2221 m); **Aquila,** 788 m, mit dem romanischen Kirchlein San Carlo Negrentino (Fresken aus dem 13.–16. Jh.); **Dongio,** 470 m, mit der Kapelle San Remigio (romanische Fresken).

⑦ **Biasca,** 4600 Einwohner, 305 m, gewerbereicher Ort an der Einmündung des Blenio- in das Ticinotal. Die erhöht stehende Stiftskirche Santi Pietro e Paolo, um 1200 erbaut, zählt mit ihrem markanten Glockenturm und den Wandmalereien (12.–17. Jh.) im Innern zu den interessantesten romanischen Kirchen im Tessin.

⑧ **Bellinzona,** 18 000 Einwohner, 241 m, die Hauptstadt des Tessin, liegt ausgedehnt in der fruchtbaren Ticino-Ebene, überragt von 3 mächtigen Schlössern mit Türmen und Wehrmauern. Sie versinnbildlichen die einstige Präsenz der drei Bündner Urkantone Uri (Kastell San Michele), Schwyz (Kastell Montebello) und Unterwalden (Kastell Corbaro) in der Stadt, die 1503 vom Herzogtum Mailand zur Eidgenossenschaft kam. Alle drei Burgen sind zugänglich und dienen teilweise als Museen. Weitere Sehenswürdigkeiten sind die Stiftskirche Santi Pietro e Stefano (1565; schöne Renaissance-Fassade) und die etwas abseits gelegene Kirche Santa Maria delle Grazie (1505) mit hervorragenden Renaissance-Wandmalereien.

⑨ **Misoxer Tal** (Val Mescolina oder Val Mesocco), markant ausgeprägter, von der Moësa durchflossener Talzug zwischen dem Ticinotal (Bellinzona) und dem San-Bernardino-Paß. Das Misox gehört zu Graubünden, doch man spricht italienisch. Am Talausgang von Rebenhängen, Obstgärten, Feigen und Kastanien geprägt, wandelt sich die Landschaft talaufwärts zur herben, von zahlreichen Wasserfällen und Felsflanken gekennzeichneten Bergregion. Dem Tal entstammen viele Baumeister und Künstler, die in aller Welt wirkten; diese Tradition spiegelt sich auch in den vielen kunstvollen Dorfkirchen wider.
Markanter Blickpunkt im Talschluß ist die Burgruine Misox, am Fuß des Burgfelsens steht die Kirche Santa Maria del Castello (12. Jh.) mit schönen Fresken (1459) aus dem bäuerlichen Leben. – Hauptort des Tals ist **Roveredo** mit malerischem Marktplatz und der Wallfahrtskirche Madonna del Ponte Chiuso (16. Jh.).

⑩ **San-Bernardino-Paß,** einer der großen Alpenübergänge, verbindet das Tal des Hinterrhein mit dem Tessin. Man unterscheidet 2 Varianten:
a) die 1967 gebaute, ganzjährig geöffnete Tunnelstraße im Zug der E 61 (1644 m, max. 6%, 1 Tunnel mit 6,5 km Länge und 5 kleinere Tunnels);
b) die alte Paßstraße über den Gebirgskamm, geöffnet vom 1. 5. bis 31. 10. (2066 m, max 9%).
Beim Aufstieg aus dem Misoxer Tal bietet die Straße, teilweise autobahnartig mit ausholenden Kehren angelegt, großartige Rückblicke; um die alte Paßhöhe gruppiert sich eine rauhe Szenerie mit Bergseen und riesigen Felsblöcken. Der Paß mündet im diesseitigen Teil in die nordalpin geprägte Landschaft Rheinwald.

⑪ **Splügenpaß,** 2113 m, max 13%, geöffnet vom 1. 1. bis 31. 10., verbindet das Hinterrheintal mit der Valle di San Giácomo und dem Comer See und markiert die schweizerisch-italienische Grenze. Die enge und tunnelreiche Paßstraße bietet auf dem Scheitelpunkt und dem Südabstieg eine großartige alpine Szenerie mit weiten Fernblicken. Spektakulärste Attraktion ist der Felszirkus bei Cimaganda mit hausgroßen Findlingsblöcken. Hauptort des Tals San Giácomo ist das 3 km abseits gelegene **Madesimo,** ein komfortabler Wintersportplatz. Bei Pianazzo, 12 km vor Chiavenna, der 250 m hohe Wasserfall.

⑫ **Chiavenna,** 7500 Einwohner, 333 m, italienisches Städtchen im Tal der Mera, das sich ab hier mit breitem Korridor zum Comer See hin öffnet. Der Ort war als südliche Schlüsselstation zu den Alpenübergängen des Splügen- und Malojapasses oftmals Brennpunkt kriegerischer Auseinandersetzungen. Erst 1799 kam er durch ein Edikt Napoleons zu Italien, weil sich die Bündner seinen Kriegszügen zu lasch und zu spät angeschlossen hatten. Hübsch sind die malerischen, engen Altstadtgassen im typisch lombardischen Stil, sehenswert ist die Kirche San Lorenzo mit ihrem schlanken Campanile und dem wertvollen Kirchenschatz.

⑬ **Bergell** (ital. Bregaglia), wildromantisches, tief eingeschnittenes Tal in Italienisch-Bünden, flankiert von gigantisch aufgetürmten Felsgruppen; zieht sich von Maloja 30 km lang südwestlich bis Chiavenna und überbrückt dabei einen Höhenunterschied von 1500 m. Das Tal, von der Mera (der »Mächtigen«) ausgegraben, umfaßt mehrere Klima- und Vegetationsstufen. Im Süden gedeihen Wein, Mais, Kastanien und Feigen, talaufwärts wandelt sich der Landschaftscharakter fortwährend bis hin zur arktisch-rauhen Geröll- und Gletscherregion. Während die langgezogene Talfurche des Bergell wie eine von der Natur vorbestimmte, einzig mögliche Trasse für die Straße zwischen dem Engadin und der Lombardei erscheint, war sie dies in der Vergangenheit keineswegs. Von den Römern angelegt, benützte man bis in die Mitte des 19. Jahrhunderts statt des Malojapasses den Septimerpaß, ein 2310 m hohes Joch zwischen Piz Grevasalvas (2932 m) und Piz Turba (3018 m). Ein Bergsträßlein führte von Bivio an der Westrampe des Julierpasses über den Septimerpaß nach Casaccia, dem obersten Taldorf des Bergell. Die ehemals einzige Verbindung zwischen der Ostschweiz und dem Bergell ist heute ein aufgelassener, teilweise verfallener Saumweg.

⑭ **Soglio,** 220 Einwohner, 1090 m, gilt als die Perle des Bergell. Das altertümliche Dorf liegt auf einer Berghangstufe über ausgedehnten Kastanienhainen gegenüber der trutzig-wilden Felsformation der Bondasca- und Scioragruppe. Soglio ist Stammsitz des Herrschergeschlechts der Salis, das sich, im 12. Jh. aus der Lombardei gekommen, über ganz Graubünden bis nach Deutschland und England verzweigte. Der größte der vier Salis-Paläste, die Casa Battista, ist heute ein Hotel mit stimmungsvollem Kaffeegarten.
Im Talgrund unter Soglio liegt am Eingang zum wilden Bondascatal die Ortschaft **Bondo** mit dem Palazzo Salis, der Kirche Santa Maria Nossa Donna (988; erneuert 1482) und der spätromanischen Dorfkirche San Martino (14. Jh.; schöne Fresken). Im Nachbarort **Promotogno** findet man Reste einer römischen Talsperrmauer (Murus) und Ruinen der dreiteiligen mittelalterlichen Festung Castelmur mit markantem Wehrturm.

⑮ **Vicosoprano,** 350 Einwohner, 1067 m, der alte Hauptort des Bündner Bergell und die einzige protestantische Gemeinde im italienischen Sprachraum. Ortsbildprägend sind die steinplattengedeckten Bauernhäuser und der Sgraffitoschmuck an den Bürgerhausfassaden. Beachtung verdient das Rathaus (1584) mit dem sog. Senwelenturm und einem Prangerstein; westlich des Orts stehen zwei Galgenpfeiler des ehemaligen Hochgerichts. Im benachbarten **Stampa** befindet sich das Stammhaus der Künstlerfamilie Giacometti.

⑯ **Malojapaß,** 1815 m, max. 13%, ganzjährig geöffnet, bedeutender Alpenübergang zwischen dem Engadin (Inntal) und dem Comer See. Von Norden her ist der Paß ohne nennenswerten Anstieg und kaum wahrnehmbar, nach Süden senkt er sich mit 12 Kehren steil in das schluchtartige Bergell ab. Unweit der Paßhöhe liegt **Maloja,** 200 Einwohner, 1809 m, Luftkur- und Erholungsort am südlichen Rand des Oberengadins; letzter Wohnsitz (1894–1899) mit Grab des Malers Giovanni Segantini. Blickanziehend ist der mächtige Bau des Hotels Palace (1882–1884) im italienischen Renaissancestil. Im Park des Schlosses Belvedere befinden sich eiszeitliche Gletschermühlen.

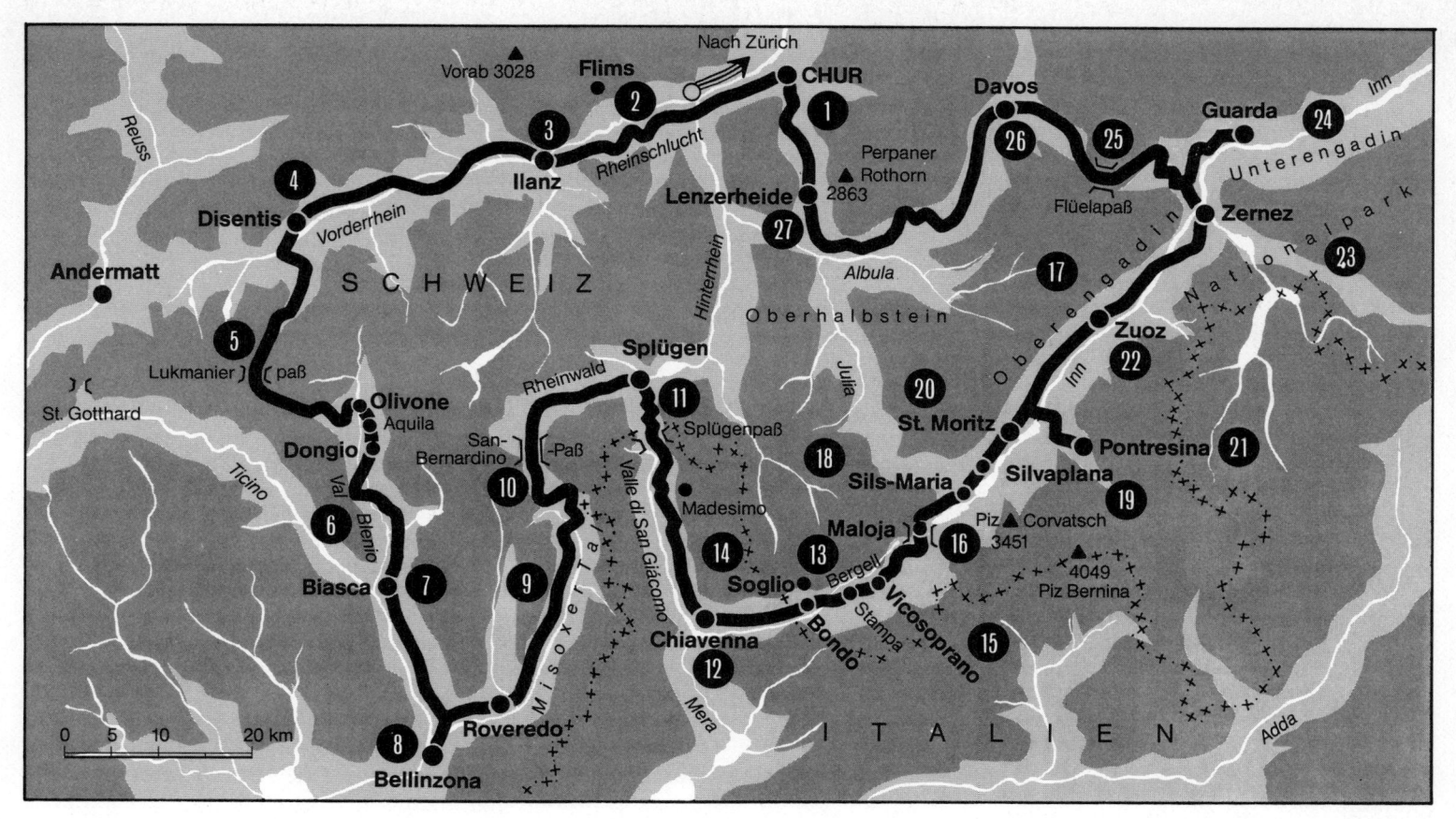

⑰ **Oberengadin,** etwa 40 km lange Hochtallandschaft mit herrlicher Seenplatte, erstreckt sich von Cinous-chel bis Maloja. Außergewöhnlich sind die 1700 bis 1800 m hohe Tallage und die bis 2400 m reichende Baumgrenze. Das Landschaftsjuwel wird von der 4049 m hohen, vergletscherten Berninagruppe überragt. Als uraltes Durchgangs- und Siedlungsland bewahrt der Landstrich eine traditionsreiche Kultur und pflegt neben der deutschen Sprache das melodisch klingende Rätoromanisch. Herzstück der Talschaft ist die Oberengadiner Seenplatte (St. Moritz-See, Champfèr-See, Silvaplana-See, Silser See), umrahmt von den Bergen der Bernina- und der Juliergruppe.

⑱ **Sils-Maria,** 1809 m, und **Sils-Baseglia,** 1799 m, benachbarte Kurorte und Wintersportplätze inmitten der Oberengadiner Seenplatte mit sehenswerten Kirchen und malerischen alten Häusern. Friedrich Nietzsche lebte von 1881 bis 1886 zeitweise in Sils-Maria; auf der Halbinsel Chasté befinden sich eine Turmruine und ein Nietzsche-Gedenkstein.

⑲ **Silvaplana,** 770 Einwohner, 1815 m, Luftkurort und Wintersportplatz am gleichnamigen See; Ausgangspunkt der Seilbahn auf den **Piz Corvatsch,** 3451 m, einem großartigen Aussichts- und Skiberg.

⑳ **St. Moritz** (San Murezzan), 5700 Einwohner, 1822 m, Hauptort des Oberengadins und einer der berühmtesten Kurorte und Wintersportplätze der Welt; zweimaliger Austragungsort Olympischer Winterspiele (1928 und 1948). Der Ort besteht aus dem mit Hotelpalästen und Luxusgeschäften städtisch geprägten St. Moritz-Dorf und dem etwas tiefer am gleichnamigen See liegenden St. Moritz-Bad (eisenhaltige Mineralquellen, seit der Römerzeit genützt) und bietet jedwedes Sport- und Unterhaltungsangebot für alle Ansprüche. Sehenswert sind der schiefe Turm (romanisch, Kuppel barock), das Engadiner Museum und das Segantini-Museum mit einer umfassenden Sammlung von Gemälden des berühmten Engadiner Malers Giovanni Segantini (1858–1899). An den Ort schließt sich das meilenweite Skigelände um Corviglia, Marguns und Piz Nair (3057 m) mit zahlreichen Bergbahnen an.

㉑ **Pontresina** (Puntraschigna), 1800 Einwohner, 1805 m, international berühmtes Fremdenverkehrs-, Bergsteiger- und Wintersportzentrum, neben St. Moritz der touristisch renommierteste Ort im Oberengadin. Außer dem alten Ortskern (alte Engadiner Häuser, ›Spaniola‹-Wohnturm aus dem 12. Jh.) übt die alpine Umgebung besondere Anziehungskraft aus: Bergbahnen führen zur Muottas Muragl (2453 m, prächtige Rundschau), zur Alp Languard (ortsnahes Skigelände), zur Diavolezza (2973 m, großartige Bernina-Schau, erstrangiges Skigelände) und zum Piz Lagalb (2959 m, betont sportlicher Skiberg).

㉒ **Zuoz,** 1200 Einwohner, 1700 m, früher Hauptort des Oberengadins, heute klimatischer Kurort und Wintersportplatz, eines der stilreinsten Engadiner Dörfer mit vielen Brunnen und dem schönsten Dorfplatz des Tals. Aus den vielen sgraffitogeschmückten Häusern (=Kratzmalerei; stellenweises Entfernen des Deckputzes von den getönten Unterschichten) hebt sich das Stammhaus der Herrscherfamilie Planta (mit Turm und »Plantabögen«) heraus.

㉓ **Schweizer Nationalpark,** 175 qkm großes Naturreservat zwischen Zernez und dem Ofenpaß, in dem die Tier- und Pflanzenwelt seit 70 Jahren der natürlichen Entwicklung überlassen wird. Der Tierbestand umfaßt eine große Anzahl von Hirschen, Gemsen, Steinböcken und weitere 30 Arten von Säugetieren. (Informationen und Führungen vermittelt das Nationalpark-Haus in Zernez.)

㉔ **Unterengadin,** die etwa 55 km lange Tallandschaft des Inn zwischen Cinuos-chel und Hochfinstermünz. Im Gegensatz zum Oberengadin, das nur auf der Talsohle besiedelt ist, ziehen sich hier die Dörfer und Gehöfte auch auf die weitgespannten Talhänge hinauf. Unter den vielen urtümlichen Engadiner Orten empfiehlt sich das unserer Route nächstgelege **Guarda** für einen Abstecher.

㉕ **Flüelapaß,** 2383 m, max 11%, ganzjährig geöffnet (gelegentlich Schneesperren), verbindet das Engadin mit dem Landwassertal und Prättigau. Die gut ausgebaute Paßstraße führt nicht in eine allzu eindrucksvolle Landschaft, bemerkenswert ist nur der Rückblick beim Aufstieg aus dem Inntal.

㉖ **Davos,** 12000 Einwohner, 1563 m, weltberühmter Kurort und Wintersportplatz auf der Plateauscheide zwischen Prättigau und Landwassertal mit stellenweise städtischem Gepräge. Der langgezogene Ort wird von einer herrlichen Berglandschaft umrahmt, die im Sommer wie im Winter gleich reizvoll ist. Im Ort bemerkenswert sind das Heimatmuseum im Pfrundhaus und das Wohnhaus des 1938 in Davos verstorbenen deutschen expressionistischen Malers Ernst Ludwig Kirchner. Das weitläufige Bergland wird durch Bahnen und Lifte zum Skiparadies Parsenn-Weißfluhjoch (2843 m), zur Schatzalp-Strela (2636 m), zu Ischalp und Jakobshorn (2590 m), zur Pischa (2485 m) und zum Rinerhorn (2528 m) erschlossen.

㉗ **Lenzerheide-Valbella,** 2600 Einwohner, um 1450 m, weiträumige, aufgelockert bebaute Erholungsregion auf dem plateauartigen Paßgelände zwischen Rhein- und Albulatal, das von der vielbefahrenen Julierroute durchschnitten wird. Das Hochtal gruppiert sich zu einer wald- und wasserreichen Naturparklandschaft, von langgezogenen Bergrücken flankiert. Aus dem reichhaltigen Angebot der Bergbahnen ragen jene zum Piz Scalottas (2324 m) und zum Parpaner Rothorn (2863 m) heraus. Die schönsten Eindrücke vermittelt die Umgebung südlich des Ortsverbandes mit der bäuerlichen Barockkirche von **Obervaz** und den von dort sich öffnenden Panoramen zum Albulatal und zur terrassenförmig hochgestaffelten Landschaft des Oberhalbstein.

10 Von Luzern durch das Wallis nach Genf

Mediterrane Paradiesgärten und arktische Gletscherwüsten

Eine Reiseroute wie diese vermag von allen europäischen Ländern nur die Schweiz anzubieten. Wie beim Gang durch einen Ausstellungspark reihen sich an ihr Kostproben der Schönheiten und Eigenheiten unseres Erdteils aneinander: Liebliche Badeseen, smaragdgrüne Wildbäche, himmelstürmende Felszinnen, froststarrende Eiswüsten, sonnendurchtränkte Weinberge, uralte Bergsiedlungen und stolze Bürgerstädte. Der Dichter Carl Spitteler nannte die Landschaft des Vierwaldstätter Sees »ein über den Gotthard gesprengtes Italien«, der Schweizer Arzt und Naturforscher Albrecht von Haller verglich die Walliser Gletscher mit Spitzbergen und Rainer Maria Rilke sah im Rhônetal ein »kleines Spanien«. Der Ruf von der Schönheit und Vielgestaltigkeit der Schweiz drang wie eine Offenbarung im Lauf der Jahrzehnte in alle Lande und man entlehnte ihren Namen sogar für andere naturbegünstigte Landstriche – man erfand eine sächsische, eine fränkische, eine luxemburgische, eine holsteinische »Schweiz«. Doch nirgendwo erreichte die Kopie auch nur annähernd das Original. Unbestritten blieb die Schweiz das klassische Urlaubs- und Reiseland im Herzen Europas; ein Titanenreich im Miniformat, das auf dem Globus nur einen Splitter bildet und doch dessen schönste Gestaltung umfaßt. Dieses Reisekapitel führt durch einige seiner schönsten und aufregendsten Landschaften. Man sollte sich Zeit lassen auf dieser Route, denn trotz schneller Autos und mustergültiger Straßen gehen unser Geist und unser Empfindungsvermögen immer noch zu Fuß.

Den Auftakt bildet *Luzern* am Vierwaldstätter See. Man nennt dieses Gebiet die Innerschweiz, was nicht nur den geographischen, sondern auch den historischen, politischen und sozialen Bereich anspricht. Aus den um den See liegenden Urkantonen (Uri, Schwyz und Unterwalden) erwuchs vor siebenhundert Jahren die Eidgenossenschaft, und hier schlägt auch heute noch das Herz des Landes. Luzern, das städtische Zentrum dieser ländlichen Region, ist trotz einer zuweilen recht lebhaften Betriebsamkeit eine echte Ferienstadt. Mit ihrer reizvollen Wasser- und Bergumrahmung und ihrem fast südländisch anmutenden Charme gilt sie als eine der schönsten Schweizer Städte – im Sommer der kosmopolitische Fremdentreffpunkt, im Winter eine heimelige Provinzstadt. Kapellbrücke, Kornmarkt, Mühleplatz und Schweizer Verkehrshaus (dem Deutschen Museum in München verwandt) sind die bevorzugten Besuchspunkte. Danach ist unweigerlich der *Vierwaldstätter See* an der Reihe. Möglichkeiten zum Kennenlernen gibt es viele. Zu den schönsten gehört die Fahrt auf einen seiner beiden Hausberge Pilatus (2129 m) und Rigi (1797 m), beide reichlich mit Bergbahnen bestückt. Sie präsentieren von hoher Warte aufs trefflichste das verwirrende Wasserlabyrinth und seine enorm vielgestaltige Landschaft am Übergang der voralpinen zur hochalpinen Region. Ein begeisterndes Erlebnis ist die Schiffsrundfahrt auf dem See, die allerdings einen ganzen Tag beansprucht. Unsere Route sieht die geschlossene Umfahrung auf Uferstraßen vor, wobei die (ohnehin weniger ergiebige) Südhälfte zwischen Flüelen und Stansstad auf der neuen Autobahn überbrückt wird. Der Weg ist eine ununterbrochene Folge von landschaftlichen Schönheiten und Kontrasten. Sanfte Obstgärten- und Wiesenhügel wechseln mit nordisch anmutenden Fjordperspektiven, mediterrane Parkanlagen mit schroffen Felsabstürzen, intime Idyllwinkel mit großen Panoramaweiten. Wiederholt trifft man auf Zeugnisse der eidgenössischen Geschichte und Tradition, die sich vorwiegend in der aus historischer Wahrheit und Legende geformten Gestalt Wilhelm Tells personalisiert. Nach Brunnen, wo die steilen Felsflanken dicht an den See drängen, vermittelt auf erhöhter Etage die in den Stein gesprengte Axenstraße besonders reizvolle Ausblicke. Das langgestreckte, harmonisch geschwungene Sarner Tal erfreut mit ländlichem Kolorit, die Ufer von Sarner- und Lungernsee gleichen ihr touristisches ›Abseits‹ durch naturbe-

47 *Luzern, Kapellbrücke. – Die hölzerne, gedeckte Kapellbrücke, die sich aller Logik zuwider schräg über die Reuß spannt, gilt als die älteste und originellste Holzbrücke Europas. Sie war, ebenso wie der Wasserturm, Teil der von den Habsburgern um 1300 errichteten Verteidigungsanlagen. In ihrem Giebelgebälk birgt sie einen sehenswerten Zyklus von historischen Tafelbildern aus dem 17. Jahrhundert. Die gedeckten Brücken Luzerns dienten seit jeher auch als Schlechtwetter-Promenaden. Dies ist bekannt durch den »Schweizerkönig« Ludwig Pfyffer, der sich eines Tages hier mit dem Gesandten des Herzogs von Savoyen promenierend unterhielt und sich dabei einen Schnupfen zuzog, an dem er wenig später verstarb.*

48 *Urner See mit Uri-Rotstock. – Unter den Schweizer Seen ist der 113 Quadratkilometer große Vierwaldstätter See der formenreichste und mannigfaltigste. Sein Name stammt von dem eidgenössischen Kernland der vier Waldstätten Uri, Schwyz, Unterwalden und Luzern. Eines der sieben Hauptbecken, der nach Süden abzweigende Urner See, bietet mit seinem fjordartigen Charakter besonders eindrucksvolle Veduten. Im Bild der Blick von Sisikon zum 2928 Meter hohen Uri-Rotstock.*

49 *Der Totensee nächst des Grimselpasses. – Mit 2165 Metern ist der Grimselpaß zwar nicht der höchste, aber mit seiner apokalyptischen Szenerie der wildeste der Schweizer Hochalpenpässe. Hausgroße Felsbrocken, riesige Geröllströme und gleißende Gletscherfelder gruppieren sich zur irreal anmutenden Mondlandschaft. Inmitten dieser Urweltlandschaft liegt der kristallklare, von ultramarinblau bis chromoxydgrün leuchtende Totensee. Seinen Namen erhielt er nach einer 1799 hier stattgefundenen Schlacht zwischen Franzosen und Österreichern, bei der man die Gefallenen einfach in den See warf.*

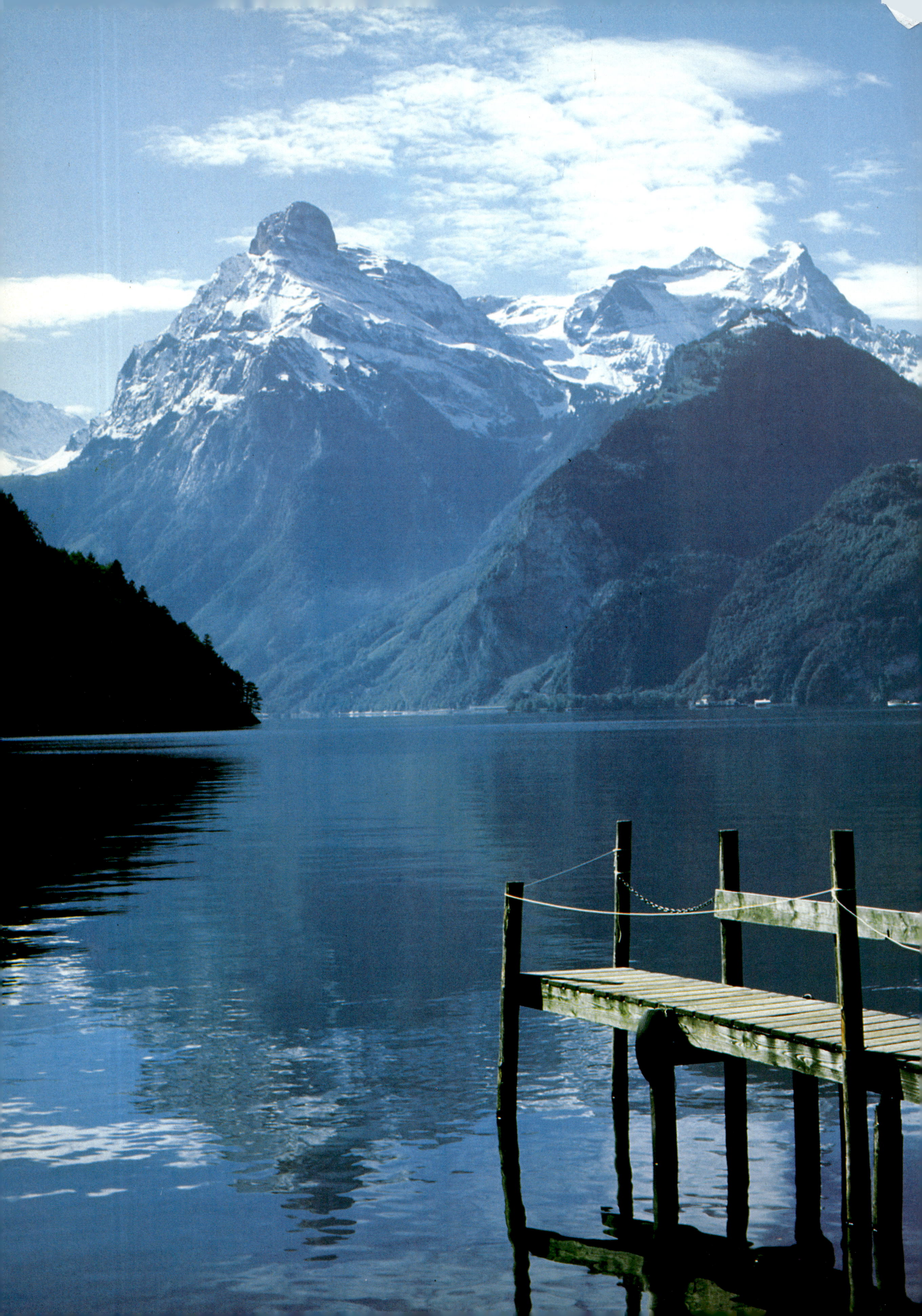

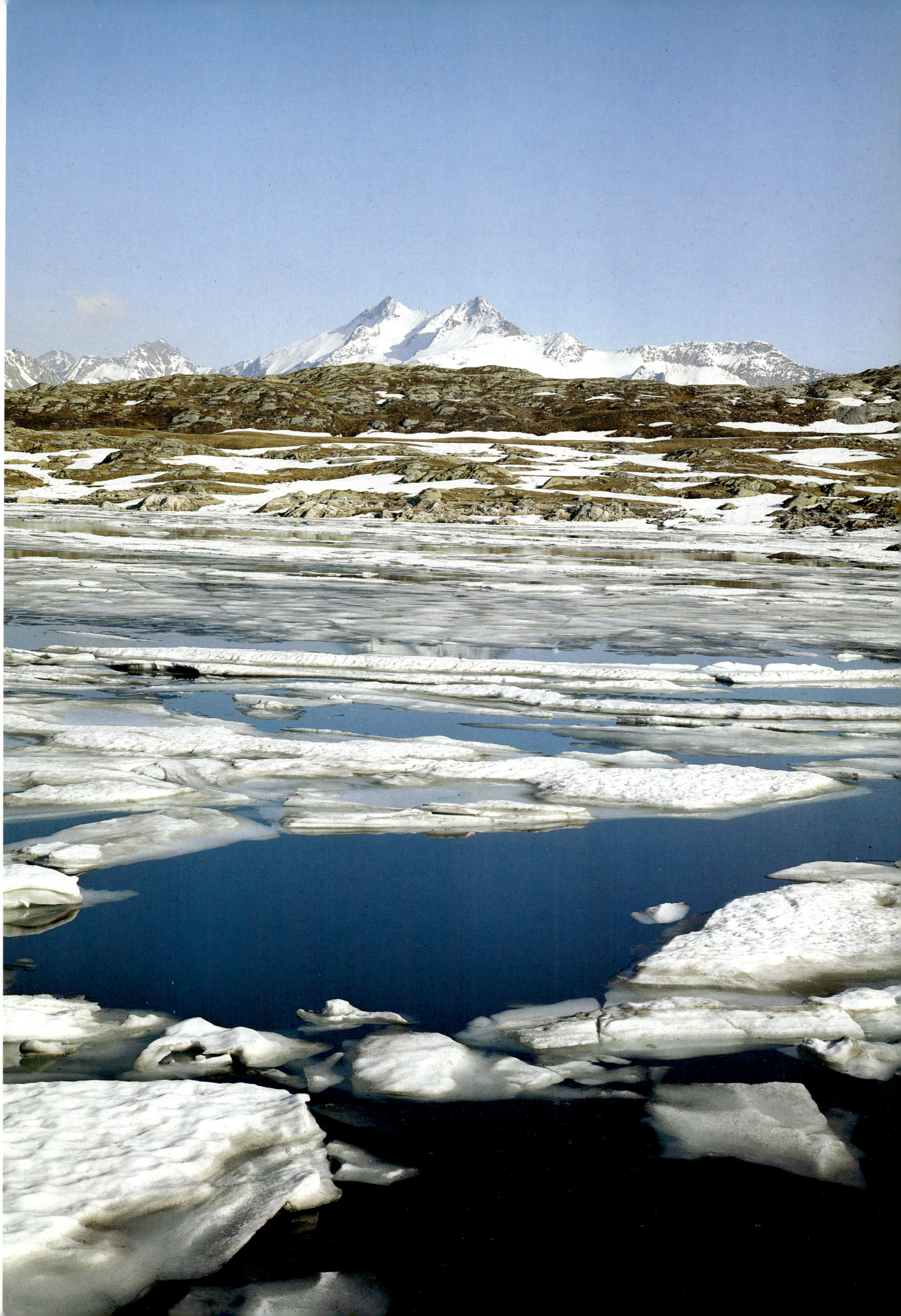

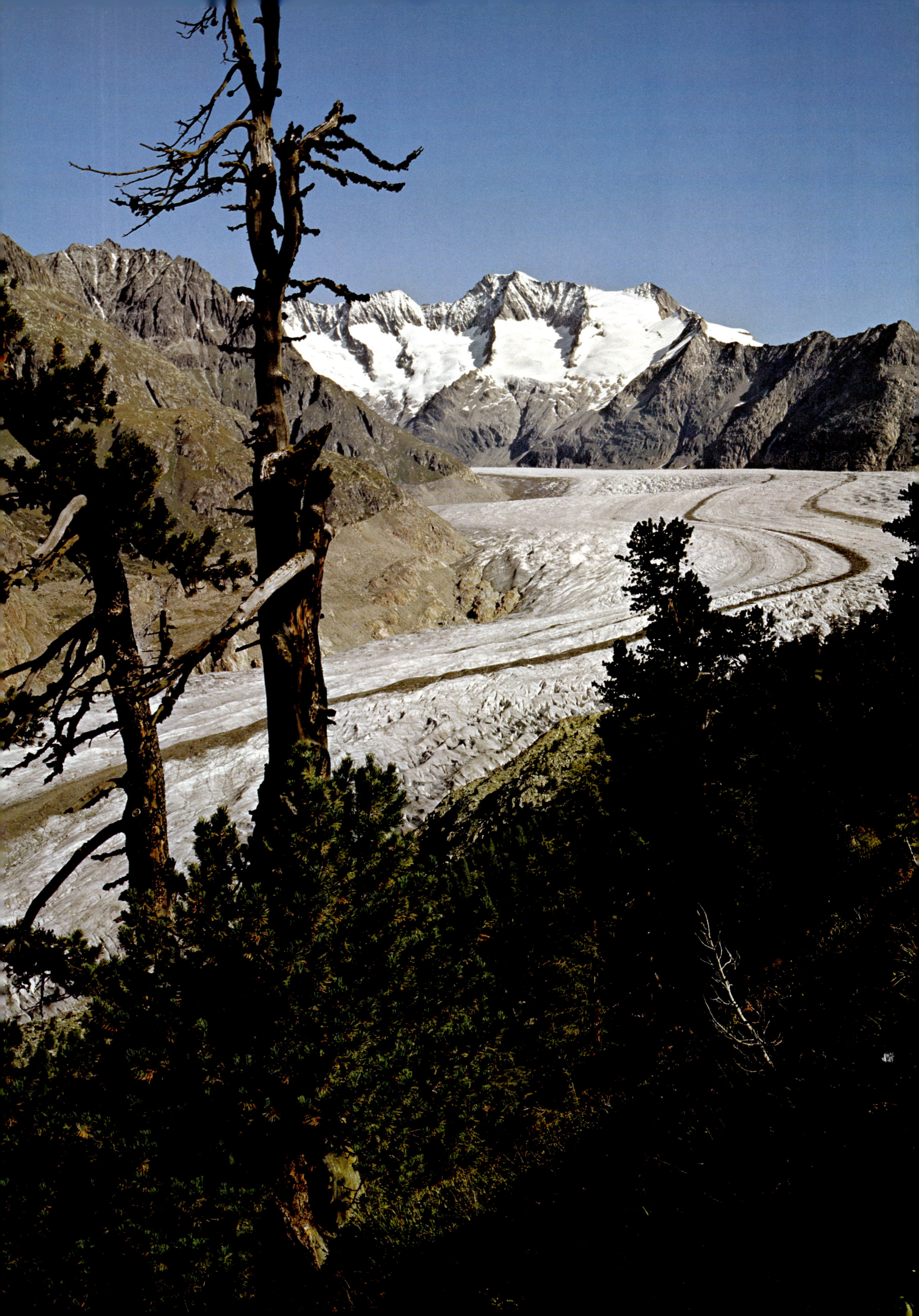

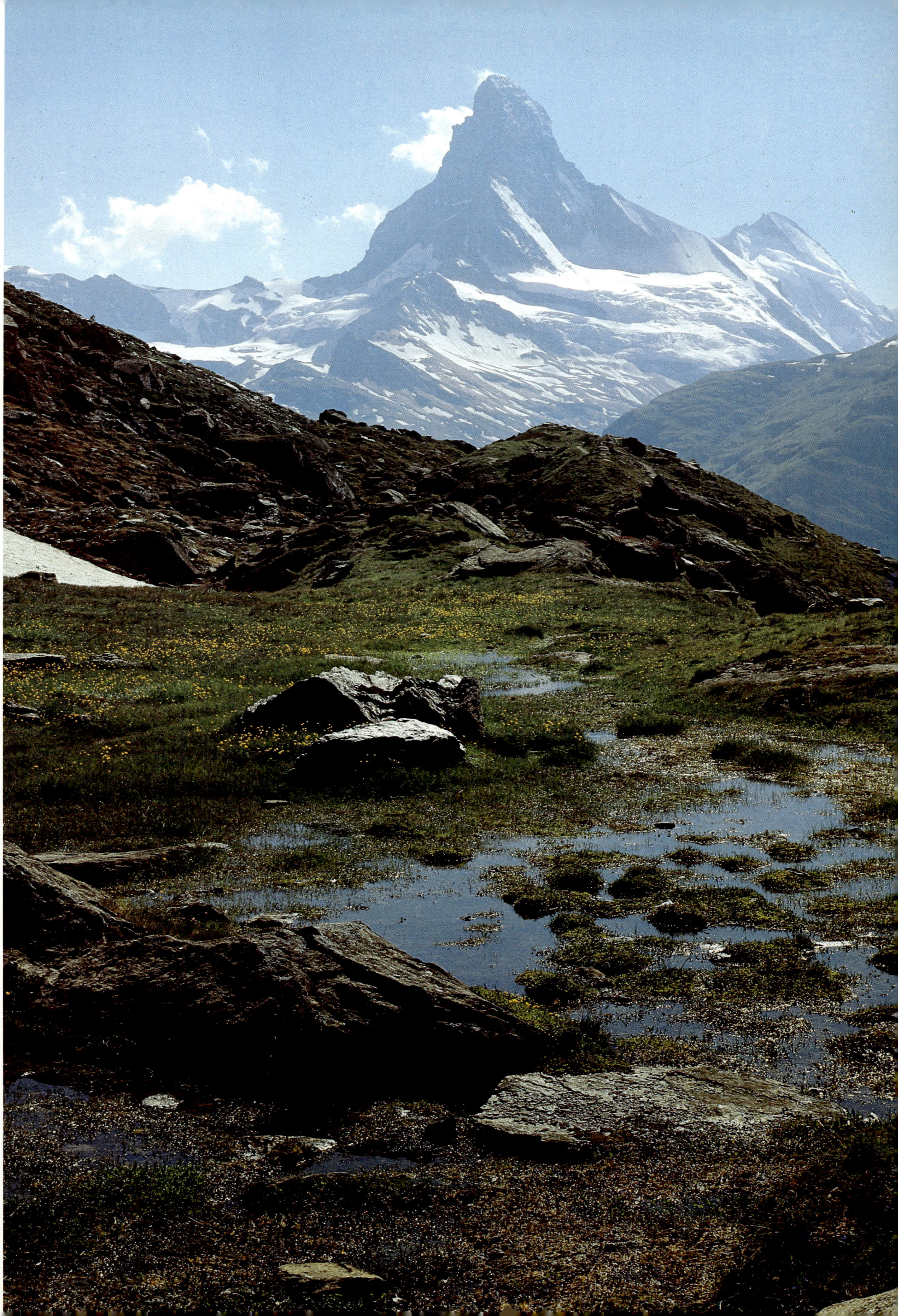

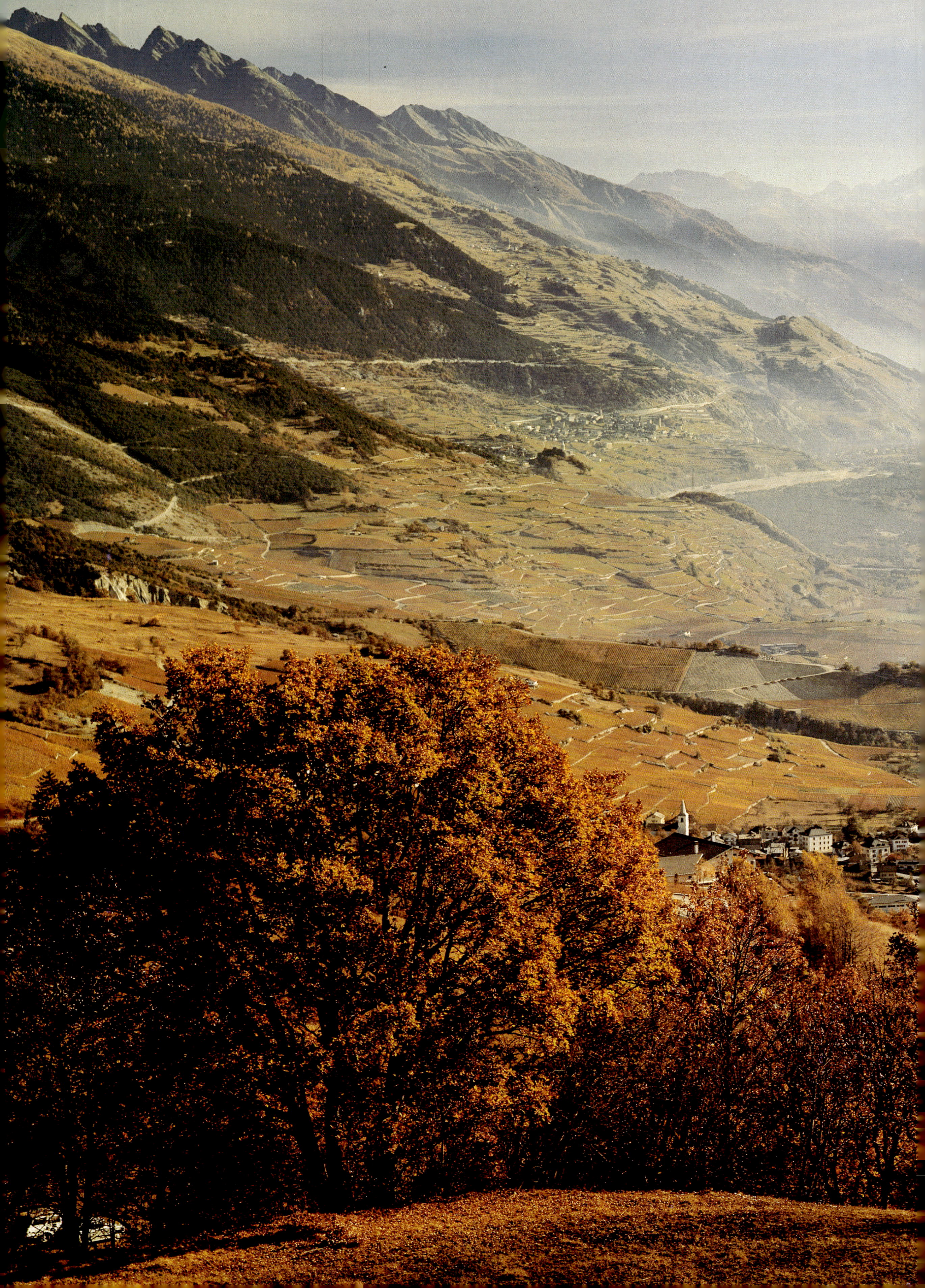

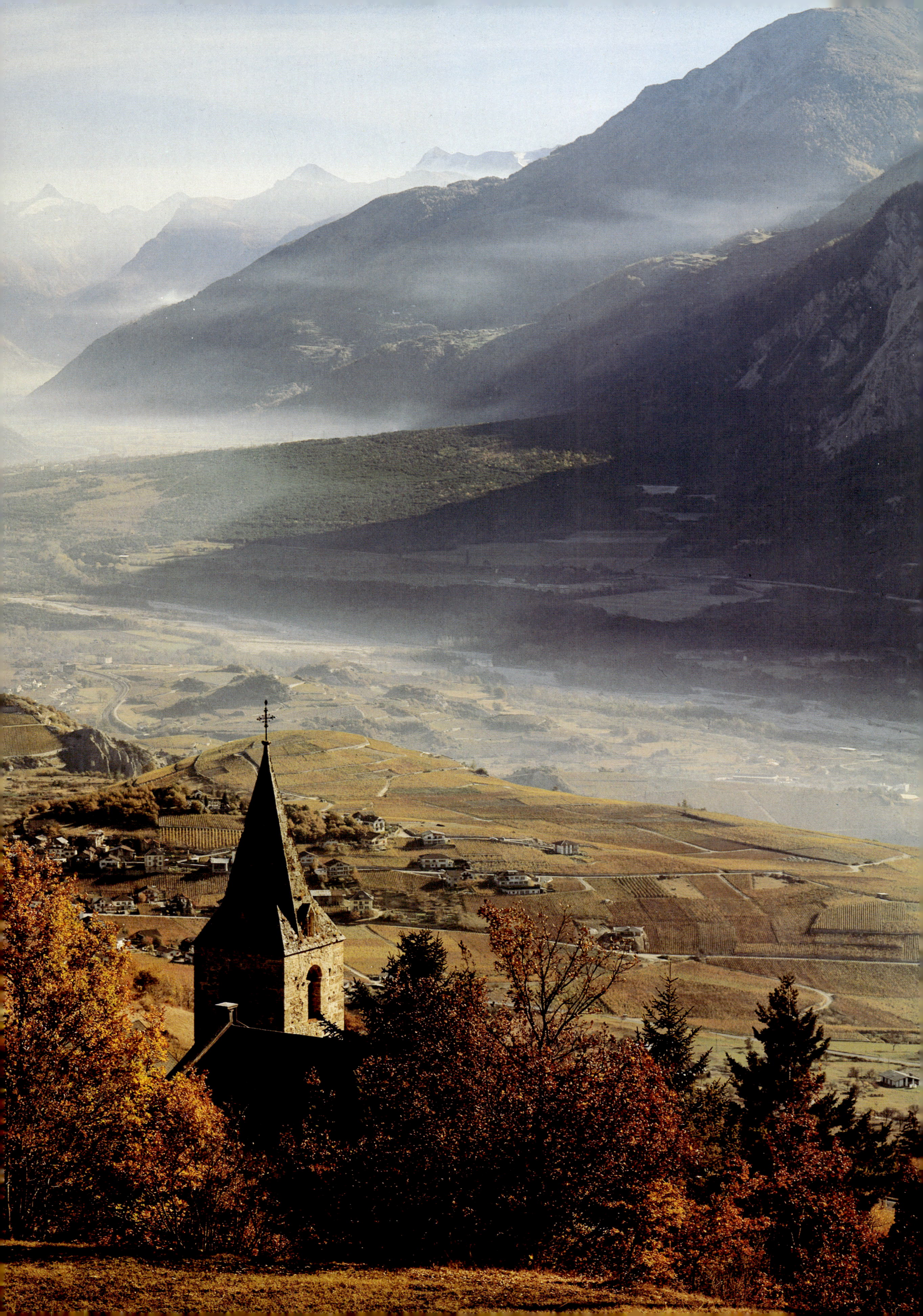

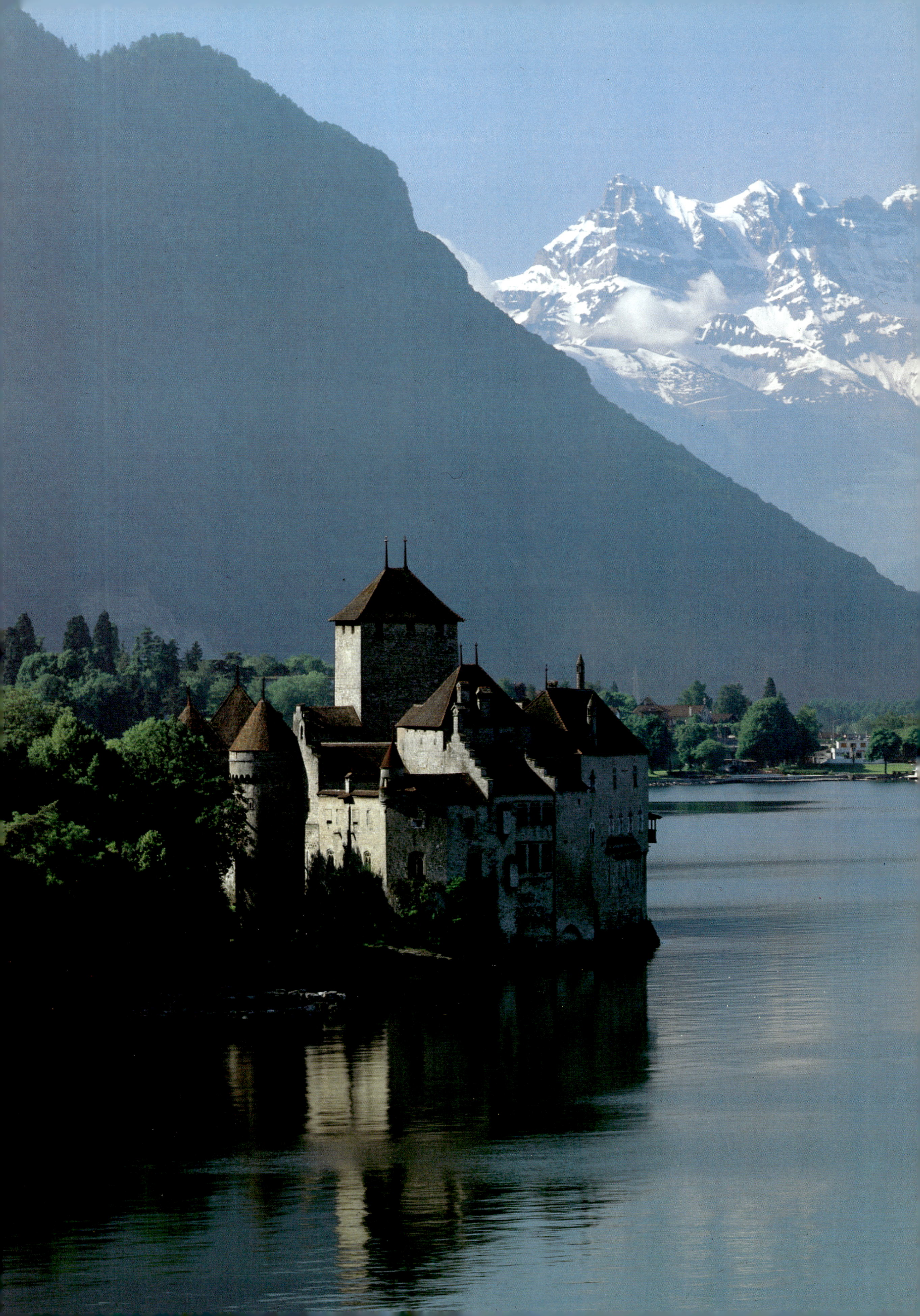

50 *Aletschwald und Aletschgletscher. – Das Aletschgebiet ist einer der berühmtesten Schweizer Alpenwinkel. Der Große Aletschgletscher, der sich von der Gipfelregion der Jungfrau bogenförmig südwärts zum Tal der oberen Rhône zieht, gilt mit 24 Kilometern Länge und etwa 100 Quadratkilometern Fläche als der größte Eisstrom der Alpen. Über seinem südlichen Rand liegt in 1600 bis 2100 Metern Höhe der Aletschwald, eine einzigartige Vegetationsinsel mit vielen alpinen Pionierpflanzen und bis zu tausend Jahre alten Arven.*

51 *Das Matterhorn. – Das 4478 Meter hohe Matterhorn in den Walliser Alpen ist der wohl schönstgeformte und berühmteste Berggipfel der Alpen. Die stolze Pyramide, seit ihrer Erstbesteigung im Juli 1865 von Triumph und Tragik umwittert, wurde zum Sinnbild alpinistischen Wagemuts. Auf dem Friedhof in Zermatt erzählen viele Gräber, mit Seil und Pickel geschmückt, in lapidaren Inschriften von gescheiterten Träumen.*

52 *Wallis, Blick durch das Rhônetal. – Der Südschweizer Kanton Wallis ist eine Landschaft gigantischer Dimensionen: Auf engem Raum vereint es die Charakteristika von Spanien wie von Spitzbergen. Das Rhônetal, das als eines der tiefsten Alpentäler unter 500 Meter Meereshöhe greift, ist von den gewaltigsten Massenerhebungen der Alpen umklammert. Fast alle Viertausender der Zentralalpen umgürten die Talkammer, die sich im Schutz der Gebirgswälle zum Wein- und Gartenparadies entwickeln konnte. Während die Schnellstraßen auf der Talsohle nur beschränkte Eindrücke vermitteln, bieten die zahlreichen Hangstraßen – auf unserem Bild bei Venthône zwischen Sierre und Montana – faszinierende Gesamtbilder.*

53 *Schloß Chillon am Genfer See. – Einen lebhaften Kontrast zum fröhlich-komfortablen Ferienbetrieb setzt das trutzige Château Chillon am Stadtrand von Montreux. Im 9. oder 10. Jahrhundert erbaut, beherrschten von der martialischen Burg aus die Grafen von Savoyen durch Jahrhunderte den Handelsweg zwischen Burgund und Italien. Ein Rundgang durch die komplexe Anlage (übrigens die besterhaltene dieser Art in der Schweiz) läßt die mittelalterliche Realität in seiner Romantik wie in seiner Grausamkeit mit erschreckender Deutlichkeit wieder aufleben.*

lassene Uferreviere aus. Am unbeschwerlichen Brüningpaß öffnet sich ein Fenster zum Berner Oberland. Noch eindrucksvoller zeigt sich dieses, wenn man von Lungern mit der Bergbahn zum Schönbüel emporfährt, wo sich gegenüber dem luftigen Höhenpfad die Berner Alpen wie in einem Kolossalgemälde aufbauen. *Meiringen,* die nächste Station, ist ein auf Anhieb sympathischer Ort, dessen landschaftliche Kostbarkeiten, die nahe Aareschlucht und das großartige Hochtal Rosenlaui, man auf keinen Fall übersehen sollte. Anschließend, bei der langen Auffahrt zum *Grimselpaß,* wandelt sich das Land allmählich von der liebenswürdigen Talschaft zur rauhen Hochgebirgswelt, die sich rings um die Paßhöhe zur apokalyptischen Szenerie steigert: Felstrümmer, Geröllströme, bizarr geformte Wandfluchten, von Wasser triefendes Gestein und gleißende Gletscherströme vereinigen sich zur irreal anmutenden Mondlandschaft. Langgezogene Serpentinen führen nach Gletsch hinunter, einer uralten Kreuzstation zwischen den großen Pässen. Ab hier begleitet uns die eben aus dem Gletscher geborene *Rhône,* die man am Oberlauf Rotten nennt. Sie durcheilt das Goms, die große Kerbe zwischen den Tessiner und den Berner Alpen, eine noch weitgehend unversehrte ländliche Hochtalregion, in der sich urtümliche Bauernhäuser um wunderschöne Barock- und Rokokokirchen scharen. Ehe sich das Tal zur breiten Rhôneebene, dem Obst- und Weingarten der Schweiz, öffnet, ist ein Bergbahnabstecher von Mörel zur Riederalp angezeigt, wo sich auf bequemen, himmelsnahen Höhenwegen mit dem Aletschwald und Aletschgletscher einer der berühmtesten Schweizer Alpenwinkel auftut. Im Rhônetal erheischen prächtige Städtchen wie Brig, Leuk und Sion einen ausführlichen Besuch, doch es wäre sündhaft, sich nur den Zielen auf dem Talboden zu widmen. Seine eindrucksvollsten Perspektiven zeigt das Wallis, das man das Land der tiefsten Täler nennt, in seinen nach Nord und Süd ausstrahlenden Seitentälern. Das ungewöhnlich reichhaltige Angebot erschwert die Wahl; gut beraten ist man mit den klassischen Abstechern in das Mattertal nach *Zermatt* und in das Val d'Hérens. Jener präsentiert die einzigartige Hochalpenschau um das Matterhorn, dieser erschließt eine fast provenzalisch anmutende Landschaft mit Erdpyramiden, archaischen Bergsiedlungen und einem faszinierenden Talschluß.

Im unteren Rhônetal setzt *Martigny,* seit dem Altertum ein wichtiger Knotenpunkt vor den großen Pässen, mit seinem Wehrturm La Bâtiaz einen kräftigen Akzent, dann öffnen bei St-Maurice die gewaltig an den Fluß drängenden Felsflanken von Dents du Midi und Dent de Morcles torartig das Wallis zur befreienden Weite des *Genfer Sees.*

Das Land um den größten See im Alpenraum ist eine Welt für sich, südländisch-heiter, weiträumig, im Charakter französisch wie die Sprache an allen Ufern, der Côte d'Azur näher verwandt als dem Bodensee. Der See zeigt seine schönsten Aspekte am Nordostufer zwischen Villeneuve und Lausanne, wo sich die Berge zur umrahmenden Geländearena formieren. Auf den Terrassenhängen um Montreux und Vevey ist jeder Quadratmeter genützt: Rebenhänge, Häuser, Parks, Stützmauern, Gehöfte und Straßen verzahnen sich zum lückenlosen Wirrwarr, über das sich die Autobahn in kühnem Bogen hinweghebt. Neben der obligaten Visite im Schloß Chillon, dessen trutzige Wehrbauten und schaurige Verliese das Mittelalter aufleben lassen, verdient unter den Städten besonders *Lausanne* mit seiner fröhlichen Atmosphäre, seinen Studentenkneipen, Treppengassen und Trödlerläden und nicht zuletzt wegen seiner großartigen gotischen Kathedrale einen ausgedehnten Besuch. Nach Lausanne treten die Berge zurück, glätten sich zu sanften Hügeln voller Gemüse- und Weingärten, die »Côte« genannt. Am Seeufer reihen sich mit gemessenen Abständen reizende alte Städtchen auf: Morges, Rolle, Nyon, Coppet, Siedlungen mit großen Traditionen und dem Flair von gestern. *Genf,* das stadtgewordene Europa, ist ein herrlicher Platz für den, der sich vom Auto trennen kann. Die eleganten Geschäftsstraßen haben weltstädtisches Format, die Uferpromenaden und Parkanlagen an See und Rhône zählen zu den schönsten Europas. Dennoch ist es fast köstlicher, die abgewetzten Winkel der noch von herkömmlicher Kleinbürgerlichkeit beherrschten Altstadt zu durchstreifen, wo im schummerigen Bistro der Patron höchstpersönlich sein schmackhaftes Menü ebenso vortrefflich kocht wie gestenreich serviert.

Reise-Lexikon

① **Luzern,** 70000 Einwohner, 436 m, Hauptstadt des gleichnamigen Kantons und weltberühmtes Fremdenverkehrszentrum am Vierwaldstätter See, seit der Eröffnung des Gotthardpasses im 13. Jh. ein wichtiger Handelsplatz. Touristischer Angelpunkt ist der Stadtbereich nördlich der großen »Seebrücke« über die Reuß, die hier den See verläßt. Unmittelbar benachbart spannt sich die Kapellbrücke (14. Jh.) über den Fluß, eine überdachte Holzbrücke mit dreieckigen Gemälden unter dem Dach (um 1600); an die Brücke angebaut ist ein Wasserturm (13. Jh.). Weiter flußabwärts führt die hölzerne Spreuerbrücke über die Reuß; in der Brückenkapelle befindet sich der Bilderzyklus »Totentanz« (17. Jh.) von Caspar Meglinger. Weitere Sehenswürdigkeiten sind: Renaissance-Rathaus (1602–1606) am Kornmarkt; Stifts- und Hofkirche (neu erbaut 1633, die bedeutendste Renaissancekirche der Schweiz); Jesuitenkirche (1666–1677), eine der schönsten Schweizer Barockkirchen; zahlreiche Museen, darunter das Verkehrshaus (meistbesuchtes Schweizer Museum) und das Richard-Wagner-Museum in Tribschen; Museggmauer, 800 m langer Teil der Stadtbefestigung; Gletschergarten mit 32 Gletschermühlen. – Die markantesten stadtnahen Berge sind der Pilatus (2129 m; Luftseil- und Zahnradbahn), das Stanserhorn (1898 m, Zahnradbahn) und der Bürgenstock (1128 m, Autostraße und Luftseilbahn).

② **Vierwaldstätter See,** 113 qkm, 214 m tief, fünftgrößter See der Schweiz, bizarr geformt mit 7 Hauptbecken, vielen Verzweigungen und Buchten. Sein Name stammt vom eidgenössischen Kerngebiet der 4 Waldstätten (Kantone) Uri, Schwyz, Unterwalden und Luzern. Die Ufer sind stellenweise von steil aufsteigenden Bergen geprägt; am klimatisch begünstigten Nordufersaum konnte sich eine südländisch-üppige Vegetation entwickeln.

③ **Küßnacht,** 8000 Einwohner, 457 m, stattlicher Erholungsort an der nördlichsten Seenbucht mit schönen Bürgerhäusern, darunter der Gasthof Engel mit der »Goethestube«. In Ortsnähe befindet sich die »Hohle Gasse« mit Tellskapelle, auf einer Anhöhe die Ruine der sog. Geßlerburg. 7 km südlich liegt, von teilweise südländischer Flora umgeben, der Kurort **Weggis** (2500 Einwohner).

④ **Rigi,** 1798 m, mehrgipfeliges Bergmassiv, das sich inselartig zwischen dem Vierwaldstätter und Zuger See erhebt, einer der berühmtesten Aussichtsberge der Schweiz. In den Gipfelbereich, der durch ein Netz bequemer Wanderwege erschlossen ist, führen 3 Bergbahnen: Zahnradbahn ab Vitznau, Zahnradbahn ab Arth-Goldau, Luftseilbahn ab Weggis.

⑤ **Gersau,** 1800 Einwohner, 440 m, klimatischer Kurort mit malerischer Uferlage am Südfuß des Rigi. Der Ort war von 1390 bis 1817 ein selbständiger, mit den Urkantonen verbündeter Freistaat, somit durch 5 Jahrhunderte die kleinste Republik der Welt.

⑥ **Brunnen,** 6000 Einwohner, 439 m, hübsches Feriensstädtchen in reizvoller Uferlage, neben Luzern und Küßnacht einer der 3 bedeutendsten Orte am See. Brunnen ist ein lohnender Ausgangspunkt zu den Tell-Gedenkstätten wie Rütliwiese, Tellskapelle und Schillerstein.
Südlich des Orts beginnt die **Axenstraße,** eine der schönsten europäischen Panoramastraßen, die hoch über dem See von 1863 bis 1865 in den steilen Fels gebaut wurde.

⑦ **Altdorf,** 9000 Einwohner, 462 m, Hauptstädtchen des Kantons Uri mit malerischem Ortsbild, der Legende nach Schauplatz von Wilhelm Tells Apfelschuß. Am Hauptplatz steht vor einem mittelalterlichen Wohnturm das populäre Telldenkmal; das Tellspielhaus pflegt zeitweise mit Schauspielaufführungen die eidgenössische Tradition. Sehenswert ist die klassizistische Kirche St. Martin (1801–1810) mit wertvollem Kirchenschatz.

⑧ **Sarnen,** 7000 Einwohner, 473 m, ansehnlicher, ländlicher Erholungsort am gleichnamigen See. Im Rathaus (1731) befindet sich das »Weiße Buch von Sarnen« (1472), die älteste Chronik der Schweiz. Das benachbarte **Sachseln** ist ein vielbesuchter Wallfahrtsort; dessen Kirche (1672–1684) ist dem hl. Niklaus von der Flüe geweiht, der 1481 durch sein Eingreifen den Bruch der Eidgenossenschaft verhindert hat. Vom bäuerlichen Ferienort **Lungern** führt eine Seilbahn auf den Schönbüel (2011 m) in eine herrliche Wander- und Aussichtslandschaft vor den Berner Alpen. Den Abschluß des Sarner Tals bildet der verkehrstechnisch unbedeutende **Brünigpaß** (1007 m), der ins Haslital überleitet.

⑨ **Meiringen,** 4500 Einwohner, 595 m, der Hauptort des Haslitals, malerisch in einer Talmulde am Rand der Berner Alpen gelegen. Sehenswert ist die Kirche mit freistehendem Turm und unterirdischer, romanischer Krypta (11./12. Jh.); ein Ziel für Liebhaber ist das Kristallmuseum in Guttannen. Touristisch vorrangige Anziehungspunkte sind die nahe **Aareschlucht** und das südlich abzweigende Hochtal **Rosenlaui** (Fahrstraße, Busdienst) mit Reichenbachfällen, Gletscherschlucht und großartiger alpiner Szenerie am Fuß der Berner Alpen.

⑩ **Grimselpaß,** 2165 m, max. 11%, geöffnet vom 15. 6. bis 15. 10., verbindet die Innerschweiz mit dem Oberwallis. Der Grimsel ist zwar keiner der höchsten, aber mit seiner wilden Höhenregion und den vielfältigen Ausblicken einer der eindrucksreichsten Pässe der Alpen. Im Bereich der Paßhöhe befinden sich die gigantischen Anlagen der Kraftwerke Oberhasli (2 Stauseen, ein System von Speicherbecken und Druckstollen), die zu den größten Europas zählen. Nächst der Paßhöhe verläuft eine Stichstraße zum Oberaarsee.

⑪ **Goms,** 45 km langes Hochtal des Oberlaufs der Rhône (Rotten) mit bäuerlicher Landschaft von herber Schönheit. Dunkelbraune Holzhäuser, Speicher und Stadel sowie ein dürftiger Graswuchs geben dem Landstrich seine Prägung. Das Goms hat viele Kunsthandwerker und Künstler hervorgebracht, in fast allen Dörfern und längs der Straße findet man sehenswerte Kapellen und Kirchen. Die wichtigsten Orte sind: Münster (barocke Pfarrkirche mit spätgotischem Flügelaltar), Reckingen (eine der schönsten Walliser Barockkirchen), Fiesch (touristisches Zentrum, Seilbahn zum Eggishorn) und Ernen (gilt als das schönste Dorf im Wallis).

⑫ **Großer Aletschgletscher,** mit fast 24 km Länge und einer Fläche von etwa 100 qkm der größte Eisstrom der Alpen. Er beginnt am Jungfraujoch in den Berner Alpen und senkt sich bogenförmig zum Rhônetal ab. Einen besonderen botanischen Rang nimmt der **Aletschwald** ein, eine über dem Aletschgletscher in 1600 bis 2100 m Höhe liegende Vegetationsinsel mit vielerlei alpinen Pionierpflanzen und bis zu tausend Jahre alten Arven. Erreichbar ist das Gebiet ab **Mörel** mit 3 zur Riederalp führenden Seilbahnen.

⑬ **Brig,** 6000 Einwohner, 685 m, hübsches Städtchen mit altertümlichem Ortskern, der Hauptort des deutschsprachigen oberen Wallis. Dominierendes Wahrzeichen ist der mächtige Stockalperpalast mit 3 imposanten Zwiebeltürmen und einem großen, von mehrgeschossigen Arkadengängen umrahmten Innenhof. Kaspar Stockalper (1609–1691), der als Kaufherr den gesamten Handel über den Simplonpaß nach Italien beherrschte, baute das schloßähnliche Palais als Wohn- und Handelshaus. Heute enthält der Palast, der als bedeutendstes profanes Baudenkmal des Wallis gilt, eine Fülle von Kunstschätzen und Sammlungen.

⑭ **Zermatt,** 3500 Einwohner, 1620 m, weltberühmtes Bergsteiger- und Fremdenverkehrszentrum im Talschluß des Mattertals am Fuß des 4478 m hohen Matterhorns; höchstgelegenes Wintersportgebiet Europas mit Skibrücke über den Theodulpaß (3317 m) ins italienische Breuil-Cervinia und dem bedeutendsten Sommerskibetrieb der Alpen. Das stattliche Dorf, eine Mischung aus alten Walliser Holzhäusern und vielen modernen Hotelbauten (16000 Gästebetten) verbietet Autoverkehr: die offene Straße endet 6 km vorher in Täsch, wo man in die Bahn umsteigt. Zermatt bietet jeden Komfort und mehr als 30 Bergbahnen und Lifte, deren bedeutendste die Zahnradbahn zum Gornergrat (3131 m) und die Luftseilbahn zum Kleinen Matterhorn (3820 m, höchste Seilbahn Europas) sind.

⑮ **Sierre** (Siders), 13500 Einwohner, 534 m, sehenswertes altes Städtchen im Rhônetal, von Weinbergen umgeben, markiert die Sprachgrenze Deutsch/Französisch. Das Ortsbild wird von mehreren schloßartigen Profanbauten geprägt; die Schloßruinen von Alt-Siders gehen bis in das 13. Jh. zurück. Sehenswert ist die spätgotische Kirche Notre-Dame-des-Marais (1331–1422). Auf den Hügeln an der Stadtgrenze stehen das 1943 restaurierte Schlößchen Villa (mit Erinnerungsstücken an Rainer Maria Rilke), der Gaubingturm (13. Jh.) und das Schlößchen Muzot, in dem Rilke von 1921 bis 1926 gelebt hat. Rilkes Grab befindet sich etwa 25 km östlich auf dem Burghügel von Raron. Nordwestlich von Sierre zieht sich die Ski- und Ferienregion **Crans-Montana-Vermala** über die weiten Terrassenhänge.

⑯ **Val d'Hérens** (Eringertal), etwa 35 km langes südliches Seitental der Rhône von vielfältiger Gestalt. Herausragende Anziehungspunkte sind die skurrilen Erdpyramiden von **Euseigne,** das einem volkskundlichen Walliser Freilichtmuseum gleichende **Evolène** mit typischen hölzernen Turmhäusern sowie der Talschluß von **Arolla** mit der gewaltigen Nordwand des 3637 m hohen Mont Collon.

⑰ **Sion** (Sitten), 25000 Einwohner, 500 m, die Hauptstadt und der kulturelle Mittelpunkt des Kantons Wallis, liegt breit ausgebreitet im breiten Rhônetal. Die beiden Burghügel Valeria und Tourbillon prägen die Silhouette der Stadt, die von den Römern (»Sedunum«) gegründet wurde und im Mittelalter lange Zeit Sitz eines bischöflichen Feudalstaates war. Vom ehemaligen bischöflichen Schloß Tourbillon (15. Jh.) stehen nur noch Ruinen, während der Burghügel Valeria noch eine gut erhaltene Baugruppe (romanisch-gotische Kirche mit der ältesten spielbaren Orgel der Welt; Schloß mit reichhaltigem Museum) umfaßt. Im Stadtkern am Fuß der Burghügel finden sich viele altertümliche Gebäude (Rathaus, Haus Supersaxo u. a.) und die Kathedrale Notre-Dame (15./16. Jh.). – 9 km nordöstlich, bei St-Léonard, liegt der »Lac souterrain«, ein unterirdischer Grottensee (300 × 25 m, Bootsfahrten). 14 km talabwärts steht die schlichte romanische Kirche St-Pierre-de-Clages (11. Jh., mit Bauresten aus der Römerzeit).

⑱ **Martigny,** 11000 Einwohner, 467 m, das »Octodurus« der Kelten, uraltes Städtchen am Rhôneknie und seit altersher Stützpunkt und Drehscheibe vor den wichtigen Alpenübergängen Großer St. Bernhard, Col de la Forclaz und Simplon. Über dem Ort erhebt sich die Schloßruine La Bâtiaz, im 13. Jh. auf römischen Grundmauern erbaut. Außerdem sind spärliche Ausgrabungsreste der Römersiedlung (Amphitheater, Tempel und Forum) zu finden.

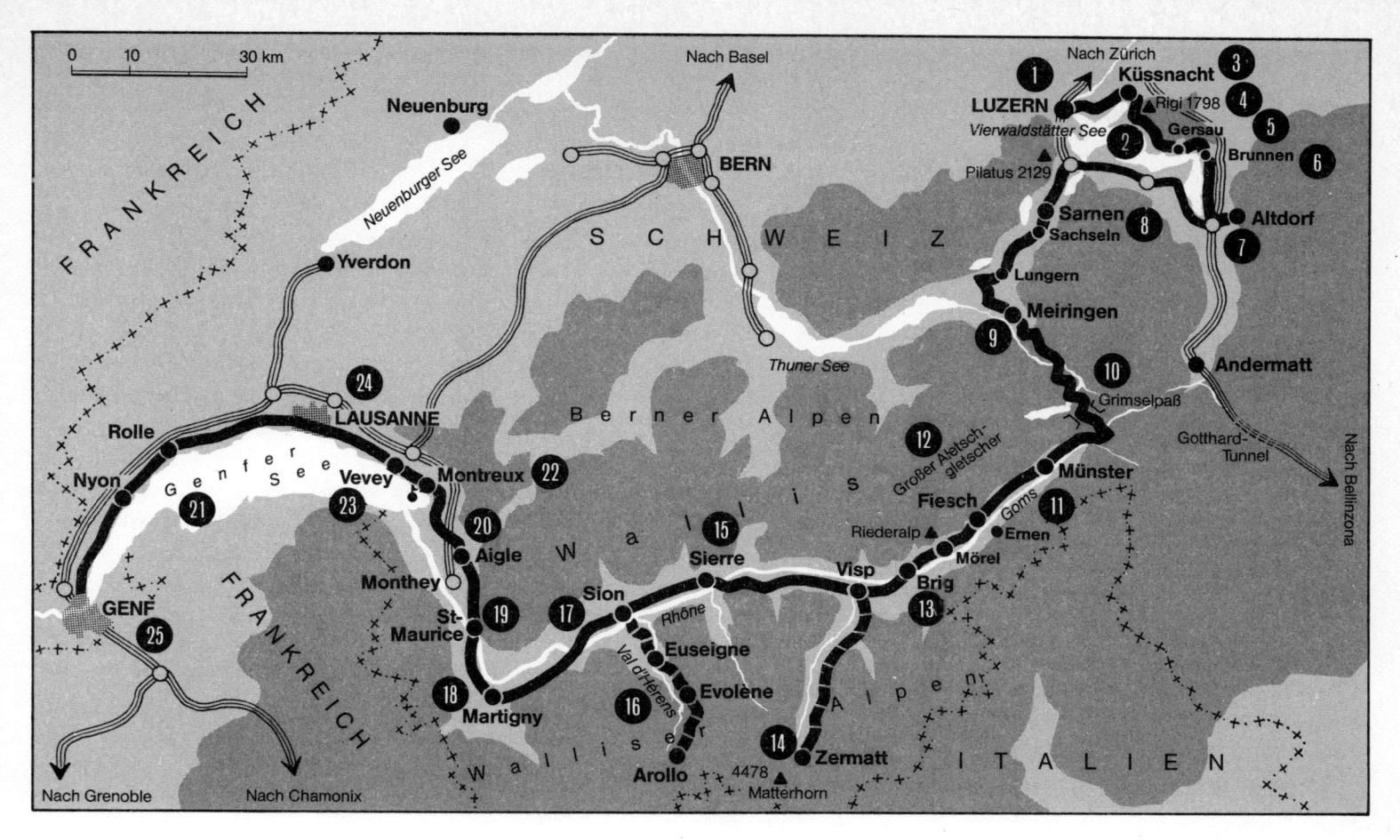

Martignys Trümpfe liegen in der landschaftlichen Umgebung: Col de la Forclaz (1527) mit großer Wallis-Schau auf der Nordrampe; Verbier (1510 m), berühmter Ferien- und Wintersportplatz; Trienttal (500–1000 m), wildromantische Schlucht; Hochalpenregion um Champex (900 m).

⑲ **St-Maurice,** 4000 Einwohner, 420 m, uraltes Städtchen an der zwischen Dents du Midi und Dent de Morcles eingeschnittenen Talenge der Rhône, berühmt durch die Augustinerabtei, das älteste Kloster der Schweiz: Die Baugeschichte reicht bis in das Jahr 530 zurück, die heutige Gestalt stammt aus dem 17./18. Jh. Außergewöhnlich reich ist die Schatzkammer des Klosters (mittelalterliche Goldschmiedekunst). Die alte Rhônebrücke stammt aus dem Jahr 1491.

⑳ **Aigle,** 6000 Einwohner, 404 m, altertümliches Kleinstädtchen in der breiten Mündungsebene der Rhône, beherrscht von einer mächtigen, inmitten von Rebengärten stehenden Burg. Der imposante Bau (11.–15. Jh.) wechselte im Lauf der Jahrhunderte mehrmals Zweck und Besitzer, heute dient er als Zeughaus und Gefängnis.

㉑ **Genfer See** (Lac Léman), 372 m, 582 qkm, der größte See der Schweiz und des Alpenraumes (42 qkm größer als der Bodensee). Von der Uferlinie entfallen 95 km auf die Schweiz, 72 km auf Frankreich. Man unterteilt den halbmondförmigen See, den die Rhône durchfließt, in den »Petit Lac« (Westteil zwischen Genf und Nyon), »Grand Lac« (Mittelteil) und den »Haute Lac« (Ostteil zwischen Lausanne und Villeneuve). Während der Haute Lac im Osten vor dem Hintergrund schöner Bergumrahmung einem Alpensee gleicht, sind die übrigen Uferlandschaften flach bis hügelig. Der Genfer See friert nie ganz zu, das milde Klima läßt an vielen Uferstellen mediterrane Vegetation gedeihen.

㉒ **Montreux,** 22 000 Einwohner, 392 m, weltbekannter Kurort am Genfer See mit städtischer Note. Über der regsamen Zone am Seeufer baut sich amphitheatralisch die Park- und Gartenstadt auf, darüber dehnen sich Rebenhänge und Narzissenfelder aus. In der Stadt stehen viele architektonisch bemerkenswerte Hotel- und Prunkbauten des 19. und frühen 20. Jhs. Kongresse, Tagungen, Musik- und Filmfestspiele sowie gesellschaftliche Veranstaltungen gehören zur Tagesordnung.

Südöstlich der Stadt, im Ortsteil Veytaux, steht hart am Seeufer **Schloß Chillon,** die berühmteste und besterhaltene Burg der Schweiz, deren Anfänge in das 10. Jh. zurückreichen. Im 12. Jh. ging sie aus bischöflicher Hand in den Besitz der Grafen von Savoyen über, die sie mehr und mehr ausbauten und von hier lange Zeit die Handelsstraße zwischen Burgund und Italien beherrschten. Das komplexe Bauwerk, als Wasserburg angelegt, ist mit Burgkirche, Gerichtssaal, Ritter- und Wohnsälen, Kapelle, Wehrgang und Felsenkerker ungewöhnlich aufschlußreich. Es inspirierte Lord Byron zu seiner berühmten Dichtung »Der Gefangene von Chillon«.

Von Montreux führt eine Zahnradbahn über Caux zu den Rochers-de-Naye (2042 m), die neben einem Alpengarten eine faszinierende Rundsicht bieten.

㉓ **Vevey,** 18 000 Einwohner, 386 m, betriebsames Städtchen am Genfer See mit malerischer Altstadt. Spuren aus der Stein- und Bronzezeit zeugen von vorgeschichtlicher Besiedelung. Von den Römern als »Vibiscus« gegründet und im Mittelalter ein reger Handelsmarkt, entwickelte sich Vevey ab dem 19. Jh. zum Ferienort, der besonders Künstler anzog. Werke des Malers Gustave Courbet, der 1877 hier starb, sind neben anderen im Musée Jenisch zu sehen. Beachtenswert sind außerdem »La Grenette«, die Markthalle (1808), in der Umgebung die Schlösser Blonay (12. Jh.) und Hauteville (18. Jh.) sowie das malerische Weindorf **St-Saphorin** mit einer schönen Kirche aus dem 16. Jh.

㉔ **Lausanne,** 150 000 Einwohner, 447 m, Hauptstadt des Kantons Waadt und traditionsreicher Hort des schweizerischen Erziehungs- und Bildungswesens. Die Stadt, die sich aus Siedlungen der Kelten und Römer entwickelte, zieht sich malerisch vom Uferort Ouchy über sanfte Terrassenhänge bis zur 644 m hohen Bergkuppe Signal de Sauvabelin hinauf. Besonders hübsch ist die Altstadt mit ihren Straßenbrücken und Treppenwegen. Über der ineinanderverschachtelten Stadtgestalt thronen blickbeherrschend Schloß und Kathedrale. Das einst bischöfliche Schloß St-Maire (1406) beherbergt heute die Kantonsregierung. Die Kathedrale, von Papst Gregor 1275 nach hundertjähriger Bauzeit geweiht, gilt als das schönste gotische Bauwerk der Schweiz (eindrucksvolles Südportal, berühmtes »Rosenfenster«, im Innern 1000 Säulen). Weiterhin sehenswert sind die Kirche St-François (13./14. Jh.), die Galerie du Commerce, die Universität und das Rathaus (15./17. Jh.).

In Lausanne ist Baron Pierre de Coubertin, der Begründer der Olympischen Spiele, begraben. Das Landhaus im Park Mon Repros ist Sitz des Internationalen Olympischen Komitees.

In Fortsetzung der Route folgen an der Seeuferstraße die Städtchen **Morges** (imposantes, wehrhaftes Schloß, schönes Rathaus), **Rolle** (mächtiges Schloß aus dem 13. Jh.), **Nyon** (älteste Römersiedlung der Schweiz mit romanisch-gotischer Kirche und schönen Parkanlagen) und **Coppet** (Schloß aus dem 13. Jh., im 19. Jh. berühmt als Wohn- und Empfangssitz von Mme. de Staël).

㉕ **Genf** (Genève), 170 000 Einwohner, 391 m, die elegante Schweizer Weltstadt am Schnittpunkt der europäischen Kultur- und Verkehrsräume, umschließt in prächtiger Lage halbkreisförmig die große Südbucht des Genfer Sees. Die aus dem See abfließende Rhône durchzieht die Stadt und wird von 7 Brücken überspannt. Genf war schon unter den Kelten und Römern eine wichtige Siedlung und zeitweilig auch Residenzstadt des Burgunderreichs. Seit dem 19. Jh. wurde es mehr und mehr zum Sitz internationaler Organisationen; zwischen den beiden Weltkriegen Sitz des ›Völkerbunds‹, ist es heute neben vielen anderen weltpolitischen Funktionen europäisches Zentrum der UNO. Seit Jahrhunderten ein kultureller und geistiger Mittelpunkt (Johann Calvin, Jean Jaques Rousseau, Stendhal, Voltaire, Lord Byron, Madame de Staël, Georges Sand u. a. lebten oder wirkten hier), besitzt die Stadt Hochschulen und Universität, bedeutende Museen und Theater, ist europäisches Zentrum des Kunst- und Antiquitätenmarkts und Weltzentrum für Finanzen und Handel. Die schönsten Stadtperspektiven liegen am parkartig gestalteten Seeufer um die 130 m hoch aufschießende Fontäne »Jet d'Eau«, an den Rhôneufern und in der um die Kathedrale St-Pierre (12.–18. Jh.) gescharten, winkeligen Altstadt.

11 Elsaß, Vogesen und Burgund
Die Weinlandschaft am Rhein und das glanzvolle Herzogtum

Während das Elsaß als überschaubare Landschaft in Umriß und Charakter relativ bekannt ist, gibt es über den Begriff Burgund mitunter Zweifel. Im heutigen Sprachgebrauch und im Sinn unseres Buchthemas versteht man darunter nicht das bereits vor dem Jahr 1000 existierende, bis zur Provence und an das Mittelmeer reichende Königreich Burgund, sondern die historische Kernlandschaft des im 14. und 15. Jahrhundert erstarkten, selbständigen Herzogtums Bourgogne, das sich damals bis Flandern und Holland ausdehnte und dessen unscharfe Grenzen sich heute annähernd durch eine gedachte Umrißlinie zwischen den Städten Villefranche, Nevers, Sens und Dijon bestimmen lassen. Die Besonderheit Burgunds ist seine hervorragende kulturelle Substanz und Ausstrahlung, die dieser »nur« als Herzogtum rangierende Machtblock zwischen Frankreich und Deutschland hervorbrachte und das es weit über seine einstige politische Bedeutung heraushebt. Das Land war übersät mit Hunderten von Kirchen und Klöstern edelster Stil- und Bauart, mit Palästen und Schlössern, deren Relikte heute zu den größten Sehenswürdigkeiten Frankreichs, ja des Abendlandes zählen.

Unsere Fahrt beginnt im Elsaß, dem von der Geschichte jahrhundertelang die Rolle eines Zankapfels zwischen Deutschland und Frankreich zudiktiert wurde. Glücklicherweise ist dies in unseren Tagen kein Thema mehr. Horcht man in das Land hinein, kann man erahnen, daß die Menschen, die deutsch sprechen und alemannisch empfinden, im Grunde ihres Wesens wohl immer mehr der legeren französischen Lebensart als dem preußischen Obrigkeitsstaat zugeneigt waren. Dies wird gleich augenfällig, sobald man Rhein und Grenze überschritten hat und sich in *Straßburg* einfindet. Auf seltsam wohltuende Art fühlt man sich dieser herrlichen Stadt zugetan, ihrer saloppen, ja leicht verschlampten Atmosphäre, in der sich alles Leben bunter, lockerer, individueller abspielt als bei uns. Hier, wo deutscher Ordnungssinn und deutsche Gründlichkeit beurlaubt sind, treffen sich französischer Esprit und alemannische Gemütlichkeit zum Stelldichein. Dazu kommt ein Hauch von Internationalität, von Bazar und Orient, den schwarze Souvenirverkäufer und eingewanderte Kolonialfranzosen an den Rhein bringen. Straßburg ist im Kern das Urbild einer deutschen Reichsstadt: Enge Gassen, in denen in strenger Aufreihung prächtige Fachwerkhäuser mit ihren spitzen Giebeln stehen, noble Plätze mit stolzen Renaissancefronten, Dachlandschaften mit Ziegelgesprenkel und Fenstergauben, das allgegenwärtige Münster mit dem mürben Rot des Vogesensandsteins.

Wir verlassen Straßburg in südwestlicher Richtung, bummeln längs der *Elsässer Weinstraße* durch heimelige Winzerdörfer. In die Hangfalten der hier aufsteigenden Vogesen schmiegen sich Bilderbuchstädtchen wie Ribeauvillé (Rappoltsweiler), Riquewihr (Reichenweiher) und Kaysersberg, in denen die Rebengärten erst vor dem Marktplatz haltmachen. Vor vierhundert Jahren entstand hier der schöne Brauch, kerzengeschmückte Weihnachtsbäume aufzustellen, die bald Eingang in alle deutschen Bürgerhäuser und in das deutsche Gemüt fanden. Das Monstrum Hohkönigsburg ist obligate Reisestation: Der letzte deutsche Kaiser ließ die ehemalige Ruine so aufbauen, wie er bzw. seine Denkmalpfleger sich eine mittelalterliche Ritterburg vorstellten. Das Ergebnis war eine Art wilhelminisches Walt-Disney-Land. Daß die protzige Burg den deutschen Machtanspruch über das Elsaß symbolisieren sollte, hat man dem Monarchen längst verziehen. Heute pilgern an Wochenenden die Bürger von diesseits und jenseits des Rheins zu Hunderten zur Hohkönigsburg, die unberechtigterweise die Tradition jener einst fünfhundert »echten« Elsässer Burgen übernommen hat, deren Ruinen keiner mehr aufsucht. – *Colmar* ist mit seinen vielen Kunstschätzen und den malerischen Stadtwinkeln in Fachwerkbraun und Ziegelrot allein einen Reisetag wert, dann führt der Weg zu den Höhen der Vogesen hinauf. Entlang der *Route des Crêtes*, der Vogesenkammstraße, reihen sich die schönsten Aussichtspunkte aneinander: Man blickt auf buntblühende Hochweiden, in dunkle Waldtäler, auf Bergseen und Burgen, über die in endloser Ferne verblauenden Kuppelsilhouetten. *Thann*, das mit

54 Straßburg, »Klein-Frankreich« mit Blick zum Münsterturm. – Das einst dubiose Viertel der Weißgerber und Schinder an den Illkanälen wurde mit viel Geschmack restauriert und als »la petite France« zum beliebten Anziehungspunkt. Adrett herausgeputzte Fachwerkhäuser, Ziegelgesprenkel, Platanen und Blumenkästen verbreiten anheimelnde altdeutsche Gemütlichkeit mit einem Hauch holländischer Grachtenatmosphäre. Der ehrwürdige Münsterturm aus rotem Vogesensandstein wacht über das Idyll.

55 Kaysersberg, Partie am Weißbach. – Das alte Elsässer Reichsstädtchen Kaysersberg, in dem 1875 der berühmte Urwaldarzt Albert Schweitzer geboren wurde, ist einer der zahlreichen gemütlichen Weinorte, wie sie sich am Übergang von der Rheinebene zu den Vogesenbergen aneinanderreihen. Blumengeschmücktes Fachwerk, altes Ruinengemäuer, malerische Bachuferwinkel und die bis an den Ortsrand herandrängenden Rebenberge schaffen eine Atmosphäre einladender Behaglichkeit.

56 Weingut Clos-de-Vougeot an der Côte d'Or. – Die Côte d'Or (goldene Küste) ist eine sanfthügelige, eher unscheinbare Landschaft zwischen Dijon und Beaune, die als Heimat der berühmten Burgunderweine weltweiten Ruf genießt. Ein Zentrum der Weinkultur ist das Château Clos-de-Vougeot, im 12. Jahrhundert von Zisterziensermönchen auf einst brachliegendem Boden gegründet. Das altehrwürdige Schloß mit seinen monolithartigen Steinsäulen, riesigen uralten Weinpressen und gewaltigen Kellerräumen ist heute Eigentum der »Chevaliers du Tavestin« (Orden der Weinkenner). Für Besucher werden laufend interessante Führungen veranstaltet.

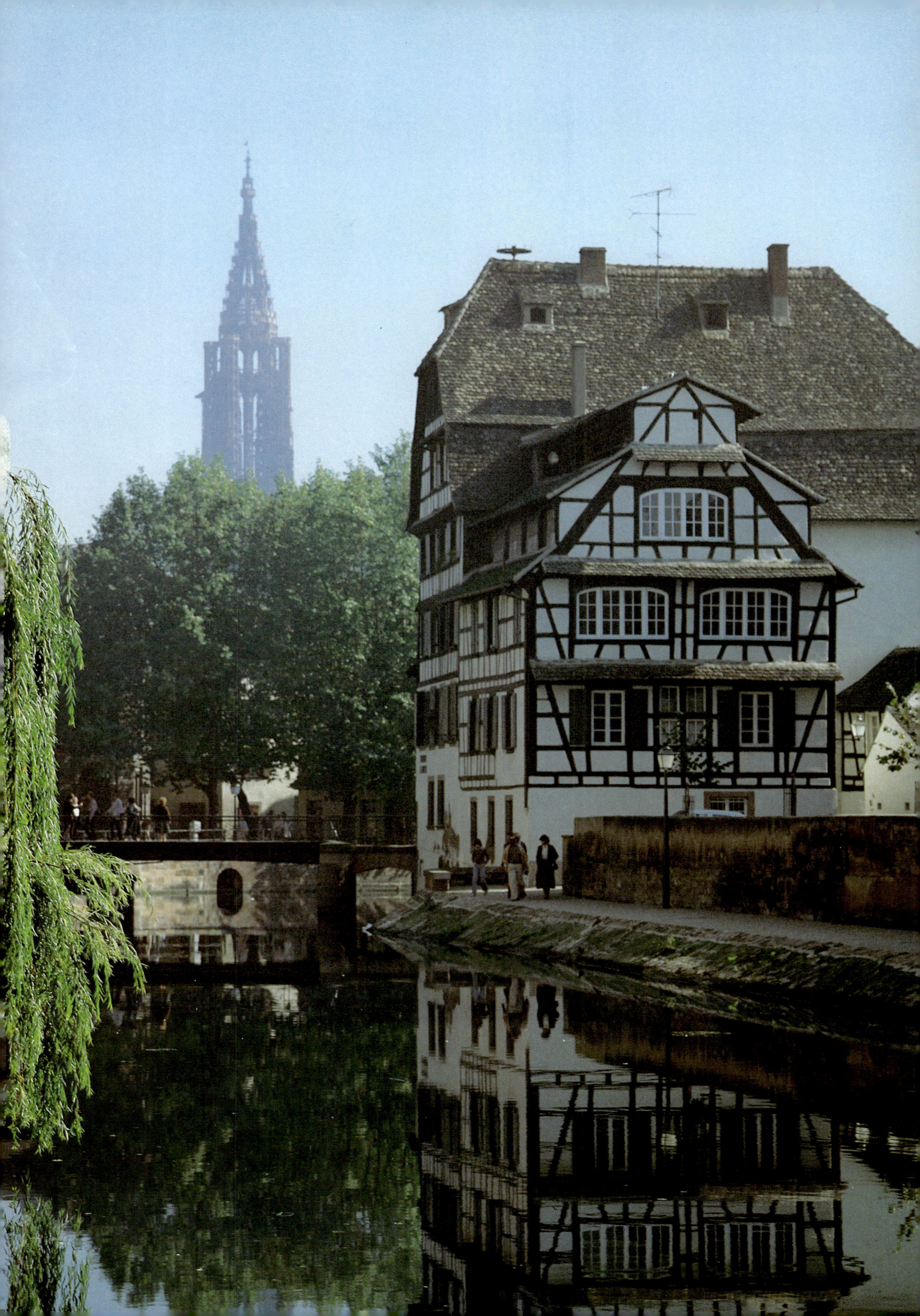

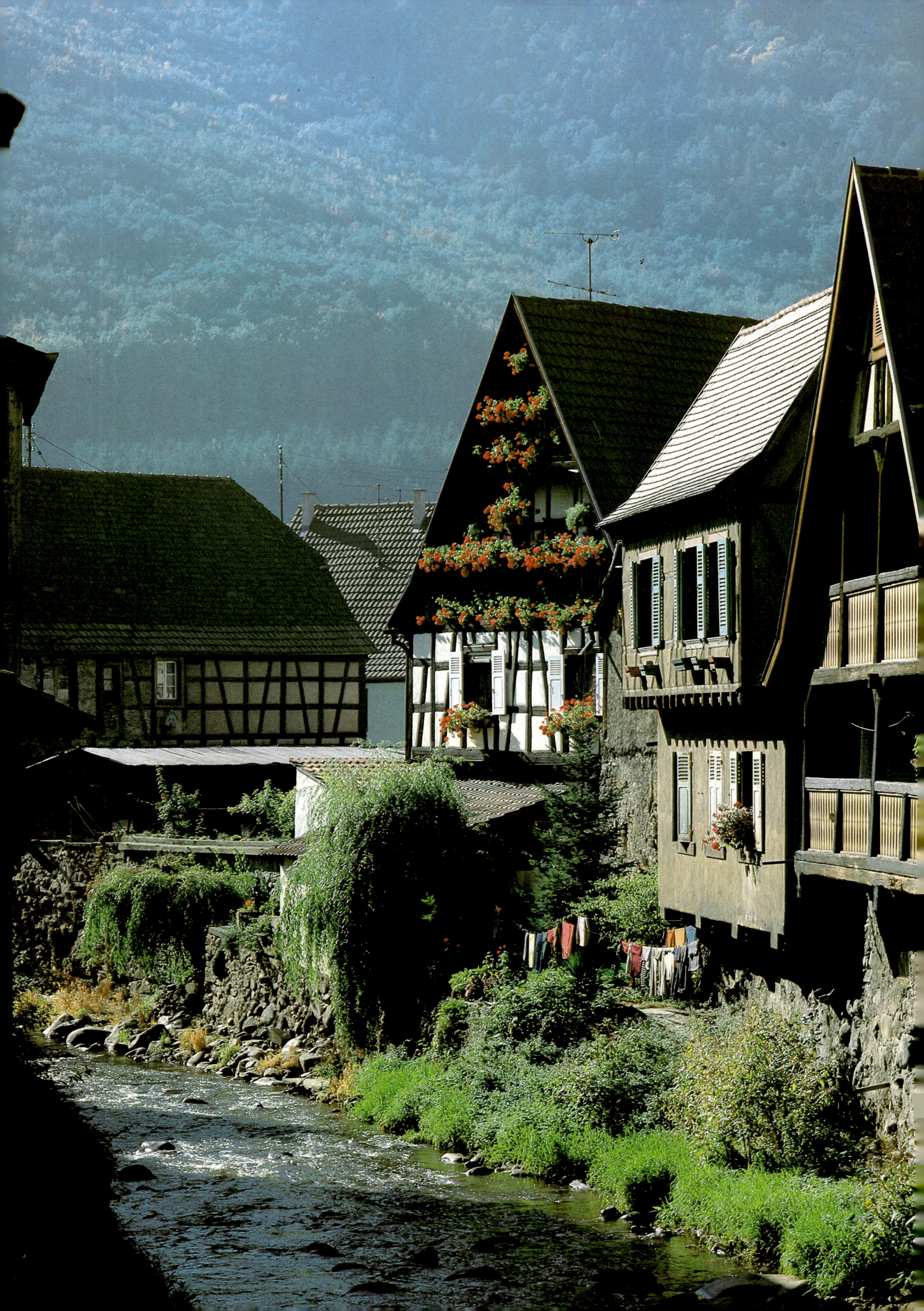

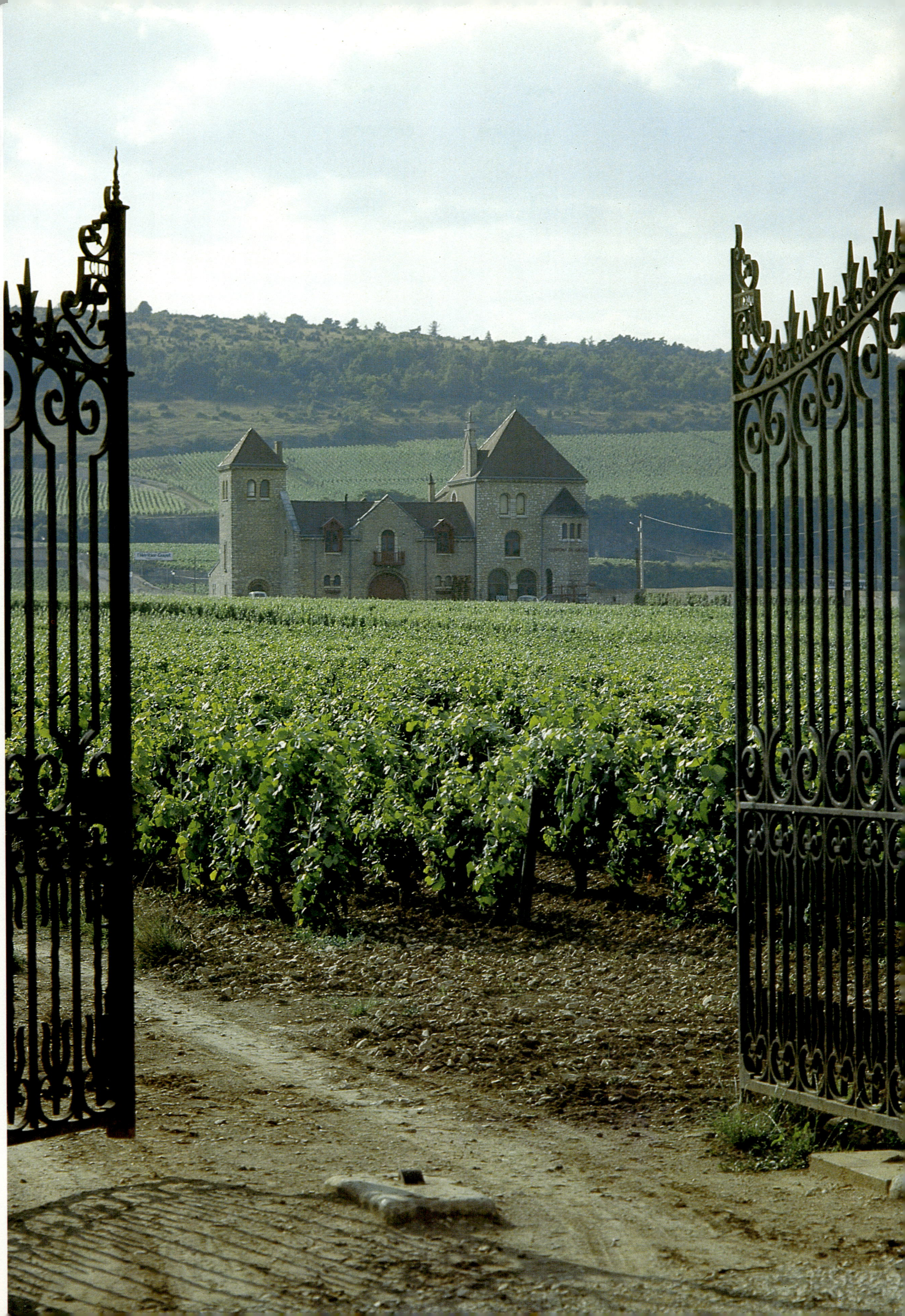

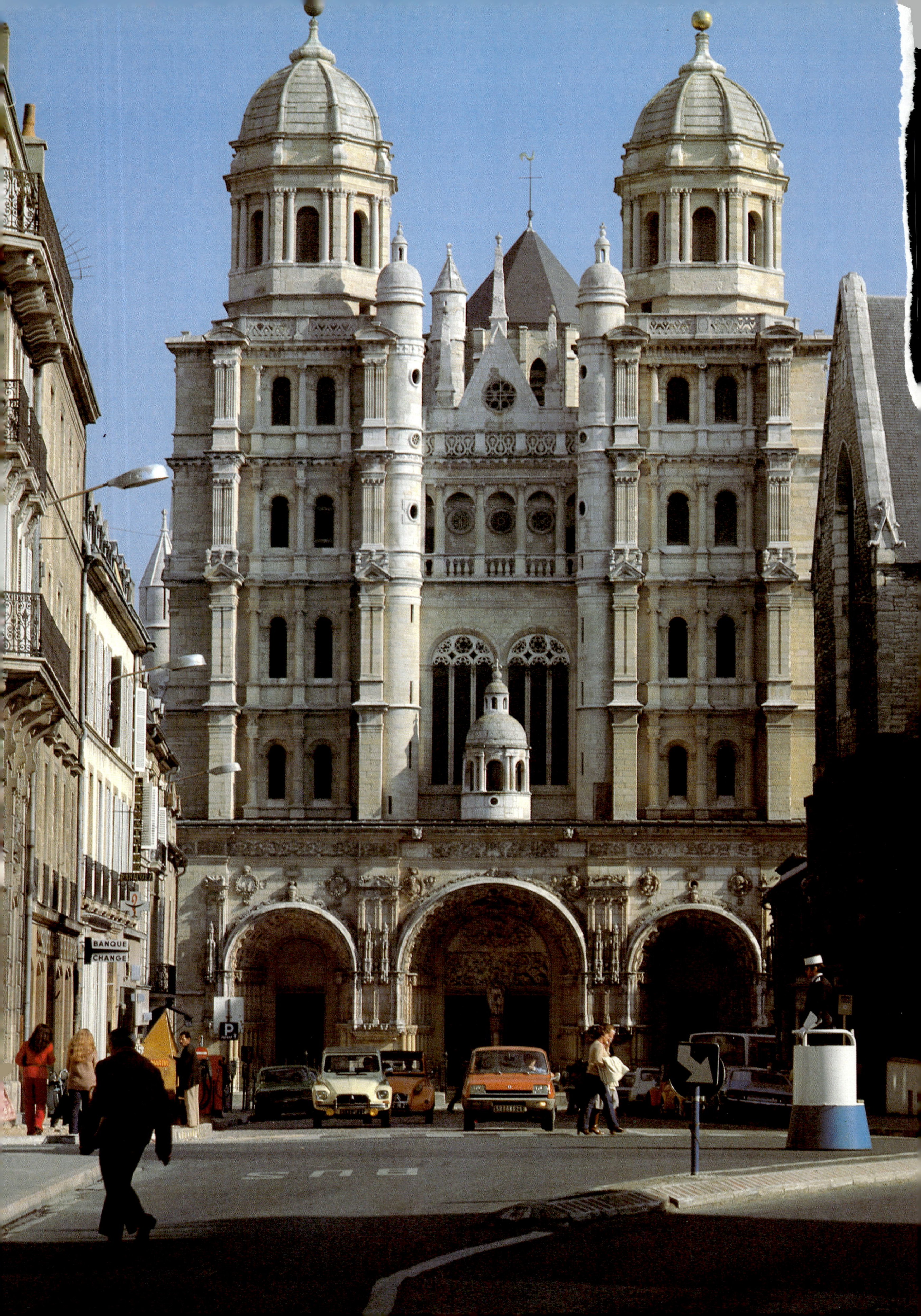
BANQUE
CHANGE

einer großartigen Kathedrale überrascht, vermittelt ein letztesmal heimatliche Emotionen, dann fahren wir auf der Route Joffre durch dichte Wälder in ein Stück unbekanntes Frankreich. – Belfort, die Festungsstadt an der Burgunder Pforte, strotzt geradezu von kriegerischer Tradition; hier wurden allein in einem Jahrhundert zwanzig Generäle geboren. Die bombastischen Vauban'schen Festungsanlagen sind zwar heute nicht mehr schreckerregend, aber durchaus eindrucksvoll. Ganz andere Gefühle erweckt Le Corbusiers Bauexperiment seiner avantgardistischen Kirche über Ronchamp: Halb Schiffsrumpf, halb Steinpilz, löst das revolutionäre Kirchenbauwerk die widersprüchlichsten Empfindungen aus. Danach folgt der Weg ein langes Stück dem Lauf des Doubs. Einen der schönsten Blicke auf das Flußtal genießt man am Belvédère du Saut de Gamache, etwa zwei Kilometer nach Baume-les-Dames. Lohnend ist es, bei Roulans die verkehrsreiche Hauptstraße zu verlassen, um auf dem Uftersträßlein des Doubs auf *Besançon* zuzusteuern. Sie ist eine ernste, strenge Stadt. Ihre Topographie, verbunden mit raffinierten nachmittelalterlichen Verteidigungsanlagen, ist von so spektakulärem Charakter, daß es sich lohnt, zur Zitadelle oder zum Fort Chaudanne hinaufzufahren, wo sich ein umfassender Überblick über die Stadt, die tief eingeschnittene Doubsschleife und das Festungssystem bietet. Von Besançon verlaufen schnelle, aber eintönige Straßen nach Dijon. Erlebnisreicher ist es aber, hier einen Abstecher über Ornans, Salins-les-Bains und Arbois einzulegen, der mit dem ländlichen Charme der Franche-Comté und ihrer, der benachbarten Schweiz verwandten Juralandschaft vertraut macht. Dole und Auxonne bilden den bescheidenen Auftakt zu Burgund, das sich in *Dijon* mit seiner ganzen Herrlichkeit präsentiert. Uralte Fachwerkviertel und majestätische Plätze, stilvolle Renaissancefronten, Notre-Dame mit seiner erstaunlichen Frontstaffage von Wasserspeiern und seiner grazilen Arkadenfassade – Vermächtnis einer herzoglichen Dynastie, die den Reichtum des alten Burgund mit jenem Flanderns auf glückliche Art zu vereinigen wußte.

Gleich hinter Dijon beginnt die *Côte d'Or*, die vielgerühmte Heimat der Burgunderweine. Etwaige hochgestimmte Erwartungen von landschaftlichen Schönheiten muß man hier reduzieren – die Côte d'Or lebt ausschließlich für und von ihrem Wein, den man in Frankreich nahezu anbetet. Ein Besuch im Château Clos de Vougeot, dem Mekka dieser Weinlandschaft, verschafft interessante Eindrücke. Der große Anziehungspunkt von *Beaune* ist seltsamerweise ein Hospital, Hôtel-Dieu benannt: Nicolas Rolin, der ehrgeizige Kanzler des Burgunderreiches, ließ es im 15. Jahrhundert für die Armen erbauen. Es wurde ein prachtvolles Armenhaus von fürstlichem Aufwand und ein bedeutendes Denkmal gotisch-burgundischer Architektur.

Von Beaune aus fährt man südwestwärts in das von Weinhängen, karstfelsreicher Hügellandschaft und tief eingeschnittenen Bachläufen gekennzeichnete Herzstück der Bourgogne, das den Entdeckungsfreudigen auf Schritt und Tritt mit Köstlichkeiten mannigfaltigster Art überrascht. Man passiert das unter uralten Mauern versteckte Weindorf Meursault, besucht das als Paradestück eines burgundischen Schlosses geltende La Rochepot, widmet dem wie eine Vision ferner Vergangenheit auftauchenden *Autun* mit seinen römischen Baudenkmälern, der herrlichen Kathedrale und seinen romanischen Kunstschätzen einen längeren Aufenthalt. Dann schwenkt man südwärts, um – vorbei an Le Creusot, der ›Waffenschmiede‹ Frankreichs – auf verschlungenen Wegen durch das Charollais die Stadt *Cluny* zu erreichen. Die einstige Klosterstadt, von Emil Mâle schlechthin als »das Größte, was das Mittelalter geschaffen hat« bezeichnet, ist heute leider nur noch ein Schatten seines einstigen Glanzes. Der Klosterkomplex mit seiner zur damaligen Zeit größten Kirche der Welt, im Mittelalter geistiges Zentrum des Abendlandes, wurde nach 1789 im Sog der Französischen Revolution weitgehend zerstört. Seine kargen Reste lassen allerdings noch im Verfall die einstige Bedeutung ahnen. Noch viel tiefer in die Vergangenheit als Cluny führt uns der etwas abseits der Hauptstraße gelegene Felsen von *Solutré*, nämlich in die Steinzeit vor mehr als zehntausend Jahren. Unter den lotrecht abfallenden Felsen fand man die Skelette von mehr als hunderttausend Wildpferden, die hier einst zum Todessturz getrieben wurden.

57 Dijon, Turmfassade von St-Michel. – Das Herzogtum Burgund, das sich einst als Machtblock zwischen Frankreich und Deutschland vom Rhônetal bis Holland erstreckte, brachte eine hervorragende Kultur und Ausstrahlung hervor, die es weit über seine politische Bedeutung hinaushebt. Das Land war übersät mit Kirchen, Klöstern und Schlössern edelster Stil- und Bauart. Dijon, die Hauptstadt der ›Großen Herzöge‹, bewahrt besonders schöne Zeugnisse aus dieser glanzvollen Zeit. Im Bild die zu Anfang des 16. Jahrhunderts entstandene, herrlich gegliederte Renaissance-Fassade von St-Michel.

Reise-Lexikon

① **Straßburg** (Strasbourg), 260000 Einwohner, die Hauptstadt des Elsaß, liegt, von der Ill durchflossen, in der weiten Senke der Oberrheinischen Tiefebene westlich des Rheins. Auf der durch zwei Arme der Ill gebildeten Insel gründeten die Römer um 16 n.Chr. das Kastell Argentoratum. Daraus entwickelte sich rasch ein blühendes Stadtwesen, das schon im 9. Jh. Reichtum und Einfluß besaß und 1262 Freie Reichsstadt wurde. Auf geistigem Gebiet übernahm Straßburg die Führungsrolle unter den Reichsstädten, seine Akademie (1566) und seine Universität (1621) genossen weltweites Ansehen. Nach dem Dreißigjährigen Krieg, durch den die Stadt und das Elsaß schwer verwüstet wurden, nutzte Ludwig XIV. die Schwäche des Deutschen Reiches und eroberte in den ›Reunionskriegen‹ nach dem Elsaß auch Straßburg (1681) für Frankreich. Durch den Krieg 1870/71 gewann Deutschland Stadt und Elsaß zurück, mußte sie jedoch nach dem Ersten Weltkrieg 1918 wieder abgeben; der gleiche Vorgang wiederholte sich während des Zweiten Weltkriegs zwischen 1940 und 1944. Seit 1949 ist Straßburg Sitz des Europarates und teilt sich mit Brüssel und Luxemburg die Anwartschaft zur künftigen Hauptstadt Europas. Heute besitzt Straßburg eine bedeutende Industrie, doch für den Besucher konzentriert sich das ganze Interesse auf die von der Ill umgürtete Altstadt, die (ähnlich wie Regensburg oder Goslar) noch weitgehend den Charakter einer alten Reichsstadt aufweist. Dominierender Mittelpunkt ist das weltberühmte, aus rotem Sandstein gebaute Münster (1080–1439), einer der schönsten gotischen Dome der Welt. Sein Prunkstück ist die skulpturenreiche Westfassade mit großer Rosette. Der 142 m hohe Turm war bis in das 19. Jh. der höchste Kirchturm Europas; von der Plattform des unvollendeten zweiten Turmes (66 m) genießt man eine großartige Stadtrundsicht. Hervorragende Details der Kirche sind die Glasfenster (13./14. Jh.), die figural reich geschmückte Kanzel (1485), der »Engelspfeiler«, die astronomische Uhr und das Südportal. Weitere Hauptanziehungspunkte der Stadt: Kammerzell-Haus (wunderschönes Fachwerk); Rohan-Schloß mit Kunstmuseum; »La petite France«, das pittoreske alte Gerberviertel an den Illkanälen.

② **Molsheim,** 8000 Einwohner, und **Obernai,** 8500 Einwohner, sind zwei Ministädte am Rand der Vogesen mit altertümlichem Kern; typische Beispiele für Elsäßer Siedlungen in der von Gemüse-, Feldfrüchte- und Weinbau geprägten Gegend. Beachtenswert sind in Molsheim die Reste der Stadtmauer und das Renaissancehaus »Alte Metzig«, einst Zunfthaus der Fleischhauer, in Obernai der stimmungsvolle, fachwerkumrahmte Marktplatz mit der ehemaligen Kornhalle (1554) und dem »Sechseimerbrunnen« (1579).

③ **Odilienberg** (Ste-Odile), 736 m, stattliche Klosteranlage auf der aussichtsreichen Kuppe eines freistehenden Randberges der Vogesen, der bedeutendste Wallfahrtsort im Elsaß. Das komplexe Bauwerk mit Gästehaus, Kongreßräumen und herrlichen Terrassen geht auf eine Gründung der hl. Odile im 8. Jh. zurück. 1684 bis 1692 wurde es in wesentlichen Teilen neu aufgebaut. Der Klosterbezirk wird weiträumig von der sog. Heidenmauer, einer 10 km langen Sandsteinmauer aus keltischer oder römischer Zeit umringt.

④ **Sélestat** (Schlettstadt), 16000 Einwohner, ehemalige Reichsstadt, heute ein agiles kleines Gewerbezentrum inmitten von fruchtbaren Feld- und Gartenkulturen. Die malerische Altstadt wird von einer teilweise erhaltenen Stadtmauer (mit dem Uhr- und dem Hexenturm) umfriedet. Die größte Bedeutung erlangte die Stadt im 15. und 16. Jh. durch ihre humanistische, richtungsweisende Lateinschule; Zeugnisse darüber veranschaulicht die Humanistische Bibliothek. Die wichtigsten Bauwerke sind zwei Kirchen: Ste-Foy, eine stattliche Abteikirche mit 3 mächtigen, die Stadtsilhouette beherrschenden Türmen und ausgewogener romanischer Architektur (12. Jh.); St-Georges, eine der großen gotischen Kirchen des Elsaß (13.–15. Jh.), mit auffallendem, bunt glasiertem Steildach sowie schönen Portalen und Glasfenstern.
8 km nördlich, in **Ebersmünster,** befindet sich eine der wenigen Barockkirchen des Elsaß; im südwestlich gelegenen Nachbarort **Kintzheim** sind eine Storchenzucht und (auf der Burg) eine Adler-Volière angelegt.

⑤ **Hohkönigsburg** (Haut-Koenigsbourg), auf steilem Bergvorsprung gelegen, war einst eine der vielen Ritterburgen des Elsaß. Sie wurde im Dreißigjährigen Krieg von den Schweden zerstört. Die Stadt Schlettstadt verschenkte die Ruine an Kaiser Wilhelm II., der sie nach 1899 im historisierenden Stil zur größten Burganlage des Elsaß neu aufbauen ließ. Heute gilt sie als Prototyp mittelalterlicher Burgenromantik, deren Besuch – nicht zuletzt wegen des Rundblicks vom Turm – durchaus lohnt.

⑥ **Riquewihr** (Reichenweiher), 1500 Einwohner, das in seiner Gestalt und Geschlossenheit wohl eindrucksvollste altertümliche Städtchen an der Elsässer Weinstraße, gleichsam ein »Elsässisches Rothenburg«. Der autofreie Ort, von einer wehrhaften Mauer mit Toren und Türmen umschlossen, gleicht mit seinem einheitlichen Baubestand aus dem 16. und 17. Jh. einem pittoresken Freilichtmuseum. – Das benachbarte **Ribeauvillé** (Rappoltsweiler) wahrt als einstige Patronatsstadt der fahrenden Spielleute ebenfalls eine reiche Tradition und besitzt eine Reihe schöner alter Bauten, doch kommt sein Ortsbild durch die langgezogene Siedlungsform entlang der Straße weniger zur Wirkung.

⑦ **Kaysersberg,** 3000 Einwohner, ein durch seine malerischen Ansichten auf Anhieb sympathisches Weinstädtchen am Eingang zum Weißtal, von Rebenhügeln umrahmt, voll blumengeschmückter Fachwerkhäuser, idyllischer Bachuferpartien und reizvoller Ortswinkel. Die anziehendsten Punkte sind die Pfarrkirche (12. und 15. Jh.), das Rathaus (1604) und die befestigte Steinbrücke über die Weiß. Hoch über dem Städtchen thront inmitten von Rebengärten die Ruine der alten Kaiserburg (30 Minuten Aufstieg, prächtige Aussicht). In Kaysersberg ist der als Apostel der tätigen Nächstenliebe in Afrika berühmt gewordene Arzt Albert Schweitzer (1875–1965, Gedenkhaus im Ort) geboren.

⑧ **Colmar** (Kolmar), 67500 Einwohner, die drittgrößte Stadt im Elsaß, liegt am Ausgang des Munstertals in die Rheinebene. In seinen Anfängen ein karolingischer Königshof, wurde es 1226 Markt und 1278 zur Reichsstadt erhoben. Mit seinen überraschend vielen sehenswerten Bauwerken, den pittoresken Winkeln und zahlreichen kunstvoll gearbeiteten Aushängeschildern wurde es zum Hauptanziehungspunkt für den Fremdenverkehr; auch seine Stadtsanierung unter Wahrung der alten Substanz gilt als vorbildlich. Die bedeutendsten Sehenswürdigkeiten sind: Museum Unterlinden mit dem berühmten Isenheimer Altar (um 1515), dem Hauptwerk von Matthias Grünewald (um 1470–1528) sowie Werken des Malers und Kupferstechers Martin Schongauer (um 1430–1491); Münster St-Martin (1230–1400) mit schönen Portalen und Glasfenstern; Dominikanerkirche mit wertvollen Glasfenstern und Schongauers berühmtem Gemälde »Madonna im Rosenhag«; Pfisterhaus (1537), eines der schönsten Fachwerkhäuser des Landes mit Holzgalerien und Erkern; »Haus der Köpfe«, ein am Volutengiebel von etwa 100 Kopfmasken geschmückter Renaissancebau (1608); ehemaliges Kaufhaus (15.–18. Jh.); »Klein-Venedig«, das malerische Gerberviertel am Ufer der Lauch.

⑨ **Vogesen,** langgezogener Gebirgswall, der die Oberrheinische Tiefebene an ihrem Westrand auf 170 km Länge begrenzt und begleitet. Er entstand, ebenso wie der gegenüberliegende Schwarzwald, im Tertiär durch den Einbruch des Oberrheingrabens, ist jedoch im Gegensatz zu jenem auf den höchsten Kämmen kaum bewaldet und stellenweise vermoort. Typisch ist die runde Kuppenform der Berge (im Elsässischen »Belchen«, im Französischen »Ballon« genannt). Die dem Rhein zugewandte Ostseite fällt relativ schroff ab, während sich die Westseite allmählich zur Lothringischen Plateaulandschaft absenkt. Man unterscheidet zwischen den aus Sandstein aufgebauten Nordvogesen und den kristallinen Südvogesen, die im **Grand Ballon** (Großer Belchen) mit 1424 m ihre höchste Marke erreichen.
Lohnendste Autoroute durch die Vogesen ist die **Route des Crêtes,** eine im Ersten Weltkrieg aus strategischen Gründen angelegte Höhenstraße, die vom Col du Bonhomme bis Cernay verläuft. Sie folgt fortwährend der höchsten Kammlinie und bietet herrliche Ausblicke auf die Bergkuppen und Hochweiden, zu den tiefdunklen Bergseen, in die waldreichen Täler bis zur fernen Alpenkette.

⑩ **Thann,** 8500 Einwohner, sympathisches Wein- und Gewerbestädtchen, in den Südvogesen im Tal der Thur gelegen. Schönstes Schmuckstück des lauschigen Orts ist das majestätische Theobaldusmünster (St-Thiébaut), ein Meisterwerk der Gotik und neben dem Straßburger und dem Freiburger Münster der großartigste Kirchenbau im Gebiet des Oberrheins. Es entstand von 1332 bis 1516 und vereinigte die Stilelemente von Früh- und Hochgotik. Hervorstechende Besonderheiten sind das reliefreiche Westportal, die ausgewogene Gewölbearchitektur des Innenraums, die Glasgemälde am Langchor, das Chorgestühl und die anmutige »Winzermadonna« (um 1500) in der Marienkapelle.

⑪ **Belfort,** 57000 Einwohner, liegt ausgebreitet inmitten der Burgunder Pforte, der etwa 30 km breiten Niederung zwischen den Vogesen und dem Jura, zu allen Zeiten eine bedeutende Völker- und Heerstraße. Diese exponierte Lage prägte das Schicksal der Stadt: Seit altersher baute man hier Burgen und Festungen, deren letzte vom Festungsbaumeister Vauban 1687 so voluminös und wirkungsvoll gestaltet wurde, daß sie in den Kriegen von 1870/71 und 1914/18 entscheidende Bedeutung erlangte. Von den Höhen der mit den Bergfelsen verzahnten Zitadelle bietet sich eine umfassende Stadtrundsicht; unter den Festungsmauern prangt auf halber Hanghöhe der grimmige »Löwe von Belfort«, eine 22 m lange und 11 m hohe Sandsteinplastik (1875–1880) von Frédérik-Auguste Bartholdi, dem Schöpfer der Freiheitsstatue in New York.

⑫ **Ronchamp,** 3100 Einwohner, ein unbedeutender Industrieort im Rahintal, wurde durch das Bauwerk der Neuzeit weltbekannt: die Wallfahrtskirche **Nôtre-Dame-du-Haut** (Unsere liebe Frau von der Höhe). Als Beitrag zur Erneuerung der sakralen Kunst, die in Frankreich auf vielfältige Weise aufgegriffen wurde, errichtete Le Corbusier 1955 das recht eigenwillige, mit allen Traditionen des herkömmlichen Kirchenbaus brechende Gotteshaus. Das umstrittene Bauwerk besteht aus Eisenbeton und wirkt äußerlich wie ein deformierter Riesenpilz, während das in Halbdunkel gehüllte Innere an frühchristliche Katakombenkirchen erinnert.

⑬ **Besançon,** 126000 Einwohner, einstige Reichsstadt und heute Hauptstadt der Franche-Comté, überrascht durch seine ausgefallene Lage an einer fast zum Kreis geschlossenen Schleife des tief eingeschnittenen Doubs. Die gesamte Altstadt drängt sich innerhalb dieser Schleife zusammen, deren einziger Landausgang durch einen mächtigen Bergblock versperrt wird. Im Grenzbereich der Machtsphären gelegen, nutzten durch die Jahrhunderte Franken und Burgunder, Deutsche und Habsburger diese einzigartige strategische Position zu militärischen Zwecken, bis die Stadt 1674 von Ludwig XIV. eingenommen und Frankreich einverleibt wurde. Dieser ließ das gesamte Bergsystem durch Vauban zu gewaltigen Festungsanlagen ausbauen. Von der 118 m über dem Doubs thronenden Zitadelle bietet sich ein prächtiger Blick über Stadt und Flußtal, noch anschaulicher macht ein Blick vom gegenüberliegenden Bergfort Chaudanne (Bergstraße) das spektakuläre Verteidigungssystem deutlich. In der Stadt, in der 1802 der Dichter Victor Hugo geboren ist, verdienen die Kathedrale St-Jean (11.–13. Jh.) der Gebäudetrakt Justizpalast-Rathaus (16. Jh.), das Palais Granvelle (16. Jh.) mit Park sowie das Musée des Beaux-Arts Beachtung.

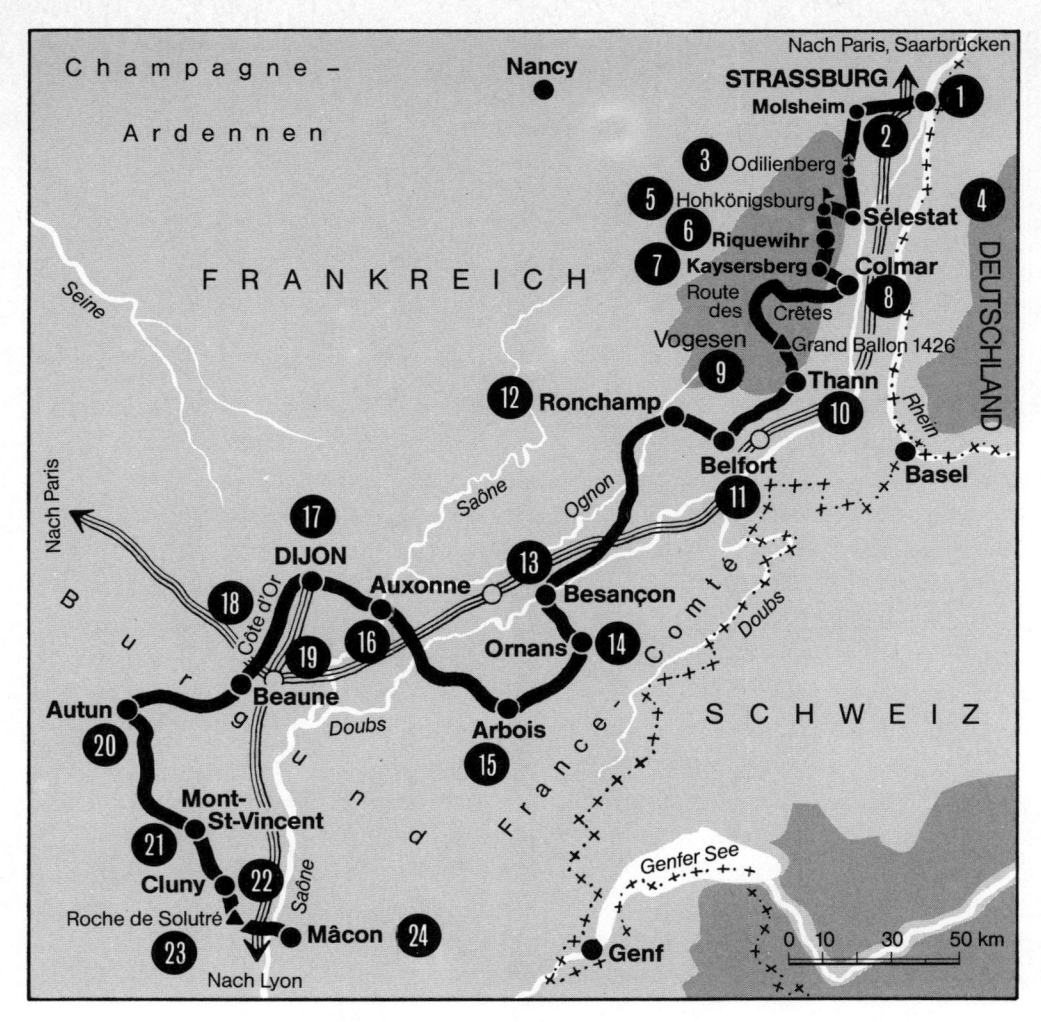

⑭ **Ornans,** 4500 Einwohner, altes französisches Städtchen an der von hellem Juragestein flankierten Loue, das einzig durch seine malerischen Uferpartien mit den direkt an und in den Fluß gebauten, dicht zusammengedrängten Häusern besticht. Im Ort ist der Maler Gustave Courbet (1819–1877), einer der Begründer des Realismus, geboren. Einige seiner Bilder sind im Rathaus zu sehen.

⑮ **Arbois,** 4200 Einwohner, beschauliches Städtchen in einer abwechslungsreichen Weinlandschaft mit provinzieller Szenerie. Im Ort ist ein Besuch der romanischen Kirche St-Just lohnend, die Umgebung wartet mit einer hübschen Ausflugs- und Wanderregion wie im Felstal Reculée des Planches und im hufeisenförmigen Kesseltal Cirque du Fer à Cheval auf.

⑯ **Auxonne,** 7000 Einwohner, alte Kleinstadt an der Saône, markiert auf dieser Reise den Zugang nach Burgund. In der gotischen Kirche Notre-Dame (14. Jh., Turm romanisch) befindet sich ein kostbares Gemälde »Madonna mit Kind« (wohl von Claus Sluter), am Narthex des Hauptportals wurden im 16. und 17. Jh. gelungene Figurengruppen hinzugefügt.

⑰ **Dijon,** 157 000 Einwohner, Hauptstadt und kulturelles Zentrum des einstigen Herzogtums Burgund, ist eine faszinierende Stadt voller Vitalität. Mit seinen Bauwerken und Kunstschätzen gehört es zu den besuchenswertesten Städten Frankreichs. Schon zur Zeit der Römer eine Handelsstation auf der Straße vom Rhein ins Rhônetal, erlangte Dijon im 14. und 15. Jh. unter den baufreudigen und kunstsinnigen Herzögen von Burgund (Johann Ohnefurcht, Philipp der Gute und Karl der Kühne) eine Epoche glanzvoller kultureller Blüte. Nach den verlustreichen Kriegen und dem Tod Karls des Kühnen zerfiel das Herzogtum und kam 1479 zur französischen Krone. Aus der ungewöhnlichen Fülle des Sehenswerten sei nur das Wichtigste hervorgehoben: Fragment des Herzogpalastes mit dem Musée des Beaux-Arts (eines der berühmtesten Frankreichs) und dem Turm Philipps des Guten (schöne Stadtrundsicht); Kirche Notre-Dame (13. Jh.) mit einer in der Gotik einzigartigen, an venezianische Loggienbauweise erinnernden Säulenfassade; Kirche St-Michel (16./17. Jh.) mit einer der am schönsten gegliederten Renaissancefronten Frankreichs; gotische Kathedrale St-Bénigne (um 1300); Kartause von Champmol mit dem »Mosesbrunnen« von Claus Sluter (weitere Einzelstücke der Kartause im Musée des Beaux-Arts).

⑱ **Côte d'Or** (Goldküste), westlich der Saônniederung zwischen Dijon und Chagny gelegenes, weltberühmtes Weingebiet. Der sanfthügelige Landstrich ist landschaftlich wenig aufregend, wird aber durch die Qualität seiner edlen Rebengewächse gleichsam geadelt. Namen wie Musigny, Nuits-St-Georges, Pommard, Meursault oder Gevrey-Chambertin vermögen den passionierten Weinliebhaber in Entzücken zu versetzen. Empfehlenswerte Zielpunkte sind das traditionsreiche Weinzentrum Château **Clos de Vougeot** (Führung) und das Château **La Rochepot,** eines der prächtigsten Schlösser aus der großen Zeit Burgunds (15. Jh., im 20. Jh. umfassend restauriert).

⑲ **Beaune,** 20 000 Einwohner, temperamentvolle Kleinstadt im Weinhügelland der Côte d'Or. Einzigartiger Anziehungspunkt ist das Hôtel-Dieu, ein unter Nicolas Rolin, Kanzler Philipps des Guten, im 15. Jh. erbautes Hospital für die Armen. Um den Innenhof gruppiert sich ein Gebäudetrakt mit holzgeschnitzten Galerien und mit aus farbenprächtigen glasierten Ziegeln gedeckten Dächern. Die Ausgewogenheit der Proportionen und die fast exotisch wirkende Pracht der Architektur reiht den Bau unter die Meisterwerke der flämisch-burgundischen Spätgotik ein. Das nicht minder sehenswerte Innere mit der zum Kirchenraum erweiterungsfähigen Krankenstation, Küche, Apotheke und Wirtschaftsräumen enthält unter anderen Kostbarkeiten das Retabel des »Jüngsten Gerichts« des flämischen Malers Rogier van der Weyden (1397–1464).

⑳ **Autun,** 23 000 Einwohner, abseits der großen Straßen gelegenes Städtchen im Tal des Arroux mit glanzvoller Vergangenheit. Hauptanziehungspunkt ist die ehrwürdige Kathedrale (12.–15. Jh.). Ihre Besichtigung wird allerdings nur abgerundet und vervollständigt durch den Besuch des Musée Rolin, in dem die wertvollsten Einzelheiten der Kirche (u. a. die berühmten romanischen Steinplastiken von Meister Gislebertus) aufbewahrt werden. Über die Stadt verteilt sind außerdem eindrucksvolle Relikte aus der Römerzeit: das Theater (mit 150 m Durchmesser angeblich das größte Galliens), zwei Portale der damaligen Stadtmauer und die Ruine des sog. Janustempels.

㉑ **Mont-St-Vincent,** uraltes Dorf mit archaisch anmutendem Charakter auf der Kuppe eines 600 m hohen Hügels mit kleiner romanischer Kirche aus dem späten 11. Jh. Von der Friedhofsbrüstung genießt man einen großartigen Blick über das ganze Charollais mit seinen durch viele Heckenzäune gegliederten Weidehügeln.

㉒ **Cluny,** 4700 Einwohner, heute ein unscheinbares Städtchen in der Hügellandschaft Burgunds, war einstmals das geistige Zentrum der christlichen Welt. Die Abtei, der etwa 2000 Klöster unterstanden, beeinflußte im 11. und 12. Jh. selbst die Entscheidungen des Papstes; eine Schule nannte man ehrfurchtsvoll das »Licht der Welt«. Die Abteikirche, damals das größte Gotteshaus der Welt, wurde bei der Französischen Revolution zerstört. Heute sind nur noch Fragmente der weitläufigen Anlage wie Mehlspeicher, der südliche Kreuzarm des Querschiffs, der »Weihwasserturm«, die Chorkapelle und einige Klostergebäude vorhanden. Ein Museum im Äbtepalais zeigt viele Erinnerungsstücke und anschauliche Modelle. An die große Vergangenheit Clunys erinnern in der Stadt noch die Kirchen St-Marcel (12. Jh.) und Notre-Dame (13. Jh.) sowie einige romanische Häuser.

㉓ **Roche de Solutré,** 495 m hoher, seltsam geformter Felsblock, ein einzigartiges Kulturdokument aus der Steinzeit: Auf den von einer Seite bequem zugänglichen, nach den anderen 3 Seiten jedoch lotrecht abfallenden Berg trieben die Steinzeitmenschen Herden von Wildpferden, die sich in wilder Panik zu Tode stürzten. Am Fuß wurden Tausende von Pferdeskeletten ausgegraben. Ein kleines Museum bietet Informationsmaterial.

㉔ **Mâcon,** 35 000 Einwohner, Weinhandelszentrum an der Saône und südlicher Endpunkt der historischen Landschaft Burgund. Sehenswert sind die alte Apotheke des Hôtel-Dieu, das Museum über den Dichter Alphonse de Lamartine (der 1790 in Mâcon geboren wurde) und das Musée des Beaux-Arts (u. a. mit prähistorischer Sammlung aus der Solutré-Epoche).

12 Paris und das Tal der Loire
Der Kopf und der Garten Frankreichs

Dieses Reisekapitel bedarf keiner besonderen Begründung: Paris, die faszinierende Weltstadt an der Seine, und das Loiretal mit der unvergleichlichen Reihe seiner prachtvollen Schlösser zählen zu den Traumzielen Europas, ja der Erde. Sie auf einer Reiseroute zu verbinden, liegt nicht nur wegen der geographischen, sondern auch wegen ihrer geschichtlichen Nähe auf der Hand. Kaum irgendwo hat die Geschichte eines Landes so anschauliche und großartige Spuren hinterlassen, und die Geschichte Frankreichs ist in diesem Abschnitt zugleich die Geschichte der europäischen Kunst, Kultur und Zivilisation. Deshalb sollte eine Betrachtung über Frankreich, eine Reise durch Frankreich immer in Paris beginnen. Es hat sich eingebürgert, in Paris ein Synonym Frankreichs zu sehen. Das ist richtig und falsch zugleich. Richtig, weil uns Paris, gleichsam in Partikelchen zerlegt, überall in Frankreich wieder begegnet, und falsch, weil es sich nirgendwo auch nur annähernd in seiner schillernden Gesamtheit noch einmal zeigt. »Hier aber ist Frankreich, und darum kann man auch keine deutsche Stadt mit Paris vergleichen, weil hier alles zusammenströmt, was sich in Frankreich auszeichnet, während es sich in Deutschland verbreitet...« – diese Eindrücke gewann der Komponist Felix Mendelssohn-Bartholdy vor 150 Jahren während eines Besuches in der Stadt, und seine Ansicht ist bis heute uneingeschränkt gültig. In Frankreich kann sich kein Talent, keine Begabung entwickeln oder zur Geltung bringen, außer in Paris. Die Stadt rafft eifersüchtig alles zusammen, was die große Nation je in Literatur, Wissenschaft, Künsten und Politik hervorgebracht hat. Der Franzose hat zu seiner Hauptstadt ein schizoides Verhältnis; er haßt sie als zentralistischen Wasserkopf, buhlt aber zugleich um die Möglichkeit, die ihm Paris für seine Karriere, sein Geschäft, sein Ansehen oder sein Vergnügen bieten könnte. Ist Paris der Kopf Frankreichs, so ist das Loiretal sein Garten. Das ausgeglichene, milde Klima, die Fruchtbarkeit des Bodens, die Weichheit des Lichts und die Harmonie der Landschaftsformen haben die Könige Frankreichs schon früh dazu verlockt, hier ihre Schlösser zu bauen und ihre Residenzen zu errichten. Bis zur Einführung des Absolutismus im 17. und 18. Jahrhundert war Paris als repräsentativer Stammsitz wenig gefragt. Die Herrscher zogen, natürlich vom ganzen Hofstaat begleitet, durch die Lande und von Schloß zu Schloß. Auf solche Art entstanden im ganzen Loiretal, und besonders zwischen Gien und Angers, längs des Stromes anmutige und majestätische Wohnsitze, an denen man den Geschmack und den Wohlstand der Erbauer sowie den Baustil jeder Epoche ablesen kann. Die Spanne reicht von gewaltigen mittelalterlichen Burgkolossen wie Langeais oder Angers bis zum filigranen Renaissance-Juwel Azay-le-Rideau, vom noblen Jagdpalais Cheverny bis zum prunkstrotzenden Chambord, das zu bombastisch geplant war, um je fertig zu werden. In keinem anderen Winkel der Erde stehen auf gleichem Raum so viele Schlösser wie im Loiretal, und es gibt nur noch zwei Täler, denen eine ähnliche königliche oder kaiserliche Funktion zuteil geworden ist: dem Niltal zur Zeit der Pharaonen und dem Tal des Rhein. Die Befürchtung, daß man auf der Fahrt durch das Loiretal nur Schlösser zu sehen bekäme und gleichsam von einem Museum zum nächsten zu eilen hätte, ist unbegründet. Der Begriff »Garten Frankreichs« ist wörtlich zu nehmen, das Tal verteilt seine vielseitigen Genüsse ebenso auf das Auge wie auf den Gaumen und das Gemüt. Die Loire ist mit ihren 1012 Kilometern nicht nur der längste Strom des Landes, man nennt sie auch den »französischsten«. Zu allen Zeiten fühlten sich die großen Dichter, Maler, Philosophen, Architekten und Heiligen von ihr angezogen; sie ist nicht, wie die Seine, der Lastesel Frankreichs, sondern gleicht einer

58 *Paris, Kathedrale Notre-Dame. – Die historische Herzkammer der Weltstadt ist die Seineinsel Ile de la Cité. Auf ihr steht die Kathedrale Notre-Dame, einer der bedeutendsten gotischen Dome Europas. Die Kirche, 1163 begonnen und 1345 vollendet, leitete in Frankreich das Zeitalter der Hochgotik ein. Mit der klaren architektonischen Linienführung und der Vollkommenheit ihrer Proportionen wurde sie Maßstab und Vorbild für die meisten gotischen Gotteshäuser auf dem Kontinent. Darüber hinaus gilt sie als geistliches Zentrum des katholischen Frankreichs und als »nationales Heiligtum« des Landes.*

59 *Paris, Basilika Sacré-Coeur. – Montmartre, das einstige Künstlerviertel, ist heute das Vergnügungszentrum der Seinestadt. Auf der »Butte«, dem hundert Meter hohen Hügel des Viertels, auf dem früher die Windmühlen klapperten und an dem noch jetzt Wein wächst, errichteten die Bürger von Paris nach der Niederlage im Krieg 1870/71 als Sühnekirche die mehrtürmige, romanisch-byzantinische Basilika Sacré-Coeur. Von der Terrasse genießt man einen herrlichen, bis 50 Kilometer weit reichenden Blick über die Stadt.*

60 *Versailles, Bassin des Apollo mit Blick zum Schloß. – Das Schloß von Versailles mit seinem Park ist vollendeter Ausdruck monarchistischen Prunks, wie er in Europa unter dem »Sonnenkönig« Ludwig XIV. zur größten Entfaltung kam. Allein die von Architekt Le Nôtre geschaffenen Kunstgärten erstrecken sich über hundert Hektar und sind mit über hundert Skulpturen geschmückt.*

61 *Fontainebleau, Blick aus dem Cour du Cheval-Blanc zur Westfront des Schlosses. – Schloß Fontainebleau, etwa 40 Kilometer südöstlich von Paris in einem weiten Forst gelegen, diente mehreren französischen Herrschern als Residenz. Das Bauwerk, in Stil und Grundriß uneinheitlich und durch verschiedene Schloß- und Bauherren auf ihre Weise geprägt, umfaßt mehrere Flügel, fünf*

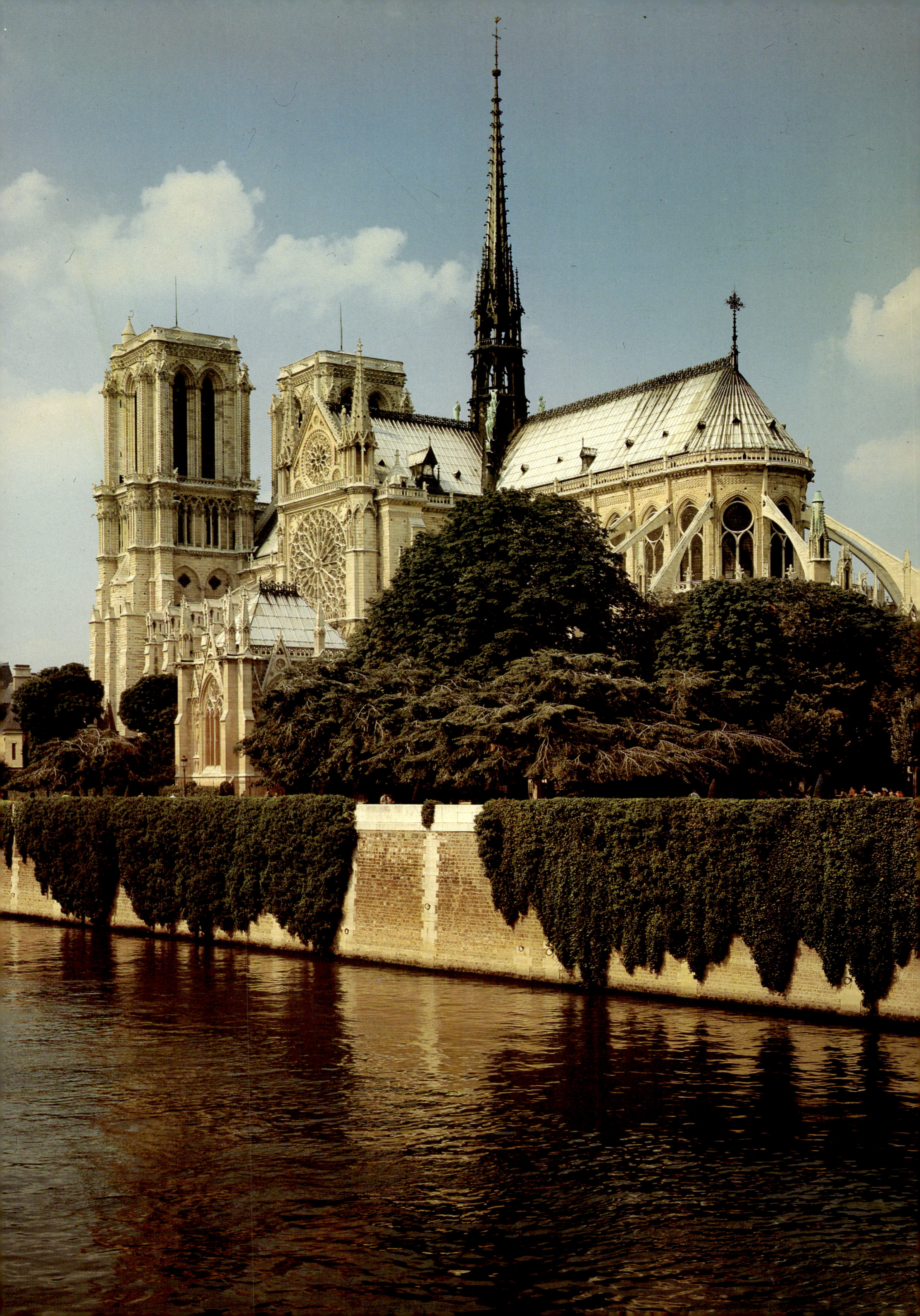

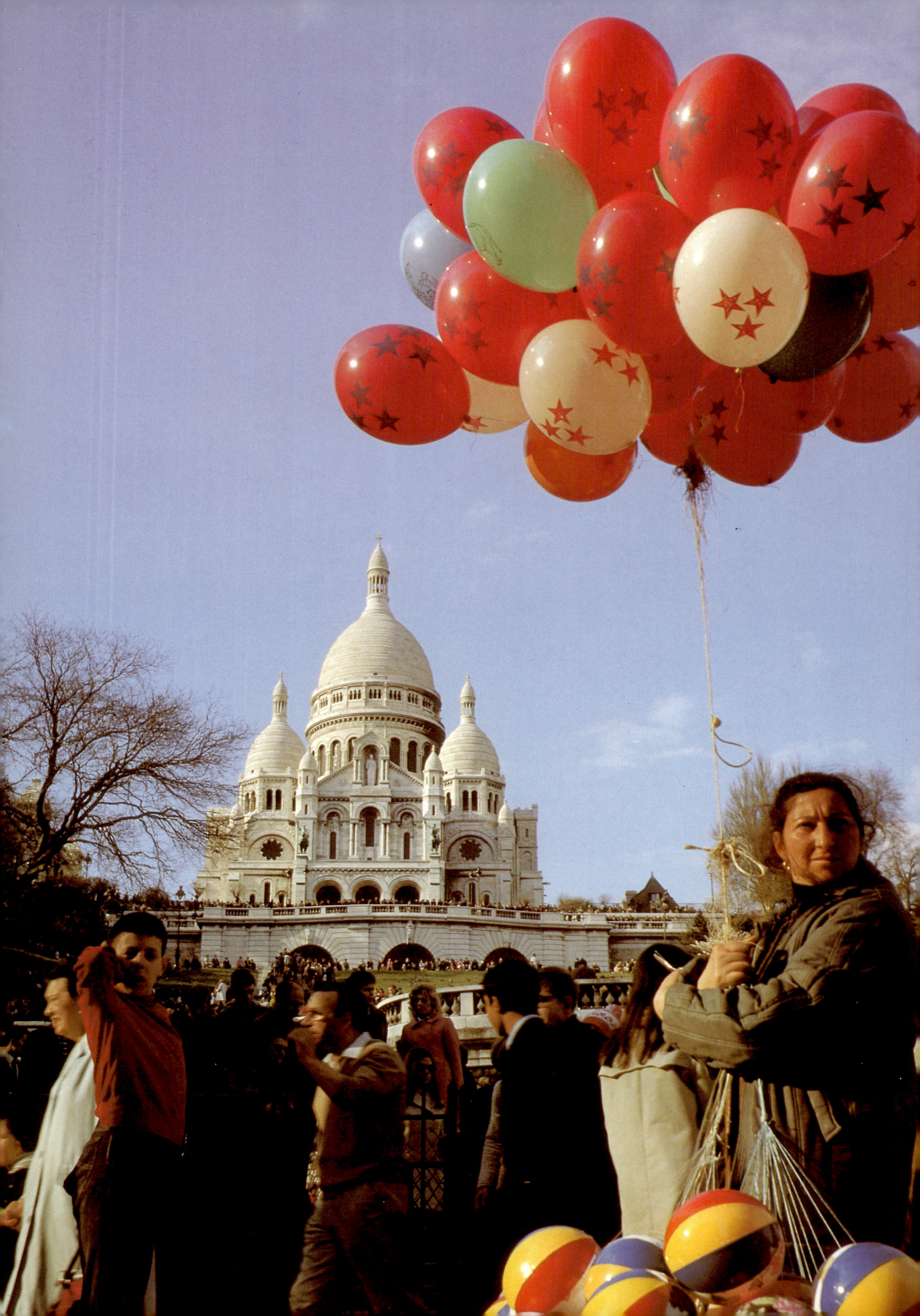

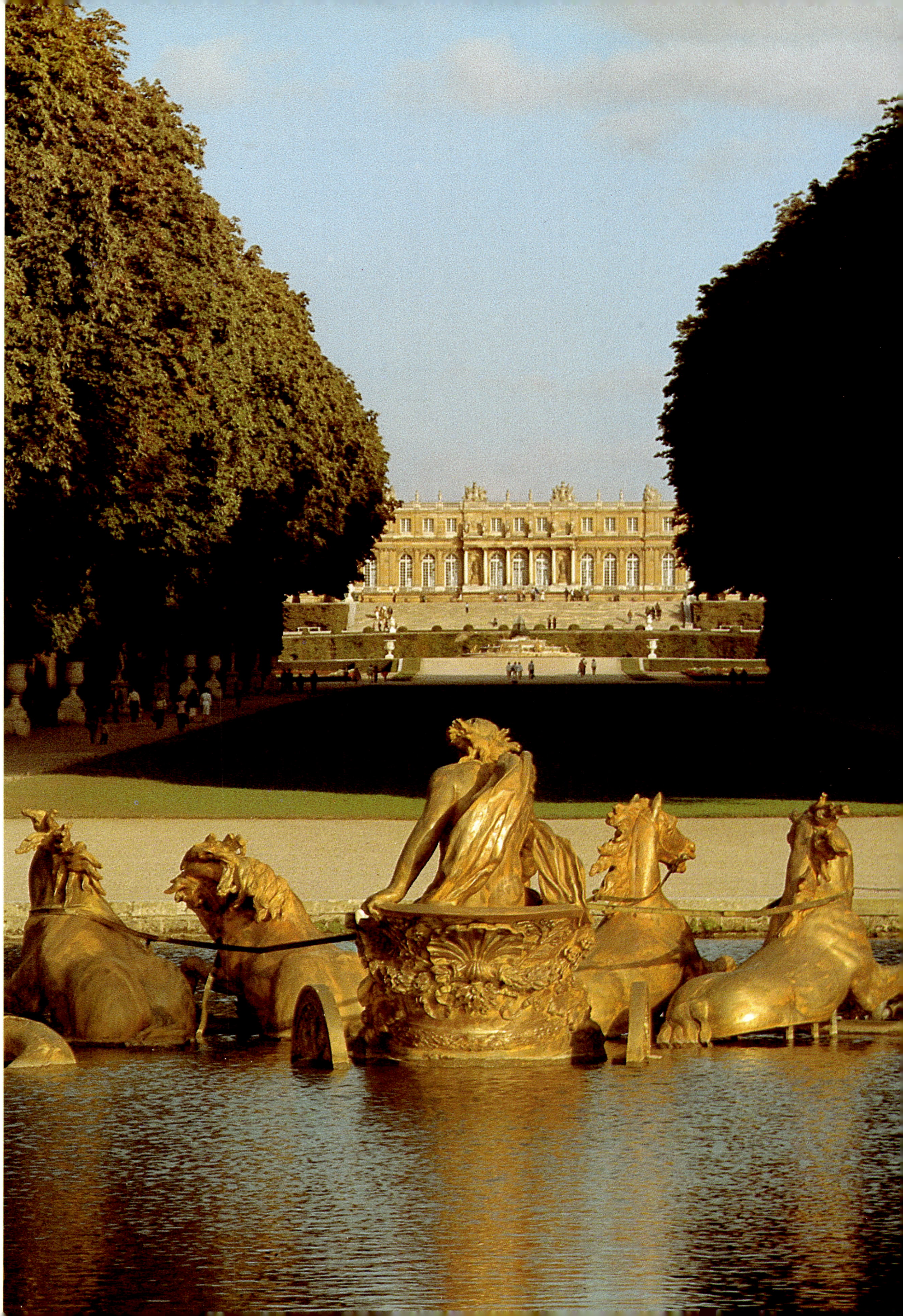

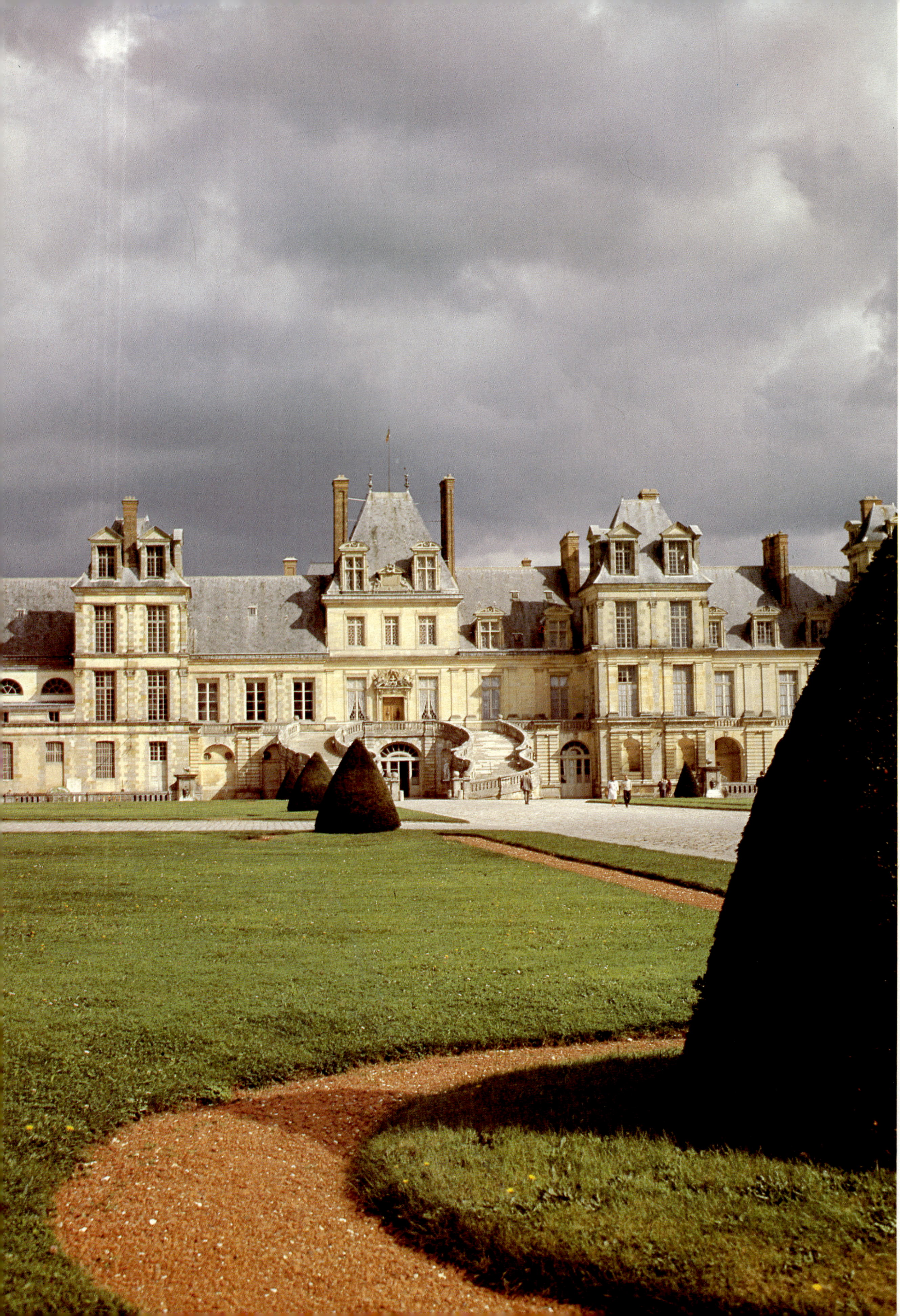

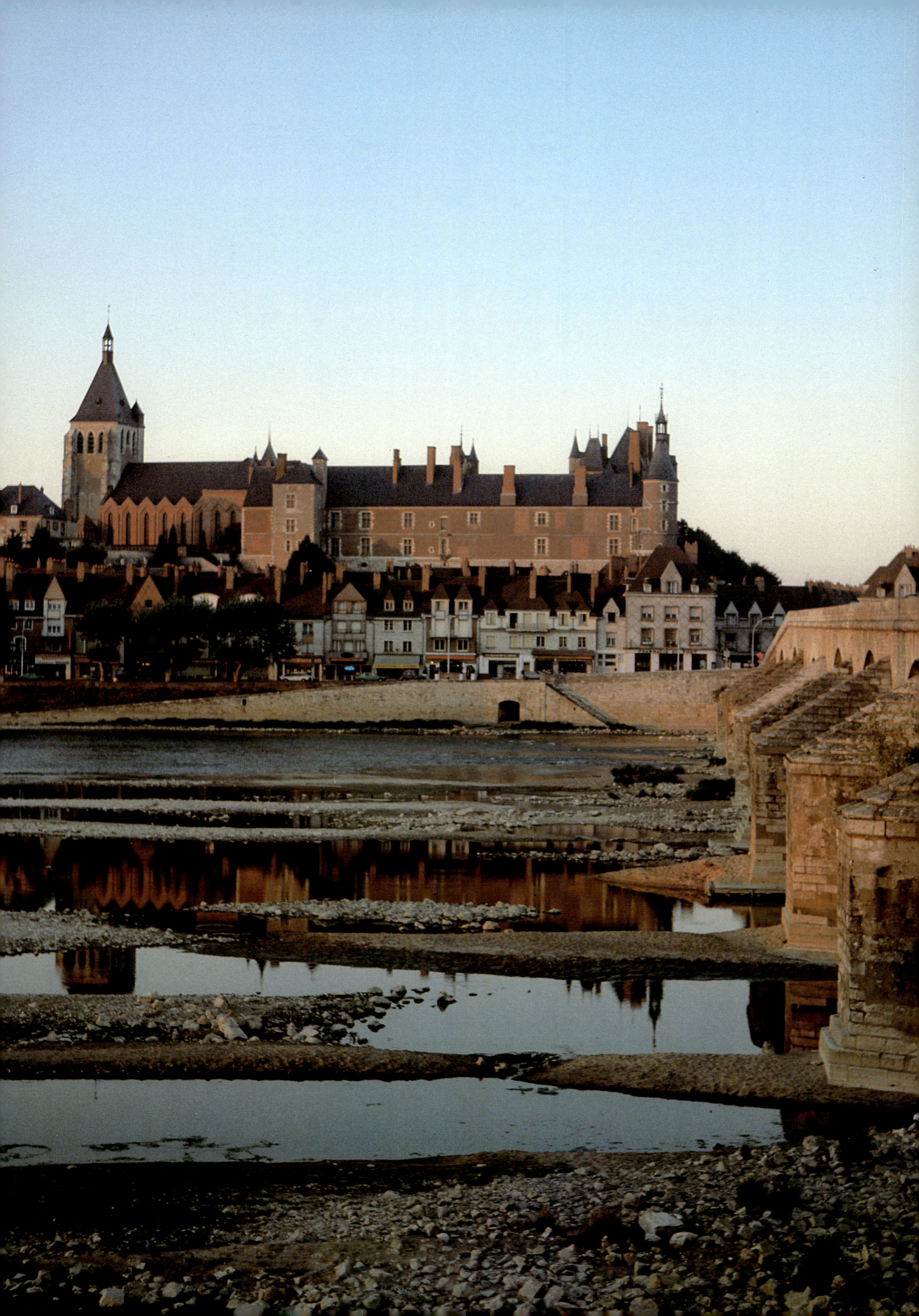

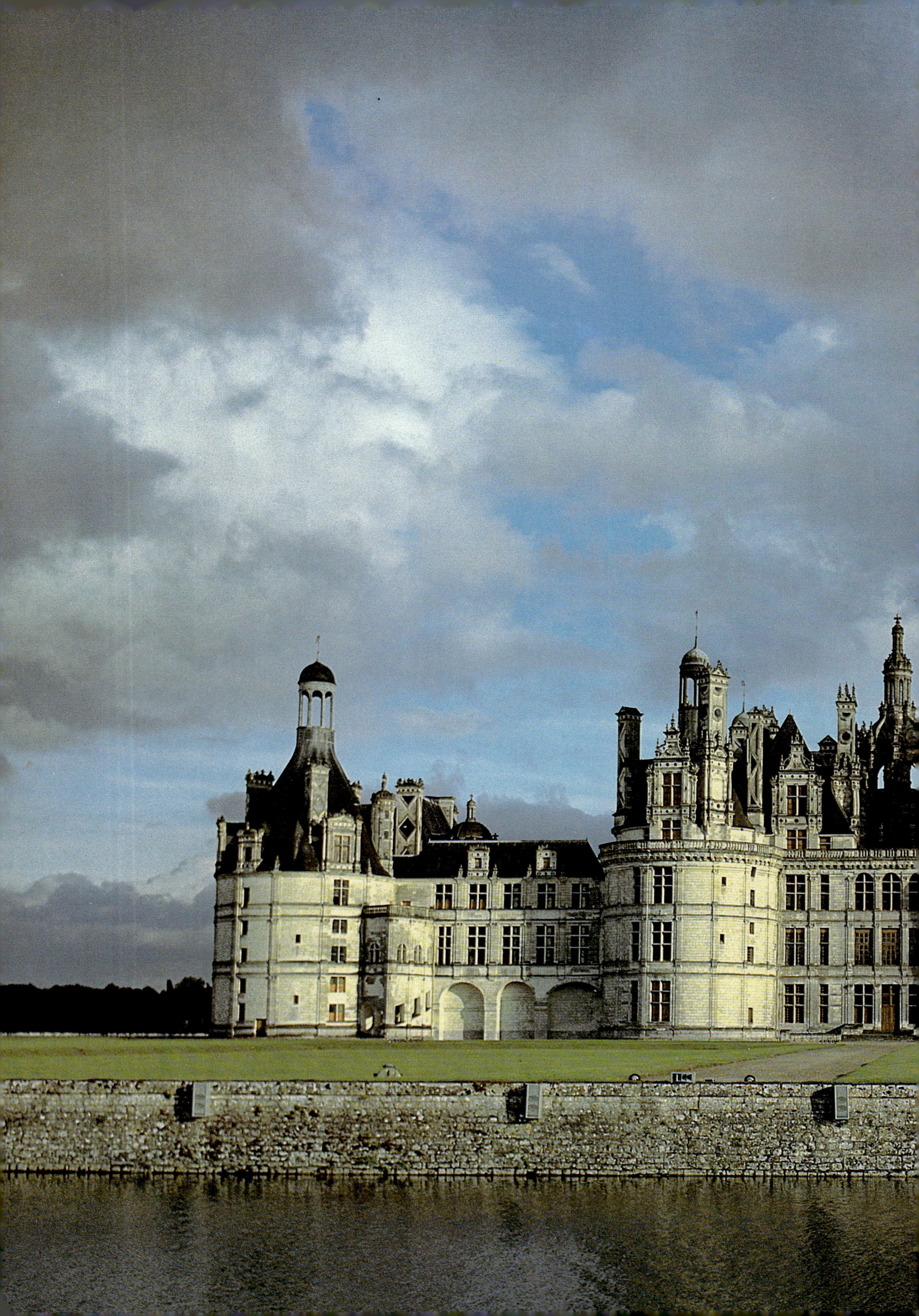

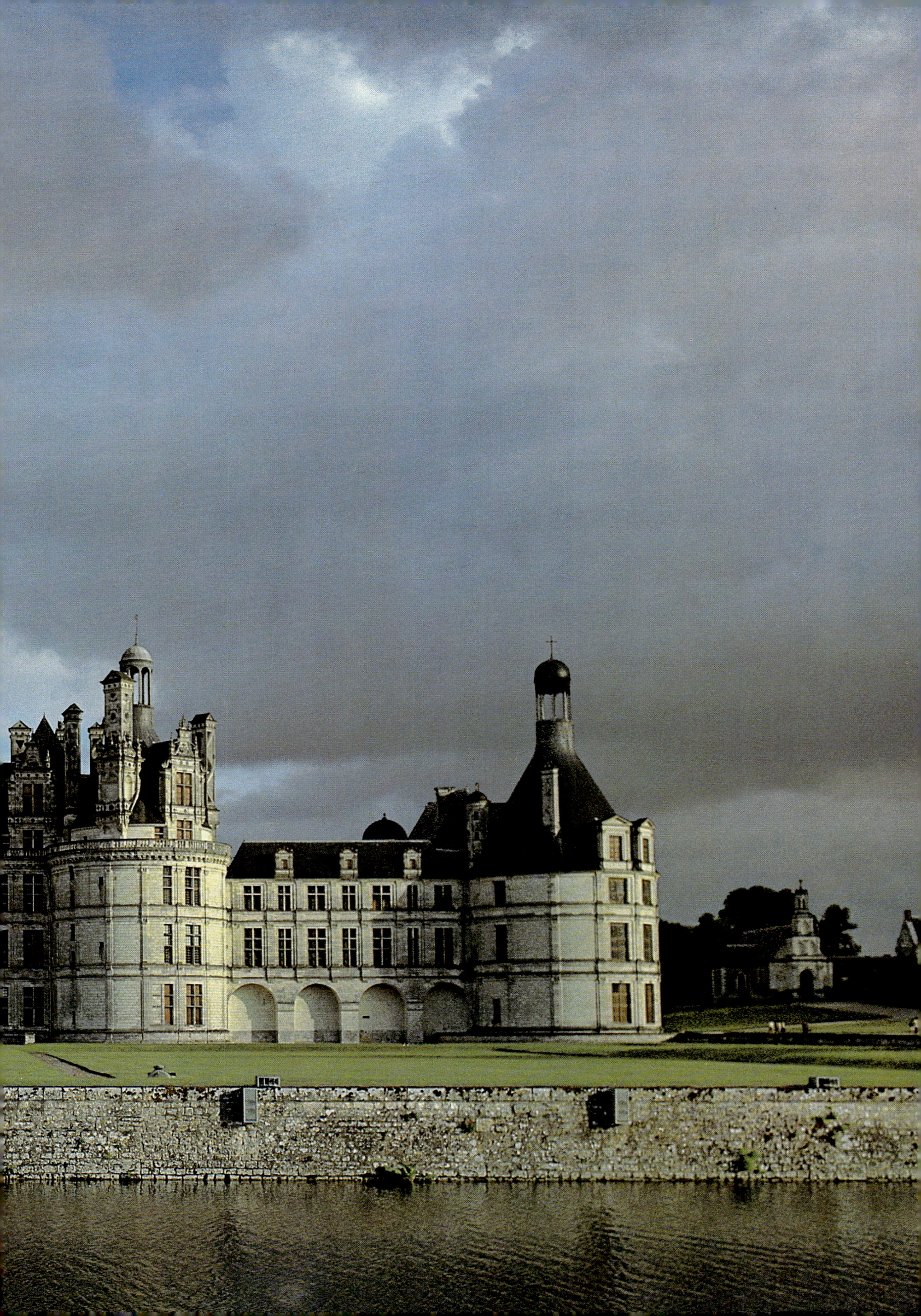

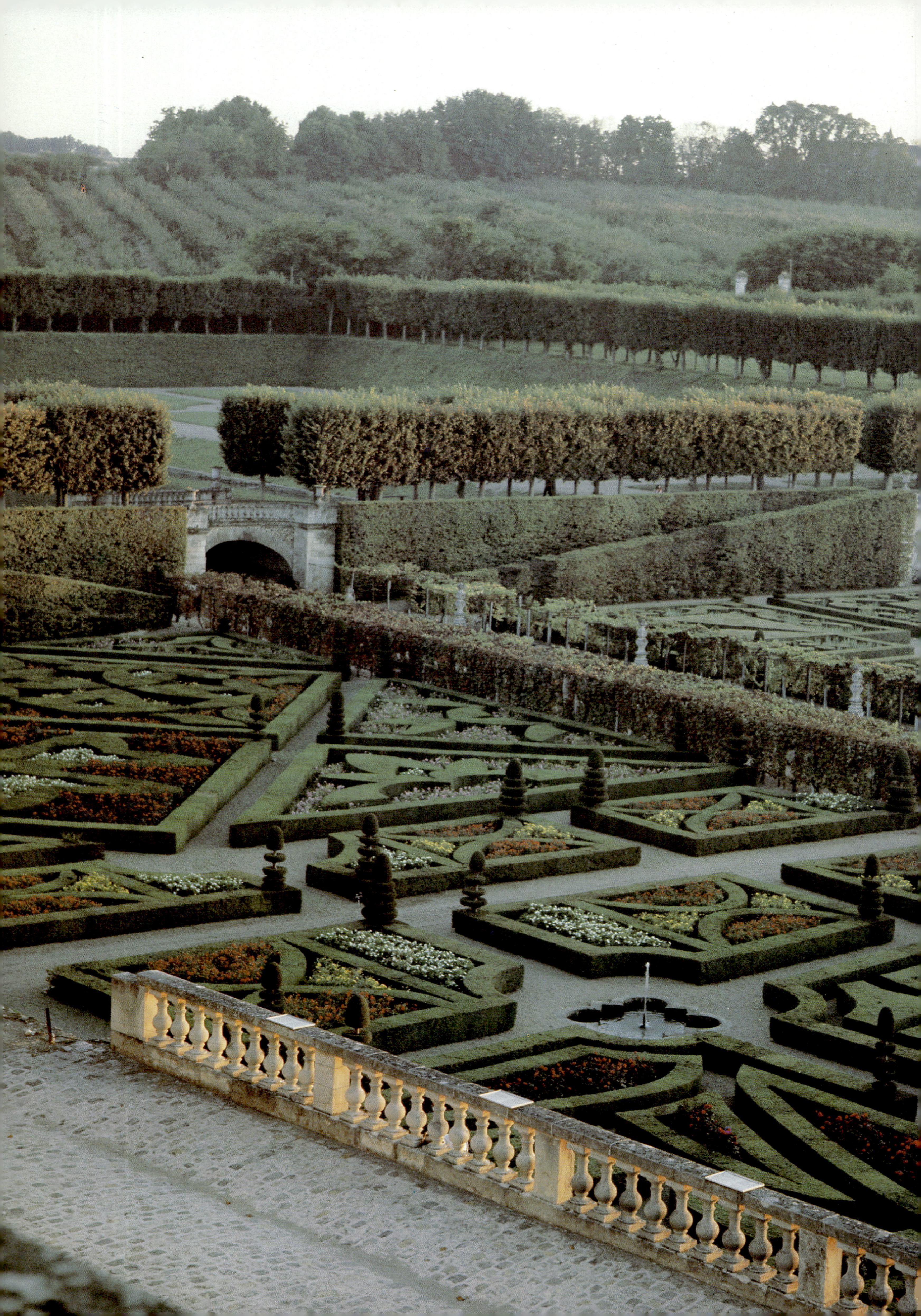

Höfe und einen herrlichen Park. Der Eingangshof auf dem Bild trägt den Namen Cour du Cheval Blanc oder Cour des Adieux.

62 *Gien an der Loire. – Schloß Gien, gegen Ende des 15. Jahrhunderts von Anne de Beaujeu, der Tochter Ludwigs XI., erbaut, eröffnet im Südosten den Reigen der Loireschlösser. Das Schloß und das Städtchen, das durch seine Fayencen bekannt ist, erfreuen durch ihre einheitliche Bauweise aus Ziegeln, hellen Steinen und Schiefer. Inmitten der schon von den Königen hochgeschätzten Jagdreviere gelegen, enthält der Bau heute ein Museum für Jagd und Falknerei mit einer einzigartigen Sammlung von Jagdtrophäen und historischen Jagdwaffen.*

63 *Schloß Chambord. – Unter den etwa 120 Loireschlössern ist Chambord das größte und bedeutendste; zusammen mit Versailles und Mont-St-Michel zählt es zu den drei berühmtesten Schöpfungen der französischen Architektur. König Franz I., der Liebe wie der Kunst zugetan und Begründer des prunkhaften französischen Hoflebens, ersann dieses Bauwunder mit den 440 Zimmern, 800 Kapitellen und 365 Schornsteinen, das letztlich zu großartig geplant war, um jemals fertig werden zu können. Die Prachtentfaltung, als deren Bühne man Schlösser wie Chambord brauchte, ist heute kaum mehr vorstellbar. So berichteten Chronisten, hinter König Franz I. »schleppe sich beständig ein Zug von zwölftausend Pferden her, und in des Königs engster Nähe hielten sich ständig 27 der schönsten und elegantesten Frauen auf, die ›petite bande‹, als Herzens- und Augenweide, zur Erquickung für Körper und Geist«.*

64 *Schloß Villandry, Blick über die Gärten. – In keinem anderen Winkel der Erde stehen auf gleichem Raum so viele Schlösser wie im Tal der Loire, dessen Bereisung gleichsam zum Gang durch die Geschichte der Burgen- und Schloßarchitektur wird. Eine von vielen Besonderheiten sind die Gärten von Villandry, die in Frankreich nicht ihresgleichen haben: Ungezählte Taxusbäume und Buchsbaumhecken sind kunstvoll zu geometrischen Figuren geformt; jede Gewächsgruppe stellt eine der vier verschiedenen Arten von Liebe dar: Herzen und Flammen versinnbildlichen die zärtliche, Schwerter und Klingen die tragische Liebe; Fächer und Schmetterlingsflügel symbolisieren Flirt und Liebelei, ein Labyrinth gebrochener Herzen stellt Vernarrtheit und Hörigkeit dar.*

verwöhnten und mitunter launenhaften Diva. Längst durchpflügt kein Schiff mehr die Fluten, die sich, unbehindert von Dämmen oder sonstigen Beeinträchtigungen, im breiten Bett nach Belieben räkeln, ausruhen und tummeln dürfen.

Doch beginnen wir unsere Reise mit *Paris*. Man kann ein solch komplexes Stadtwesen nicht auf wenigen Buchzeilen erfassen und beschreiben; selbst das ansonsten probate Mittel, es aus seiner Geschichte heraus zu begreifen, hat angesichts eines Wustes von Ereignissen und Zusammenhängen schwerlich Erfolg. Man sollte auch nicht nach geschichtlicher Berufung, zielstrebiger Entwicklung oder anderen Begriffen suchen. Genau betrachtet ist diese Stadt weniger durch große historische Taten als aus Unsummen menschlicher Ängste, Schwächen, Fehler und sogar Verbrechen entstanden und so geworden, wie sie heute ist. An dieser Stelle ist auch kein Raum für die Würdigung von Fakten, Daten, Zahlen und Superlativen. Was den neugierigen Erstbesucher interessiert, ist ein Schlüssel zum Wesen der Stadt, zu jenen Merkmalen, die sie von anderen Großstädten unterscheidet.

Da wäre zunächst die klare und rasch erfaßbare Gliederung. Die ganze Entwicklung während zweitausend Jahren vollzog sich entlang einem etwa fünf Kilometer langen Uferabschnitt der Seine; er reicht vom Pont d'Austerlitz bis zum Eiffelturm, sein geschichtlicher Kern ist die Flußinsel (Ile de la Cité) mit der Kathedrale Notre-Dame. Die Seine teilt die Stadt in zwei Bereiche: Die linke, südliche Hälfte (›rive gauche‹) ist die Welt des Geistes (mit Universitäts- und Künstlerviertel), die rechte (›rive droite‹) jene des Kommerz' (mit Handelshäusern, Geschäften, Prachtstraßen). Nach dieser Faustregel wird man rasch eine andere Wesensart gewahr: die ungeheure Vielgestaltigkeit. Paris gipfelt nicht, wie fast alle anderen Städte, in einem beherrschenden Mittelpunkt, sondern setzt sich aus einem ganzen Reigen ranggleicher Stadtviertel zusammen, jedes eine Großstadt für sich mit einer ganz spezifischen, auf der Welt einzigartigen Prägung. All diese Stadtgebilde, die der Pariser auch gern verniedlichend seine »Dörfer« nennt, werden minutenschnell durch die Metro miteinander verbunden, ein ebenso uraltes wie nagelneues U-Bahnsystem, das täglich vier Millionen Menschen kreuz und quer durch die Weltstadt befördert.

Um Paris zu erforschen, dazu brauchte man Wochen, Monate, Jahre. Für den Anfang genügen Ile de la Cité, Eiffelturm, Louvre, Tuilerien. Lohnender, als die Sehenswürdigkeiten nach Liste abzuhaken, ist es, sich vom Strom dieser Stadt treiben zu lassen, der einen fast immer ans gewünschte Ziel trägt.

Untrennbar mit Paris und der Geschichte Frankreichs verbunden ist das Schloß von *Versailles*, die prunkvollste Residenz Europas, an der sich alle anderen Schlösser auf unserem Kontinent messen lassen müssen. Es ist zugleich Maßstab und Richtschnur für die folgende Route durch das Loiretal, die man am besten über Fontainebleau einleitet und mit Gien beginnt. Sully, die romantisch gelegene Festung der Feudalzeit, setzt die Reihe fort. Orléans, die Stadt der Jeanne d'Arc, strahlt vornehme Würde aus, wie sie keinem anderen Ort in Frankreich eigen ist. Mit *Chambord* erlebt man das mächtigste und architektonisch genialste der Schlösser dieser Region. Die Prachtentfaltung, als deren Bühne man ein Schloß wie dieses brauchte, ist heute kaum mehr vorstellbar. Nach Chambord reiht sich Schloß an Schloß aneinander, bald stolz über dem Ufer der Loire thronend wie Blois, Amboise, Chaumont und Saumur, bald sich kokett im Wasser spiegelnd wie Chenonceaux und Azay-le-Rideau. Man wird nicht müde des Schauens, Staunens und Bewunderns. Bei all der Begeisterung für die Loireschlösser sollte man nicht vergessen, sich an der Schönheit der Landschaft zu erfreuen. Die *Loire* hat nichts von der ins Auge springenden, plakathaften Schönheit des Rheins oder der Mosel; ihr Wesen ist bescheidener, ruhiger, ausgeglichener, ein Fluß zum Träumen. »Sanft und sinnlich« nannte Jules Michelet das Tal des Stromes, der verspielt und verschnörkelt, sich verzweigend und wieder vereinend, die Landschaften des Orléanais, der Touraine und des Anjou durchzieht, umhüllt von seidiger Luft und verzaubert durch ein einzigartiges Licht, das allgegenwärtig und doch nicht bestimmbar ist. Nur wenige Maler haben den Versuch gemacht, den milden, überirdischen Glanz im Bild festzuhalten.

Reise – Lexikon

① **Paris,** die Hauptstadt Frankreichs, liegt in einer weiten, sanft gemuldeten Ebene an beiden Ufern der Seine. Im engeren Stadtbereich leben 2,8 Millionen, im Großraum Paris etwa 9 Millionen Menschen, fast ein Fünftel der Bevölkerung Frankreichs. Paris ist »Kopf und Herz«, das politische, kulturelle und wirtschaftliche Zentrum des Landes und seit 800 Jahren Brennpunkt der europäischen Kunst und Wissenschaft.
Keimzelle der Stadt war die Seineinsel »Ile de la Cité«, auf der sich die gallo-römische Siedlung Lutetia befand. 508 wurde diese Hauptstadt des Frankenreiches unter Chlodwig I. Um 1200 entstand eine Ringbefestigung mit 500 Türmen, die bereits eine Stadt mit 100000 Menschen umschloß. Unter Ludwig XIV. kam im 17./18. Jh. das monarchistische Herrschersystem in und um Paris zu seiner üppigsten Prunkentfaltung. Mitte des 19. Jh. erhielt die Stadt mit den bis zu 100 m breiten Boulevards seine heutige Straßenstruktur. Zur Zeit der Weltausstellungen (1878, 1889 und 1900) galt Paris als heimliche Hauptstadt der Welt.
Allein mit der Aufzählung der Sehenswürdigkeiten von Paris wären Bücher zu füllen. An dieser Stelle sei eine geraffte, stichwortartige Darstellung der für den Kurzbesuch lohnendsten Ziele wiedergegeben.

Ile de la Cité, die durch 9 Brücken mit dem Festland verbundene Seineinsel mit der Kathedrale **Notre-Dame** (1163–1345) ist die Kernzelle der Stadt. Auf der Insel befinden sich außerdem der Baukomplex des **Justizpalastes** (13.–19. Jh.) mit der **Conciergerie** und der gotischen **Sainte-Chapelle** (1245–1248).
Rechtes Seineufer mit **Louvre** und **Tuileriengarten.** Der Louvre, bis zum Bau von Versailles königliche Residenz, ist mit einer Fläche von 198000 qm der größte Palast der Erde. Er beherbergt seit 1793 das heute umfangreichste und bedeutendste Museum der Welt, darunter die berühmte Gemäldegalerie mit über 5000 Meisterwerken aller Epochen. Der Garten des Louvre setzt sich im 1000 m langen und 300 m breiten Tuileriengarten, einem skulpturenreichen Stadtpark, bis zur **Place de la Concorde** fort, die als eine der schönsten Platzanlagen der Welt gilt. In deren Mitte steht ein 23 m hoher Obelisk (13. Jh. v. Chr.), an der Westseite die »Pferde von Marly« (berühmte Barockplastiken). An Louvre und Tuilerien schließen sich nördlich das Opernviertel (Opernhaus, 1862–1864 erbaut, mit 11000 qm Grundfläche das größte Theater der Welt) mit den noblen Einkaufsstraßen, der **Madeleine** (Ruhmestempel) und dem **Palais Royal** sowie östlich das Hallenviertel (ehemals der »Bauch von Paris«) mit dem futuristischen Kulturzentrum **Beaubourg** (Centre Georges Pompidou) an.
Linkes Seineufer mit den Universitäts- und Studentenvierteln **Quartier Latin** und **St-Germain;** an diese schließen das **Palais Luxembourg** (1615–1631; Renaissancepalast) mit schönem Park, das **Panthéon** (91 m hohe Kuppelkirche; nationale Gedenkstätte) und weiter südwestlich das Künstlerviertel **Montparnasse** (mit 210 m hohem Büroturmhaus) an.
Eiffelturm und **Palais Chaillot,** am linken und rechten Seineufer gelegen, bilden eine prächtige Baugruppe. Der 320 m hohe Eiffelturm, 1889 errichtet, war lange Zeit das höchste Bauwerk der Welt. Das gegenüberstehende, terrassenförmig angeordnete Palais Chaillot zeichnet sich durch eindrucksvolle Stadtperspektiven aus. Östlich des Eiffelturms hebt sich die 97 m hohe Kuppel des **Invalidendoms** (mit Gruft Napoleons I.) aus dem Häusermeer ab.
Champs-Elysées und **Arc de Triomphe.** Die Champs-Elysées sind ein monumentaler Prachtboulevard, der sich 2 km lang zwischen Place de la Concorde und Place Charles-de-Gaulle erstreckt. Beherrschender Endpunkt der Straßenachse ist der Arc de Triomphe, ein 1806 bis 1836 erbauter Triumphbogen.
Montmartre, bebauter Hügel im Norden der Stadt, ehemals berühmt als Künstlerviertel, heute Zentrum des Nachtlebens. Optisches Wahrzeichen ist die 83 m hohe Kuppelkirche **Sacré-Coeur,** 1875 bis 1914 im romanisch-byzantinischen Stil erbaut.

② **Versailles,** 95000 Einwohner, südwestliche Pariser Vorstadt mit dem gleichnamigen, von Ludwig XIV. ab 1661 erbauten Schloß, das von 1682 bis 1789 königliche Residenz war. Mit dem gigantischen Bautrakt und den riesigen Parkanlagen wurde Versailles zur größten und prunkvollsten Residenz Europas und zum pompösen Ausdruck des absolutistischen Herrschaftssystems. Im Schloß, das vielen anderen Fürsten als Vorbild diente, lebten im 17./18. Jh. etwa 20000 Personen, davon 9000 Soldaten und 9000 Bedienstete. Nach der Enthauptung Ludwigs XVI. (1793) wurde das Interieur versteigert bzw. in den Louvre überführt; in den fünfziger Jahren unseres Jahrhunderts begann die grundlegende Renovierung. Die lohnenden Besuchsobjekte sind die »Grands Appartements«, die Privatgemächer des Königs, die Schloßkapelle, die Gärten, das Kleine und Große Trianon sowie das Dörfchen »Le Hameau«.

③ **Fontainebleau,** 23000 Einwohner, beliebte Pariser Ausflugsstadt im gleichnamigen Waldgebiet. Hauptanziehungspunkt ist das berühmte Schloß, dem sich ein herrlicher Park anschließt. Das Bauwerk, in Stil und Grundriß durch die jahrhundertelange Bauzeit uneinheitlich, umfaßt mehrere Flügel und 5 Höfe, die überwiegend vom 16. bis zum 19. Jh. entstanden. Mehrere französische Könige prägten den Bau auf ihre Weise, der Hauptteil stammt von Franz I. Das Schloß, zeitweise Mittelpunkt des höfischen Lebens, wurde zuletzt 1814 durch Napoleons spektakulären »Abschied von der Garde« berühmt. Lohnend sind die Besichtigung der Innenräume und ein Spaziergang durch den herrlich angelegten Park (Karpfenteich, Wasserbecken, Skulpturengarten).

④ **Montargis,** 18000 Einwohner, malerisches Städtchen im Loingtal mit altertümlichem Kern, etwas hochtrabend das »Venedig des Gâtinais« benannt. Gegenüber der Kirche de la Madeleine (12. und 15./16. Jh., schöner Chor) liegt die erste französische »Pralinen-Manufaktur« (17. Jh.).

⑤ **Briare,** 5400 Einwohner, verträumtes Städtchen im Loiretal, dessen Sehenswürdigkeit der 1890 erbaute Pont-Canal ist: Die Wasserstraße wird als 640 m lange Brücke hoch über das Loiretal hinweggeführt und verbindet den Kanal von Briare mit dem Loire-Seitenkanal.

⑥ **Gien,** 15000 Einwohner, durch seine Fayencen bekanntes Städtchen im Loiretal, eröffnet die Reihe der Loireschlösser. Der Ort, nach schwerer Zerstörung im Zweiten Weltkrieg wieder vorbildlich aufgebaut, wird vom stattlichen Schloß der Anne de Beaujeu (der Tochter Ludwigs XI.) überragt, die es im 15. Jh., ebenso wie die Loirebrücke, erbauen ließ. Inmitten des schönen Jagdreviere gelegen, enthält der stattliche Bau heute ein internationales Museum für Jagd und Falknerei mit einer einzigartigen Sammlung historischer Jagdwaffen.

⑦ **Sully-sur-Loire,** 5000 Einwohner, freundliches Provinzstädtchen mit mächtigem Château aus dem 14. Jh. Ort und Schloß tragen den Namen des einstigen Ministers König Heinrich IV., der als Schloßherr die aus dem 14. Jh. stammende Burganlage im 17. Jh. erweiterte und verschönerte. Voltaire, der berühmte Philosoph des 18. Jh., war oft im Schloß zu Gast. Die wehrhafte mittelalterliche Burg liegt, von breiten Wassergräben umschlossen, romantisch zwischen dem Ortsrand und dem Schloßpark. Sehenswert sind die Innenräume, der obere Saal im Donjon (Wohnturm) hat das schönste aus dem Mittelalter erhaltene Gebälk.

⑧ **St-Benoit-sur-Loire,** Dorf mit der ehemaligen Benediktinerabtei Fleury, eines der bedeutendsten geistigen Zentren des Mittelalters. Bis heute erhalten blieb die romanische Klosterkirche (1026–1218) aus mächtigen Quadersteinen. – 5 km nördlich, in **Germigny-des-Prés,** steht eine der ältesten Kirchen Frankreichs aus dem 9. Jh.

⑨ **Orléans,** 110000 Einwohner, das römische ›Aurelianum‹, ist eine der traditionsreichsten Städte Frankreichs und gilt als die historische Herzkammer des Landes. Untrennbar mit der Stadt verbunden ist die Nationalheldin Jeanne d'Arc (Jungfrau von Orléans), welche den Ort 1429 handstreichartig von der Belagerung durch die Engländer befreite.
Nach schweren Zerstörungen im Zweiten Weltkrieg wurde Orléans mustergültig wieder aufgebaut und präsentiert sich heute mit einem der nobelsten Stadtbilder Frankreichs. Dominierender Mittelpunkt ist die hochgotische, der Kirche Notre-Dame in Paris ähnliche Kathedrale Ste-Croix (1568 zerstört, 1601–1829 wieder aufgebaut). Sehenswert sind außerdem die Kirche St-Aignan mit Krypta aus dem 10./11. Jh., das Alte Rathaus, eine Stilmischung aus Spätgotik und Renaissance, sowie die Place du Martroi mit dem Reiterstandbild (1855) der Jeanne d'Arc. Einen herrlichen Blick über die Loire und die Stadt genießt man jenseits der 1760 erbauten Brücke Georges V.

⑩ **Chambord,** das großartigste und berühmteste unter den 120 Loireschlössern, steht auf der großen Lichtung eines Parkwaldes und zeigt sich von allen Seiten gleich eindrucksvoll. Der ausschließlich dem Prunk und der Repräsentation dienende Renaissancebau wurde 1519 unter König Franz I. begonnen und bis heute nicht endgültig fertig. Dennoch ist er mit seinen 440 Zimmern, 800 Kapitellen und 365 Schornsteinen eines der großartigsten Schlösser der Welt. Hervorragende Details sind der kolossale ›Donjon‹ (Wohnturm) mit seinen raffiniert konstruierten Doppeltreppen sowie die reiche Dachlandschaft auf der Donjon-Plattform. Franz I. feierte in Chambord märchenhafte Feste, Ludwig XIV. ließ hier von Molière dessen Komödien aufführen. Für spätere Schloßherren war der Prunksitz zu kostenträchtig, so daß ihn 1930 der Staat übernahm.

⑪ **Cheverny,** im 17. Jh. inmitten einer wunderschönen Parklandschaft erbautes Jagdschloß, das durch seine ausgewogene Architektur und die reiche Innenausstattung besticht. Dem noblen Herrensitz, noch heute in Privatbesitz, ist ein interessantes Jagdmuseum angeschlossen.

⑫ **Blois,** 52000 Einwohner, freundliche Stadt über dem hier formenreichen Loireufer. Inmitten des Orts thront auf einer Bergkuppe das mächtige Schloß, einst unter Ludwig XII. und Franz I. königliche Residenz. Das Château, an dem vom 13. bis 17. Jh. an- und umgebaut wurde, veranschaulicht mit den Stileinflüssen von Gotik, Renaissance und Barock eine ganze Architekturgeschichte. Herausragend ist der Flügel Franz I. mit seinem offenen Treppenturm, eine Meisterschöpfung der französischen Renaissance-Architektur. In der Stadt sind die beiden Kirchen St-Nicolas (romanisch-gotisch) und St-Louis (nach Einsturz im 17. Jh. neu aufgebaut) beachtenswert.

⑬ **Chaumont,** einer mittelalterlichen Festung gleichendes Schloß aus dem 15. Jh., das hoch über der Loire in einem schönen Park versteckt ist. In den Räumen befindet sich schönes Interieur, von der Terrasse genießt man eine prächtige Aussicht.

⑭ **Amboise,** 11000 Einwohner, rustikales Städtchen an der hier durch eine Insel geteilten Loire, war als günstiger Stromübergang seit altersher von strategischer Bedeutung. Das Schloß wurde unter Karl VIII. ab 1492 als eine der weitläufigsten und prächtigsten königlichen Residenzen (Palast und Festung zugleich) erbaut. Von der einstigen Anlage blieben nur Fragmente und die herrliche Terrasse über der Loire erhalten. Leonardo da Vinci starb 1519 im Gartenhaus des Schlosses.

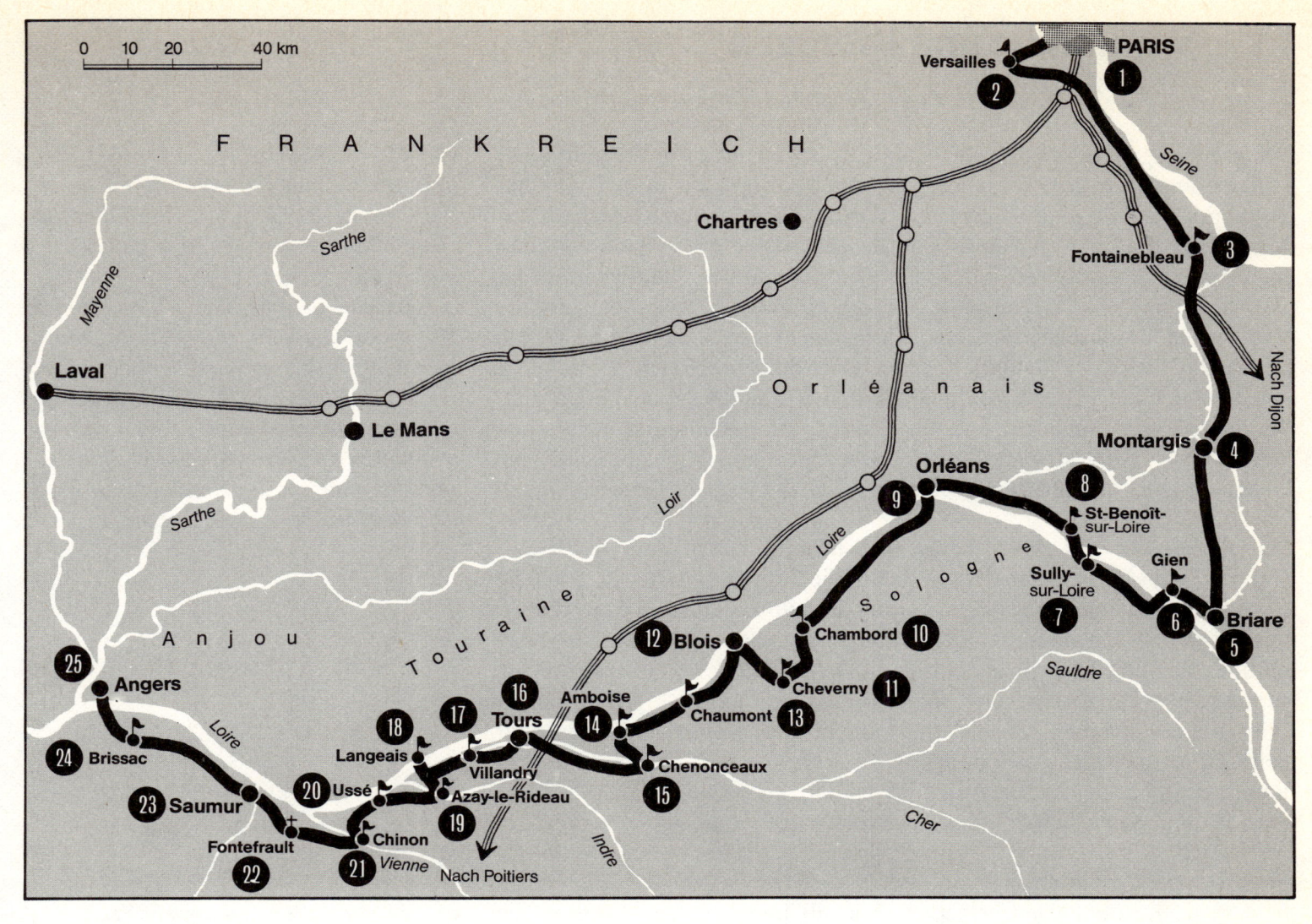

⑮ **Chenonceaux**, eines der sehenswertesten Loireschlösser, das durch seine ausgefallene Architektur besticht: es spannt sich gleich einem Brückenhaus mit 6 Bögen über den Fluß Cher. Die Chronik des im 16. Jh. erbauten Schlosses ist von 6 Frauen geprägt, darunter Diana von Poitiers, die Mätresse Heinrichs II., und deren Gegenspielerin, die Regentin Katharina von Medici. Die kunstvoll ausgestatteten Räume sind ebenso sehenswert wie die schönen Gärten.

⑯ **Tours**, 145 000 (mit Randgebieten 215 000) Einwohner, die temperamentvolle Hauptstadt der Touraine und der touristische Mittelpunkt des Loiretals, war schon zur Römerzeit ein bedeutender Siedlungsplatz und besitzt Baudenkmäler aus der Spätantike und dem Mittelalter. Stadtbeherrschend ist die prachtvolle Kathedrale St-Gatien (13.–16. Jh.) mit ihrem überreichen gotischen Fassaden- und Turmschmuck. Sehenswert sind außerdem der Bischofspalast (17./18. Jh.) mit dem Kunstmuseum, das Renaissancehaus Hôtel Gouin (Museum) sowie die Altstadt um die Place Plumereau.

⑰ **Villandry**, über dem Fluß Cher vor dessen Mündung in die Loire gelegenes Renaissanceschloß, 1532 erbaut und im 18. Jh. erneuert. Seinen Ruf verdankt das Schloß den kunstvollen Gartenanlagen im Stil des 16. Jh., eine der großartigsten Schöpfungen französischer Gartenbaukunst.

⑱ **Langeais**, 4000 Einwohner, freundliche Kleinstadt mit wuchtigem Schloß, mit den klobigen Mauern und der uralten Zugbrücke eine mittelalterliche Wehrburg. Im Gegensatz zu anderen oft unmöblierten Loireschlössern ist Langeais, in dem 1491 die Hochzeit Karls VIII. mit Anne de Bretagne gefeiert wurde, noch ganz im Stil seiner Zeit eingerichtet.

⑲ **Azay-le-Rideau**, 3000 Einwohner, Kleinstadt an der Indre; etwas abgerückt liegt in schönem Park auf einer Halbinsel des Flusses das liebenswürdige, architektonisch ungewöhnlich reizvolle Schloß, 1518 bis 1529 durch einen Finanzmagnaten im Stil der französischen Frührenaissance erbaut. Besonders stimmungsvoll sind die abendlichen Vorführungen »Son et Lumière«. Das benachbarte **Saché** war der Lieblingsaufenthalt des Dichters Honoré de Balzac (1799–1850).

⑳ **Ussé**, im 15. Jh. festungsartig erbautes und von Vauban neugestaltetes Schloß über der Indre. Der romantische Bau mit seiner verwunschenen Lage hat seit jeher die Phantasie der Besucher beflügelt: Er soll den Dichter Charles Perrault zum Märchen vom Dornröschen inspiriert haben.

㉑ **Chinon**, 8500 Einwohner, altertümliche Kleinstadt am Ufer der Vienne mit sehenswertem Kern. Überragt wird der Ort von der den Kamm des Uferfelshanges prägenden Burganlage (400 × 70 m) aus dem Spätmittelalter, von der nur noch Fragmente stehen. Von den Turmresten genießt man einen schönen Blick auf Stadt und Tal, nicht minder schön ist das Panorama von jenseits der Viennebrücke.

㉒ **Fontefrault** (Fontefraud), eines der reichsten und umfangreichsten Klöster Frankreichs, das von seiner Gründung 1101 bis zur Aufhebung 1790 stets von Äbtissinnen geleitet wurde. Von 1804 bis 1963 diente es als Strafanstalt, seither wird es grundlegend restauriert. In der romanischen Abteikirche befinden sich Grabmäler des Hauses Plantagenet; eine Besonderheit ist das fremdartige romanische Küchengebäude mit seinen 20 Kaminen auf dem schuppenartigen Kegeldach.

㉓ **Saumur**, 34 000 Einwohner, lebhafte Stadt an der hier durch Inseln gespaltenen Loire, überragt von dem mächtigen viertürmigen Schloß (14./16. Jh.), das u. a. mit dem Musée du Cheval eine einzigartige Sammlung über das Pferd beherbergt. Die Stadt ist seit 1763 Sitz einer berühmten Kavallerieschule, die sporadisch Vorführungen veranstaltet. Sehenswert sind außerdem die romanische Kirche Notre-Dame de Nantilly (12. Jh.), das Kunstgewerbemuseum im Schloß sowie das Rathaus mit Teilen der Stadtbefestigung.

㉔ **Brissac**, freundliche Ortschaft in einem kleinen Seitental abseits der Loire mit dem stattlichen, von wildem Wein dekorativ umrankten Schloß der Herzöge von Brissac, das noch heute in deren Besitz ist. Der Bau, im 17. Jh. großzügig begonnen und nicht vollendet, wirkt trotz vieler Schönheiten im Detail, des prächtigen Parks und wertvollen Interieurs etwas unfertig und ungünstig proportioniert.

㉕ **Angers**, 145 000 Einwohner, alte Bischofs- und Universitätsstadt an der schiffbaren Maine vor deren Mündung in die Loire, im Mittelalter Hauptstadt der Grafschaft Anjou. Stadtbildbeherrschend ist das bombastische Château aus dem 13. Jh., dessen mächtige, 952 m lange Ringmauer mit 17 wuchtigen Rundtürmen einen ungewöhnlich trutzigen Eindruck erweckt. Im Inneren befindet sich das Musée des Tapisseries mit der berühmten »Großen Apokalypse«, einem 100 m langen Bildteppich von 1380. Vom Maineufer mit seinen malerischen Brücken führt eine riesige Freitreppe zur erhöht stehenden Kathedrale St-Maurice (12.–13. Jh.), einer der flächenmäßig größten Kirchen Frankreichs. Sehenswert sind weiterhin das Fachwerkhaus Maison d'Adam (15. Jh.), das Musée des Beaux-Arts im Palais des Logis Barrault (14. Jh.), das Musée Turpin de Crissé (Kunst aus Europa und Fernost) sowie das ehemalige Hospital St-Jean (12. Jh.).

13 Normandie und Bretagne
Von der Alabasterküste zu den Menhiren von Carnac

Frankreichs geographische Gestalt vergleicht man zuweilen mit einer Kaffeekanne. Wo der Gebrauchswert einer solchen am effektivsten zur Geltung kommt, nämlich der Tülle, dorthin führt dieser Reiseabschnitt. Wie bei der »Cafetière« ist dieses Teilstück auch bei der Landesgestalt eines der wichtigsten und interessantesten. Die historischen Landschaften der Normandie und der Bretagne teilen sich in dieses Gebiet, das sich im Nordwesten Frankreichs wie ein Schiffsbug in den Atlantischen Ozean vorschiebt. Dank der Halbinselform und der durch zahlreiche Einschnitte zerrissenen Ufer erreicht ihre gemeinsame Küstenlinie respektable 1500 Kilometer, was immerhin fast der Hälfte der gesamten französischen Meeresküste (3100 km) entspricht. Normandie und Bretagne sind vom Meer geprägte Landschaften; doch dies ist eine der wenigen Gemeinsamkeiten.

Die *Normandie* verkörpert keine natürliche, sondern eine historische Einheit. Ihre Grenzen haben zwar schon die Römer abgesteckt, doch die ausgeprägte Eigenart verdankt sie ihrer dreihundertjährigen Selbständigkeit. Ab dem 9. Jahrhundert fielen Wikinger aus Skandinavien an der Küste ein und trotzten nach langen Kämpfen 911 dem König von Frankreich ein selbständiges Herzogtum ab, das bis 1204 bestand. Die Nordmänner (Normannen) nahmen französische Sprache und Kultur an, zogen aber weiterhin zu Kriegszügen über das Meer. 1066 unterwarf der Normannenherzog Wilhelm (der Eroberer) ganz England und wurde englischer König. Nach vielen Kriegsjahren kam die Normandie erst 1450 endgültig zu Frankreich.

Noch mehr seiner Geschichte verhaftet ist die *Bretagne*. Ihr Ursprung reicht bis etwa 2500 Jahre vor Christus zurück, als im Golf von Morbihan die Steinzeitkultur blühte. Nach der Römerzeit und der Zugehörigkeit zum normannisch-englischen Großreich wurde das Land im 12. Jh. souveränes Herzogtum, das 1491 Anne de Bretagne durch ihre Heirat mit dem französischen König als Mitgift für die Krone einbrachte, wenn auch mit dem Zugeständnis von Selbstregierung und Autonomie. Erst die Französische Revolution beendete 1789 das politische Eigenleben der Bretagne, die bis heute ihre ethnische Eigenart bewahrt; ein knappes Drittel der Bewohner gebraucht sogar die bretonische Sprache. Der Westzipfel Frankreichs, ein einziger gewaltiger Granitblock, ist ein stilles, in sich gekehrtes Land, in dem der Interessierte mehr Zeugnisse einer uralten Geschichte findet als in irgendeiner anderen Region Europas.

In der Normandie und Bretagne lebt man anders als in Mitteleuropa, sogar anders als im übrigen Frankreich. Der Rhythmus wird von der Natur, vom Meer und den Gezeiten bestimmt. Deshalb kann eine Fahrt durch diese Region nur eine Reise längs der Küste sein. Dennoch sucht man Straßen nach Art mediterraner Panoramarouten hier vergeblich. Der rauhe Atlantik war stets mehr Feind als Freund der Menschen, das Meer nur von Fischern und Seefahrern geschätzt. Die bäuerlichen Landbewohner rückten davon ab, fürchteten Seegang und Stürme und baden selbst heute noch selten im Meer. Auch die vielen Schlösser und Herrenhäuser der Normandie stehen fast ausnahmslos im Binnenland; erst an der Südflanke der Bretagne, wo das Klima milder ist und stellenweise Inselgürtel die Sturmfluten brechen, wagte man sich weiter zur Küste hin, errichtete aber Städte und Häfen immer noch an den innersten Winkeln der vielverzweigten Buchten und »Abers«, wie die fjordartigen Meereseinschnitte hier genannt werden. Dieses ›doppelte Gesicht‹, das zwiespältige Verhältnis zum Meer mit den in Jahrhunderten daraus erwachsenen Folgerungen, verleiht dieser Landschaft ihren besonderen Charakter und stellt sie in die erste Reihe der wegen ihrer Eigenarten hervorstechenden Reisegebiete unseres Erdteils.

Das Janusköpfige der französischen Atlantikküste beeinflußt auch den Verlauf der Reiseroute. Sie folgt zwar hauptsächlich dem Meeressaum, lädt aber immer wieder zu Abstechern ins Binnenland ein, da sich nur auf solche Art das wundersame Spektrum dieses Landes erlebnisreich ausloten läßt.

65 Mont-St-Michel. – Die Klosterfestung auf einem Granitfelsriff (78 m) im Wattenmeer des Golfes von St-Malo zählt zu den Bauwundern des Abendlandes und repräsentiert mehr als ein Jahrtausend europäischer Geschichte. Ein 1,8 Kilometer langer Fahrdamm führt vom Festland zur Felsinsel, auf der sich Häuser, Wehrbauten und Klostergebäude spiralförmig emporwinden, gekrönt von der romanisch-gotischen Abteikirche mit ihrem stimmungsvollen Kreuzgang und dem 88 Meter hohen Glockenturm.

66 Bretonische Frauen mit Spitzenhäubchen. – Eine liebenswürdige Originalität der Bretagne ist der weibliche Kopfschmuck aus schneeweißer, gestärkter Spitze, Coiffe genannt. Es gibt davon etwa tausend verschiedene Arten, und bretonische Frauen erkennen mit einem Blick, woher die Trägerin kommt. Am erstaunlichsten ist die hoch aus dünner Spitze gewickelte und drapierte Coiffe Bigoudène. Zuweilen wird auf Festen noch das Mädchen mit dem schönsten Kopfputz, die »Reine de Cornouaille«, gekürt.

67 Guimiliau, Enclos paroissial mit Calvaire. – Die Enclos paroissial (Kirchenbezirke) sind eine landestypische künstlerische Besonderheit der Bretagne. Sie umfassen zumeist einen ummauerten Bereich mit Kirche, Friedhof, Beinhaus, Triumphbögen und als Mittelpunkt den figurenreichen Calvaire. Dieser besteht aus der Kreuzigungsgruppe, um die aus Granit gehauene Szenen der Passionsgeschichte angeordnet sind. Motivwahl und Gestaltung entstammen zumeist der Phantasie des bildhauenden Künstlers. Der abgebildete Calvaire von Guimiliau, entstanden im 16. und 17. Jahrhundert, ist der zweitgrößte der Bretagne und mit seinen 200 Figuren in 25 Szenen besonders pittoresk und architektonisch einfallsreich gestaltet.

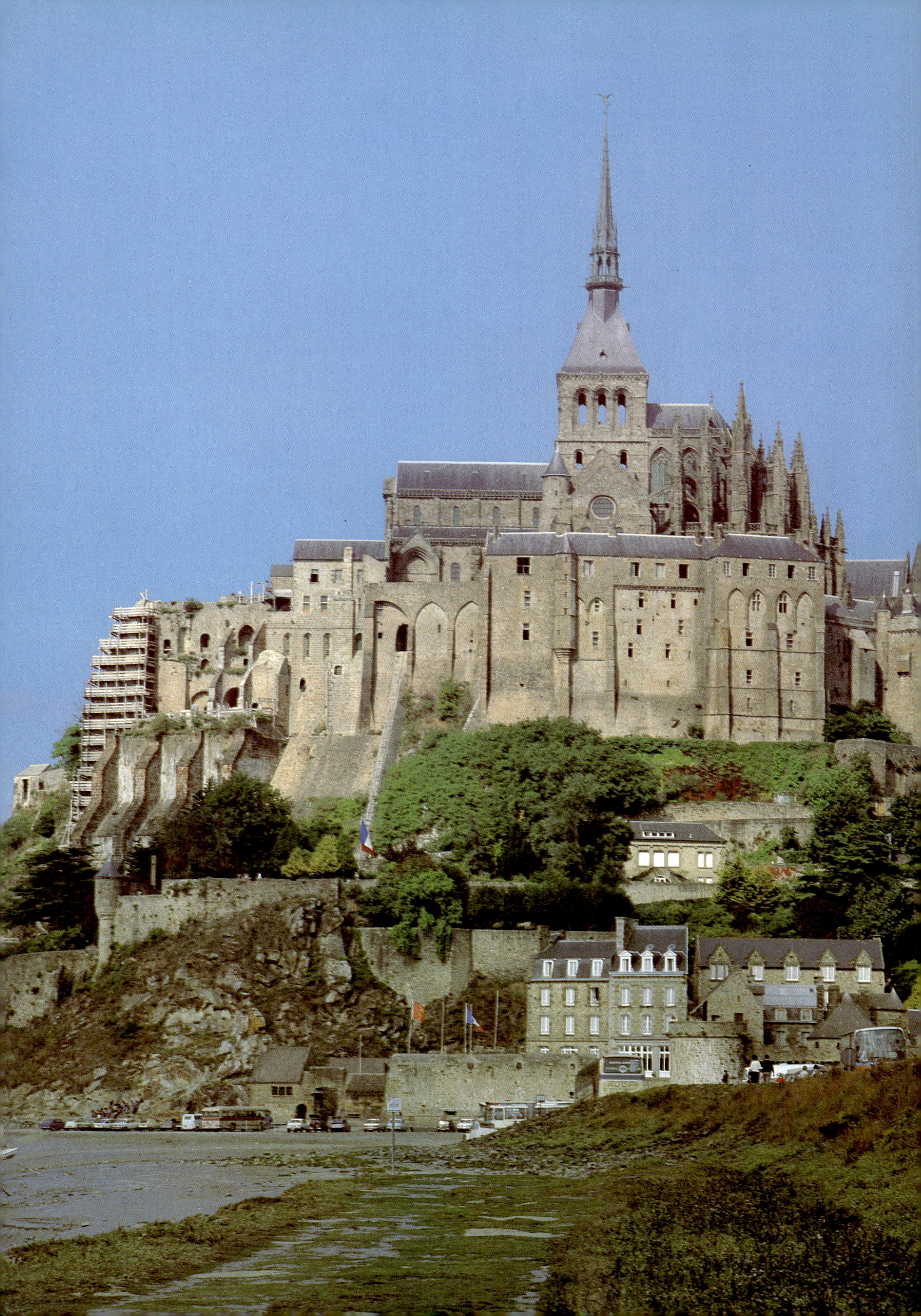

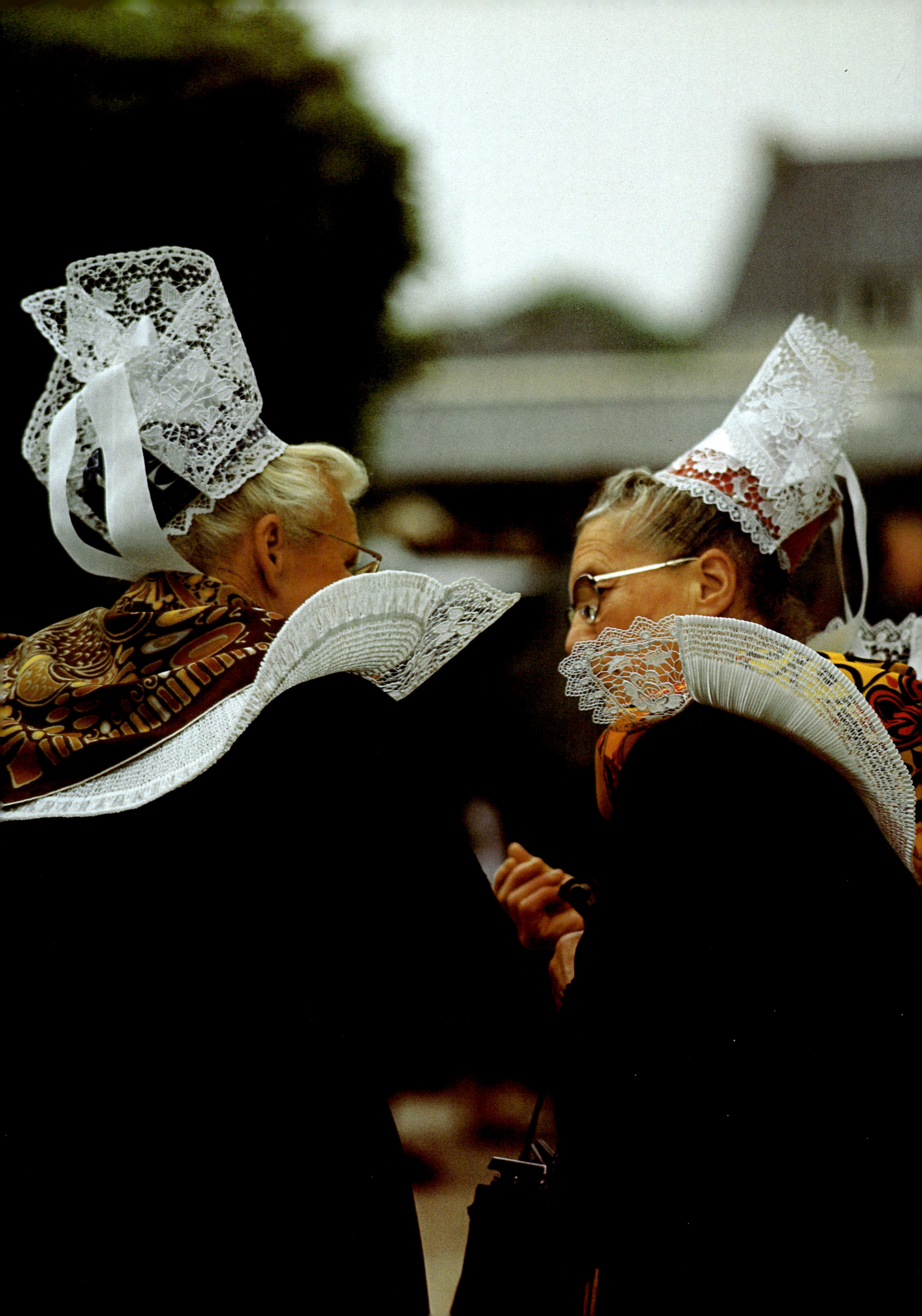

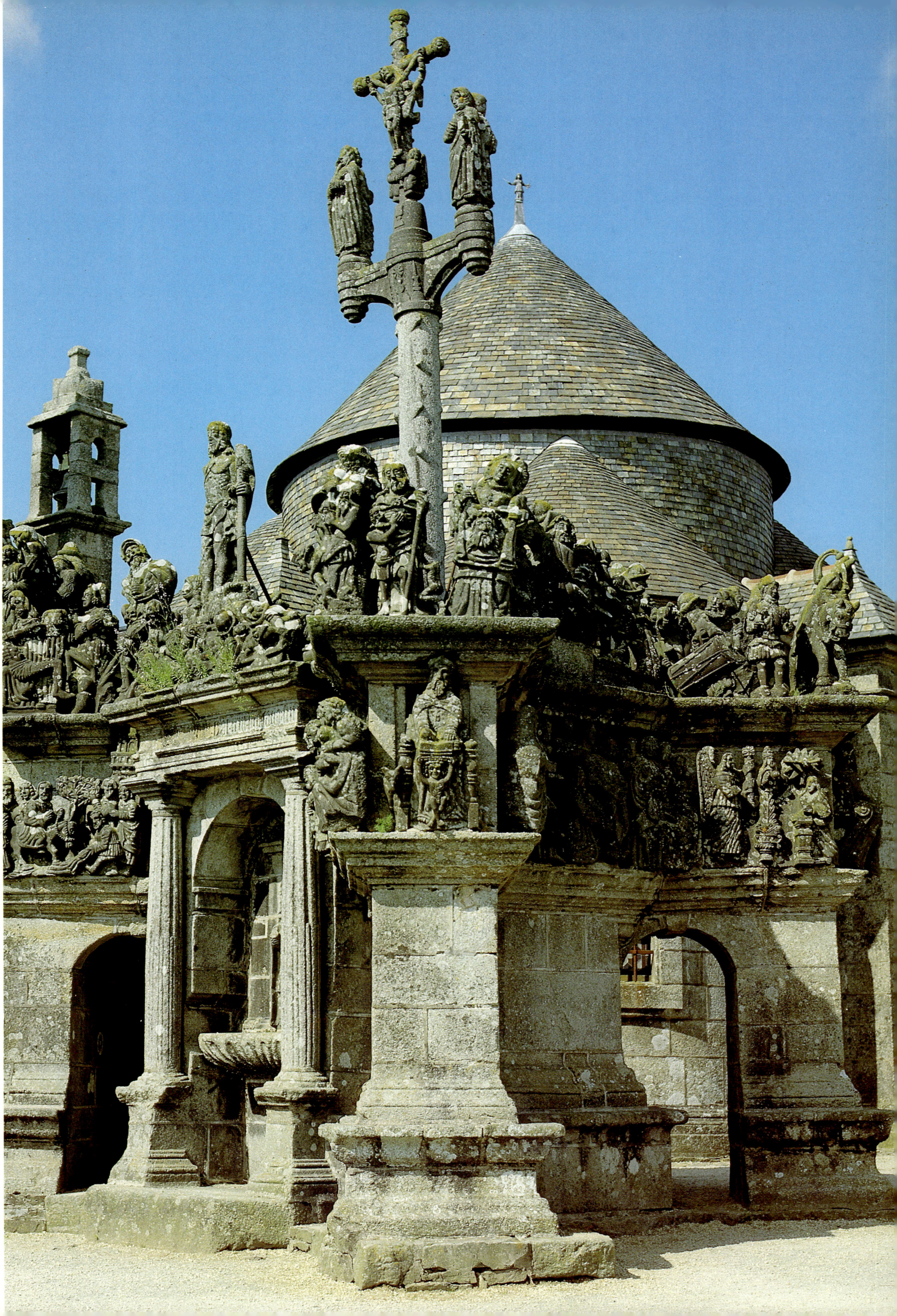

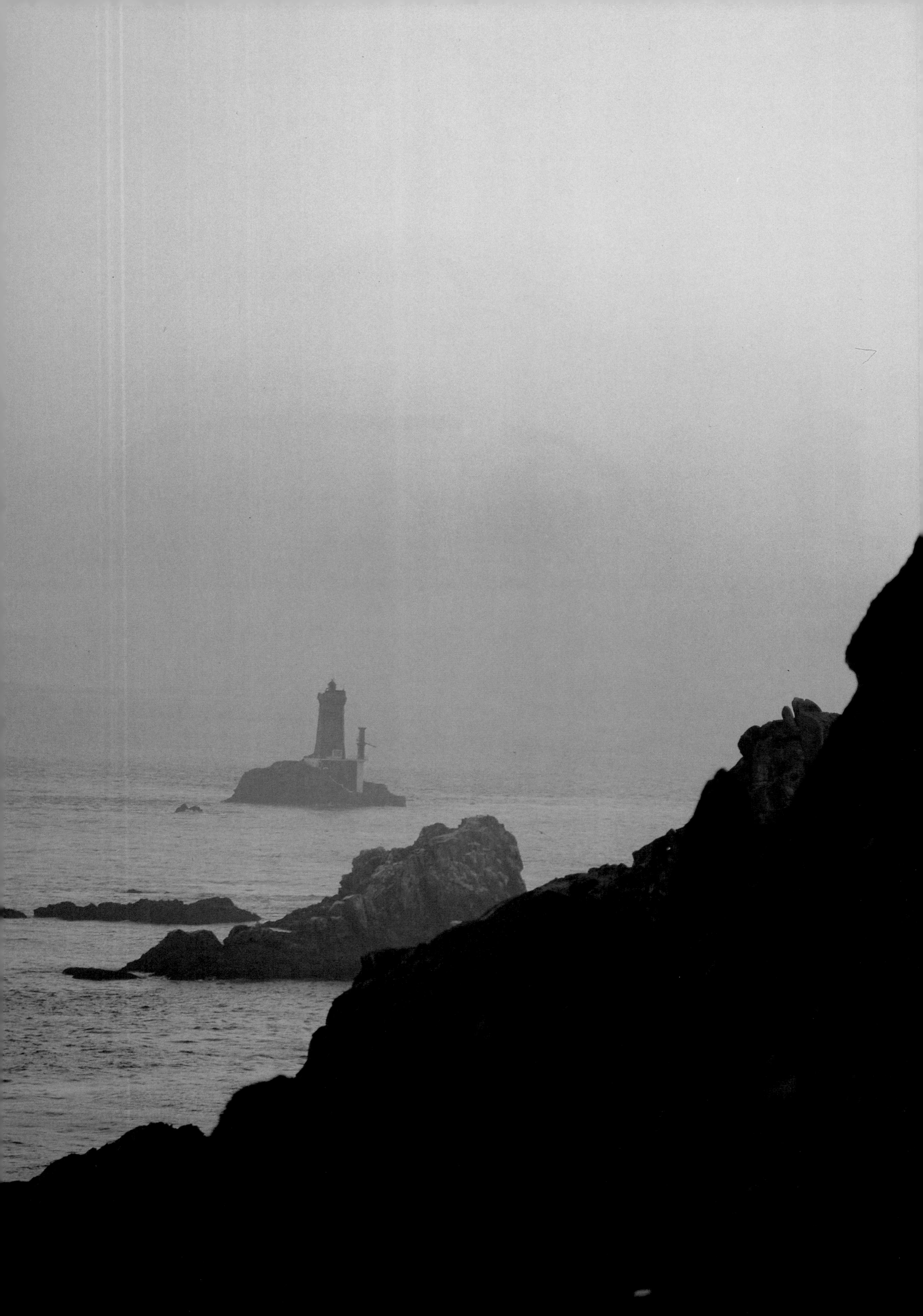

Reisebeginn ist an der Mündung der Bresle, wo man auf einem Stadtbummel in den beiden zusammengewachsenen Orten *Mers-les-Bains* und *Le Tréport* die Grenze zwischen der Picardie und der Normandie überschreitet. Rings um die Hafenanlagen, die sich bei Ebbe in abgrundtiefe Schächte verwandeln, gibt es viel urfranzösisches Kolorit. An der Küste treten erstmals die hohen, weißen Uferklippen hervor, die sich im weiteren Verlauf noch bis 100 Meter Höhe steigern und die dem Ufer des Pays de Caux zu seinem Namen »Alabasterküste« verholfen haben. Daß *Dieppe* einst ein berühmt-berüchtigtes Seeräubernest der normannischen Wikinger und später eine stolze Seehandelsstadt war, ist allenfalls noch in der Umgebung – wie in Arques und Varengeville – aufspürbar. St-Valery ist ein reizendes Fischerstädtchen, Fécamp und Etretat sind die touristischen Glanzpunkte. Das Küstensträßchen zwischen den beiden Orten gehört zum schönsten, was die Normandie zu bieten hat. Das Landschaftserlebnis gipfelt in den bizarren Kreidefelsformationen, mit denen die sanften Wiesenhügel der Ufer urplötzlich zu schaurigen Steilflanken abreißen. Le Havre kann man getrost ausklammern, dafür ist das Hinterland für den, der überlegt Ziele wie Château Bailleul, Jumièges und besonders Rouen auswählt, umso ergiebiger.

Südlich der Seine, im Calvados, bildet *Honfleur* mit seiner altertümlichen Hafenkulisse den Auftakt der Küstenorte, die anschließend freilich von ganz anderem Zuschnitt sind: luxuriöse Seebäder mit makellosen Feinsandstränden und einem Hauch der Belle Epoque wie Trouville, Deauville, Houlgate, Cabourg und noch einige mehr, die dem Badedauergast viel, dem Erlebnisreisenden wenig zu bieten haben. *Caen* ist eine sehr lebhafte Stadt mit einigen großartigen Baudenkmälern, das benachbarte Bayeux dagegen ein Baudenkmal als ganzes, das zum mittelalterlichen Stein die dazugehörige Atmosphäre überliefert. Die wie ein Horn in den Ärmelkanal ragende Cotentin-Halbinsel kann man aus Zeitgründen abschneiden, ihre Westküste, die man bei Granville erreicht, leitet bereits zur Bretagne über. In der großen Bucht vor Avranches konzentriert sich das ganze Interesse auf die Kirchenburg von *Mont-St-Michel,* die gleich einem Gralsschloß aus der amphibischen Wattwüste zwischen Land und Meer emporragt.

Danach reiht die *Bretagne* das Sehenswerte in drängender Fülle aneinander: Den Menhir von Dol, den aussichtsreichen Felsklotz des Mont Dol, die nach Carcassonne wohl eindrucksvollste französische Stadtburg St-Malo, das Gezeitenkraftwerk an der Rancemündung, die zyklopischen Küstenriffe von Pointe du Grouin und Cap Frèhel und noch vieles mehr. Etwaige Vorhaben, die ganze Bretagne auf ihrer äußersten Küstenlinie zu umfahren, gibt man spätestens in St-Brieuc als zeitlich undurchführbar auf, konzentriert sich statt dessen auf die Schwerpunkte, zu denen vorrangig die Enclos paroissial (Pfarrbezirke) gehören. Sie sind eine eigenständige baukünstlerische Schöpfung der Bretagne, umfassen zumeist einen umfriedeten Bereich mit Kirche, Friedhof, Beinhaus, Triumphbögen und als Mittelpunkt den figurenreichen ›Calvaire‹. Den eindrucksvollen Anlagen dieser Art begegnet man in St-Thégonnec, Guimiliau, Lampaul, Plougastel-Daoulas und Pleyben. Zu den bevorzugten Zielen zählt auch die *Halbinsel Crozon.* Auf ihr scheint alles zusammengefügt, was die Bretagne an landschaftlichen Reizen, ethnischer Tradition und kulturellen Zeugnissen aufzuweisen hat. Ihre westliche Küstenspitze, die Pointe de Penhir, ist neben der Pointe du Raz das wohl aufregendste der vielen Felsenkaps. – An der Südflanke der Bretagne reiht sich in langer Folge Fjord an Fjord, Hafen an Hafen aneinander. Sehenswertes Herzstück ist das Gebiet um die *Halbinsel Quiberon* und den Golf von Morbihan, wo wir Touristen des aufgeklärten zwanzigsten Jahrhunderts in *Carnac* genauso rat- und fassungslos die kilometerlangen Menhirreihen bestaunen wie dies vor zweitausend Jahren römische Legionäre getan haben. Von besonderer Faszination ist in dieser Übergangszone zwischen Land und Meer immer wieder das tägliche Schauspiel von Ebbe und Flut, wenn der Atlantik am Horizont entflieht, der Ozean in den Lagunenbecken zu Tümpeln schrumpft und aus dem Grün der Algen und dem Ocker des Schlicks ein neues Land geboren wird, ein Land für sechs Stunden.

68 *Pointe du Raz. – Schon vor zweitausend Jahren beschrieb der griechische Geograph und Astronom Ptolemäus die Pointe du Raz als »Halbinsel, die ins Meer blickt«. Sie ist eines der eindrucksvollsten der zahlreichen Felsenkaps, mit denen die Bretagne in den Atlantischen Ozean abbricht. Ein scharfkantiger, 72 m hoher Granitausläufer stößt ins Meer hinaus und setzt sich mit einer Kette von Inseln fort. Auf deren äußerster, der Isle de Sein, wurde bis in das 17. Jahrhundert noch der Mond angebetet. Heute sichern insgesamt 15 Leuchttürme den Schiffsweg um den gefährlichen klippenreichen Küstenvorsprung.*

Reise-Lexikon

① **Le Tréport,** 7000 Einwohner, mit dem Nachbarort **Mers-les-Bains,** 5000 Einwohner, verschmolzen, liegt attraktiv an einem kerbenförmigen Einschnitt der hier beginnenden, bis 100 m hohen Kreidefelsküste. Neben der erhöht gelegenen Kirche St-Jacques (16. Jh.) verdient die rustikale Szenerie um den Hafen Beachtung; schöne Küstenperspektiven vermitteln der Calvaire des Terrasses über Le Tréport (Seilbahn, Fahrstraße, Treppenstaffage) und die Höhenstation Notre-Dame-de-la-Falaise bei Mers (Autostraße).

② **Dieppe,** 30 000 Einwohner, alte Korsaren- und Hafenstadt mit bewegter Geschichte, malerisch in einer von hohen Kreidefelsen umrahmten Bucht gelegen. Einen Höhepunkt ihrer Bedeutung erreichte die Stadt im 16. Jh., als die berühmt-berüchtigten Kaperflotten des Reederkönigs Jehan Ango auf allen Meeren kreuzten.
Im 19. Jh. erlebte Dieppe als Badeort eine neue Blüte. Reizvoll ist die Stadtszenerie mit dem Hafen- und Schwenkbrückenbetrieb, sehenswert sind die Kirche St-Jacques (12.–16. Jh.) und das erhöht stehende Schloß (15. Jh.; interessantes historisches Museum) mit schönem Stadtpanorama. – Das südwestlich anschließende **Varengeville** ist ein hübscher Gartenort mit dem Herrensitz »Manoir d'Ango«, dem Parc des Moustiers und einem entzückenden Kirchlein auf hoher Uferklippe (Fenster von Georges Braque, Grab des Künstlers auf dem Friedhof).

③ **St-Valéry-en-Caux,** 3500 Einwohner, lebhaft-fröhliches Fischerstädtchen mit hübschem Badestrand, von senkrecht hochfluchtenden Kreidefelsmauern umrahmt.

④ **Fécamp,** 22 500 Einwohner, betriebsame, schön gelegene Hafenstadt und vielbesuchtes Touristenziel in einer Senke der felsflankierten Alabasterküste, bedeutendes Zentrum der Kabeljaufischerei. Sehenswert sind die Kirche der weitläufigen Abtei Ste-Trinité (1175–1225; normannische Frühgotik), das Musée de la Bénédictine, Stammhaus des hier seit 1510 hergestellten Benediktinerlikörs, sowie die 3 km nördlich gelegene Wallfahrtskirche Notre-Dame-du-Salut (13./14. Jh.; prächtige Rundsicht).

⑤ **Etretat,** 1500 Einwohner, prächtig gelegenes Seebad und der touristische Hauptanziehungspunkt der Oberen Normandie. Landschaftliche Attraktion ist die bizarr geformte Kreidefelsküste mit phantastischen Felstoren und der 70 m hoch aus dem Wasser emporsteigenden Felsnadel »Aiguille d'Etretat«. Der Dichter Guy de Maupassant sowie die Maler Gustave Courbet und Claude Monet trugen neben vielen anderen den Ruhm der Landschaft in alle Welt. Heute ist zwar der Ort stark vom Tourismus geprägt, doch die einzigartig geformte Felssteilküste ist ein unverändert faszinierendes Naturwunder.

⑥ **Jumièges,** ungewöhnlich eindrucksvolle Ruine der 654 gegründeten und 1790 zerstörten Abtei. Im parkartigen Klostergarten stehen die Reste der Kirche Notre-Dame (1040) und mehrere Klostergebäude. – Seineabwärts überspannt nach etwa 20 km die gigantische **Pont de Tancarville** (1959; 1410 m lang, 128 m hohe Tragpfeiler, 47 m Fahrbahnhöhe) Strom und Tal.

⑦ **Rouen,** 125 000 (mit Vororten 380 000) Einwohner, die alte Hauptstadt der Normandie mit über zweitausendjähriger Geschichte, bewahrt inmitten des industrieorientierten, stellenweise beängstigend betriebsamen Stadtwesens einen reichen historischen Kern, der sie zusammen mit ihrer Uferlage an und über der Seine unter die schönsten Städte Frankreichs einreiht. Die Stadt war Residenz des vom Wikingerfürsten Rollo 911 gegründeten Herzogtums Normandie, gehörte lange zum englisch-normannischen Reich und kam erst 1449 endgültig an Frankreich. 1431 wurde Jeanne d'Arc, die französische Nationalheldin, in Rouen lebendig verbrannt. – Bedeutendste Sehenswürdigkeiten sind: Kathedrale Notre-Dame (1201–1530), eine der prächtigsten Kirchen der Gotik mit figurenreicher Fassade und dem höchsten Kirchturm Frankreichs (151 m); St-Maclou, ein ausgeprägt schönes Kirchenbauwerk im filigranen Flamboyantstil (1437–1517); Justizpalast (1508–1526; großartige spätgotische Architektur); Tour du Gros-Horloge (Uhrturm) aus dem 14. Jh.; mehrere reich ausgestattete Museen. Etwa 20 km seineaufwärts steht hoch über der Seine die Ruine von **Château Gaillard** (1197), ein mächtiges Festungsbauwerk, das der englische König Richard I. (»Löwenherz«) der französischen Krone entgegenstemmte.

⑧ **Honfleur,** 9000 Einwohner, altertümliches Fischer- und Hafenstädtchen, berühmt wegen seiner aus dem 16. bis 18. Jh. überkommenen Atmosphäre. Herzstück ist das von schmalen, hohen Häusern umschlossene Vieux Bassin (Alter Binnenhafen). Nördlich davon steht die im 15. Jh. von Schiffszimmerern in Form umgestülpter Boote errichtete Holzkirche Ste-Catherine (heute Kunstgalerie). Im 19. Jh. zog Honfleur zahlreiche Künstler an; der Maler Eugène Boudin (1824–1898) ist hier geboren.

⑨ **Côte fleurie** (Blumenküste), feinsandiger, flacher Küstenabschnitt zwischen den Mündungen der Seine und der Orne, an dem sich zahlreiche noble Seebäder aneinanderreihen: **Trouville** (7000 Einwohner), **Deauville** (5000 Einwohner, eleganter Pferderennplatz), Villers-sur-Mer, Houlgate, Cabourg und einige mehr.

⑩ **Caen,** 120 000 Einwohner, das geistige und wirtschaftliche Zentrum der Unteren Normandie, gilt als die Stadt Wilhelms des Eroberers. Er und seine Frau Mathilde stifteten die berühmtesten Bauwerke der Stadt: das vieltürmige Kloster St-Etienne (1066) und die Abtei La Trinité (1062). Hoch über der Stadt stehen die trutzigen Wehrbauten aus Wilhelms Zeit, gegenüber erhebt sich der 75 m hohe Glockenturm der Kirche St-Pierre (13./14. Jh.).

⑪ **Bayeux,** 15 000 Einwohner, 10 km vom Meer abgerückt und trotz seiner Lage an der »Invasionsküste« von Kriegsschäden des Zweiten Weltkriegs verschont geblieben, zeigt sich als liebenswertes Städtchen voll altertümlichen Zaubers. Die Kathedrale (11./13. Jh.) ist ein prächtiges Beispiel normannischer Gotik. Die weltberühmte Attraktion der Stadt ist der in einem eigenen Museum aufbewahrte »Teppich von Bayeux«, eine 70 m lange und 50 cm hohe Leinwandbahn, bestickt mit der Bilderzählung der Eroberung Englands durch die Normannen im Jahr 1066.

⑫ **Coutances,** 12 000 Einwohner, altes Städtchen abseits der Touristenströme mit viel Eigenleben, das besonders durch die wunderschöne Architektur seiner Kathedrale (13. Jh.; englisch beeinflußte Gotik) besticht.

⑬ **Granville,** 15 000 Einwohner, eine ungewöhnlich fesselnde Stadt an der Westküste der Cotentin-Halbinsel. Die von Wehrmauern umgürtete Oberstadt klammert sich an die Kuppe eines hohen Felsrückens, der auf drei Seiten senkrecht zum Meer abstürzt. Rings um die gotische Kirche Notre-Dame (15.–16. Jh.) erfreut das verwinkelte Stadtgefüge mit viel altertümlichem, typisch französischem Kolorit.

⑭ **Mont-St-Michel,** weltberühmte Klosterburg auf einem 78 m hoch aus dem Wattenmeer hochragenden Granitfelsen, durch einen 1,8 km langen Fahrdamm mit dem Festland verbunden. Das der Legende nach im Jahr 708 gegründete Kloster repräsentiert ein Jahrtausend abendländischer Geschichte. Häuser, Wehrbauten und Klostergebäude ranken sich spiralförmig den Felskegel hoch, der von der romanisch-gotischen Abteikirche (1022–1135; herrlicher Kreuzgang) mit 88 m hohem Glockenturm gekrönt wird. Mit der beispiellosen Felsinselarchitektur zählt der Mont-St-Michel zu den Bauwundern Europas und gilt als Nationalheiligtum Frankreichs.

⑮ **Dol-de-Bretagne,** 5000 Einwohner, verträumtes Landstädtchen auf einem Felsplateau, an das bis vor 400 Jahren noch das Meer brandete. Dominierendes Bauwerk ist die gewaltige Kathedrale (100 m lang, 20,5 m hohe Gewölbe) in normannischer Gotik (13. Jh.). Im Ort finden sich noch einige schöne alte Fachwerkhäuser, südöstlich steht auf freiem Feld der 9,30 m hohe **Menhir du Champ-Dolent,** eine imposante Steinsäule aus vorgeschichtlicher Zeit. Nordöstlich der Stadt erhebt sich aus dem Poldergebiet der 65 m hohe **Mont-Dol,** ein bescheidenes Gegenstück zum Mont-St-Michel (Autostraße, Kapelle, Windmühle, Fernblick).

⑯ **Côte d'Emeraude,** »Smaragdküste«, touristische Bezeichnung für den buchtenreichen Küstenabschnitt zwischen Mont-St-Michel und Val-André. Die Ufer sind hier ungewöhnlich abwechslungsreich geformt und gestaltet, Feinsandbuchten wechseln mit Felssteilküsten, verträumte Fischerdörfer mit rustikalen Kleinstädten und noblen Seebädern. Die wichtigsten Stationen sind: **Cancale,** 5000 Einwohner, freundliches Städtchen auf einem Felsplateau, davor in der riesigen Bucht weltberühmte Austernzucht, großes Bade- und Freizeitangebot; **Pointe du Grouin,** bizarr geformter Felsabbruch der Landspitze ins 50 m tiefer gelegene Meer; **Rothéneuf,** kleines Seebad nördlich von St-Malo mit den skurrilen »Rochers sculptés« (Felsreliefs); St-Malo (siehe 17); **Gezeitenkraftwerk** an der Rancemündung, nützt den Tidenhub von 14 m bei Flut wie bei Ebbe zur Energiegewinnung; **Dinard,** 10 000 Einwohner, das nach La Baule bedeutendste Seebad der Bretagne mit noblen Hotel- und Parkanlagen im Stil des Fin de siècle; **Cap Fréhel,** ins Meer vorspringendes, 70 m tief abstürzendes Granitkap; **Sables-d'Or-les-Pins, Erquy** und **Le Val-André,** teils malerische, teils modern angelegte Seebäder an der weitgespannten, stellenweise mit Pinien bewachsenen Bucht von St-Brieuc.

⑰ **St-Malo,** 50 000 Einwohner, ehemals ein berüchtigtes Piratennest und später eine bedeutende Seekriegsstadt, ist nach Charakter und Lage wohl eine der interessantesten Städte der Bretagne, ja ganz Frankreichs. Ebenso wehrhaft wie malerisch auf einer Felseninsel zusammengehäuft und von gewaltigen Granitmauern umgürtet, erweckt St-Malo den Eindruck einer ›schwimmenden Stadt‹. Im Zweiten Weltkrieg erheblich zerstört, wurde es originalgetreu im Stil des frühen 18. Jh. wieder aufgebaut. Ein Rundgang auf den Remparts (Wehrgängen) vermittelt einen umfassenden Einblick in die Stadt und deren Uferregion mit dem Fort National und der Insel Grand Bé, auf der der Dichter und Staatsmann François René de Chateaubriand begraben ist. Innerhalb der ummauerten Stadt sind das Schloß (14./15. Jh.) und Kathedrale St-Vincent (12.–15. Jh.) sehenswert.

⑱ **St-Brieuc,** 56 000 Einwohner, die lebhafte Hauptstadt des Départements Côtes-du-Nord, liegt vom Meer abgerückt auf einem Granitplateau zwischen zwei tief eingeschnittenen Tälern. Im historischen Stadtkern fällt die Kathedrale St-Etienne (13., 18. u. 19. Jh.), ein burgähnlicher Granitbau, ins Auge. Der Aussichtspunkt Tertre Aubé bietet einen schönen Blick über das Gonët-Tal, den Hafen und die Meeresbucht.

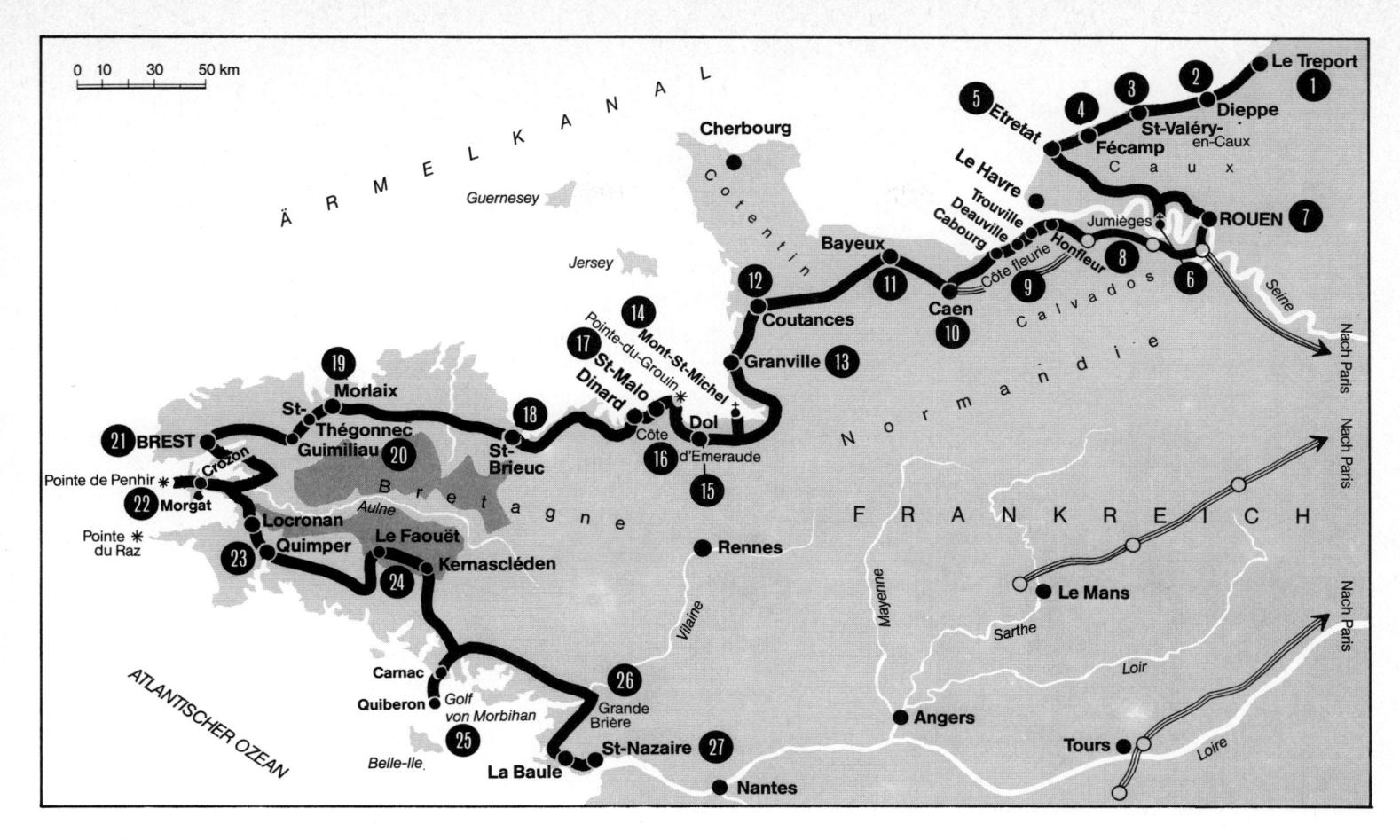

⑲ **Morlaix**, 22 000 Einwohner, liegt attraktiv an beiden Ufern eines 15 km ins Land einschneidenden Fjords. Ein 58 m hoher Viadukt, 1861 erbaut, überspannt das Tal und bildet das stadtbildprägende Element. Die geschützte Hafenanlage im Binnenland verhalf in der Vergangenheit zu beträchtlichem Wohlstand, der sich noch an vielen Patrizierhäusern und mehreren reich ausgestatteten Kirchen ablesen läßt.

⑳ **St-Thégonnec, Guimiliau** und **Lampaul-Guimiliau**, auf wenige Kilometer benachbart, bilden ein anschauliches Trio der Enclos paroissial (Kirchenbezirke), wie sie als eigenständige Besonderheit nur die Bretagne kennt. St-Thégonnec bietet mit dem mauerumfriedeten Kirchenbezirk (mit Kirche, Renaissance-Glockenturm, Beinhaus, Krypta und Calvaire) die wohl geschlossenste Anlage, während Guimiliau mit seinem personenreichen und erzählfreudigen Calvaire (200 aus Stein gehauene, die Passionsgeschichte darstellende Figuren) besticht. In Lampaul-Guimiliau wiederum liegt das Schwergewicht auf der reichen Kirchenausstattung.

㉑ **Brest**, 172 000 Einwohner, neben Toulon der bedeutendste Kriegshafen Frankreichs, wurde im Zweiten Weltkrieg fast völlig zerstört. Der Wiederaufbau konnte nur wenig anziehende Akzente setzen. Am interessantesten ist der Bereich um das Schloß mit den Anlagen des Kriegshafens. Das klobig-trutzige Château (13. Jh.; im 17. Jh. durch Vauban zur Festung ausgebaut) enthält ein Marinemuseum; der gegenüberliegende Wehrturm La Motte-Tanguy beherbergt ein Museum zur Stadtgeschichte. Eine technische Besonderheit ist die den Mündungsarm des Penfeld überspannende Hebebrücke »Pont de Recouvrance« (1954), mit 64 m Höhe eine der größten Anlagen dieser Art in Europa. – 7 km südöstlich, in **Plougastel-Daoulas,** befindet sich einer der bedeutendsten Calvaires der Bretagne mit 180 Figuren in 20 Passionsszenen (1602–1604).

㉒ **Crozon**, Halbinsel im Département Finistère mit dem gleichnamigen Ort als Zentrum, vereinigt auf kleinem Raum das ganze Spektrum landschaftlicher Schönheit und Dramatik der Bretagne. Gleich einem Dreizack ins Meer geworfen, bietet der Bereich mit seinen vier Landzungen und seiner riffreichen Küste auf Schritt und Tritt großartige Eindrücke. Hervorstechende Zielpunkte sind **Camaret** (typisch bretonischer Naturhafen, am Ortsrand die »Alignements de Lagat-Jas«, 143 Menhire), **Pointe de Penhir** (Felsabsturz und Klippenküste), **Morgat** (Seebad mit Meeresgrotten).

㉓ **Quimper**, 60 000 Einwohner, alte Bischofsstadt und Hauptstadt des Départements Finistère. Mittelpunkt ist die Kathedrale St-Corentin (1240–1493), der älteste gotische Dom der Bretagne. In ihrem Umkreis findet man hübsche altertümliche Häuser und Gassenwinkel. Sehenswert sind außerdem das Städtische Museum im Rathaus und das Bretonische Landesmuseum. Quimper ist ferner Zentrum der Fayencen- und Spitzenherstellung. Die Quimper vorgelagerte Halbinsel Sizum mit den Kaps Pointe du Raz und Pointe de Penmarch erreicht zwar landschaftlich nicht mehr die reiche Szenerie von Crozon, weist aber zahlreiche urtümliche Siedlungen und archaisch anmutende Baudenkmäler (Douarnenez, Pont-Croix, St-Tugen, Locronan, Notre-Dame-de-Tronoën) auf.

㉔ **La Faouët**, 3000 Einwohner, alter Wallfahrtsort in der sanft geschwungenen Acker- und Waldlandschaft südlich der Montagnes Noires. Im Ort ist die hölzerne Markthalle aus dem 16. Jh. bemerkenswert, 3 km südlich versteckt sich zwischen alten Gehöften die Kapelle **St-Fiacre,** deren farbiger Holzlettner von 1480 zu den großartigsten Werken bretonischer Sakralkunst gehört. – 15 km östlich, in **Kernascléden,** empfiehlt sich ein Besuch der Kirche Notre-Dame, ein Meisterwerk der Flamboyant-Gotik (1420–1464).

㉕ **Golf von Morbihan** (bretonisch »kleines Meer«), eine der eigentümlichsten Landschaften der Bretagne. Der etwa 100 qkm große Lagunensee ist nur durch einen 1,2 km breiten Durchlaß mit dem Meer verbunden. Das Gewässer weist bei Flut etwa 50, bei Ebbe an die 300 Inseln auf und gewinnt durch den ständig in Bewegung befindlichen Wasserstand einen besonderen Reiz, der durch die subtropische Vegetation und das vielfältige Stimmungen erzeugende Licht noch gesteigert wird. Der Golf und die vorgelagerte Bucht von Morbihan werden halbkreisförmig von der schmalen Landzunge **Quiberon** umschlossen, einer abwechslungsreichen Fels-, Hügel- und Waldlandschaft mit herrlichen Stränden, der wildromantischen Côte Sauvage und dem bezaubernden Hafenstädtchen Quiberon.

Quiberon ist Ausgangspunkt zur Bootsfahrt auf die **Belle-Ile** (1 Stunde), vielgerühmt wegen ihrer südlich gearteten Flora, ihrer Grotten und Felssteilküsten. – Zwischen Quiberon und dem Golf von Morbihan versteckt sich im Ufergelände bei **Carnac** das bedeutendste Megalithengebiet Europas: Annähernd 3000 Menhire, aufrecht stehend und bis 5 m hoch, ziehen sich in 11 bis 13 Reihen kilometerlang durch das Heidegebiet.

㉖ **Grande Brière**, ausgedehnte Sumpflandschaft nördlich der Loiremündung mit seltener Tier- und Pflanzenwelt, teilweise durch Kanäle entwässert. Sehenswert ist die Ile de Fédrun, eine ehemalige Meeresinsel, mit ihren schilfgedeckten Hütten. Stellenweise wurde die einst florierende, inzwischen unrentabel gewordene Salzgewinnung zur Sicherung des Mikroklimas wieder aufgenommen. – Südwestlich der Grande Brière sind zwei höchst kontrastreiche Siedlungen benachbart: das mittelalterliche, mauerumgürtete Städtchen **Guérande** und draußen am Ufer der Côte de Jade das Seebad **La Baule**, mit 15 000 Einwohnern, dem 8 km langen Sandstrand und einem langen, stellenweise von hypermodernen Hotelbauten gesäumten Uferboulevard das bedeutendste Badeferienzentrum der Bretagne.

㉗ **St-Nazaire**, 70 000 Einwohner, lebhafte Hafen- und Industriestadt an der Loiremündung. Im Zweiten Weltkrieg als Basis der deutschen U-Bootflotte schwer zerstört, wurde die Stadt, Frankreichs größtes Werftzentrum, sachlich-modern wieder aufgebaut. Interessant ist ein Blick von der Terrasse Panoramique über das Hafen- und Werftgelände, ungeheuer eindrucksvoll die von zwei 68 m hohen Pylonen getragene Loirebrücke, mit 3470 m Länge die größte Brücke Frankreichs.

14 Provence und Côte d'Azur
Der Zauber des Midi

Provence und Côte d'Azur – fast sträubt sich die Feder, diese beiden Landschaften in einem Reisekapitel auf einen gemeinsamen Nenner zu bringen. Zu unterschiedlich sind die Vorstellungen, die sich mit jeder der beiden Landschaften verbinden. Der Begriff *Provence* umreißt eine uralte Kulturlandschaft im Süden Frankreichs, von südlicher Sonne erwärmt und versengt, von seltener Flora bewachsen und von hunderterlei Düften umweht, mit altertümlichen Städtchen, trutzigen Schlössern, einsamen Klöstern und Spuren der Antike geschmückt. Eine Gegend, die wie ein aufgeschlagenes Geschichtsbuch mehr als zweitausend Jahre menschlichen Wirkens anschaulich vor Augen führt. Die *Côte d'Azur* hingegen wird gleichgesetzt mit Strandleben und Nobelhotels, mit Komfort und Luxus. Bei aller heutigen Verschiedenheit zwischen Provence und Côte d'Azur – gemeinsam ist beiden die geschichtliche Wurzel. Im 7. Jahrhundert vor Christus gründeten griechische Seefahrer an der Mittelmeerküste die Handelsstadt Massalia, das heutige Marseille, sowie die Stützpunkte Antipolis (Antibes) und Nikaia (Nizza). Sie wurden von den Römern abgelöst, die um 120 vor Christus das Land besetzten und in der Folge ihre Provinz Gallia Narbonensis errichteten, die bis in das 5. Jahrhundert bestand. Während dieses Zeitabschnitts erlebte das Gebiet seinen großen wirtschaftlichen und kulturellen Aufschwung. Bauwerke aus jener Zeit sind noch heute in Städten wie Arles, Nîmes, Orange, Aix-en-Provence, Fréjus, Vaison-la-Romaine und an vielen Einzelpunkten in reichlichem Maß zu finden. Westgoten und Merowinger, Karolinger und Burgunder wechselten sich danach in der Herrschaft über das Gebiet ab, das sich im 11. Jahrhundert zur unabhängigen Grafschaft Provence formte, die schließlich 1481 durch Erbschaft an die französische Krone fiel. In all den vergangenen Jahrhunderten stand das Land immer wieder im Brennpunkt geschichtlicher Ereignisse, kultureller und wirtschaftlicher Entwicklungen. Die jüngste Umwälzung vollzog sich im 19. und 20. Jahrhundert durch die Aktivierung des Küstenstreifens zur Ferienlandschaft. Sie betrifft zwar nur den Meeressaum, schuf aber jene nicht genau fixierbare atmosphärische Grenze, die in unseren Tagen Provence und Côte d'Azur voneinander trennt und unterscheidet.

Unsere Reise beginnt gleichsam mit einem Paukenschlag: In *Orange*, wo man die Autobahn in den Süden verläßt, erwartet uns ein einzigartiges bauliches Juwel – das fast vollständig erhaltene, mit einer imposanten Bühnenrückwand ausgestattete römische Theater. Dazu sei vermerkt, daß man hier nicht eine Arena betritt, wie man sie in Rom, Verona und anderen römischen Städten antrifft und wie sie als moderne Sportstadien zur Genüge bekannt sind, sondern ein Freilufttheater, das ausschließlich der Kunst diente. Die Bühnenrückwand, eine imponierende Schauwand, (die übrigens das römische Theater von griechischen unterschied), hat Ludwig XVI. einmal als »schönste Mauer meines Königreichs« bezeichnet. Wer das Glück hat, einer Aufführung beizuwohnen, ist begeistert von der wundervollen Akustik, die jedes Wort gleich dem Klang einer Glocke von der Bühne bis zum obersten der elftausend Plätze trägt. Der *Pont du Gard*, das nächste Ziel, vermag uns Reisende des 20. Jahrhunderts, für die gigantische Brückenbauten zum täglichen Leben gehören, kaum mehr so zu beeindrucken wie unsere Vorfahren. Erst auf den zweiten Blick erkennt man die architektonische Besonderheit: Nur durch die Genauigkeit ihres Steinschliffs, ohne Mörtel oder ein anderes Bindemittel, verleihen die aufeinandergetürmten Steinquader der Brücke jene Stabilität, die sie zweitausend Jahre unbeschädigt überdauern ließ. Auf dem Weg nach Nîmes streift man die *Garrigue*, eine seltsame Heidelandschaft aus bleichem Felsgestein, dichtem Kräutergestrüpp und Kermeseichen. Die meiste Zeit des Jahres öde und monoton, wird sie im Frühling mit einer Blütenorgie aus Stechginster, Zistrosen und Zwergiris zum üppigen Garten. *Nîmes* ist eine stolze, lebhafte Stadt, nicht so stark seiner Geschichte verhaftet wie Arles, sondern

69 *Aigues-Mortes, Blick von der Tour de Constance auf die Wehranlagen. – Ludwig der Heilige gründete an der Mittelmeerküste um 1240 einen befestigten Seehafen für die Kreuzzüge, Philipp der Kühne umgürtete diesen 1272 mit Mauern und 15 Türmen. Heute liegt diese martialische Stadtgründung, da sich das Meer inzwischen mehrere Kilometer weit zurückgezogen hat, wie ein irreales Stück Mittelalter inmitten der Salzsümpfe der Camargue.*

70 *Avignon, Fassade des Papstpalastes. – Im 14. Jahrhundert wurden in Europa Macht und Einfluß der französischen Krone so groß, daß sich selbst die römische Kirche ihrem politischen Willen unterordnete. So kam es, halb freiwillig, halb erzwungen, zum »Exil« der Päpste in Avignon, das von 1309 bis 1377 dauerte. Während dieser Epoche wurde das vordem verschlafene Provencestädtchen zum Mittelpunkt der christlichen Welt und erlebte eine ungeahnte Blüte. Mittelpunkt seiner vielen Baudenkmäler ist der festungsartige Palast der Päpste.*

71 *Die Ruinenstadt Les Baux. – Mitten im flachen Rhônetal erhebt sich das Minigebirge der Alpilles. Auf einem 900 Meter langen, 200 Meter breiten und 200 Meter hohen Felsklotz liegt Les Baux, eine der ungewöhnlichsten Ruinenstädte unseres Kontinents. Die verfallenden Gemäuer sind voller Rätsel und Geheimnisse: Einst stand hier die stolze Residenz eines mächtigen Fürstengeschlechts; später herrschte hier der grausame Raubkrieger Raymond von Turenne, der sich daran ergötzte, seine Gefangenen von den Zinnen des Donjons in die Tiefe zu stürzen. 1632 ließ Ludwig XIII. die Stadt in einem Strafgericht zerstören.*

72 *Landschaft im Lubéron. – Die Provence ist ein Land, deren herber Charme jeden, der einmal ihren Zauber verspürt hat, immer wieder anzieht. Unser Foto entstand auf einem Streifzug durch den Lubéron, einen entlegenen Höhenzug nördlich der Durance: Noch ist die Natur eher trist und monoton; nur die aufbrechenden Obstbaumblüten künden vom nahen Frühling. Drei Wochen später ist das ganze Land ein vor Üppigkeit überquellender Garten.*

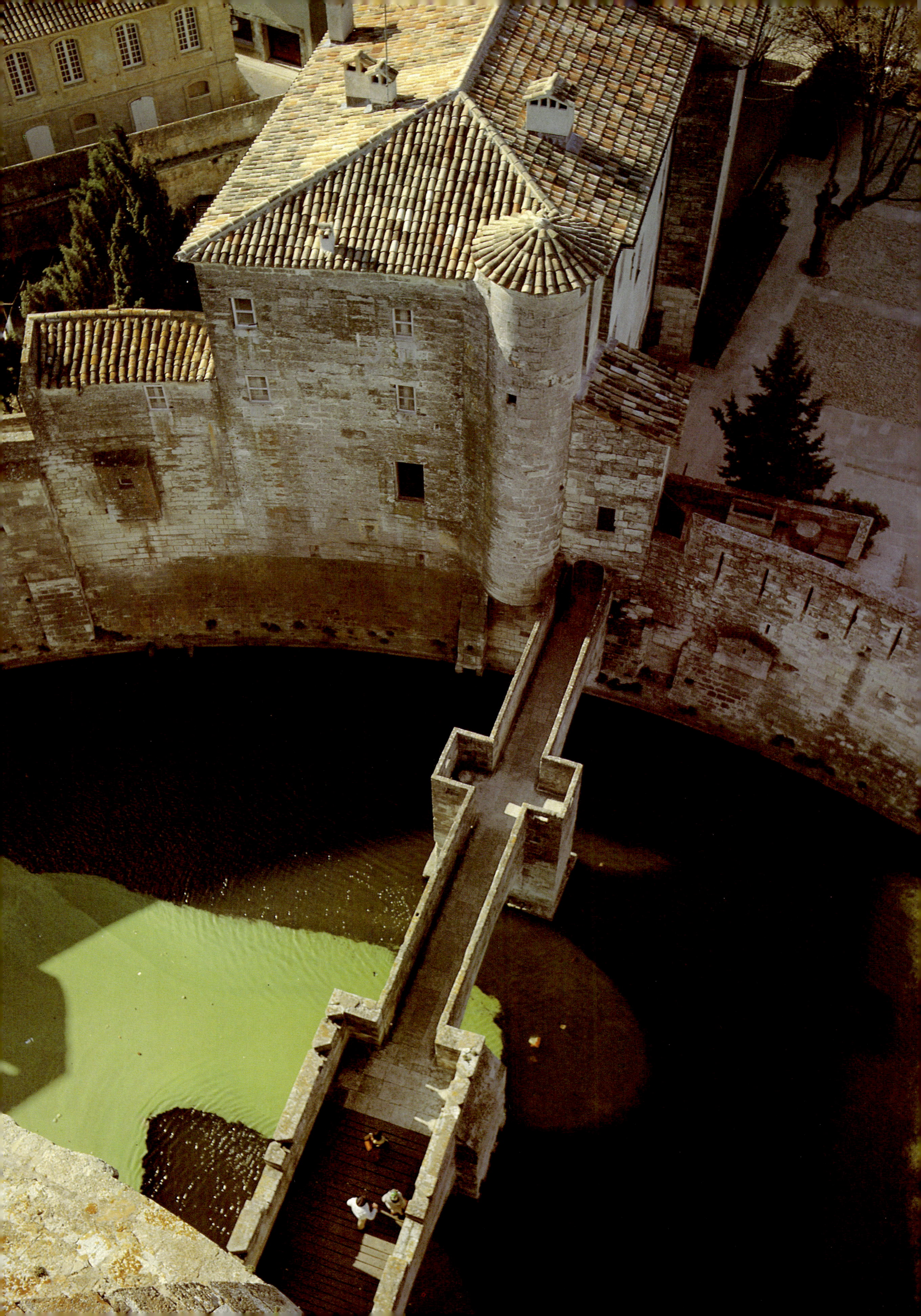

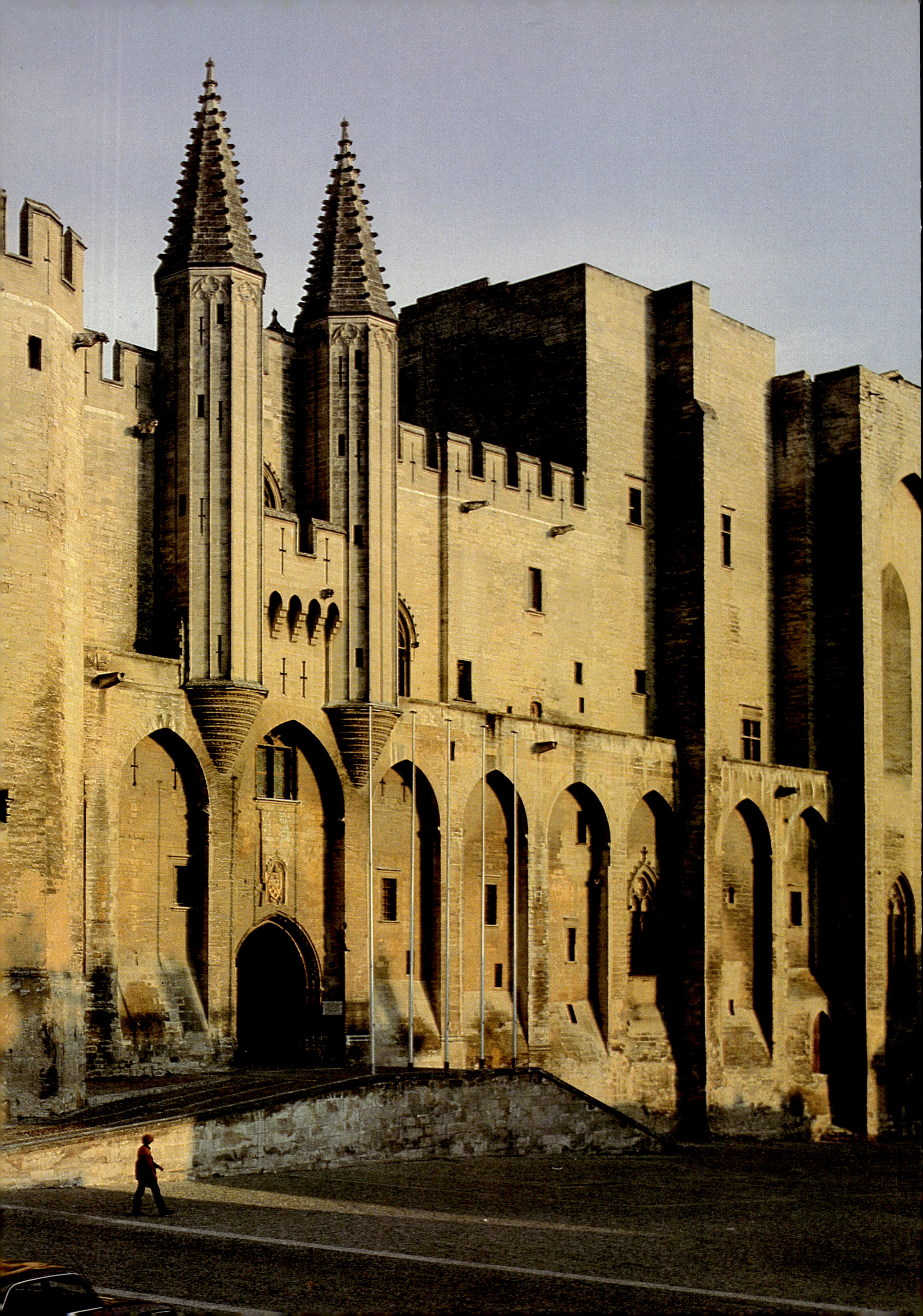

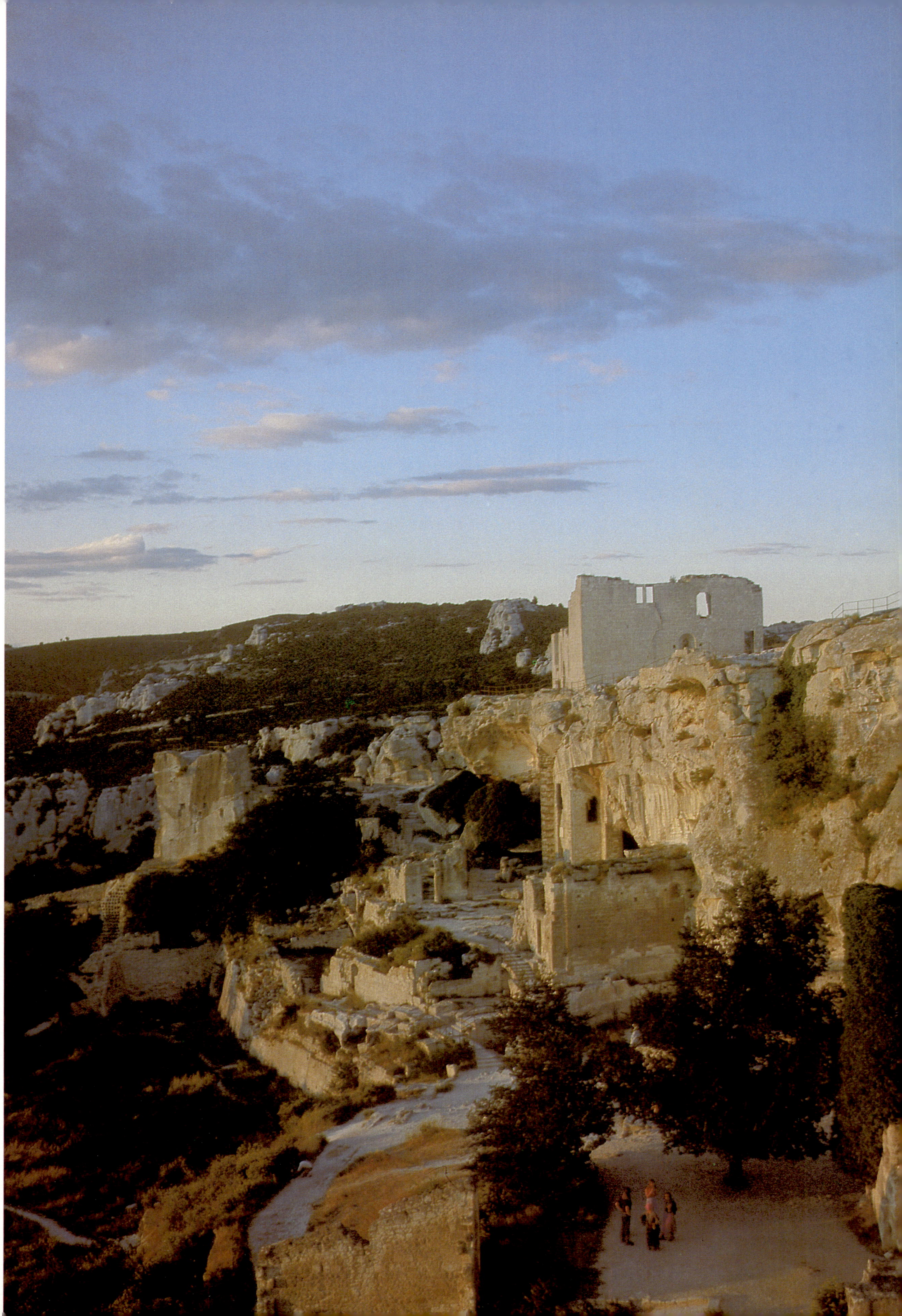

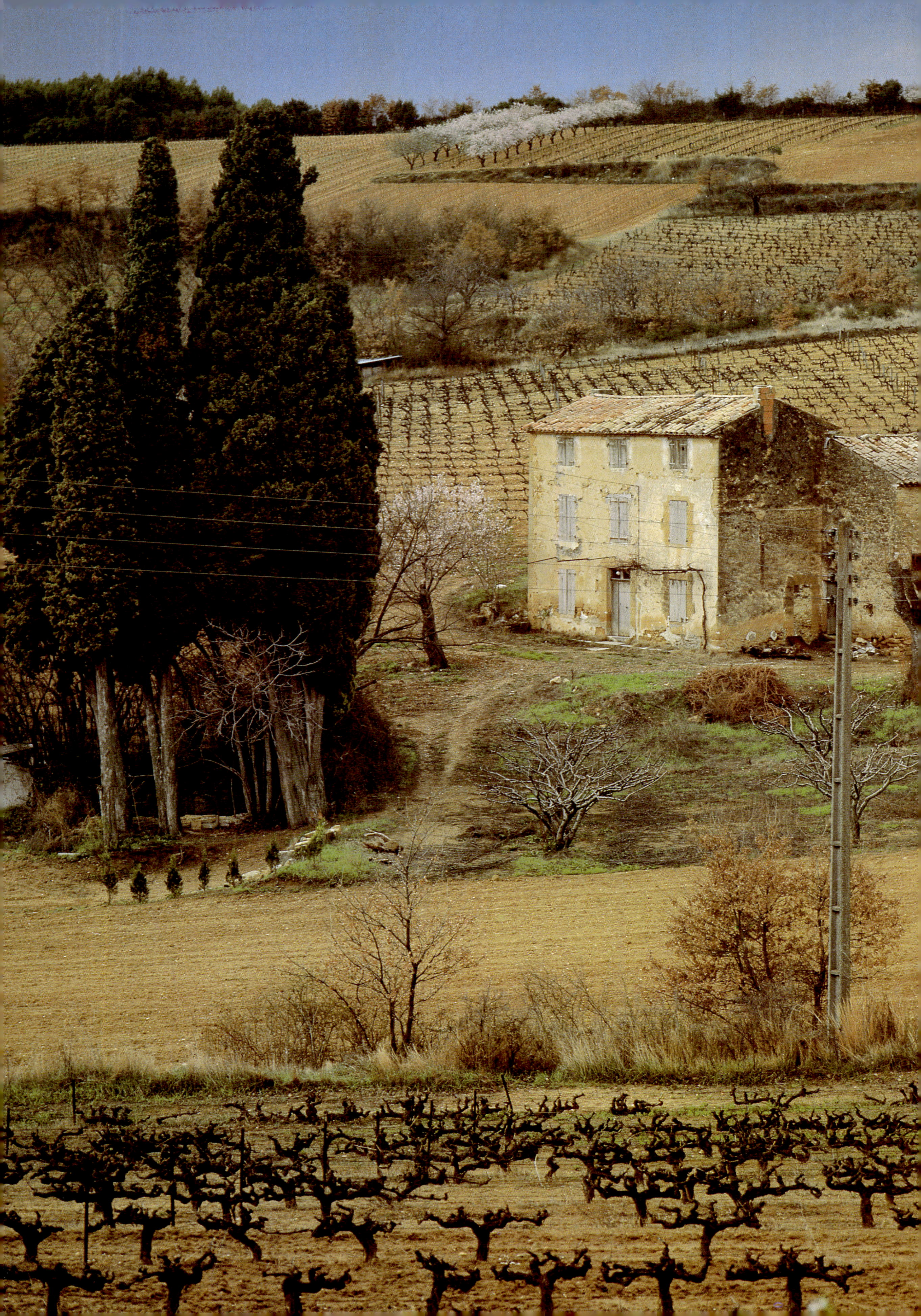

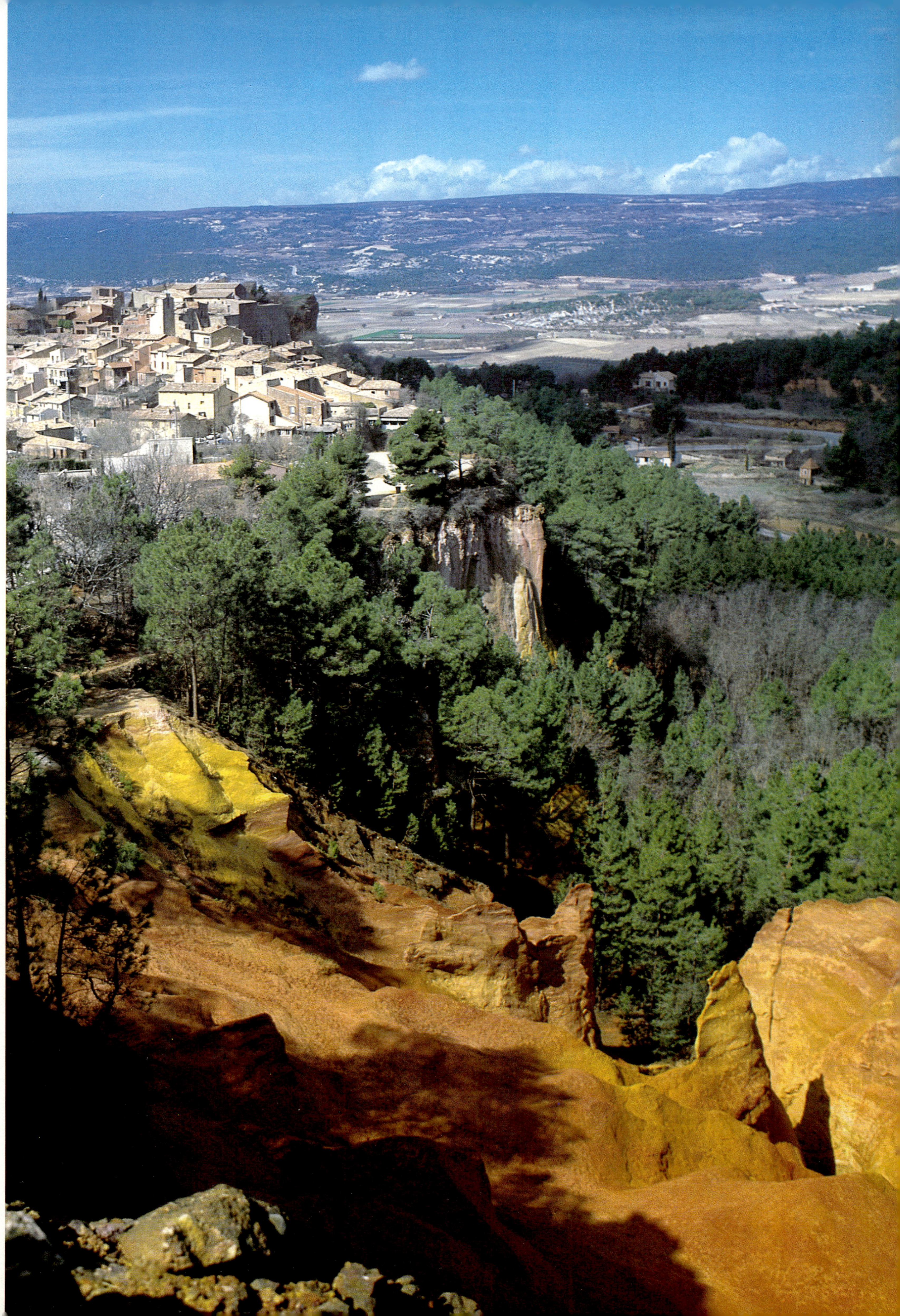

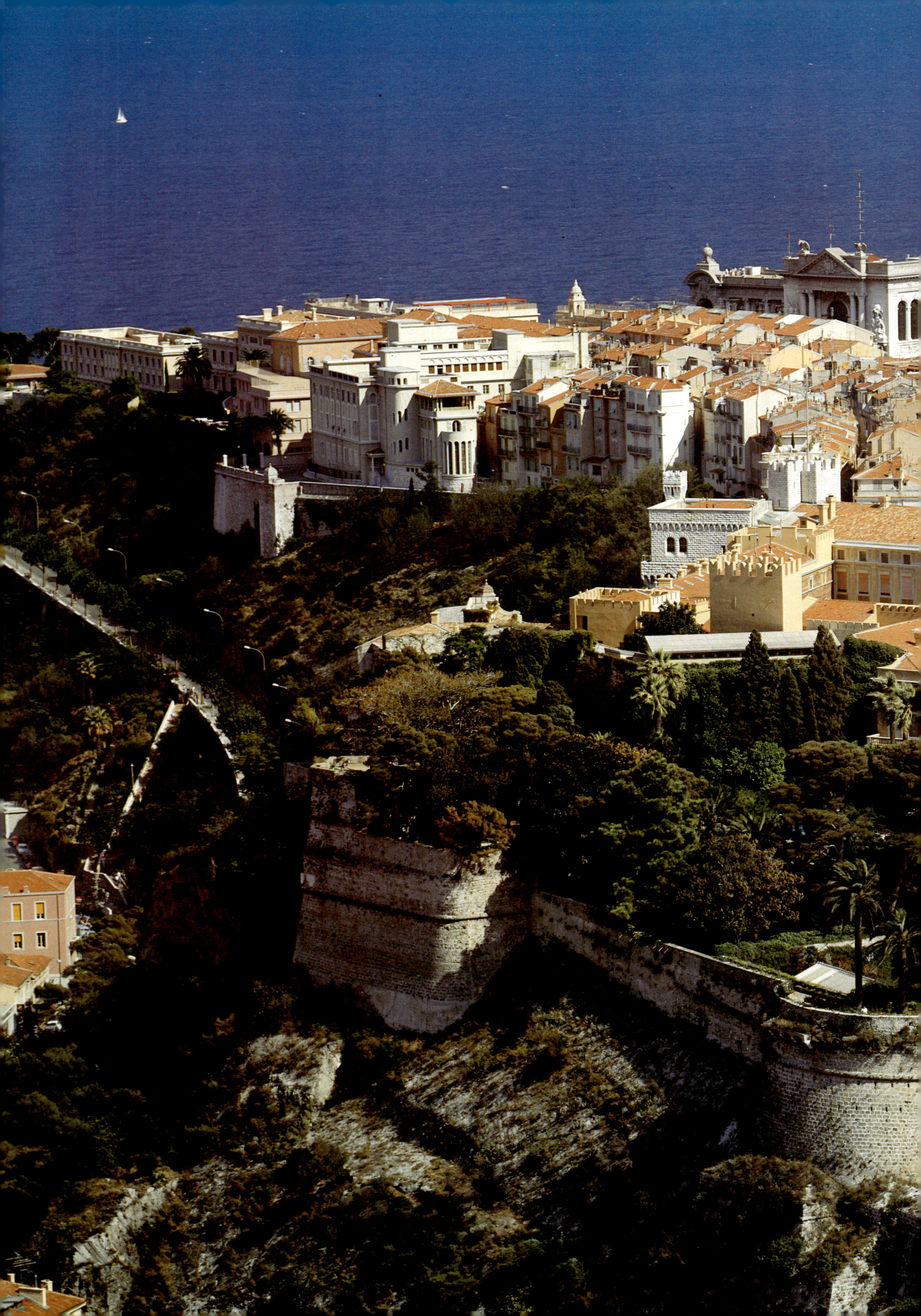

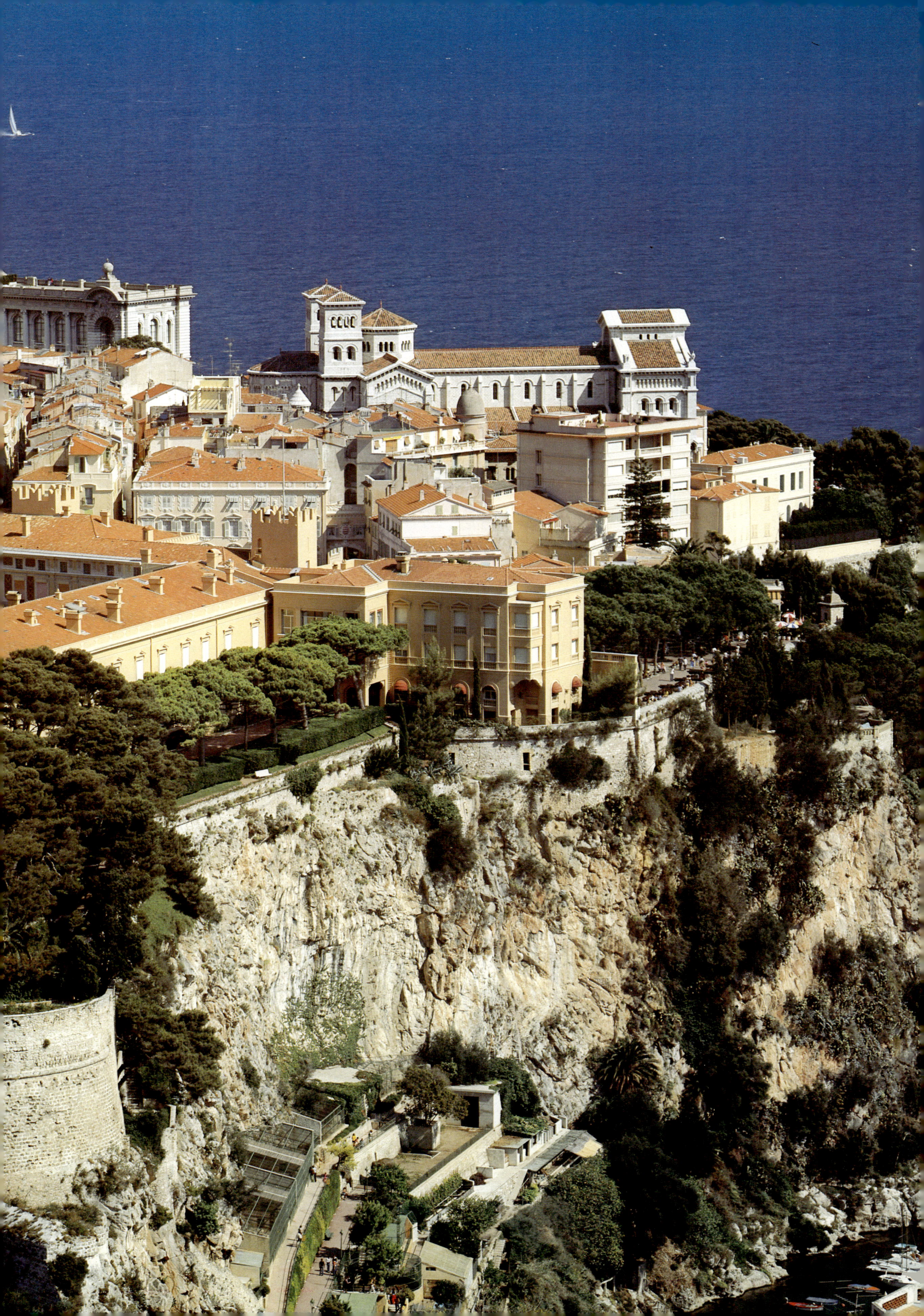

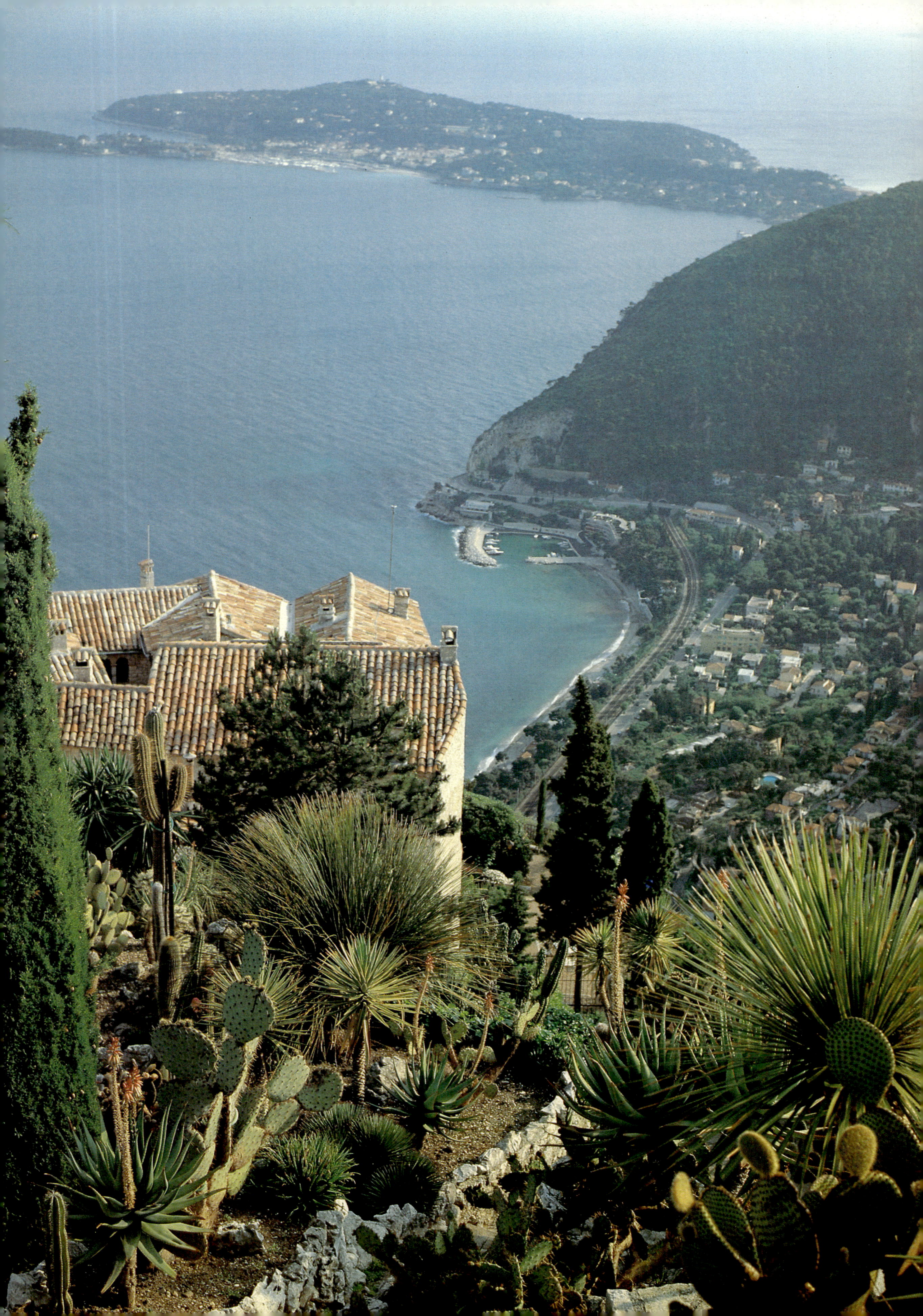

73 *Roussillon in der Provence. – Buchstäblich auf Ocker gebaut ist das Städtchen in der Landschaft Vaucluse. Die Erde ringsumher, ein Gemisch aus Tonsand und Eisenoxydhydrat, ist in 16 verschiedenen Ockertönen eingefärbt. Durch den Jahrhunderte währenden Abbau geriet der Ort in eine seltsame Berginsellage. Gewundene Treppengassen, Durchschlüpfe, schmale Häuser und eine ungewohnte Farbigkeit kennzeichnen die altertümliche Kleinstadt.*

74 *Blick auf Monaco. – Altstadt und Kern des nur 1,9 Quadratkilometer großen Fürstentums liegen auf einem ins Meer vorspringenden Felssporn, dem Rocher. Man erkennt in der Bildmitte vorne das Fürstliche Palais, von schönem Park umgeben, dahinter über dem Meer das berühmte Ozeanographische Museum, rechts die von 1875 bis 1903 erbaute neuromanische Kathedrale. Außer der Hauptstadt Monaco umfaßt das Fürstentum noch die Stadtteile Monte Carlo und La Condamine. Von den 24000 Bewohnern des Ministaates sind nur 3500 monegassische Staatsbürger; sie genießen neben der Steuerfreiheit, die der gesamten ansässigen Bevölkerung zusteht, auch die Befreiung vom Wehrdienst.*

75 *Das Bergdorf Eze an der Côte d'Azur. – In schwindelerregender Höhe, auf der Spitze eines Felsenzahns, klebt das erstaunliche Dörfchen Eze: ein Klumpen altersgrauer Häuser, die sich an- und aufeinanderklammern, sich gegenseitig stützen und schützen. Ganz oben, in luftiger Lage, thront eine Burgruine, um die ein herrlicher subtropischer Kakteengarten angelegt ist. Der Blick geht weit über Meer und Küste; im Bildhintergrund die Halbinsel Cap Ferrat.*

modern und gegenwartsnah. Sein Glanzstück, die Arena, mutet trotz ihrer zweitausend Jahre merkwürdig »neuwertig« an. Seine Boulevards, allen voran »Gambetta« und »Victor Hugo«, sind erfüllt von elegantem, fröhlichem und geselligem Leben, der Jardin de la Fontaine ist eine weitläufige grüne Insel, eine Mischung aus Skulpturenpark und exotischem Garten. Das schönste Kleinod der Stadt ist ein »Maison Carrée« benannter römischer Tempel von klassischer Schönheit, den einst Ludwig XIV. nach Versailles versetzen wollte.

Auf Nîmes folgt eine gänzlich andere Landschaft, neben den Begriffen Provence und Côte d'Azur gleichsam eine dritte Komponente des französischen Südens: die *Camargue,* die vielgepriesene Lagunen- und Sumpflandschaft des Rhônedeltas. Dem Ruf, der dieser Gegend (als einem der letzten Naturparadiese Europas) vorauseilt, kann die Wirklichkeit allerdings kaum mehr gerecht werden. Die Sümpfe sind größtenteils trockengelegt oder zu Reisfeldern verwandelt, die Cabanes, die strohgedeckten, einräumigen Hütten der Gardiens (Cowboys der Pferde- und Stierherden) haben sich zu Ferienhäuschen verwandelt, die wilden Stiere und Pferde werden in Koppeln gehegt. Dennoch liegt immer noch ein Abglanz des einstigen Zaubers über dem Land; er drückt sich aus in der großartigen Monotonie einer unendlichen Ebene, deren Horizont sich mit visionären Bildern zwischen Wasser und Land auflöst. Eine bemerkenswerte, noch erhaltene Besonderheit sind die Flamingoschwärme, die zuweilen im bräunlichen Brackwasser nach Nahrung suchen oder als rosa Wolke in den Himmel entschweben. Neben dem Delta des Guadalquivir in Spanien ist die Camargue die einzige Landschaft in Europa, in der Flamingos heimisch sind.

Unter den traditionsreichen Städten der Provence hat sich *Arles* wohl am deutlichsten den Charakter seiner gallisch-römischen Vergangenheit bewahrt. Aus der langen Liste des Sehenswerten ragen die römische Arena und der im Hochmittelalter entstandene Kirchenkomplex von St-Trophime heraus. – Mit Arles endet auf unserem Weg die Reihe der von römischen Bauwerken geprägten Städte; in der Folge bestimmt lebendig gebliebenes Mittelalter die Szene. Les Baux und Tarascon sind unverzichtbare Stationen auf dem Weg nach *Avignon.* Die einstige Kleinstadt, im 14. Jahrhundert als Residenz der Päpste plötzlich zum Mittelpunkt des Abendlandes erhoben, bewahrt eine Fülle von Bausubstanz aus dieser glorreichen Zeit. – Noch vierhundert Jahre später, im 18. Jahrhundert, formte sich die heutige Gestalt von *Aix-en-Provence,* der alten Hauptstadt des Landes. Hier bestimmt nicht die vom Verfall gezeichnete Antike das Bild, sondern blühendes Leben in einer Welt von vorgestern. Ein Bummel durch die Stadt, zumal an einem Markttag, gehört mit zu den unvergeßlichen Reiseimpressionen. – Die Strecke von Avignon nach Aix-en-Provence ist auf der Autobahn nur ein Katzensprung. Ungleich schöner, wenn auch zeitraubender, ist ein Umweg über den Mont Ventoux (wie ihn unser Reise-Lexikon ausweist): Er führt, abseits von Städten und Zivilisation, durch den archaischsten Teil der Provence, in das bukolische Land der Hirten und der Eremiten, der Lavendelbauern und Schafzüchter. Dort, in der heroischen Einsamkeit der Karstwüsten, Bachschluchten und Felsendörfer, kann man sich dem ureigensten Wesen der Provence am nächsten fühlen.

Schlagartig enden all diese Eindrücke mit der Einfahrt nach *Marseille,* sie werden abgelöst durch den weltstädtischen Rhythmus einer stolzen, ruhelosen, kosmopolitischen Metropole des Südens. Marseille bildet den Auftakt zur Côte d'Azur, jenem pompösen Küstenstreifen, der als Europas älteste und berühmteste Ferienlandschaft gilt. Die Côte d'Azur ist, ihrem Wesen gemäß, weniger ein Landstrich zum Durchreisen als zum Bleiben. Die Fahrt auf der Küstenstraße ist, von wenigen Glanzpunkten und den (sich wiederholenden) Uferpanoramen abgesehen, langatmig und, zumal während der Feriensaison, durch häufige Staus wenig vergnüglich. Man ist deshalb gut beraten, wenn man lohnende Umwege und Parallelstraßen nützt. Dazu zählen die ›Corniche des Crêtes‹ (Cassis – La Ciotat), die Höhenstraße über das Esterelgebirge (Agay – La Napoule) sowie zwischen Nizza und Menton die ›Moyenne Corniche‹ oder die parallele ›Grande Corniche‹, auf denen – mit verklärendem Abstand – die ganze Herrlichkeit der Küstenlandschaft vor dem Auge gleichsam abrollt.

Reise-Lexikon

① **Orange,** 26 500 Einwohner, lebhafte Kleinstadt in der breiten Rhôneebene, zeichnet sich aus durch zwei herrliche Baudenkmäler aus der Römerzeit: dem Römischen Theater, mit seiner 38 m hohen und 108 m breiten Bühnenrückwand das besterhaltene Bauwerk dieser Art in Europa, sowie dem Triumphbogen aus dem Jahr 49 v. Chr., mit bemerkenswerten Reliefs geschmückt. 10 km südlich liegt der weltbekannte Weinort **Châteauneuf-du-Pape.**

② **Pont du Gard,** »Brücke über den Gard«, 49 m hoher und an der Krone 275 m langer Aquädukt aus Stein. Das unter Agrippa im Jahr 19 v. Chr. errichtete Brückenbauwerk diente einzig dem Zweck, das Wasser aus den Cevennen über 50 km hinweg nach Nîmes zu leiten; die in Höhe der unteren Bogenreihe verlaufende Straßenbrücke wurde erst 1747 angebaut. Besonders hervorzuheben ist die Leistung der damaligen Bautechnik: Mächtige, bis 6000 kg schwere Quadersteine wurden ohne Bindemittel aufeinandergeschichtet (vereinzelte Verfugungen erfolgten erst in jüngerer Zeit).

③ **Nîmes,** 134 000 Einwohner, von Verkehrsgewühl und südländischer Geschäftigkeit erfüllte Industrie- und Handelsstadt am Westrand der vom Unterlauf der Rhône gebildeten Talweitung. Die Stadt, älteste Gründung im römischen Gallien, besitzt eine Reihe berühmter Bauwerke aus jener Zeit. Deren bedeutendstes ist die (noch vor dem Kolosseum in Rom) erbaute Arena (Les Arènes). Das aus gewaltigen Steinblöcken auf Ovalgrundriß errichtete Stadion mißt 131 mal 100 m, ist 21 m hoch und bietet 21 000 Zuschauern Platz. Architektonische Meisterleistung am Rande: Es kann innerhalb von 5 Minuten geräumt werden. Unter den vergleichbaren antiken Arenen belegt es seiner Größe nach zwar nur den 20. Rang, ist aber ungewöhnlich gut erhalten und wird heute für Veranstaltungen (Stierkämpfe, Theater, Festspiele) genützt. Der ›Jardin de la Fontaine‹ ist eine angenehm aus dem Rahmen fallende, weitläufige Parkanlage (1750), die sich mit vielen Skulpturen, Freitreppen und Gewächsanlagen um das ursprüngliche römische Quellheiligtum gruppiert. In den Ausmaßen bescheidener, doch nicht minder sehenswert ist die Maison Carrée, ein Tempel im hellenischen Stil, der durch die Klarheit seiner Linien und die Vollkommenheit der Proportionen besticht; im Innern beherbergt er das antike Museum. Weitere Anziehungspunkte: Archäologisches Museum mit Relikten aus gallo-römischer Zeit; Tour Magne, Ruine einer römischen Zitadelle (120 v. Chr.); Porte d'Arles, Ruine eines römischen Stadttores; Kathedrale Notre-Dame et St-Castor (11. Jh., mehrfach verändert). Nîmes ist Geburtsstadt des Dichters Alphonse Daudet (1840–1897).

④ **Camargue,** eine ursprünglich etwa 100 qkm große Sumpflandschaft des Rhônedeltas. Das fremdartig anmutende Schwemmland entstand durch die Wechselwirkung zwischen den Ablagerungen der Rhône und der Überspülung durch das Meer. In jüngerer Zeit wurden große Teile der Camargue für den Reis- und Weinanbau kultiviert, was den vielgerühmten landschaftlichen Reiz schmälerte. Die letzten urtümlichen Reservate befinden sich rings um den Lagunensee Etang de Vaccarès, eine Wasser-Land-Wüste mit Sümpfen und Sanddünen sowie einer exotischen Flora und Fauna (Flamingos und andere Wasservögel, Stierherden, weiße Pferde).

⑤ **Aigues Mortes,** 4500 Einwohner, Städtchen inmitten der Sumpflandschaft der Camargue, beeindruckt besonders durch sein mittelalterliches Stadtwesen, das von einer vollkommen erhaltenen Wehrmauer mit 15 Türmen und 10 Toren umgürtet wird. Die Stadt wurde um 1240 von Ludwig dem Heiligen als Seehafen für die Kreuzzüge gegründet, verlor jedoch durch die fortschreitende Verlandung den Zugang zum Meer und versank in Bedeutungslosigkeit. Lohnend ist ein Rundgang auf der Wehrmauer (etwa 1 Stunde), der eine umfassende Rundsicht auf die urtümliche Ortsarchitektur und die Landschaft der Camargue gewährt. 6–10 km südwestlich liegen längs der Küste die modernen Feriensiedlungen **La Grande-Motte** (eindrucksvolle Architektur) und **Port Camargue** (Sporthafenanlage mit Ferienhäusern).

⑥ **Les Saintes-Maries-de-la-Mer,** 2500 Einwohner, Fischerhafen und Badeort an der Küste der Camargue, bekannt als Wallfahrtsort der Zigeuner, die alljährlich am 24./25. Mai aus aller Welt herbeiströmen, um ihrer Schutzpatronin, der hl. Sarah, zu huldigen. Bemerkenswert ist die festungsähnliche Wallfahrtskirche St-Marthe (ursprünglich 12. Jh.); das Rathaus beherbergt ein Camargue-Museum. Empfehlenswert ist ein Besuch des 6 km nördlich gelegenen zoologischen Gartens, der die Tierwelt der Camargue umfassend zeigt.

⑦ **St-Gilles,** 10 000 Einwohner, eher unscheinbares altes Städtchen am Nordwestrand der Camargue, das jedoch mit einer kulturhistorischen Kostbarkeit aufwartet: Die Portalanlage der ehemaligen Abteikirche zählt mit ihren Skulpturen, Säulen und Friesen (neben St-Trophime in Arles) zu den bedeutendsten Schöpfungen der monumentalen Bildhauerkunst der provenzalischen Romanik. In der um 1200 erbauten, nach mehrfacher Beschädigung verkleinert wiederhergestellten Kirche empfiehlt sich außerdem der Besuch der Krypta, wohl die erste, unterirdische Kirche des Klosters, die durch ihre ungewöhnlichen Ausmaße (50 × 25 m) überrascht.

⑧ **Arles,** 51 000 Einwohner, eine der traditionsreichsten Städte der Provence. Von den Phöniziern im 6. vorchristlichen Jahrhundert gegründet, war sie unter Konstantin zweite Hauptstadt des gallo-römischen Imperiums. Nach vorübergehender Zugehörigkeit zum Königreich Burgund kam Arles 1481 mit der Provence an Frankreich. Aus römischer Zeit stammen die mächtige Arena (136 × 107 m, 23 000 Zuschauer fassend), die Ruinen des antiken Theaters und der Thermen, sowie die Alyscamps (Elysäische Gefilde), eine berühmte Totenstätte, in die man von weit her die Verstorbenen brachte. Hauptsehenswürdigkeit von Arles ist jedoch die romanische Kathedrale St-Trophime (12. Jh.), deren skulpturenreiches Portal zu den großartigsten Werken provenzalischer Plastik zählt. Sehenswert ist auch der stimmungsvolle Kreuzgang mit zwei romanischen und zwei gotischen Galerien. Hervorragend sind die Museen der Stadt: Musée d'Art Chrétien (Geschichte der christlichen Kunst); Musée d'Art Païen (Antike); Musée Réattu (Gemälde).

⑨ **Les Baux,** 400 Einwohner, faszinierende Ruinenstadt auf einem Felsplateau der Alpilles, war im Mittelalter Residenz der Dynastie von Baux und in der Troubadourzeit Stätte eines berühmten Liebeshofes. Nach dem Aussterben des Geschlechts der Baux fiel die Stadt 1486 an die französische Krone. Ludwig XIII. ließ sie 1632 durch ein Strafgericht zerstören. Heute wird Les Baux zu einem kleinen Teil wieder bewohnt, doch prägend sind die mittelalterlichen Ruinen, von deren höchstem Turm man eine großartige Rundsicht genießt. Les Baux gab dem hier erstmals gewonnenen Aluminiumerz seinen Namen: Bauxit. – 5 km nordöstlich liegen die umfangreichen Ausgrabungsfelder von **Glanum** mit Relikten aus keltischer, griechischer und römischer Zeit.

⑩ **Tarascon,** 10 600 Einwohner, altertümliches Städtchen am linken Rhôneufer, wird beherrscht von der mächtigen Schloßanlage, die der »Gute König René«, eine der profiliertesten Persönlichkeiten der Provence, im 15. Jh. auf den Resten eines Vorgängerbaues errichtete. In der Nähe befindet sich die Kirche Ste-Marthe (12. Jh., 1944 beschädigt), deren Bau der Sage nach durch das Wirken des drachenähnlichen Ungeheuers Tarasque angeregt wurde. Gegenüber von Tarascon liegt am jenseitigen Rhôneufer **Beaucaire,** einstmals der berühmteste Handelsmarkt des Landes.

⑪ **Avignon,** 93 000 Einwohner, im 14. Jh. Residenz der Päpste, gelangte als »geistige Hauptstadt der Welt« zu höchster Blüte. Umgürtet von einer imposanten Wehrmauer mit 8 Toren und 38 Türmen, drängen sich in der Altstadt die Häuser, Kirchen und Klöster aller Epochen und Stile in beengender Fülle aneinander. Überragende Dominante ist der festungsartige Papstpalast (Palais des Papes) mit seinen bis zu 50 m hohen Mauern und Türmen. Von den daran anschließenden, über einen Hügel gruppierten Gartenterrassen des Rochers des Domes bietet sich ein herrlicher Blick über Stadt und Rhône und hinunter zum vielberätselten Pont d'Avignon, einer aus 4 Bögen bestehenden Ruine der Rhônebrücke St-Bénézet (erbaut 1185, zerstört 1668). Besondere Empfehlung verdienen die vielen Museen der Stadt. – Am jenseitigen Rhôneufer liegt **Villeneuve-lès-Avignon** mit dem Turm Philipps des Schönen (1302) und der Trutzburg Fort St-André (1368), von der sich die Stadtsilhouette Avignons besonders eindrucksvoll darstellt.

⑫ **Carpentras,** 25 500 Einwohner, provenzalisches Städtchen mit sympathischem Eigenleben, in einer fruchtbaren Talsenke vor den Bergen gelegen. Ein Triumphtor (Relief gefangener Krieger) stammt aus dem 1. Jh.; die Kathedrale St-Siffrein (1405–1519) ist ein schönes Beispiel südfranzösischer Gotik. Bemerkenswert sind außerdem das Bischöfliche Palais, das Hôtel-Dieu, die Synagoge (älteste Frankreichs) sowie stilvolle Patrizierhäuser.

⑬ **Mont Ventoux,** 1912 m, symbolhafter »heiliger« Berg der Provence, dessen breiter Rücken das Land überragt und weithin den Blick anzieht. Bis zur Höhe von 1600 m wachsen schöne Wälder mit Buchen, Eichen, Aleppokiefern, Zedern und Pinien, darüber wölbt sich die Gipfelkuppe aus nacktem Kalkgesteinsschotter. Über den Gipfelkamm hinweg verläuft eine zwar langgezogene, doch für berggeübte Autofahrer unproblematische Bergstraße. Der Gipfel bietet eine einzigartige Rundsicht.

⑭ **Roussillon,** 1100 Einwohner, altertümliches Städtchen in der Plateaulandschaft des Vaucluse, das durch seine topographische Besonderheit besticht: Es liegt auf der Kuppe eines Ockerberges und gelangte durch den ringsherum fortwährenden Abbau der rotgelb gefärbten Tonerde in eine Berginsellage. In dem eng zusammengeschachtelten Ort gibt es malerische Winkel und schöne Ausblicke, am Ortsrand frappieren bizarr geformte und in ihrer grellen Farbigkeit irreale Ockerbrüche.

⑮ **Aix-en-Provence,** 114 000 Einwohner, die alte Hauptstadt der Provence und ihr geistiges und kulturelles Herz. Die 123 v. Chr. von den Römern als Aquae Sextiae gegründete Stadt blickt auf eine uralte Geschichte zurück, gelangte aber erst im Mittelalter zur höchsten Blüte; unter dem »Guten König René« wurde sie zum Zentrum der Künste und Wissenschaften. Nach dem Anschluß an Frankreich (1481) verblaßte der Glanz vorübergehend, doch im 17. und 18. Jh. folgte ein neuer Aufstieg. Aus dieser Zeit stammt das heutige, in seiner Geschlossenheit einzigartige Stadtbild. Erst im 19. Jh. wurde Aix kommerziell vom nahen Marseille überflügelt, behielt jedoch seine kulturelle Bedeutung bei. Mittelpunkt der Stadt ist der Cours Mirabeau, der, von mächtigen Platanen überwölbt und mit schönen Brunnen geschmückt, als Frankreichs stimmungsvollster Boulevard gilt. Die Kathedrale St-Sauveur vereinigt eine ganze Stilgeschichte vom 4. bis 18. Jh. in sich; eine besondere Zierde ist ihr Kreuzgang. Aix ist zudem Thermalbad und pflegt mit seinem alljährlichen Festival besonders die Musik Mozarts.

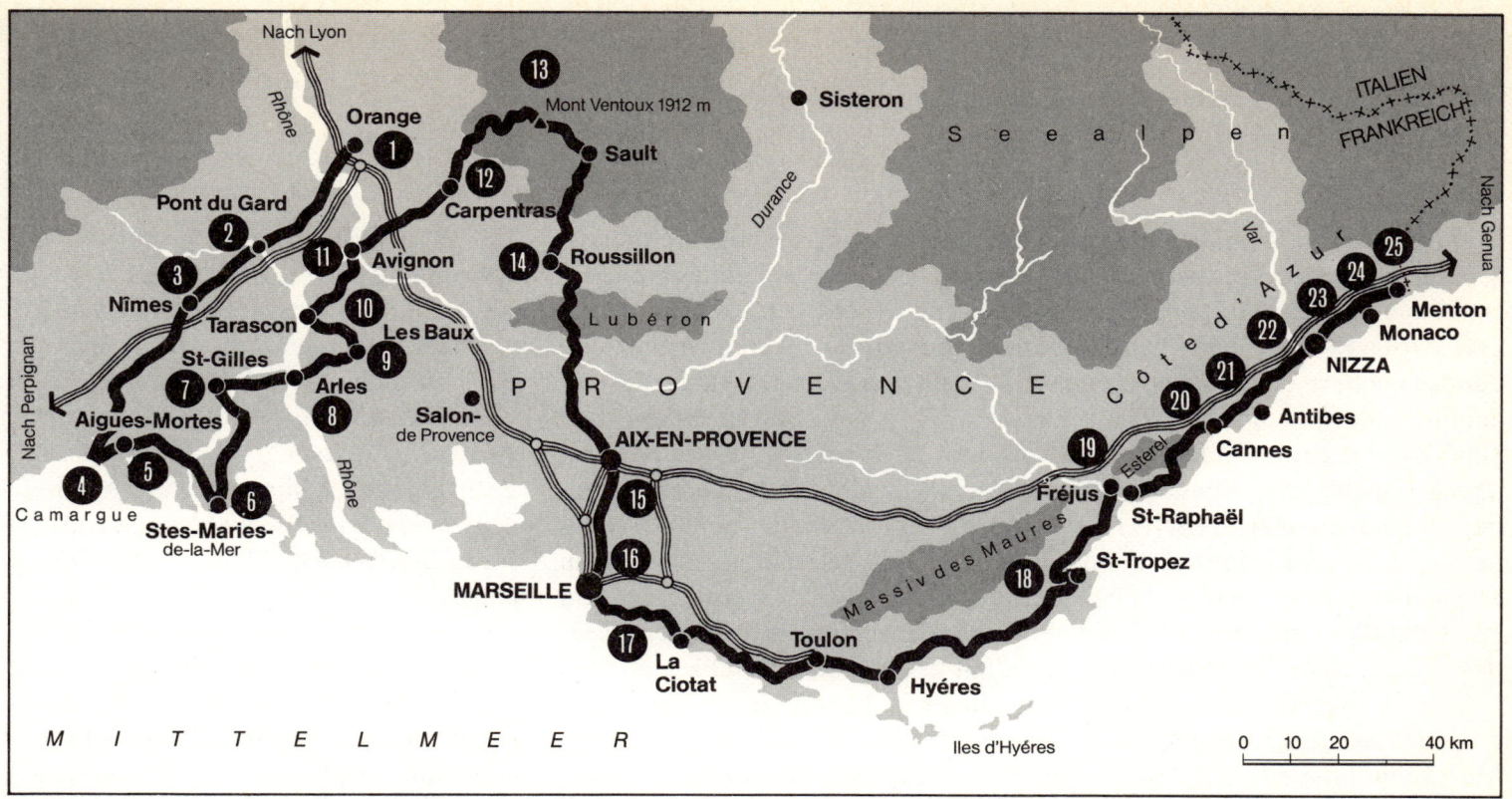

⑯ **Marseille,** 915000 Einwohner, nach Paris die größte Stadt Frankreichs und sein bedeutendster Mittelmeerhafen. Obwohl schon 600 Jahre v.Chr. von griechischen Seefahrern gegründet, erlangte die Stadt nach wechselvoller Geschichte erst im 19. Jh. als »Port de l'Orient« ihre heutige Größe und Bedeutung. Marseille, ein Schmelztiegel der Kolonialeinwanderer, gab zwar der französischen Nationalhymne ihren Namen, behielt jedoch allzeit seinen internationalen, zu Paris konträren Charakter. Bauten aus der Antike oder dem Mittelalter sind nur noch in spärlichen Resten zu finden, die Stadt wirkt weniger durch Sehenswürdigkeiten als durch ihr von südländischem Temperament durchpulstes Wesen. Vorrangige Besuchsziele sind der Vieux Port (Alter Hafen, jetzt nur noch für Fischer- und Sportboote), die auf dem höchsten Punkt eines Felsrückens thronende Basilika Notre-Dame-de-la-Garde (9 m hohe, vergoldete Madonnenstatue; von der Balustrade herrliche Aussicht) und der Parc du Pharo mit dem schönsten Blick auf Hafen und Altstadt. In der Bucht vor der Stadt liegt die Felseninsel mit dem Château d'If, das Alexandre Dumas als Handlungsort in seinem »Graf von Monte Christo« wählte (Ausflugsboote ab Vieux Port).

⑰ **Corniche des Crêtes,** 12 km lange, 1969 eröffnete Panoramastraße über die höchste Steilküste Frankreichs, verläuft südöstlich von Marseille zwischen Cassis und La Ciotat. Zwischen Marseille und Cassis liegen die **Calanques,** fjordartige Meereseinschnitte in der Kalkfelsküste, die nur mit Booten lohnend zu erkunden sind.

⑱ **St-Tropez,** 5500 Einwohner, ehemaliges altes Fischerstädtchen unter dem Massiv des Maures, das vor zwei Jahrzehnten zum Modeort der europäischen Schickeria kreiert wurde. Der malerische kleine Hafen ist lückenlos von Restaurants, Cafés und Verkaufsständen umlagert. Abseits davon empfiehlt sich der Besuch des Gemäldemuseums sowie der Zitadelle mit Schiffahrtsmuseum (vom Bergfried schöner Blick). – 6 km westlich befindet sich **Port Grimaud,** eine moderne Lagunenstadt im alten provenzalischen Stil, nach venezianischem Muster angelegt mit autofreien Gassen, Stegen und Treppenwegen sowie Meerzugang von jedem Haus.

⑲ **Fréjus** und **St-Raphaël,** Zwillingstadt mit etwa 52000 Einwohnern, an einer Mittelmeerbucht gelegen. Beide waren einst römische Siedlungen, doch während sich St-Raphaël zum modernen Seebad entwickelte, behielt Fréjus, durch Verlandung vom Meer abgedrängt und damit wirtschaftlich isoliert, seinen altertümlichen Charakter. Dort erhielten sich noch römische Bauwerke wie die Arena (114 × 82 m), das Theater, die Thermen, der Aquädukt, die Ruine eines Stadttores und ein Wachtturm über dem einstigen Hafen. Hauptbesuchsziel ist jedoch der mittelalterliche Kirchenbezirk mit der Kathedrale (10./11. Jh.), dem Baptisterium (5. Jh.) und dem Kreuzgang (10./11. Jh.).

⑳ **Cannes,** 71000 Einwohner, ein ehemaliges Fischerdorf, ist heute wohl der mondänste Badeort der Côte d'Azur. Längs des palmengesäumten Boulevard de la Croisette steht eine endlose Reihe von Luxushotels, jenseits der Straße liegen die dazugehörigen, schmalen und stellenweise künstlich angelegten Badeuferstreifen.

㉑ **Antibes,** 56000 Einwohner, und sein Nachbarort **Juan-les-Pins** liegen auf einem Landvorsprung inmitten des blumen- und blütenreichsten Teilstücks der Küste. Zwischen Luxusbesitztümern und den Attributen der Urlaubsgesellschaft findet man erfreulicherweise noch viel historische Substanz wie das Fort Carré und die düstere Grimaldi-Burg, die ein Museum mit vielen Werken Picassos beherbergt.

㉒ **Nizza,** 360000 Einwohner, das kommerzielle Zentrum der Côte d'Azur, gruppiert sich prächtig um die halbmondförmige, von den Ausläufern der Seealpen umrahmte Baie des Anges (Engelsbucht). Im 4. Jh. v.Chr. von seefahrenden Griechen gegründet, erlebte die Stadt eine abwechslungsreiche Geschichte: Griechen, Römer, die Grafen der Provence, das Haus Savoyen und die Herrscher von Sardinien-Piemont wechselten einander ab, bis sie schließlich (erst 1861) als Geschenk an Frankreich kam. Die italienische Vergangenheit ist noch heute in der Altstadt unverkennbar. Von antiken Bauwerken sind nur noch spärliche Reste vorhanden; der Charakter der Stadt wird geprägt vom Ferienbetrieb längs des hotelbepflasterten Strandboulevards, vom südländisch-quirligen Leben in der Altstadt sowie von vielen prächtigen Festen, Blumenkorsos, Karnevalszügen und sportlichen Veranstaltungen. Empfehlenswert sind das Musée Chagall und das Musée Matisse. Zu Nizza östlich benachbart sind der noch beschauliche Ferienort **Villefranche** und die Halbinsel **Cap Ferrat,** auf der sich ein Besuch der Museums-Anlage Ile-de-France (mit zauberhaftem Interieur, berühmter Kunstsammlung und prächtigem Park) lohnt.

㉓ **Corniches de la Riviera,** drei in übereinander liegenden Höhenstufen in die Steilabstürze der Seealpen gebaute Panoramastraßen auf dem Teilstück zwischen Nizza und Menton. Die unterste, ›Corniche Inférieur‹, folgt annähernd dem Ufersaum und verbindet Badeorte und Strände miteinander. Die mittlere, ›Moyenne Corniche‹, berührt unter anderem das atemberaubend kühn auf einem Bergkegel thronende **Eze.** Die oberste schließlich, ›Grande Corniche‹, bietet die schönsten Fernblicke und durchfährt den Ort **La Turbie** mit den Resten der Trophée des Alpes, dem römischen Siegesdenkmal zu Ehren von Kaiser Augustus. Zwischen den Corniches sind mehrmals Übergänge möglich.

㉔ **Monaco,** 25000 Einwohner auf 2 qkm Fläche, selbständiges Fürstentum an einem der schönsten Uferabschnitte der Côte d'Azur. Der aus den drei miteinander verschmolzenen Städten **Monaco, La Condamine** und **Monte Carlo** gebildete Ministaat wurde 1338 von der genuesischen Familie Grimaldi gegründet, die noch heute regiert. Hauptanziehungspunkte sind das auf einem Felsvorsprung errichtete Fürstenschloß (13./17. Jh.), das Ozeanographische Museum (1910) und das berühmte Spielcasino (1878). Ein Tip für Liebhaber ist das Musée National mit einer bezaubernden Sammlung mechanischer Puppen.

㉕ **Menton,** 25000 Einwohner, vielbesuchtes Seebad kurz vor der italienischen Grenze, baut sich terrassenförmig auf dem letzten Hang der zum Mittelmeer abfallenden Seealpen auf. Die Stadt rühmt sich des mildesten Klimas der ganzen Küste und gilt als Stammheimat der Zitrusfrüchte. Während die Strandzone das an der Côte d'Azur übliche Bild bietet, entpuppt sich die Altstadt am Berghang als ein reizvolles Labyrinth aus heimeligen Häuschen, Treppen, Lauben, Durchgängen und Gäßchen, das an eine orientalische »Kasbah« erinnert. Diese »unfranzösische« Wohnlandschaft geht auf den Einfluß Italiens zurück, zu dem Menton bis 1861 gehörte.

143

15 Madrid und Altkastilien
Rundreise durch Spaniens Schatzkammer der Städtebaukunst

Wenn heute von Spanien und Portugal die Rede ist, sehen viele Zeitgenossen nur mehr vom Fremdenverkehr sattsam angepriesene Urlaubsziele wie Barcelona und Costa Brava, Costa Dorada und Costa Blanca, Costa del Sol und Algarve – jene mit Phantasiebezeichnungen dekorierten, früher von den Bewohnern eher gemiedenen und gefürchteten Küstenstreifen, die nun zum Sommerspielplatz der Zivilisation geworden sind. Soweit diese Plätze zum Zweck eines Badeurlaubs auserkoren und aufgesucht werden, ist dagegen nichts einzuwenden. Bedenklicher wird es, wenn die wohlklingenden Schmucknamen dazu verleiten, sie als Leitfaden für eine Reise zu nehmen, mit der man das Land kennenzulernen gedenkt. Von wenigen Ausnahmen abgesehen, vermitteln die Küstenstraßen am Mittelmeer und am Atlantik nicht annähernd die wirkliche Verschiedenartigkeit des Landes. Aus der ungewöhnlich reichen Vielfalt des iberischen ›Subkontinents‹ heben sich zwei Bereiche heraus, denen dieses und das folgende Reisekapitel gewidmet sind: Kastilien und Andalusien.

Man kennt Spanien nicht, wenn man nicht *Kastilien* besucht hat, das Land der Burgen und Festungen, jahrhundertelang Schlachtfeld zwischen Christen und Mauren, schließlich der Keimboden des neuen, europäischen Spaniens. Man muß, wenigstens flüchtig, das Geschichtsbuch aufblättern, um dieses Land zu verstehen. Die Römer hatten für die Eroberung von Hispania fast zweihundert Jahre gebraucht, die Araber, die 711 über die Meerenge von Gibraltar kamen, nahmen es handstreichartig in sieben Jahren. Für mehr als siebenhundert Jahre war Iberien dann der Brückenkopf des Orients in Europa. Die maurische Herrschaft brachte nicht nur Unterdrückung, sondern auch eine kulturelle Blüte ohnegleichen, und noch heute versteht man in Spanien unter dem Begriff »Antike« weniger das Reich der Römer als jenes der Mauren. Ab dem 10. Jahrhundert ging von Kastilien die »Reconquista«, die Rückeroberung Iberiens, aus. Dabei übernahmen die Christen teilweise den Geist und die Kultur der besiegten Mauren, wie einst die Römer jene der Griechen. In Kastilien, wo die Kämpfe lang hin- und herwogten, entstanden immer mehr Castillos zur Verteidigung des Landes. Wälder gingen in Flammen auf, ganze Landstriche wurden verwüstet und stellenweise für immer unfruchtbar. Das ist der geschichtliche und topographische Hintergrund unserer Reise: Weitgedehnte, kahle Ebenen, von felsigen Schluchten durchfurchtes Plateauland, dazwischen fruchtbare Kultursteppen mit riesigen Getreidefeldern, sand- und felsfarbene Dörfer, Burgruinen auf steinigen Höhen. Unser Fahrtvorschlag ist als Rundreise mit Ausgangs- und Zielpunkt Madrid angelegt; in Segmente aufgelöst kann er selbstverständlich in jede andere Spanienroute integriert werden.

»Madrid ist so groß wie Biberach; seine Außenviertel sind sehr weitläufig; es hat gute Quellen, billige Lebensmittel und zwei Maurenviertel, die von zahlreichen Sarazenen bewohnt werden.« So lapidar faßte der Nürnberger Hieronymus Münzer 1495 seine Eindrücke zusammen. Die Stadt war zwar seit vorgeschichtlicher Zeit besiedelt, stand jedoch lang im Schatten von Toledo. Erst als sie 1561 von Philipp II. zur Hauptstadt des damals größten Weltreichs, »in dem die Sonne nicht unterging«, erhoben wurde, blühte sie auf. Heute zur Millionenstadt angewachsen, verkörpert sie trotz des Fehlens der historischen Ursubstanz ein Stadtwesen eigentümlicher Prägung, in dem das Malerische des alten Spanien genauso lebendig ist wie die modernen, allen großen Hauptstädten Europas eigenen Lebensgewohnheiten.

Man verläßt Madrid auf der Nationalstraße nach Valencia, quert das Jaramatal und biegt in Arganda nach Chinchon ab. Das durch seinen Anisschnaps bekannte Städtchen animiert zur Stipvisite, dann geht es weiter nach *Aranjuez*. Der Königspalast mit seinen zauberhaften Gärten hatte bei den Habsburgern wie bei den Bourbonen nicht die Funktion eines Regierungssitzes, sondern diente der Erholung und Entspannung. Beim Abschied

76 *Blick auf Toledo.* – Von den Olivenhängen südlich des Tajo, der auf drei Seiten die Stadt umschlingt, genießt man einen der schönsten Blicke auf Toledo. Auf den höchsten Kuppen des Stadthügels erheben sich die Kathedrale und der Alcázar. Die Kathedrale, von den Westgoten gegründet, dann unter den Mauren Moschee, wurde in ihrer heutigen gotischen Gestalt nach zweihundertfünfzigjähriger Bauzeit im Jahr 1227 vollendet. Sie enthält fünf hohe Langschiffe, 750 Fenster mit herrlicher Glasmalerei und unschätzbare Kunstwerke. Der Alcázar war seit der Römerzeit stadtbeherrschende Festung. Mehrmals durch Brandschäden zerstört und renoviert, spielte er 1936 im Bürgerkrieg eine entscheidende Rolle.

77 *Der Escorial.* – Dreißig Kilometer nordwestlich von Madrid, auf einer Hochfläche der Sierra de Guadarama, erhebt sich das Monumentalbauwerk des Escorial, mit vollem Namen »Monasterio de San Lorenzo del Escorial«. Für die Spanier ist der gewaltige Bau aus weißgrauem Granit, ein mit vier Ecktürmen versehenes Rechteck von 207 mal 161 Metern, schlechthin »das achte Weltwunder«; der Philosoph Ortega y Gasset nannte ihn »nuestra gran piedra lírica« – »unseren großen lyrischen Stein«. Dennoch ist das Klosterschloß, im 16. Jahrhundert durch Philipp II. erbaut und dem heiligen Laurentius gewidmet, nicht unumstritten. Die Meinungen darüber reichen von begeisterter Zustimmung bis zur absoluten Ablehnung.

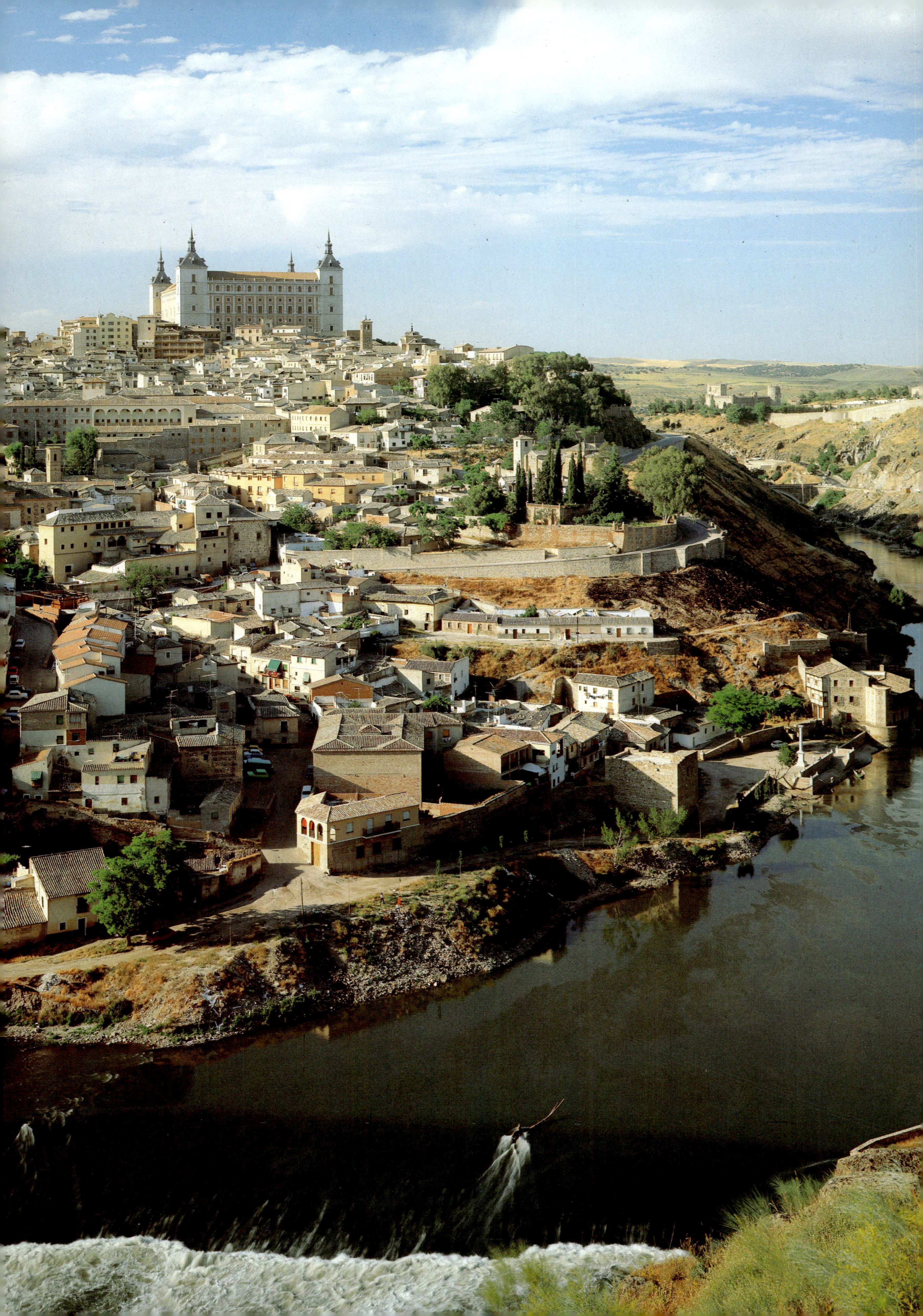

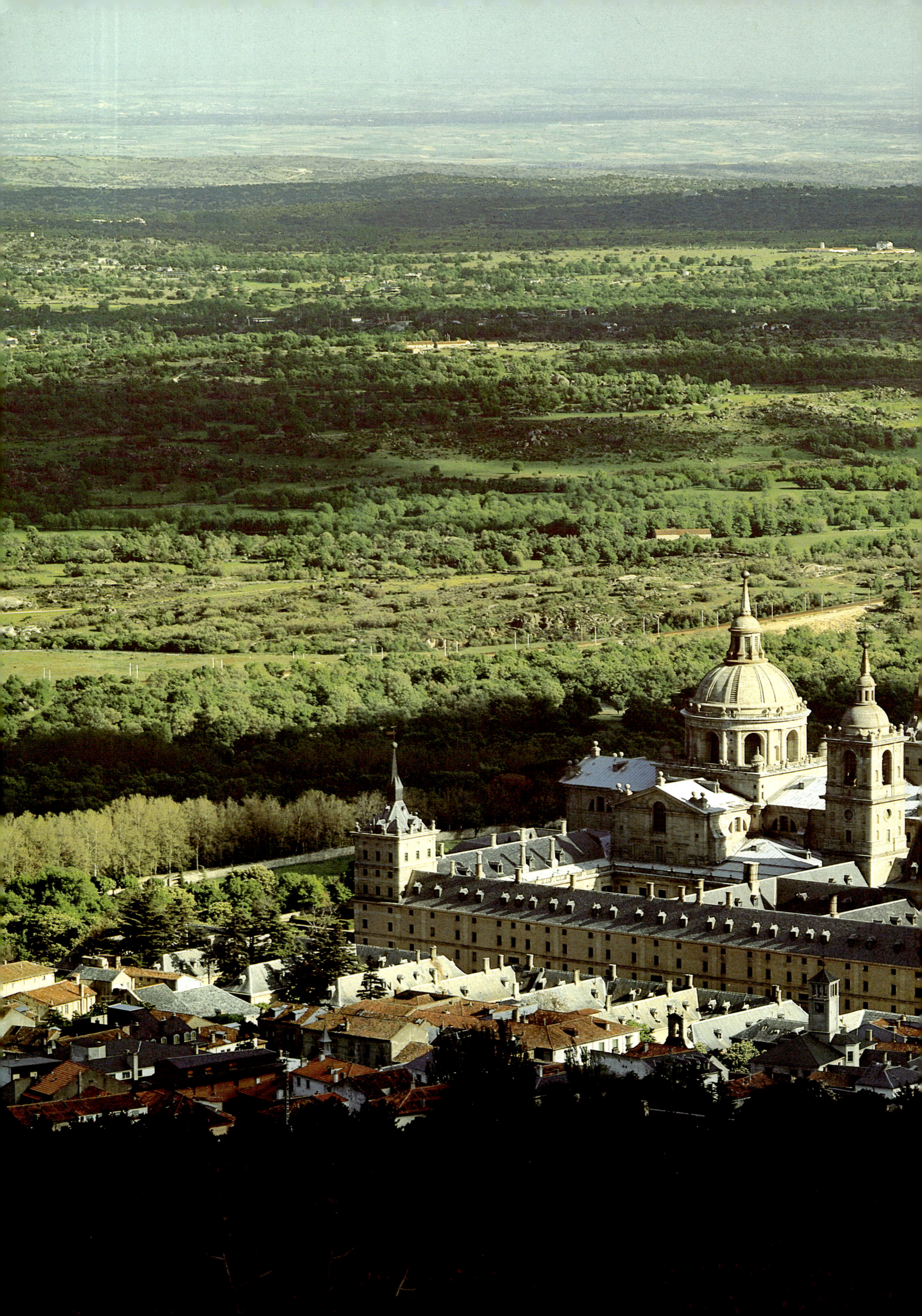

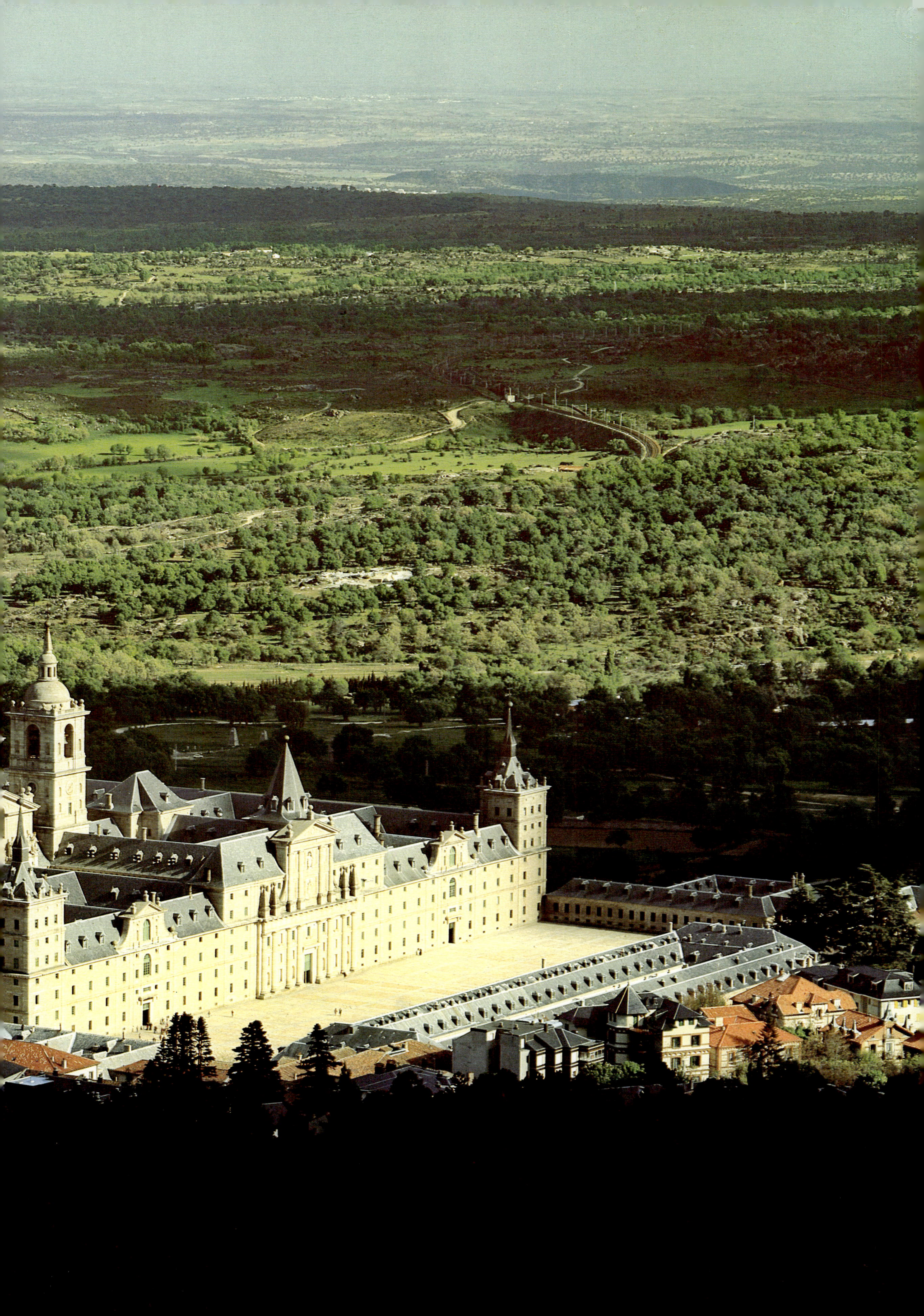

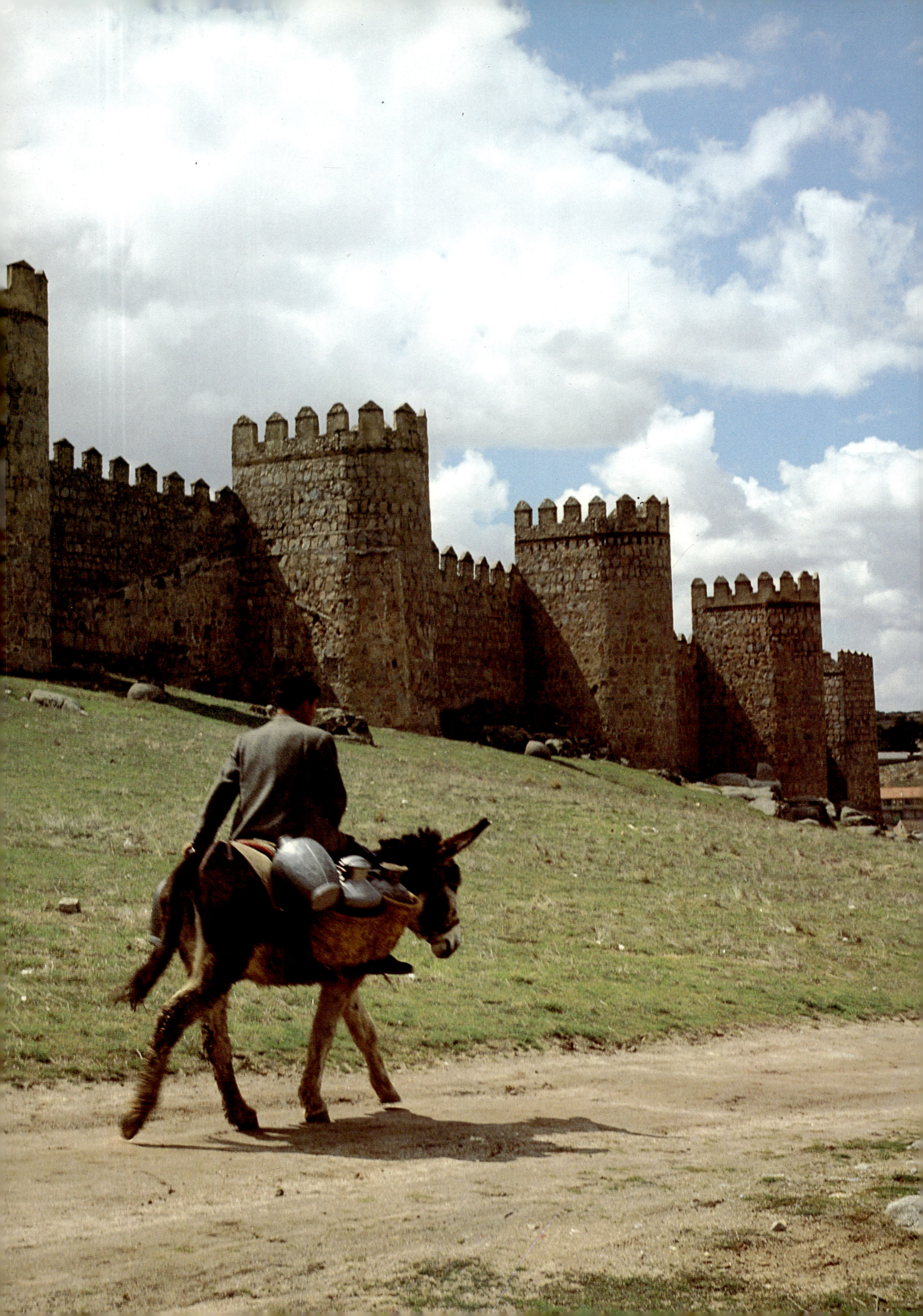

von den üppigen Parkanlagen mit den monumentalen Brunnen, plätschernden Kaskaden, verträumten Teichen und den griechischen Götterskulpturen kommt einem unwillkürlich jener Vers aus Schillers »Don Carlos« in den Sinn, der allein den Ort weltbekannt gemacht hat: »Die schönen Tage von Aranjuez sind nun zu Ende.« Im wenige Kilometer entfernten *Toledo* schlägt das historische Herz des Landes. Kraftvoll auf einem Granitfelsberg emporgebaut, den das schluchtartige Tal des Tajo hufeisenförmig umschließt, verkörpert die Stadt vieles auf einmal: Faszinierendes Landschaftsschauspiel, lebendiges Geschichtsbuch, Machtzentrum von Kirche und Staat, Schule der Künste und Wissenschaften, pittoreskes Touristenziel. »Wenn Allah gewollt hätte, würde er aus allen Menschen ein Volk gemacht haben«, dieser Satz aus dem Koran, kam in Toledo seiner Verwirklichung am nächsten: Schöpferische Genies widersprüchlichster Art wie der kretische Maler El Greco, die spanischen Dichter Miguel de Cervantes und Lope de Vega, der Deutsche Rainer Maria Rilke, Künstler aus der christlichen, arabischen und jüdischen Welt fanden hier ihre geistige oder tatsächliche Heimat. – Die nächste Station, *Ávila,* gleicht einer Vision aus dem Mittelalter. Die ganze Stadt ist ein architektonisches Juwel, gefaßt durch eine 2400 Meter lange Mauer mit 88 Türmen und 9 Toren. Die Wirkungsstätte der heiligen Teresa von Ávila, mit den zahlreichen Kirchen und Klöstern der Inbegriff einer altkastilischen Stadt, geriet mit dem Aufschwung Madrids ins geschichtliche Abseits und bewahrte so seine altertümliche Gestalt, die durch die festungsartige Kathedrale noch unterstrichen wird. Die Stadt *Salamanca* ist so ehrwürdig, daß sie als Ganzes zum spanischen Nationaldenkmal erklärt wurde. Die alte Römerbrücke über den Rio Tormes bildet den wirkungsvollen Entree, die beiden mächtigen Kathedralen setzen den Maßstab für die außergewöhnliche Stadtgestalt, die man wegen des warmen Farbtons ihrer Sandsteinbauten »La Dorada«, die Goldene, nennt. Salamancas Weltruhm gründet sich auf die Universität, die im Mittelalter neben Paris, Oxford und Bologna zu den bedeutendsten Europas zählte. *Valladolid,* im 15. und 16. Jahrhundert zeitweise die Hauptstadt Kastiliens, Geburtsort Philipps II. und seines Sohnes Don Carlos sowie die Stadt, in der Cervantes seinen Don Quichotte schrieb, begeistert durch zwei Baudenkmäler von besonderem Rang: das Colegio de San Gregorio mit dem einzigartigen Skulpturen-Museum und die Kirche San Pablo – beides Höhepunkte des Platereskenstils. In *Palencia,* das von den Römern, den Westgoten und den Arabern zerstört und immer wieder aufgebaut wurde, entstand 1208 die erste Universität Spaniens. Bei *Burgos* trifft unsere Route auf die alte Pilgerstraße nach Santiago de Compostela. Die Stadt im Arlanzótal gilt als politische Mitte Altkastiliens. Sie war Ausgangspunkt für die Einigung Spaniens, Zentrum der Reconquista und auch Francos Hauptquartier während des Bürgerkrieges von 1936 bis 1938. Seine Kathedrale, von deutschen Baumeistern geschaffen, gilt als das prächtigste gotische Bauwerk Spaniens.

In Burgos wendet sich der Reiseweg wieder südwärts in Richtung Madrid. Über Aranda de Duero, einer mauerumschlossenen Kleinstadt mit schöner Kirche im isabellinischen Stil, steuert man auf *Segovia* zu, die Hauptstadt Altkastiliens. Dessen Stadtbild, eine großartige Komposition aus Natur- und Architektureffekten, ist wohl das eindrucksvollste Kastiliens. Die markantesten Baukomplexe sind die gotische Kathedrale, der maurische Alcázar und der zweitausend Jahre alte römische Aquädukt. Rings um Segovia drängen sich geradezu Kirchen und Klöster, Paläste und Parks. Südöstlich benachbart ist *La Granja,* dessen Königsschloß mit seinen Gärten man das »spanische Versailles« nennt, einige Kilometer weiter wartet *Manzanares el Real* mit einer Burg auf, die ein treffliches Bühnenbild für Don Quichotte abgäbe, und schließlich erreicht man, ehe sich der Ring der Route in Madrid schließt, das »Monasterio de San Lorenzo de El Escorial«, kurz *Escorial* genannt. Der gewaltige Klosterpalast aus weißgrauem Granit, Sinnbild der vereinigten Stärke von Kirche und Königreich, der in sich Askese und Pracht, Frömmigkeit und Machtstreben vereinigt, ist umstritten. Für die Spanier ist er das ›achte Weltwunder‹, der Dichter Théophil Gautier, ein Franzose, sah in ihm allerdings nur »den nach den ägyptischen Pyramiden größten Steinhaufen des Erdenrunds«.

78 *Vor den Mauern von Ávila. – Wie eine Vision aus dem Mittelalter liegt die altkastilische Stadt Ávila auf einer Hügelkuppe über dem Ufer des Adaja. Mit ihrer vollständig erhaltenen, 2400 Meter langen, zwölf Meter hohen und drei Meter dicken Ummauerung, bestückt mit 88 Türmen, zählt sie zu den bedeutendsten mittelalterlichen Festungsbauwerken Europas. Die wehrhafte Umgürtung wird im Innern ergänzt durch herrliche romanische Kirchen und gotische Adelspaläste, die das Gesamtbild zu einem der sehenswertesten Städte Spaniens abrunden.*

Reise-Lexikon

① **Madrid,** 3,2 Millionen Einwohner, die Hauptstadt und größte Stadt Spaniens, liegt in der Hochebene Neukastiliens hoch über dem Flüßchen Manzanares und bildet den geographischen Mittelpunkt der iberischen Halbinsel. Die Stadt hat sich nicht organisch aus historischen Anfängen zur heutigen Bedeutung entwickelt, sondern ist, vergleichbar mit dem in unserer Zeit entstandenen Brasilia, das Produkt eines administrativen Beschlusses. Das alte »Margerit« stand im Schatten von Städten wie Toledo, Burgos, Valladolid, Segovia oder Ávila; erst nach seiner Erhebung zur Hauptstadt (1561) des spanischen Weltreiches wurde es als »Madrid« bedeutend und berühmt. Heute zeigt es das Profil einer dynamischen Weltstadt, das mit vielen modisch getönten Prunk- und Prachtbauten brilliert, daneben aber auch mit zahlreichen Museen und Galerien, sakralen und profanen Bauwerken eine Schatzkammer der Künste verkörpert. Madrid hat mehr als die Hälfte seiner Fläche für Parks und Gärten, Alleen und Avenuen ausgespart, was der Millionenstadt eine freundliche und lichte Note verleiht.

Hauptanziehungspunkt ist der Prado, ein breiter Boulevard mit schönen Parkanlagen und dem weltberühmten Prado-Museum, eine der bedeutendsten Gemäldegalerien der Welt. Die Herrscher Spaniens waren leidenschaftliche Kunstsammler, Philipp IV. ruinierte sich sogar für die Gemälde, die er bewunderte. So entstand eine beispiellose Sammlung von 3000 Gemälden, 4000 Zeichnungen und 400 Plastiken. Neben fast allen großen Werken von Goya (115) und Velásquez (50) umfaßt sie eine außerordentlich reiche Sammlung der flämischen und venezianischen Schule sowie italienische, französische, spanische, deutsche, holländische und englische Meister. Weitere sehenswerte Besuchsziele sind: Königlicher Palast (1738–1764), erbaut auf den Ruinen des ehemaligen Alcázar (Festung, Stadtburg), beherbergt eine ganze Reihe bedeutender Museen; Dom San Isidro (17. Jh.); Kathedrale de la Almudena (seit 1895 im Bau); Plaza Mayor (von Arkaden umrahmter, für das alte Madrid typischer Platz, Fußgängerzone); Plaza de Oriente, der größte und eindrucksvollste der vielen Plätze (mit 44 Standbildern geschmückt); Edificio de España (107 m hohes Hochhaus mit Dachterrassencafé und Schwimmbad); Plaza de la Cibeles, der verkehrsreichste Platz der Stadt mit Cervantes-Denkmalgruppe und dem Nationalmuseum für Dekorative Kunst; zahlreiche weitere Museen sowie mehrere Kirchen, zumeist aus dem 17. bis 19. Jh. – Erste Station nach Madrid ist das hübsche Städtchen **Chinchon**, in dem seit altersher köstlicher Anisschnaps gebrannt wird. Besonders reizvoll ist die Plaza Mayor, eine unregelmäßige, verspielt konzipierte Platzanlage, die durch ihre gedeckten Gänge, Loggien und Arkaden eine liebenswürdige Note erhält. Die Pfarrkirche, wegen ihrer langen Entstehungszeit (1537–1626) in Stilgemisch aus Gotik und Renaissance, bewahrt über dem Hauptaltar ein Gemälde von Goya, die Himmelfahrt Mariä darstellend.

② **Aranjuez,** 32000 Einwohner, Städtchen am Tajo inmitten eines fruchtbaren, für seine Spargel- und Erdbeererträge bekannten Landstrichs in Neukastilien südlich von Madrid. Im 14. Jh. entstand hier ein Palast des Ritterordens, auf dessen Grundmauern im 18. Jh. der heutige Königspalast erbaut wurde. Der repräsentative zweiflügelige Bau besticht durch seine noble Architektur. Hauptanziehungspunkte sind jedoch der von Philipp II. auf einer vom Tajo umflossenen Insel angelegte Jardin de la Isla, ein Gartenjuwel mit exotischer Flora, Fontänen und Statuen, sowie die weitläufigeren, ähnlich ausgestatteten Gärten Jardin del Principe und Jardin de Estatuas.

③ **Toledo,** 53000 Einwohner, eine der historisch reichsten Städte Spaniens, baut sich stufenförmig auf einem Granitsporn auf, der vom schluchtartig eingekerbten Tajo halbkreisförmig umschlossen wird. Auf solche Art nach 3 Seiten durch einen Naturgraben geschützt, war Toledo zu allen Zeiten Brennpunkt geschichtlicher Ereignisse, wurde schließlich selbst zur vollkommenen Synthese der spanischen Geschichte. Einst Hauptstadt der iberischen Carpetaner, wurde es 192 v. Chr. römisch und kam nach dem Ende des Römerreiches unter die Herrschaft der Westgoten, die es im 6. Jh. zur Hauptstadt ihres spanischen Reiches erhoben. Nach der Eroberung durch die Mauren (711) war es Sitz eines Emirats. Mit der Rückgewinnung durch Alfons VI. (1085) wurde Toledo Hauptstadt des Königreichs Kastilien sowie kirchliches und kulturelles Zentrum des christlichen Spaniens. Erst mit dem Aufblühen der neuen Hauptstadt Madrid gelangte Toledo allmählich in den Windschatten der Weltgeschichte.

Die Stadtstruktur mit den engen, winkeligen Gassen und den offenen Innenhöfen geht noch auf die maurische Zeit zurück, während seit der Reconquista zahlreiche christliche Kirchen und Klöster entstanden. Das Stadtbild wird von zwei Bauwerken geprägt: dem hochgelegenen Alcázar (seit der Römerzeit stadtbeherrschende Zitadelle, jetzt Nationaldenkmal) und der Kathedrale (1227–1493), nach jener von Burgos die bedeutendste gotische Kirche Spaniens. Weitere bedeutende Sehenswürdigkeiten Toledos sind: Franziskanerkloster San Juan de los Reyes, ehemalige Grabkirche der katholischen Könige mit stimmungsvollem Kreuzgang; Hospital de Santa Cruz (15./16. Jh.), jetzt Museum; Santa Maria la Blanca, ursprünglich Synagoge, seit 1405 christliche Kirche; Synagoge del Tránsito (14. Jh.); Casa del Greco und angeschlossen El-Greco-Museum; Kirche Santo Tomé, ursprünglich Synagoge, im 14. Jh. gotisch umgestaltet, mit einem Hauptwerk El Grecos; Puente de Alcántara, ein römisch-maurischer Torbau; zahlreiche weitere Kirchen und Paläste in vielfältigen Stilarten.

④ **Ávila,** 34000 Einwohner, typisch altkastilische Stadt mit martialischer Note, liegt wie eine Felsenburg auf einer Hügelkuppe über dem Ufer des Adaja. Es fasziniert den Ankommenden zunächst durch die gewaltige Ummauerung mit ihren 88 Türmen, gebaut 1090 bis 1099 und vollständig erhalten, die im westlichen Europa nur in der Cité von Carcassonne eine Entsprechung findet. Nach der Rückeroberung durch die Christen war die Stadt der noble Sitz vieler Edelleute, verarmte aber dann im 17. Jh. als Folge der Austreibung der Juden und Moriscos. Viele der letzteren fanden als Spielleute und Tänzer Aufnahme an europäischen Höfen (›Moriskentänzer‹, wie sie rund 200 Jahre früher von Erasmus Grasser im Alten Rathaus zu München dargestellt worden waren). Im 16. Jh. wurde hier Teresa von Ávila, die Mystikerin und Erneuerin des Karmeliterordens, geboren. – Die Hauptsehenswürdigkeiten sind: Kathedrale (11.–14. Jh.), festungsartiger Bau im romanisch-gotischen Stil mit berühmtem Kirchenschatz; Kirche San Pedro (12.–13. Jh.); Dominikanerkloster Santo Tomás (15. Jh.) mit beachtlicher Ausstattung; Basilika San Vicente (12.–15. Jh.), das bedeutendste romanische Baudenkmal der Stadt; Stadtmauern, 2526 m lang (können teilweise umwandert werden), mit schöner Aussicht.

⑤ **Salamanca,** 125000 Einwohner, berühmte Universitätsstadt, Bistumssitz und Provinzhauptstadt, liegt in einer vegetationsarmen Hochebene am Ufer des Tormes im Süden der Landschaft León. Die Stadt blickt auf eine reiche Geschichte zurück, war unter Hannibal, den Römern, den Westgoten und den Mauren ein wichtiger Stützpunkt. 1085 von den Christen zurückerobert, gründete 1218 Alfons IX. von Kastilien und León die Universität, die besonders durch ihre juristische Fakultät zu Weltruhm gelangte. Als erste Lehrstätte verbreitete sie das (allgemein noch als ketzerisch angeprangerte) Kopernikanische Weltsystem; Professoren der Astronomie berieten Kolumbus vor seinen Entdeckungsreisen.

Eindrucksvoll ist die Vielzahl prächtiger Baudenkmäler, an denen der Schmuckreichtum des Platereskenstils besonders ins Auge fällt. Die Hauptsehenswürdigkeiten sind: Alte Kathedrale (12. Jh.), ein interessanter romanischer Bau mit beachtlicher Ausstattung; Neue Kathedrale (1513–1733), mit der alten baulich verbunden, ein mächtiger Baukomplex mit 110 m hohem Kuppelturm, schmuckreichem Westportal und großartiger Raumwirkung; Plaza Mayor (1729–1733), umrahmt von einem dreistöckigen barocken Arkadenhauskomplex, zählt zu den festlichsten Platzanlagen des Landes; Kirche San Martin (12. Jh., spätromanisch); Dominikanerkirche San Esteban (1524–1610); Universität (1415–1433) mit verschwenderisch geschmückter Westfassade; Casa de las Conchas (Haus der Muscheln, 1514); Römerbrücke über den Tormes.

⑥ **Tordesillas,** 6000 Einwohner, altkastilischer Markt über dem Ufer des Duero, Schauplatz vieler geschichtlicher Ereignisse. Hier residierten wiederholt die kastilischen Könige, 1494 wurde der Vertrag zwischen Spanien und Portugal über die Aufteilung des Restes der Welt geschlossen. Das ursprünglich als Kloster errichtete und dann zum Palast umgebaute Monasterio de Santa Clara (14.–16. Jh.), Witwensitz von Johanna der Wahnsinnigen, gilt als eines der schönsten Beispiele des Mudéjarstils (Mudéjar = in die christliche Welt integrierter Maure; Mudéjarstil = maurisch-christliche Stilverschmelzung). – 23 km südlich befindet sich in Medina del Campo das weithin bekannte Castillo de la Mora (15. Jh.), Lieblingssitz von Königin Isabella der Katholischen.

⑦ **Valladolid,** 240000 Einwohner, aufstrebende, industriereiche Stadt in der fruchtbaren Ebene des von Duero und Pisuerga gebildeten Talbeckens. Die Anfänge der Stadt gehen in die vorgeschichtliche Zeit der Besiedlung des Duerobeckens zurück, doch erst im 11. Jh., nach der Rückeroberung aus den Händen der Mauren, gewann sie an Bedeutung, wurde im Spätmittelalter sogar Residenz der kastilischen Könige und war später das Hauptquartier Napoleons. Kolumbus verbrachte hier 1504–1506, verarmt und verbittert, seine letzten Lebensjahre. Aus der Vielzahl der Sehenswürdigkeiten heben sich heraus: Colegio de San Gregorio (1488–1496) mit schmuckreicher Fassade im Plateresken stil und dem weltberühmten Nationalen Skulpturen-Museum; Kirche San Pablo (1486–1492) mit ähnlich prächtiger Fassade; Kathedrale (1580 begonnen, unvollendet) mit Diözesanmuseum; Colegio de Santa Cruz (1479–1492) mit bedeutender Bibliothek; Kirchen Las Angustias (16. Jh.) und Santa Maria la Antigua (14. Jh., romanische Reste). – 10 km südwestlich im festungsartigen Schloß von Simancas befindet sich das Hauptarchiv des Königreichs mit 35 Millionen Dokumenten aus der Geschichte Spaniens.

⑧ **Palencia,** 58000 Einwohner, Hauptstadt der gleichnamigen Provinz und Bischofssitz, liegt in der ausgedehnten Meseta (Hochebene) Altkastiliens. Die kelto-iberische Gründung wurde von den Römern zerstört und als Hauptstadt der Region wieder aufgebaut; der gleiche Vorgang wiederholte sich bei Theoderich. Während der Westgotenzeit traten Palencias Bischöfe hervor; unter ihrer Führung erfolgte der Wiederaufbau der Stadt nach der Rückeroberung von den Mauren. Im 13. Jh. gründete Alfons VIII. von Kastilien die erste spanische Universität. 1588 erhielten die Frauen von Palencia für ihre Beteiligung an der Abwehr der Truppen des

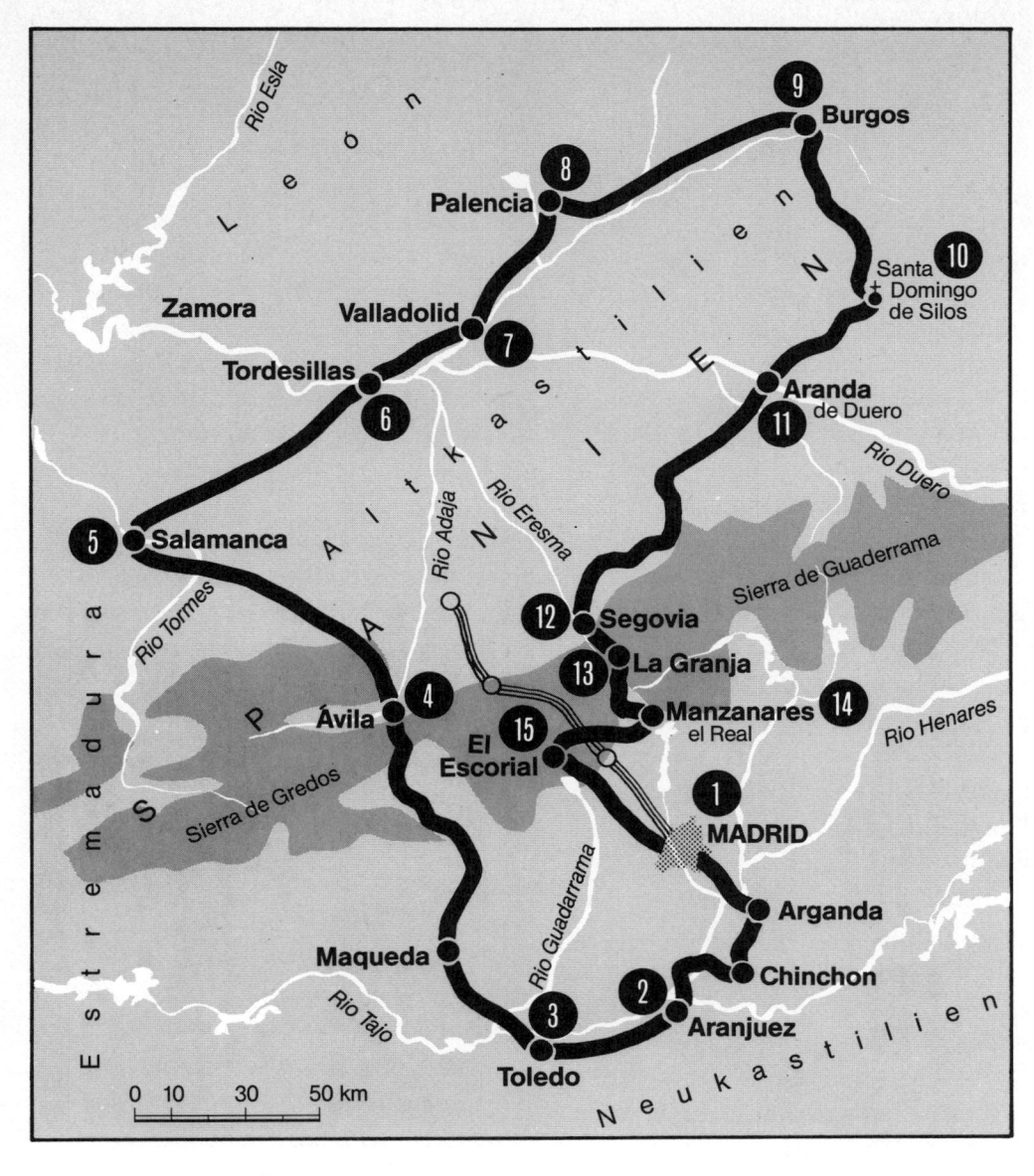

Herzogs von Lancaster das Privileg, goldenen Haarschmuck zu tragen.

Bedeutendstes Bauwerk der Stadt ist die schöne spätgotische Kathedrale (14.–16. Jh.), erbaut auf den Resten einer westgotischen Kirche, die heute als Krypta dient. Die Kathedrale besticht durch ihre reiche künstlerische Ausstattung, ihre als Museum eingerichtete Schatzkammer und den festlichen Kreuzgang. Bemerkenswert sind außerdem: die Kirche San Miguel (13.–14. Jh.) mit zinnengekröntem Turm, in der die Hochzeit des El Cid mit Jiména stattfand; die Kirche San Pablo (15.–17. Jh.); eine riesige, die ganze Landschaft beherrschende Christusstatue von Victorio Macho neben der Wallfahrtskapelle Cristo del Otero.

⑨ **Burgos,** 130000 Einwohner, Provinzhauptstadt in der fruchtbaren Hochebene Nordkastiliens, liegt ausgedehnt am Fuß eines Burgberges. Schon 882 aus den Händen der Mauren zurückerobert, wurde Burgos besonders mit verdienten Kriegern besiedelt; auch der Nationalheld El Cid war hier beheimatet. König Fernando III. und Bischof Mauricio begannen 1221 den Bau der Kathedrale, die durch ihre Gesamtgestalt und den platteresken Schmuckreichtum sie zum wohl berühmtesten gotischen Kirchenbauwerk der iberischen Halbinsel wurde. Die beiden 84 m hohen Türme schuf im 15. Jh. der deutsche Baumeister Hans von Köln. Bemerkenswert sind die in Halbdunkel gehüllte goldene und silberne Pracht der Innenräume, die Vielzahl der reichgeschmückten Kapellen, die Gruft von El Cid sowie der stimmungsvolle Kreuzgang. In der anschließenden Capilla del Corpus Christi hängt die »Kiste des Cid«, eine Holztruhe, die der Held der Reconquista den Juden als Entgeld für das von ihnen zur Finanzierung des Maurenfeldzugs entliehene Darlehen mit Sand gefüllt geschickt haben soll. Weitere Sehenswürdigkeiten sind: Rathaus (1788–1791); Casa de Miranda (1545), treffliches Beispiel eines altkastilischen Adelshauses; Casa del Cordón (1482–1492), ein palastähnlicher Profanbau, in dem die Katholischen Könige Christoph Kolumbus empfingen und in dem der französische König Franz I. gefangengehalten wurde; weitere Kirchen und Museen sowie zahlreiche Adelshäuser von einzigartiger Schönheit. – 2 km westlich liegt das reich ausgestattete Kloster Real Monasterio de Las Huelgas, 5 km östlich die Kartause de Miraflores, geschmückt mit dem ersten von Kolumbus aus Amerika gebrachten Gold.

⑩ **Santo Domingo de Silos,** berühmtes Benediktinerkloster, dessen Ursprung bis in das 6. Jh. zurückgeht, eines der bedeutendsten Bauwerke der spanisch-romanischen Kunst. Besonders bemerkenswert sind der zweigeschossige Kreuzgang (11. Jh.) mit reichem figuralen Schmuck sowie das ausgezeichnete Klostermuseum. Das Kloster pflegt noch den alten Brauch, reisende Männer kostenlos (Spende erwünscht) zu beherbergen.

⑪ **Aranda de Duero,** 19000 Einwohner, mauerumschlossenes Städtchen im fruchtbaren Duerotal mit der stattlichen Kirche Santa María la Real, ein gutes Beispiel des isabellinischen Stils. Das mit seiner schönen Fassade beeindruckende Gotteshaus wurde um 1500 durch Hans von Köln begonnen. Beachtung verdienen außerdem die Reste der gotischen Kirche San Juan Bautista (13. Jh.) sowie einige mittelalterliche Adelshäuser.

⑫ **Segovia,** 40000 Einwohner, auf einem Felsrücken zwischen zwei Tälern vor der Sierra del Guadarrama gelegene Stadt, zählt wegen ihrer prächtigen Stadtgestalt neben Toledo und Salamanca zu den sehenswertesten Zielen in Kastilien. Von den Iberern gegründet, war Segovia schon zur Römerzeit eine der bedeutendsten Städte Spaniens. Davon zeugt der aus dieser Epoche stammende Aquädukt, der besterhaltene des Altertums (818 m Länge, 128 Bögen, 28 m Maximalhöhe). Er ist Teil einer 17 km langen, seit 2000 Jahren noch heute benützten Wasserleitung. Als Baumaterial dienten Granitblöcke, die ohne Verwendung von Mörtel oder Bindemittel aufeinandergeschichtet wurden und deren Stabilität nur auf der Genauigkeit des Schliffs beruhte. Ein weiterer Blickfang ist die erhöht stehende Kathedrale (1525–1593), eine äußerlich reich gegliederte spätgotische Basilika, die wegen ihrer eleganten Linien als die »Dame unter den spanischen Kathedralen« bezeichnet wird. Die 67 m hohe Vierungskuppel gilt als die schönste Spaniens; der Turm, ursprünglich 105 m hoch, wurde nach Blitzschlag auf 88 m verkürzt. Im Innern begeistern die großartige Raumwirkung sowie die hervorragenden Bildwerke, Altäre und Glasgemälde. Eine dritte Dominante im Stadtbild ist der Alcázar, ein außergewöhnlich attraktiver Burgkomplex mit mächtigem, rechteckigen Wehrturm sowie mehreren Eck- und Ziertürmen. Das aus der Römerzeit hervorgegangene, mehrfach veränderte und nach Brandzerstörung 1882 originalgetreu wiedererrichtete Bauwerk dient heute als Militärarchiv und Waffenmuseum. Weitere Sehenswürdigkeiten sind die Kirchen San Esteban (13. Jh.), San Martín (12. Jh.), San Millán (12. Jh.) und die Templerkirche Vera Cruz (1208).

⑬ **La Granja,** 5000 Einwohner, 1150 m, freundliche Sommerfrische in der Sierra de Guadarrama, entstanden um das gleichnamige Schloß, das sich Philipp V., ein Enkel Ludwigs XIV., von 1721 bis 1723 nach Versailler Muster bauen ließ. Die berühmten, 145 ha umfassenden Gärten enthalten viele Marmorgruppen, Fontänen und Springbrunnen, deren Zahl sogar jene von Versailles übertrifft. Im Innern des Schlosses findet man trotz vieler Veränderungen und einiger Brandschäden noch interessantes Interieur. Besonders beachtenswert sind die sog. Galerie der Skulpturen, der Marmorsaal, die Offizielle Galerie mit reicher Ausstattung, der Thronsaal und der Japanische Saal. Über die Räume verteilt sind kostbarste Gemälde und Gobelins. Die angeschlossene Stiftskirche birgt mehrere hervorragende Kunstwerke.

⑭ **Manzanares el Real,** Ortschaft an den mit Korkeichen, Lavendelfeldern und Zitrusgebüsch bestandenen Südabhängen der Sierra de Guadarrama. Der freundliche Ort wird an seinem Ortsrand von einem Kastell überragt, das durch seine harmonischen Proportionen und den architektonischen Schmuck seiner Türme, Zinnen und Galerien besticht. Die im 15. Jh. für die berühmte Familie Mendoza erbaute Burg gilt als die schönste Spaniens.

⑮ **El Escorial** (San Lorenzo de El Escorial), klösterliche Monumentalresidenz, dem hl. Laurentius geweiht und von 1563 bis 1584 im streng sachlichen Renaissancestil erbaut. Das gewaltige Bauwerk, dessen Grundriß ein Rechteck von 161 × 207 m bildet, hat die Form eines Rostes, um an den Märtyrertod des Heiligen zu erinnern. Zentrale Baukomponente ist die als Pantheon der spanischen Monarchie gedachte Klosterkirche, seit Karl V. Grabkirche der spanischen Könige. Daran schließen sich Sakristei, Kreuzgang, Kapitelsäle, Bibliothek, Museum und der königliche Palast an. Mit seinen 16 Höfen, 1200 Pforten, 86 Treppen, 2700 Fenstern, 88 Brunnen und 9 Türmen ist der Escorial offiziell als Stadt registriert.

16 Andalusien und Algarve

Durch das maurische Spanien zum »Ende Europas«

Finistère, »Ende der Welt«, tauften die Bretonen den westlichsten, in den Atlantischen Ozean ragenden Winkel ihres Landes. Im Vorstellungsbild der Antike hatte das Abendland viele solche Endpunkte, an denen die Erde ins Meer stürzte, die Welt sich vor der Unendlichkeit auflöste. Markierten diese Punkte im Altertum die endgültigen Grenzen des Lebensraumes, so strahlten sie für die Menschen des Mittelalters die ungeheure Verlockung aus, zu erkunden, was jenseits ihrer sicht- und greifbaren Welt lag. Entscheidende Impulse zur grundlegenden Veränderung des Weltbildes gingen von Kap São Vicente an der Südwestspitze Portugals aus. Dort residierte im 15. Jahrhundert Heinrich der Seefahrer, Bruder des portugiesischen Königs, sandte seine Schiffe auf die fernen Meere, nach Nordafrika, zu den Kanarischen Inseln, den Azoren, zum Kap Bojador in Westsahara – legte so den Grundstein für die Entdeckung der Neuen Welt.

Doch ehe wir den Spuren Heinrichs des Seefahrers folgen, durchstreift unsere Route Andalusien, das maurische Spanien, eine verlockende, geheimnisvolle Welt, in der Europa und der Orient verschmelzen. So wie der immerwährende Schirokko einen Gluthauch Afrikas herüberträgt, so liegt über dem Land ein Stück afro-islamischer Kultur. Achthundert Jahre lang betete man hier mit dem Blick nach Mekka, maurischer und christlicher Glaube sind noch heute ineinander verwoben, das Antlitz Mariens durchschimmert die Züge Fatimas, der Tochter Mohammeds, und die bedeutendsten Baudenkmäler stammen aus der arabischen, der maurischen Zeit. Andalusien ist nicht nur ein Stück bildhaft gewordene Weltgeschichte, sondern für viele der Inbegriff des Spanischen schlechthin: Glutäugige Zigeunermädchen, die zu Gitarren- und Kastagnettenklang im Stakkato des Flamenco ihre gerüschten Tanzröcke wirbeln, schwarzhaarige Caballeros mit breitkrempigen Sombreros, die auf feurigen Hengsten mit Lanzen ihre Stier- und Pferdeherden dirigieren, Toreros, die sich in demutsvoller Grazie vor dem Stier verbeugen, dem sie den Todesstoß versetzen müssen; weite Ebenen und welliges Hügelland mit Olivenbaummarmeeren und Zuckerrohrpflanzungen, Korkeichenwäldern und Weinfeldern; rotverbrannte Erde und die schneeglitzernden Gipfelkämme der dreieinhalbtausend Meter hohen Sierra Nevada.

Unser Reiseweg beginnt in *Granada*. Hier hielt sich das Königreich der Mauren am längsten, bis der Nasridenkönig Boabdil am 2. Januar 1492 kampflos abzog. Bei Granada schiebt die Sierra Nevada, bis an die dreieinhalbtausend Meter hochragend und fast ganzjährig mit Schnee bekrönt, einen Ausläufer in die fruchtbare Vega (bewässertes Kulturland) vor, ein ideales Bergplateau für die Burg der Mauren, die ›Alhambra‹: Zwanzig Sultane haben an ihr gebaut, haben mit dem überfeinerten Stilgefühl einer zu Ende gehenden Kulturepoche ein fragiles Meisterwerk von höchster Eleganz geschaffen. Das Bezauberndste dieser (und vieler anderer) Anlagen sind die Gärten, kleine Kunstwerke intimer arabischer Innenhöfe, Kompositionen aus Grün, Wasser und Düften.

Von Granada geht der Weg nordostwärts, durch Hochebenen, in denen die jahrhundertealten Ölbäume jetzt den Sonnenblumen- und Getreidefeldern amerikanischen Ausmaßes weichen müssen, nach *Guadix*, das mit einer weiteren Überraschung aufwartet, einem ganzen Stadtviertel aus Höhlenwohnungen. In einer faszinierenden Verbindung des Gestern und Heute sind die Häuser in den Berg gegraben, keineswegs Elendsquartiere, sondern eine alternative Form des Wohnens nach Urväter Art. Nur die weißen Fassaden schauen aus dem felsigen Erdreich, die dickleibigen, morchelförmigen Kamine und – die allgegenwärtigen Fernsehantennen. Über den Puerto de la Regua (in 1930 m Höhe) quert man die Sierra Nevada, den höchsten Gebirgsrücken der iberischen Halbinsel, fährt anschließend vergnügt den luftigen Südbalkon des Gebirges entlang, durch den Bergbezirk Alpujarras mit seinen zauberhaften Höhendörfern Trevelez und Capileira. Von Capileira, wo man schon 1500 m über dem Meer ist, kann man ohne

79 *Granada, Löwenhof der Alhambra.* – Würde, Grazie und Heiterkeit vereinen die Innenhöfe der Alhambra auf unvergleichliche Weise. Von den zahlreichen »Patios« ist der Löwenhof wohl das liebenswürdigste Denkmal orientalischer Baukunst auf unserem Kontinent. 124 Säulen aus weißem Marmor, über deren Kapitelle sich schlanke Stalaktitenbögen wölben, tragen Galerien. Über den Arkaden sind kunstvoll aus Zedernholz geschnitzte Friese angefügt. In der Mitte des Hofes tragen zwölf Löwen eine Brunnenschale, die mit einem Gedicht auf Mohammed V., den Bauherrn dieses Palastteiles, geschmückt ist.

80 *Blick von den Höhen über Granada zur Sierra Nevada.* – Eine der unvergeßlichen Impressionen jeder Reise durch Südspanien ist der erregende Gegensatz zwischen der üppigen Flora an der Mittelmeerküste und den das ganze Jahr hindurch schneebedeckten Gipfeln der knapp 3500 Meter hohen Sierra Nevada. Bei der Auffahrt, die auf guten Straßen möglich ist, wird die fruchtbare »Vega« des Tieflandes von Kastanien- und Korkeichenwäldern abgelöst, die in Macchiagestrüpp, Ziegenweiden und Hochsteppen übergehen. In den Gipfellagen herrschen gerundete Bergformen vor.

81 *Blick auf Nerja an der Costa del Sol.* – Die Küstenstraße zwischen Motril und Nerja an der Costa del Sol zählt zu den schönsten Panoramarouten Spaniens. Im Auf und Ab ihrer Trassierung bietet sie begeisternde Nah- und Fernblicke. Auf unserem Bild steigt der freundliche Ort Nerja von den rot- und gelbsandigen, felsdurchsetzten Stränden der Playas de Burriana breit gefächert mit seinen weißen Häusern bis zur dunklen Sierra de Almijara hinauf. Bekannt ist die wegen ihrer großartigen Aussicht »Balcón de Europa« benannte Terrasse vor der Kirche des Städtchens.

82 *Blick über die Straße von Gibraltar auf das Atlasgebirge.* – Tarifa, ein noch heute maurisch geprägtes Städtchen von 16 000 Einwohnern, ist der südlichste Ort des europäischen Festlands. Von den Uferhängen rings um die Punta Marroqui kann man über die 14 Kilometer breite Straße von Gibraltar auf das bis über 4000 Meter emporsteigende Atlasgebirge auf dem afrikanischen Kontinent blicken.

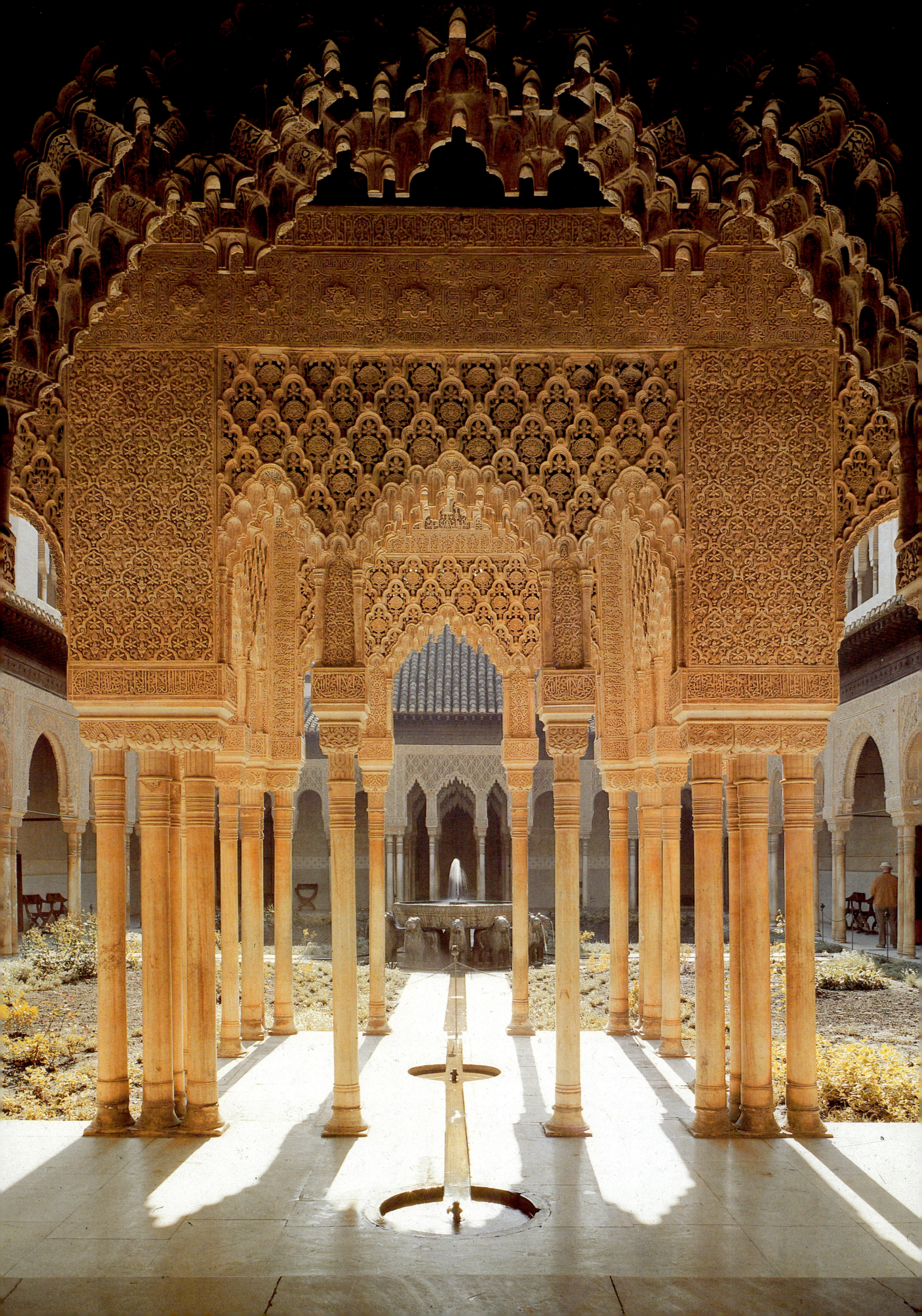

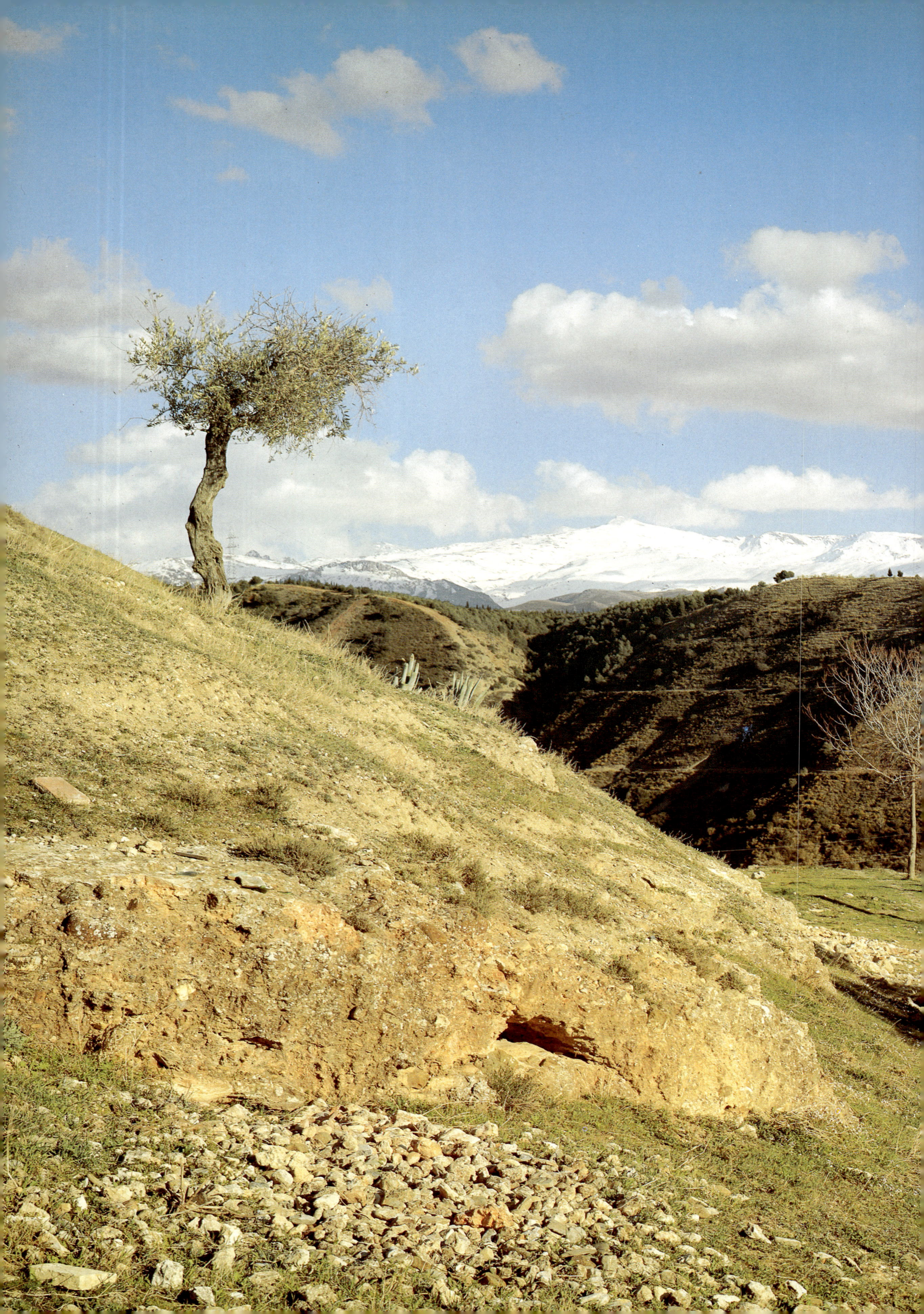

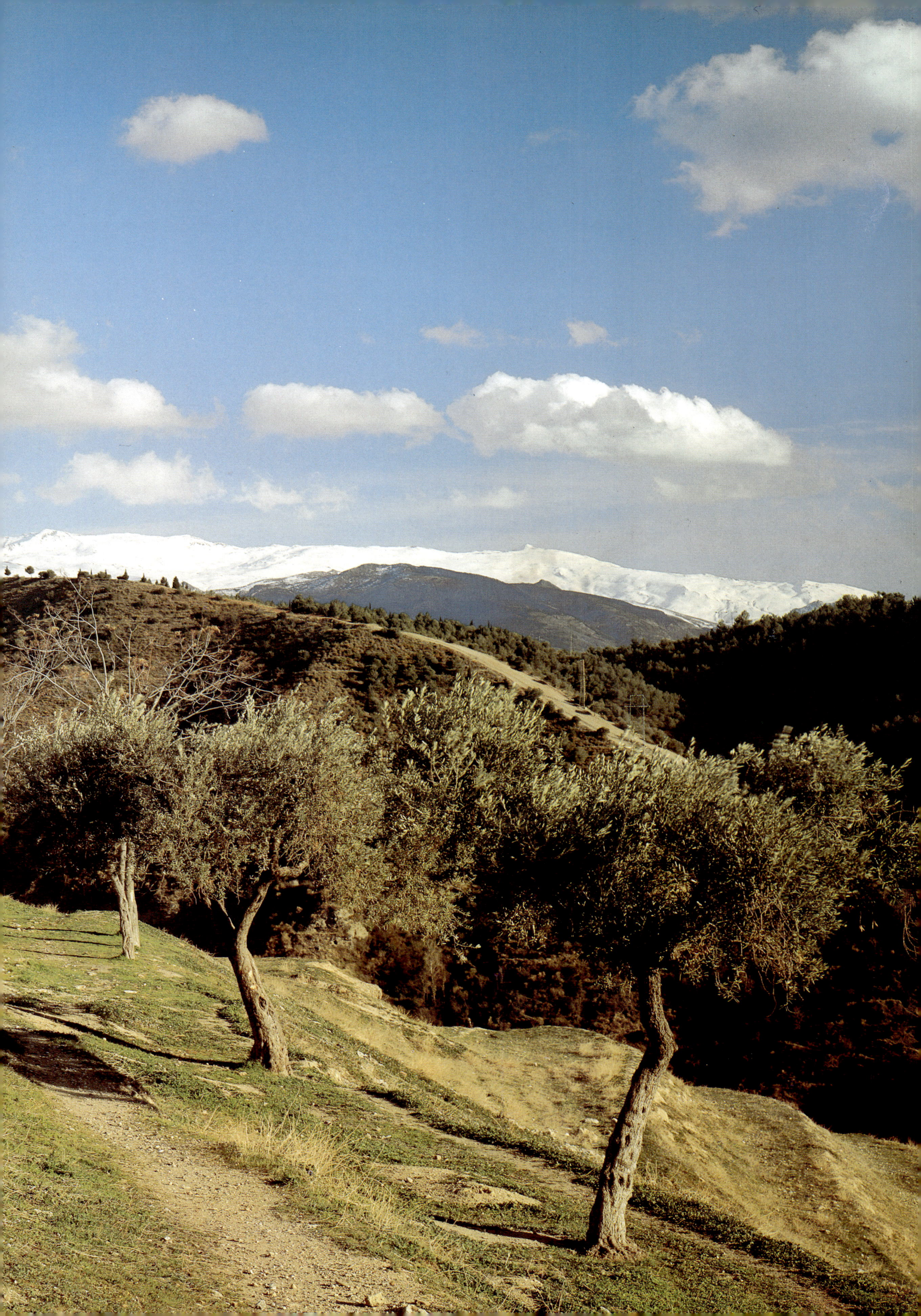

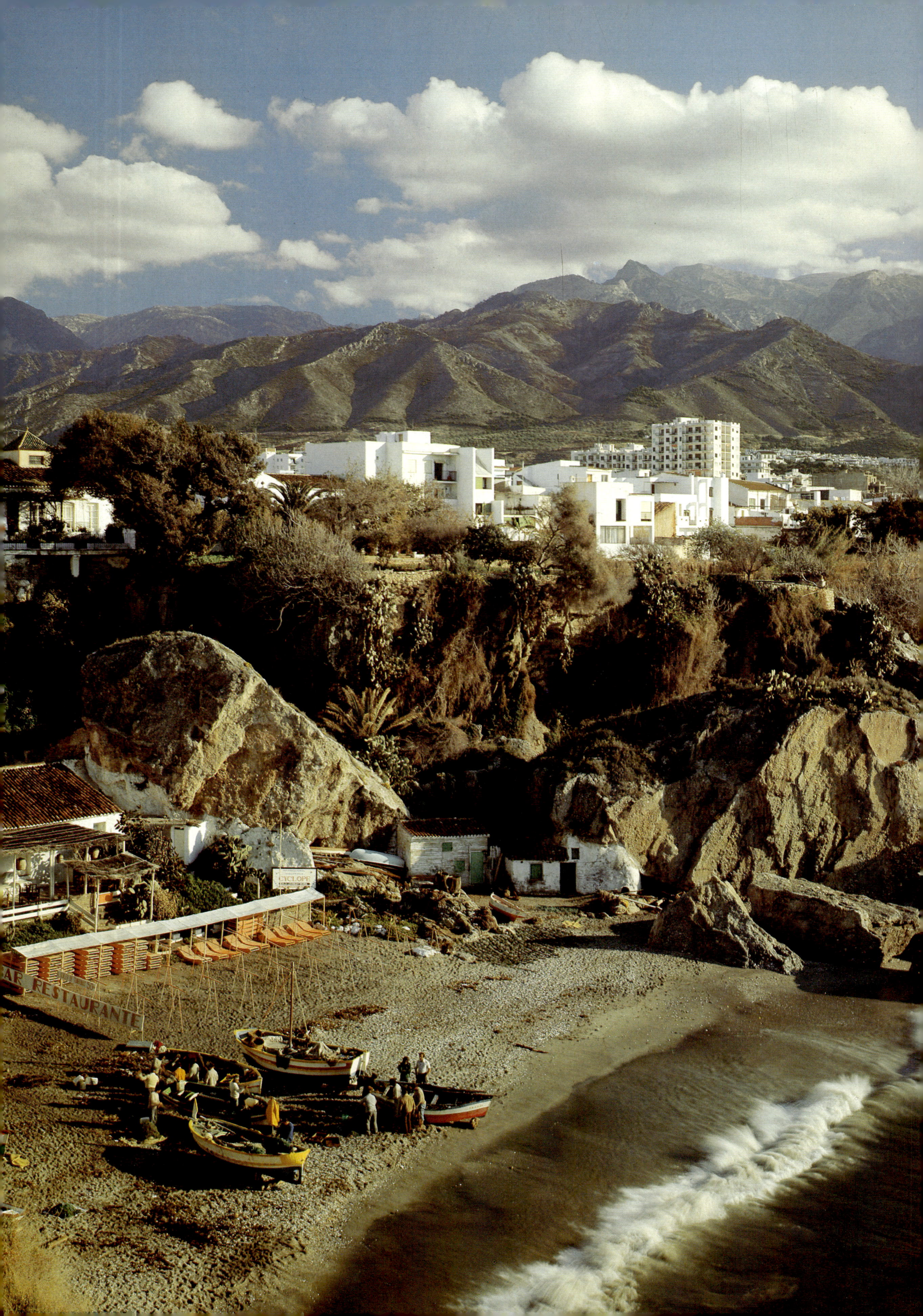

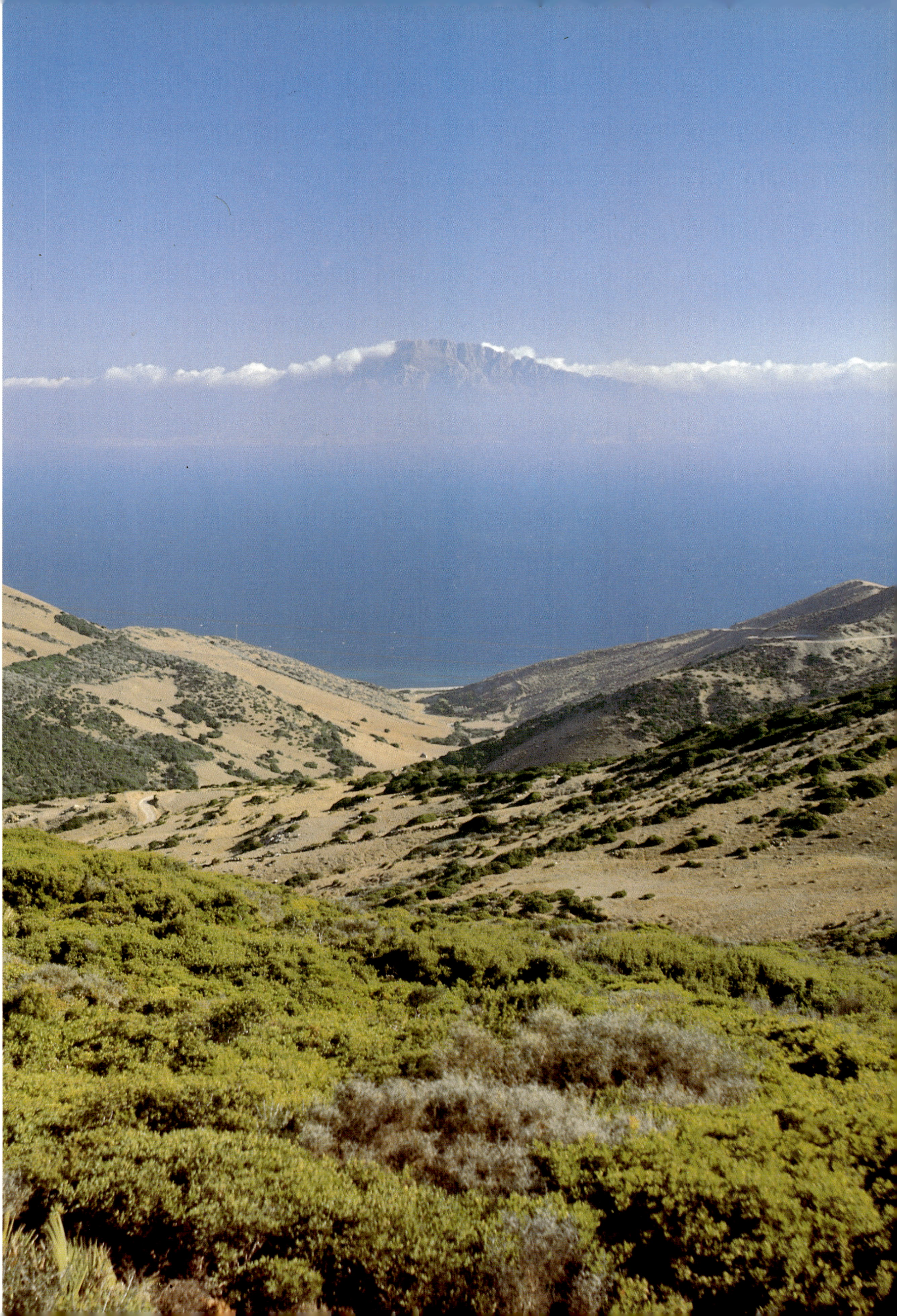

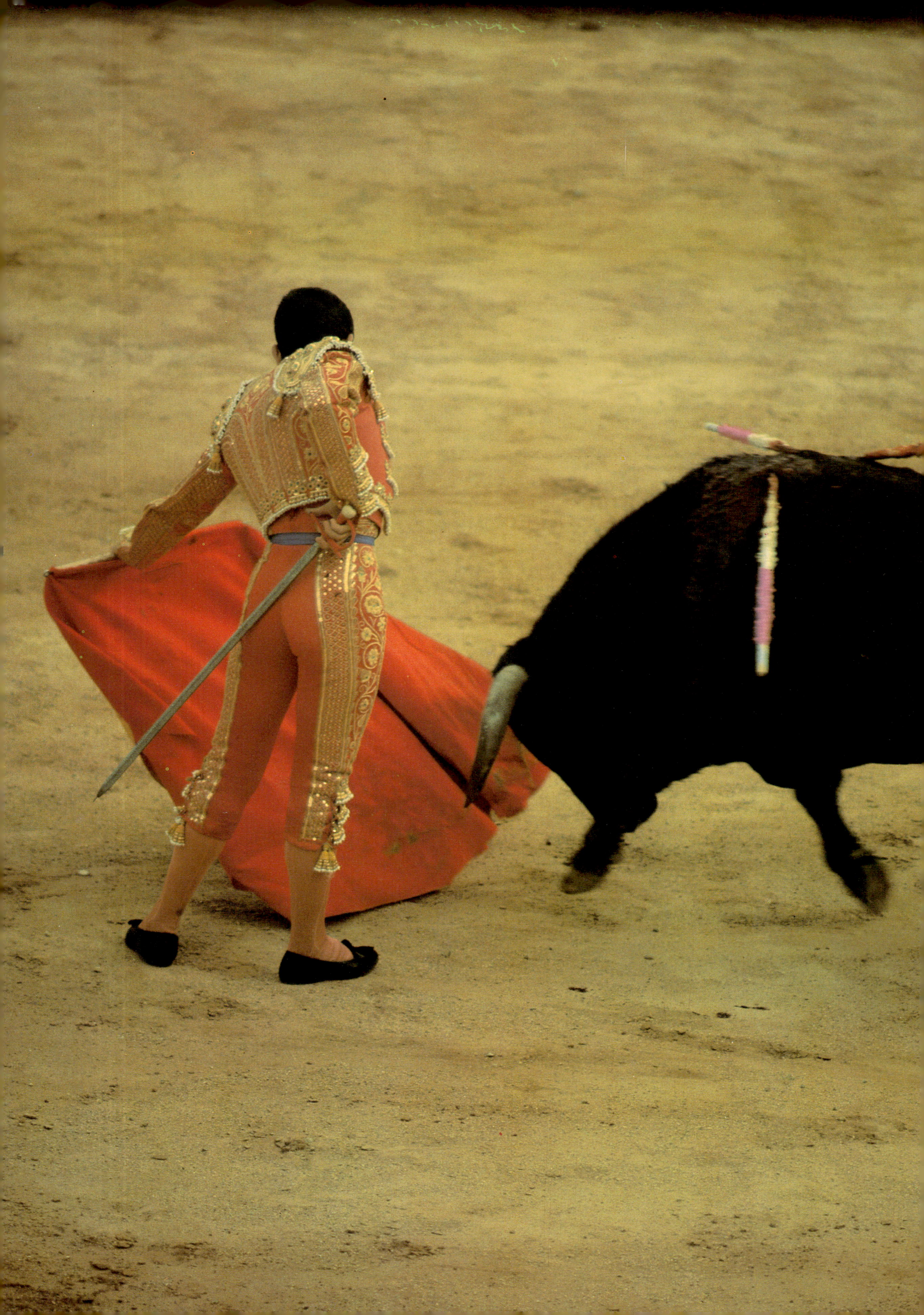

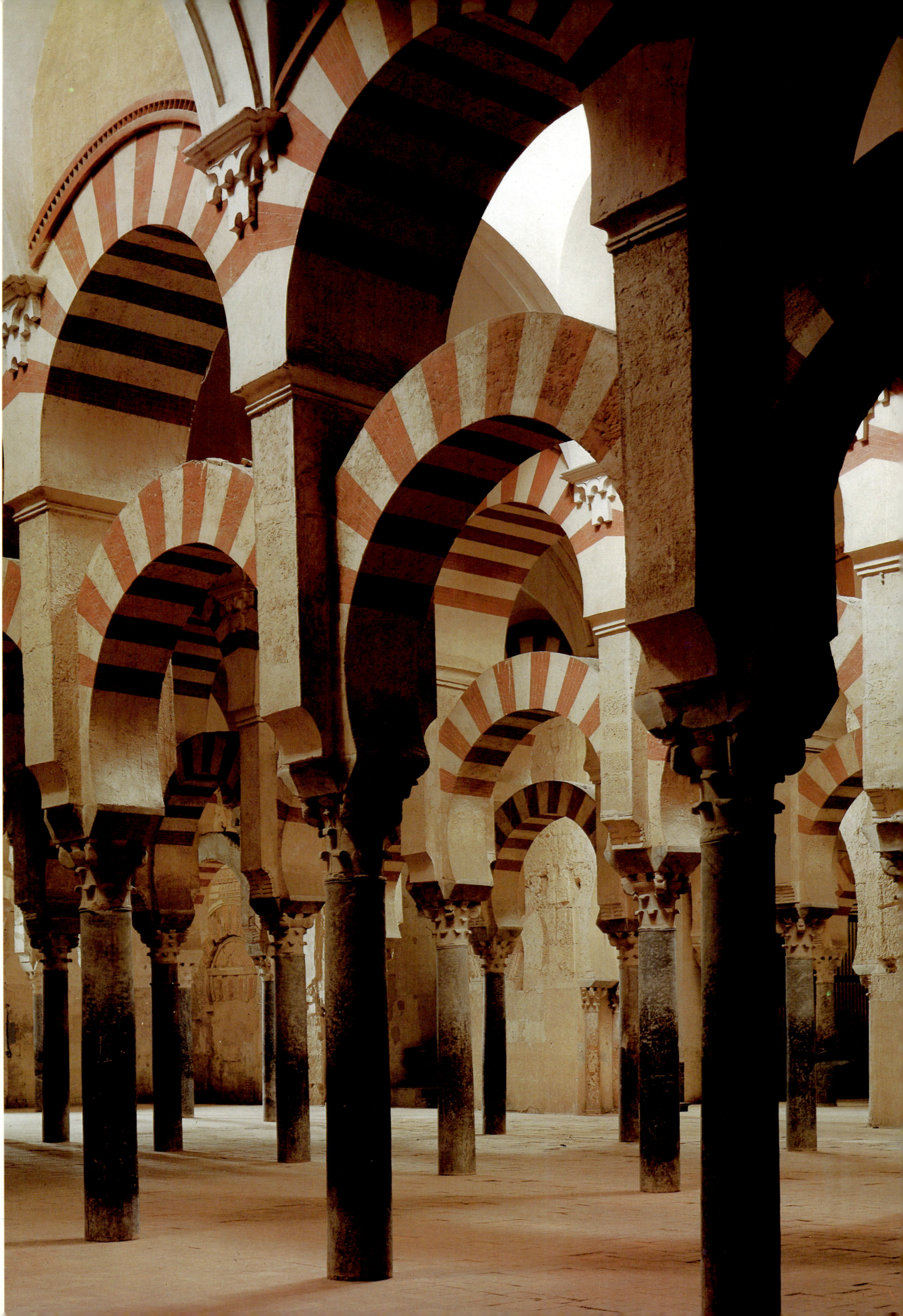

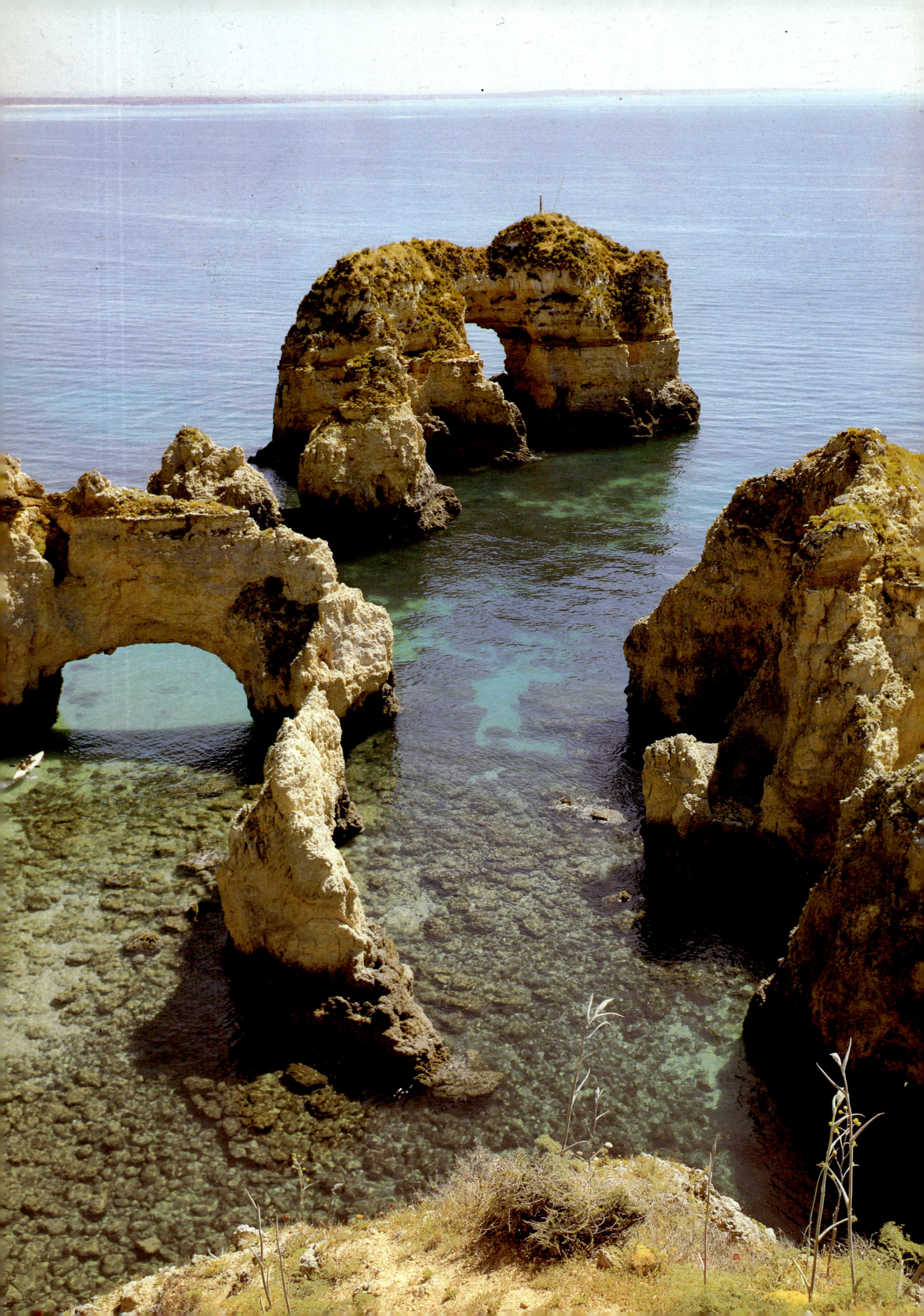

83 *Stierkämpfer in Andalusien. – Wie auch immer man zum Stierkampf stehen mag, ohne ihn ist Spanien und besonders Andalusien nicht denkbar. Der Dichter Federico García Lorca nannte sein Heimatland »das einzige Land, dessen Nationalschauspiel der Tod ist«. Die Ursprünge des Stierkampfs entstammen der griechischen Mythologie; älteste bildliche Darstellungen aus Kreta zeigen Priesterinnen, die über die Hörner eines Stieres springen. Seit altersher gilt dieses Tier als Sinnbild der Fruchtbarkeit. So mußte früher in Spanien der Bräutigam vor der Hochzeit einen Stier streicheln, denn – so glaubte man – dadurch übertrage sich seine Fruchtbarkeit. Aus vielen solcher Riten entwickelte sich der Stierkampf, dessen klassische Art nach strengen Regeln auf der Welt nur noch in Spanien zelebriert wird.*

84 *Die Große Moschee in Córdoba. – Während der achthundert Jahre dauernden Herrschaft der Araber auf der Iberischen Halbinsel entstanden zahlreiche Baudenkmäler von höchstem Rang, als deren bedeutendstes die Große Moschee von Córdoba gilt. Die Mezquita, wie die Moschee im Volksmund noch heute genannt wird, überwältigt jeden Besucher mit der Geschlossenheit ihrer Raumwirkung: Ein Labyrinth von heute noch 856 Marmor-, Alabaster- und Porphyrsäulen trägt 19 Schiffe. Mittelpunkt ist das Allerheiligste, El Mihrab, in dem der Goldene Koran für das Gebet des Kalifen lag. Die orientalische Pracht aus Mosaiken, Ornamenten und vergoldeten Kapitellen wird überwölbt von einer aus einem Stück gefertigten Marmorkuppel.*

85 *Algarveküste bei Lagos. – Algarve, der Küstenstrich im Süden Portugals, ist ein Reiseziel par excellence. Zwischen den Bergen und dem Meer entfaltet sich eine fast subtropische Parklandschaft. Eine besondere Attraktion ist die Ponta da Piedade. Die Brandung des Atlantischen Ozeans modellierte in Jahrtausenden phantastische Felsbildungen in das Ufergestein: Tore, Grotten, Tunnels, Bögen, Zacken, Brücken und vielerlei zyklopenhafte Formen. Dazwischen leuchtet kobaltblau, türkis, jadegrün und violett das Wasser.*

Schwierigkeit auf der höchsten Paßstraße Europas (Granada-Capileira) bis nahe an den Gipfel des 3481 Meter hohen Mulhacén, des höchsten Berges Spaniens, gelangen. In Motril erreicht man die *Costa del Sol*, wo man sich zunächst die Augen reibt: Wo es vor 30 Jahren an der 900 Kilometer langen Uferstraße zwischen Valencia und Gibraltar nicht einmal einen ländlichen Gasthof gab, verwandeln heute die sterilen Hochhäuserzeilen, Appartementssiedlungen, Bars, Dancings und Luxusläden die Küste Andalusiens zur Betonlandschaft mit Feinsandgrill. Die spanische »Côte d'Azur« nennen es die einen, andere sprechen wehmutsvoll vom »verlorenen Paradies«. Die Höhenstraße zwischen Motril und Nerja schafft Abstand zum Küstenbetrieb, zwischen Agaven, Oleander und Palmen öffnen sich herrliche Blicke auf die reich gegliederte Uferlandschaft; landeinwärts, an den silbrig-grauen Hängen, liegen die Häuser der Dörfer wie verstreuter Würfelzucker. Wer sich ab Motril über die 150 Kilometer lange, einfallslose uniforme Bebauung ärgert, kann bei Marbella kurz aufatmen. Nach siebenhundertjähriger Herrschaft wurden die Araber aus Andalusien vertrieben und weitere siebenhundert Jahre später kehren sie zurück: Ein langes Stück Küste ist fest in der Hand orientalischer Ölprinzen. Und – Ironie der Weltgeschichte – ein zweites Mal erteilen die Mohammedaner den Christen Unterricht in Baukultur. In ihrem Bereich wurde der Ausverkauf der Küste gestoppt, entstanden und entstehen Moscheen und Paläste in harmonischer morgenländischer Architektur, umgeben von riesigen Gärten. *Algeciras* vor dem Felsen von Gibraltar ist der Wendepunkt der Reise, die nun landeinwärts über Jimena und Ronda auf Nebenstraßen Córdoba zustrebt. In den schulterbreiten, von Geranien überquellenden Gassen der Dörfer lebt das alte Andalusien: Uralte Riten prallen auf moderne Lebensgewohnheiten, der Stierkämpfer gilt mehr als der Fernsehstar, und in den Kneipen hängt das Pin-up-Girl neben der Schwarzen Madonna.

Córdoba ist ein Höhepunkt der Reise. Im 10. Jahrhundert, unter Emir Abder-Rahman III., war Córdoba die kultivierteste Stadt der Welt. In ihren Mauern lebten viermal soviel Menschen als heute. Sie besaß fünfhundert Moscheen, zahlreiche Paläste, 80000 Werkstätten und Läden, 80 kostenlose Schulen, öffentliche Krankenhäuser, Bäder und Bibliotheken. Die gepflasterten Straßen waren nachts durch Leuchtflammen erhellt. Heute vermittelt Córdoba nur mehr einen Schimmer jener Größe, doch selbst dieser ist noch ungeheuer imponierend. Die Große Moschee mit ihren 856 Säulen ist das bedeutendste noch erhaltene Denkmal der Maurenkultur in Europa. Den graugrünen Fluten des Guadalquivir folgend, an fruchtbaren »Huertas« und steinig-staubigen »Serranias« vorbeifahrend, erreicht man *Sevilla*. Viele Zerstörungen ließen von der vielgerühmten maurischen Stadtgestalt wenig übrig, dennoch begeistert die lebensfrohe Stadt mit schönen Bauwerken des Mittelalters wie der »Giralda«, der zu den drei größten Kirchen der Erde zählenden Kathedrale sowie dem Fortbestand der morgenländischen Gartenbaukunst. – Nach Sevilla weitet sich das Land zur großen Mündungsebene des Guadalquivir, deren Sumpfgebiet *Coto Doñana* (Nationalpark) neben der Camargue in Südfrankreich zu den einzigen Stammplätzen der Flamingos in Europa zählt.

Bei *Ayamonte* überschreitet man die Grenze nach *Portugal*. Unterschiede in den beiden Ländern nimmt man erst nach längerem Aufenthalt wahr: Statt des stampfenden Flamencos hier der melancholisch-schluchzende Gesang des »Fado«, statt der herrisch klingenden Lautsprache der Spanier melodisch und einschmeichelnd verwobene Silben und Sätze. Die Häuser der Fischerdörfer scheinen, als hätte die frische Brise des Atlantiks die Unreinheiten weggefegt, sauberer und gepflegter zu sein, die Farben klarer und leuchtender. Die 180 Kilometer lange Südküste mit bizarren Felsgebilden und feinem Goldsand ist eine herrliche Urlaubsregion, die auch für den Reisenden viel Abwechslung bereithält. Weit draußen im Westen umtosen die Meereswellen das Städtchen Sagres und das 80 Meter hoch aus dem Ozean aufragende *Kap São Vicente,* wo auf der Serra de Monchique, für viele der schönste Balkon Europas, nur mehr eine mit Steinen ausgelegte Windrose von 43 Metern Durchmesser gleich einer riesigen Radnabe an Heinrich den Seefahrer erinnert, der hier in das Rad der Geschichte griff, das Jahrhundert der Entdeckungen und den Beginn der Neuzeit einleitete.

Reise-Lexikon

① **Granada,** 190000 Einwohner, 670 m, einst berühmte Maurenresidenz und jetzt Provinzhauptstadt und Erzbistumssitz, liegt ungewöhnlich reizvoll am Fuß der Sierra Nevada auf den beiden Hügeln Alhambra und Albaicín. Ursprünglich eine iberische Gründung, kam die Stadt 711 nach dem Zerfall des Westgotenreiches unter die Herrschaft der aus Nordafrika vorgedrungenen Araber. Durch die Spaltung des zunächst von Córdoba aus regierten maurischen Herrschaftsbereiches wurde 1031 Granada selbständiges maurisches Königreich, das, obwohl seit 1246 dem Königreich Kastilien tributpflichtig, bis 1492 bestand. Während dieser Zeit erlebte es eine Epoche der höchsten Blüte und wurde die reichste Stadt der Halbinsel. Unter den Nasriden entstand im 14./15. Jh. als königliche Residenz die Alhambra, eine ummauerte, äußerlich schlichte Palaststadt mit prachtvollen Sälen, Innenhöfen und Gärten. Prunkstück ist der ›Löwenhof‹, von einem Arkadengang mit 124 Säulen umschlossen und mit einem Brunnen von 12 wasserspeienden Löwen geschmückt. Die Alhambra umfaßt außerdem den Renaissancepalast Karls V. (16. Jh., mehrere Museen) und die Reste der Alcazaba, einer im 13. Jh. erneuerten Festung. Etwas abgerückt liegt der Generalife, ein schlichter Sommersitz mit großartigen Gärten und Wasserkünsten. Bedeutendste Bauwerke der christlichen Stadt sind: die Kathedrale (1523–1561), eine Mischung aus gotischem und plateresken Stil, im Innern aufs Schönste mit Bildwerken und Glasgemälden ausgestattet; Capilla Real, die Grabkapelle der Katholischen Könige; Kartäuserkloster (Cartuja, 16. Jh.); Klosterkirche San Jerónimo (15.–16. Jh.); Kirche Santa Ana (16. Jh.); Paläste Casa de los Tiros und Casa de Castril; Altstadtviertel Albaicín mit maurischem Gepräge und Kirche San Nicolás; zahlreiche weitere bedeutende kirchliche und profane Bauwerke.

② **Guadix,** 20000 Einwohner, 950 m, alte, ummauerte Handelsstadt am Nordrand der Sierra Nevada, deren einstige Bedeutung die mächtige Maurenburg (Alcazaba) bezeugt. Die Kathedrale (18. Jh.), auf den Fundamenten einer Moschee erbaut, verbindet Stilelemente von Gotik, Renaissance und Barock. Eine Besonderheit sind die Höhlenwohnungen im Bereich des Viertels Barrio de Santiago.

③ **Sierra Nevada** (Schneegebirge), 90 km langes und bis 30 km breites Hochgebirge zwischen der E 26 und der Costa del Sol, das im Mulhacén mit 3481 m den höchsten Punkt der iberischen Halbinsel erreicht. Die Gipfelkämme sind das ganze Jahr hindurch mit Schnee bedeckt; das Gebirge ist breit fundamentiert und weist weiche Formungen auf; in den höheren Lagen überwiegen vegetationslose Geröllfelder. Eine Bergstraße (bis 12% Steigung, höchste Straße Europas) führt von Granada über Cenes de la Vega auf den Pico Veleta (3428 m) nächst des Hauptgipfels Mulhacén und jenseits des Kammes mit endlosen Serpentinen über Capileira zur Mittelmeerküste.
Unser Vorschlag empfiehlt statt dieser Route, die viele Kilometer durch Bergödland führt, jene von Guadix über den Paß Puerto de la Regua (1930 m) und den zauberhaften Bergbezirk Alpujarras mit seinen urtümlichen Dörfern und dem weiten Blick bis zum Meer.

④ **Costa del Sol,** touristischer Schmuckname für die 300 km lange Mittelmeerküste zwischen Almería und dem südlichsten Punkt der iberischen Halbinsel, der Punta Marroquí bei Tarifa. Das Festland fällt meistens steil zum Ufer ab, das durch flachbogige Buchten und kerbartige Flußeinschnitte gegliedert ist. Der dem Meer zugeneigte, relativ regenreiche Südhang bietet vortreffliche Voraussetzungen für eine blühende Feld- und Gartenkultur, die eine Überfülle von Zitrusfrüchten, Bananen, Zuckerrohr, Baumwolle, Feigen und Weintrauben hervorbringt. Die stellenweise dicht an die Küste herandrängenden Berge bieten großartige Aussichtspunkte, die Küstenstraße verläuft fast immer mit Sichtverbindung zum Meer.
Die wichtigsten Orte in der Reihenfolge unserer Fahrtroute sind: **Motril,** 33000 Einwohner, 3 km vom Meer abgerückt, rühriges Landwirtschaftszentrum mit hübschem Hafen; **Almuñécar,** 15000 Einwohner, pittoreskes Seebad, umgeben von fruchtbarer Gartenlandschaft, mit Ruinen einer maurischen Burg und eines römischen Aquädukts; **Nerja,** Seebad in prächtiger Lage vor dem Gebirge an der Einmündung des Rio Chillar; vom »Balkon Europas«, einer Palmenpromenade, herrliche Küstensicht; in Ortsnähe große Tropfsteinhöhlen; **Málaga,** siehe Punkt 5; **Torremolinos,** vielbesuchtes Seebad mit zahlreichen Hotelhochhäusern und Vergnügungsanlagen; **Fuengirola,** 15000 Einwohner, altes Fischerdorf, in jüngster Zeit zum vielbesuchten Seebad angewachsen; **Marbella,** 30000 Einwohner, einer der ältesten und nobelsten Badeorte der Küste mit altem Ortskern (maurische Burgruine, Reste der Befestigungsmauer, Rathaus aus dem 16. Jh.); erhält seine besondere Note durch die seit Jahren andauernde friedliche Invasion reich gewordener Araber, die sich prächtige Moscheen, Villen und Gärten anlegen. **Estepona,** 22000 Einwohner, alter Fischerhafen und modernes Seebad mit erfreulich reichem Eigenleben (Fisch-, Obst- und Gemüsemärkte) und rustikalem Ortskern. **Algeciras,** 80000 Einwohner, unweit von Gibraltar an der südlichsten Küste Spaniens gelegen, bildet mit seinen Häfen die bedeutendste Verbindung nach Nordafrika. Sehenswert ist der lebhafte Hafenbetrieb (Fährverbindung mit Tanger, Ceuta und anderen Orten Marokkos; Korkexport). 23 km südwestlich, nahe der Stadt **Tarifa,** liegt die **Punta Marroquí,** das südlichste Kap des europäischen Festlands, von der man über die 14 km breite Straße von Gibraltar nach Afrika blickt. Möglichkeiten zum Besuch von Gibraltar sind unter Punkt 6 erläutert.

⑤ **Málaga,** 380000 Einwohner, Hauptstadt der gleichnamigen Provinz, Zentrum der Costa del Sol und weltberühmte Weinstadt, liegt prächtig an einer von Gebirgen umrahmten Meeresbucht und erfreut sich eines zu allen Jahreszeiten angenehmen Klimas. Von Phöniziern gegründet, von Griechen, Karthagern, Römern, Westgoten und Mauren beherrscht, zeigt die Stadt heute vordergründig ein modernes Gepräge, bewahrt jedoch bedeutende Kunstwerke aller Epochen seiner reichen Geschichte. Deren bedeutendstes ist die Kathedrale (1528 begonnen, ab 1719 nach Erdbebenzerstörung neu errichtet, noch unvollendet), gefolgt von der maurischen Alcazaba, eine Schloßanlage mit vielen Höfen und wunderschönen Gärten. Unweit der Alcazaba erhebt sich der 170 m hohe Burghügel mit dem Castillo de Gibralfaro, ein Kastell des maurischen Nasridenherrschers Yusuf I. (14. Jh.), das eine herrliche Aussicht auf Stadt, Hafen und Küste bietet. Weitere Sehenswürdigkeiten sind: Pfarrkirche El Sagrario (15. Jh.) mit besonders schönem Portal; Römisches Theater nächst der Alcazaba; Kunsthistorisches Museum (u. a. mit Frühwerken Picassos, der 1881 in Málaga geboren ist); Erzbischöflicher Palast (18. Jh., barock). Ein lohnendes Ausflugsziel ist die stadtnahe Finca de la Concepción, ein wunderschöner Park mit tropischer Flora.

⑥ **Gibraltar,** ins Meer ragende Felsenhalbinsel mit 25000 Einwohner, seit altersher einer der strategisch wichtigsten Punkte Europas und mit Namen wie »Säule des Herkules« und »Schlüssel des Mittelmeeres« bedacht. 711 landeten hier die Mauren und eroberten von hier aus die ganze iberische Halbinsel. Die arabische Festung bestand bis zum 15. Jh., ging dann in spanische Hände über und wurde 1704 mit einem Handstreich von den Engländern erobert. Vergeblichen Versuchen der Rückgewinnung für Spanien folgte 1783 die Erklärung Gibraltars zur britischen Kronkolonie. Zur Zeit werden Verhandlungen über eine friedliche Rückgabe geführt. Die unter Staatschef Franco im Jahr 1969 verfügte Sperrung des Landzuganges nach Gibraltar wurde am 15. 12. 1982 aufgehoben. Seitdem ist der Grenzübergang bei La Linea für Fußgänger rund um die Uhr geöffnet.

⑦ **Ronda,** 30000 Einwohner, 723 m, eine der ältesten Städte Spaniens, ist berühmt durch seine atemberaubende Lage. Gegründet wurde der Ort in vorgeschichtlicher Zeit auf drei Hügeln eines Talbeckens. Dazwischen grub der ansonsten harmlose Rio Guadalevin eine 200 m tiefe, senkrecht einschneidende Schlucht, den Tajo. Er wird von drei kühnen Brücken überspannt: der römischen, Puente de San Miguel; der arabischen, Puente Viejo; und dem 1793 vollendeten Puente Nuevo. In der Altstadt, auf der Höhe südlich der Schlucht gelegen, begegnet man noch vielen Zeugnissen aus maurischer Zeit. Die sehenswertesten Bauwerke sind: Reste des maurischen Alcazaba; der maurische Palacio del Rey Moro; die von 4 maurischen Kuppeln überwölbte Kathedrale Santa María la Mayor (1485); der Palacio del Marqués (18. Jh.); die Stierkampfarena (1785); die Reste der Arabischen Bäder (16. Jh.); mehrere bedeutende Kirchen und Paläste. Die Sierra de Ronda, das Gebirge im Umkreis der Stadt, war bis in unser Jahrhundert ein berüchtigtes Räubergebiet: noch heute streiten sich zwei Dörfer, Igualeja und Parauta, um den dubiosen Ruhm, die berühmtesten Banditen des Landes hervorgebracht zu haben.

⑧ **Olvera** und **Pruna** sind benachbarte Dörfer von typisch andalusischer Prägung, die weißen Häuser wie schutzsuchend um den Kirchturm geschart, umgeben von uralten Tamarisken, Feigenbüschen, Klatschmohn und Mandelgärten.
Bei der Weiterfahrt über El Saucejo und Osuna nach Ecija durchfährt man bei der Überquerung des Rio Corbones eine wildromantische Szenerie mit ständig wechselnden, faszinierenden Bildern. **Osuna,** 25000 Einwohner, reizvoll an einen Hügel gebautes Städtchen, blickt auf eine uralte Geschichte zurück. Von Iberern gegründet und von den Römern erweitert, erhielt es im 16. Jh. sogar eine Universität (jetzt Lyzeum), die Cervantes im »Don Quichotte« erwähnt. Heute sind die reich ausgestattete, barocke Kollegiatskirche (1534) mit der Grabstätte der Herzöge von Osuna und die Reste des herzoglichen Palastes beachtenswert.

⑨ **Ecija,** 50000 Einwohner, uralte Stadt in der von Rio Guadalquivir und Rio Gentil gebildeten Tiefebene. Von den Griechen gegründet, war es nacheinander römisch, westgotisch, arabisch und kam schließlich 1240 unter das Reich der Katholischen Könige. Auf Anhieb fällt der barocke Charakter der Stadt ins Auge; nach einem schweren Erdbeben von 1755 erhielt die Stadt ein neues Gesicht, zu dem besonders die einheitlich verwendeten Azulejos (buntglasierten Fayencefliesen) für die Dachbedeckung beitragen. Sehenswert sind die Kirchen Santiago el Mayor (16. Jh.), Santa Cruz (18. Jh.) und Santa Maria (18. Jh.), die arkadenumsäumte Plaza Mayor sowie zahlreiche interessante Paläste und weitere Kirchen. Ecija wird wegen seiner Sonnenlage scherzhaft »Bratpfanne Spaniens« genannt.

⑩ **Córdoba,** 250000 Einwohner, liegt am Südrand der Sierra Morena an einem engen Bogen des Rio Guadalquivir und zählt neben Granada und Sevilla zu den drei wichtigsten Städten Andalusiens. Der vielfach noch heute vorhandene maurische Charakter des Stadtbildes und die Reste der nach Mekka bedeutendsten Moschee des Islam stempeln die Stadt zum großartigen Zeugnis arabischer Baukunst in Europa.

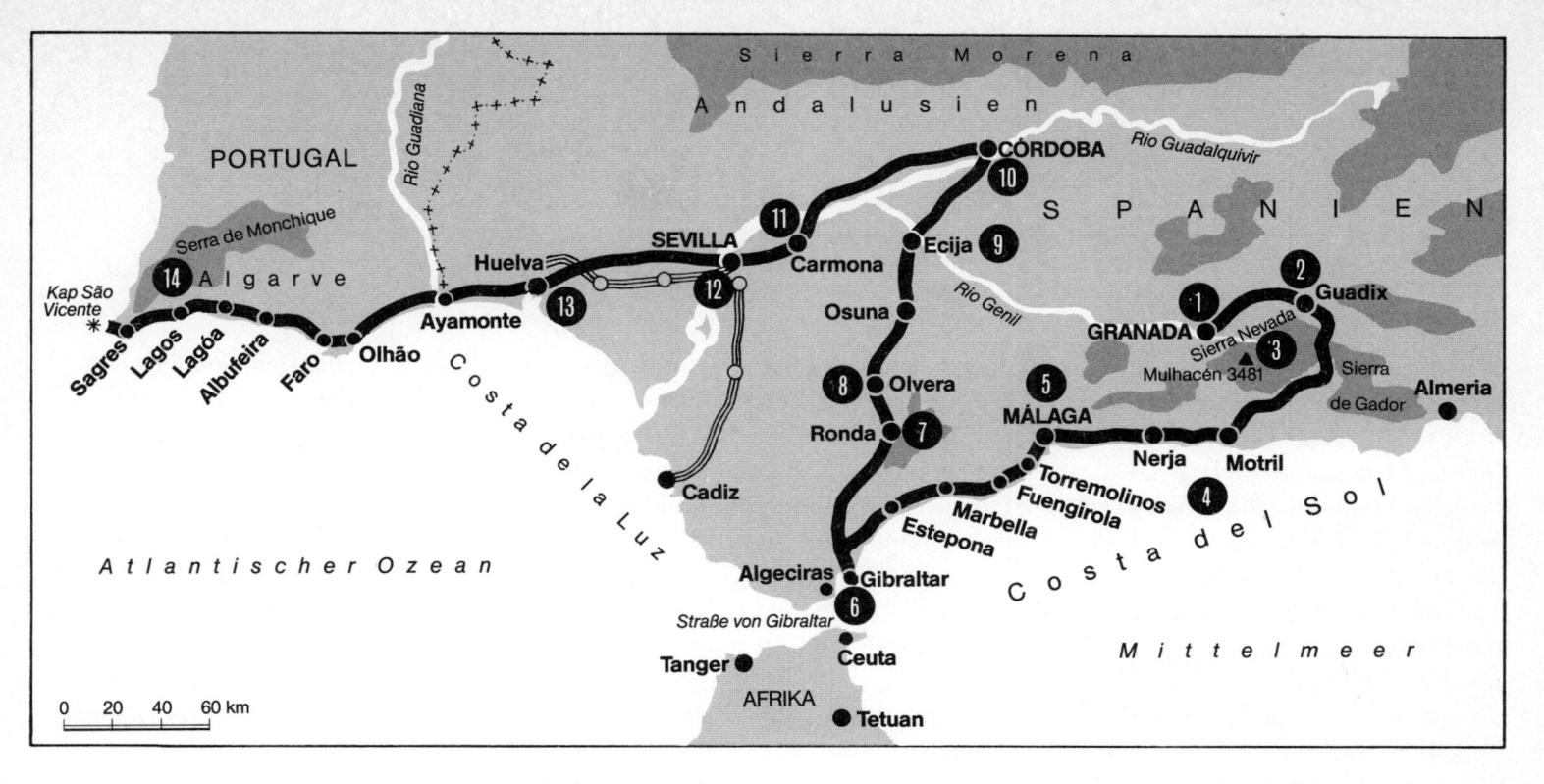

Der Platz war bereits in iberischer Zeit besiedelt und wurde unter den Römern wohlhabende Provinzhauptstadt; eine ganze Reihe von Persönlichkeiten des römischen Geisteslebens ist in Córdoba geboren, allen voran Lucius Annaeus Seneca, der Lehrer Neros. Ihren berühmten Glanz erhielt die Stadt jedoch erst nach dem Jahr 711, als sie, von den Mauren erobert, die Residenz von Emir Abd-er-Rahman I. wurde. Unter seiner Regentschaft wuchs Córdoba zu einer der prächtigsten Städte der damaligen Welt; Generationen arabischer Herrscher setzten sein Werk fort. Von den wenigen erhaltenen Bauwerken aus dieser Zeit ist die Große Moschee das bedeutendste. Ihr Überleben verdankt sie dem Umstand, daß man sie zunächst als christliche Kirche weiterbenützte und im 16. Jh. sogar in ihre Mitte eine christliche Kathedrale einbaute. Die Mezquita, wie das Zwillingsbauwerk genannt wird, ist dennoch ein einzigartiges Kulturdenkmal, dessen kunstreichsten Teil die durch Bögen verbundenen 856 Jaspis-, Marmor-, Alabaster- und Porphyrsäulen der alten Moschee bilden. Die meisten der Säulen stammen aus Kirchen von Narbonne, Nîmes, Tarragona, Karthago und Konstantinopel. – Weitere vorrangige Sehenswürdigkeiten: Alcázar, das ehemalige Königsschloß (Museum) mit Teilen aus maurischer Zeit, herrlichen Gärten; Puente Romano, eine Brücke über den Guadalquivir mit 16 maurischen Bögen auf römischen Pfeilern; Torre de la Calahorra, ein um 1100 errichteter Festungsturm (Museum); Palacio del Maraués de Viana, ein herrlicher Palast mit 14 Innenhöfen auf maurischen Fundamenten (Museum); Synagoge (1314), die einzige in Andalusien erhaltene; eine stattliche Reihe schöner Kirchen und Paläste; mehrere interessante Museen. 8 km südwestlich befindet sich die Mêdina az-Zahrâ, eine nur noch in Fragmenten erhaltene Palaststadt von märchenhafter Pracht, die Abd-er-Rahman III. im Jahr 960 auf Wunsch seiner Lieblingsfrau für seinen 6000 Frauen umfassenden Harem bauen ließ. Sie wurde bereits 1010 durch aus Marokko eingefallene Almoraviden zerstört, die Rekonstruierung ist derzeit im Gange.

⑪ **Carmona,** 35000 Einwohner, in der Antike berühmte Stadt mit bedeutenden Resten der römischen und maurischen Ummauerung, gut erhaltenem Alcázar und schöner gotischer Kirche aus dem 15. Jh. Hauptanziehungspunkt ist die am Westrand der Stadt liegende römische Nekropole (Totenstadt) mit etwa 1000 Gräbern, teilweise in unterirdischen, oft mit Seitennischen für die Dienerschaft ausgestatteten Grabkammern und weiterer interessanter Ausstattung.

⑫ **Sevilla,** 550000 Einwohner, die Hauptstadt Andalusiens und die viertgrößte Stadt Spaniens, liegt in einer weiten Ebene am Unterlauf des Rio Guadalquivir, 90 km vor dessen Mündung in den Atlantischen Ozean. Die Wassermenge des Guadalquivir unterliegt, wie die aller Flüsse im Süden, großen Schwankungen, doch die Gezeiten des Atlantiks drücken bei Flut soviel Wasser flußaufwärts, daß selbst größeren Seeschiffen die Passage nach und von Sevilla möglich ist. Die Eigenart eines Seehafens im Binnenland ist nur eine von vielen Komponenten, die Sevilla zur interessantesten Stadt Andalusiens machen. Sofort ins Auge fallend ist das lebhafte Temperament der Stadt, die hinsichtlich der Kunst, der Wirtschaft und der Mentalität seiner Bewohner einen eleganten Bogen von der Antike bis in die Gegenwart spannt. Die Geschichte verlief zunächst ähnlich wie in allen andalusischen Städten: Iberer, Römer, Westgoten und Mauren trugen zum Wachsen und Blühen der Stadt bei. Die Rückeroberung durch die Christen (1248) hatte für Sevilla keine negative Wirkung, sondern leitete als Königssitz einen neuen Aufschwung zum zeitweisen Mittelpunkt der iberischen Halbinsel ein. 1493 hielt hier Kolumbus seinen triumphalen Einzug nach der Entdeckung Amerikas; seitdem war Sevilla (bis 1720) der Haupthafen Spaniens.
Besondere Erwähnung verdient die bauliche Entwicklung der Stadtgestalt: Die Katholischen Könige integrierten nach der Reconquista Künstler und Stilkunst der Maurenepoche in ihre Bautätigkeit, was die Ausbildung der noch heute einzigartigen Stadtarchitektur bewirkte. Dominante im Stadtbild ist die Kathedrale (1402–1506), nach St. Peter in Rom und St. Paul in London die drittgrößte Kirche der christlichen Welt. Weitere vorrangige Sehenswürdigkeiten sind: Alcázar, seit dem 12. Jh. mehrfach umgebaut, mit besonders schönen Gärten; ›Giralda‹, das ehemalige Minarett der Moschee, über die der Dom erbaut wurde; Casa de Pilatos (15./16. Jh.); Hospital de la Caridad (1661–1664) mit bedeutenden Gemälden (u. a. Mutrillo); Palacio de San Telmo (1734); Casa de la Dueñas (15. Jh.); mehrere Klöster, bedeutende Museen und eine stattliche Reihe von Kirchen; Fábrica de Tabacos (im 18. Jh. Tabakfabrik, jetzt Universität), ein prächtiger Baukomplex mit 110 Innenhöfen, inspirierte einst Mérimée und Bizet zur Oper »Carmen«; mehrere wunderschöne Gärten und Parks; mehrere Stadtviertel mit unterschiedlich ausgeprägtem Charakter.

⑬ **Huelva,** 100000 Einwohner, Provinzhauptstadt und bedeutender Hafen an der Costa de la Luz, wurde 1755 durch ein Erdbeben total zerstört und zweckmäßig wieder aufgebaut. Es gibt keine historische Substanz, aber hübsche Einkaufsstraßen und an der vorgelagerten Küste herrliche Sandbadestrände. – **Ayamonte,** 14000 Einwohner, die Grenzstadt nach Portugal, überrascht mit strahlend weißen Häusern und üppigen Gärten, die bereits die Nähe Portugals ankündigen.

⑭ **Algarve,** die 180 km lange Südküste Portugals am Atlantik, hat sich in den letzten Jahrzehnten zum berühmten Badeferienziel entwickelt. Dank der abgeschiedenen Lage am äußersten Südwestrand Europas hielt sich die Überfremdung durch den Tourismus in Grenzen. Da zudem die meisten Gäste mit dem Flugzeug ankommen und in ihrer Mobilität beschränkt sind, bieten sich dem Autoreisenden herrliche Streifzüge durch eine prächtige, weil unversehrte kleine Welt: mit subtropischen Gärten zwischen Bergen und Meer, mit bizarren Felsformationen und Feinsandbuchten an der Küste, mit malerischen Fischerdörfern und den weißen Türmen der Windmühlen, deren geblähte Flügel einen seltsam klagenden Gesang erzeugen.
Die Stationen in der Abfolge der Route: **Vila Real de San António,** ein lebhafter Fischer- und Industriehafen; **Tavira,** einstiger Hauptort der Algarve, heute ein nobles Städtchen mit verblichenem Glanz; **Olhão,** die seltsamste Stadt der Küste, eine Fata Morgana aus schneeweißen, kubistisch neben- und aufeinandergesetzten Hauswürfeln; **Faro,** Hauptort und Drehscheibe der Küste (Flugplatz) mit hübschem Stadtbild; **Albufeira,** sympathisches Seebad mit bizarren Felsen und Grotten; **Portimão,** lebhafter Fischerei- und Industriehafen, südlich vorgelagert das renommierte Seebad **Praia da Rocha; Lagos,** uralte Seefahrerstadt, in der einst der einzige Sklavenmarkt Portugals abgehalten wurde; **Sagres,** Ort an der felsigen Steilküste, 1421 von Heinrich dem Seefahrer als Basis seiner Expeditionen gegründet; auf dem Vorgebirge Ponta de Sagres findet man neben einer Festungsruine die aus Steinen gebildete Seerose Heinrichs. 5 km westlich ragt das **Kap São Vicente,** der südwestlichste Punkt Europas, 60 m aus dem Meer empor; die Feuer des 25 m hohen Leuchtturms reichen in klaren Nächten bis 90 km weit in den Ozean hinaus.

17 Südtirol und die Dolomiten
Der schönste Umweg vom Brenner nach Meran

Zuweilen sind Grenzländer mit Mischlingskindern vergleichbar; durch den Zusammenklang verschiedenartigen ›Erbgutes‹ sind sie besonders wohlgestaltet und anziehend. Dies gilt beispielsweise für Straßburg, die deutsche Reichsstadt mit dem französischen Flair, ebenso für die Provence, die französische Landschaft mit römischem Erbe, und besonders augenfällig für *Südtirol*, das Bergland am Südabstieg der Alpen, das von tirolischen, italienischen, ladinischen und deutschen Einflüssen geprägt ist. Hinzu kommt eine ungewöhnlich kontrast- und szenenreiche Landschaftsgestalt mit höchsten Bergmassiven und breit ausgewalzten Tälern, vom frostigen Hauch des Nordens umweht und von der wohligen Wärme des Südens durchdrungen. Die großräumigen Landschaftsbühnen, die sich vom Teppich des Talgrundes über weitgespannte Weinhänge und Almmatten immer höher hinauf aufbauen und staffeln bis zu himmelsnahen Felsgipfeln, sind ein Charakteristikum des Landes. Ein anderes ist die Durchdringung des ganzen Raumes mit einer außergewöhnlichen Vielfalt von Zeugnissen einer mehr als zweitausendjährigen Bauernkultur. Kirchen und Kapellen, Klöster und Burgen schmücken die Gegend bis in den hintersten Bergwinkel. Im Südosten schließlich, wo Südtirol an Venetien grenzt, kommt eine weitere landschaftliche Komponente dazu – die alpine Wunderwelt der Dolomiten. Die *Dolomiten* heben sich als eigenständige Gruppe deutlich von allen anderen Gebirgsgruppen der Alpen ab. »Es sind zerstörte Festungen, geborstene Zinnen, gespaltene Minaretts, Stümpfe umgestürzter Obelisken, zernagte Profile von Sphinxbildern...« – so sah Guido Rey, als schreibender Alpinist berühmt, dieses Bergland. In der Tat fesseln die Dolomiten, denen etwas titanenhaftes eigen ist, weniger durch Gipfelhöhen, als durch ihre aus verträumter Lieblichkeit und schauriger Wildheit geformte Gestalt. Aus freundlichen Wiesenhainen recken sich urplötzlich schroffe Felswände, Türme und Zinnen empor, die so steil sind, daß sich – mit der einzigen Ausnahme der breit fundamentierten Marmolada – nicht einmal Gletscher bilden konnten. Die ladinischen Urbewohner nannten sie einst die »bleichen Berge«. Doch bleich sind sie nur bei fahlem Licht, je nach Beleuchtung und Tageszeit wechselt ihre Farbe vom tintigen Blau über samtenes Grau und schwefeliges Ocker bis zum flammenden Rot des Alpenglühens, das einem der Bergstöcke, dem Rosengarten, zu seinem wohlklingenden Namen verholfen hat.

Südtirol ist, wie alle Kulturlandschaften im Alpenbereich, seit altersher ein Durchzugsland; heute durchqueren die Trampelpfade Europas das Ländchen. Die Nord-Süd-Autobahn vom Brenner nach Verona zeigt von den Schönheiten allenfalls ein paar flüchtige Streiflichter. Dennoch läßt im unteren Eisacktal, dem mit viertausend Quadratkilometer größten Porphyrgesteinsblock Europas, selbst die im Verlauf der bautechnisch günstigsten Linienführung notwendig gewordene kühne Trassierung etwas von den gewaltigen topographischen Perspektiven des Landes anklingen. Der kürzeste Weg vom Brenner nach Meran ist etwa 75 Kilometer lang; unser Reisevorschlag kommt bei gleichem Start- und Zielpunkt auf mehr als das Vierfache. Ihm zu folgen heißt, in groben Zügen fast das ganze Spektrum Südtirols und der Dolomiten, soweit auf Autostraßen möglich, anschaulich auszuloten. Selbstverständlich bieten sich zu dieser Route auch Abkürzungen an. Doch jede Verkürzung schmälert das Reiseerlebnis in einem Land, in dem jeder Winkel einzigartig ist und in dem sich nichts wiederholt.

Nach dem Brenner verläßt man bei *Sterzing* die Autobahn. Das lauschige Städtchen entbietet, von Blumenschmuck überquellend, mit seinen alten, erker- und zinnenverzierten Häusern einen visuellen Willkommensgruß Südtirols. Im erst breiten, dann schluchtartig sich verengenden *Eisacktal*

86 *Burg Sprechenstein über dem Eisacktal. – Südtirol ist eine der burgenreichsten Landschaften Europas. Etwa 120 Burgen und Ruinen, etwa 200 burgenähnliche Ansitze und vier festungsartige Klosterbauten verteilen sich auf die relativ kleine Gebirgsregion. Die meisten südtiroler Burgen sind Höhen- oder Hangburgen. Der Bergfried (Hauptturm) deckte die Hauptangriffsseite ab, ermöglichte einen weiten Ausblick und diente den Verteidigern notfalls als letzte Zuflucht. Mehr als vierzig Burgen sind noch von ihren Besitzern bewohnt – so die abgebildete Burg Sprechenstein, die mit Bergfried, Palas, Kapelle und zinnenbewehrtem Wohntrakt auf einem Felshöker über dem Sterzinger Moos im Eisacktal thront.*

87 *Kreuzgang im Dom von Brixen. – Brixen im Eisacktal ist das geistliche Zentrum Südtirols. Seit 990 Bistumssitz, regierten hier die Bischöfe achthundert Jahre lang als reichsunmittelbare Fürsten. Der Kreuzgang im Dom zählt zu den berühmtesten Kunstdenkmälern des Landes. Die Architektur ist, obwohl sie aus zwei Stilepochen stammt, voll Harmonie: romanische Arkaden mit schönen Doppelsäulen, überwölbt von einem gotischen Kreuzgewölbe. Die gotischen Fresken, teilweise in mehreren Schichten übereinanderliegend, sind zumeist gemalte Geschichten und Gebete aus der Bibel.*

88 *Die Kirche von Kolfuschg vor dem Sass Songher. – Zu den erlebnisreichsten Autorouten in den Dolomiten zählt die Fahrt von Wolkenstein über das Grödner Joch ins Hochabteital. Der großartigen Panoramaschau über das Grödner Tal, die Geislerspitzen und die Langkofelgruppe schließt sich die Traverse unter der atemberaubend kühn hochfluchtenden und eisigkalt-abwehrenden Nordwand der Sella an. Nach den beängstigenden Eindrücken begrüßt uns bei der Abfahrt nach Corvara die Kirche von Kolfuschg als freundliches Zeichen des vertrauten irdischen Lebenskreises.*

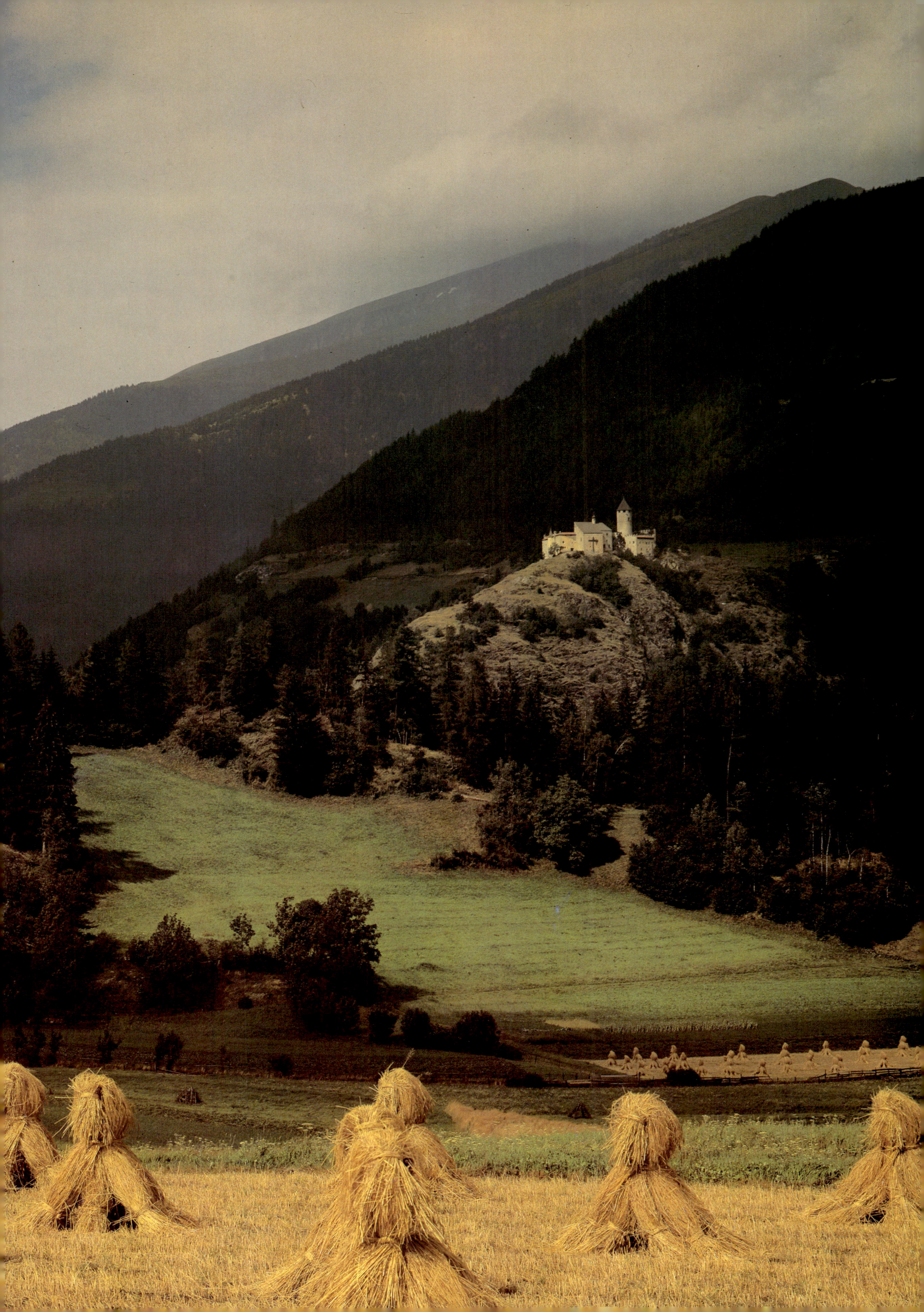

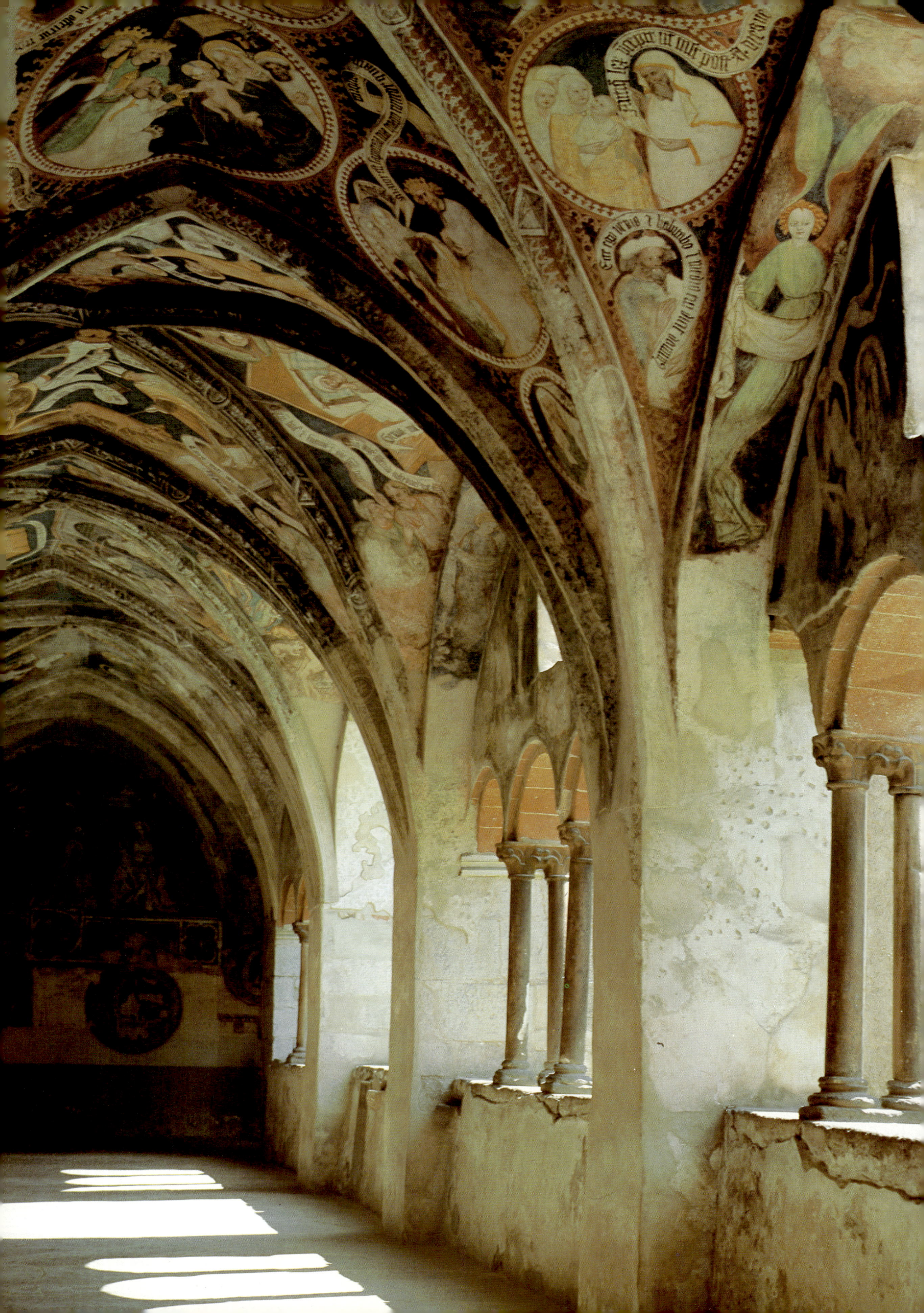

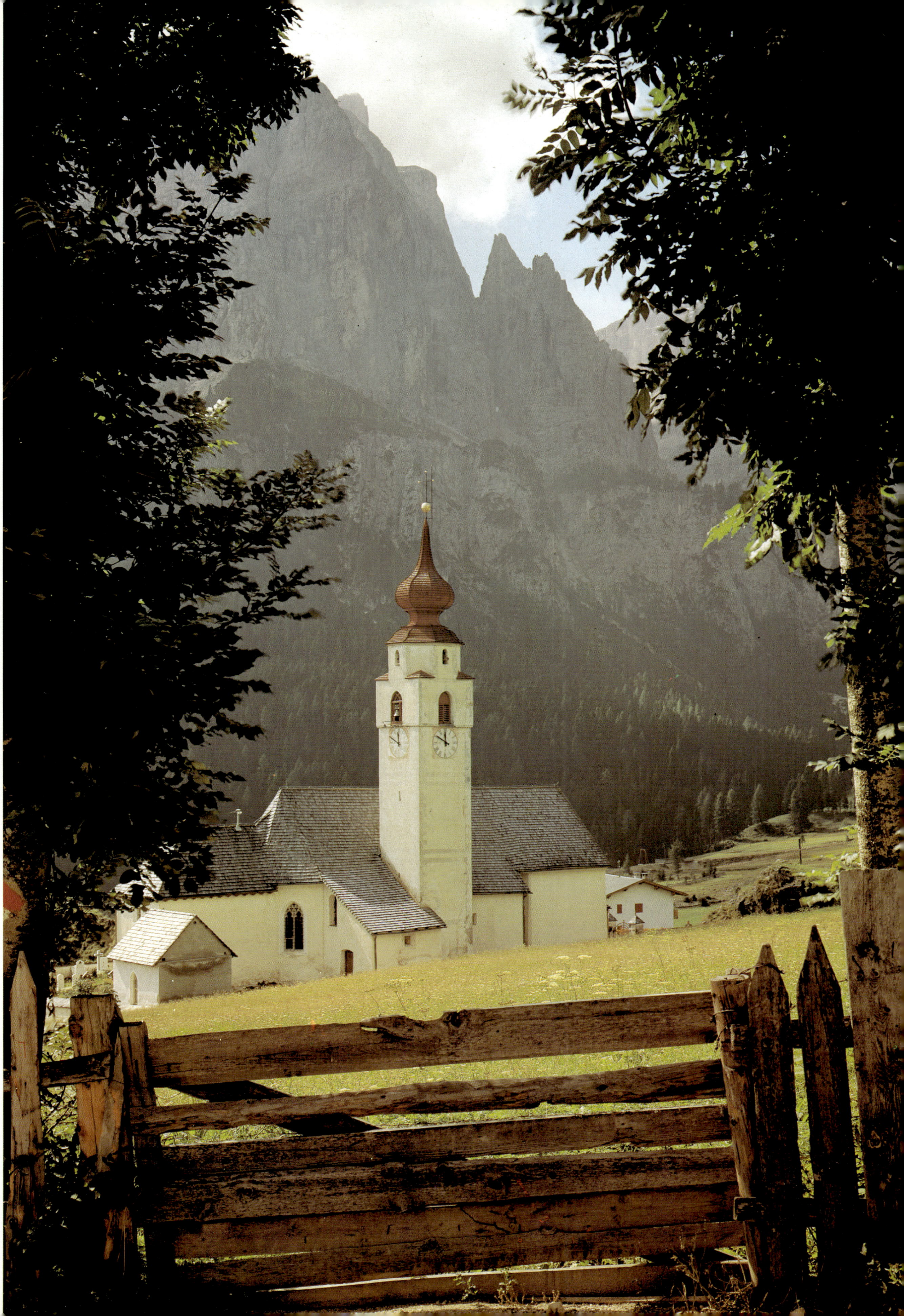

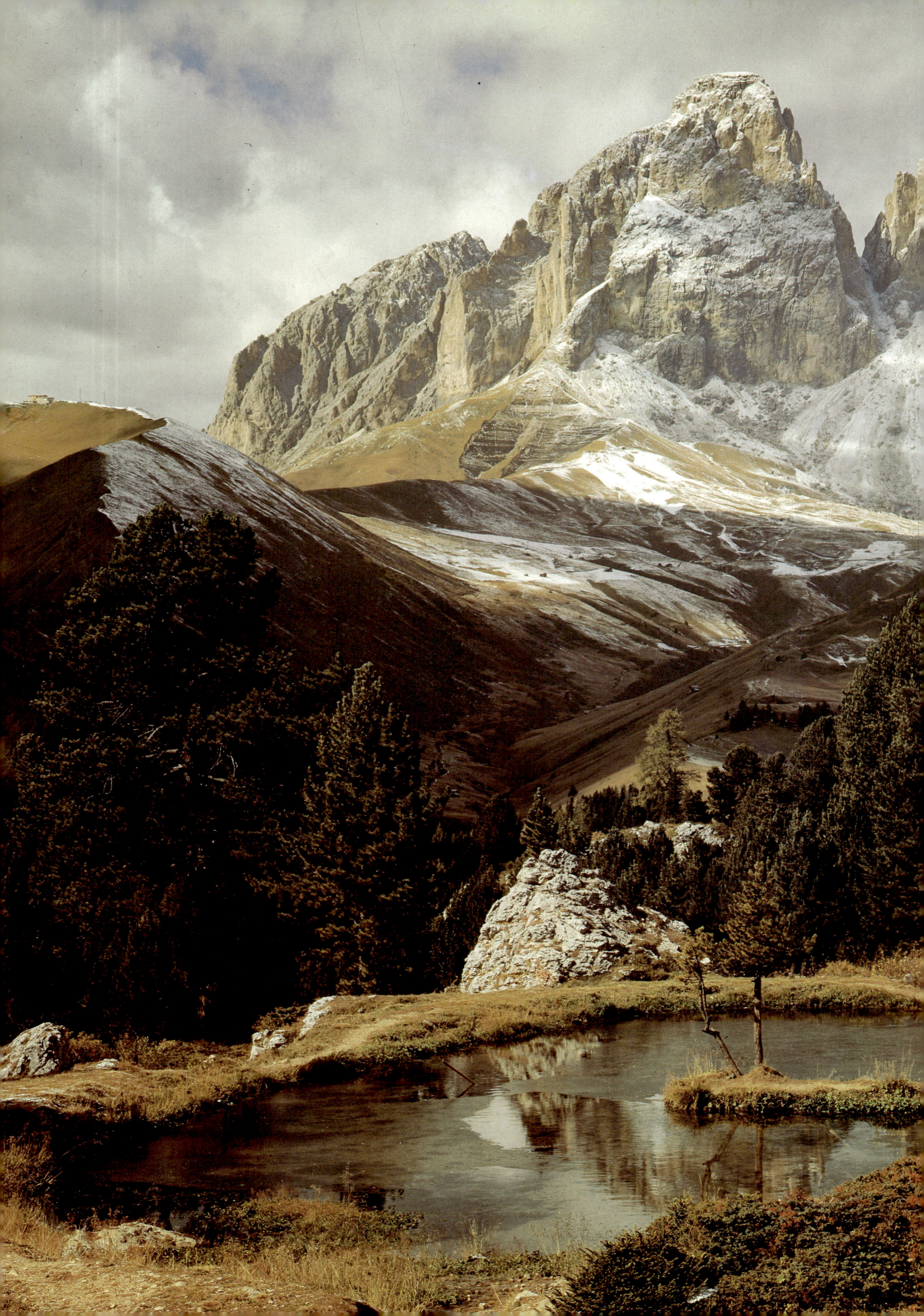

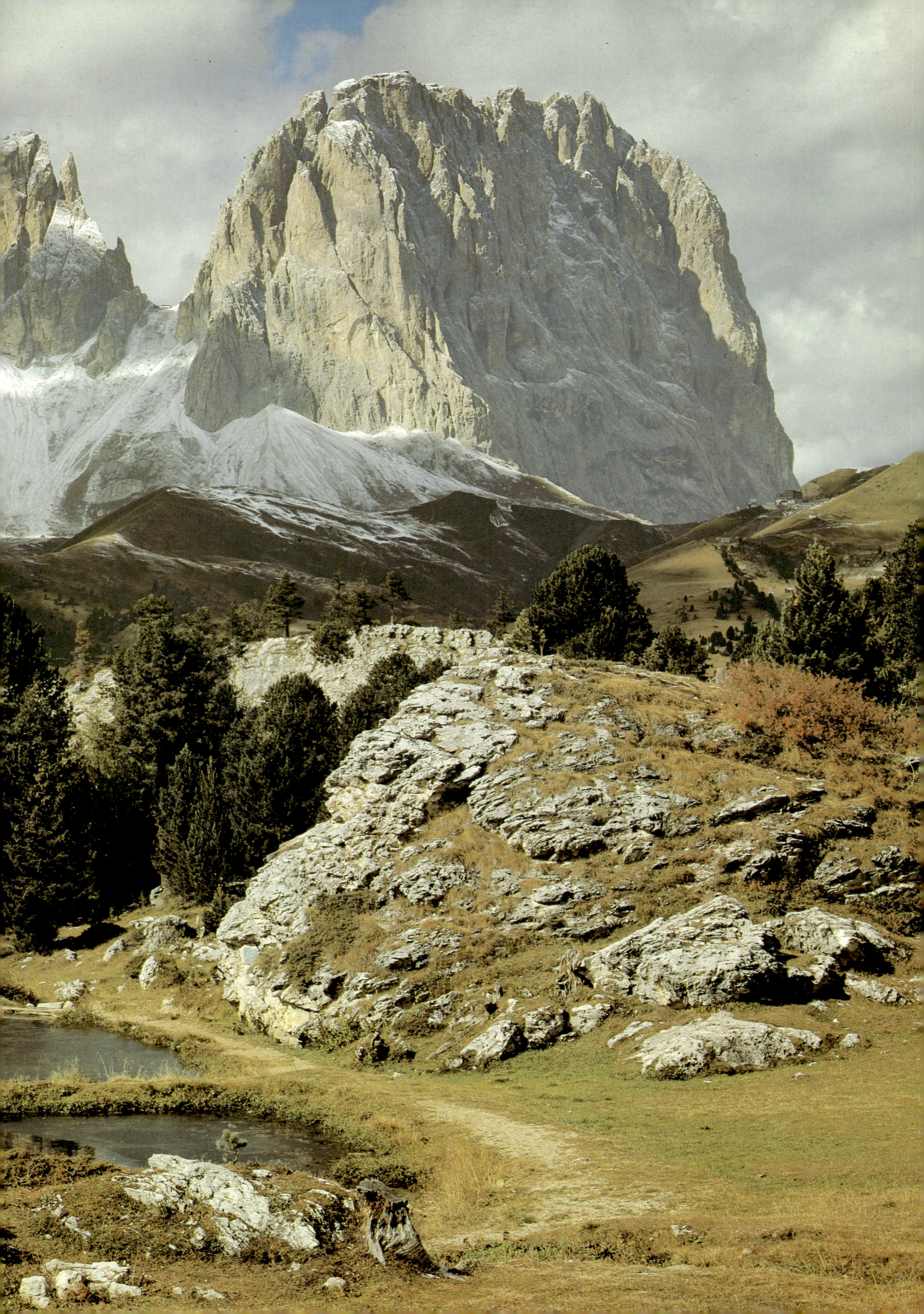

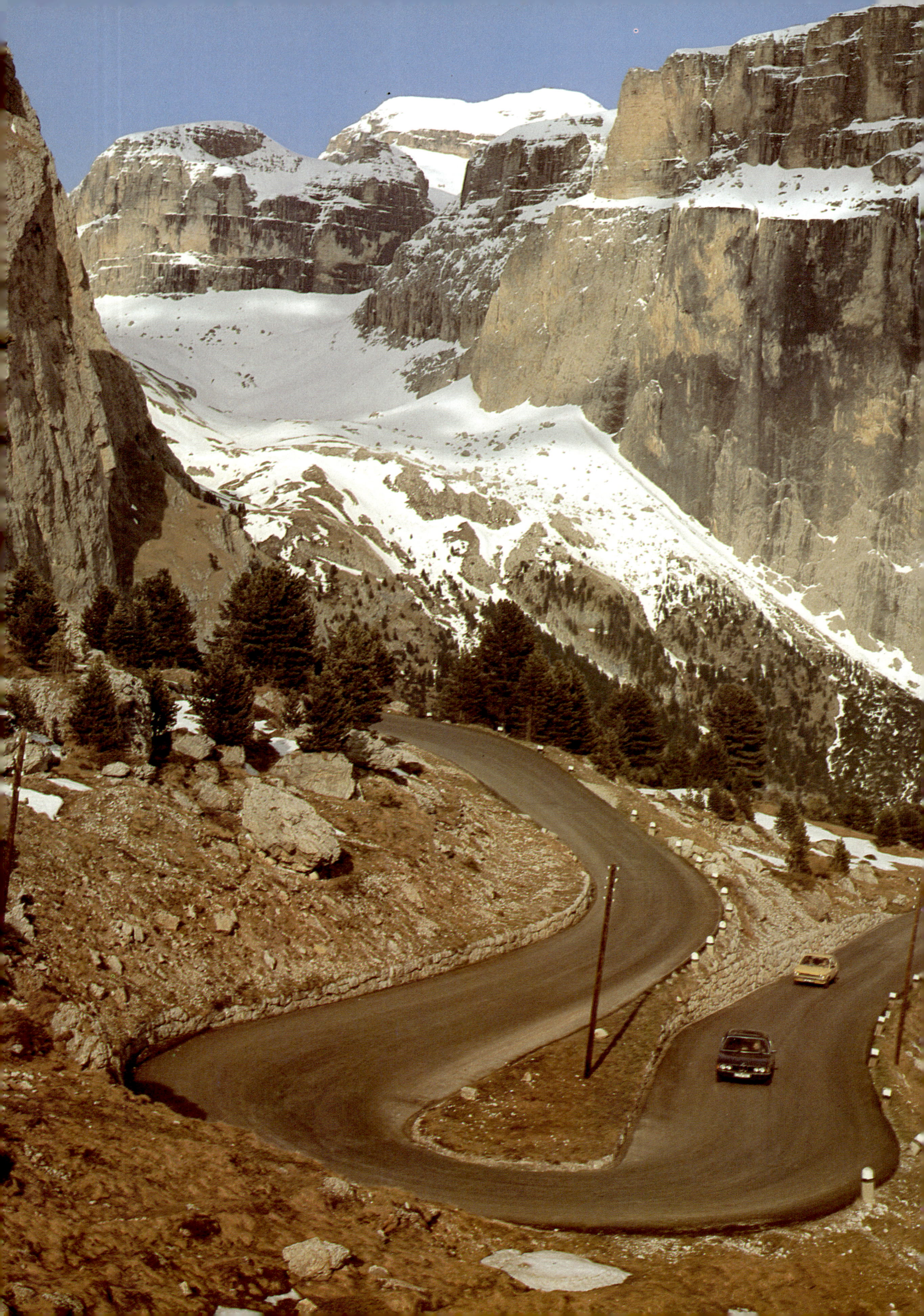

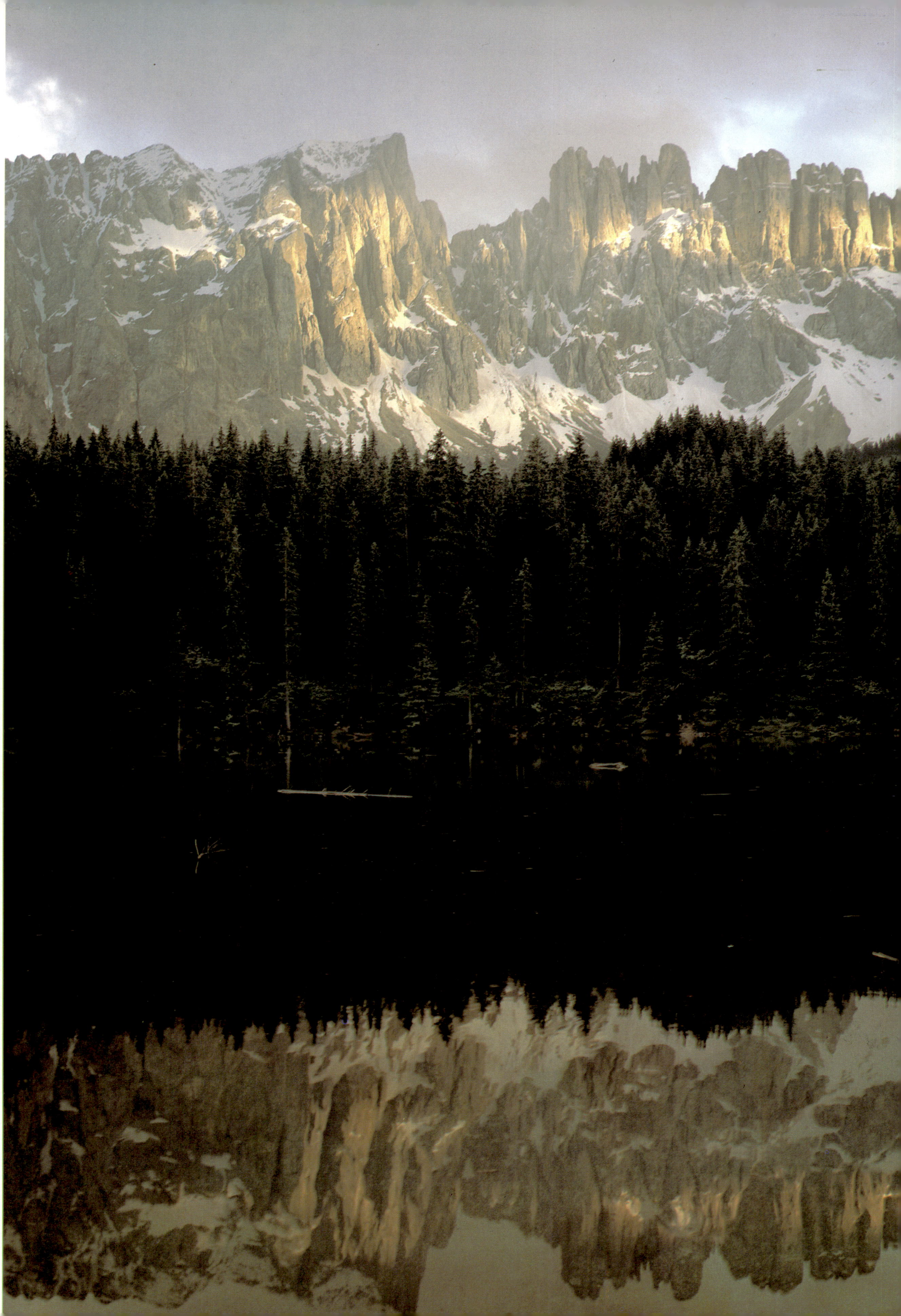

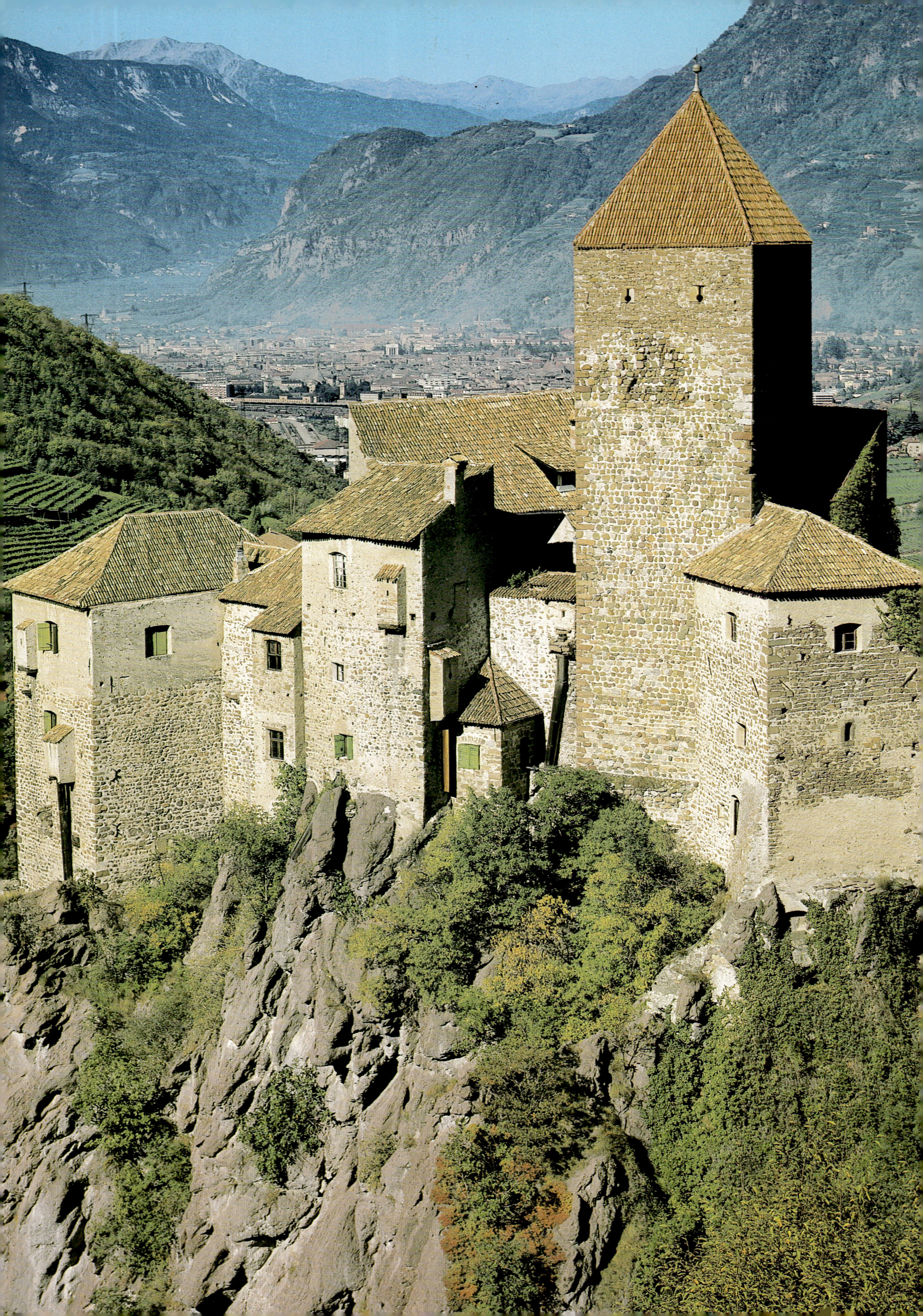

89 *Die Langkofelgruppe in den Grödner Dolomiten. – Der Langkofel ist einer der berühmtesten Berge im ladinischen Teil der Dolomiten. Er verdankt dies seinem großartigen Aufbau und seiner exponierten, freistehenden Lage, die ihn von allen Seiten gleich wirkungsvoll erscheinen läßt. Unser Bild zeigt die Ansicht von Osten: Rechts das zacken- und türmereiche Hauptmassiv, 3181 Meter; links daneben die deutlich eingekerbte Langkofelscharte mit der Bergstation der Gondelbahn; links der Scharte die Fünffinger- und ganz links außen die 2955 Meter hohe Grohmannspitze, der einzige Berg der Gruppe, auf den ein markierter Steig führt.*

90 *Am Fuß der Sellagruppe in den Dolomiten. – Die Sella ist eine der ungewöhnlichsten Bergformationen der Alpen: eine titanische Festung aus Stein, mit gewaltigen Vorwerken, in ungeheueren Stufen sich aufbauend, das gewaltige Mauerwerk nur an wenigen Stellen mit schachtartigen Einschnitten (wie im Bild durch das Val Lasties) geöffnet. Mustergültig angelegte Bergstraßen ermöglichen es, den beinahe runden Gebirgsblock von sechs Kilometern Durchmessern und 3152 Metern Höhe fast das ganze Jahr über zu umrunden. Im Bild die Straße zwischen Sella- und Pordoijoch; rechts vom Val Lasties die fast lotrechte Pordoiwand, links die Abstürze des Piz Lasties, im Hintergrund der Col Torond.*

91 *Karersee mit Latemar. – Wo die Große Dolomitenstraße aus dem Fassatal über die Jochscharte zwischen Rosengarten und Fassatal ins jenseitige Eggental hinüberführt, versteckt sich unweit des 1752 Meter hohen Karerpasses im dunklen Bergwald das Kleinod des tiefgrünen Karersees. Der Wasserspiegel im Kessel, kaum jemals von einem Windhauch gekräuselt, spiegelt in gespenstisch klaren Konturen die turm- und zinnenreiche, zerklüftete Front des Latemars wieder.*

92 *Burg Karneid mit Blick auf Bozen. – In einzigartig kühner Lage steht Burg Karneid auf einem Porphyrfelsrumpf über dem schluchtartigen Eggental. Die im 13. Jahrhundert erbaute Burg spielte in der Geschichte Südtirols eine bedeutende Rolle; die Fresken in der Burgkapelle zählen zu den schönsten Kunstwerken der Region. Im Jahr 1860 erwarb die Burg Ferdinand von Miller, der berühmte Erzgießer aus München, der unter anderem die Kollosalstatue der Münchner Bavaria goß.*

säumen trutzige Burgen und rustikale Einkehrstationen, Karawansereien aus alter Zeit, den Weg. Franzensfeste (Fortezza) ist eines der mächtigsten alpinen Festungsbauwerke, das gottlob nie in Funktion trat. Gleich danach entfaltet sich an der Brixener Klause mit Weinbergen und Kastanienhainen, Kirchen und Gutshöfen die ganze Pracht der Südtiroler Landschaft. *Neustift*, gleichermaßen geschätzt wegen seiner Kirchenburgarchitektur, seiner Kunstschätze und seiner Klosterweine, ist obligate Raststation. *Brixen*, die alte und beschauliche Bischofsresidenz, erheischt etwas mehr Zeit. – Eine Fahrt auf die Plose, den Brixener Hausberg (2447 m; 27 km Bergstraße oder Seilbahn), ist ebenso lohnend wie von Klausen, dem Südtiroler Modellstädtchen, ein Abstecher in das großartige Villnösser Tal. In Waidbruck verläßt man das tief eingeschnittene Eisacktal in Richtung Gröden. Ungleich prächtiger als die Talstraße längs des Grödner Baches ist der kleine Umweg über Kastelruth und den *Panider Sattel*, der für die anfangs etwas heikle Auffahrt mit einem herrlichen Grödner Panorama reich belohnt. St. Ulrich, St. Christina und Wolkenstein, die alten Grödner Talzentren, mußten dem Fremdenverkehr viel von ihrer einstigen Urtümlichkeit opfern, wogegen das *Grödner Joch* (wie übrigens alle der großen Dolomitenpässe) noch ganz von heroischer Naturgewalt beherrscht wird. Der Blick zur Felskathedrale des Langkofel und zum kompakten Steinblock der Sella, die einem über dem Basisrumpf abgebrochenen riesigen Turmbau gleicht, sucht in Europa seinesgleichen. Bei Kolfuschg entläßt uns der mächtige Eckpfeiler des Sass Songher in weniger aufregende Regionen.

Das folgende vielgewundene, langgezogene Tal, durch das man nordwärts nach Bruneck fährt, hat gleich drei verschiedene Namen: Abtei-, Gader- und Ennebergtal. Heinrich Noë, der die Region 1871 bereiste, schrieb noch von »Thälern voll einsamer Waldschatten, rauschender Wasser, rauchender Sennhütten und verstreuter, mächtiger Kalktrümmer«. Heute reiht sich hier Ferienort an Ferienort, jeder hübsch herausgeputzt. Bei St. Lorenzen erreicht man das *Pustertal*, ein langgezogenes Becken, von dunklen, kühlen Wäldern besäumt und vom hellen Kalkfels der Zillertaler Alpen überragt. Man folgt ihm eine Weile ostwärts, darf dabei den Abstecher zum wildromantischen Pragser Wildsee nicht übersehen und schwenkt schließlich bei Toblach durch das schluchtartig sich öffnende, von schaurig hochgetürmten Wandfluchten flankierte Höhlensteintal auf Südkurs ein. Der milchig-blaue *Misurinasee* mit seiner fast unwirklich klaren Spiegelung und die faszinierende Felsstaffage der *Drei Zinnen* sind die nächsten Glanzpunkte, ehe man über den Tre-Croci-Paß in das von zauberhaften Lärchenwäldern umrahmte Tal von *Cortina d'Ampezzo* hinunterfährt. Der stattliche Ort, der abwechselnd durch alpine und südliche Einflüsse geprägt ist, wird von einer großartigen Felsarena mit Pomagagnon, Sorapis, Tofana und Monte Cristallo umrahmt. In Cortina beginnt die *Große Dolomitenstraße*. In deren Verlauf bietet zunächst der seilbahnbestückte kleine Lagazuoi am Falzaregopaß ein Dolomitenpanorama ganz großen Formats. Dem Fernblick in das einer Riesenschlucht gleichende Cordevoletal folgt die Umrundung des Col di Lana, dessen Gipfel im Ersten Weltkrieg in die Luft gesprengt wurde. Die von südlicher Sonne verwöhnte Berghanghalde des Buchensteins leitet über zur langen Auffahrt auf das *Pordoijoch*, wo die Pordoispitze, der seilbahnerschlossene Eckpfeiler des Sellastocks, eine weitere umfassende Rundschau gewährt, die von der gletscherübergossenen Nordflanke der Marmolada beherrscht wird. Dem gemütlichen Zwischenspiel des Fassatals schließt sich der *Karerpaß* mit seinem Seenkleinod an und schließlich sammeln sich alle Wasser und Wege im tief eingeschnittenen, klammartigen Eggental, das uns nach dem spektakulären Blick auf die Felsgipfelburg Karneid in das weite Bozener Becken entläßt. *Bozen* ist ein vielumschwärmter Anziehungspunkt. Weniger bekannt ist, daß seine besten Qualitäten mehr in der Umgebung der Stadt verstreut sind. Aus dem reichhaltigen Angebot, das von Erdpyramiden bis zum Törggelen reicht, sollte man wenigstens das in Weinreben versinkende Überetsch mit dem Kalterer See in die Reiseroute einflechten. Zumal nachher der schönste Weg nach Meran ohnedies dort anknüpft und über den Mendelpaß, den Nonsberg und das Gampenjoch mit einer langen Folge herrlicher Nah- und Fernblicke dem Zielort im *Etschtal* zustrebt.

Reise-Lexikon

① **Sterzing,** 5000 Einwohner, 948 m, freundliches Städtchen in dem durch den Zusammenfluß von Eisack, Pfitscher- und Ridnaunbach gebildeten Talbecken. Der Ort kam im Mittelalter durch den Bergbau im Pflersch- und Ridnauntal zu Wohlstand und Reichtum. 1433 durch Brand fast völlig zerstört, konnte er wie aus einem Guß neu aufgebaut werden. In dieser Form blieb er mit seinen Bürgerhäusern, Giebeln, Erkern, Lichthöfen, Kirchen und Stadttürmen bis heute erhalten. Aus der Vielfalt schöner Gebäude sind die Pfarrkirche (Hallenkirche, teilweise in Rokoko gestaltet, Reste des Multscher-Altars), das Rathaus (spätgotisch), das Multscher-Museum (Reste des Sterzinger Altars vom Ulmer Meister Hans Multscher, um 1400–1467) sowie der Zwölfer- oder Hungerturm (1468) hervorzuheben.

② **Franzensfeste** (Fortezza), Dorf in der Talenge des Eisack vor dessen Eintritt in das Brixener Becken. Am Südende des Stausees wurde 1833 bis 1838 die Klammverengung zum Festungswerk ausgebaut. Sie sollte für Österreich den Zugang zum Brenner abriegeln, brauchte aber nie in Funktion zu treten.

③ **Kloster Neustift,** stattliche Baugruppe des Augustiner-Chorherrenstifts, das nach seiner Gründung im Jahr 1142 durch Jahrhunderte ein Zentrum klösterlicher Kultur und Gelehrsamkeit (Choralmusik, Miniaturmalerei, kirchliches Schauspiel) verkörperte. Sehenswert sind die 1734 bis 1737 in süddeutschem Barock neu erbaute Klosterkirche, die Bibliothek, der Kreuzgang sowie die wehrhafte Michaelskapelle.

④ **Brixen,** 16000 Einwohner, 559 m, effektvoll in der von Eisack und Rienz gebildeten großen Talmulde gelegen, war als geistliches Fürstentum ein bedeutendes kulturelles und wirtschaftliches Zentrum des Landes. Die lange Zugehörigkeit zur Grafschaft Tirol und zu Österreich hat das Ortsbild (mit schönen Lauben- und Erkerhäusern) geprägt. Stadtbeherrschendes Bauwerk ist der Dom (Ursprung 13. Jh., im 18. Jh. erneuert), der besonders durch seine reiche Ausstattung (Marmorschmuck, Deckenfresken, Altäre) besticht. Der angefügte Kreuzgang (romanisch; gotisch eingewölbt) zählt mit seiner fast vollständigen Ausmalung (14. bis 16. Jh.) zu den berühmtesten Kunstdenkmälern Südtirols. An den Kreuzgang schließt sich die Johanneskirche an, eine mit Fresken reich geschmückte Taufkirche aus dem 13. Jh. Sehenswert sind außerdem die Bischöfliche Hofburg (Spätrenaissance, schöner Arkadenhof), das Krippen- und das Diözesanmuseum. – Über der Stadt erhebt sich der imposante Bergstock der **Plose,** 2504 m, ein durch Bergstraße und Seilbahnen erschlossenes, herrliches Wander- und Skigebiet.

⑤ **Klausen,** 4000 Einwohner, 525 m, idyllisches Südtiroler Städtchen in einer Eisack-Talenge mit schönem Ortsbild, schon von Albrecht Dürer im Kupferstich »Das Große Glück« festgehalten. In der Kapelle der Kapuzinerkirche ist der seltsame Loretoschatz, eine Stiftung der spanischen Königin Maria Anna, aufbewahrt. – Hoch über Klausen thront auf einem Dioritfelsen die mächtige Klosteranlage **Säben,** einst römisches Kastell, dann Residenz der Brixener Bischöfe, heute ein Benediktinerinnenkloster.
Bei Klausen zweigt ostwärts das **Villnösser Tal** ab, eine Südtiroler ›Musterlandschaft‹ mit wilder Eingangsschlucht, anmutigen Talböden, titanischer Bergumrahmung und Kostbarkeiten sakraler Kunst.

⑥ **Seiser Alm,** 1800–2100 m, mit fast 60 qkm Fläche, 70 Sennhütten und 400 Heuhütten die größte Hochalmfläche Europas, reich an Mineralien und seltener Alpenflora. Die Seiser Alm ist auf der Straße über **Kastelruth** bzw. Seis oder mit der Seilbahn ab St. Ulrich erreichbar.

⑦ **Grödner Tal,** 25 km langes Seitental des Eisack, vom Grödner Bach durchflossen und von den markanten Felsgebirgen des Langkofel (3181 m), der Sellagruppe (3151 m) und der Geislerspitzen (3025 m) umschlossen, eines der berühmtesten Dolomitentäler.
Die stark vom Fremdenverkehr geprägten Hauptorte sind **St. Ulrich,** 1234 m (schönes Heimatmuseum, klassische Bergperspektive vom erhöht stehenden Kirchlein St. Jakob, Seilbahnen zu Seceda, Raschötz, Seiser Alm); **St. Christina,** 1428 m (Seilbahnen zu Seceda, Ciampinoi, Mont de Soura) und **Wolkenstein,** 1563 m (Seilbahnen zu Ciampinoi, Piz de Sella und Dantercepies). In allen Orten des Tals blüht seit dem 17. Jh. die Grödner Holzschnitzerei, in der gegenwärtig bis zu 3000 Personen beschäftigt sind. Das Tal bildet außerdem eine Insel der ladinischen Sprache, eines isolierten Zweigs der romanischen Sprachenfamilie.

⑧ **Grödner Joch,** 2137 m, max. 12%, ganzjährig geöffnet (fallweise Schneesperren), verbindet das Grödner mit dem Abteital (Gadertal); bietet rings um die Paßhöhe eindrucksvolle Blicke auf die atemberaubend hochgetürmten Sellawände und zum Langkofel. Auf dem langen Abstieg nach Osten wird das idyllische **Kolfuschg** mit seinem dekorativen Kirchlein berührt.

⑨ **Corvara** in Badia, 1555 m, vom Fremdenverkehr geprägtes ladinisches Taldorf, in einer Mulde zwischen der Sella, dem Sass Songher (2665 m) und dem Col Alto (2050 m) gelegen. Vom Ort verlaufen mehrere, bevorzugt zum Skisport benützte Bahnen bergwärts; für den Bergwanderer führen deren schönste auf den Crap de Mont (Wege zum Boesee und Val de Mesdi) und an den Fuß des Sass Songher (schöne Aussicht).

⑩ **Gadertal,** auch Abteital und im unteren Talstück Ennebergtal genannt, 33 km langes Nord-Südtal, das bei St. Lorenzen in das Pustertal mündet und die geographische Grenzlinie zwischen den Östlichen und Westlichen Dolomiten bildet. Im Talverlauf wechseln sich die Bilder zwischen schroffen Felsformationen (Kreuzkofel) und freundlichen grünen Hangmatten. Über die Region verstreut ist eine Reihe von touristisch gut erschlossenen Orten wie Stern, St. Kassian, St. Leonhard, St. Martin in Thurn und St. Vigil in Enneberg.

⑪ **Pustertal,** etwa 100 km langer Talzug zwischen dem Eisacktal und dem Lienzer Becken in Osttirol, trennt die Zillertaler Alpen und Hohen Tauern von den Dolomiten und wird von der Rienz und der oberen Drau durchflossen. Das Landschaftsbild ist geprägt von eher gleichförmig ansteigenden Talhängen, die von abgerückten Gipfelkämmen gekrönt werden. Die schönsten Landschaftsbilder findet man in den zahlreichen und vielverzweigten Seitentälern.

⑫ **Bruneck,** 10000 Einwohner, 828 m, der Hauptort des Pustertals, liegt im weiten, bergumkränzten Talbecken und erfreut mit seinem altertümlichen Stadtbild. Es gilt als Heimatort des berühmten Südtiroler Holzbildhauers Michael Pacher (um 1435–1498), aus dessen Werkstatt in der neuromanischen Pfarrkirche ein schönes Kruzifix hängt. Eines seiner erlesensten Werke, die »Traubenmadonna«, befindet sich neben anderen Kunstschätzen in der Pfarrkirche des Nachbarorts **St. Lorenzen.** In und um Bruneck sind außerdem bemerkenswert: das wehrhafte Bischofsschloß über der Altstadt (um 1300 erbaut, 1900 erneuert), die Katharinenkirche »auf dem Rain«, der Heldenfriedhof auf dem Kühbergl sowie der nahe Aussichtsberg Kronplatz (2272 m, schöne Rundsicht, Skisport).

⑬ **Pragser Wildsee,** idyllischer Bergsee unter den tollkühn hochfluchtenden Nordwänden des Seekofels (2810 m), ein vielbesuchtes landschaftliches Juwel der Dolomitenregion (9 km lange Stichstraße ab der Pustertalroute).

⑭ **Toblach,** 1241 m, Touristenzentrum auf dem Toblacher Feld, der Wasserscheide zwischen Adria und Schwarzem Meer. Sehenswert ist die Ende des 18. Jh. erbaute Pfarrkirche mit herrlicher Barock- und Rokokoausstattung; beliebte Ausflugsziele sind der nahe bergumrahmte Toblacher See und der lifterschlossene Radsberg (1794 m; schöne Aussicht).

⑮ **Misurina,** 1755 m, kleiner Touristenort am gleichnamigen Gebirgssee, der großartig von den Drei Zinnen (2998 m), dem Monte Cristallo (3216 m) und den Cadinspitzen (2839 m) umrahmt wird. – Über eine stellenweise heikle Bergstraße (Maut, bis 16%, offen 1.6.–30.9.) erreicht man nach 7,5 km die Auronzo-Hütte (2330 m) am Fuß der Drei Zinnen, eine der großen alpinen Aussichtslogen. Auf der Weiterfahrt überquert man den **Tre-Croci-Paß** (1809 m, 11%, ganzjährig offen), der schöne Fernblicke zur Marmarolegruppe bietet.

⑯ **Cortina d'Ampezzo,** 8500 Einwohner, 1224 m, der wohl berühmteste italienische Wintersportplatz und Austragungsort der Olympischen Winterspiele 1956, liegt prächtig in einer von gewaltigen Felsfronten umschlossenen Talschale. Der Ort, preismäßig in der oberen Kategorie angesiedelt, bietet jeden Komfort. Die bekanntesten der rund 40 Bergfahrtanlagen sind der »Himmelspfeil« auf die Tofana di Mezzo (3244 m) sowie die Bahnen auf die Faloria (2343 m) und den Monte Cristallo (3216 m). Im Ortsbild versöhnen die zuweilen mutige Architektur und das viel verwendete Holz mit den uniformen Zügen des Fremdenverkehrszentrums. Sehenswert sind die Pfarrkirche mit Fresken von Franz Anton Zeiller (1774), die Barockkirche Madonna della Difesa sowie die Kunstsammlung von Mario Rimoldi.

⑰ **Falzáregopaß,** 2117 m, max. 11%, ganzjährig geöffnet (im Frühjahr fallweise Schneesperren), verbindet im Zug der Großen Dolomitenstraße (Cortina–Bozen) das Ampezzotal mit dem Buchenstein. Sehr lohnend ist die Seilbahnauffahrt auf den Kleinen Lagazuoi (2778 m), der eine faszinierende Dolomitenschau mit den bizarren Blickpunkten Cinque Torri (2362 m), Nuvolau (2648 m), Tofana (3244 m) und der gletscherüberwallten Marmolada (3342 m) bietet. Einen begeisternden Blick in das südlich sich öffnende Cordevoletal genießt man auch vom Parkplatz am Kehrentunnel. Anschließend umfährt man den **Col die Lana,** einen unscheinbaren und unbeachteten Felskeil im Talschluß des Val Cordevole, der im Ersten Weltkrieg infernalische Berühmtheit erlangte. Der Berg war in den Jahren 1915/16 einer der meistumkämpften Schlüsselpunkte der Dolomitenfront. Auf dem Gipfel lagen die stark befestigten Stellungen der österreichisch-deutschen Gebirgsjäger, die von den Italienern von der südlichen Talseite her monatelang erfolglos angegriffen wurden und als uneinnehmbar galten. Schließlich unterminierten italienische Pioniere den Berg und sprengten am 16. April 1916 mit 5000 kg Dynamit die ganze Gipfelkuppe in die Luft. Das war die Himmelfahrt des Col di Lana, den die Italiener fortan »Col di Sangue«, den Blutberg, nannten. Die Spuren der einstigen Zerstörung sind noch heute sichtbar.

⑱ **Arabba,** 1605 m, vor einigen Jahrzehnten ein weltentlegenes Dolomitennest, heute ein vielbesuchter Ferienort, attraktiv in einem Hochtalbecken unter dem Sellastock gelegen. Die Seilbahnauffahrt zur Porta Vescovo (2546 m) bietet über den Fedaiasee hinweg einen der schönsten Blicke zur vereisten Nordfront der Marmolada, mit 3342 m der höchste Gipfel der Dolomiten.

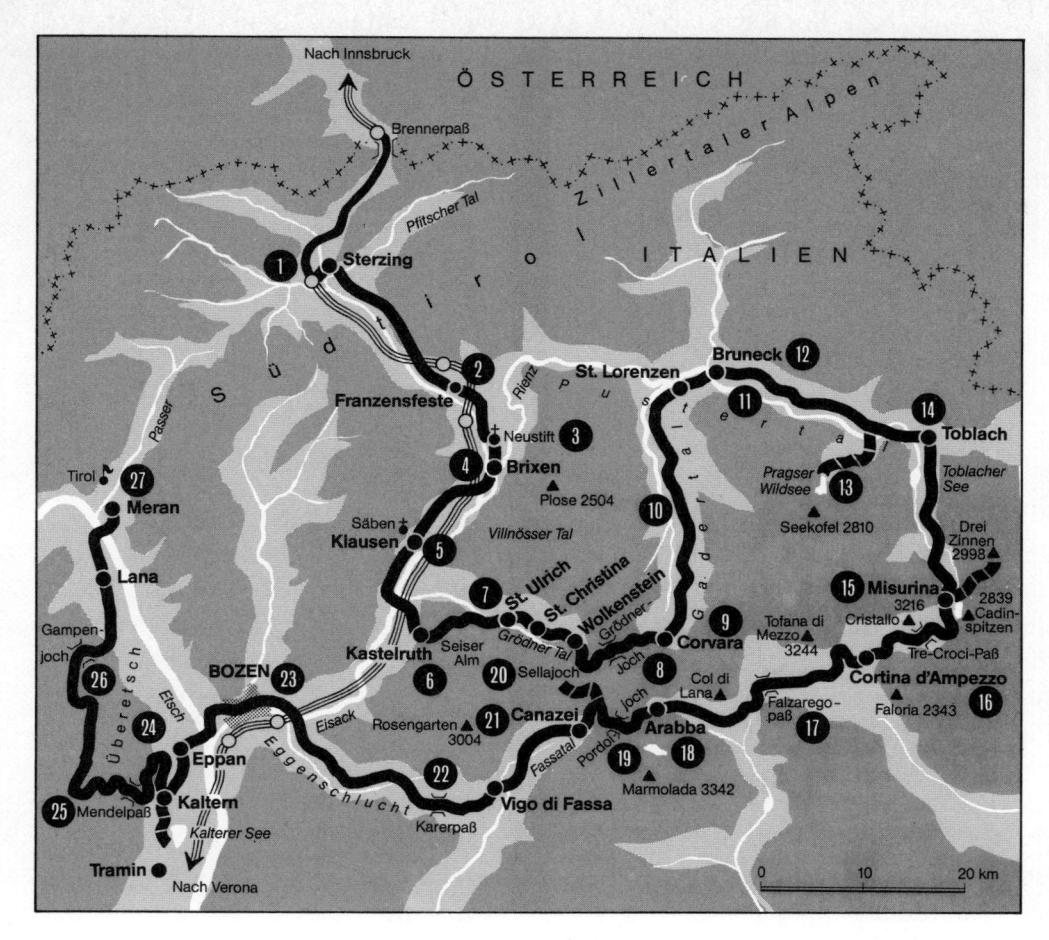

⑲ **Pordoijoch,** 2239 m, max. 8%, ganzjährig geöffnet (im Frühjahr fallweise Schneesperren), der höchste Paß im Zug der Großen Dolomitenstraße, verbindet das Buchensteintal mit dem Fassatal und über das Sellajoch mit dem Grödner Tal. Rings um die Paßhöhe bieten sich schöne Ausblicke zum massigen Sellastock und zum majestätischen Langkofel; eine bedeutende Steigerung der Eindrücke ermöglicht die Seilbahnfahrt zur 2950 m hohen Pordoispitze, auf der auch die Sicht zur eisgepanzerten Marmolada frei wird.

⑳ **Sellajoch,** 2240 m, max. 11%, ganzjährig geöffnet (fallweise Schneesperren), verbindet das Grödner Tal mit dem Fassatal und über das Pordoijoch mit dem Buchenstein; zählt neben dem Grödner und Pordoijoch zu den eindrucksvollsten Pässen der Westlichen Dolomiten. Blickbeherrschend sind der mächtig hochragende Langkofel (3181 m), in dessen Scharte eine Seilbahn führt, sowie das gigantisch aufgetürmte Sellamassiv (3151 m). Das Sellajoch liegt zwar nicht direkt an unserer Route, doch es lohnt den etwa 6 km langen Abstecher.

㉑ **Canazei,** 1463 m, altberühmter Bergsteiger- und Wintersportort, der trotz touristischer Erschließung seine urtümliche Note bewahrt hat, liegt im tief eingeschnittenen oberen Fassatal. Eine Bergbahn führt zum Pecol (1932 m) und in das weitläufige Skigebiet südwestlich des Pordoijochs, eine andere vom 5 km entfernten **Campitello** zum Col Rodella nächst des Sellajochs. Beide Bergbahnen sind Funktionsglieder der spektakulären Skirundfahrt um die Sellagruppe. – Das südwestwärts sich öffnende ladinische Fassatal mit seinen Streusiedlungen **Pozza di Fassa** und **Vigo di Fassa** ist in der Bauweise schon deutlich italienisch geprägt. Wegen seiner im Vergleich mit den deutschsprachigen Dolomitentälern spürbaren Preiswürdigkeit gewinnt es mehr und mehr Freunde. Seilbahnen erschließen den Monte Buffaure (2020 m) und über den Ciampedie (1998 m) das Rosengartengebiet (Catinaccio).

㉒ **Karerpaß,** 1752 m, max. 12%, ganzjährig geöffnet, verbindet im Zug der Großen Dolomitenstraße das Fassatal mit dem Bozener Talkessel. Die verkehrstechnisch problemlose Paßhöhe ist von schönen Hangmatten und Wäldern umrahmt; vielbesuchtes landschaftliches Kleinod ist der tiefgrüne Karersee unter der zerklüfteten Felsfront des Latemar. Der Karerpaß, zugleich deutsch-ladinische Sprachgrenze, mündet in seiner westlichen Fortsetzung in die **Eggenschlucht,** eine vom Karneidbach tief in das Porphyrgestein eingegrabene Flußklamm. Im tiefsten Schluchtgrund öffnet sich ein Blick zur kühn auf einem Felsgipfel thronenden Burg Karneid, wenig später mündet der Cañon in das weite Becken von Bozen.

㉓ **Bozen,** 107 000 Einwohner, 266 m, die Hauptstadt und nach Brixen die älteste städtische Siedlung Südtirols, liegt ausgebreitet in einem weiten, durch den Zusammenfluß von Etsch, Eisack und Talfer gebildeten Talbecken. Die Stadt am uralten Handelsweg zwischen dem Norden und dem Süden Europas entwickelte sich aus römischer Besiedelung, kam im 11. Jh. zum Bistum Trient und fiel im 13. Jh. an die Grafen von Tirol. Bis zum Ende des Ersten Weltkriegs waren Stadt und Provinz Bestandteil des Tiroler bzw. Habsburger Territoriums; 1918 mußte Bozen mit Südtirol an Italien abgetreten werden. Heute ist die Stadt durch die ständige Expansion von Industrie und Gewerbe ausgewuchert, doch im Kern bewahrt sie noch den Charakter einer alten, typischen Tiroler Handelsstadt.
Heimeliges Herzstück ist die Laubengasse mit ihren beidseitigen Arkadenhäusern, eine beliebte Einkaufs- und Spazierstraße. Zu den Sehenswürdigkeiten zählen der mit buntglasierten Ziegeln gedeckte Dom (14./15. Jh.), dessen besondere Zierde der 65 m hohe filigrane Maßwerkturm aus dem 16. Jh. ist, das Merkantilgebäude (1708–1727, ital. Barockbau), das Franziskanerkloster mit schönem Kreuzgang sowie die Pfarrkirche im Stadtteil Gries mit einem kostbaren Altarschrein von Michael Pacher. – In der näheren Umgebung Bozens sind Burg Runkelstein (13. Jh.) sowie die Ausflugsgebiete Jenesien (Seilbahn) und Ritten (Bergstraße, Seilbahn) einen Besuch wert.

㉔ **Überetsch,** Geländestufe über dem Trogtal der Etsch, auf der sich unter dem Wind- und Klimaschutz des Mendelkamms die berühmte Südtiroler Weinlandschaft entfaltet. Die Rebengärten sind hier zu einem Meer von Weinstöcken zusammengewachsen, aus dem rote Ziegeldächer und graue Burgmauern herauslugen. St. Pauls, St. Michael, Eppan, Kaltern und Tramin sind die jedem Weinkenner geläufigen Weindörfer, Montiggler und Kalterer See runden mit ihren Silberspiegeln die bacchantische Paradieslandschaft ab.

㉕ **Mendelpaß,** 1363 m, 11%, ganzjährig geöffnet, verbindet das Bozener Etschtalbecken mit dem Val di Sole. Unweit der Paßhöhe zweigt eine Stichstraße zum 4,5 km entfernten Penegal (1737 m) ab, der einen großartigen Rundblick über das Südtiroler Weinland gewährt. In Fortsetzung der Route durchfährt man die malerische Nonsberg-Landschaft mit der schaurig sich aufspaltenden Novellaschlucht.

㉖ **Gampenjoch,** 1518 m, max. 9%, ganzjährig geöffnet, verbindet das Meraner Etschtalbecken mit dem Val di Sole. Die Straße bietet schöne Tiefblicke in das Etschtal; lohnendste Pausenstation ist **Niederlana** inmitten von Apfelgärten, das in der Pfarrkirche mit dem Hochaltar von Hans Schnatterpeck den größten spätgotischen Flügelaltar Südtirols bewahrt.

㉗ **Meran,** 34 500 Einwohner, 320 m, die alte Hauptstadt der Grafschaft Tirol, liegt prächtig inmitten von Obst- und Weingärten in einer von Bergen und Burgen umrahmten Talmulde der Etsch. Schon von den Römern besiedelt, ist Meran seit dem 19. Jh. der bedeutendste klimatische Kurort an der Alpen-Südseite und neuerdings auch ein vielbesuchtes Thermalbad (radioaktive Quellwasser gegen Rheuma). Im altertümlichen Stadtkern zieht besonders die rustikale Laubengasse mit ihren Arkadenhauszeilen die Besucher an. Sehenswerte Baulichkeiten in diesem Bereich sind die Landesfürstliche Burg (1480), das Städtische Museum und die gotische Pfarrkirche St. Nikolaus (14.–15. Jh.) mit dem stadtbildprägenden Glockenturm. Das am rechten Ufer der Passer gelegene Kurviertel lädt zu Spaziergängen ein; der nördlich sich anschließende Tappeiner Weg ist eine 4 km lange Höhenpromenade an den Hängen des Küchelberges, die wunderschöne Blicke über die Stadt und das Etschtal bietet. Der mit Abstand beliebteste Anziehungspunkt ist das 5 km entfernte, im 12. Jh. erbaute **Schloß Tirol,** das als Stammburg der Grafen von Tirol zum Wahrzeichen des Landes wurde. Die Burg (nach Voranmeldung zu besichtigen) weist wunderschöne romanische Rundbogenportale auf; die zweigeschossige Kapelle ist reich mit Fresken geschmückt. Darüber hinaus gilt das Schloß als Symbol des Tiroler Freiheitswillens. Bei den Südtiroler Weinbauern geht seit altersher der Spruch: »Wer rechtens Herr des Schlosses ist, dem gehört das Land.« Schloß Tirol ist seit 1973 Eigentum der Südtiroler Landesregierung.

18 Italiens Seen am Südrand der Alpen

Auf Uferstraßen von Südtirol in das Tessin

»Wenn du nichts als ein Herz und ein Hemd besitzt, so verkaufe dein Hemd und stille dein Herz, reise an den See von Como«, empfahl in einem Anflug von Euphorie Stendhal vor zweihundert Jahren, und zur gleichen Zeit schwärmte der Dichterfürst Goethe im Kreis seiner Weimarer Freunde: »Das Schönste in der Lombardei sind die Seen« – obwohl er auch von seinem Abenteuer in Malcesine zu erzählen hatte, wo ihn der Bürgermeister als gefährlicher Spion kurzerhand einsperren ließ, weil er den trutzigen Umriß der Scaligerburg in sein Notizbuch skizziert hatte. Man könnte sie dutzendweise zitieren, die Geistes- und sonstigen Größen, die das oberitalienische Seenland gepriesen und verherrlicht haben. Einer freilich, Agostino Brenzone, schoß im 16. Jahrhundert mit seiner Behauptung den Vogel ab, indem er lapidar befand: »Die ganze Welt besteht aus drei Teilen: Afrika, Asien und Europa. Der schönste Teil ist Europa, und davon ist Italien der schönste Teil, von Italien wiederum die Lombardei, und von dieser der Gardasee, und an diesem San Vigilio. Ergo ist San Vigilio der schönste Ort der Welt.« Er beließ es nicht bei dieser Schwärmerei, sondern baute auf besagtem Punkt am Gardasee seine Villa Guarienti, eine prächtige Anlage mit zauberhaftem Garten.

In der Tat ist für alle, die nicht der Meinung sind, Italien liege nur ganz tief im Süden, das Seengebiet am Südabhang der Alpen der schönste Teil des Landes, wobei selbstredend die dem Schweizer Tessin zugehörigen Ufer von Lago Maggiore und Luganer See mit eingeschlossen sind. Welchen Punkt er auch immer anvisiert – den Besucher aus dem kühlen Norden umfängt hier erstmals der Zauber des Südens. Glockentürme, Lorbeerhecken, Palmengärten, Olivenhaine, mürbes Gemäuer und prunkende Steintreppen, Oleanderduft und Weinlaubgeruch verschmelzen zur wirklichkeitgewordenen Vision paradiesischer Gefilde, über die sich ein tiefblauer Ansichtskartenhimmel spannt. Weiße Barken schaukeln im Wasser, hunderterlei Blüten und Düfte umschmeicheln die alten Fischerdörfer, die mit den holperigen Gassen und der schummerigen Beleuchtung gelungenen südländischen Bühnenbildern gleichen. An der alten Hafenmole zelebriert der Wirt seine in Öl bruzzelnden Scampi, der feurige Valpolicella und die seidenweiche Luft runden die Eindrücke zur wohlgefälligen Traumszenerie ab.

Gardasee, Lago d'Iseo, Comer See, Luganer See und Lago Maggiore sind die großen, Lago di Varese und Lago d'Orta führen die Reihe kleinerer Wasserbecken an. Allen gemeinsam ist die Gunst des Klimas, das hier die mediterrane Zone zweihundert Kilometer nach Norden verschiebt, wo sich unter dem Schutz der Alpenkette subtropische Wärme und Vegetation entfalten können. Allen gemeinsam ist auch der reiche kulturelle Hintergrund, der bis in die Antike zurückreicht und der an den zu allen Zeiten geschätzten Seeufern viele Spuren und Zeugnisse römischer und lombardischer Kunst und Tradition hinterließ. Wo soviel Schönes zusammenkommt, ist die Gefahr der Übersättigung nicht weit. Es wäre wenig sinnvoll, sogar ermüdend, wollte man alle Seen der Reihe nach umrunden. Unser Routenvorschlag pickt gleichsam die Rosinen aus dem Kuchen, verbindet die schönsten Uferabschnitte des Seenreigens und die prächtigsten Städte am Weg zu einem Diadem funkelnder Kostbarkeiten.

---

93 *Das Westufer des Gardasees mit Blick auf Riva. – Von den Seen am Südrand der Alpen ist der Gardasee der berühmteste. Das 52 Kilometer lange und bis 16,5 Kilometer breite Gewässer vereint an seinen Ufern die nordischen Elemente des Hochgebirges mit der Heiterkeit und Wärme des Südens. Außerdem rühmt man seine blaue Farbe, die so intensiv ist, daß sie mit der Farbskala des Naturforschers François Alphonse Forel nicht mehr gemessen werden kann. – Im Bild links die in atemberaubend steilen Fluchten abfallenden Mauern des Monte Brione mit der kunstvoll in den Fels gebauten Gardesana Occidentale, der Königin unter Europas Panoramastraßen. Darüber die ebenfalls in den Berg gesprengte Straße zum hochgelegenen Lago di Ledro.*

94 *Blick von Paradiso auf Lugano. – Lugano, die größte Stadt im Schweizer Tessin, ist seit altersher einer der komfortabelsten europäischen Ferienplätze, bevorzugter Wohnsitz von etablierten Künstlern und erfolgreichen Geschäftsleuten. Zu den besonderen Vorzügen der Stadt gehört ein Lebensstil, der die Lockerheit und klimatischen Vorteile der mediterranen Welt mit der Schweizer Gediegenheit und Solidität verbindet. Der vielverzweigte, buchtenreiche Luganer See ist fast überall von üppiger südländischer Flora umsäumt.*

95 *Motiv aus dem Verzascatal. – Eine Reise durch das Seengebiet am Südrand der Alpen wäre unvollständig, enthielte sie nicht diesen oder jenen Abstecher in die Gebirgstäler, die gerade dort mit ungewöhnlichen, urtümlichen Bildern überraschen. Besonders eindrucksvoll ist das von schaurigen Schluchten und Klüften zerfurchte Tessiner Bergland. Hier ein Bachlauf im Verzascatal: Das kristallklare, smaragdgrüne Wasser modellierte im Lauf der Jahrtausende bizarre Formen in den Uferfels.*

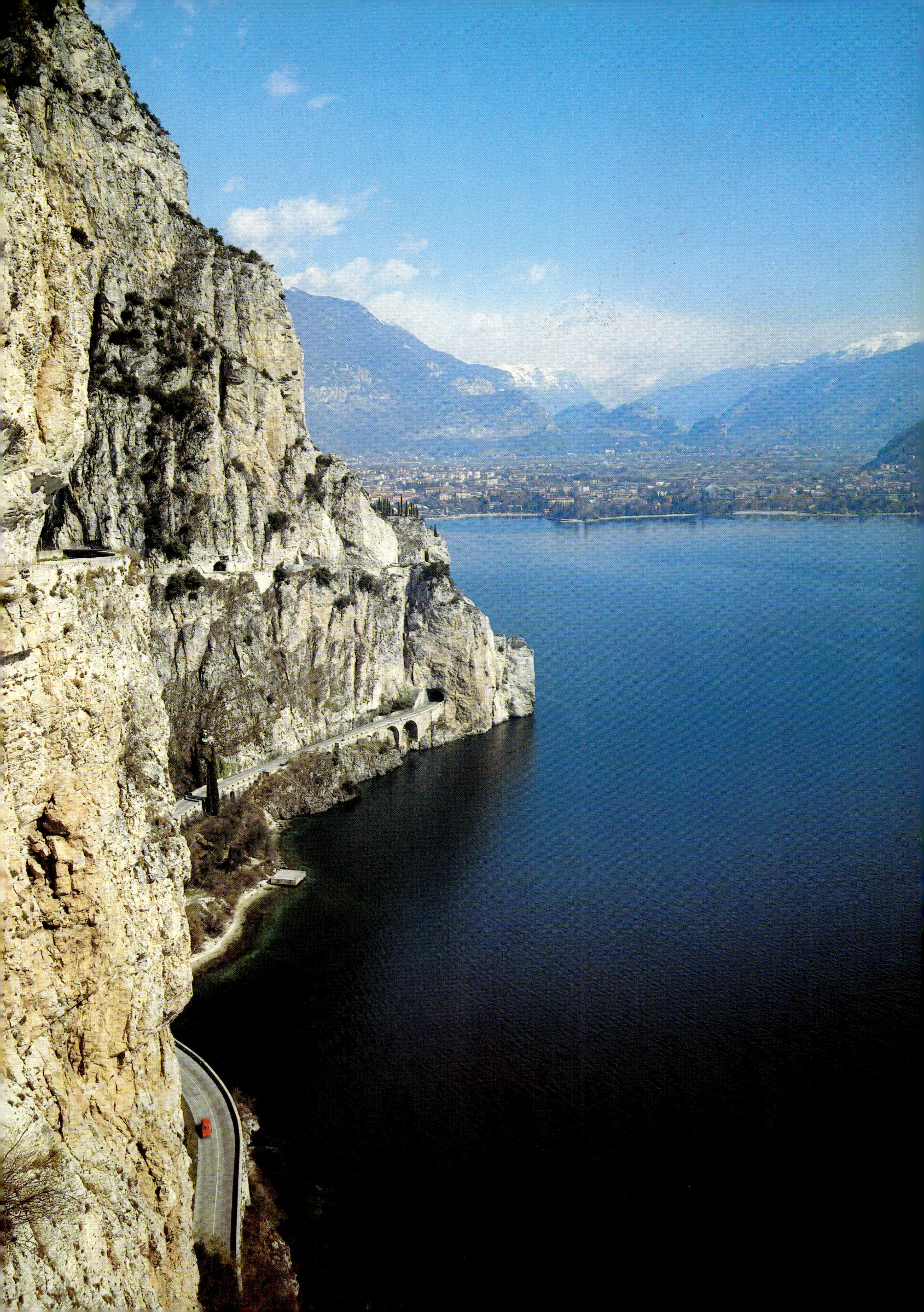

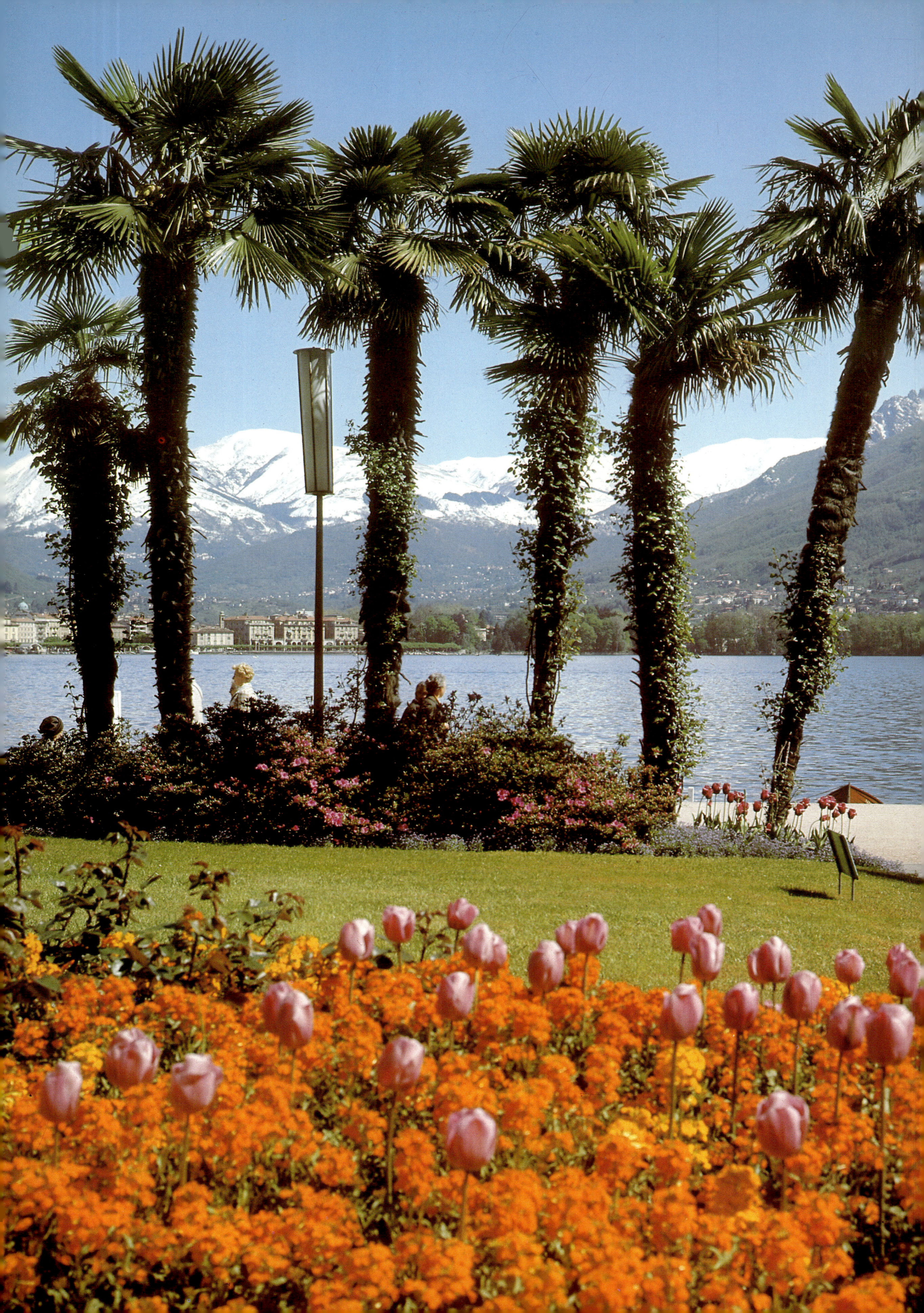

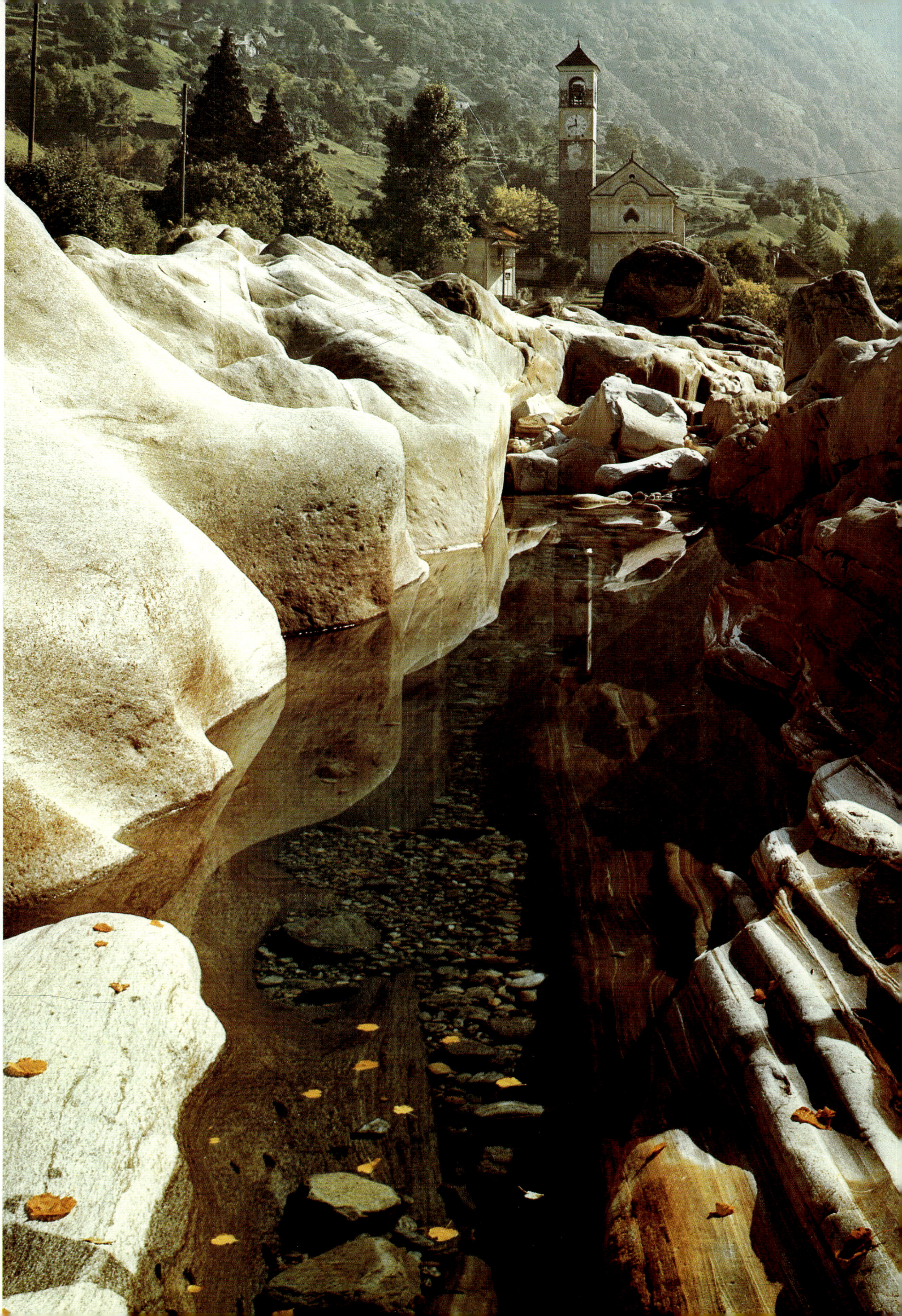

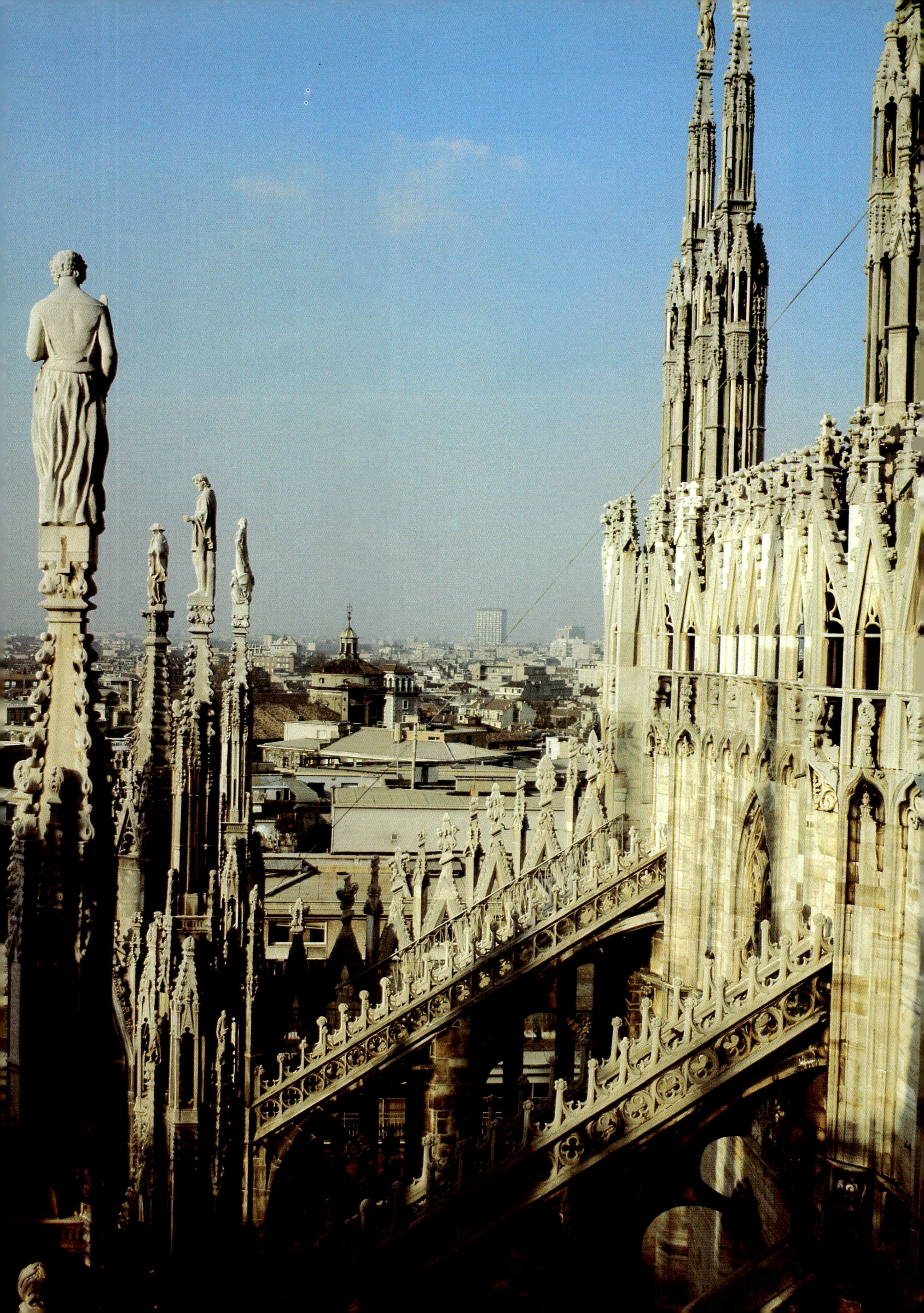

96 *Auf dem Dach des Mailänder Doms. – Faszinierender Mittelpunkt Mailands, Italiens »merkantiler Hauptstadt«, ist der mächtige Dom, eine der größten Kirchen der Welt. Über fünfhundert Jahre lang, vom 14. bis in das 19. Jahrhundert, wurde daran gebaut; dennoch hat man durch alle Stilepochen die gotische Konzeption beibehalten. Der Ehrgeiz der Visconti und Sforza trieb ganze Baumeistergenerationen zu einem Übermaß an Prunk und plastischem Schmuck an, was dem Riesenbau einen Zug ins Monströse gibt. Allein die Außendekoration umfaßt 135 Fialen mit über 2300 Marmorstatuen.*

Trient (Trento) ist nicht nur Startpunkt, sondern glanzvoller Auftakt. Der Domplatz, ein Freilichtsaal von strenger Feierlichkeit, gilt als einer der stilvollsten Plätze Italiens, die umrahmenden Bauwerke sind schönste Beispiele lombardischer Architektur. Vorbei am Toblinosee, in dem sich das verträumte römische Kastell und die titanischen Felsabbrüche des Monte Casal spiegeln, durchfährt man das *Sarcatal,* das von den gewaltigen »Marocches«, den Trümmern eines vorgeschichtlichen Bergsturzes, eindrucksvoll geprägt ist. Den kurzen Umweg über Nago belohnt der *Gardasee* mit einem faszinierenden Panorama. Er ist mit 370 Quadratkilometern Fläche der größte der Südalpenseen, eine fortwährend wechselnde Kulisse aus Wasser, Felsen, Blüten und Bergen; an seinen Ufern verschwistert sich das Fortefortissimo der Dolomiten mit dem Belcanto der Lombardei. Der langgestreckte Nordteil, von hohen Bergzügen flankiert, ähnelt einem norwegischen Fjord; im Süden wandelt sich der See zum weiten Becken, um das die sanften Weinhügel zur großen Ebene ausklingen. Im Westen, wo die steilen Felswandfluchten anmaßend ans Wasser drängen, fädelt sich die »Gardesana Occidentale« durch siebzig Tunnels und über fünfzig Brücken am Ufer entlang – eine Prachtstraße und die ungekrönte Königin aller Panoramastrecken. An ihrem Beginn beherrscht *Riva* mit seinen Alleen von Kastanien und Palmen die Szene, das folgende Limone versinkt tatsächlich in einem Meer von Zitronenbäumen, bei Gargnano wandelt sich die rauhe Felsregion zum üppigen Garten, und in Gardone Riviera, wo Winston Churchill oft zu Gast war, heißen die Wirtshäuser nicht mehr Albergo, sondern Grand-Hotel. In Salò, wo sich früher die Kapitäne der Seerepublik Venedig niederließen und zuletzt Mussolinis »Faschistische Sozialrepublik« ihr unrühmliches Ende fand, ist die Gardesana zu Ende. Dennoch empfiehlt sich ein Abstecher bis *Sirmione,* wo sich schon der römische Dichter Catull einen Palast gebaut hat und das heute zu schön ist, um still zu sein.

Brescia macht es dem eiligen Reisenden nicht leicht; zunächst muß er den Wust von Industrie und Stadtrandbebauung durchdringen, um dann in der gewiß sehenswerten Altstadt festzustellen, daß diese ihre Vorzüge und Schönheiten nur dem offenbart, der sich ausführlich mit ihr beschäftigt. Dafür zeigt sich der *Lago d'Iseo* als ein unkompliziertes, liebenswürdiges Gewässer voll malerischer Perspektiven, das sein touristisches Schattendasein mit landschaftlicher Unversehrtheit und der größten Binneninsel Italiens aufwiegt. Durch das Val Cavallina erreicht man *Bergamo,* mit seiner geschlossenen, architektonisch einheitlichen und vollständig unter Denkmalschutz gestellten, mittelalterlichen Oberstadt eine der sehenswertesten Städte Italiens. Der *Comer See,* an dessen Ufer man bei Lecco kommt, gibt dem Autofahrer mit seinen sternförmig ausstrahlenden Fjordarmen zuweilen Rätsel bezüglich der Routenwahl auf. Um die Vielgestaltigkeit in den Griff zu bekommen und dennoch die Reisekilometer nicht über Gebühr auszudehnen, schlägt unsere Route vor, von Lecco dem Ostufer bis Bellano zu folgen, mit der Fähre von Varenna nach Bellagio überzusetzen, am Ostufer des Südwestarms *Como* anzusteuern und von dort auf der Borgo Vico, der »Villenstraße« der Uferlandschaft Tremezzina, bis Menàggio zu fahren, wo man den See in Richtung Lugano verläßt. Auf diese Art erlebt man die schönsten Winkel des arkadischen Gewässers: Von den Höhen grüßen tausendjährige romanische Kirchen, im Wasser spiegeln sich zwischen Palmen und Rhododendren die trutzigen Castelli und die Villenpaläste alter Fürstengeschlechter, der Sforza, Medici, Visconti, d'Este. Rings um *Lugano* und seinen vielverzweigten See paart sich südländische Heiterkeit mit Schweizer Komfort. Vom Nordufer des *Lago Maggiore,* das ebenfalls zur Schweiz gehört, gelangt man auf kurzen Wegen in die lange Vergangenheit urtümlicher Tessiner Täler, das Val Verzasca oder das Centovalli. Im Südteil des Lago Maggiore konzentriert sich schließlich alle Pracht auf die Borromäischen Inseln, gleichsam schwimmende italienische Barockgärten des feudalen Zeitalters. Wenn man nach Arona den See verläßt, ist noch ein Abstecher nach *Varese* angezeigt, auf dessen Hausberg Campo dei Fiori man von höchster Warte einen Blick auf die schneeglitzernde Alpenkette von der Bernina bis zum Montblanc, auf nicht weniger als sechs der norditalienischen Seenbecken sowie zur türmereichen Stadtsilhouette von Mailand genießt.

Reise-Lexikon

① **Trient** (Trento), 98 600 Einwohner, 193 m, die Hauptstadt des Trentino, liegt in strategisch bedeutsamer Lage am Schnittpunkt mehrerer Täler mit dem breiten Korridor des Etschlandes. Die Station an der uralten Verbindungsachse zwischen der germanischen und der römischen Welt war Galliern, Römern, Goten, Langobarden und Franken gleichermaßen wichtig, bis sie 1027 zum selbständigen Fürstbistum erhoben wurde. Als weltlicher wie geistlicher Machtblock zwischen den deutsch-österreichischen Kaisern und dem Papst übernahm die Stadt mehrmals Vermittlerrollen und trat durch das Konzil von Trient (1545–1563) in den Vordergrund der Weltkirchengeschichte. Napoleon beendete 1803 die Autonomie des Fürstbistums, das dann für 100 Jahre zu Österreich kam und seit 1918 zu Italien gehört. Seine vielen Türme und Paläste im lombardisch-venezianischen Stil geben dem Stadtbild eine vornehme, wehrhaft-monumentale Note. Den eindrucksvollen Mittelpunkt bildet der reich ausgestattete Dom (11./12. Jh., 1889 restauriert) mit dem Domplatz (Neptunbrunnen, Castelletto), um den sich die Altstadt gruppiert. Sehenswerte Ziele sind außerdem: Diözesanmuseum; Castello del Buon Consiglio; Mausoleum auf dem Dosso Trento (307 m, 3 km) mit schöner Aussicht auf Stadt und Etschtal.

② **Sarcatal,** karges Gebirgstal mit einigen Vegetationsinseln (Steineichen, Ölbäumen, Zypressen), von grandiosen vorzeitlichen Bergstürzen geprägt. Stationen sind der **Toblinosee** mit dem gleichnamigen römischen Kastell (beliebter Wein »Vino Santo«) sowie das Städtchen **Arco,** das sich um den Felsen mit der archaischen Burgruine schart. Nächst des Toblinosees zweigt in Sarche westwärts die Straße durch die wildromantische **Sarcaschlucht** ab.

③ **Gardasee** (Lago di Garda), 370 qkm, 65 m, mit 52 km Länge und bis 16,5 km Breite der größte der oberitalienischen Seen. Während der Nordteil von hohen Bergen (Monte Baldo, 2218 m) umrahmt ist, klingen die Ufer der sich verbreiternden Südhälfte mit verflachenden Hängen zur lombardischen Ebene aus. An den klimageschützten Ufern kann sich stellenweise subtropischer Pflanzenwuchs entfalten, an den südlichen Uferhängen gedeiht viel Wein (»Bardolino«). Das gesamte Seeufer ist auf Autostraßen zu umfahren, die Westuferstraße »Gardesana Occidentale«, in den steilen Uferfels gesprengt, gilt als eine der schönsten Panoramastraßen Europas.
Im Verlauf der Reiseroute passiert man folgende Stationen: **Torbole,** ehemaliges Fischerdorf mit malerischen Ausblicken. **Riva,** 13000 Einwohner, hübscher, rustikaler Ort mit pittoreskem Uferviertel. Die einstigen Verteidigungsgräben der aus dem 12. Jh. stammenden, wehrhaften Scaligerburg dienen heute als Hafen. In der Stadt befinden sich viele altertümliche Palazzi und Häuser sowie der 35 m hohe Torre Apponale (13. Jh.). Am Nordrand der Stadt steht die schöne Barockkirche dell'Inviolata (1603). **Limone,** reizvoller Ort unter dem Felssteilufer mit Zitronen und Olivengärten. **Tignale,** urtümliches Dorf auf den steilen Felsuferhöhen über dem See; abzweigende Bergstraße (7 km) nordöstlich von Gargnano; von der 500 m über dem Wasserspiegel thronenden Wallfahrtskirche Madonna di Monte Castello genießt man einen großartigen Seenblick. **Gargnano,** aus mehreren Ortschaften bestehende Gemeinde, von Zitronenplantagen umrahmt. Sehenswert ist das alte Franziskanerkloster mit Kirche und Kreuzgang (13./14. Jh.). **Landsitz Vittoriale,** kurios-monströse Villen- und Gartenanlage des Dichters Gabriele d'Annunzio (1863–1938): Vor den pompösen Sterbe- und Andachtsräumen ragt eine Hälfte des einst von ihm befehligten Kriegsschiffes in den Ufergarten hinaus – Schaustück an der Grenze zwischen Heldentum und Groteske. **Gardone Riviera,** vielbesuchter Kurort in einer der klimatisch günstigsten Ufernischen mit nobler Hotelkolonie; besuchenswert ist der Botanische Garten des Dr. Hruska. **Salò,** 10000 Einwohner, hübsches Städtchen mit landestypischem Kolorit und schönem Renaissance-Dom aus dem 15. Jh. (Bilder der Brescianer und Veroneser Schule). Vor dem Golf von Salò liegt die größte Gardaseeinsel Isola di Garda, auf der sich der Landsitz des Geschlechts der Borghese befindet. **Sirmione,** an der Spitze einer langen und schmalen, vom Südufer in den See vorspringenden Halbinsel gelegen, zählt zu den meistbesuchten Orten am See. Sehenswert sind die Scaligerburg aus dem 13. Jh., die pittoreske Stadtszenerie und die »Grotten des Catull«, teilweise freigelegte Ruinen einer römischen Villa. Vom Turm der Burg wie auch von der Nordspitze der Halbinsel genießt man ein herrliches Seenpanorama.

④ **Brescia,** 220000 Einwohner, 150 m, lebhafte Großstadt am nördlichen Rand der lombardischen Tiefebene. Der sehenswerte Altstadtkern ist von ausgedehnten industriellen Außenvierteln umlagert. Schon zur Römerzeit als Brixia eine wichtige Station auf der Straße von Bologna über die Alpen, gehörte es ab dem 12. Jh. als freier Stadtstaat dem Lombardischen Städtebund an und war von 1426 bis 1797 im Besitz der Republik Venedig. Als oberitalienische ›Waffenschmiede‹ kam die Stadt zu Reichtum und Ansehen; künstlerischen Glanz erhielt sie durch die Maler Moretto (1498–1554) und Romanino (um 1485 bis nach 1562), die bedeutendsten Vertreter der Brescianer Schule.
Die reiche Geschichte Brescias wird durch die Gliederung in antike, mittelalterliche und venezianische Viertel anschaulich. Die wichtigsten der vielen Sehenswürdigkeiten: Piazza della Loggia mit dem in venezianischer Architektur erbauten Rathaus (1492–1574); Piazza del Duomo (Domplatz) mit der alten romanischen Rundkirche, dem von einer gewaltigen Kuppel überwölbten Neuen Dom (17. Jh.) und dem Broletto, einem mittelalterlichen Regierungspalast; Römisches Museum mit Bauresten der Antike (Tempel, Forum); Castello auf dem Burgberg mit schönem Stadtblick; Kunstmuseum (Pinacoteca) mit hervorragenden Gemälden der Brescianer Schule; weitere bedeutende Kirchen und Museen.

⑤ **Lago d'Iseo,** 62 qkm, 199 m, im Mittel 2,4 km breit, durch seine formenreiche Gestalt und seine malerischen Uferlandschaften einer der liebenswürdigsten und intimsten der italienischen Alpenseen, reich an Farben und durch den fortwährenden Wechsel von Fels- und Wiesenufern voller Abwechslung. Die Siedlungen am See wie Iseo, Marone, Pisogne und Lóvere sind durchwegs freundliche Ferienorte; geprägt wird das Gewässer von der Insel **Montisola,** der mit 5 qkm größten und mit 599 m höchsten Binneseeinsel Italiens. Da sie autofrei ist, stört kein Kraftverkehr das Idyll aus Fischerdörfern, Olivenhainen, Ginsterheiden und Kastanienwäldern, das von der Wallfahrtskirche Madonna della Ceriosa überragt wird. Bootsüberfahrten sind von Sulzano, Sale und Tavérnola möglich.

⑥ **Bergamo,** 130000 Einwohner, 247–370 m, am Übergang der Bergamasker Alpen in die Po-Ebene gelegene Stadt, deren Reiz in der deutlichen Zweiteilung liegt: Die hektisch-betriebsame Neustadt mit Industrievierteln und Vororten zieht sich in die Ebene hinaus, während die (ganz unter Denkmalschutz gestellte) Altstadt sich in beeindruckender Geschlossenheit auf einem Hügel gruppiert. Die Römerstation Bergomum erlangt erst in der Langobardenzeit städtisches Format, war dann Mitglied des Lombardischen Städtebundes und gehörte von 1428 bis 1797 zum Herrschaftsbereich Venedigs. Einen besonderen Rang genießt die Stadt als Keimzelle von Musik und Theater; im 16. Jh. entstand hier die Commedia dell'arte (volkstümliche Stegreifkomödie) mit den später weltweit bekannt gewordenen Figurentypen Arlecchino (Harlekin) und Colombina (Columbine). Die von der venezianischen Stadtmauer aus dem 16. Jh. umschlossene Oberstadt gleicht einem mittelalterlichen Freilichtmuseum, deren Vielfalt hier nur flüchtig angedeutet werden kann. Die Hauptsehenswürdigkeiten sind: Piazza Vecchia mit dem ältesten Rathaus Italiens (1199), dem Stadtturm und mehreren Palazzi; Baptisterium (14. Jh.); Colleoni-Kapelle (1476; großartiges Marmor-Mausoleum mit bedeutenden Skulpturen und Deckenfresko von Tiepolo); Kirche S. Maria Maggiore (romanisch, im 16./17. Jh. innen barockisiert); Zitadelle (Rocca) mit schöner Aussicht vom Bergfried. In der Unterstadt ist die Accadémia Carrara, eine ungewöhnlich reichhaltige Gemäldesammlung, sehenswert.

⑦ **Comer See,** 145 qkm, 198 m, 48 km lang und bis 4 km breit, mit 410 m der tiefste der oberitalienischen Seen, hat die Form eines auf den Kopf gestellten Y. Mit seinen fjordartig ausgreifenden Gewässerarmen sowie dem Wechsel zwischen alpinen und mediterranen Akzenten sowie urtümlichen und kunstreich bebauten Uferzonen bietet er eine außergewöhnliche Vielfalt an Bildern. In groben Umrissen gesehen läßt sich der See in drei Teile gliedern: Die alpennahe, von Fischerdörfern geprägte und von Bergen bis 2600 m (Monte Legnone) beherrschte Nordhälfte ist von bukolischer Heiterkeit; der nach Como reichende Südwestarm ist ein einziger tropischer Garten mit Hunderten weißer Villen; der Ausläufer, Lago di Lecco, wirkt mit seiner etwas herben Bergumrahmung eher melancholisch. Der Comer See ist nicht nur ein farbenprächtiger Bilderbogen, sondern auch eine uralte Kulturlandschaft. Die an seinen Ufern entstandene Schule der ›Maestri Comancini‹ von Baumeistern und Stukkateuren beeinflußte durch Jahrhunderte die Architektur Norditaliens und manifestiert sich rings um den See in zahlreichen Kirchen und Palästen, Museen und Villen.
Im Verlauf dieser Reiseroute sind folgende Stationen herauszuheben: **Lecco,** 55000 Einwohner, industriereiche Stadt unter dem Bergrücken des Monte Resegone (1876 m, Seilbahn oder Bergstraße bis 1200 m). Die Stadt pflegt neben schönen Kirchen und Palästen die Erinnerung an den Dichter Alessandro Manzoni (1785–1873). **Varenna,** malerischer Ferienort inmitten von Zypressen und Blumengärten, mit der von schönem Park umgebenen Villa Monastero (16. Jh.). **Bellano,** 4000 Einwohner, hübsches Uferstädtchen mit der Punta di Gittana, einem Aussichtspunkt zum nördlichen Seenarm; hoch am Berg klebt das altertümliche Dorf **Regoledo** (434 m; Standseilbahn oder Bergstraße). **Bellágio,** vielbesuchter Kurort an der Spitze der Halbinsel, die den Comer See in zwei Arme teilt. Einen Besuch lohnen neben der herrlichen Uferpromenade und der Kirche San Giacomo die Villen Serbelloni (15./17. Jh.; schöner Park) und Melzi (1802; Kunstsammlung und skulpturenreicher Park). **Nesso** ist ein altertümlicher Ort mit einem 20 m hohen Wasserfall. **Torno,** herrlich auf einem Bergvorsprung gelegen, bietet schöne Ausblicke und am Ufer die sehenswerte Villa Pliniana. **Como,** 98000 Einwohner, die größte Stadt am See, liegt an dessen Südwestspitze. Von den Römern gegründet, war sie im Mittelalter als Schlüsselstation zwischen den Alpenpässen und der Lombardei ein Stützpunkt der deutschen Kaiser. Hauptsehenswürdigkeit ist der Dom, ab 1396 von der romanischen Basilika zur Renaissancekirche (1521) umgestaltet. Beachtenswert sind außerdem die Kirche Sant'Abbondio (11./14. Jh.), die Torre di Porta Vittoria (1192), der klassizistische Tempio Voltiano sowie das Altstadtviertel und die Uferpromenaden. Eine Seilbahn führt nach Brunate (716 m), das einen prächtigen

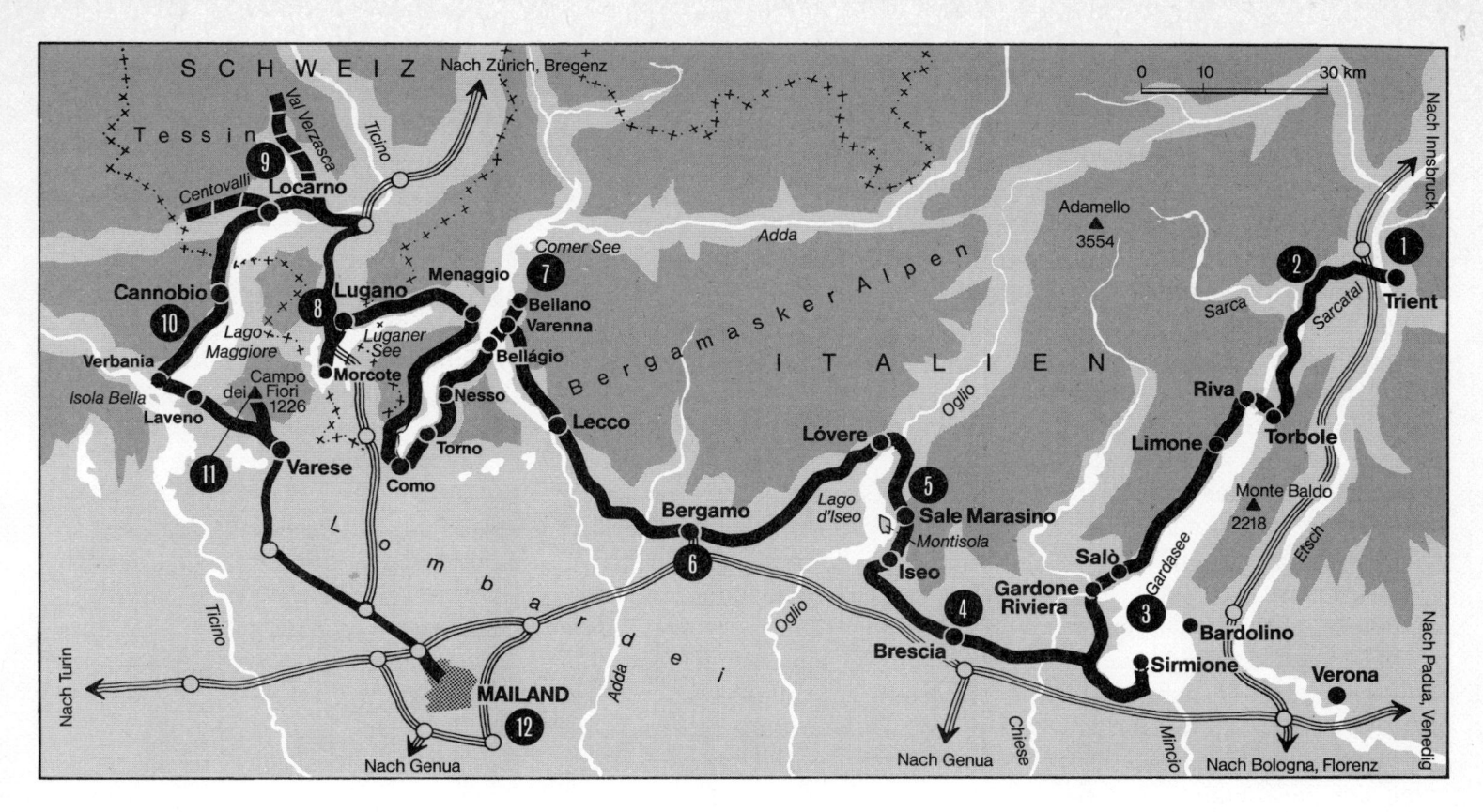

Seenblick bietet. – In Fortsetzung der Reise steht am Ufer von **Cernobbio** die palastähnliche Villa d'Este, bei **Tremézzo** die berühmte Villa Carlotta mit herrlichem Park und schöner Kunstsammlung. **Cadenábbia** erlangte als Feriendomizil Konrad Adenauers Berühmtheit und in **Menággio**, einem weiteren beliebten Urlaubsort, verläßt unsere Route den Comer See.

⑧ **Luganer See,** 49 qkm, 271 m, vielbuchtiger, labyrinthartig verzweigter Südalpensee, in den sich Italien und die Schweiz teilen. Die Landschaften an den Ufern sind teils naturbelassen, teils parkartig gestaltet und besonders um Lugano dicht besiedelt. Unsere Route berührt zunächst das noch italienische Porlezza, erreicht nach der Grenze das pittoreske Fischerdorf **Gandria** und schließlich **Lugano**, mit 35000 Einwohner die größte Stadt im Schweizer Tessin. Die Stadt liegt attraktiv an einer großen, von den Bergen Monte Brè (925 m) und Monte San Salvatore (912 m) flankierten Bucht, ist auffallend temperamentvoll und in Sprache und Charakter deutlich italienisch geprägt. Mittelpunkt ist das Municipio (Stadthaus) nächst der prächtigen Strandpromenade, sehenswert sind die St. Lorenz-Kathedrale (13./15. Jh.), die Klosterkirche Santa Maria degli Angioli (15. Jh.) sowie die Gemäldesammlung der Familie Thyssen-Bornemisza in der Villa Favorita (17. Jh.). Bergausflüge zum Monte Brè (Autostraße) und Monte San Salvatore (Schienenseilbahn) belohnen mit großartigen Panoramablicken. – Der Reiseweg führt weiter über **Morcote**, einem malerisch zwischen Wasser und Berghang hingeschmiegten ehemaligen Fischerdorf mit alten Arkaden- und Patrizierhäusern, überragt von der über eine prächtige Freitreppe erreichbaren Wallfahrtskirche Madonna del Sasso (14./18. Jh.).

⑨ **Val Verzasca** und **Centovalli**, zwei wildromantische Täler, die, aus den Tessiner Alpen kommend, in die Nordbucht des Lago Maggiore münden. Das Val Verzasca, früher wegen seiner vielen Bergrutsche berüchtigt, wird geprägt von einer formenreichen Flußlandschaft mit bizarren Steinschliffen und den klaren Grüntönen des Bergwassers, das bei Vogorno zum fjordartigen See aufgestaut wurde. Das Centovalli ist – wie schon der Name »Hundert Täler« ausdrückt – eine Folge schluchtartiger Seitentäler, die in das Hauptal des Melezzabaches einmünden.

⑩ **Lago Maggiore,** 212 qkm, 193 m; der 60 km lange und bis 15 km breite See liegt zum größten Teil in Italien und ragt am Nordende mit einem Fünftel der Fläche in die Schweiz. Im Gegensatz zu den intimeren Seen von Como und Lugano beeindruckt der Lago Maggiore durch seine meerähnliche Frische und Weite. Wie bei den meisten der oberitalienischen Seen ist der Nordteil von Bergen umgeben, während der Südteil an die Po-Ebene grenzt. Rings um den See entfaltet sich eine üppige südländische Vegetation. Während das Schweizer Ufer stellenweise zur perfekten Villenvorort-Landschaft kultiviert ist, kann man im italienischen Teil noch viel naturbelassene Uferregionen finden.
Unsere Reiseroute berührt folgende Stationen: **Locarno**, 15000 (einschließlich der Vororte 30000) Einwohner, nach Verbania die größte Siedlung am See, berühmtes Ferienzentrum, terrassenförmig um die gleichnamige Bucht aufgebaut. Der reizvollen Altstadt mit ihren Arkadenhäusern vorgelagert ist die moderne, großzügige Strandzone auf dem Schwemmlandkegel der Maggia. Sehenswert ist die hoch über Stadt und See gelegene Wallfahrtskirche Madonna del Sasso (15./17. Jh.) mit prächtiger Aussicht. **Ascona**, ein ehemaliges Fischerdorf, wandelte sich zum snobistisch gefärbten Nobelort betuchter Urlaubsgäste. Im alten Ortskern stehen drei schöne Kirchen, während die Uferhänge am Monte Verità mit modernen Villen und Landhäusern übersät sind. **Cannobio**, malerischer Ort am Westufer mit der mächtigen Kuppelkirche Santuário della Pietà (16. Jh.). Lohnend ist ein Abstecher in das urtümliche Val Cannobina. – **Borromäische Inseln:** Isola Bella, Isola dei Pescatori, Isola Madre und das Inselchen San Giovanni. Die berühmteste, die Isola Bella, wurde von der Grafenfamilie Borromeo im 17. Jh. in sechzigjähriger Bauzeit vom kargen Felseiland in einen Schloßpark von überschwenglicher Pracht verwandelt. Im Aufbau einem Schiff nachempfunden, staffeln sich die Gartenterrassen mit üppigster Flora bis 32 m hoch. Die Isola dei Pescatori erfreut mit einer betriebsam-bunten Fischerdorfszenerie, auf der Isola Madre steht ein Palast aus dem 18. Jh., der von einer wunderschönen Park mit subtropischer Pflanzenwelt umgeben ist. – In Verbania-Intra empfiehlt sich die Autofähre nach **Laveno**, einem reizvoll unter dem Sasso del Ferro (1062 m, Lift) gelegenen Feriendstädtchen. Ein lohnender Abstecher führt 6 km südwärts zum Kloster Santa Caterina del Sasso (Aussicht zu den Borromäischen Inseln).

⑪ **Campo dei Fiori,** 1226 m, isoliert stehendes Bergmassiv nördlich des Lago di Varese. Vom Vareser Vorort Sant' Ambrógio führt eine 7 km lange Bergstraße auf den Kamm, der eine Aussicht von ungewöhnlicher Reichweite bietet: Bei schönem Wetter reicht der Blick bis zu den Schweizer Alpen, zum Montblanc im Norden und bis zum Dom von Mailand im Süden. – **Varese** ist eine schön gelegene, aber wenig charakteristische Stadt; am lohnendsten für einen Besuch ist das Schloß der Este mit Park und Museen.

⑫ **Mailand,** 1,7 Millionen Einwohner, 123 m, die zweitgrößte Stadt Italiens und das wirtschaftliche und politische Zentrum der Lombardei, liegt ausgedehnt in der fruchtbaren norditalienischen Tiefebene. Faszinierender Mittelpunkt ist der Dom, die drittgrößte Kirche der Welt, an dem 500 Jahre lang gebaut wurde. Er enthält 52 Säulen, 135 Türmchen und 3159 Marmorstatuen. Die weiteren Hauptanziehungspunkte sind die Galleria Vittorio Emanuele (1865–1867), die Piazza della Scala mit dem weltberühmten Opernhaus, die Pinacoteca di Brera, eine der bedeutendsten Gemäldesammlungen Italiens, die Kirche Santa Maria delle Grazie mit Leonardos »Abendmahl« sowie das Kastell der Sforza und Visconti mit dem antiken Museum, das unter anderem die »Pietà Rondanini«, Michelangelos letztes Meisterwerk, enthält. Darüber hinaus bietet Mailand eine ungewöhnliche Fülle von Kirchen, Palästen und Museen, die Höhepunkte einer zweitausendjährigen Kulturgeschichte verkörpern.

19   Toskana und Umbrien

Entdeckungsfahrt im Land der Etrusker

»Viele Orte auf den sonnigen Höhen oder in den dunklen Falten der Gebirge; Burgen, Klöster und Städte, wie spielend in die Luft gehoben. Eine epische Ruhe überall. Die Linien dieser Gebirge am reinsten Blau des Himmels sind so scharf und klar, daß sie das Auge bezaubern; man möchte hinüber, auf den leuchtenden Kanten und Flächen in der Frische jener hohen Himmelszone einherzuschreiten.« Ferdinand Gregorovius, als deutscher Geschichtsschreiber berühmt, empfand diese Eindrücke vor über hundert Jahren bei einer Reise durch die Toskana, der historischen, zwischen der Po-Ebene und dem Mezzogiorno gelegenen Landschaft seiner Wahlheimat Italien. Seine Beschreibung ist heute noch uneingeschränkt gültig. Die großen, weiträumigen Ansichten dieses Landes, die anmuten wie uralte romanische Gemälde, sind geblieben. Geblieben ist auch jene Palette aus blauen, gelblichen, bräunlichen, olivfarbenen Tönen, der alles Bunte fremd ist und die deshalb Linien und Flächen umso deutlicher hervortreten läßt. Weinberge, Ölbaumterrassen, Zypressenalleen, Erde, Vegetation und Baugestein scheinen auf seltsame Weise farblich ineinander zu verschmelzen, ordnen sich harmonisch in die bestimmende Gesamtkomposition ein. Doch die unverändert großartigen Veduten sind nur eine Hälfte dieser Landschaft; die andere umfaßt einen fast unermeßlichen Reichtum an Kunstdenkmälern und Kulturbauwerken, deren Brennpunkte wie Florenz und Pisa in unseren Tagen gleichsam zur fortwährend stattfindenden Architektur-Messe geworden sind. Man ist gut beraten, diesen Besuchermassierungen zeitlich (durch Reiseterminierung außerhalb der Hauptsaison) und räumlich (durch Ausweichen auf weniger frequentierte Ziele) aus dem Weg zu gehen. Gerade letzteres ist leicht zu verwirklichen, registrieren doch nach offizieller Angabe allein die Provinzen Florenz und Pistoia »200 000 Werke kunstgeschichtlichen oder geschichtlichen Interesses«. Diese erdrückende Fülle verlangt nach einer strengen Selektion. Aus der Vielzahl des Sehenswerten eine Auswahl zu treffen, die ›Kunstwallfahrten‹ sinnvoll zu beschränken und durch Streifzüge in kaum bekannte, doch nicht minder schöne Landschaftswinkel zu ergänzen und zu bereichern, dazu möchte dieser Reisevorschlag anregen und behilflich sein. Selbstverständlich fehlen im Reiseablauf nicht die weltberühmten Ziele in Florenz, Siena, Pisa und Lucca, doch die Toskana und das benachbarte und historisch verwandte Umbrien verkörpern mehr als einige Kunstzentren: sie sind eine in Jahrtausenden gewachsene Einheit, wechselseitig geprägt von der Landschaft, dem Menschen, der Geschichte und der Kunst.

Toskana und Umbrien sind kein Reiseland für Eilige. Wer sie kennenlernen und erleben möchte, sollte neben zwei bis drei Wochen Zeit auch noch einiges Interesse für die geschichtlichen und kunsthistorischen Entwicklungen aufbringen, die sich stark vereinfacht so darstellen: Die Toskana ist das Stammland der Etrusker, die keinen Staat im heutigen Sinn, sondern autonome Stadtwesen mit umgebenden Landbesitzen bildeten. Seit dem 4. Jahrhundert vor Christus wurden sie dem Römischen Reich einverleibt; Pistoia, Pisa, Lucca und Florenz waren römische Kolonialgründungen. Dem Untergang des Römischen Reiches folgten Jahrhunderte der Fremdherrschaft, in der Ostgoten, Byzantiner, Langobarden und Franken einander ablösten. Unter staufischer Reichsverwaltung entstanden vom 12. Jahrhundert Stadtstaaten wie Pisa, Lucca, Florenz, Pistoia und Siena, die durch Gewerbe und Handel zu Reichtum und Macht gelangten. Aus der Düsternis des Mittelalters erblühte in der Toskana das Zeitalter der Renaissance; ihre Hauptstadt Florenz wurde zum Weltzentrum der Malerei, der Plastik, der Architektur, der Literatur, der Philosophie und der Staatswissenschaft. In ihren Mauern lebten und wirkten Leonardo da Vinci und Michelangelo, Machiavelli und Galilei, Donatello und Botticelli; sie schufen Werke von einzigartigem Rang, die für das Kunst- und Kulturschaffen im ganzen Abendland neue Maßstäbe setzten. Eine ähnliche Blüte erlebten Pisa, Lucca, Pistoia, Siena, Urbino. Im – nicht immer unblutigen – Wettstreit

97   Florenz, Palazzo Vecchio. – Der Palazzo Vecchio an der Piazza della Signoria ist ein markantes Zeichen der Stadterneuerung, die in Florenz ab dem 13. Jahrhundert, nach der Beseitigung der Adelsherrschaft, einsetzte. Der Palast war der erste ständige Sitz des Priorats, eines Stadtregiments der Zünfte. Der wehrhafte Charakter des Baus unterstreicht das einstige Bedürfnis nach Sicherheit. Die Prioren (Zunftmeister) wohnten und schliefen im Palast, von Soldaten bewacht und gegen Drohungen und Beeinflussungen abgeschirmt.

98   Blick auf Florenz. – Aus der Düsternis des Mittelalters erblühte in der Toskana das Zeitalter der Renaissance. Ihre Hauptstadt Florenz, ein selbständiger, von den Zunftmeistern (»Priori«) regierter Stadtstaat, wurde zum Weltzentrum der Künste und Wissenschaften und in der Folge zur Keimzelle der geistigen Erneuerung Italiens. Mit seinen zahllosen Zeugnissen aus jener großen Zeit ist Florenz heute ein einzigartiges Geschichtsdokument von Architektur und bildender Kunst. Von der Piazzale Michelangelo bietet sich ein umfassender Blick auf die Stadt mit Dom und Palazzo Vecchio (rechts).

99   Assisi, Blick auf Santa Chiara. – Unweit von Perugia in der Region Umbrien liegt Assisi, eines der bedeutendsten religiösen Zentren Italiens. Als Geburtsort des heiligen Franziskus, des Schutzpatron Italiens, steht die Stadt ganz im Zeichen sakraler Kunst und Architektur. Das mauerumgürtete Städtchen liegt effektvoll auf einer Hangstufe des Monte Subasio. Im Bild die Kirche Santa Chiara, im 13. Jahrhundert zu Ehren der heiligen Klara, der Gründerin des Klarissen-Ordens, errichtet. In der Krypta befindet sich der gläserne Sarg der Heiligen.

100   Siena, Blick vom Stadtturm Torre del Mangia auf die Piazza del Campo. – Unter den bedeutendsten toskanischen Städten ist Siena der Gegenpol zu Florenz. Während Florenz von mehreren Stilepochen geprägt wird, ist Siena beinahe ausschließlich eine Stadt der Gotik, die wie kaum eine andere ihr mittelalterliches Stadtbild erhalten konnte. Historischer und topographischer Mittelpunkt ist die Piazza del Campo, kurz »Campo« ge-

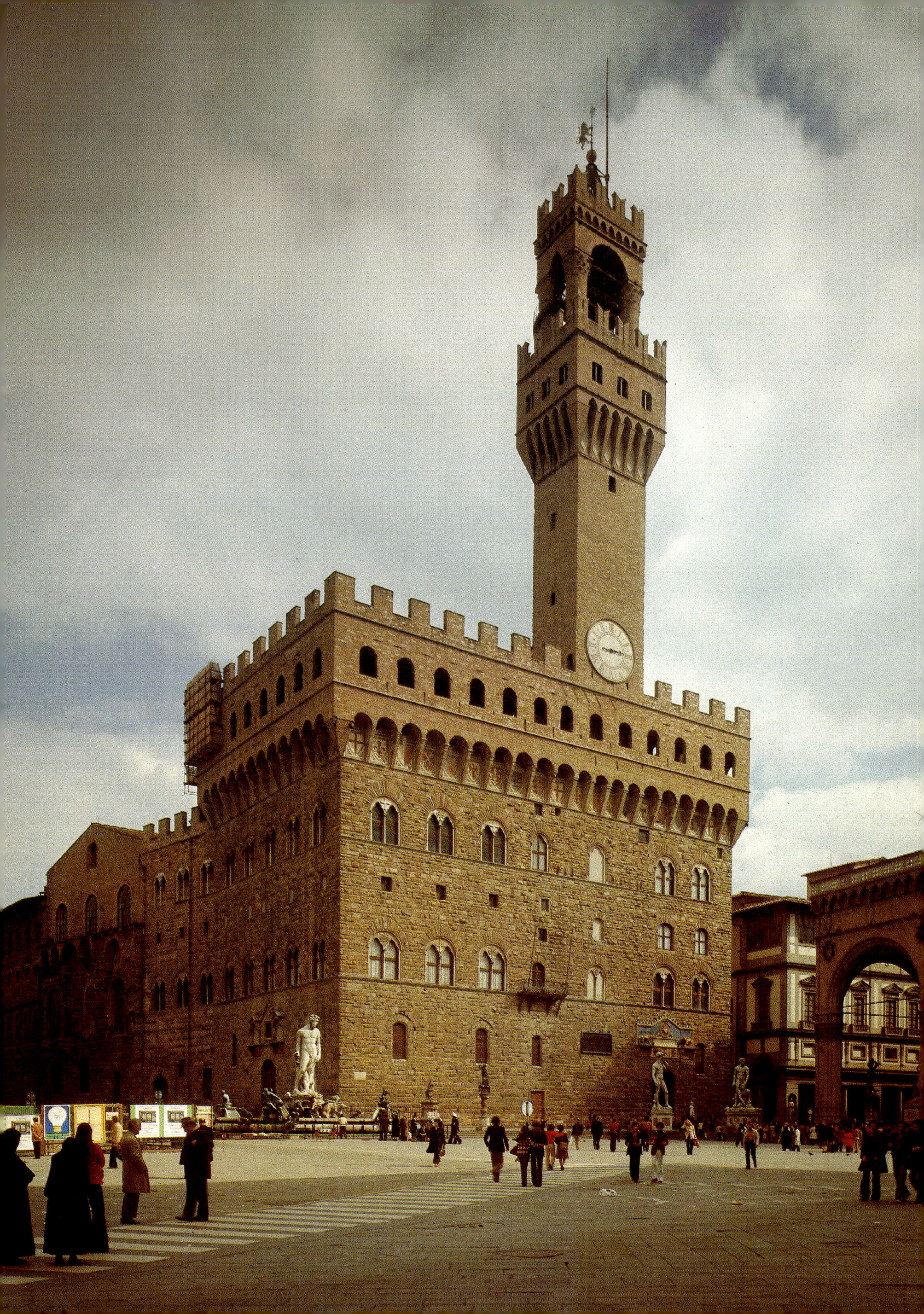

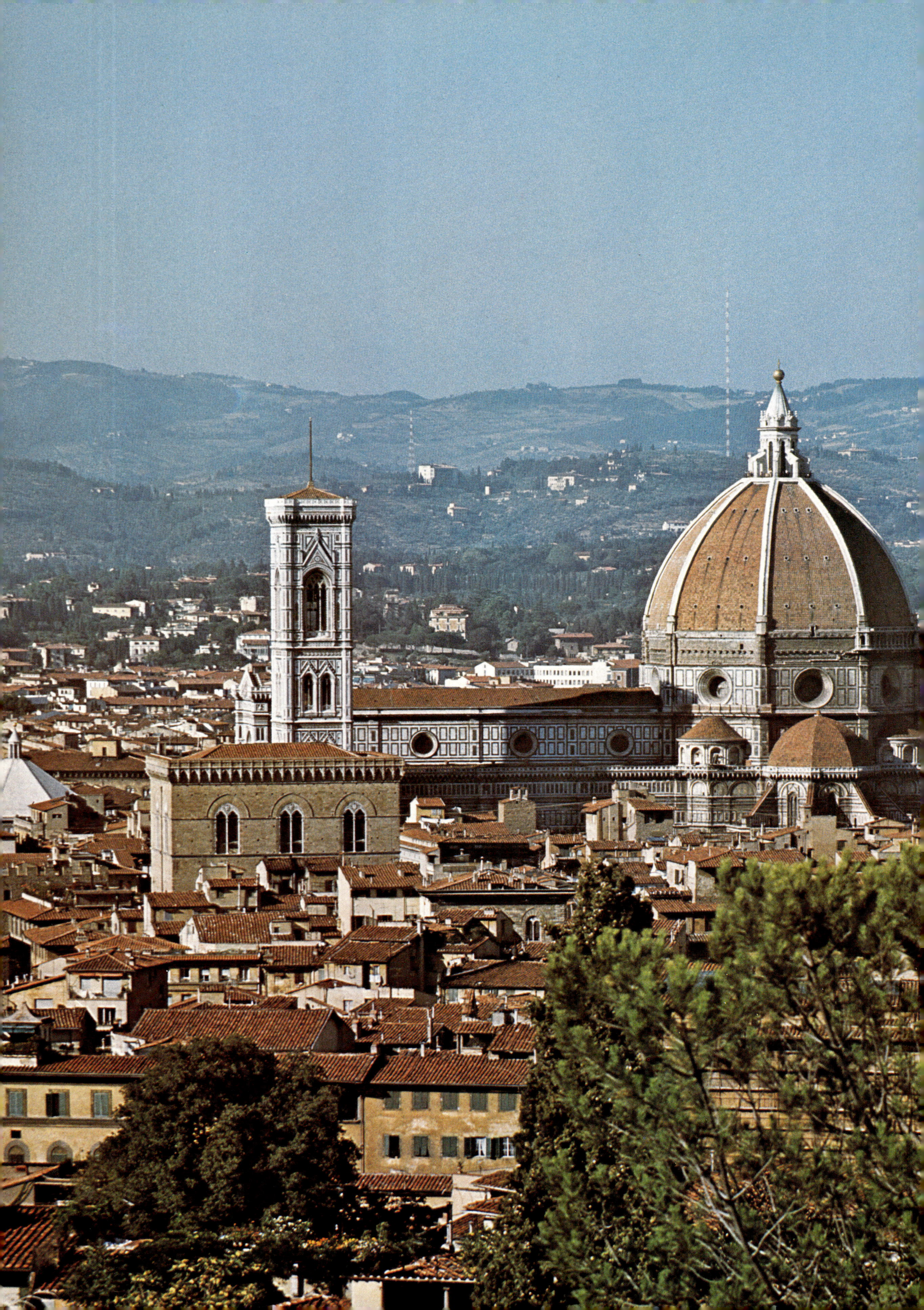

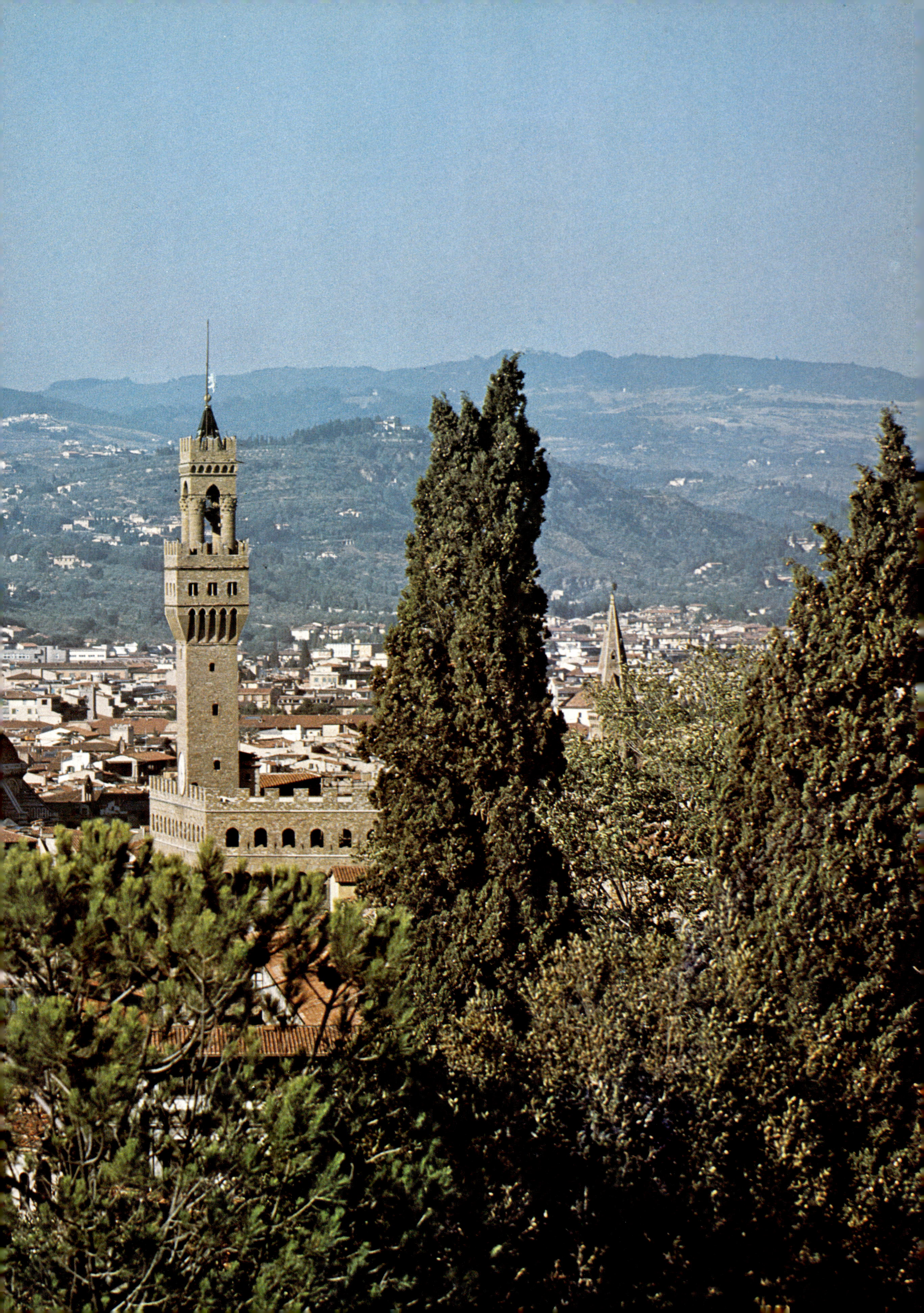

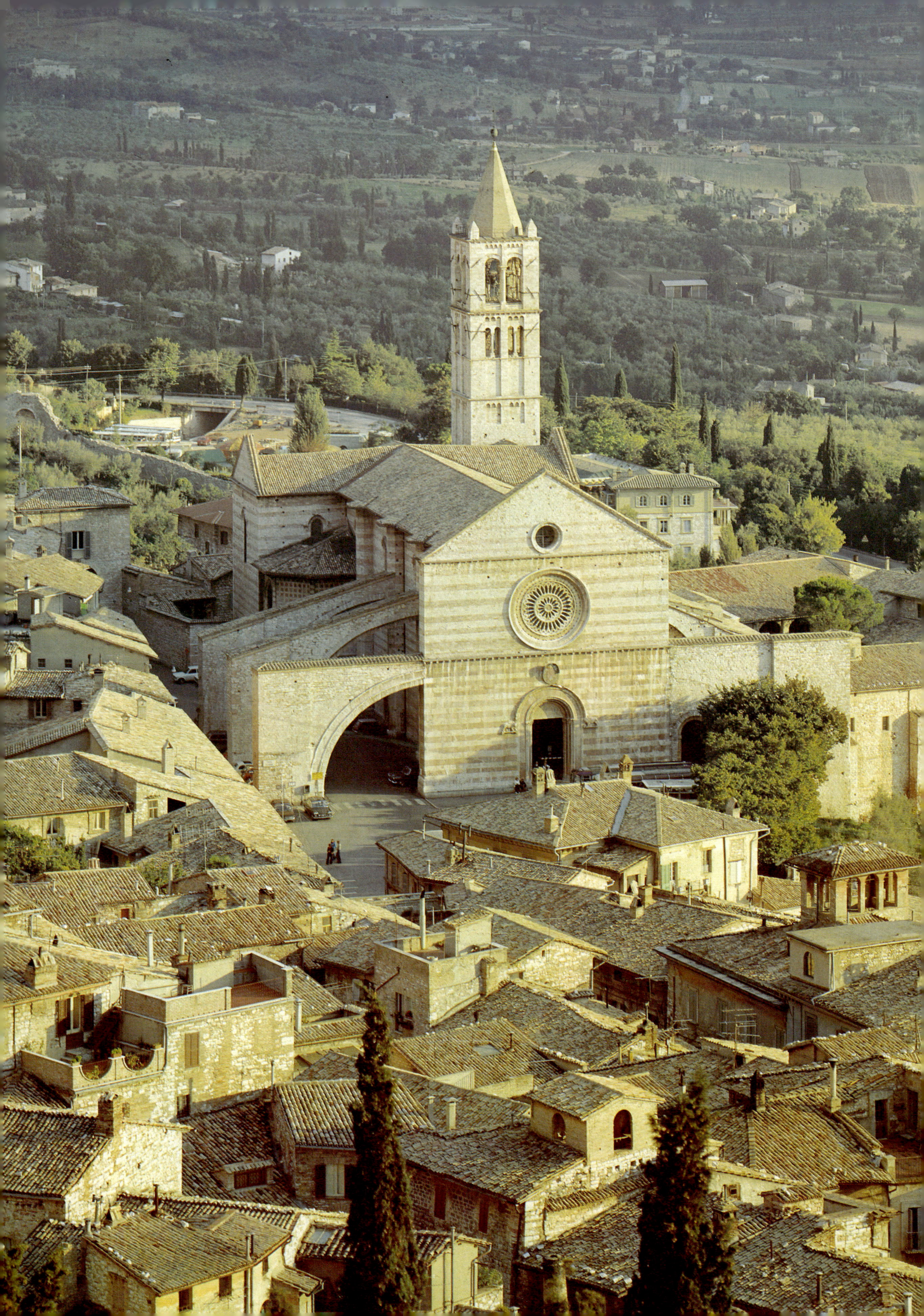

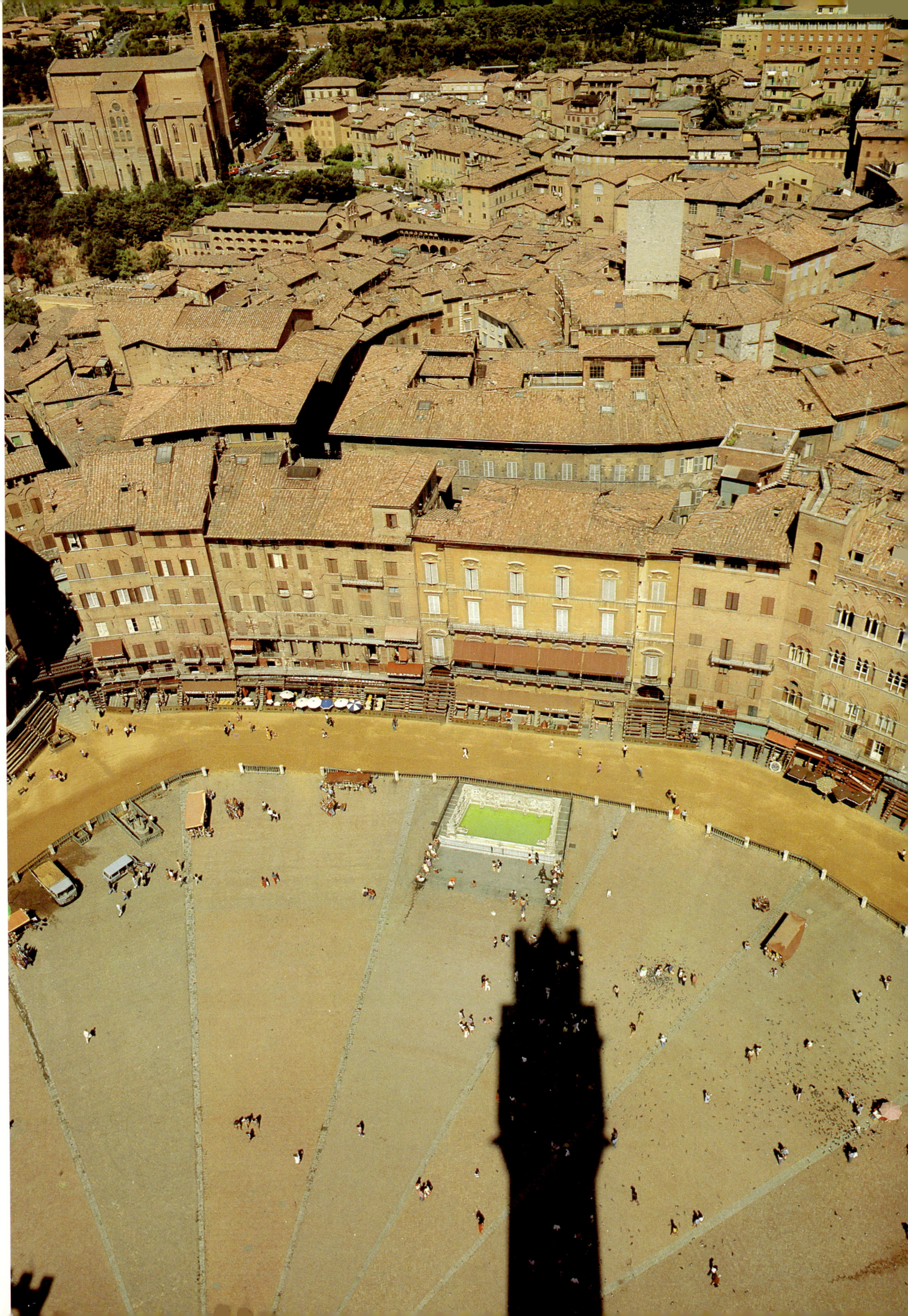

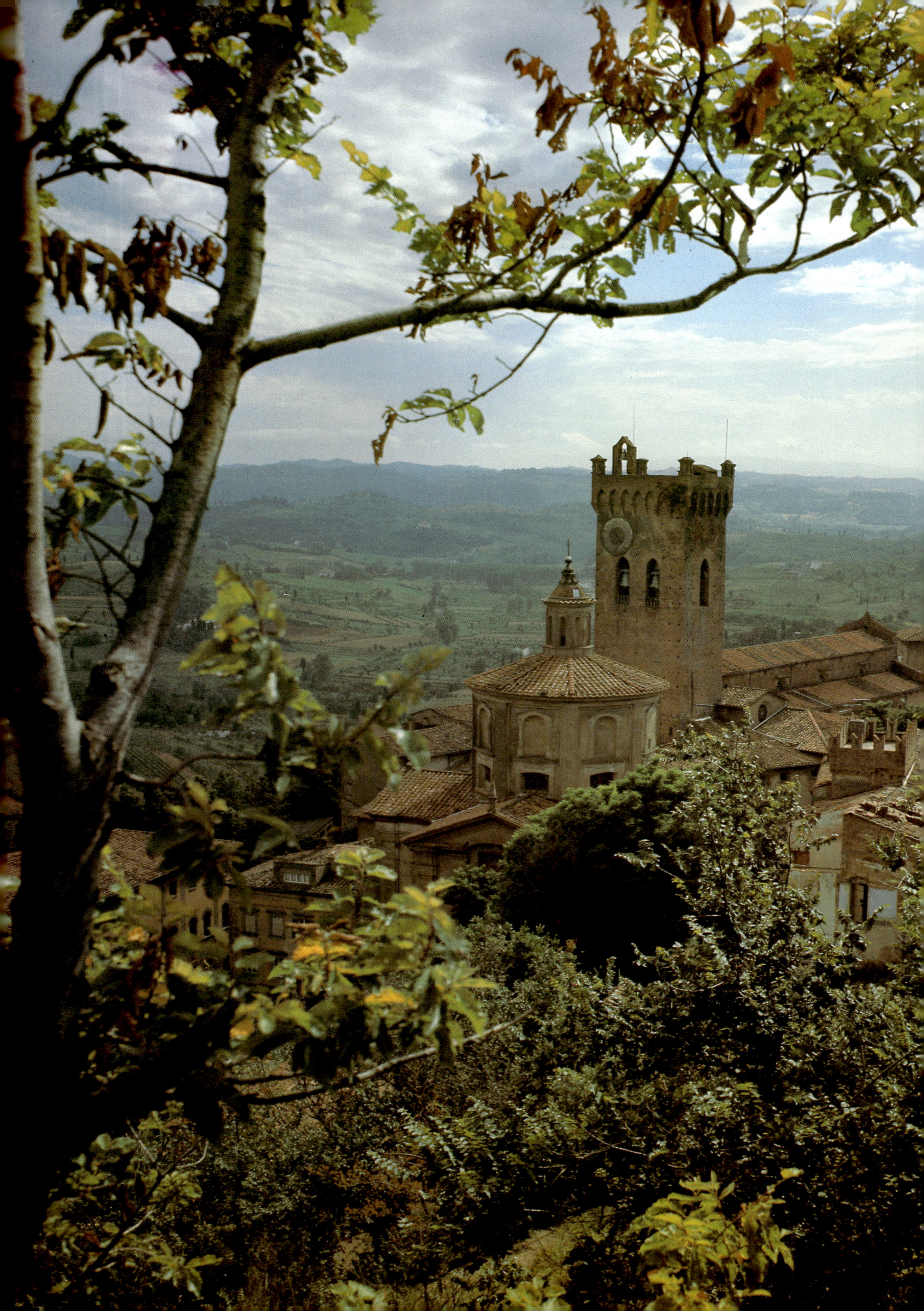

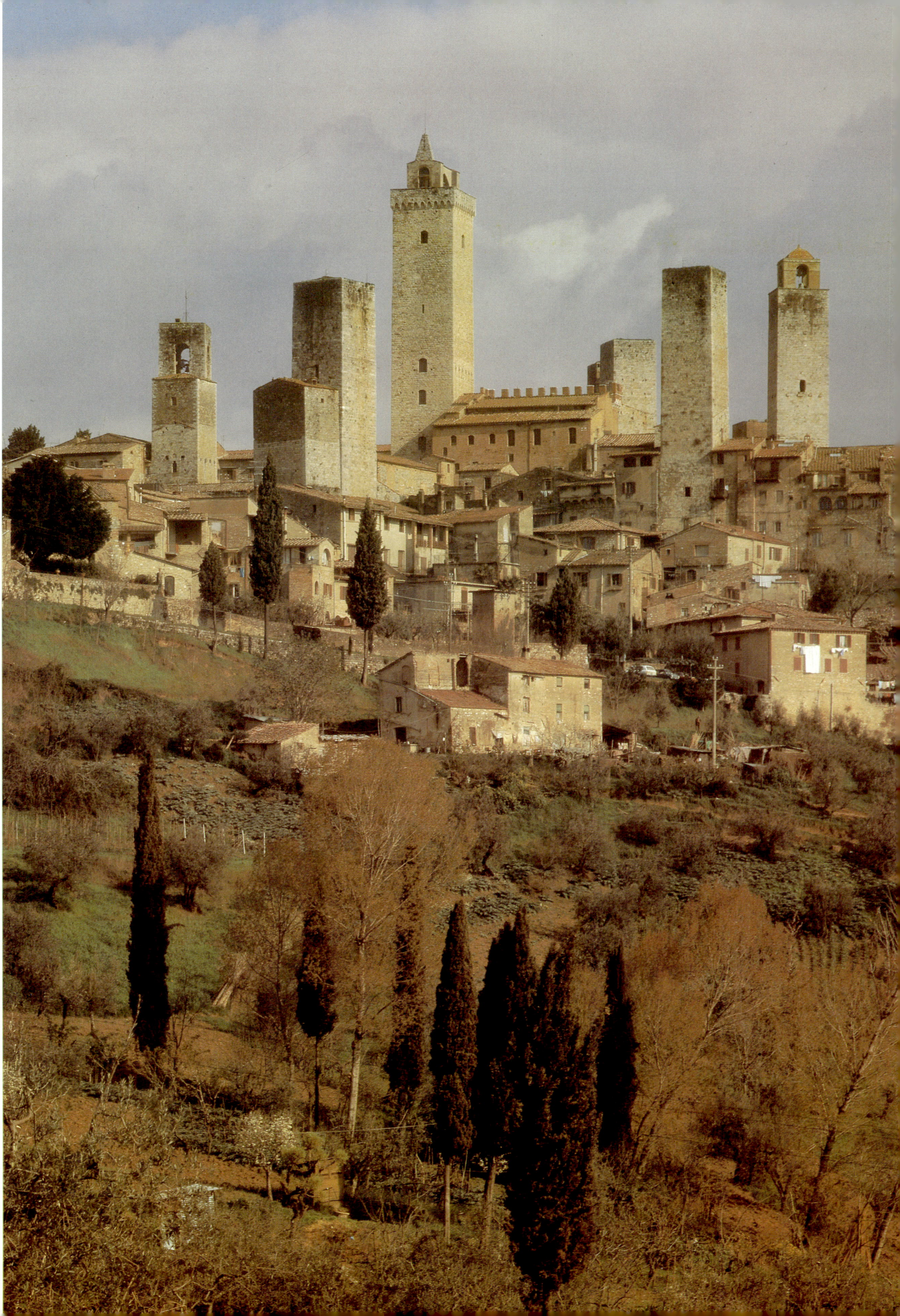

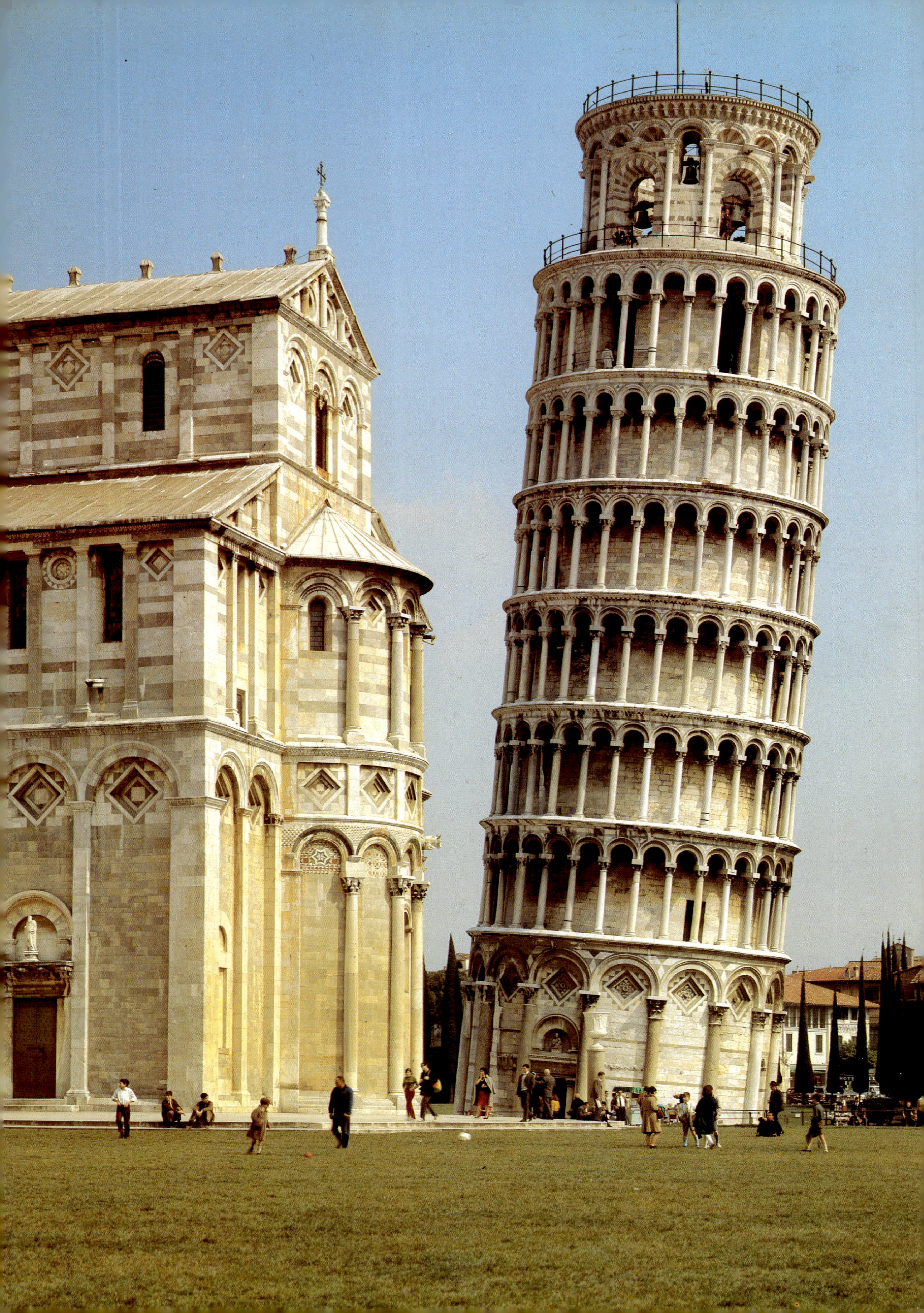

nannt, einer der eindrucksvollsten Plätze des italienischen Mittelalters. Hier findet zweimal jährlich das berühmte Reiterfest des »Palio« statt.

101 *Blick über San Miniato auf die Landschaft der Toskana.* – An einer der wichtigsten mittelalterlichen Handelsstraßen, der Via Francigenia, liegt auf einem dreigeteilten Hügelzug die altertümliche Kleinstadt San Miniato. Friedrich Barbarossa errichtete auf dem höchsten Punkt 1218 eine Kaiserburg, deren Turm erhalten ist. 1046 wurde hier Gräfin Mathilde von Tuszien (Toskana) geboren, die als Gastgeberin von Papst Gregor VII. im Jahr 1077 Kaiser Heinrich IV. vor ihrer Burg in Canossa drei Tage lang büßend wartend ließ, ehe er Audienz und Absolution erhielt.

102 *San Gimignano in der Toskana.* – San Gimignano ist eines von vielen mittelalterlichen Bergstädtchen, das durch seine außergewöhnliche Stadtarchitektur berühmt wurde. Als Zeichen ihres Ansehens bauten einst die rivalisierenden Adelsfamilien sogenannte Geschlechtertürme. Da der 53 Meter hohe Stadtturm (Torre del Comune) als höchstes Bauwerk nicht übertroffen werden durfte, entstanden 72 fast gleichhohe Türme um die 50 Meter, von denen heute noch 14 stehen. Der Grund für die Neigung einiger Türme ist umstritten; man führt sie auf Bodensenkungen, aber auch auf eine besondere Fertigkeit der Baumeister zurück.

103 *Pisa, Schiefer Turm.* – Im Grunde beschränken sich die Sehenswürdigkeiten der ansonsten etwas farblosen Großstadt auf den Dombezirk; dieser bildet jedoch ein einzigartiges Ensemble romanischer Architektur: Außerhalb des bebauten Stadtbezirks angelegt, stehen Dom, Campanile und Baptisterium – alle aus weißem Carrara-Marmor mit einheitlichem Dekorationssystem errichtet – in lockerer Beziehung zueinander inmitten eines weiten begrünten Platzes. Spektakulärstes Bauwerk ist der als »Schiefer Turm« weltbekannte, 55 Meter hohe Campanile. Schon während der Bauarbeiten senkte sich der Untergrund des Schwemmlandes ab, worauf man den Turm ab dem dritten und nochmals ab dem fünften Stockwerk einlenkte. Derzeit beträgt die Neigung 5,2 Meter aus der Senkrechten, das weitere Absinken wurde durch Zementunterfangung auf jährlich 0,7 mm reduziert.

suchten sich die teils von den kaiserlich orientierten Ghibellinen, teils von den papsttreuen Guelfen regierten Stadtstaaten gegenseitig zu übertrumpfen. Schließlich wurde im 19. Jahrhundert die Toskana zur Keimzelle eines neuen Italien, ihre Sprache zur allgemein anerkannten italienischen Hochsprache.

Die Frage nach den Wurzeln dieser Entwicklung führt zu den Nachfahren jener Menschen, die einst die weltbedeutende Umwälzung hervorbrachten. Vieles haben die Zeitläufe überlagert und verändert, aber die Heimat des Chianti-Weines, das Hügelland zwischen Florenz und Siena, konnte noch einiges von der Ursprünglichkeit der Toskana bewahren, die in den Städten und den dichtbesiedelten Tälern verloren gegangen ist. Man findet noch Bauern, die als ›contadino‹, als Halbpächter, mit Ochsen die kargen Felder bestellen. Das Halbpachtsystem, demzufolge dem Bauern 60 Prozent des Ertrages und dem ›padrone‹, dem Besitzer, 40 Prozent zufließen, mutet heute rückständig an, war aber im Mittelalter ein gewaltiger Fortschritt gegenüber der Leibeigenschaft. Es führte zur gesellschaftlichen Annäherung von Adeligen und Bauern und in der Folge zur Entwicklung des Bürgertums und eines demokratischen Lebensstils. Wie kaum anderswo kamen hier und zu jener Zeit die Begriffe Lebensart, Schönheitsempfinden, Formgefühl, Verstand, Kunst und Wissenschaft einander näher. So wurde die Toskana zur Geburtsstätte des Humanismus sowie einer neuen Kunst und Kultur, wie sie mit dem Athen des Perikles vergleichbar ist.

Die toskanische und umbrische Landschaft besteht zu etwa siebzig Prozent aus Hügeln, zu zwanzig Prozent aus Gebirgen und zu zehn Prozent aus Ebenen. Der Kernraum ist das Arnobecken mit den südwärts sich anschließenden Chiantibergen; Besonderheiten sind die Marmorberge des Apuanischen Gebirges, die Tonerde- und Tuffsteinhügel der Crete bei Siena, die Parklandschaften um Florenz und Lucca, die ehemals sumpfigen und heute fruchtbaren Küstenebenen der Maremmen sowie einige Erosionslandschaften wie jene um Volterra. Das Gebiet ist abwechslungsreich und hat Anteil an allen Landschaftstypen Italiens, doch ist es weniger eine Region eindrucksvoller Natureffekte und Kontraste, als vielmehr ein Land des Maßes und harmonischen Ausgleichs. Die Übergänge der geologischen Formung sind weich und fließend, Dekor und Schmuck sind nüchtern, streng und sparsam.

Von *Florenz* verläuft der Reiseweg im Arnotal ostwärts über Pontassieve, den Consuma-Paß, Bibbiena und Pieve San Stefano nach Sansepolcro und in das alte Etruskerzentrum *Arezzo*, die Geburtsstadt des Dichters Petrarca, die mit einer Fülle von Sehenswürdigkeiten aufwartet. Der archaische Häuserhaufen von Cortona leitet über nach Umbrien, eine der urtümlichsten und vergangenheitsträchtigsten Regionen Italiens. *Perugia*, ihre alte Hauptstadt, wirkt mit den monumentalen Mauern, Türmen und Toren wie bildhaft bewahrtes Mittelalter, eine titanische Akropolis inmitten einer anmutig-herben Landschaft. Unweit davon, über der staubig-grünen Ebene des Chiáscio, hebt sich in *Assisi* das Kloster des hl. Franziskus wie eine mächtige Schutzburg empor. In *Spoleto*, der von Ölbaumhainen umschlossenen Langobardenstadt mit hervorragenden Zeugnissen der Hochromanik, wendet sich der Weg westwärts, erreicht über Todi das mit einem der schönsten gotischen Dome Italiens geschmückte, von Weinland umrahmte *Orvieto*. Nach einem Abstecher zum Bolsenasee führt die Route nach Norden, überschreitet wieder die Grenze zur Toskana. Der Vulkankegel des Monte Amiata, die faszinierenden Bergstädtchen Pienza und Montepulciano sowie die großartig-monotone ›Wüste‹ der Crete sind Stationen auf dem Weg nach *Siena*, dem auf drei Hügeln erbauten Gegenpol zu Florenz. Über das durch seine Türme einem mittelalterlichen Manhattan gleichenden *San Gimignano* und die eindrucksvolle, auf erosionszerfressenem Felsrücken thronende Festungsstadt Volterra erreicht man bei Cécina das Mittelmeer. *Pisa*, die einst mit Genua und Venedig konkurrierende Seemacht, *Lucca*, die in der Pracht ihrer weißen Gemäuer wohl liebenswürdigste Stadt der Toskana, und *Carrara*, deren Marmorbrüche den Werkstoff für all die plastische Pracht des Landes lieferten, markieren das Finale der Reise, die bei La Spezia vor der Felsküste der Cinque Terre endet.

Reise-Lexikon

① **Florenz** (Firenze), 460000 Einwohner, die alte Hauptstadt der Toskana, liegt, von parkähnlicher Landschaft mit Olivenbäumen und Zypressen umgeben, im Tal des Arno am Fuß der Apenninen. Mit seinen fast 80 Kirchen und Klöstern, den 40 Museen und Galerien sowie mehr als 200 Palästen bietet es wie kaum eine andere Stadt eine Fülle von Kunstschätzen und kulturhistorischen Sehenswürdigkeiten. Um 80 v. Chr. von den Römern als Florentia gegründet, erhielt es 59 v. Chr. Stadtrecht und wurde im Verlauf der Spätantike und des Mittelalters zu einem wichtigen Handelsplatz und Bischofssitz. Mit dem Niedergang des Römerreiches ab dem 4. Jh. n. Chr. wechselten mehrmals die Herrscher. Im 12. Jh. wurde Florenz selbständiger Stadtstaat, der sich unter der Kaufherrenfamilie der Medici (mit Unterbrechungen von 1434 bis 1737) die ganze Toskana unterwarf. Während dieser Epoche war Florenz Weltzentrum von Kunst und Wissenschaft. Nach dem Anschluß an Italien (1860) erlebte die Stadt als zeitweilige Hauptstadt des Königreichs Italien einen nochmaligen Aufschwung.

Das Stadtbild wird von einem einzigen Bauwerk beherrscht, dem mächtigen Dom mit seiner 107 m hohen Kuppel, erbaut von 1296 bis 1436. Er bildet mit dem Campanile und dem Baptisterium den wichtigsten sakralen Baukomplex. Eine weitere Hauptsehenswürdigkeit umfaßt die Baugruppe Palazzo Vecchio (Rathaus; 1298–1314) mit 94 m hohem Turm, Loggia dei Lanzi (1376–1382, Vorbild für die Feldherrnhalle in München) und Palazzo degli Uffizi (Uffizien, 1560–1574), eine der bedeutendsten Gemäldesammlungen der Welt. Aus der Vielzahl weiterer Sehenswürdigkeiten heben sich heraus: Palazzo und Nationalmuseum Bargello; Kirche Santa Maria Novella (13./15. Jh.); Kirche Santa Maria del Carmine (13./18. Jh.); Kirche Santissima Annunziata (13./15. Jh.); Kirche San Lorenzo (1421; Michelangelo-Skulpturen); Ponte Vecchio, die älteste Brücke der Stadt (1345 erneuert); Palazzo Pitti (15.–18. Jh.), berühmte Bildergalerie, anschließend der herrliche Boboli-Garten; Kirche Santa Croce (1295–1442); zahlreiche weitere Paläste und Kirchen; Piazzale Michelangelo, berühmte Aussichtsterrasse über der Stadt und dem Arnotal. – 8 km nordöstlich liegt **Fiesole**, 15000 Einwohner, die etruskische Vorgängerstadt von Florenz, mit romanischem Dom (11./13. Jh.), römischen Ruinen und schöner Aussicht über das Tal von Florenz.

② **Sansepolcro**, 15000 Einwohner, altertümliches Städtchen im oberen Tibertal am Fuß der Apenninen; Geburtsort des Malers Piero della Francesca (1416–1492), von dessen Werken das Museum im Rathaus eine Auswahl zeigt. Gegenüber befindet sich der Dom (11./16. Jh.).

③ **Arezzo**, 92000 Einwohner, liegt an den Hängen einer vom Arno und der Chianaebene gebildeten Talweitung, an die sich westwärts das Kernland der Chiantiweine anschließt. Arezzo ist eine alte Etruskerstadt, die sich im 4. Jh. v. Chr. mit Rom verbündete, um sich gegen Eroberung und Zerstörung abzusichern. Die im 11. Jh. entstandene Stadtrepublik wurde 1484 florentinisch, ist seit dem 3. Jh. Bischofssitz und heute Provinzhauptstadt. Die Stadt blickt auf eine große Vergangenheit zurück, wirkt aber, verglichen mit Siena oder Florenz, eher abgewetzt, düster und beengend. In Arezzo wurde Francesco Petrarca (1304–1374) geboren, der als bedeutendster lyrischer Dichter Italiens gilt.

Viele Zeugnisse aus der Geschichte der Stadt sind in Museen verstreut; erhalten blieb die Stadtstruktur aus dem 12./13. Jh. mit vielen sehenswerten Einzelgebäuden. Hauptsehenswürdigkeit aber sind die Fresken (1453–1464) in der schlichten Kirche San Francesco, das Hauptwerk des im benachbarten Sansepolcro geborenen Malers Piero della Francesca. Bemerkenswert sind außerdem: Dom (13. bis 16. Jh., schöne Ausstattung); Piazza Grande mit altem Baubestand; Kirche Santa Maria della Pieve (12./13. Jh., reiche Fassade); Via dei Pileati mit schönen Palazzi; Archäologisches Museum; Kirche San Domenico (13. Jh.); Casa del Vasari (Haus des gleichnamigen Malers und Kunsttheoretikers der Renaissance mit reicher Ausstattung); Kirche Santa Maria delle Grazie (13./15. Jh.); Kunstmuseum.

④ **Cortona**, 22500 Einwohner, uraltes toskanisches Städtchen, das sich hoch über der Chianaebene nördlich des Trasimener Sees an einen Berghang krallt. Der Ort, eine der ältesten Etruskersiedlungen und mittelalterliche Stadtrepublik, beeindruckt weniger durch auffallende Baudenkmäler, als durch die kompakte Geschlossenheit seiner labyrinthartigen Stadtstruktur mit Steinplattengassen, Treppenwegen und Arkadengängen, die sich hier und dort zu großartigen Ausblicken öffnen. Die titanenhaften Stadtmauern mit einem Umfang von 2600 m stammen teilweise noch aus etruskischer Zeit. Größter Sohn der Stadt ist der Maler und Baumeister Pietro da Cortona (1596–1669, Kirchen und Palazzo Barberini in Rom, Mitarbeit am Palazzo Pitti in Florenz). Sehenswürdigkeiten sind der gotische, in der Renaissance umgestaltete Dom, das Diözesanmuseum (u. a. Verkündigung von Fra Angelico), der Palazzo Pretorio, die Kirche San Domenico (15. Jh.), die Piazza Garibaldi mit weitem Blick zum Trasimenischen See, mehrere weitere Kirchen.

⑤ **Trasimenischer See** (Lago Trasimono), 128 qkm, der größte See im Apenninenraum, bekannt durch die Schlacht zwischen Hannibal und Gajus Flaminius im Jahr 217 v. Chr (Zweiter Punischer Krieg). Der durch seine silbrige Wasserfläche und seine leichte Weite beeindruckende, fischreiche See ist im Mittel nur 7 m tief und von totaler Verlandung bedroht. Das aus den Olivenhängen der Ufer gewonnene Öl gilt als das beste Italiens. Den schönsten Blick über das Gewässer genießt man von der Höhenstraße zwischen Tuoro und Lisciano am Nordufer.

⑥ **Perugia**, 140000 Einwohner, die Hauptstadt der historischen Landschaft Umbrien, liegt eindrucksvoll auf einer 500 m hohen Terrasse über dem Tibertal und ist mit seinen zahlreichen Zeugnissen aus der Antike und dem Hochmittelalter eine der bedeutendsten Kulturstätten Mittelitaliens. Das alte Perugia gehörte zu den 12 Bundesstädten der Etrusker, deren letzte im 3. Jh. v. Chr. dem Römerreich einverleibt wurden. Teile der 2800 m langen etruskischen Stadtmauer umschließen die historische Altstadt.

In der Kunstgeschichte trat Perugia im 15. und 16. Jh. als Zentrum der umbrischen Malerei hervor; deren bedeutendster Vertreter war Pietro Vannucci (1445–1523), genannt Perugino, einer der Lehrer Raffaels. Stadtmittelpunkt ist der Domplatz (Piazza IV Novembre) mit der gotischen Kathedrale San Lorenzo (15. Jh.); gegenüber befindet sich der Palazzo Comunale (Rathaus, 1281–1443) mit der hervorragenden Galerie umbrischer Malerei, seitlich angeschlossen ist das Erzbischöfliche Palais. Weitere Sehenswürdigkeiten: Fontana Maggiore (Großer Brunnen), Collegio del Cambio (Börse, 15. Jh.) mit herrlichen Fresken von Perugino u. a.; Oratorio San Bernardino (Betkapelle von 1461); Via delle Volte della Pace (mit gotischem Säulengang längs der etruskischen Stadtmauer); Arco Etrusco, ein monumentaler Torbau; Kirche San Pietro (15./16. Jh.); Kirche San Domenico (gotisch, im 17. Jh. erneuert); Kirche Sant'Angelo (5./6. Jh.); Kirche San Pietro dei Cassiensi (7./10. Jh.); Präfektur mit Aussichtsterrasse.

⑦ **Assisi**, 6000 Einwohner, unweit von Perugia im Zentrum der Region Umbrien gelegen, ist eines der bedeutendsten religiösen Zentren Italiens. Als Geburtsort des hl. Franziskus, des Schutzpatrons Italiens, der 1209 hier den Franziskanerorden gründete, steht die Stadt ganz im Zeichen sakraler Architektur und Kunst.

Hauptanziehungspunkt ist das monumentale, auf riesigen Stützmauern errichtete Franziskanerkloster mit der Unter- und Oberkirche, entstanden im 13. und 14. Jh., geschmückt mit zahlreichen hervorragenden Fresken, u. a. von Giotto (um 1266–1337). Weitere Sehenswürdigkeiten: Dom San Ruffino (12./13. Jh.); Burg Rocca Maggiore (1365), in der Stauferkaiser Friedrich II. seine Kindheit verbrachte; Kirche Santa Chiara mit dem Grab der hl. Klara (gest. 1253); Tempel der Minerva (zur Marienkirche umgewandelt); Reste des römischen Amphiteaters. – 5 km westlich liegt Santa Maria degli Angeli, einst Keimzelle des Franziskanerordens, heute mit mächtiger Kuppelkirche überbaut; 4 km östlich befindet sich der kleine Konvent Eremo dei Carceri (14. Jh.), erbaut über den Höhlenunterkünften des Heiligen.

⑧ **Foligno**, 25000 Einwohner, industriereiche Stadt in der umbrischen Ebene, deren vorrömischer Ursprung durch Kriegszerstörungen und wirtschaftliche Entwicklung weitgehend überdeckt ist. Sehenswert sind der Dom (1135, im 18. Jh. klassizistisch verändert), der Palazzo Trinci (15. Jh.) mit seinen Museen sowie der Palazzo Comunale aus dem 17. Jh.

Kurze Abstecher bzw. Umwege lohnen die Städtchen **Montefalco** (12 km südwestlich, Kirchen mit hervorragenden Beispielen der umbrischen Malschule) und **Trevi** (12 km südlich, reizvolles altes Städtchen in aussichtsreicher Höhenlage).

⑨ **Spoleto**, 20000 Einwohner, wohl im 5. Jh. v. Chr. entstanden und eine der ältesten Städte Mittelitaliens, liegt im Tal des Tessino unter einem mit riesigen Steineichen bewachsenen Hügel. Das Stadtbild wird von zahlreichen historischen Bauwerken geprägt. Deren bedeutendste sind der Dom (11./12. Jh.), die Ponte delle Torri, ein 81 m hoher und 230 m langer Aquädukt, die romanische Kirche San Gregorio Maggiore (1146) sowie die Burg Rocca Papale (16. Jh.). Beachtenswert sind außerdem das Rathaus, das Erzbischöfliche Palais, das Stadtmuseum, ein römischer Triumphbogen und die sehr frühe Kirche San Pietro (6. Jh.?).

⑩ **Todi**, 5000 Einwohner, altertümliches Städtchen in schöner Lage auf einer Anhöhe über dem Tibertal. Bemerkenswert sind Reste von dreierlei Ringmauern aus etruskischer, römischer und mittelalterlicher Zeit. Hauptsehenswürdigkeiten sind der Dom (11.–14. Jh.), der Palazzo dei Priori (13./14. Jh.), die Palazzi del Capitano und del Popolo (13. Jh.), die Kirchen San Fortunato (13.–14. Jh.) und Santa Maria della Consolazione (1508–1609) sowie die Rocca (Burg) mit schöner Aussicht.

⑪ **Orvieto**, 10000 Einwohner, altumbrische Stadt in großartiger Lage auf einem steilen Tuffsteinfelsen über dem Pagliatal, mit ihrer fast unversehrt erhaltenen Altstadt eine der interessantesten Städte Mittelitaliens. In der näheren Umgebung wächst ein vorzüglicher Weißwein. Die ursprünglich etruskische Stadt bot ab dem 15. Jh. mehrmals den Päpsten Zuflucht. Die Hauptsehenswürdigkeiten sind: Dom (1309), mit seinem zweifarbigen Baugestein eines der schönsten Werke der italienischen Gotik; Palazzo dei Papi (Papstpalast, 1297); Altstadt mit zahlreichen Palästen, mehreren Kirchen und dem berühmten Brunnen San Patrizio (1537, 62 m tief, über Wendeltreppen begehbar); etruskische Nekropole (Totenstadt) aus dem 4./5. Jh. v. Chr. am Fuß des Stadtfelsens.

⑫ **Bolsena-See**, 114 qkm großer, fast kreisrunder

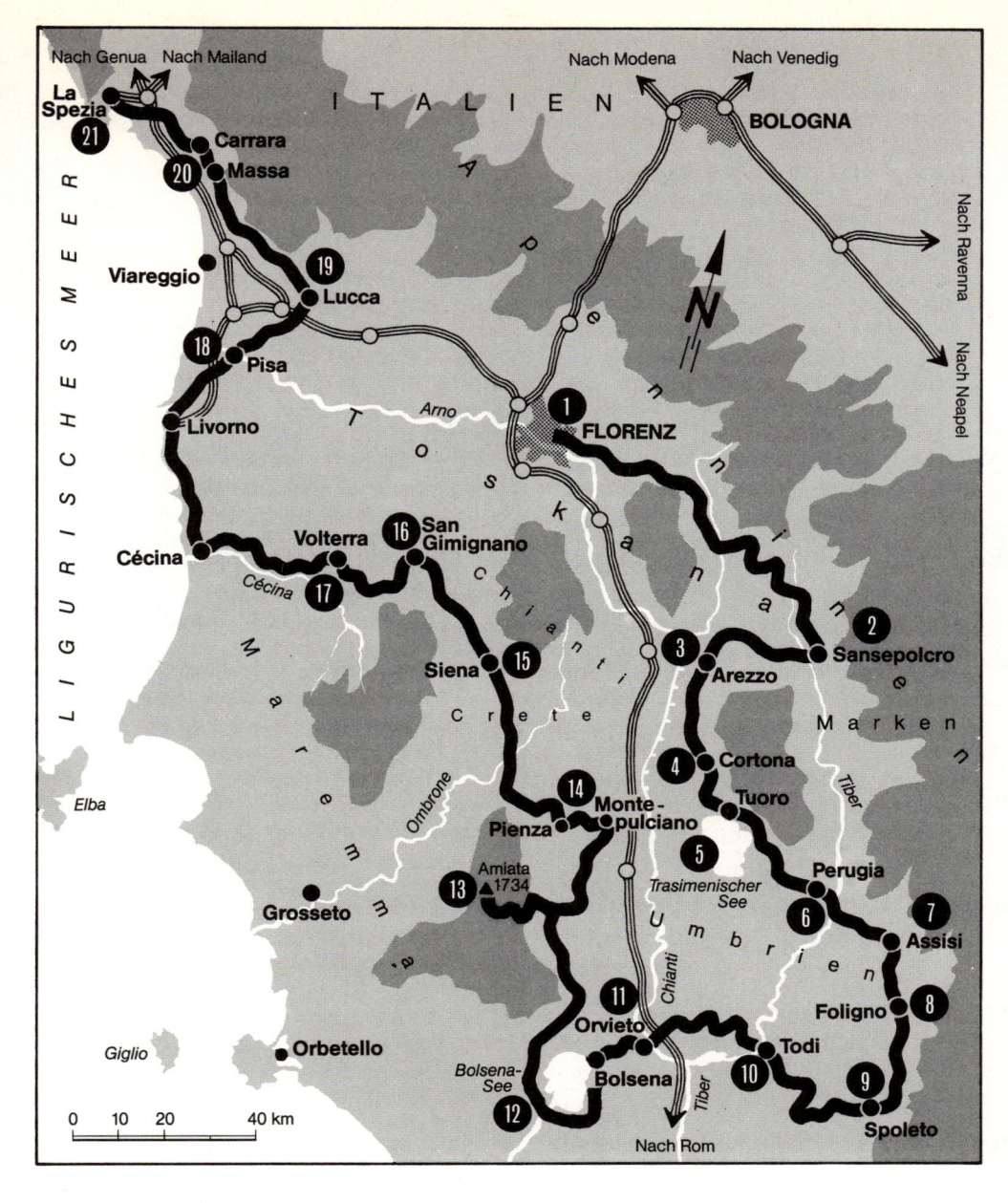

See, wird als Krater einer gewaltigen Vulkanexplosion im Tertiär gedeutet, die weite Teile des Landes mit Tuffauswurf überdeckte. Eine Rundfahrt um den See (64 km) vermittelt großartige Eindrücke. In der Uferstadt Bolsena vollzog sich 1263 das »Wunder von Bolsena«, das die Einsetzung des Fronleichnamtages als Kirchenfest auslöste.

⑬ **Monte Amiata**, 1734 m, der mächtige Kegel eines erloschenen Vulkans und ein großartiger Aussichtsberg, wird von Abbadia San Salvatore aus durch eine 9 km lange Autostraße erschlossen.

⑭ **Montepulciano**, 15000 Einwohner, malerisch auf einer Tuffsteinkuppe gelegen, gilt mit seinem geschlossenen Renaissance-Stadtbild als eines der reizvollsten toskanischen Städtchen. Auf kleinem Raum drängen sich zahlreiche Kirchen und Paläste aus dem 14. bis 17. Jh. zusammen, darunter der Dom, der Palazzo Comunale (Rathaus, herrliches Panorama), der Palazzo Nobili-Tarugi und die Wallfahrtskirche Madonna di San Biago. – In der Umgebung gedeiht der köstliche rubinrote »Vino nobile«. Ein Städtchen von ähnlichem Charakter ist das 13 km westlich gelegene **Pienza**, das von Papst Pius II. (1405–1464) als geplanter Sommersitz in kurzer Zeit in einheitlichem Stil errichtet wurde.

⑮ **Siena**, 65000 Einwohner, auf drei ineinander übergehenden Hügeln erbaut, ist eine der berühmtesten Kunststädte Italiens. Vermutlich von Cäsar gegründet, wurde Siena im 12. Jh. selbständiger Stadtstaat und konnte Wohlstand und Reichtum anhäufen. Als ständiger Konkurrent von Florenz gelangte es ab dem 14. Jh. ins wirtschaftliche Abseits, was zwar den Fortschritt unterband, doch zugleich die Erhaltung der geschlossenen gotischen Bausubstanz bewirkte. Die sienesische Kunst in Malerei und Architektur wirkte befruchtend auf Florenz, wo sie ihre Weiterentwicklung und Steigerung erfuhr.
Aus der Vielzahl der Sehenswürdigkeiten ragen heraus: Piazza del Campo, eine der schönsten gotischen Platzanlagen der Welt, mit dem Palazzo Pubblico (Rathaus, 1288–1309) und seinem Turm Torre del Mangia (102 m hoch, prächtige Aussicht); Dom (12.–14. Jh.) mit ungewöhnlich reicher Marmorausstattung; Dommuseum; Palazzo Buonsignori (14. Jh.) mit Gemäldesammlung der Sieneser Schule; Palazzo Piccolomini (15. Jh.); Baptisterium unter dem Dom; eine Vielzahl weiterer Kirchen und Paläste sowie mehrere Museen.

⑯ **San Gimignano**, 4000 Einwohner, auf einem Hügel erbautes toskanisches Städtchen mit einer der bizarrsten Silhouetten Italiens: 13 schmale Wohn- und Geschlechtertürme, fast alle um die 50 m hoch, ragen kahl und schmucklos aus dem Stadtkörper empor. Die ehemals 72 Türme zeigten im Mittelalter Wohlstand und Macht der verschiedenen Familien. Besonderheiten der Stadtarchitektur sind außerdem das Rathaus (1288–1323), der Dom La Collegiata (12./15. Jh.) und die Kirche Sant'Agostino (13. Jh.).

⑰ **Volterra**, 13000 Einwohner, schon in der Antike eine bedeutende Siedlung, zählte zu den 12 etruskischen Bundesstädten. Im frühen Mittelalter eine selbständige Stadtrepublik, gehörte es seit dem 14. Jh. zum Machtbereich von Florenz.
Die Hauptsehenswürdigkeiten sind: Palazzo dei Priori (1208–1254); Dom (13. Jh.) mit Baptisterium; Etruskisches Museum; Teile der etruskischen Stadtmauer (ursprünglich 7280 m lang) mit der Porta all'Arco; Zitadelle (14. Jh.); Erosionsschlucht Le Balze, auf deren Abbruchkante die Kirche San Giusto (16./18. Jh.).

⑱ **Pisa**, 105000 Einwohner, liegt an den Ufern des Arno, 10 km vor dessen Mündung in das Mittelmeer. Die Stadt war im 11. Jh., damals noch am Meer gelegen, eine Seefahrermacht, die mit Genua und Venedig um die Vorherrschaft im Mittelmeer rivalisierte und deren Besitzungen und Handelsbeziehungen bis nach Kleinasien reichten. Heute bietet sie das Bild einer großen, etwas farblosen Stadt, die im Reigen der anderen toskanischen Städte eher wie ein Fremdkörper wirkt.
Die einstige Größe und Bedeutung wird allein durch den – allerdings beispiellos großartigen – Dombezirk manifestiert: Er umfaßt den Dom (1068–1118, eine romanische Basilika aus weißem Marmor), das Baptisterium (1153–1400, Rundbau aus weißem Marmor), den als Campanile und Stadtturm konzipierten Schiefen Turm (1174–1350) und den wegen seiner Einmaligkeit sehenswerten Campo Santo (Friedhof). In Pisa ist der Naturforscher und Mathematiker Galileo Galilei (1564–1642) geboren. – Der Vollständigkeit halber ist hier das 20 km entfernte **Livorno** anzuführen, das heute Pisas Rolle als Mittelmeerhafen übernommen hat, eine moderne, betriebsame, sachlich orientierte Großstadt (177000 Einwohner) ohne nennenswerte kulturelle Substanz.

⑲ **Lucca**, 90000 Einwohner, in der fruchtbaren Ebene vor den Apuanischen Bergen gelegen, gilt vielen als jene Stadt der Toskana, auf die am ehesten Adjektive wie »lieblich« oder »anmutig« zutreffen. Mit den imposanten, noch vollständig erhaltenen Wallanlagen und ihrem türme- und pälästereichen Stadtbild gleicht sie einer überschaubaren, abgeschlossenen kleinen Welt. Die Geschichte verfuhr gnädig mit der Stadt: Einst römische Siedlung, wurde sie im 11. Jh. freie Stadtrepublik, kam zwar dann kurze Zeit unter Pisas Herrschaft, konnte sich aber 1369 freikaufen und wahrte bis zur Bildung des italienischen Staates (1847) ihre Selbständigkeit.
Die wichtigsten Sehenswürdigkeiten sind der Dom (12. Jh., mehrmals verändert), die Kirche San Michele in Foro (12./13. Jh., großartige Säulenfassade), die aussichtsreichen Stadtwälle, weitere Kirchen und eine Vielzahl nobler Paläste aus allen Stilepochen. Lucca ist Geburtsort des Komponisten Giacomo Puccini (1858–1924).

⑳ **Carrara**, 70000 Einwohner, und **Massa**, 63000 Einwohner, liegen am Rand der wild zerrissenen Apuanischen Alpen. Beide Orte erlangten nie Stadtfreiheit und gelangten nach wechselnder Herrschaft an die Este, die Herzöge von Modena. Carrara ist wegen seines schneeweißen, feinkörnigen Marmors weltberühmt. Lohnend ist ein Besuch der Marmorbrüche Colonnata und Fantiscritti.

㉑ **La Spezia**, 120000 Einwohner, betriebsame Hafenstadt an der Levantinischen Küste, zeichnet sich weniger durch seine Stadtgestalt als durch seine herrliche Umgebung am Fuß des Ufergebirges Cinque Terre aus. Besonders hübsch ist ein Ausflug in das malerische Hafendorf Portovénere.

195

20 Rom und der Golf von Neapel
Vom Petersdom zu den Tempeln von Paestum

Eine besondere Empfehlung ist für dieses Reisekapitel überflüssig. Seit Menschengedenken hat es Reiche und Mächtige, Gläubige und Atheisten, Eroberer und Glücksritter, Habgierige und Neugierige an diesen Platz gezogen: ins heilige Rom, an die Golfe von Neapel und Salerno mit ihren sonnigen Stränden, auf die paradiesischen Inseln Capri und Ischia. Beweggründe für die Reise dorthin gibt es auch heute vielfältige, von der frommen Wallfahrt bis zum Dolcefarniente am Badestrand. Wer mit dem Auto reist, wird es weder beim einen noch beim anderen belassen, sondern in der Regel die ganze Mannigfaltigkeit der Region mit ihren Glanzpunkten und Besonderheiten auf Streifzügen auszuloten versuchen. Unser Routenvorschlag soll dazu Hilfe leisten.

Dreh- und Angelpunkt aller Reisewege ist *Rom,* die Hauptstadt Italiens, Sinnbild der römischen Antike wie auch der weltumspannenden katholischen Kirche, einer der magischen Anziehungs- und Strahlpunkte unserer Erde. Daß es nicht leicht ist, die Stadt in einer komplexen Gesamtheit zu erfassen, das mußte schon Goethe erkennen, als er 1786 von seiner italienischen Reise berichtete: »Gestehen wir jedoch, es ist ein saures und trauriges Geschäft, das alte Rom aus dem neuen herauszuklauben, aber man muß es denn doch tun und zuletzt eine unschätzbare Befriedigung hoffen. Man trifft Spuren einer Herrlichkeit und einer Zerstörung, die beide über unsere Begriffe gehen. Was die Barbaren stehen ließen, haben die Baumeister des neuen Rom verwüstet.« Was Goethe als Verwüstung anprangerte, ist freilich nichts anderes als ein über fast Jahrtausende währender, unaufhörlicher Fortschritt, der sich an diesem Weltbrennpunkt der Leidenschaften besonders drastisch auswirkte und der sich hier wie stets und überall wenig an Bewahrungs- und Stilfragen orientierte. Es gibt kaum einen Ort in der abendländischen Welt, in dem soviel Geschichte und soviel Gegenwart ähnlich gewaltig aufeinanderprallen. Dies mag als Erklärung dafür gelten, daß Rom jeden erstmals zum Besuch Ankommenden zunächst verwirrt. Die Stadt ist keine museale Ansammlung behüteter Baukultur wie etwa Florenz, Venedig oder Salzburg, auch nicht ein abgerundetes, organisch pulsierendes, weltstädtisches Gemeinwesen wie Paris, sondern wirkt wie ein Riesenprovisorium, dessen tägliche, zuweilen chaotisch anmutende Funktion nur dadurch erträglich wird, daß es von seinen Bewohnern in einen Lebensstil von liebenswürdiger, ansteckender Gelassenheit eingesponnen ist. In seiner 2750 Jahre alten Geschichte wurde die Stadt immer wieder zerstört, abgebrochen, überdeckt, restauriert, neu aufgebaut. Um halbwegs Ordnung in die Baugeschichte zu bringen, gliedert man nach Altersschichten und spricht zum Beispiel heute schon vom »fünften« Rom. Was von der antiken Stadtgestalt übrigblieb, ist immer noch imponierend genug und so umfangreich, daß es an dieser Stelle nicht aufzählbar ist, sondern allenfalls mit einigen Besuchstips für das Wichtigste streiflichtartig erwähnt werden kann.

Nur wer viel Zeit hat, sollte sich auf eigene Faust, ausgerüstet mit gutem Stadtplan und bequemem Schuhwerk, auf den Erkundungsweg machen; lohnender ist die Teilnahme an geführten Bustouren, wie sie u. a. vom Deutschen Reisebüro (nächst Bahnhof Termini) aus erfolgen. Sie schließen alle Hauptsehenswürdigkeiten wie Kolosseum, Forum Romanum, Vatikanstadt und Petersdom mit ein. Die eindrucksvollsten Stadtperspektiven gewinnt man im Umkreis der Piazza Venezia vom 70 Meter hohen Vittoriano, das, 1911 erbaut, von den Römern sarkastisch ihr »falsches Gebiß« genannt wird, sowie vom Kapitol auf dem geschichtlich bedeutsamsten der

104 *Rom, St. Peter und Petersplatz. – Schon im Jahr 324 ließ Kaiser Konstantin über dem Grab Petri eine Basilika errichten. Als diese baufällig wurde, legte Papst Julius II. 1506 den Grundstein zu einem völligen Neubau. Nach dem Tod von Bramante, dem ersten Baumeister, führten Raffael, Peruzzi und Sangallo die Bauarbeiten fort. 1546 legte Papst Paul III. die Bauleitung in die Hände von Michelangelo, der den Bau nach dem ursprünglichen Konzept Bramantes weiterentwickelte und mit der gewaltigen, 132 Meter hohen Kuppel krönte. Mit einem Flächenausmaß von 15 160 Quadratmetern und einem Fassungsvermögen von 60 000 Personen ist der Petersdom die größte Kirche der Welt.*

105 *Pompeji, Apollotempel mit Blick zum Vesuv. – Pompeji war eine blühende Römerstadt, die im Jahr 79 beim Ausbruch des Vesuv unter einem bis acht Meter hohen Aschenauswurf versank. Die glühende Asche löschte schlagartig alles Leben aus und konservierte es zugleich außergewöhnlich wirklichkeitsgetreu für die Nachwelt. Erst im 16. Jahrhundert wiederentdeckt, wird die Stadt seither planmäßig ausgegraben. Im Bild der Hof des Apollotempels mit der Statue des Lichtgottes vor den 48 Säulen des Portikus. Im Hintergrund der Vesuv, der den Untergang der Stadt bewirkt hat.*

106 *Paestum, Basilika und Poseidontempel. – Seefahrende Griechen gründeten im 6. Jahrhundert vor Christus am Südende des Golfs von Salerno die Stadt Poseidona, die im Jahr 243 unter römische Herrschaft kam. Nach der Zerstörung durch die Sarazenen im 9. Jahrhundert versanken die Reste in den Sümpfen und wurden erst im 18. Jahrhundert wiederentdeckt. Die bedeutendste Baugruppe sind die beiden abgebildeten Tempel: Vorn die ältere »Basilika« (oder Hera-Tempel I), dahinter der um 450 vor Christus entstandene Poseidontempel (oder Hera-Tempel II).*

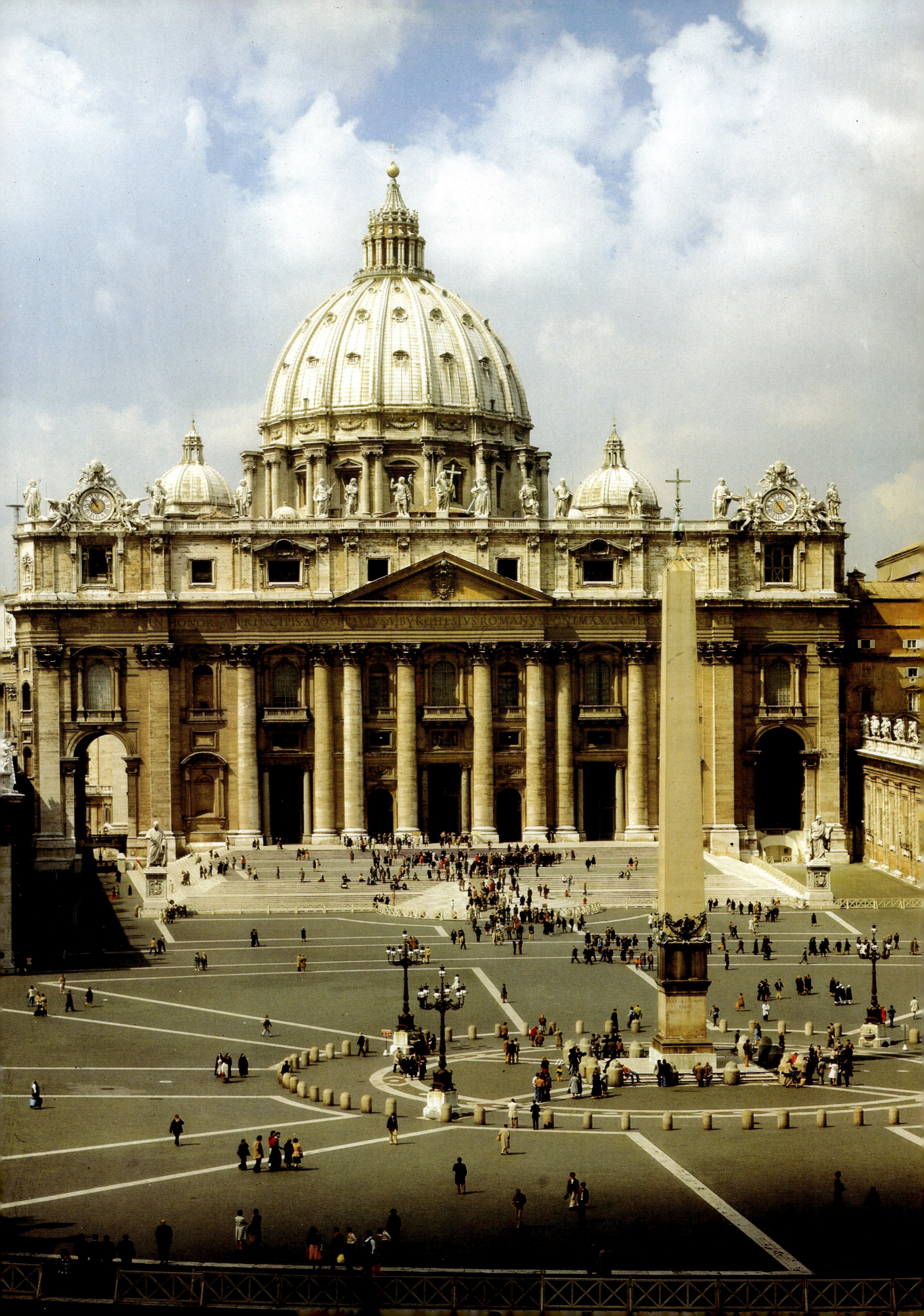

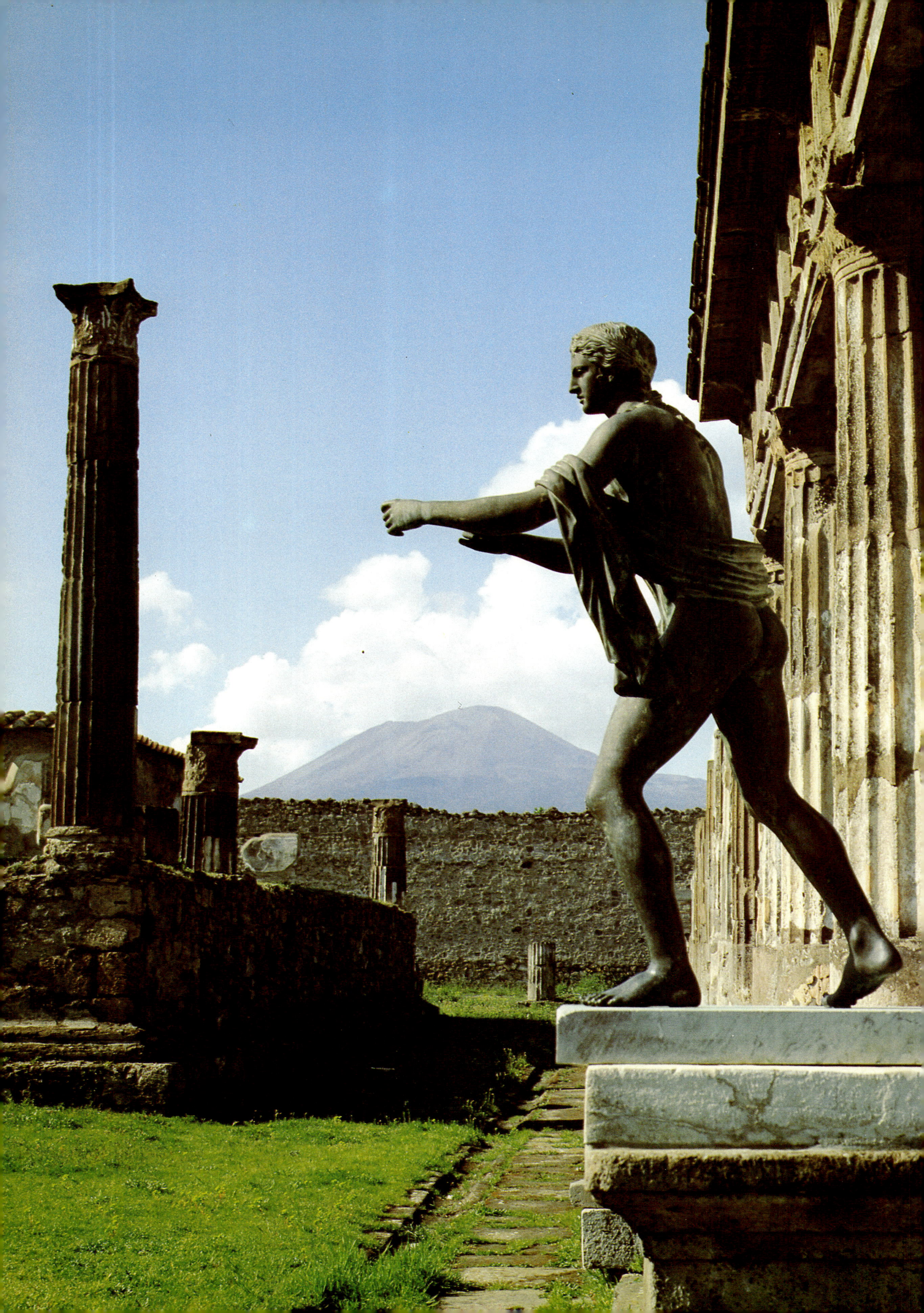

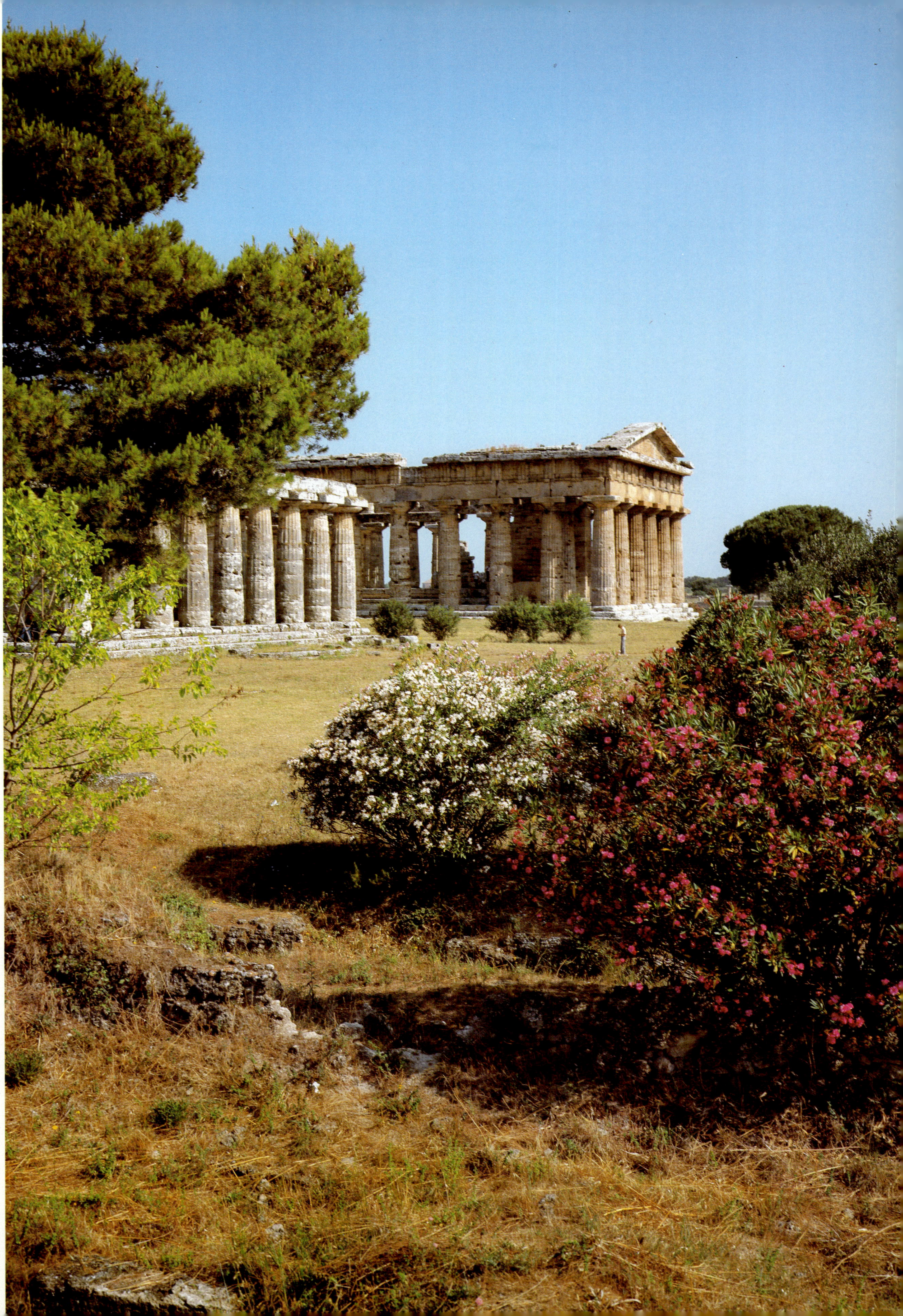

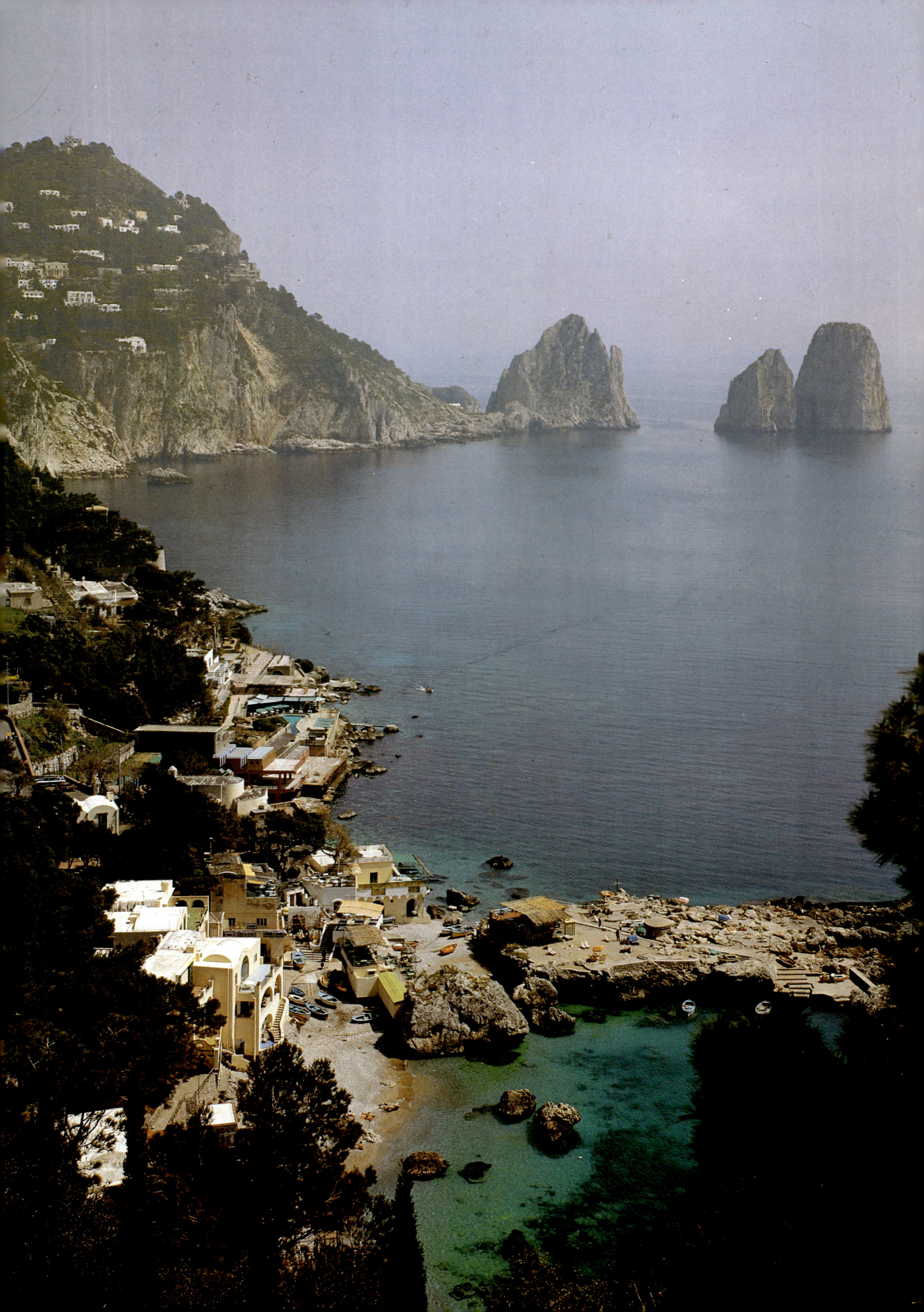

sieben Hügel Roms. Temperamentvoll-bunte südländische Stadtszenerie erlebt man auf dem Campo dei Fiori, dem römischen Markt; beliebter Touristentreffpunkt mit Cafés, Pizzerien und Gelaterien ist die vom Autoverkehr befreite Piazza Navona, auf der einst Kaiser Domitians Pferde- und Wagenrennen stattfanden. Nicht vergessen sollte man Rom bei Nacht. Rom verödet nicht wie manch andere Großstadt, wird vielmehr um die Spanische Treppe, die Fontana di Trevi, die Piazza Navona und an vielen anderen Punkten der Innenstadt an jedem Sommerabend zum faszinierenden Schauspiel bei kostenlosem Eintritt.

Bei der Routenwahl von Rom nach Neapel scheiden sich die Geister. Während ›Landstreicher in Historie‹ verzückt durch die altertumsträchtige Ciociaria (das Dreieck zwischen den beiden Autobahnen nach Pescara und Neapel) pilgern, fühlen sich weniger passionierte Reisende von der Masse der Titanenruinen und Tempeltrümmer in dieser Region eher übersättigt und zur schnellen Autobahnfahrt via Neapel animiert. Unser Reiseweg verbindet das eine mit dem andern: Er führt zunächst in das östlich gelegene *Tivoli* (mit Kaiser Hadrians Villenkomplex Adriana), quert dann über die Albaner Berge und das römische Villenviertel um Frascati zu den Kraterseen von Marino und Castel Gandolfo, um anschließend den weiten Raum Latiums bis *Montecassino* auf der Autostrada del Sole zu überbrücken. Der majestätische Klosterkomplex auf hoher Bergkuppe, Wiege des Benediktinerordens, im Zweiten Weltkrieg vielumkämpfter Brennpunkt und bis auf die Grundmauern zerstört, wurde originalgetreu wieder aufgebaut. Nach Cassino wendet sich der Weg meerwärts, wo im weitgespannten *Golf von Gaeta* die südländische Fülle und Lebensart des Mezzogiorno beginnt. Während die Grotten des Tiberius bei dem zauberhaften Fischernest Sperlonga noch die Gegenwart des Latiums der Römer anzeigen, verrät der Dom von Gaeta in seinen Schmuckformen bereits den normannisch-sizilianischen Stileinfluß. *Capua,* die nächste Station, ist die Schwesterstadt des antiken Santa Maria Capua Vétere, dessen Amphitheater vor dem Bau des Kolosseums in Rom das größte des Römerreiches war. Außergewöhnlich bombastisch präsentiert sich bei Caserta der Palazzo Reale, den Karl von Boubon im 18. Jahrhundert als ein »Versailles« des Königreichs von Neapel und Sizilien erbauen ließ – ein Monumentalpalast mit brunnenreichem Riesengarten. Die Stadt Neapel sollte man über die Küstenstraße anfahren, wo in *Cumae* die Spuren der ersten griechischen Siedlung und das Höhlenlabyrinth der Vergil'schen Seherin Sybille faszinieren und auf den Phlegräischen Feldern die gespenstischen Rauchschwaden des brodelnden Schlammbodens die permanente vulkanische Bedrohung des Landstrichs deutlich machen.

Neapel ist ebenso berühmt wie berüchtigt. Seine aus der Vergangenheit in unsere Zeit nur mehr herüberdämmernde Berühmtheit wird am ehesten anschaulich, wenn man es mit Abstand betrachtet. Etwa vom Meer aus, oder von der Dachterrasse des gigantischen Wolkenkratzer-Hotels, unter der sich die Hafenanlagen mit ihren spielzeughaft verkleinerten Ozeanschiffen, die auf die Uferberge hinaufwallenden Häusermeere, der großartige Bogenschwung der Bucht mit den Konturen des Vesuvs und den Tupfen der Inseln zu einem der schönsten Panoramen der Welt gruppieren. Wer den Mut aufbringt, das andere, das berüchtigte Neapel kennenlernen zu wollen, braucht nur durch die Straßen der Altstadt zu streifen, wo sich in den übelsten Slums Europas tagtäglich ein soziales Drama unvorstellbaren Ausmaßes abspielt.

Heute beginnt Neapels Schönheit weit draußen vor der Stadt, an den Hängen des Vesuvs, wo in Pompeji und Herculaneum vor zweitausend Jahren glühende Asche alles Leben gelöscht und zugleich für die Nachwelt konserviert hat; an den Felsstränden von Sorrent und auf den Inseln Capri und Ischia, die seit altersher der Inbegriff für »la bella Italia« sind. Eine der schönsten Panoramastraßen der Welt führt von Sorrent an den Rändern der Felssteilküste über Positano, Amalfi und Ravello nach Salerno. Den großartigen Schlußpunkt der Reise durch Kampanien setzt *Paestum,* das griechische Seefahrer sieben Jahrhunderte vor Christus gegründet haben und dessen Tempelbezirk den Weg zurück zu den Wurzeln und Ursprüngen unserer abendländischen Kultur aufzeigt.

107 *Capri, Marina Piccola mit den Faraglioni-Felsriffen. – Capri war zwar schon von den Griechen besiedelt, doch berühmt wurde es erst in römischer Zeit. Caesar Octavian, der spätere Kaiser Augustus, machte es zur kaiserlichen Domäne und Tiberius regierte sogar von dort aus. Nach dem Ende des Römerreichs geriet die Insel für viele Jahrhunderte in Vergessenheit und wurde erst im 19. Jahrhundert als romantisches Sehnsuchtsziel neu »entdeckt«. Das Foto zeigt einen Blick von den Gärten des Augustus über das Südufer mit dem pittoresken Hafen Marina Piccola und den dekorativen Faraglioni-Felsen.*

Reise-Lexikon

① **Rom,** 3 Millionen Einwohner, die Hauptstadt und größte Stadt Italiens, liegt ausgedehnt in einer weiten Senke am Unterlauf des Tiber vor dessen Mündung in das Mittelmeer. Die Stadt wurde der Sage nach von Romulus und Remus im Jahr 753 v. Chr. auf dem Palatin gegründet. 509 v. Chr. wurde die römische Republik unter Führung des Patriziats geschaffen, in der Folgezeit begann der Aufstieg Roms zur Hauptstadt des römischen Weltreichs, das auf seinem Höhepunkt um die Zeitwende von England bis zum Persischen Golf reichte. Alle aus der Antike überkommenen Kulturen verschmolzen hier zur einheitlichen Kultur des Abendlandes. Der Niedergang des römischen Reiches begann im 3. Jh. mit der Spaltung in das Ost- und das Weströmische Reich; zur Zeit der Völkerwanderung drohte es völlig unterzugehen. In der Folge wandelte sich das antike Weltreich zum Reich der Christenheit mit der geistlichen Weltherrschaft der Päpste. Ende des 19. Jh. schlossen sich die Staaten der Apenninhalbinsel zum Königreich Italien zusammen, dessen Hauptstadt 1870 Rom wurde. Die endgültige Trennung zwischen dem kirchlichen und dem weltlichen Bereich erfolgte erst 1929 durch den Lateranvertrag, der den Vatikan zum selbständigen Staat erklärte.

Rom wurde einst auf 7 Hügeln erbaut, die jedoch heute durch Abtragung und Überbauung weitgehend nivelliert sind. Die Stadt hat 23 Brücken, 153 historisch bedeutsame Kirchen, 33 Museen, 3 Universitäten und 9 Bahnhöfe. Das einstige kaiserliche Rom wurde von der heute noch teilweise vorhandenen Aurelianischen Mauer (19 km) umschlossen. Kernzone der antiken Weltstadt ist das planmäßig ausgegrabene Forum Romanum mit dem Kapitol und dem Palatin, an seinem östlichen Rand liegen das Kolosseum (80 n. Chr., 180 × 156 m, 57 m hoch, 50000 Personen Fassungsvermögen) und der Konstantinsbogen. Am Nordende des antiken Zentrums liegt die Piazza Venezia, von der die großen Hauptstraßen ausstrahlen. Bauliche Dominante dieses Stadtviertels ist neben dem Kapitol das weithin sichtbare Nationaldenkmal für Viktor Emanuel II. (1885–1911, 135 × 130 m, 70 m hoch). Diesem Bereich schließt sich westlich um die Piazza Navona die päpstliche Altstadt mit dem Pantheon (117–125, besterhaltenes antikes Bauwerk der Stadt) und zahlreichen sehenswerten Kirchen an. Westlich des Tiber liegt die Engelsburg (monumentaler runder Grabbau aus dem Jahr 139), daran anschließend die Vatikanstadt des politisch souveränen Kirchenstaates (0,44 qkm, 1000 Einwohner). Dessen Zentrum bildet die großzügig gestaltete Petersplatz mit der Peterskirche, der größten Kirche der Welt. Das gigantische Bauwerk (211 × 152 m, 123 m hoch, 15160 qm Fläche, 60000 Personen Fassungsvermögen) entstand auf einem Vorgängerbau aus dem Jahr 326 im wesentlichen im 16. Jh.; an seiner Gestaltung wirkten u. a. Bramante, Raffael, Michelangelo und Bernini mit. Weitere sehenswerte Ziele der Vatikanstadt sind der Vatikanische Palast mit Gemäldegalerie und Antikensammlung, die Sixtinische Kapelle (1474–1481) mit Fresken der bedeutendsten Maler der Renaissance sowie die Vatikanischen Gärten.

Aus der Fülle der Sehenswürdigkeiten Roms verdienen außerdem die vielen prächtigen Brunnen, die Spanische Treppe, der Markt Campo dei Fiori, zahlreiche Kirchen und etwa 50 Museen und Sammlungen besondere Beachtung. – Bedeutendste Sehenswürdigkeit der näheren Umgebung sind die Via Appia Antica mit den frühchristlichen Katakomben sowie das antike **Ostia**, der Hafen des römischen Weltreichs, die nach Pompeji bedeutendste Ausgrabungsanlage Italiens.

② **Tivoli,** 45000 Einwohner, hübsche Kleinstadt östlich von Rom am Hang der ölbaumreichen Sabiner Berge über der römischen Campagna gelegen, ist mit seiner Weinlandschaft, seinen Gärten und Wasserspielen seit altersher ein vielbesuchter Erholungsort. Hauptanziehungspunkt ist die Hadriansvilla (Villa Adriana), ein 75 ha großer Park, in dem Kaiser Hadrian (76–138) Stätten und Bauwerke nachbilden ließ, die ihn auf seinen weiten Reisen beeindruckt haben. Nicht minder sehenswert ist die Villa d'Este (16. Jh.), ein 3 ha großer Zypressenpark an einem Abhang mit herrlichen Wasserkünsten. Lohnend ist ferner ein Besuch der Villa Gregoriana mit ihren Grotten und Wasserfällen.

③ **Castelli Romani,** die Landschaft der Albaner Berge, so benannt nach 13 von römischen Adelsfamilien im Mittelalter befestigten Plätzen: Frascati, Albano, Rocca di Papa, Marino, Castel Gandolfo, Ariccia, Genzano, Nemi, Rocca Priora, Monte Compatri, Monte Porzio, Catone und Colonna. Sie liegen auf dem bewaldeten Randgebiet eines ehemaligen riesigen Kraters, dessen Nebenkrater teilweise mit Seen gefüllt sind (Lago di Albano, Lago di Nemi). Zwischen Oliven- und Weingärten stehen viele schloßartige Landsitze (besonders in Frascati). Bemerkenswert sind außerdem das Bergnest Rocca di Papa, der Albaner See, Castel Gandolfo mit dem päpstlichen Sommerpalast und der melancholische Nemi-See.

④ **Ciociaria,** Landschaft in Latium zwischen den Tälern von Aniene und Sacco, besonders reich an Resten antiker Stätten. Zu den wichtigsten zählen Palestrina (Orakeltempel), Subiaco (Keimzelle des Benediktinerordens), Alatri (antike Stadtbefestigung), Anagni (romanischer Dom) und Ferentino (Zyklopenmauern und Akropolis).

⑤ **Montecassino,** majestätischer Klosterkomplex in beherrschender Lage auf dem gleichnamigen Berg. Das Kloster wurde 529 vom hl. Benedikt gegründet und als Zentrum abendländischer Geistigkeit berühmt. Während des Zweiten Weltkriegs war der Punkt als Eckpfeiler der deutschen Südfront heiß umkämpft und forderte 20000 Tote. Das Kloster wurde dabei von den Alliierten sinnlos total zerstört und nach Kriegsende originalgetreu wieder aufgebaut.

⑥ **Gaeta,** 25000 Einwohner, Hafenstädtchen in malerischer Lage an der äußersten Spitze des Vorgebirges, das den gleichnamigen Golf bogenförmig umrahmt. Sehenswert sind der Dom im romanisch-sizilianischen Stil (12./13. Jh.), das Kastell (13./15. Jh.) mit dem Anjou-Turm sowie der Rolandsturm, Grabmal des römischen Konsuls Octavian Augustus, der die Kolonien Lugdunum (Lyon) und Augusta Raurica (Augst bei Basel) gründete. – In der Umgebung Gaetas gibt es zwei weitere reizvolle Ziele, die sich mit einer kleinen Rundfahrt verbinden lassen: **Itri,** 7000 Einwohner, ein ehemaliges Räubernest mit martialischem Stadtbild, eingezwängt zwischen Felswänden, Geburtsort von Michele Pezza (1771–1806), dem durch Aubers Oper als »Fra Diavolo« berühmt gewordenen Räuberhelden, der auf dem Marktplatz von Neapel gehenkt wurde. **Sperlonga,** 3700 Einwohner, rustikales Fischerdorf an der grottenreichen Küste, wurde berühmt durch die nahe Grotte des Tiberius, wo der Kaiser seine Zechgelage abhielt. Zahlreiche der dort gefundenen 7000 griechischen Marmorskulpturen befinden sich im sehenswerten Archäologischen Museum der Stadt.

⑦ **Capua,** 18500 Einwohner, Städtchen am windungsreichen Volturno, war im Altertum eine der bedeutendsten Städte der Apennin-Halbinsel. Seit dem 3. Jh. v. Chr., als Hannibal hier seine Schlachten gegen die Römer schlug, war der Platz mehrmals Brennpunkt kriegerischer Auseinandersetzungen. Sehenswert sind das normannische Kastell (11. Jh.), das Kampanische Museum (nach dem Nationalmuseum in Neapel die umfangreichste archäologische Sammlung des Mezzogiorno) sowie der nach Kriegszerstörung wiederaufgebaute Dom. Das heutige Capua ist 5 km von der antiken Hauptstadt Kampaniens, des wegen seiner einstigen Pracht berühmten **Santa Maria Capua Vétere** entfernt (jetzt eine moderne Stadt mit 30000 Einwohnern). Eindrucksvolles Relikt der großen Vergangenheit ist das Amphitheater aus dem 1. Jh. n. Chr., mit 170 × 140 m das größte nach dem Kolosseum in Rom (nach Erdbeben vom November 1980 vorübergehend geschlossen). – 5 km nordöstlich liegt die sehenswerte Kirche Sant'Angelo in Formis mit herrlichen Fresken.

⑧ **Caserta,** 67000 Einwohner, 30 km vor Neapel im Zentrum des fruchtbaren Kampanien gelegene Provinzhauptstadt. Im 18. Jh. errichteten hier die Bourbonenkönige von Neapel als Residenz eine Versailles nachempfundene monumentale Schloßanlage (250 × 190 m), den Palazzo Reale. Das 1774 fertiggestellte Bauwerk mit einem zentralen Rundbau und vier Flügeln enthält 1200 Räume, 34 Treppen, 1970 Fenster und ist auf das Prächtigste ausgestattet. Der 100 ha große Park umfaßt einen erlesenen, teilweise exotischen Baumbestand, reichen Marmorschmuck, (Tempel, Skulpturen) sowie einen 78 m hohen künstlich angelegten Wasserfall.

⑨ **Phlegräische Felder,** vulkanisches Hügelland, das halbkreisförmig den Westteil des Golfes von Neapel zwischen der Isola di Nisida und dem Kap Miseno umschließt. In diesem Bereich entströmen der Erde fortwährend Schwefeldämpfe, heiße Gase und Thermalquellen. Die wechselnden Ausbruchsstellen hinterließen mehrere Kraterseen und Ringwälle. In der griechischen Mythologie sind die Phlegräischen Felder der Schauplatz des Kampfes zwischen den Göttern und den Giganten. – Am nordwestlichen Rand des Gebietes liegt unweit der Küste **Cumae,** die älteste griechische Siedlung im Westen (9. oder 8. Jh. v. Chr.) mit der durch Vergils Schilderung bekannten Orakelhöhle der Sybille. Von den Höhen der Akropolis (Tempelruinen) genießt man eine prächtige Aussicht.

⑩ **Pozzuoli,** 70000 Einwohner, im Westen des Golfs von Neapel auf einer ins Meer vorspringenden Tuffsteinzunge gelegen, eine griechische Gründung (6. Jh. v. Chr.) und im Altertum zeitweise der wichtigste Hafen der Halbinsel im Verkehr mit dem Orient. Sehenswert ist das Amphitheater, nach jenen von Rom und Capua das drittgrößte Italiens und wegen der jahrhundertelangen Überdeckung mit Vulkanasche besonders gut erhalten. Seine besondere Attraktion waren Seeschlachten, wofür die Arena unter Wasser gesetzt werden konnte. In der Oberstadt befinden sich die Ruinen römischer Tempel, 5 km nördlich der Stadt liegt eine römische Nekropole (Totenstadt). Eine geologische Besonderheit ist der im Stadtgebiet permanent wirksame Bradyseismus (langsames Beben, Bodenbewegung), der seit dem Altertum das Niveau des Bodens um etwa 6 m absenkte und wieder anhob; allein zwischen 1953 und 1970 hob sich der Boden um 70 cm.

⑪ **Neapel,** mit 1,2 Millionen Einwohnern nach Rom und Mailand die drittgrößte Stadt Italiens, liegt unvergleichlich prächtig am Nordrand des gleichnamigen Golfs. Von den Griechen im 6. Jh. v. Chr. gegründet, wurde Neapel unter den Römern zum bevorzugten Sommeraufenthalt: Lucullus, Vergil, Augustus, Tiberius und Nero hatten ihre Villen hier. Im 12. Jh. eroberten die Normannen Neapel und gliederten es ihrem sizilianischen Königreich ein, das mit Unterbrechungen und in Varianten bis 1860, dem Jahr der Vereinigung Italiens, bestand.

Die Erkundung der Stadt, in der Schönheit und Häßlichkeit auf extremste Art benachbart sind, setzt großes Einfühlungs- und Anpassungsvermögen voraus. Den Mittelpunkt des Verkehrsgewühls bildet die Piazza Trento e Trieste nächst des großen Fährhafens, von der nordwärts die Hauptgeschäftsachse, die Via Roma, ausgeht. Unweit der südländisch grell schillernden Pracht der Schaufensterreihen schließt sich nordöstlich das Altstadtviertel rings um die »Spaccanapoli« (Via Benedetto Croce, Via San Biagio ai Librai, Via Vicaria Vecchia) mit seiner faszinierenden, von Gedränge und Lärm beherrschten, volkstümlichen Straßenszenerie an. Kulturelle Hauptsehenswürdigkeiten sind der Dom (13. Jh., mehrfach verändert), das Nationalmuseum (einzigartige Sammlung von Schätzen aus den vom Vesuv verschütteten Städten), das Castel Nuovo (13. Jh.) mit Triumphbogen, das Castell dell'Ovo (12./13. Jh.), der Palazzo Reale (1600), die Nationalgalerie von Capodimonte sowie viele der 500 Kirchen.

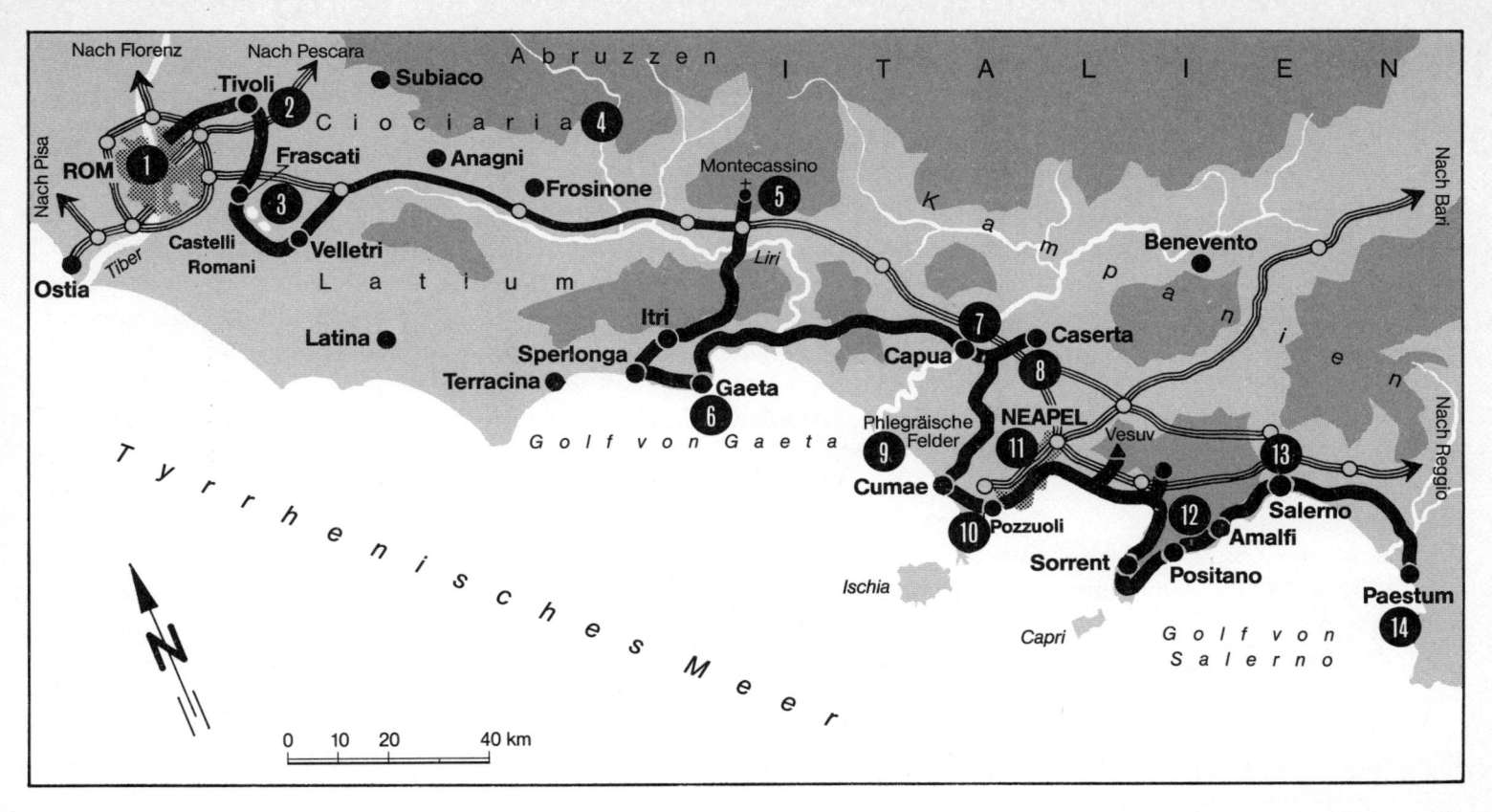

Außergewöhnlich prächtig und reichhaltig ist die Umgebung Neapels, von der aus Platzgründen nur die berühmtesten Ziele Vesuv, Pompeji, Capri und Ischia angesprochen werden können. Der **Vesuv**, derzeit 1277 m (1930: 1186 m) hoch, ein Schichtvulkan aus Laven und Tuffen, ist der einzige noch tätige Vulkan des europäischen Festlands. Während die unteren Hänge sehr fruchtbar und dicht besiedelt sind, zeigen sich die jüngeren Lavaschichten der Gipfelzone kahl und vegetationslos. Von Ercolano führt eine 13 km lange Bergstraße in die Gipfelregion, ab Straßenende schwebt ein Sessellift an den Kraterrand. Der Blick in den gewaltigen Kraterschlund (220 m tief, 600 m Durchmesser) mit seinem vielfarbigen, düsteren Gestein, den aufsteigenden Lavadämpfen und an vielen Stellen auszeichenden brennbaren Gasen ist ungeheuer eindrucksvoll; in der Gegenrichtung bietet sich eine großartige Rundsicht über die arkadische Landschaft. Eine Rundwanderung auf dem Kraterrand (Führer obligatorisch) ist möglich. **Pompeji,** antike Ruinenstadt am Fuß des Vesuv. Im 8. Jh. v. Chr. von den Griechen gegründet, war Pompeji eine wohlhabende Römerstadt, als im Jahr 79 ein Ausbruch des Vesuv alles Leben in einem 6 bis 8 m hohen Aschenauswurf begrub. Erst im 16. Jh. wurde die Stadt bei Bauarbeiten entdeckt und seither, besonders in unserem Jahrhundert, planmäßig ausgegraben. Da das Stadtwesen schlagartig ausgelöscht und konserviert wurde, tritt es dem Besucher von heute ungewöhnlich lebendig und wirklichkeitsnah entgegen. Bisher ist Pompeji zu etwa 60% freigelegt. Die bedeutendsten wiederentdeckten Bauten sind: Das Amphitheater, im Jahr 80 v. Chr. errichtet, damit das älteste erhaltene römische Theater; die Stabianer Thermen aus dem 2. Jh. v. Chr., die vollständigste bekannte Badeanlage mit einer Halle für Körperertüchtigung; die Villa der Mysterien, ein herrschaftliches Haus mit schönen Beispielen griechischer Malerei, wie sie anderswo kaum mehr zu finden sind; die Basilika, entstanden um 130 v. Chr., eine dreischiffige Halle in Ziegelbauweise, war Stadthaus, Gerichtssaal und Handelsbörse; der Apollotempel; das Haus des Fauns; die Markthalle; das Haus des Menander (benannt nach dem hier vorgefundenen Gemälde des griechischen Dichters Menander); das Haus der Vettier (Herrschaftsvilla mit mythologischen Fresken).

Capri, 10,5 qkm große Insel, die mit schroffen Felssteilwänden (Monte Solaro, 589 m) aus dem Tyrrhenischen Meer aufsteigt. Das Eiland ist mit teilweise subtropischer Flora überzogen, die sich mit den hellen Kalkfelsriffen und dem tiefblauen Meer zu zauberhaften Bildern formiert. Lohnend sind Inselrundfahrten und ein Bootsausflug zur Blauen Grotte. Schiffsverbindungen (0,5 bis 1,5 Std.) bestehen ab Neapel, Sorrent, saisonbeschränkt auch ab Amalfi, Salerno, Positano und Ischia. **Ischia,** 46 qkm große vulkanische Insel mit üppiger Vegetation und zahlreichen Thermalquellen, erhebt sich (mit dem Monte Epomeo) bis 788 m aus dem Meer. Die Insel weist neben dem Hauptort mehrere kleinere, zumeist sehr malerische Orte auf. Lohnend ist eine Inselrundfahrt (34 km); die Überfahrt mit dem eigenen Auto ist (im Gegensatz zu Capri) sinnvoll. Schiffsverbindungen bestehen ab Neapel, Pozzuoli, Procida, Capri und Sorrent (0,7 bis 1,5 Std.).

⑫ **Halbinsel von Sorrent,** lanzenförmig in das Tyrrhenische Meer vorstoßender Felsgebirgsrücken (max. 1443 m hoch), dessen Steilküsten und Buchten mit einem Reigen ungewöhnlich malerischer Orte geschmückt sind. Die bereits 1852 in die Felsküste geschlagene, kurvenreiche Uferstraße zwischen Sorrent und Salerno, die bald in schwindelerregender Höhe, bald hart am Meer verläuft, zählt mit ihren hinreißenden Perspektiven zu den schönsten Panoramastraßen der Welt. Sie berührt u. a. folgende Orte: **Sorrent,** 17000 Einwohner, seit dem Altertum ein berühmter Sommersitz, liegt großartig auf einem 50 m hohen, lotrecht zum Meer abfallenden Tuffelsen, umgeben von üppigen Zitrusgärten. **Positano,** prächtig über den Felssteilhang gestaffeltes ehemaliges Fischerdorf, das mit den kubischen Häusern, Terrassendächern, Kuppeln und Fensterbögen eine orientalische Note erhält. **Amalfi,** 6500 Einwohner, in eine Bucht unter der Felssteilküste geschmiegt, zählt zu den schönstgelegenen italienischen Städten. Bereits im 6. Jh. genannt, war Amalfi im 11. Jh. eine bedeutende Seerepublik. Von der großen Vergangenheit zeugt der herrliche romanische Dom (11.–13. Jh., Fassade 1890 erneuert). **Ravello,** 2500 Einwohner, in einzigartiger Lage auf einem Felssporn hoch über dem Meer thronend, war im 13. Jh. eine bedeutende Stadt mit 13 Kirchen und vielen Palästen. Der Park der Villa Rufolo inspirierte Richard Wagner zum Motiv von Klingsors Zaubergarten in seiner Oper »Parsifal«. Lauschige Winkel, prächtige Villen, Kirchen und Klöster gruppieren sich mit wunderschönen Ausblicken zu bezaubernden Veduten.

⑬ **Salerno,** 163000 Einwohner, industriereiche Provinzhauptstadt am gleichnamigen Golf und am Übergang des Gebirges in die weite Küstenebene. Von den Griechen gegründet und später in das Römerreich einbezogen, wurde die Stadt im 11. Jh. zum Sitz der ersten medizinischen Hochschule Europas. Hauptsehenswürdigkeit ist der Dom (1085, im 18. Jh. umgebaut) mit prächtiger Ausstattung; beachtenswert sind außerdem die mittelalterliche Via Mercanti, die Kirche San Giorgio (17. Jh.) sowie das langobardisch-normannische Kastell.

⑭ **Paestum,** antike Ruinenstadt am Südende des Golfs von Salerno. Das von den Griechen im 6. Jh. v. Chr. gegründete Poseidonia kam 243 v. Chr. unter römische Herrschaft, wurde nach der Zerstörung durch die Sarazenen im 9. Jh. von den Bewohnern verlassen und geriet, nicht zuletzt wegen der Lage im malariaverseuchten Gebiet, in völlige Vergessenheit. Erst im 18. Jh. entdeckte man die Reste des stattlichen, von einer fast 5 km langen Mauer umschlossenen antiken Stadtbezirks, der im wesentlichen aus dem Poseidontempel (oder Hera-Tempel II), 60 × 24 m, der Basilika (oder Hera-Tempel I), 54 × 24 m, dem Tempel der Ceres 32 × 14 m und dem Forum besteht.

21 Von Venedig nach Dubrovnik
Auf den Spuren des geflügelten Löwen

Bei der Frage nach der Gesamtlänge der europäischen Meeresküsten wird selbst die sonst aussagefreudige Statistik verlegen. Überschaubarer sind schon jene Gestade, die sich durch besondere Naturschönheiten auszeichnen. Gilt es schließlich, in Fortführung der Selektion jene Küstenstrecken auszuwählen, die von der Natur wie von der Kultur gleichermaßen reich geschmückt sind, dann bleibt nur mehr ein kleiner Rest übrig. Aus diesem könnte unsere Route von Venedig nach Dubrovnik herausstechen, die längs der Adriaküste zwei der glanzvollsten Seerepubliken der europäischen Geschichte, Venezia und Ragusa, miteinander verbindet. Eine von soviel Reichtum geprägte Kulturlandschaft konnte nicht am rauhen und gefürchteten Atlantik entstehen, sondern nur an einem von Gezeiten und Sturmfluten unbehelligten Meeressaum, mit dessen friedlicher, inselreicher Struktur sich der Mensch anfreunden und verbünden konnte, die ihm Hort, Ausfalltor und Schlupfwinkel zugleich war. Und sie konnte schließlich nur entstehen in einer zentralen Region der Alten Welt, die Ausstrahlungen in alle Himmelsrichtungen ermöglichte.

Venedig, die Traumstadt an der Adria, läßt sich nur nach einem Blick auf seine Geschichte begreifen. Als im 5. Jahrhundert Attilas Hunnenhorden verwüstend durch Norditalien zogen, flüchteten die Bewohner von Aquileja und dem Friaul in das Schilf der Küste, lebten erst in Booten, dann in Pfahlbauten. Sie verfestigten die schwankenden Böden der 118 Inseln durch Schilfbündel und später durch Bäume, die sie mit den Kronen nach unten in den Schlick trieben. Die Not – es gab weder Stein noch Holz, Pflanzboden, jagdbares Vieh oder Süßwasser – zwang sie zu einem neuen Erwerbszweig, dem Handel. Bald befuhren ihre Schiff die Küsten des Mittelmeers. In der Folge entwickelten sich immer umfangreichere Handelsbeziehungen zu allen Zentren der damaligen Welt: Seide aus China, Pfeffer aus Indien, Sklaven und Waffen, Baumwolle und Salz reisten auf venezianischen Schnellseglern über die Meere. Aus Beziehungen erwuchsen Stützpunkte, aus diesen Besitzungen. Der geflügelte Löwe von San Marco wurde zum Symbol einer Weltmacht, deren Territorien sich über alle Küsten und Inseln des östlichen Mittelmeeres erstreckten und deren Fäden sich bis Afrika, Arabien, China und Indien spannten. Während sich die Waldgebiete Istriens in Karststeppen verwandelten, strebten in Venedig die Paläste und Kirchen himmelwärts. Allein die Kirche Santa Maria della Salute steht auf 180 000 Eichen- und Lärchenstämmen. Unermeßlicher Reichtum strömte in die Stadt, die sich nicht mehr ausdehnen, nur noch entfalten und schmücken konnte. Venedig, die »Serenissima«, der bis auf Ragusa, dem heutigen Dubrovnik, alle Seestädte des Adriatischen Meeres gehörten, hatte die höchsten Staatseinnahmen der Welt, die selbst jene der Kirche übertrafen. 1423 verkündete der Doge Tommaso Mocenico stolz: »Wir sind die Herrscher über das Gold der Christenheit.« Noch faszinierender als Reichtum und Pracht ist die Geschichte der Diplomatie. Venedig hatte kein Heer, keine Forts, war nie ummauert oder befestigt und durch nichts geschützt als durch die Lagune. Es hatte stets mehr Feinde als Einwohner, und doch betrat fast auf den Tag genau tausend Jahre lang keiner den Boden der Stadt. Nie floß das Blut eines Krieges auf dem Markusplatz. Als 1797 Napoleon als Eroberer ankam, bedurfte es statt Kanonendonners nur seiner Worte: »Die Republik hat aufgehört zu sein.« Worauf der hundertundzwanzigste Doge seine Fischermütze ablegte. Doch zu dieser Zeit war der Glanz Venedigs schon eine Weile verblaßt. Seitdem Kolumbus Amerika, Vasco da Gama den Seeweg nach Indien entdeckt hatte und man fortan die Welt mit anderer Elle maß, war die Macht der »Königin der Meere« im Schwinden. Trotzdem resignierte Venedig nicht: Während die Kontore schlossen, wurden die Ateliers geöffnet, entfaltete die Kunst ihre größte Pracht. Maler wie Carpaccio, Tizian, Tintoretto, Veronese und Tiepolo, Baumeister wie Lombardo, Sansovino und Palladio, Komponisten wie Monteverdi und Vivaldi prägten eine neue, beispiellose Epoche.

108 *Venedig, Santa Maria della Salute. – Venedig, das von einer aus der Not geborenen Lagunensiedlung zu einem der reichsten und mächtigsten Stadtstaaten der Welt aufstieg, ist heute ein in die Gegenwart herübergerettetes Märchenreich aus Kirchen und Palästen, Brücken und Kanälen. Eine der prächtigsten unter den 105 Kirchen der Stadt ist Santa Maria della Salute aus weißem istrischen Stein. Sie wurde von 1630 bis 1687 zum Dank für die Befreiung der Stadt von der Pest erbaut. Zum Gedenken daran wird alljährlich am ersten Dezembersonntag für die Kirchgänger eine Brücke aus Gondeln über den Canal Grande gelegt.*

109 *Udine, Piazza della Libertà mit Loggia di San Giovanni. – Udine ist ein hübsches Städtchen mitten in der grünen Ebene des Friaul, dessen Altstadtkern wie die gelungene Kopie venezianischer Stadtviertel anmutet. Von der nach dem Vorbild des Dogenpalastes gebauten Loogia del Lionello blickt man zu den Arkaden der Loggia San Giovanni hinüber, auf deren Uhrturm die glockenschlagenden Mohren ebensowenig fehlen wie der geflügelte Markuslöwe. Die überlebensgroßen Marmorstatuen von Herkules und Cacus bewachen das freundliche Idyll.*

110 *Triest, Canal Grande mit San Antonio Taumaturgo. – Triest ist ein komplexes, vielschichtiges Stadtwesen, ein von bunter Lebendigkeit geprägter Schnittpunkt der Völker und Kulturen. Aus dem Altertum finden sich nur noch spärliche Reste; dominierend ist der klassizistische Stil des 19. Jahrhunderts, unverkennbar der Einfluß der österreichischen Zeit; mancherorts erinnert das Stadtbild an Wien oder Prag. Von den kilometerlangen Molen des Hafens zieht sich der Canal Grande 400 Meter lang in das Herz der Stadt und erinnert daran, daß Triest einer der wichtigsten Häfen des alten Europa war.*

111 *Im Nationalpark Plitvice. – Kern des 330 Quadratkilometer großen Naturreservats im Innern Kroatiens ist eine sieben Kilometer lange Kette von 16 kleinen Seen, die durch zahlreiche Wasserfälle miteinander verbunden sind. Ihr Wasser braust und schäumt in vielen Kaskaden von einem See zum nächsten. Man*

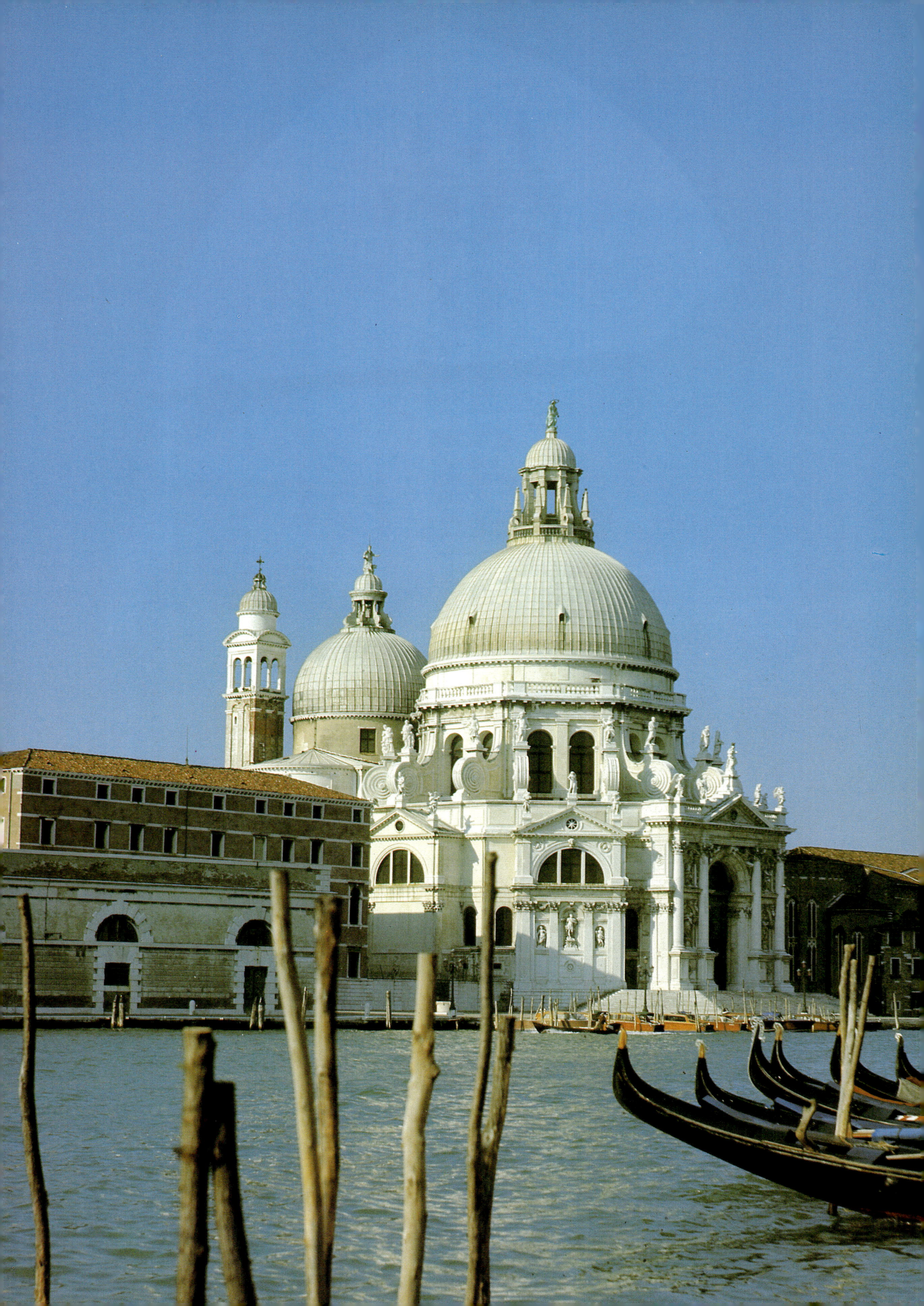

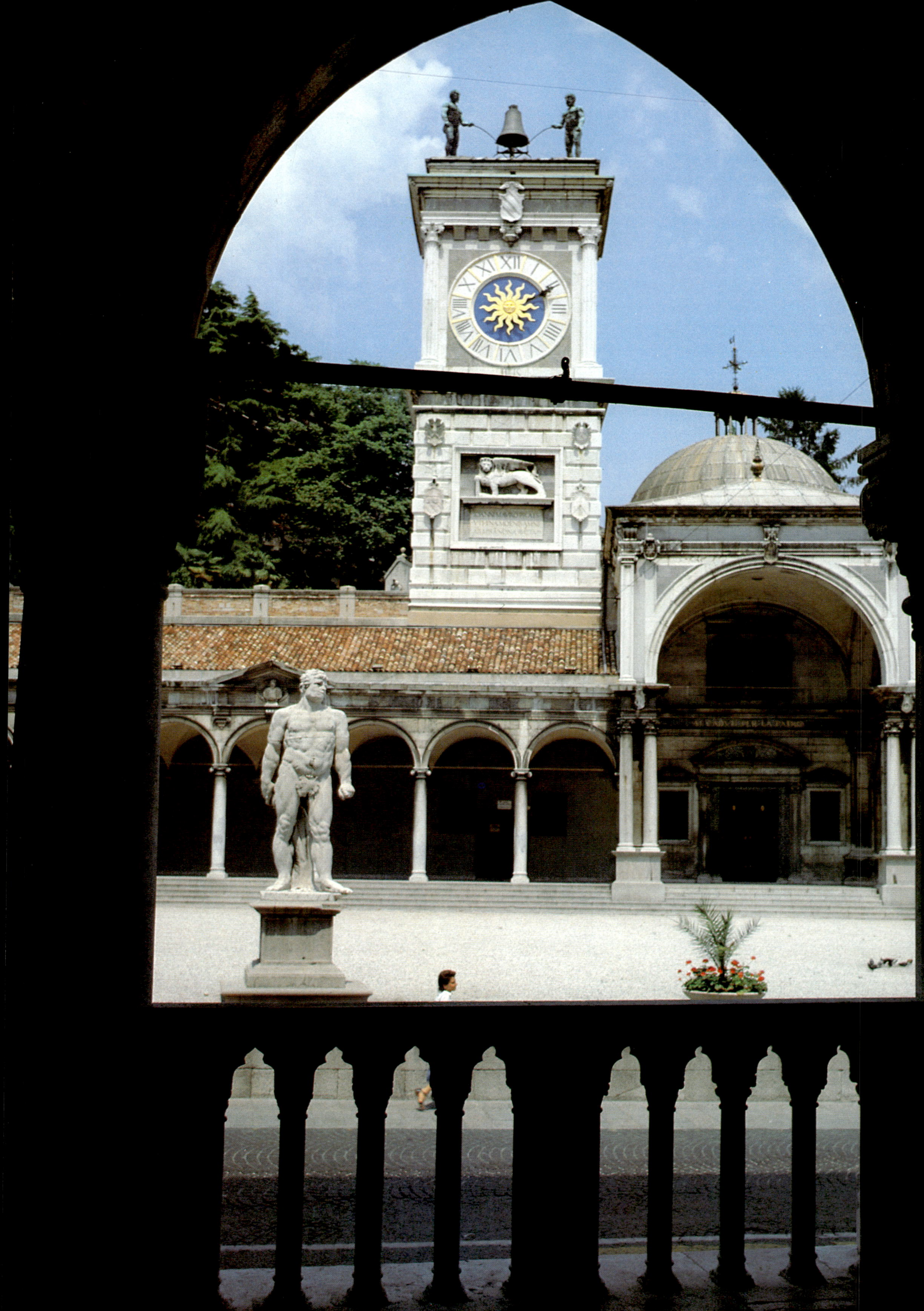

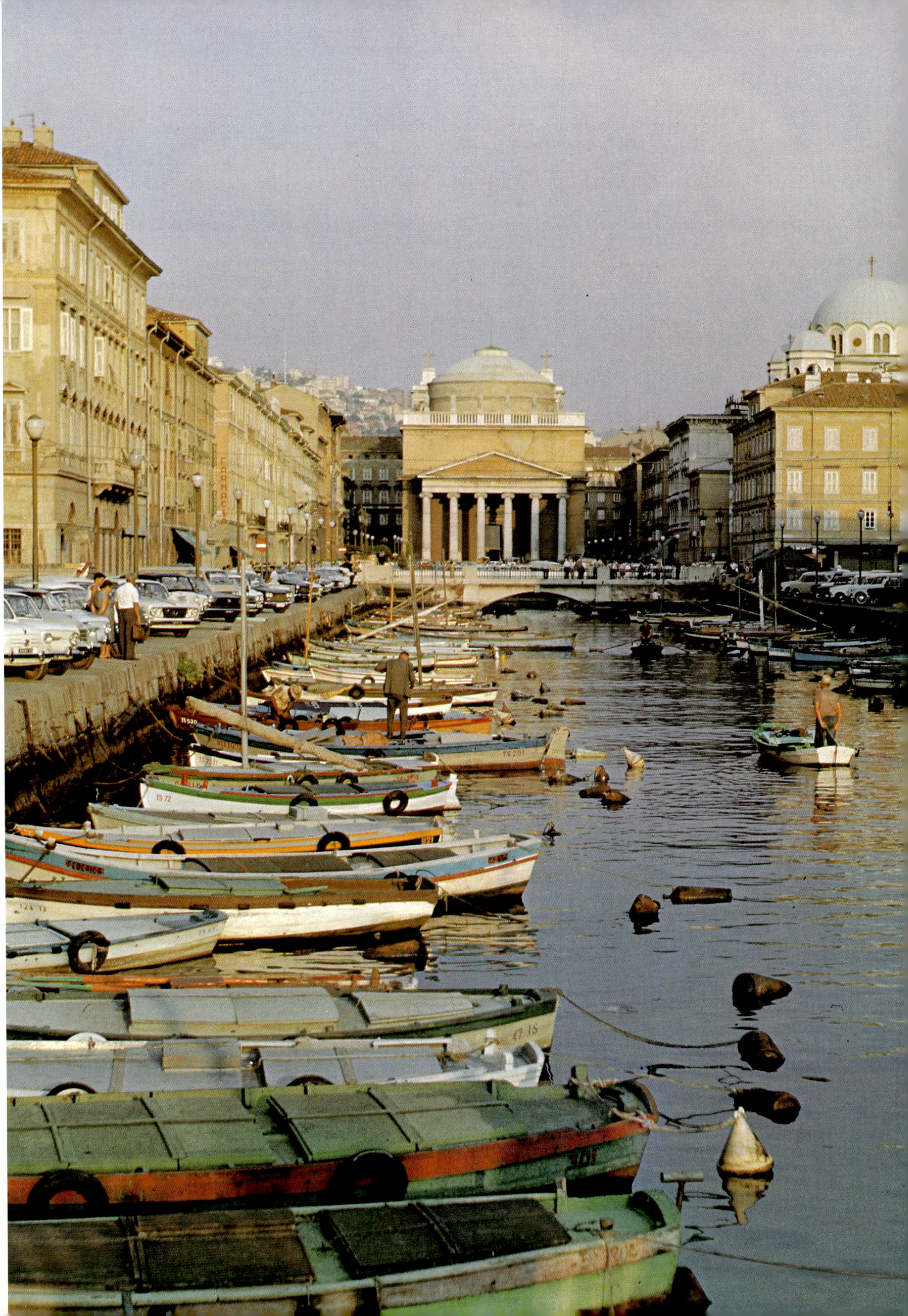

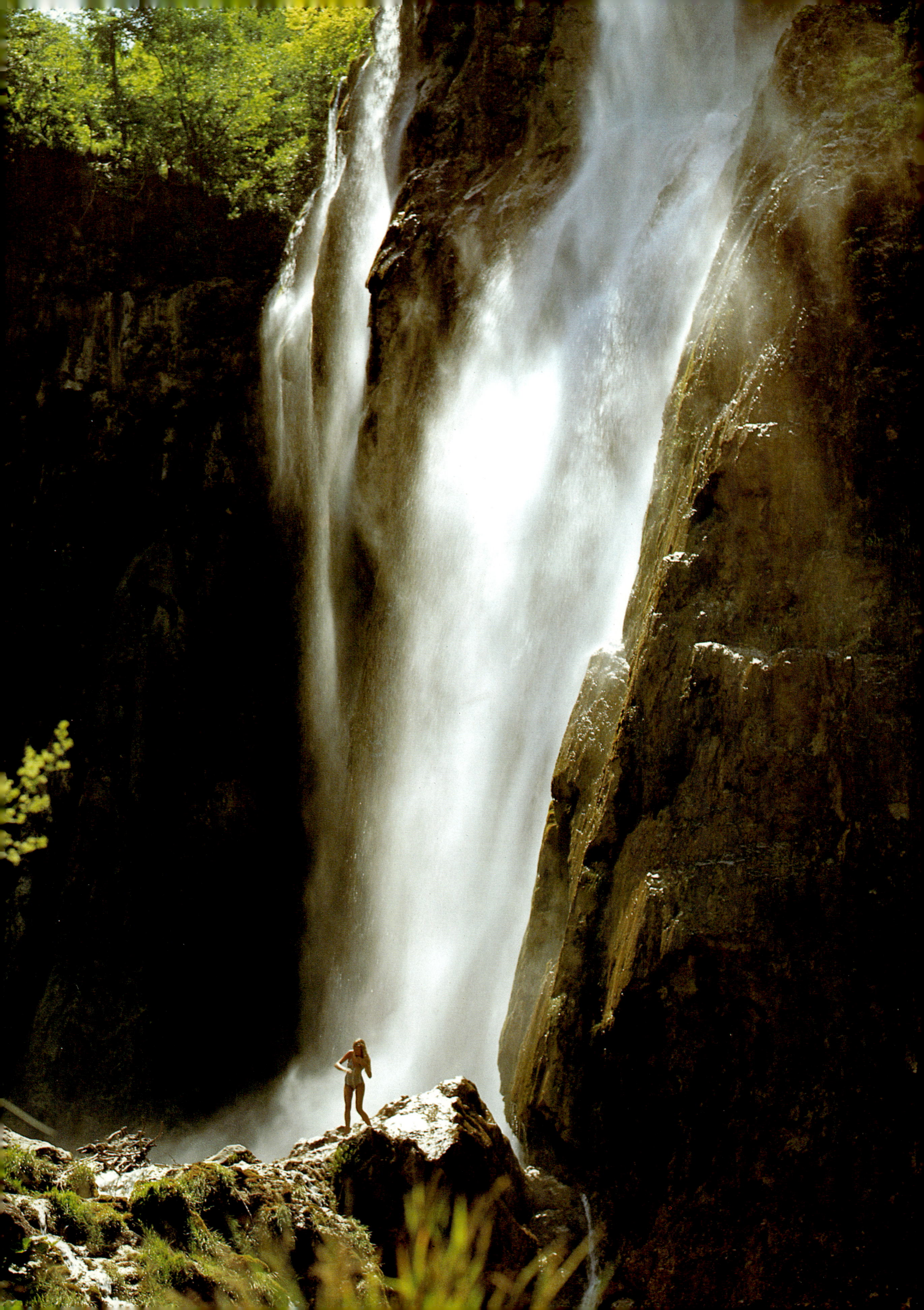

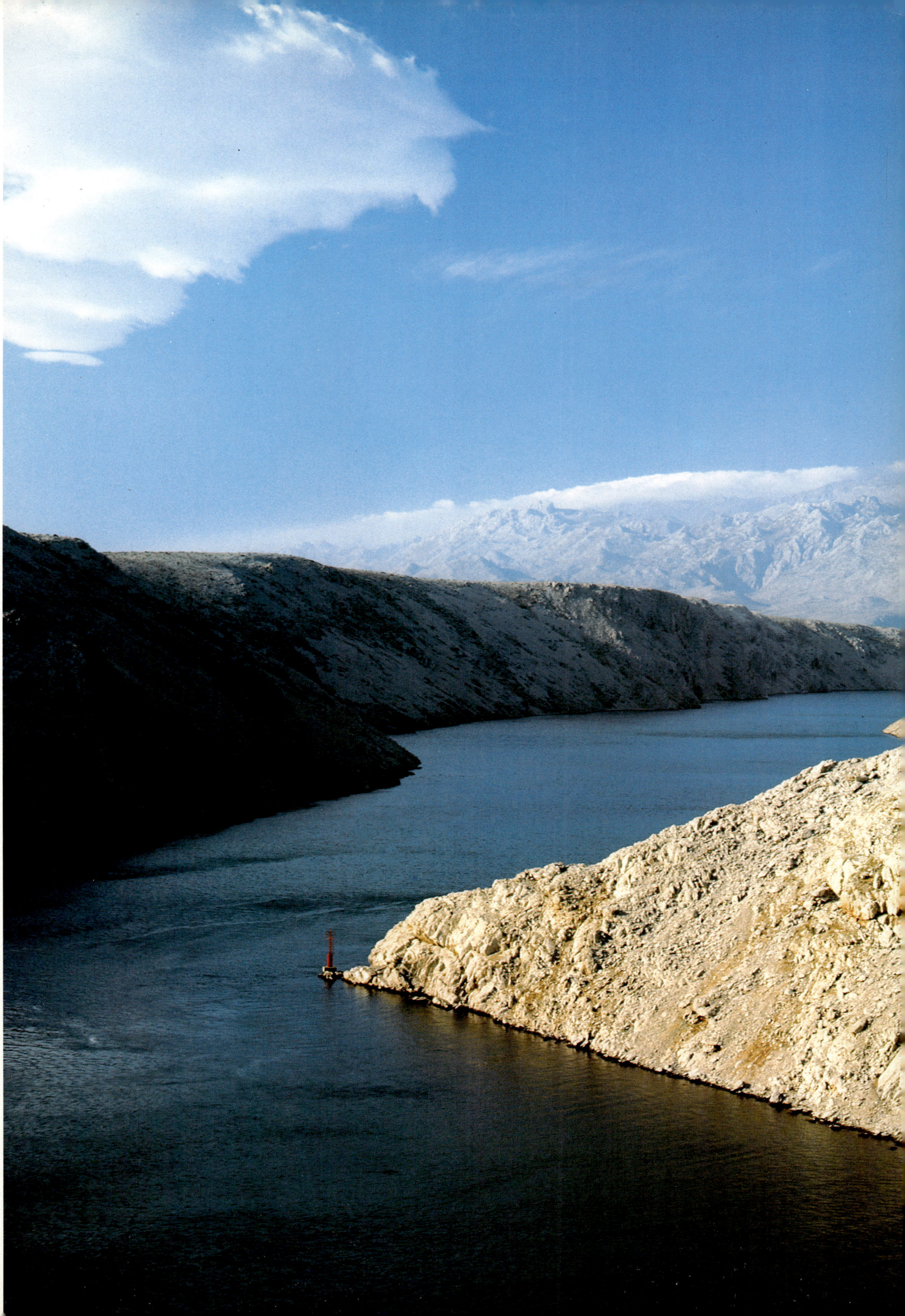

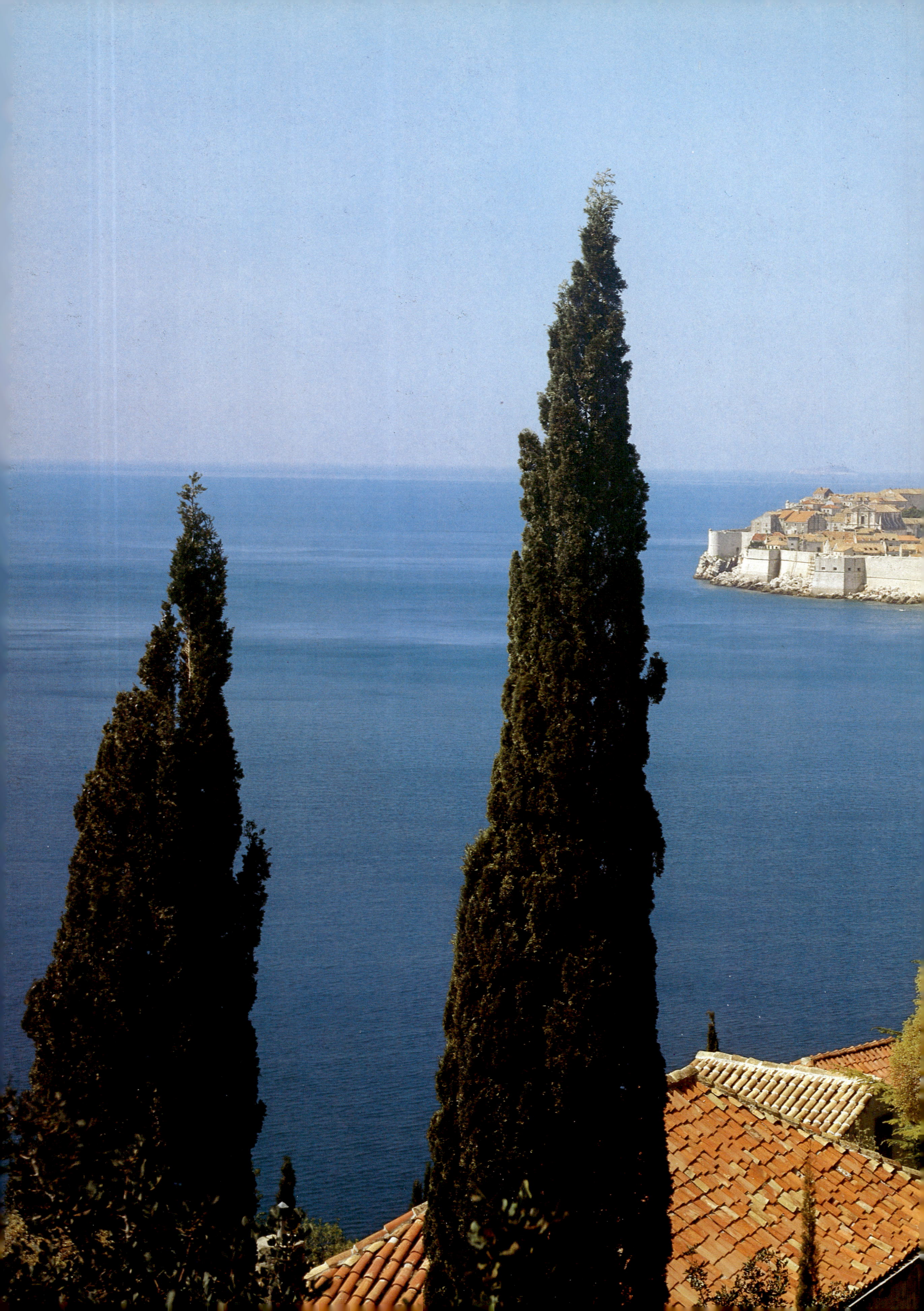

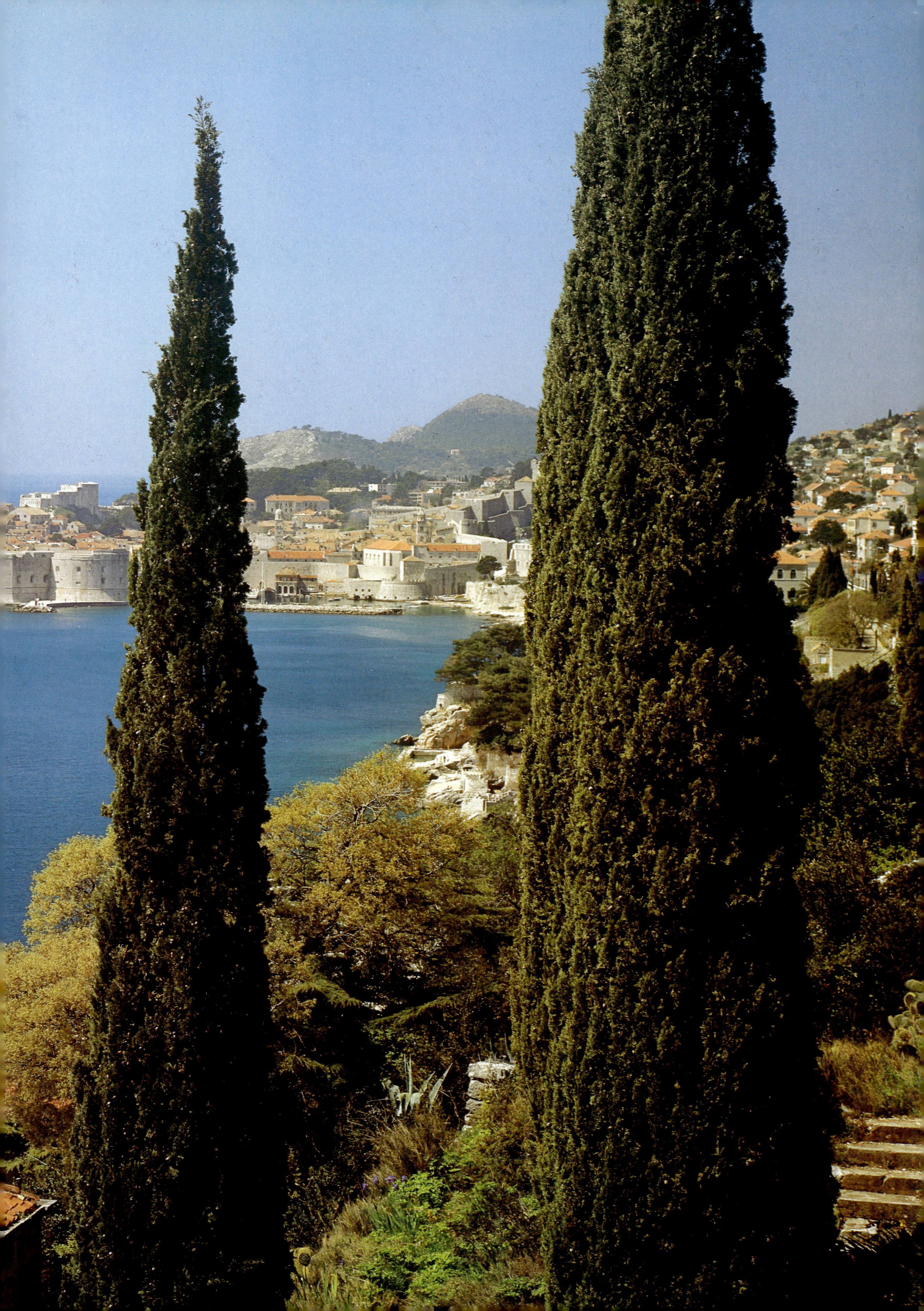

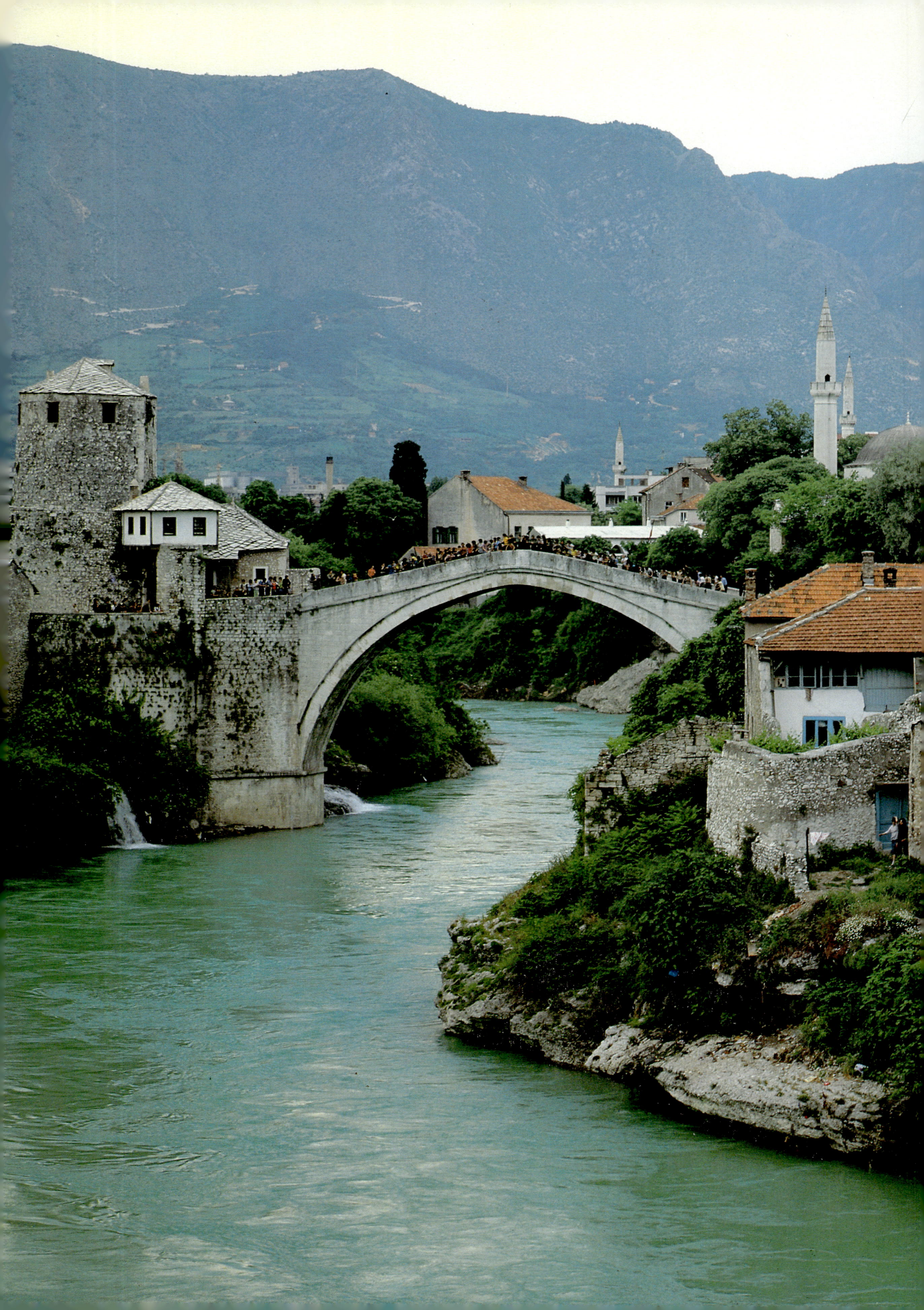

kann stundenlang durch ein grünes Paradies wandern, kahnfahren, schwimmen, oder – wie auf unserem Foto – ein erfrischendes Brausebad nehmen. In einer abgesonderten Reservatzone leben seltene Tierarten wie Bären, Wölfe, Füchse und Wildschweine.

112 *Am Kanal von Maslenica in Dalmatien.* – *Obwohl Jugoslawien oft nur als Baderegion eingestuft wird, ist es ein besuchenswertes Reiseland. Besonders Dalmatiens Küste ist eine der wildesten und bewegtesten Europas, die ihre Entsprechung nur im norwegischen Fjordland findet. In grauer Vorzeit falteten Urkräfte die Landmassen; mit gewaltigem Sturz versanken die Gebirge in der Adria, aus der sie heute mit über tausend Rücken, Gipfeln und Klippen herausragen. Unvergeßliche Eindrücke bilden sich aus den Kontrasten zwischen dem tintigen Blau des Wassers, das »blaue Feuer« benannt, und den bleichen, weißleuchtenden Steininseln, die sich wie die Rücken titanischer Urwelttiere aus den Fluten erheben.*

113 *Blick auf Dubrovnik.* – *Die ehemals Ragusa genannte Stadt auf einem meerumschlungenen Felsvorsprung in der südlichen Adria blickt auf eine ruhmreiche Vergangenheit zurück. Die im 7. Jahrhundert von Flüchtlingen aus Epidauros gegründete Siedlung entwickelte sich zur mächtigen Seemacht, die alle Meere befuhr und selbst dem beherrschenden Venedig Souveränität abtrotzte. Im 19. Jahrhundert mußte auch die »Perle der Adria« die Segel streichen, weil die Geschicke einer neuen Welt es geboten. Die stolzen Paläste und Kirchen sowie die respekteinflößenden Wehranlagen zeugen von der glorreichen Geschichte.*

114 *Mostar, Alte Brücke über die Neretva.* – *Die Hauptstadt der Herzegowina, gleich einer Oase in der grünen, von zerklüfteten Felshängen umklammerten Talmulde der lichtgrünen Neretva gelegen, ist ein vielbesuchtes Reiseziel im Grenzbereich zwischen dem Abend- und dem Morgenland. Die spitzen Minaretts von 25 Moscheen erinnern daran, daß Mostar aus einer orientalischen Karawanserei entstand und durch Jahrhunderte von den Türken beherrscht und besiedelt wurde. Wahrzeichen der Stadt ist die Alte Brücke von 1566 mit ihren beiden Tortürmen, die mit einem einzigen Bogen von 28 Metern den Fluß überspannt.*

Heute ist Venedig ein aus der Vergangenheit herübergerettetes Märchen aus Stein, Kirchen und Palästen, Brücken und Kanälen, auf denen die letzten vierhundert von einstmals zwanzigtausend Gondeln im Dienst der Touristen dahingleiten, von den Gondolieri mit einem einzigen Stück Holz, der »Forcola«, zentimetergenau gesteuert.

»Du warst des Ozeans Kind, dann seine Königin. Nun, da ein dunklerer Tag gekommen, wirst du bald seine Beute sein« – so schrieb Anfang des 19. Jahrhunderts der englische Dichter Percy Bysshe Shelley. Doch totgesagt wurde Venedig mehr als einmal. Schon in der Wiege ein Kind der Not, und als ›Biber-Republik‹ bezeichnet, fand es in seiner Geschichte immer wieder die Chance zum Überleben. Seit ihrer Gründung haben sich die Fundamente der Stadt um drei Meter in den morastigen Lagunenboden abgesenkt. Als 1966 das Wasser 1,80 Meter hoch in den Gassen stand, schien das Ende nur mehr eine Frage absehbarer Zeit zu sein. Doch gerade diese Hiobsbotschaft rüttelte die Welt auf. Die Unesco beschaffte eine Anleihe von 1,3 Milliarden Mark, Rom beschloß ein Gesetz zur Rettung der Stadt, und nach vielen Jahren des Verfalls gibt es wieder positive Nachrichten: Durch die Stillegung aller Tiefbrunnen konnte das weitere Absinken der Bausubstanz gestoppt werden – ein erstes Anzeichen für die Rettung dieses unvergleichlichen Denkmals aus Geschichte, Kunst und Reichtum, aus Sinnenlust und Hochmut.

Der große Raum, den Venedig in diesem Text beansprucht, ist gleichnishaft auf den Reiseweg unseres Kapitels übertragbar. In allen Städten längs der Adriaküste begegnet man dem geflügelten Löwen von San Marco. Die Venezianer, in ihrem Wesen stets mehr Kaufleute als Eroberer, verstanden es, die Besiegten als Freunde zu gewinnen. Gerade die Küsten und Inseln des heutigen Jugoslawien sind voll von Zeugnissen davon, daß es sich unter den Fittichen der Seerepublik recht gut leben ließ. Aber es geschähe den Küstenländern der Adria Unrecht, sähe man in ihnen nur Kolonien Venedigs. Zwar hat ihnen die Geschichte nie eine Hauptrolle im Welttheater zugewiesen, doch Griechen und Römer, Byzanz und die kroatischen Herrscher, Türken und Habsburger drückten den Adriaregionen mit einer Fülle von Baudenkmälern ihre Stempel auf.

Unser Reiseweg führt durch die Ebene Venetiens und des Friauls in das venezianische *Udine*, das langobardische *Cividale*, das römische *Aquileja* und erreicht in *Grado* wieder die amphibische Lagunenwelt der Adria. Auf wunderschöner Panoramastraße längs der Karstfelsküste, vorbei an Duino und dem Habsburger Traumschloß Miramare, erreicht man *Triest*, den polyglotten Schmelztiegel der Nationen aus Ost und West. *Istrien* ist eine Halbinsel voller Köstlichkeiten. Küstenstädte wie Koper, Piran, Poreč und Rovinj sind verkleinerte Abbilder Venedigs mit Loggien, Palazzi, Freitreppen und der unumgänglichen Kopie des Campanile vom Markusplatz. In *Pula* wird mit der mächtigen Arena das Reich der Römer lebendig und *Opatija* gleicht einem Bad Ischl am Mittelmeer. Von Senj, wo sich erstmals die nackten, weißen Felsinseln wie gigantische Delphinrücken aus dem tiefblauen Wasser heben, führt ein herrlicher Weg über den Vratnik-Paß in den *Plitvicer Nationalpark*, einem Naturwunder aus Urwald, Seen und Wasserfällen. In Karlobag zur Küste zurückgekehrt, steigern sich mit dem Erreichen Dalmatiens die Eindrücke fortwährend. Drei Komponenten bestimmen und beleben im fortlaufenden Wechsel die Szene: die urbane Küstenregion, das fels- und karstreiche Hinterland und das Zauberreich von fast tausend Inseln. Dazwischen leuchten Stadtbilder auf wie das von Wasser umschlossene *Zadar*, das von drei mächtigen Forts bewachte *Šibenik* mit seiner großartigen Kathedrale, das auf einer künstlichen Insel erbaute mittelalterliche *Trogir*, sodann *Split*, das ehemalige Spalato, die lebendige Stadt in antiken Kulissen, schließlich *Dubrovnik*, das einstige Ragusa. Im 15. Jahrhundert eine bedeutende Seefahrermacht, trotzte es als einzige Adriastadt dem beherrschenden Venedig, arrangierte sich sogar mit Türken und Ungarn. Sein Untergang war einmalig in der Geschichte des Abendlandes: Als es 1815 bei der Neuverteilung einer zu groß gewordenen Welt zu Habsburg geschlagen wurde, beschloß der Adel der Stadt Kinderlosigkeit und verurteilte damit Ragusa zum Sterben.

Reise-Lexikon

① **Venedig,** 360 000 Einwohner, von denen nur mehr etwa 60 000 in der eigentlichen Inselstadt leben. Entstanden in einem Labyrinth von Laguneninseln, wurde Venedig im Mittelalter als Seemacht der reichste und mächtigste Stadtstaat der Welt. Mit seinen 118 Inseln, 177 Kanälen, 400 Steinbrücken, 105 Kirchen, 900 Palästen und 14 000 Häusern verkörpert es ein einzigartiges Bau- und Kulturdenkmal. Das Herz der Stadt ist der Markusplatz mit dem Dom und dem 95 m hohen Campanile. Der 175 m lange und 56 bis 82 m breite Platz, seit dem 18. Jh. ganz mit Marmor gepflastert und von Napoleon als »der schönste Salon der Welt« bezeichnet, wird von den einstigen Amtsgebäuden der Prokuratoren von San Marco umrahmt. Nach Süden öffnet er sich mit der ›Piazetta‹ zur Lagune; zu ihr hin prunkt die Hauptfassade des Dogenpalastes (Palazzo Ducale; 1309–1442) als Sinnbild der Macht und des Ruhms von Venedig; er war Residenz der Dogen und Sitz der Regierung. Der Markusdom (1094; später mehrfach umgebaut), die wohl reichste Kirche der Welt, ist eine eigenwillige Schöpfung aus romanischen Portalen, byzantinischen Zwiebelkuppeln, orientalischen Säulen und islamischen Ornamenten, demonstriert jedoch gerade mit diesem Stilgemisch die einst weltumspannende Funktion der Seerepublik. Der im Gegensatz zu Dom und Dogenpalast auffallend schlichte Campanile (10. Jh.) stürzte 1902 wegen der nachgebenden Fundamente ein und wurde 1903 bis 1912 neu gebaut. – Die wichtigste der 177 Wasserstraßen ist der Canal Grande (3800 m lang, 30–70 m breit), mit Dutzenden von Palästen eine wahre Schaustraße venezianischer Architektur. Im 15. Jh., der Glanzzeit Venedigs, betrugen die Baukosten für einen dieser Paläste 3000 Golddukaten, was etwa dem Jahreseinkommen jedes der tausend Edelmänner entsprach. Ein weiterer der großen Anziehungspunkte ist die Galleria dell' Accademia, die einen geschlossenen Überblick über die venezianische Malerei des 14. bis 18. Jhs. bietet. Aus der Vielzahl der Sehenswürdigkeiten seien aus Platzgründen als wichtigste genannt: Uhrturm und Prokuratien auf dem Markusplatz; San Giorgio Maggiore, eine dem Markusplatz vorgelagerte Laguneninsel mit Klosterkirche und Campanile; Santa Maria della Salute, stadtbildprägende Kuppelkirche (1631–1681) an der Einfahrt zum Canal Grande; Rialtobrücke (1588–1592) über den Canal Grande; Scuola di San Rocco (16. Jh. – Renaissance) mit einer Bildfolge von 56 Gemälden Tintorettos; Scuola di San Giorgio degli Schiavoni (1451) mit hervorragenden Gemälden Carpaccios; Scuola dei Carmini mit Deckenfresken von Tiepolo; Cá d'Oro (Goldenes Haus), der prunkvollste Palast am Canal Grande; eine Vielzahl weiterer Kirchen und Museen. – In die engere Umgebung Venedigs seien Schiffsausflüge nach Murano (Glasherstellung), Burano (Klöppelspitzen), Torcello (ehemaliger Bischofssitz mit hervorragenden Baudenkmälern) und zum Lido (eleganter Badestrand mit Festspielhaus und Casino) empfohlen.

② **Udine,** 110 000 Einwohner, die betriebsame Hauptstadt der Region Friaul-Julisch Venetien, liegt in der norditalienischen Tiefebene um einen Hügel gruppiert. Auf dessen Kuppe befindet sich das Kastell, ein stattliches Bauwerk aus dem 16. Jh., früher Sitz der Patriarchen und der venezianischen Statthalter. Es enthält heute die städtischen Sammlungen mit Bildern von Caravaggio und Tiepolo. Reizvolles Zentrum ist die ganz nach venezianischem Vorbild gestaltete Piazza della Libertà mit der dogenpalastähnlichen Loggia del Lionello (1457), den überlebensgroßen Marmorskulpturen von Herkules und Cacus sowie der Loggia di San Giovanni (16. Jh.) mit originellem Uhrturm. Beachtenswert sind außerdem der reich ausgestattete Dom (13. Jh., im 18. Jh. renoviert) und das Erzbischöfliche Palais mit Fresken von Tiepolo.

③ **Cividale** del Friuli, 11 500 Einwohner, altertümliches Städtchen am lichtgrünen Natisone, war im 6. Jh. Sitz des aus Skandinavien eingefallenen Langobardenkönigs Albion, später Residenz der Patriarchen von Aquileja und bewahrt bedeutende Baudenkmäler aus dem frühen Mittelalter. Der Dom, im 8. Jh. gegründet und im 16. Jh. erneuert, enthält Baptisterium und Krypta aus romanischer Zeit sowie einen wertvollen Domschatz. Im ›Tempietto‹ und im Archäologischen Museum befinden sich Relikte aus langobardischen, römischen und mittelalterlichen Epochen.

④ **Aquileja,** heute ein unscheinbarer Ort mit 3000 Einwohnern, war im Altertum der größte Handelsplatz im Golf von Triest und eines der Zentren der damaligen Welt. 181 v. Chr. gegründet, wurde die Stadt im 6. und 7. Jh. von Hunnen und Langobarden mehrmals zerstört und mußte in der Folge seine Bedeutung an Cividale und Venedig abtreten. Von der einstigen Größe zeugen nur noch wenige Reste: freigelegte Ruinen am einstigen Hafen (jetzt verlandet), Teile des Forums und Mausoleums. Der Dom (11. Jh., im 14. Jh. erneuert) enthält bedeutende römische Mosaikböden und romanische Fresken, das Archäologische Museum Fundstücke aus antiker Zeit.

⑤ **Grado,** 10 000 Einwohner, entwickelte sich ähnlich wie Venedig auf einer Fluchtinsel in der Lagune der Adria, ist heute durch einen Fahrdeich mit dem Festland verbunden und als Badeort vielbesucht. Als der Patriarch von Aquileja 568 hier Zuflucht fand, entstand der Dom Sant'Eufemia, der, später mehrfach umgebaut, noch Teile seiner Urgestalt bewahrt (Mosaikboden, Marmorsäulen, Kapitele, Baptisterium). Ähnliche Relikte weist die benachbarte Kirche Santa Maria delle Grazie (Ursprung um 400) auf.

⑥ **Küstenstraße Duino – Triest,** 20 km lange Panoramastraße auf dem steil aufsteigenden, hellen Kalkfelsufer mit reizvollen Uferperspektiven. An der Straße liegen hübsche Fischer- und Badeorte wie Duino (wo Rainer Maria Rilke seine »Duineser Elegien« schrieb), Sistiana und Aurisana; kurz vor Triest erreicht man das märchenhafte Schloß **Miramare,** das der Bruder von Kaiser Franz Joseph, Erzherzog Maximilian, 1854 bis 1856 erbauen ließ. Doch nur acht Jahre lang konnte er sich des prachtvollen Domizils im stimmungsvollen Park erfreuen, dann wurde er Kaiser von Mexiko, wo er wenig später von Revolutionären ermordet wurde. Der prächtige, in Terrassen angelegte Park von Miramare geht in die Strandanlagen des Triester Villenvororts Barcola über.

⑦ **Triest,** 265 000 Einwohner, Hafen- und Industriestadt, liegt im nordöstlichen Winkel Italiens am gleichnamigen Meeresgolf, umgeben von den Hängen des Karstplateaus. Die geographische Lage an der Nahtstelle zwischen Mitteleuropa und dem Balkan bewirkte eine wechselreiche Geschichte. Rom und Byzanz, Ostgoten und Langobarden, Venezianer und Habsburger, schließlich Jugoslawen und Italiener stritten sich um den Besitz der Stadt, die ihre größte Zeit im 18. Jh. als bedeutendster Hafen der Donaumonarchie hatte und gleichsam das verkleinerte Erbe Venedigs antrat. 1947 ein kurzlebiger Freistaat, gehört Triest derzeit zu Italien, doch fühlt es sich dem alten Österreich und dem geographisch nahen Balkan genauso verbunden. Bei der Einfahrt in die Stadt beeindrucken als erstes die imposanten Kai- und Hafenanlagen mit den kilometerlangen Molen. Von deren Mitte zieht sich der Canal Grande 400 m lang in das Stadtzentrum, umrahmt von stattlichen Palastbauten und abgeschlossen von der Kuppelkirche Sant'Antonio (1849); unweit davon liegt die von schönen Palästen des 19. Jhs. umstandene Piazza dell'Unità d'Italia. Kernbezirk der Altstadt ist der Kapitolhügel mit dem venezianischen Kastell und der fünfschiffigen, asymmetrischen Kathedrale San Giusto (5.–14. Jh.). Der Kathedrale benachbart sind das Kunsthistorische Museum und das Grab des deutschen Altertumsforschers J. J. Winckelmann (1717–1768). Vom Kastell (15. bis 18. Jh., Waffenmuseum) genießt man einen umfassenden Rundblick auf Stadt und Küstenregion.

⑧ **Istrien,** 3800 qkm, in das Adriatische Meer vorgeschobene, zu Jugoslawien gehörende Halbinsel zwischen dem Golf von Triest und dem Kvarner Golf. Die Landschaft ist von Karsthochflächen geprägt, nach deren Gesteinsfarbe man zwischen dem »weißen« Istrien im Norden, dem »gelben« (mittleren) und dem »roten« (südlichen) Istrien unterscheidet. Die Binnenlandschaft wird von vegetationsarmen, kargen Kalkgesteinshügeln (Učka, 1396 m) beherrscht, an der buchtenreichen Felsküste entwickelten sich viele Hafen- und Ferienstädtchen, an den Ufersäumen gedeiht eine üppige mediterrane Vegetation.
Die Stationen im Verlauf der Reiseroute sind: **Koper,** 20 000 Einwohner, eine griechische Gründung, Inselhafen des römischen, byzantinischen, venezianischen und habsburgischen Reiches, wurde erst 1825 mit dem Festland verbunden. Wie alle Städte dieser Küste ist Koper deutlich von Venedig geprägt. Sehenswert sind die Kathedrale (15./16. Jh.), die Loggia (1462–1464; venezianischer Prätorenpalast) sowie der mittelalterliche Stadtkern mit zahlreichen Palästen und mehreren Kirchen. **Piran,** 7000 Einwohner, pittoreskes Hafenstädtchen mit altertümlichem Ortsbild, wegen seiner malerischen Veduten vielbesucht. Herzstück ist der Hauptplatz am Hafen mit dem Rathaus (1879), dem Standbild des hier geborenen Komponisten Giuseppe Tartini sowie mehreren Häusern in venezianischer Gotik. Darüber thront auf einem Hügel der stadtbeherrschende Dom (1317–1637) mit mächtigem Campanile. Südwärts schließt sich das moderne, stellenweise an das 19. Jh. erinnernde Seebad Portorož an. **Poreč,** 4000 Einwohner, auf einer schmalen Halbinsel gelegenes Städtchen, gilt mit seinem von venezianischer Gotik und der Renaissance geprägten, geschlossenen Ortsbild als Kleinod Istriens. Hauptsehenswürdigkeit ist der Dom, eine byzantinische Basilika aus dem 6. Jh. **Rovinj,** 12 000 Einwohner, prächtig auf einer Landzunge gelegenes, von bewaldeten Inseln umlagertes Hafenstädtchen, gilt als ›jugoslawisches St. Tropez‹ und Treffpunkt der Maler. Über der pittoresken Altstadt mit ihren ›italienischen‹ Plätzen und engen Gassen steht erhöht auf einem Uferfelsen die Kirche Sant' Euphemia (1736) mit dem 60 m hohen Campanile (herrliche Rundsicht). **Pula,** 50 000 Einwohner, politisches und kulturelles Zentrum Istriens, liegt in einer tief eingeschnittenen Bucht an der Südspitze der Halbinsel. Das Stadtbild ist geprägt von den Bauwerken der Römerzeit; die monumentale Arena (132 × 105 m, bis 32 m hoch) gilt neben dem Diokletianspalast in Split als das bedeutendste antike Bauwerk Jugoslawiens. Beachtenswert sind außerdem der Dom (15. Jh.), der Tempel des Augustus und der Roma (2–14 n. Chr.) sowie zwei römische Stadttore. 15 km nordwestlich vorgelagert sind die Brionischen Inseln, ehemals Sommersitz von Marschall Tito. **Opatija** (Abbazia) und **Lovran,** benachbarte Ferienzentren und Seebäder in der klimatisch begünstigten Kvarner Bucht, sind geprägt von den Villen- und Parkanlagen aus der Zeit der k. u. k. Monarchie.

⑨ **Rijeka,** 140 000 Einwohner, das ehemalige Fiume, betriebsame kroatische Handelsstadt und Jugoslawiens größter Hafen, liegt an der Nordostseite der Kvarner Bucht. Sehenswürdigkeiten sind der Dom (12. Jh., im 18. Jh. barockisiert), das Alte Rathaus (16. Jh.), der Stadtturm (15./18. Jh.), das

Nationalmuseum sowie die Vorstadt Sušak mit dem Franziskanerkloster und der Festung Trsat. Der Stadt vorgelagert ist die Insel **Krk,** mit 410 qkm die größte Insel Jugoslawiens.

⑩ **Senj,** 4000 Einwohner, ein heute unbedeutender Ort, in der Vergangenheit eine der wichtigsten Küstenstädte Kroatiens, liegt großartig am Ausgang der wilden Schlucht Senjska Draga zum Meer. Die Stadt war im 16. Jh. Hauptsitz des Rebellenvolkes der Uskoken, von den Türken vertriebene Serben und Bosniaken, die hier gegen Venezianer und Türken kämpften und schließlich in das Innere Kroatiens (»Uskoken-Gebirge«) umgesiedelt wurden. Von den einst 16 Kirchen blieben nur zwei erhalten, darunter der Dom (11./12. Jh., 18. Jh. erneuert); der 70 m hohe Burghügel Nehaj südlich der Stadt bietet eine prächtige Aussicht.
Unsere Route erreicht durch die Schlucht Senjska Draga den **Vratnik-Paß** (698 m, max. 10%) auf dem Kamm des Velebit-Gebirges, der einen großartigen Küsten- und Inselblick gewährt.

⑪ **Nationalpark Plitvicer Seen,** 330 qkm großes Naturreservat mit stellenweise urwaldähnlichem Charakter. Vielbesuchtes Herzstück ist eine von bewaldeten Bergen umschlossene, 7 km lange Kette von 16 kleinen Seen, die sich stufenförmig um insgesamt 156 m absenken und durch zahlreiche Wasserfälle miteinander verbunden sind. Durch einen besonderen biodynamischen Prozeß wird das Kalksintergestein (Travertin) fortwährend abgebaut und an anderer Stelle wieder neu gebildet, wodurch eine ständige Umformung der Geländestruktur erfolgt. In der über den Seenbereich hinausgreifenden, urwaldartigen Reservatzone leben Bären, Wölfe, Füchse, Wildschweine und andere seltene Tierarten.

⑫ **Zadar,** 45 000 Einwohner, eröffnet den Reigen der dalmatinischen Küstenstädte. Das römische Jadera wurde nach der Zerstörung von Salona 614 die Hauptstadt Dalmatiens. Trotz schwerer Schäden im Zweiten Weltkrieg bewahrt die Stadt eindrucksvolle Zeugnisse aus römischer, altkroatischer und venezianischer Zeit: Dom, eine romanische Basilika aus dem 12./13. Jh.; Römisches Forum (Zeleni Trg) mit Pranger; Rundkirche St. Donat (9. Jh.); Kirche Sveti Šimun (im 17. Jh. erneuert) mit dem berühmten Silbersarkophag des hl. Simeon; Kirche Sveti Marija (11./16. Jh.); Kirche Sveti Kreševan (12. Jh.); Landtor (1543); Rathaus; Loggia (17. Jh.); Platz der 5 Brunnen; Archäologisches Museum.

⑬ **Šibenik,** 30 000 Einwohner, weist im Gegensatz zu den meist griechischen oder römischen Gründungen ein mittelalterliches Stadtbild auf. Das amphitheatralisch an den hellen Karsthängen ansteigende Städtchen wird von den 3 Ruinen mächtiger Festungsbauten überragt. Sein Ruhm gründet sich auf die großartige Kathedrale (1431–1555), die als schönstes Renaissancebauwerk Dalmatiens gilt. Sehenswert sind außerdem die Kirche Sveti Ivan (15.–17. Jh.) und die Loggia (1542). – Im Umkreis von Šibenik sind die imposanten **Krka-Wasserfälle** bei Skradin und (mit Schiffsausflug) die **Kornaten-Inseln,** etwa 150 fast unbewachsene, ausgebleichte und unbewohnte Felseilande, besuchenswert.

⑭ **Trogir,** 6000 Einwohner, auf einer künstlichen Insel gelegenes Hafenstädtchen mit einzigartigem mittelalterlichen Stadtbild, das nach Dubrovnik als schönstes Dalmatiens gerühmt wird. Bedeutendste Sehenswürdigkeiten sind die Kathedrale (13.–15. Jh.), der Palazzo Cippico (15. Jh.), die Loggia (14. Jh.), das Rathaus (14./15. Jh.), das Benediktinerinnen-Kloster, das venezianische Kastell Camerlengo, der Wehrturm Sveti Marko sowie weitere schöne Palazzi und Kirchen.

⑮ **Split,** 130 000 Einwohner, die betriebsame Metropole Dalmatiens und größte Stadt des Landes, entstand aus dem Diokletianspalast, den sich der hier geborene römische Kaiser von 295 bis 306 bauen ließ. Nach der Zerstörung des antiken Salonas (heute Vorstadt mit archäologischer Rekonstruktion) drängten die Flüchtlinge in den Palast, der dadurch zur Keimzelle der Stadt wurde und noch heute einen Teil der Altstadt umfaßt. Mit seinem Geviert von je 200 m Seitenlänge verkörpert er das bedeutendste antike Bauwerk Jugoslawiens. Auf dem Palastgelände sind der Dom (ehemaliges Mausoleum), die Tore, der Jupitertempel und die Kellergewölbe sehenswert, außerhalb der Altstadt das Alte Rathaus (15. Jh.), der venezianische Turm (15. Jh.), der Palast Milesi (17. Jh., Marinemuseum) und das Archäologische Museum.

⑯ **Omiš,** 3000 Einwohner, prächtig am Ausgang der Cetinaschlucht auf einer Schwemmlandzunge gelegenes Städtchen, das durch seine wildromantischen Perspektiven besticht. Bemerkenswert sind die altkroatische Kirche mit ihrer konischen Kuppel sowie die auf dem Fels hochragende Burgruine Mirabella. – An der Küstenstraße (»Magistrale«) folgt im weiteren Verlauf **Makarska,** 6000 Einwohner, aus einer alten römischen Siedlung entstandenes Zentrum der heute aus zahlreichen modernen Ferienorten bestehenden Makarska-Riviera.

⑰ **Mostar,** 50 000 Einwohner, die Hauptstadt der Herzegowina, liegt gleich einer Oase im grünen, von unwirtlicher Karstlandschaft umgebenen Talkessel der Neretva. Die Stadt entstand im 15. Jh. aus einer Karawanserei und fasziniert durch ihr orientalisches Gepräge mit den spitzen Minaretts von 25 Moscheen. Berühmter Prospekt ist die Alte Brücke von 1566, die mit einem kühnen Bogen von 28 m die lichtgrüne Neretva überspannt.

⑱ **Dubrovnik,** 32 000 Einwohner, die Hauptstadt der ehemaligen Seerepublik Ragusa, gilt als eine der sehenswertesten Städte Europas. Im 7. Jh. von Flüchtlingen aus dem zerstörten Epidauros gegründet, entwickelte sich die Siedlung zur Seemacht, die alle Meere befuhr, in 70 Ländern Konsulate unterhielt und sogar dem mächtigen Venedig Souveränität abtrotzte. Erst die Neueinteilung der Welt im 19. Jh. besiegelte den Untergang Ragusas. Die Stadt liegt ungewöhnlich malerisch auf einer ins Meer vorspringenden Felszunge, ist von gewaltigen Festungsmauern umgürtet und gleicht mit ihrem einheitlichen Charakter einem mittelalterlichen Freilichtmuseum. Aus der Fülle der Sehenswürdigkeiten heben sich der Rektorenpalast (1435–1441, jetzt z. T. Museum), der nach dem Erdbeben von 1667 erbaute barocke Dom (1713), der gotische Sponza-Palast (16. Jh.), das Dominikanerkloster, das mächtige Ploče-Tor (16. Jh.) und die gewaltigen Stadtmauern aus dem 15. Jh. heraus.

22 Von Korfu nach Athen und Kap Sunion

Eine Reise an die Wiege unserer Kultur

»Das Erlebnis des Lichts ist das höchste, erfüllendste Griechenlands. Ohne das Licht wäre Griechenland nicht: seine Kunst nicht, seine Götter nicht, seine Menschen nicht. Nur in diesem Licht waren sie einmal möglich. Es ist aber eigentlich kein Licht mit Eigenschaften des Lichts, als vielmehr eine ungeheure Helligkeit. Kein Mensch könnte ihre Farbe nennen und es ist ihr nicht um Töne zu tun. Sie schmeichelt nicht, beschönigt nicht. Sie will nur Klarheit, Bestimmtheit, Unerbittlichkeit der Form. Sie haßt Geheimnisse. Es ist, als ob das Land keine Falten hätte. Sie freut sich an nackten Leibern. Sie macht alles einfach, froh, selbstbewußt, eindeutig.« So sah Rudolf G. Binding die hellenische Welt, und er sah sie wohl mit dem Auge des Malers, des Künstlers. Streng sachlich betrachtet ist Griechenland weder schön noch wohlgestaltet, schon gar nicht lieblich oder idyllisch – es ist eine phantastische, unwirkliche Welt aus Licht, Wasser und Stein. Doch das Land ist mehr als nur ein hinreißendes Kunstobjekt, es ist schlichtweg die Wiege unseres europäischen Daseins. Alles, was das Abendland an Ideen, Formen, Gedanken und Entwürfen hervorbrachte, erwuchs aus den Wurzeln der griechischen Kultur. Lange vor unserer Zeitrechnung blühten in Hellas Künste und Wissenschaften, Homer schuf seine klassischen Epen, Pythagoras die Grundlagen von Mathematik und Geometrie, Hippokrates jene der wissenschaftlichen Medizin. Archimedes entdeckte die Zusammenhänge von Mechanik und Astronomie, Sophokles schuf mit seinen Tragödien die Grundlagen des europäischen Dramas, Architektur und plastische Kunst brachten Meisterwerke im Tempelbau und in der Darstellung des menschlichen Körpers hervor. Die Volksherrschaft schließlich wurde praktiziert, lange bevor man dafür den (aus dem Griechischen übersetzten) Begriff Demokratie erfand.

So anschaulich sich die Ströme der kulturellen Entwicklung zurückverfolgen lassen, so rätselhaft ist für viele griechische Geschichte, Philosophie und Religion: Realität und Mythos scheinen sich im Dunkel der Vorzeit zum schwer entwirrbaren Komplex zu verflechten. Um alle Gestalten und Vorgänge zu deuten und einzuordnen, bedarf es eines kulturhistorisch geschulten Interesses. In dieser Betrachtung kann aus Platzgründen nur ein geraffter geschichtlicher Abriß wiedergegeben werden: Griechenlands Existenz, die bis auf das dritte Jahrtausend vor unserer Zeitrechnung zurückreicht, trat etwa tausend Jahre vor Christus in das Licht der Geschichte. Hervorgegangen aus den Völkern der Ionier, Achäer und Dorer, erlebte das Land im ersten Jahrtausend vor Christi Geburt seine höchste Blüte. Aus dieser Zeit stammen auch die meisten der heute noch vorhandenen und bewunderten Baudenkmäler. Damals bestand jedoch kein einheitliches griechisches Reich, sondern das Land gliederte sich in mehrere Machtblöcke wie Athen, Theben, Korinth und Argos, die sich zwar zeitweise – wie unter der Hand Alexanders des Großen – zusammenfanden, doch zumeist untereinander stritten und sich bekämpften, sich verbündeten und besiegten; nur während der olympischen Wettkämpfe ruhten die Waffen. Durch Uneinigkeit geschwächt, erlag das Land 197 v. Chr. den Römern. Dies war zugleich das Ende der glanzvollen griechischen Hochkultur. Mit der Teilung des Römischen Reichs (395) kam Griechenland unter byzantinische Herrschaft. Machtpolitisch bedeutungslos, geriet es in der Folge in die Hände der Araber, Bulgaren, Normannen, Albaner, Venezianer und schließlich (1458) der Türken. Fast hundert Jahre, von 1821 bis 1913, dauerte es, bis Griechenland seine heutigen Grenzen erkämpfte. Das über vierhundert Jahre während fremde Joch erzeugte eine Art Erbfeindschaft zwischen Griechen und Türken, die noch heute schwelt.

Faszinierend wie seine Geschichte und Kultur ist auch die Topographie Griechenlands. Dem Festland, reich verzahnt an den Süden der Balkan-Halbinsel »angehängt«, sind über dreitausend Inseln vorgelagert, von denen allerdings nur einhundertfünfzig bewohnt sind. Die buchtenreichen Küsten sind meist felsig, im Landesinneren steigen die Gebirge, die vegetationsarm

115 Meteora-Kloster Agios Trias (Heilige Dreifaltigkeit) in Thessalien. – Im 9. Jahrhundert kamen Eremiten zu den zyklopenhaften Konglomeratfelsen in Westthessalien, um sich, von aller Welt abgesondert, auf deren Gipfeldächern dem mönchischen Leben zu widmen. Auf solche Art entstanden im Mittelalter bis 24 der »schwebenden Klöster«, die zumeist nur auf halsbrecherischen Leitern oder mittels Aufzugsnetzen zugänglich waren. Heute sind noch etwa fünf bis sechs davon bewohnt und auch für Touristen erreichbar.

116 Delphi, Tholos von Marmaria. – In einer ernsten Landschaft an den Südhängen des Parnaß-Gebirges liegt der »Heilige Bezirk« von Delphi, in der Antike das Zentrum des Apollokults. Seine Berühmtheit gründete sich auf das seit zweitausend Jahren vor Christi Geburt bestehende Orakel, das, vermittelt durch die Priesterin Pythia, vor allen politischen Entscheidungen befragt wurde. Im Bild die Fragmente der Tholos von Marmaria, eines Marmorrundbaus im attisch-dorischen Stil, errichtet um 380 vor Christus von Baumeister Theodoros.

117 Athen, Akropolishügel mit Parthenon. – Über der hektischen Millionenstadt Athen erhebt sich der 156 Meter hohe Akropolishügel, auf dem sich seit jeher die Burg der bedeutendsten Siedlung Attikas befand. Er war Sitz der Könige sowie Standort der wichtigsten Heiligtümer des antiken Griechenland und umfaßt die erlesensten Schöpfungen griechischer Baukunst wie den Parthenon, das Erechtheion und den Tempel der Nike. Die Akropolis gilt als sichtbares Symbol der Keimzelle aller abendländischen Kultur und wird jährlich von mehr als vier Millionen Menschen besucht.

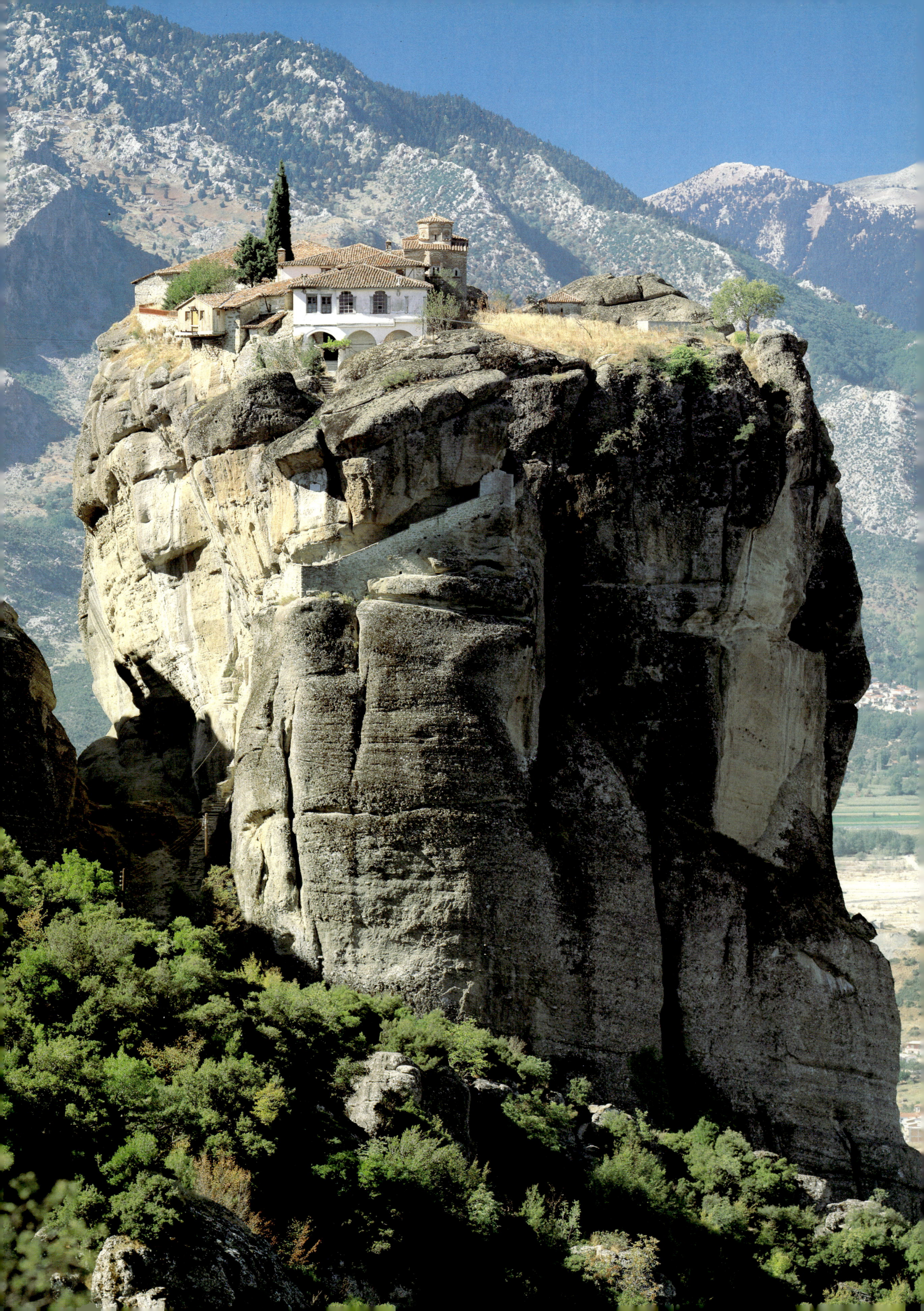

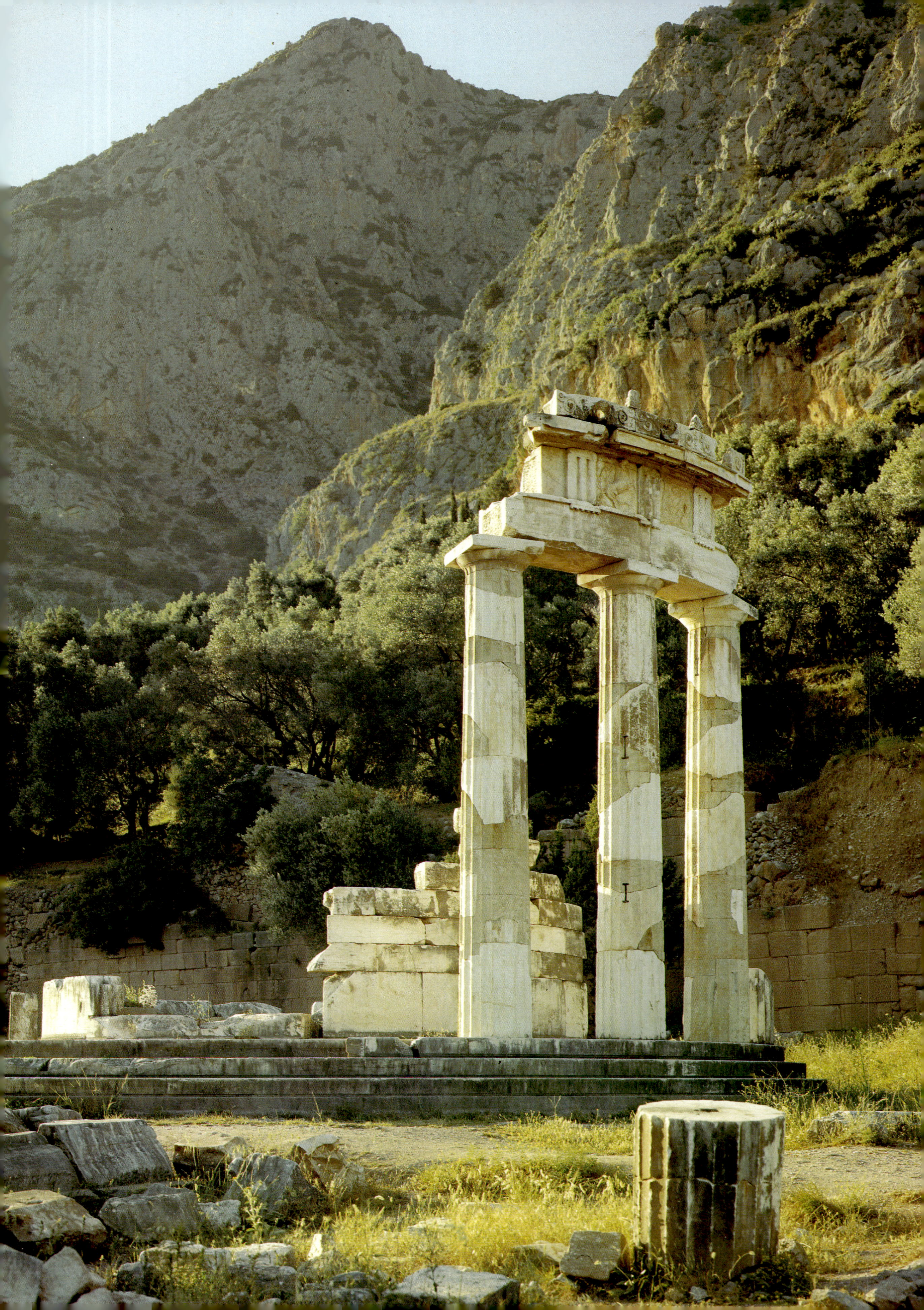

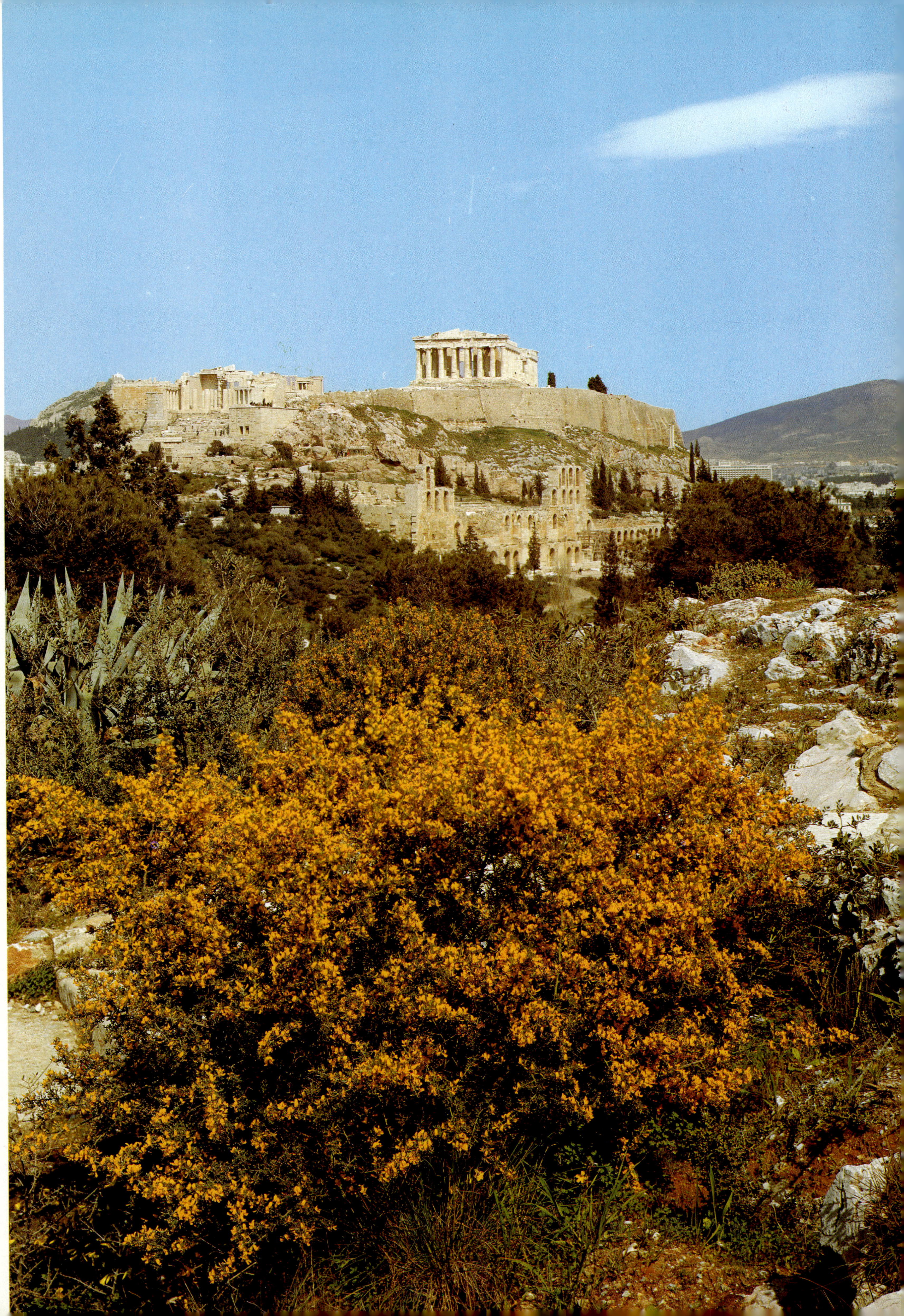

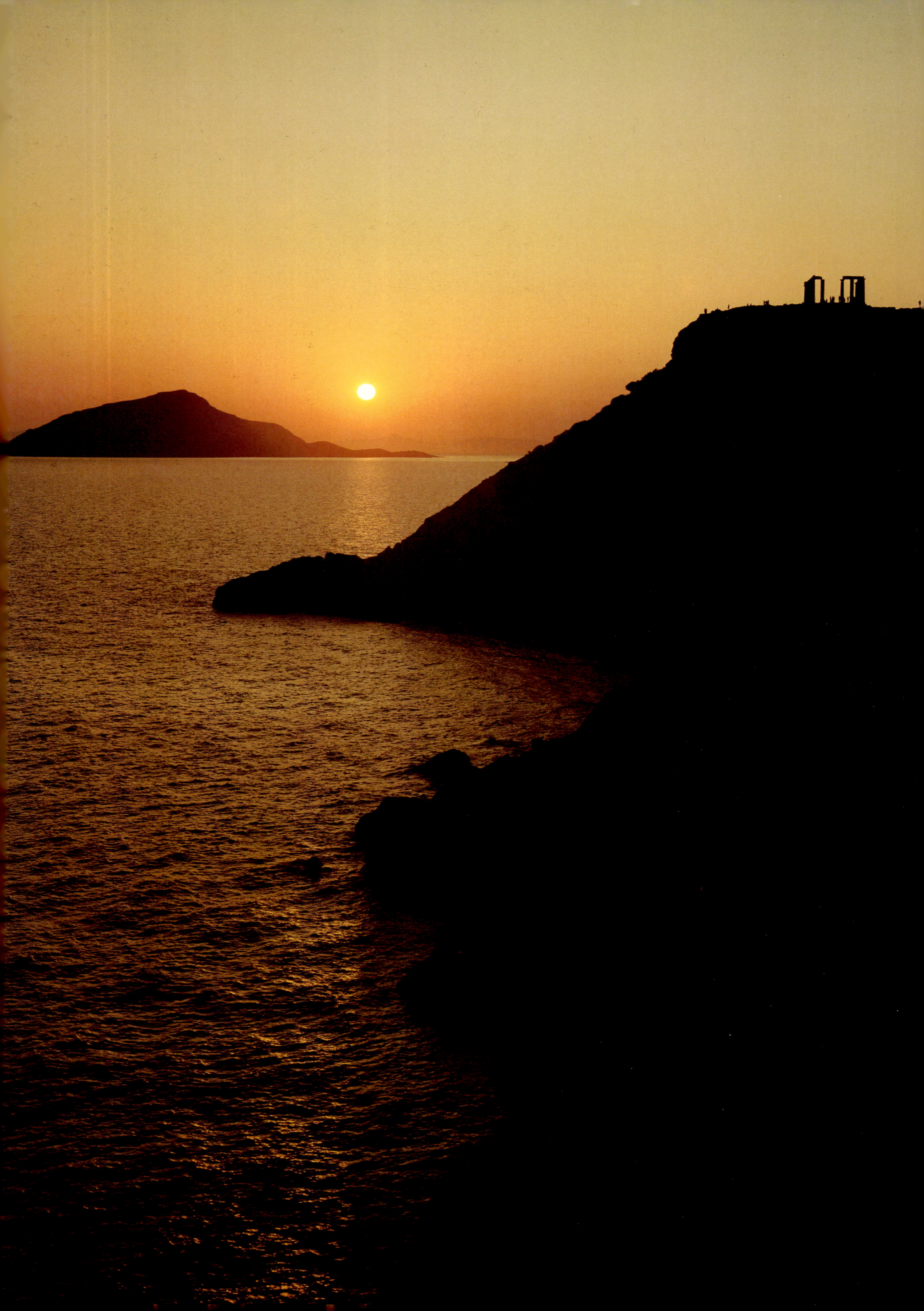

und wenig besiedelt sind, fast bis dreitausend Meter (Olymp 2911 m, Pindosgebirge 2633 m) an.

Für Reisen nach Griechenland gibt es die mannigfaltigsten Zielsetzungen und Gestaltungsmöglichkeiten, von der straff organisierten Kulturreise über den Badeurlaub bis zum abenteuerlichen Insel-›hüpfen‹. Gemäß unserem Buchthema stellen wir hier eine Autoroute vor, die das Festland und den Nordrand des Peloponnes durchzieht und dabei die berühmtesten wie auch viele kaum bekannte Regionen Griechenlands aneinanderreiht. Ausgeklammert sind die zahlreichen antiken Stätten im Innern des Peloponnes wie Mykenä, Epidauros, Sparta, Olympia und andere, deren Eigentümlichkeit thematisch außerhalb einer Traumstraßenroute liegt und ein gezieltes Interesse voraussetzt.

Startpunkt dieser Route ist die Insel *Korfu,* der für Autoreisende aus Mitteleuropa (über die italienische Autobahn und die Fährüberfahrt ab Bari, Brindisi oder Otranto) am schnellsten erreichbare Punkt Griechenlands. Korfu ist eine klangreiche Ouvertüre zum Land der Hellenen. Die grünste aller griechischen Inseln überrascht mit vielfältigsten Impressionen: Venezianische Architektur, englische Gärten, süditalienische Straßenszenen, Fin-de-Siècle-Atmosphäre und österreichisch getönter Hotelkomfort verschmelzen zur kosmopolitischen Ferienlandschaft, in die der odysseeische Inselsplitter Pontikonissi und das ›schwimmende‹ Klosterkleinod Vlacherna erste griechische Akzente setzen. Schnell ändern sich die Bilder, wenn man mit der Fähre nach Igoumenítsa auf das Festland übersetzt. In *Epirus,* der Landschaft Nordwestgriechenlands, wird die subtropische Flora von der herben Bergregion des Pindosgebirges abgelöst. Nach der Stadt Ioánnina, deren Moscheen unübersehbar an das nahe Morgenland erinnern, klettert die Straße auf den 1705 Meter hohen Katará-Paß, in dessen weiterem Bereich die auf Zyklopenfelsen thronenden *Metéora-Klöster* einen der Höhepunkte dieser Reise bilden. Jenseits des Pindosgebirges öffnen sich die riesigen immergrünen Beckenebenen *Thessaliens,* genährt von den Schmelzwassern der Gebirge, seit jeher einer der wichtigsten Lebensräume des griechischen Volkes. Südlich Thessaliens, wo die Straße nächst der Thermopylen rings um den Purnaráki-Paß einzigartige Fernblicke bietet, beginnt das klassische Griechenland mit den zahllosen berühmten Stätten seiner Geschichte, Kultur und Mythologie. Deren bedeutendste, *Delphi,* liegt mit ihrem Heiligen Bezirk, in dem die Göttin der Erde sich den Menschen mitteilte, in einer melancholisch-ernsten Ölbaumlandschaft am Fuß des zweieinhalbtausend Meter hohen Parnaßgebirges. Über Ámphissa und Gumäi erreicht man Náfpaktos und den *Golf von Korinth,* den man in Antirrion mit der Fähre überquert. *Patras,* das sich amphitheatralisch einen Hügel hinaufzieht, bietet als größter Hafen des Peloponnes viel sehenswertes Eigenleben. Zwischen Patras und Korinth verläuft die Straße 150 Kilometer lang unmittelbar am Ufer des Golfes von Korinth und gewährt großartige Ausblicke auf die Küstenlandschaft und über die Weite des stets bewegten Wassers zum jenseitigen Ufer mit dem gewaltig aufragenden Parnaß. Obligatorische Abstecherziele auf diesem Teilstück sind das an eine Felswand gekrallte Kloster Méga Spíläon und die Ruinenreste von Alt-Korinth. Über den berühmten Kanal von Korinth, vor dessen Durchstich (1893) die Schiffe über die Landenge gezogen wurden, erreicht man den *Golf von Ägina* und über Mégara und Eleusis die Hauptstadt *Athen.* Aus einem Meer von Beton, der jedes freie Fleckchen überflutet, die Hügel hinaufklettert und bis ins Meer hinunterfließt, erhebt sich majestätisch der Akropolishügel mit dem weltberühmten Parthenon, dessen dorische Säulen am eindrucksvollsten von der Größe des alten Hellas zeugen. Noch triumphiert der Tempel, steingewordener Geschichte gleichend, mit eherner Ruhe über dem chaotischen Ungeist der Zeit. Doch seine Tage sind gezählt: Von Emissionen zerfressen, wurden bereits die Karyatiden durch Nachbildungen ersetzt. Der Parthenon, gleichfalls vom Zerfall gezeichnet, ist auf solche Art nicht mehr ersetzbar. Es blieb unserem Jahrhundert vorbehalten, ihn dem Tod zu weihen. Den versöhnlichen Ausklang der Reise bildet *Kap Sunion,* wo unter den Ruinensäulen des Poseidontempels in der Dämmerung eines Sonnenuntergangs die Grenzen zwischen Traum und Wirklichkeit in die Unendlichkeit zerfließen.

118 *Kap Sunion mit den Resten des Poseidon-Tempels. – Das Kap Sunion an der Südspitze der attischen Halbinsel strahlt als einer der markanten Endpunkte unseres Erdteils jene symbolhafte Wirkung aus, die fast jeden Besucher unmittelbar anspricht. Besonders bei Sonnenuntergang entstehen Bilder voller Romantik.*

Reise-Lexikon

① **Schiffsreise nach Korfu.** Die schnellste und rationellste Art der Anreise ist die Überfahrt mit einem Autofährschiff von Italien oder Jugoslawien nach Korfu. Die gebräuchlichsten Verbindungen sind: Brindisi – Korfu (9 Stunden, ganzjährig); Bari – Korfu (10 Stunden, ganzjährig); Ancona – Korfu (25 Stunden, Juni bis Oktober); Otranto – Igoumenítsa (10 Stunden, Mai bis Oktober); Dubrovnik – Korfu (18 Stunden, April bis Oktober); Bar – Korfu (13 Stunden, April bis Oktober). Vorbuchungen über örtliche Reisebüros oder bei einer der (bei den Griechischen Fremdenverkehrsämtern in Frankfurt, München, Wien, Zürich oder den ADAC-Geschäftsstellen zu erfragenden) Schiffahrtslinien ist besonders während der Hauptreisezeit empfehlenswert.

② **Korfu,** 586 qkm, 100000 Einwohner, der Balkanhalbinsel an der Grenze zwischen Albanien und Griechenland vorgelagerte Insel im Ionischen Meer und die bedeutendste der Ionischen Inseln. Sie unterscheidet sich von allen anderen griechischen Inseln, die nach Süden zu mehr und mehr vegetationsarm und steinig werden, durch eine üppige Pflanzenwelt und durch ihr internationales Gepräge. Letzteres erklärt sich aus der Geschichte: Korfu war von 1386 bis 1797 venezianisch, ab 1815 englisch und kam erst 1864 zu Griechenland. Hauptort der Insel ist Korfu (Kérkira), 30000 Einwohner, eine freundliche Hafen- und Ferienstadt mit noblem Einschlag. Für Homer war die Insel das phäakische Königreich des Alkinoos, in dessen Tochter Nausikaa sich Odysseus verliebte. Das Inselchen Pontikonissi, 3 km südlich der Hauptstadt bei Kanoni vor der Küste gelegen, gilt als Landungspunkt von Odysseus. Diesem ersten prominenten Besucher folgten viele illustre Gäste aus den Fürsten- und Königshäusern Europas, was sich in vielen aufwendigen Palästen und Gebäuden aller Stilarten ausdrückt. Auf Korfu gibt es zwar auch beachtliche Altertümer, doch seinen eigentlichen Reiz bezieht es aus der bunten Mischung, wie sie sich nur an einem Schnittpunkt der Welten, Kulturen und Einflüsse ergeben kann.

③ **Igoumenítsa,** 4000 Einwohner, Hafenort an der Westküste von Epirus mit regelmäßigem Fährbetrieb nach Korfu und anderen Hafenorten (Patras, Otranto, Dubrovnik).

④ **Ioánnina,** 40000 Einwohner, die Hauptstadt des Epirus, liegt am Westufer des gleichnamigen, graugrünen Sees. Die Stadt teilt sich in zwei konträre Bereiche: in die modernen Viertel mit großen Gärten und schattigen Platanenalleen sowie die Altstadt, von einer mächtigen Mauer mit wenigen Toren umschlossen. Schmale Gäßchen ziehen sich durch das orientalische Gebäudegewirr mit den Haremsbalkonen, dem türkischen Bad und den beiden mächtigen Moscheen mit den grazilen Minaretts. Im 20 qkm großen See liegt eine Insel mit 7 beachtlichen Klöstern aus dem 13. Jh., 4 km nördlich der Stadt unweit des Seeufers die Tropfsteingrotte von Perama.
Südwärts führt eine Straße mit schönen Ausblicken nach 18 km in das antike Heiligtum von **Dodóna**, das schon vor Delphi eine berühmte Orakelstätte war. Die Tempel und Säulen sind fast zerfallen, nur das Theater blieb erhalten und dient alljährlich im August als Rahmen für Festspiele mit Volkstänzen und antiken Tragödien.

⑤ **Métsovon,** 3000 Einwohner, 925 m, abgeschiedenes Bergstädtchen unweit des 1705 m hohen, das Pindosgebirge überwindenden **Katára-Passes.** Von den Römern gegründet, bot der Ort durch seine isolierte Lage während der Türkenherrschaft vielen Christen Zuflucht. Sehenswert sind die Kirche Agia Paraskevi aus dem 15. Jh. mit einer prächtigen Ikonostase (Ikonen-Bilderwand) und Fresken aus dem 17. Jh. sowie das Haus Tossizza, eines der urtümlichen Bauernhäuser dieser Gegend. Die Bewohner des Orts, der noch wenig von Touristen aufgesucht wird, schnitzen hübsche naive Holzfiguren; viele Frauen und Männer tragen auch im Alltag noch Tracht.

⑥ **Meteora-Klöster:** Auf steil hochragenden Felstürmen in der heroischen Landschaft Westthessaliens nächst des Orts Kalabáka errichtete Klosteranlagen, die zu den bedeutendsten Sehenswürdigkeiten Griechenlands zählen. Im 9. Jh. kamen die ersten Einsiedler-Mönche zu den entlegenen Felsen, um sich dort von der Welt zurückzuziehen und das Gespräch mit Gott zu suchen. Die Verbindung mit der Außenwelt war nur über halsbrecherische Leitern möglich. Auf diese Art entstand im 13. und 14. Jh. eine religiöse Gemeinde mit etwa 24 ›schwebenden‹ Klöstern. Die meisten davon sind heute verfallen; 5 bis 6 werden noch bewohnt und bewirtschaftet. Sie sind über Straßen erreichbar und über Felstreppen auch für Touristen zugänglich. Die spektakulärsten Standorte auf zyklopischen Felstrümmern weisen die Klöster Agios Trias (Heilige Dreifaltigkeit) und Agios Russánu auf; am besuchenswertesten sind das Nonnenkloster Agios Stefanos (1312, prächtige Kirche mit reich geschnitzter Ausstattung, einzigartige Schatzkammer, Ikonenverkauf), das Kloster Meteoron (14. Jh., Kirche mit herrlichen Fresken, Kreuzgang mit 50 Zellen, Zisternen und Kapellen, großartiges Museum) sowie Kloster Varlaam (1517, großartige Kreuzkuppelkirche mit berühmten Fresken, Museum, Refektorium, Klosterküche, Bibliothek, befestigte Felsgärten). **Kalabáka** ist ein freundliches Städtchen mit 6000 Einwohnern im Piniostal vor dem eindrucksvoll aufsteigenden Pindosgebirge. Sehenswert ist die byzantinische Mitropolis-Kirche (10./11. und 14. Jh.), eine der ältesten Kirchen Griechenlands mit interessanter Ausstattung. 1 km nördlich liegen auf dem Kastro-Hügel die Reste der antiken Akropolis von Aigínion.

⑦ **Tríkala,** 35000 Einwohner, in der weiten Beckenlandschaft des Piniostals gelegene thessalische Stadt mit bedeutender Vergangenheit. Das im 3. Jh. v. Chr. gegründete Tríkka galt als Heimat des Asklepios, des Gottes der Heilkunde; auch Hippokrates von Kos wirkte hierher. Der Ort, dessen Pferdezucht seit der Antike berühmt ist, war im Mittelalter Herrschersitz eines serbischen Zaren und später eines türkischen Paschas. Großen Zuspruch genießen die schönen Uferpromenaden des von vielen Brücken überspannten Líthaos sowie der stilechte orientalische Bazar. Auf dem Akropolishügel, wo die Reste der byzantinisch-serbischen Festung Kastro stehen, bietet sich ein schöner Rundblick. Sehenswert sind außerdem die türkische Moschee (1550) mit Minarett und Uhrturm, die byzantinischen Kirchen Agios Ioannis und Agios Stefanos sowie das Archäologische Museum.
Die Umgebung von Tríkala ist ungewöhnlich reich an Spuren aus der Antike und dem Mittelalter. Lohnendstes Ziel ist die 20 km südwestlich an der Straße nach Árta am Eingang zur Talenge Stena Portas liegende Kirche **Panagia Portas**, ein byzantinischer, architektonisch außergewöhnlicher Bau mit Mosaiken aus der Entstehungszeit (1283) und Wandmalereien aus dem 15. Jh.

⑧ **Kardítsa,** 25000 Einwohner, am Südwestrand des weiten thessalischen Hauptbeckens gelegenes Zentrum einer reichen landwirtschaftlichen Region (Baumwolle, Tabak, Seide, Getreide, Rinderzucht). Die während der Türkenherrschaft gegründete Stadt weist wenig Sehenswertes auf, doch befinden sich in ihrer Umgebung Reste von antiken Stätten wie **Mitrópolis** (Reste der Akropolis und des Mauerrings), das bei Homer genannte **Ithóme** mit hellenischen Mauern und byzantinischer Burgruine, der Ort **Sofádes** mit Resten des antiken Árne sowie einer byzantinischen Kirche, die nach Erdbebenzerstörung 1955 mit Hilfe der deutschen evangelischen Gemeinde wieder aufgebaut wurde.

⑨ **Phúrka-Paß,** 720 m, Straßenübergang im Óthrys-Gebirge, bis 1881 die Grenze zwischen Griechenland und der Türkei, jetzt zwischen Thessalien und der Landschaft Phthiotís. Der Paß zeichnet sich durch landschaftliche Reize aus: Bei der Auffahrt gewährt er bei schönem Wetter einen Rückblick bis zum 115 km entfernten Olymp, jenseits der Paßhöhe nach Süden ein prächtiges Panorama mit dem Becken von Lamía, dem Meereinschnitt Maliakós Kólpos und dem gewaltig hochfluchtenden Öta-Gebirge (2158 m).

⑩ **Lamía,** 39000 Einwohner, die betriebsame Hauptstadt der Landschaft Phthiotís, in der griechischen Mythologie die Heimat des Achilleus, liegt großartig in der zwischen zwei Gebirgen eingekerbten Talebene des Sperchiós unweit einer fjordartigen Bucht des Ägäischen Meeres. An sehenswerten Bauten hat die Stadt wenig vorzuweisen; von der erhöht gelegenen Zitadelle genießt man eine schöne Aussicht über den Golf bis zur Insel Euböa.

⑪ **Thermopylen** (»Warme Tore«), nach den benachbarten heißen Quellen benannte Wegenge zwischen dem Ägäischen Meer und dem steil emporstrebenden Gebirge, die durch den Heldentod des spartanischen Königs Leonidas und seiner Krieger gegen die von Xerxes angeführten Perser im Jahr 480 v. Chr. geschichtsberühmt wurde. Der eigentliche Schauplatz der Schlacht ist heute nur mehr andeutungsweise festzustellen, da inzwischen der Sperchiós dem einst schmalen Uferstreifen eine breite Schwemmlandzunge vorgelagert hat. Dem Küstenverlauf in der Antike entspricht in etwa die Trasse der heutigen Autobahn Lamía – Athen. Von unserer Route (Lamía–Ámphissa) zweigt 6 km nach Lamía links eine Nebenstraße zu den Thermopylen ab; sie erreicht nach 9 km ein Denkmal mit Reliefdarstellung (1955) und den Gedenkstein des Leonidas mit dem berühmten Epigramm des Simonídes: »Fremder, kommst du nach Sparta, verkündige dort, / du habest uns hier liegen gesehen, wie das Gesetz es befahl.«

⑫ **Ámphissa,** 6000 Einwohner, freundliche Kleinstadt und Hauptort der Landschaft Phokís, liegt in einer Talmulde zwischen den Gebirgsmassiven des Giona (2400 m) und des Parnaß (2500 m). Der Ort war in der Antike die Hauptstadt der Lokrer; auf einer Anhöhe steht die auf antiken Mauern errichtete fränkische Burgruine Kástro (Salóna). Im Südosten der Stadt liegt die »Heilige Ebene« mit uraltem, dichten Ölbaumbestand.

⑬ **Delphi,** 1200 Einwohner, hotelreiches Städtchen in melancholischer Landschaft an den Südhängen des Parnaß-Gebirges. 3 km östlich befinden sich die Ruinen des »Heiligen Bezirks«, der in der Antike einen Stein einschloß, der als »Nabel der Welt« galt; Delphi ist noch heute der symbolische Mittelpunkt Griechenlands. Hier befand sich in der Antike das Zentrum des Apollon-Kults. Seine Berühmtheit gründet sich auf das seit dem Jahr 2000 v. Chr. bestehende Orakel, dessen mehrdeutige Aussprüche, vermittelt durch die auf dem Dreifuß über einer Erdspalte sitzenden Priesterin Pythia, für untrüglich galten. Das Orakel von Delphi wurde vor allen wichtigen politischen Entscheidungen (Kriegen, Koloniegründungen, Gesetzesänderungen) befragt und beeinflußte über viele Jahrhunderte hinweg die Staatsführung.
Von Delphi aus empfiehlt sich ein Abstecher zu dem 37 km südöstlich gelegenen Kloster **Hósios Lukás,** das mit seinen prächtigen Mosaiken als eines der

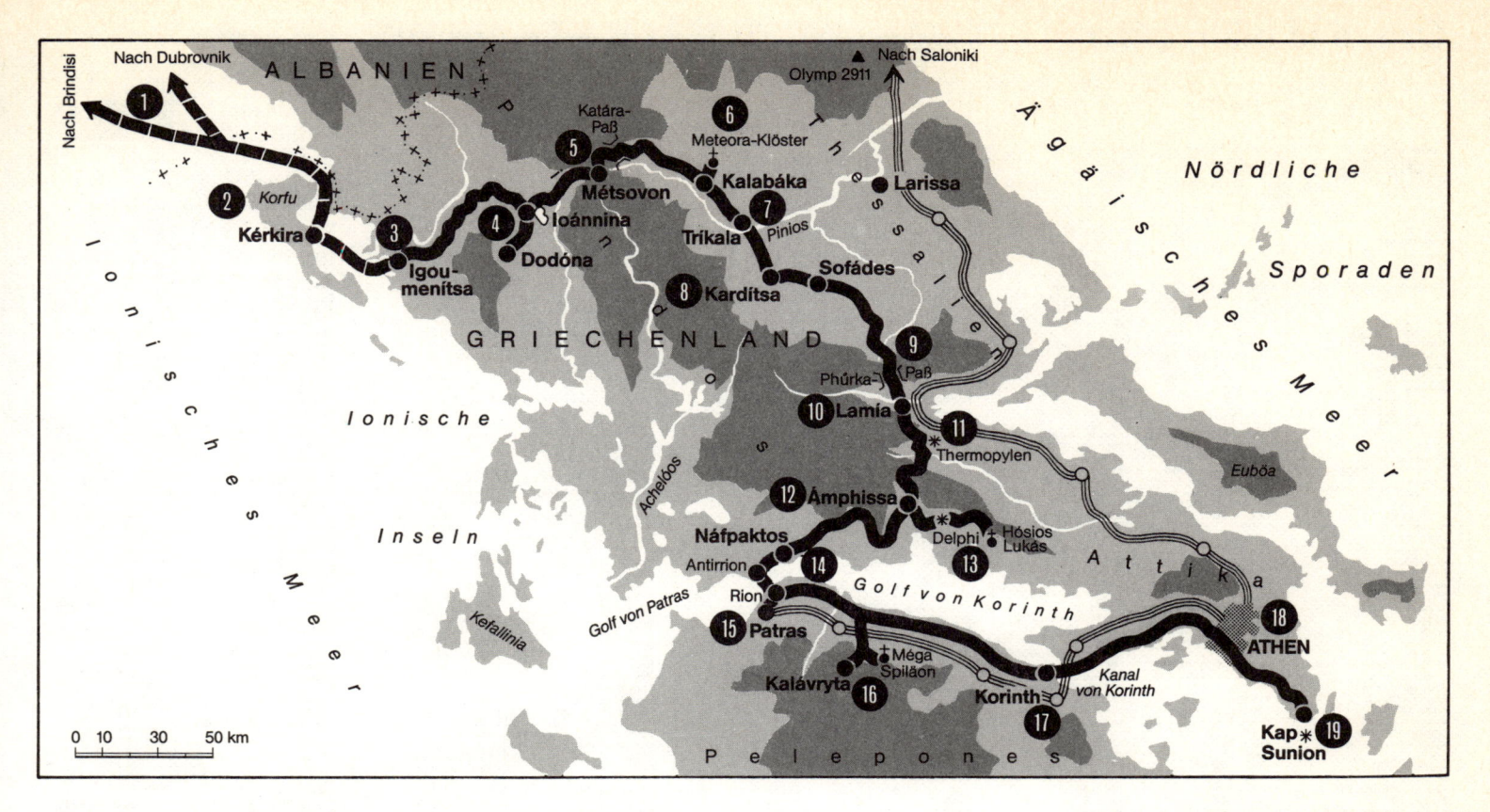

schönsten byzantinischen Klöster Griechenlands gilt.

⑭ **Náfpaktos** (Lépanto), 7000 Einwohner, sympathisches Hafenstädtchen am westlichen Golf von Korinth unweit der Meerenge von Rion, dem der kleine kreisrunde Hafen mit zwei flankierenden venezianischen Festungen eine operettenhafte Note gibt. In der Weltgeschichte ist der Ort bekannter unter seinem italienischen Namen Lépanto, nach dem die große Seeschlacht benannt ist, bei der 1571 die Galeeren der vereinigten venezianisch-spanisch-genuesischen Flotte unter Führung des Don Juan d'Austria (des Sohnes Kaiser Karls V. und der Regensburger Bürgerstochter Barbara Blomberg) die 200 Schiffe der Türken auf den Meeresgrund schickten, wo sie noch heute liegen. – 10 km südwestlich, in **Antirrion**, bringt uns die Autofähre (täglich 40 mal) in 20 Minuten nach **Rion** auf dem Peloponnes, der großen südlichen Halbinsel Griechenlands, die streng genommen durch den Kanal von Korinth zur Insel wurde.

⑮ **Patras**, 112 000 Einwohner, ansehnliche Hafenstadt im Nordwesten des Peloponnes vor der Einfahrt zum Golf von Korinth. Die Stadt weist zwar, da sie 1821 durch die Türken total zerstört und anschließend neu aufgebaut wurde, keine nennenswerte historische Bausubstanz auf, erfreut aber durch ihre breiten Straßen, ihre (allmählich Patina ansetzenden) klassizistischen Gebäude, ihren zu den Straßen geöffneten Gewerbe- und Handwerksbetrieben sowie ihre lebendige, fröhliche Atmosphäre. Während die vielen antiken Spuren eher den Kundigen interessieren, wirkt das über der Oberstadt thronende Relikt des venezianisch-türkischen Kastells auf alle Besucher anziehend. Es vermittelt zudem einen prächtigen Blick auf Stadt und Golf.

⑯ **Kalávryta**, 2000 Einwohner, rustikaler Höhenort am Rand des wildromantischen Chelmos-Gebirges, gilt als Gedenkstätte nationaler Traditionen. Vom Kloster **Aghía Lávra** nahm 1821 der Befreiungskrieg der Griechen gegen die türkische Herrschaft seinen Ausgang; im Zweiten Weltkrieg wurde das Kloster zerstört und nach Kriegsende wieder aufgebaut. – Zwischen Kalávryta und Diakophoto liegt, an schroffer Felswand in eine Höhlung gezwängt, das bedeutende Kloster und Wallfahrtsziel **Méga Spiläon**. Das wegen seiner kühnen Lage vielbesuchte Kloster erreicht man von der Straße Kalávryta – Diakophoto mit 15 Minuten Aufstieg oder mit der Zahnradbahn ab Diakophoto (45 Minuten Aufstieg, Pferdedienst).

⑰ **Korinth,** 21 000 Einwohner, Hafenstadt am Südostende des gleichnamigen Golfs, erfüllt mit seinem modernen, profillosen Stadtwesen in keiner Weise die Erwartungen, die man an diesen berühmten Namen knüpft. Vom alten Korinth, 5 km südöstlich der heutigen Stadt gelegen, sind nur mehr Steinfragmente und Grundrißreste erhalten, die zudem aus römischer Zeit stammen. Darüber gewährt der Burgberg von Akrokorinth eine herrliche Panoramaschau.

Das hellenische Korinth war ein reicher Stadtstaat, dessen Luxus sich in dem durch Scharen von Priesterinnen ausgeübten Venuskult versinnbildlicht und den der Apostel Paulus in seinem »Brief an die Korinther« angeprangert hat. Korinth hat auch den heute noch sprichwörtlich gebräuchlichen Sisyphos-Mythos hervorgebracht: Sisyphos wälzt bis in alle Ewigkeit einen schweren Felsblock bergwärts, der kurz vor dem Gipfel immer wieder abwärts rollt. Eine dominierende Bedeutung hatte für Korinth zu allen Zeiten die außergewöhnliche topographische Lage an der nur 6 km breiten Landtaille, die das griechische Festland mit dem Peloponnes verbindet. Um den Seeweg rings um den Peloponnes abzukürzen, zogen die Korinther in alter Zeit die Schiffe auf Rollen über die Landenge, was ihnen beträchtlichen Wohlstand einbrachte. Von 1881 bis 1893 entstand schließlich der **Kanal von Korinth** (6,3 km lang, 23 m breit, 8 m tief), der in 52 m Höhe von Straße und Bahn überbrückt wird.

⑱ **Athen,** mit Vororten fast 4 Millionen Einwohner, die Hauptstadt und mit Abstand größte Stadt Griechenlands, liegt im südöstlichen Teil des griechischen Festlands am Saronischen Golf. In der griechischen Antike war Athen die Hauptstadt von Attika; die aus jener Zeit überlieferten Bauwerke auf dem Hügel der Akropolis gelten als die vollkommensten Schöpfungen der hellenischen Architektur und Gestaltungskunst.

Von wenigen altertümlichen Reservaten abgesehen, ist Athen heute eine profillose Millionenstadt und verkörpert mit seinem Lärm, seiner Hektik und seinem städtebaulichen Chaos das Gegenteil einer musealen Stätte. In keinem anderen Land Europas hat sich der Sog einer Hauptstadt, der Kontrast zwischen Landleben und Großstadtbetrieb, so extrem entwickelt und ausgeprägt. Im Jahr 1850 hatte Athen gerade 5000 Einwohner, 1900 waren es 120 000, 1950 wurde die Million überschritten und heute nähert sich die Einwohnerzahl des zusammengewachsenen Konglomerats aus vielen Gemeinden der Viermillionengrenze. Dieser explosiven Entwicklung hinkt die Infrastruktur hoffnungslos hinterdrein. Es gleicht einem Wunder, daß Athen trotzdem keine Slums aufweist, daß es eine faszinierende, außergewöhnlich vitale und lebendige Stadt geblieben ist.

Hauptsehenswürdigkeit ist die Akropolis, eine hellenische Burgstadt aus dem 1. Jahrtausend v. Chr., mit dem im Verlauf des 5. Jh. v. Chr. erbauten Parthenon-Tempel, dem Erechtheion und dem Tempel der Nike. Dem Burgbezirk vorgelagert sind die Tor- und Festungswerke der Propyläen. Rings um den Akropolishügel sind von der damaligen Stadt noch einzelne Baureste erhalten: Odeion (Musiktheater); Olympieion (Zeustempel); Dionysostheater; Agora (Markt) mit dem Hephaistostempel; Reste der Stadtmauer, Kerameikos-Friedhof; weitere Tempel- und Gebäudefragmente. In der Stadt sind der prägnante Lykabettós-Hügel (Seilbahn, prächtige Aussicht), das Archäologische Nationalmuseum, das Parlament (im 19. Jh. als Schloß des aus dem Haus Wittelsbach auf den griechischen Thron gerufenen König Otto gebaut), das Byzantinische Museum, mehrere in moderne Straßenzüge integrierte, ikonenreiche byzantinische Kirchen, der Schloß- und Zappiongarten sowie Athens Altstadt, die Plaka, vorrangigste Besuchsziele.

⑲ **Kap Sunion,** die 60 m aus dem Meer aufragende südöstliche Landspitze der Halbinsel Attika und des griechischen Festlandsockels, 60 km südlich von Athen gelegen. Schon bei Homer ein bedeutender Orientierungspunkt, wurde es 444 v. Chr. mit der Errichtung des Poseidontempels zu einem Heiligtum des Meer- und Erdbebengottes. Die noch erhaltenen 16 Tempelsäulen bilden im Zusammenklang mit der herrlichen Aussicht eine besonders bei Sonnenuntergang romantische Perspektive.

Orts- und Bildregister

Seitenzahlen in **halbfett** verweisen auf ausführliche Darstellung im Text, die Buchstaben B verweisen auf Bildseiten.

Aareschlucht 101, 102
Abbadia San Salvatore 195
Abteitial 173, 174
Achensee 65, 66
Adlerstraße 17, 19
Admont 68, **74**
Adria 204, 213, 214
Agay 141
Aggstein 73
Aghia Lávra 223
Agrum 82
Aigle **103**
Aigues-Mortes B 133, **142**
Aix-en-Provence 132, 141, **142**
Akrokorinth 223
Alabasterküste 129, **130**
Alatri 202
Albaner Berge 201
Albano 203
Albufeira 163
Aletschgletscher B 96, 101
Aletschwald 101, **102**
Algarve 152, 161, **163**
Algeciras 161, 162
Allerheiligen, Ruine 53, **54**
Almería 162
Almuñécar 162
Alpenpark Berchtesgaden 67
Alpirsbach 53, **54**
Alpsee 47
Alpspitze 91
Alpujarras 152, 162
Altaussee 74
Altausseer See 74
Altdorf 102
Alte Salzstraße 26, 27
Altkastilien **144, 149,** 150
Amalfi 201
Ambras, Schloß 76, **82**
Amboise 121, **122**
Ammergebirge 47, 66
Amphissa 221, 222
Anacapri 201, **202**
Andalusien **144**, 149, B 158, **161, 163**
Andermatt **28, 34**
Angers 112, **123**
Anjou 121, 123
Antibes 132, 141
Antirrion 221, 223
Apuanisches Gebirge 193, 195
Apenninen 194
Aquila 90
Aquileia 204, 213, 214
Arabba **174**
Aranda de Duero 149, **151**
Aranjuez 144, 149, **150**
Arbois 109
Arco 182
Arendal 18
Arezzo 193, **194**
Argandá 144
Arlanzotal 149
Arles 132, 141, **142**
Arno 193, 194, 195
Arolla 102
Arona 183
Arques 29
Arras, Burg 35
Arroux 111
Arth-Goldau 102
Ascain **143**
Aschau 67, 81, **82**
Ascona **183**
Aßmannshausen 34
Athen 216, B 219, 221, **223**
Attika 223
Augsburg B 42, 45, **47**
Aurisana 214
Aurlandfjord 17, 19
Auronzo-Hütte 174
Ausser Land 68, **74**
Autun 109, 111
Avignon B 134, 141, **142**, B 148, 149, 150
Avranches 129
Axenstraße 92, 102
Ayamonte 161, 163
Azay-le-Rideau 112, 121, 123

Bacharach **33, 34**
Bad Aussee **74**
Baden-Baden 54
Bad Faulenbach 47
Bad Honnef 34
Bad Ischl **74**
Bad Kleinkirchheim 83
Bad Kohlgrub 165, 66
Bad Kreuznach 33, 34
Bad Mergentheim **46**
Bad Münster a. Stein 33, 35
Bad Wiessee 66
Bandaksee 17, 19
Barcola 214
Bardowick **26**
Bari 201, **202**
Baume-les-Dames 109
Bayeux 129, **130**
Bayrischzell 5, **66**
Beaucaire 142
Beaune 109, **111**
Beilstein 33, **35**
Belchen 53
Belfort 109, **110**
Bellagio 181, **182**
Bellano 181, **182**
Belle-Ile **131**
Bellinzona 89, 90
Belvédère du Saut de Gamache 109
Berchtesgaden 66
Berchtesgadener Land 65, 67
Bergamo 181, **182**
Bergell 84, 89, 90, **91**
Bergen 8, 17, **18**, 19
Berner Oberland 101
Bernina 84, 89, **91**
Bernkastel-Kues 33, **35**
Bernried 66
Besançon 109, 110
Bettelwurfmassiv 76
Beuel 34
Biasca 89, **90**
Bibbiena 193
Biberach 45
Bingen **33, 34**
Binger Loch 33, 34
Birnau 45
Bispingen 25, 26
Bivio 90
Bjerkvik **17**
Bjelenicat 89, 90
Blois 121, **122**
Blonay 103
Bludenz 48, 55
Bolsena 193, **194**
Bolzano 84
Bondasagruppe 90
Bondo 90
Bonn **28, 34**
Borromäische Inseln 181, **183**
Bozen 173, **175**
Braubach **33, 34**
Bregenz 48, 55
Brescia 181, **182**
Brest **131**
Bretagne 124, B 128, 129, **131**
Breuil-Cervinia 102
Briare 122
Brig **101**
Brimnes 18
Brionische Inseln 214
Brissac 123
Brixen B 166, 173, **174**
Bruck 82
Bruneck 173, **174**

Brunnen 92, **102**
Buchenstein 173, 174, 175
Bündner Oberland 84
Burano 214
Burgos 149, 151
Burgund 104, 109, 111
Burgunder Pforte 109, 110
Byford 18
Bykle 18

Cabourg 129, 130
Cadinspitzen 174
Caen 129, **130**
Calanques 143
Camaret 131
Camargue 141, **142**
Campinello 175
Campo dei Fiori 181, **183**
Canazei **175**
Cancale **130**
Cannes 132, 141, **142**
Cannobio 183
Cap Ferrat 143
Cap Fréhel 129, **130**
Capileira 152, **162**
Capri 194, 200, 201, **202**
Capua 201, **202**
Carnac 124, 129, 131
Carnon 142
Carona 183
Carpentras 142
Carrara 193, 195, **202**
Casacola 90
Caserta 201, **202**
Cassis 141, 143
Cassonegotal 84, 90
Castasegna 89
Castel Gandolfo 201, 202
Castelli Romani 202
Castelmur, Burg 90
Catinaccio 175
Cavoccio B 87
Cenes de la Vega 162
Centovalli 181, **183**
Cernay 110
Cernobbio 183
Cetinajschlucht 215
Cernay 193, 195
Chamonix-schloß 102, B 118/119, 121, **122**
Champex 103
Champfèr 89, 91
Charolais 109, 111
Chasté 91
Château Clos de Vougeot 111
Château Gaillard **130**
Châteauneuf-du-Pape 142
Chaudanne 102
Chaumont, Burg **122**
Chelmos-Gebirge 223
Chenonceaux, Schloß 121, 123
Cheverny, Schloß 112, **122**
Chiascio 193
Chiavenna 89, 90
Chiemgauer Alpen 65, 67
Chiemsee B 62, 65, **67**
Chillon, Schloß B 100, 101, **103**
Chinchon 144, **150**
Chioni **123**
Chur 84, 89, **90**
Cimagarda 89, 90
Cinnus-chel 89, 91
Cinque Terri 194
Ciociaria 201, **202**
Cirque de Fer à Cheval 111
Cividale 213, **214**
Clöet 35
Clos-de-Vougeot B 107, 111
Cluny 109, 111
Cochem 33, **35**
Col de la Forclaz 102, 103
Col du Bonhomme 110
Colmar 104, **110**
Comer See 89, 90, 176, **182, 183**
Como **176, 181, 182**
Consuma-Paß 193
Coppet 101, 103
Cordevoletal 173, 174
Córdoba B 159, 161, **162**
Corniche des Crêtes 141, 143
Corniche Inférieur 143
Corniches de la Riviera 143
Cortina d'Ampezzo 173, **174**
Cortona 193, 194
Corvara 174
Corviglia 91
Costa de la Luz 163
Costa del Sol 161, 162
Côte d'Azur 132, **141, 143**
Côte d'Emeraude 130
Côte d'Or **111**
Côte fleurie 130
Côte Sauvage 131
Cotentin 129, **130**
Coto Doñana 163
Coutances 130
Crans-Montana-Vermala 102
Creglingen 45, **46**
Crete 193
Crozon 129, **131**
Cumae 201, **202**

Dachstein 67, 68, **74**
Dachsteinhöhlen 74
Dalen 17, 18
Dalmatien 213, 215
Dalsnibba 19
Dargoe 25, 26
Davos B 88, 89, **91**
Deauville 129, **130**
Degenford 65
Delphi B 218, 221, **222**
Dent de Morcles 101, 102
Dents du Midi 101, 103
Dellach 89
Deutsche Alpenstraße 47
Detwang 45, **46**
Diavolezza 89
Dieppe 129, **130**
Diessenhofen 53
Dinant **130**
Dinkelsbühl 36, 45, **46**
Dobratsch 83
Dodona 222
Döllach **82**
Dol-de-Bretagne 129, **130**
Dole 109
Dolomiten 164, 174
Donau 45, B 65, 68, 73, 75
Donauwörth 45, **47**
Dongio 89, 90
Dorsoduro 109, 111
Douarnenez 131
Dovrefjell 19
Drachenfels 34
Drei Zinnen 173, **174**
Dubrovnik 204, B210/211, 213, **215**
Dürnstein B71, 73, **75**
Dürrnbachhorn 67
Duroeatal 82
Dyrskar 18

Ebersmünster 110
Ecija 162
Edelweißspitze **91**
Egestorf 26
Eibelstadt 46
Eichenlaubstraße 35

Eisenerz 73, 74
Eisenwurzen **74**
Eisriesenwelt 74
Elsaß 104, 110
El Saucejo 162
Eltville 34
Eltz, Burg 35
Eng 66
Engadin 84, 89, 90
Enebergtal 173, 174
Enns 68, 74
Ennstaler Alpen 74
Enzingerboden 81
Epinal 110
Epirus 221, 222
Ercolano 203
Eremo dei Carceri 194
Ernen 102
Erqui 19
Erpel 28
Escorial B146/147, 149, **151**
Esslingen **54**
Esterelgebirge 141
Estepona 162
Estérel 143
Estoi 163
Etang de Vaccarès 142
Etretal 129, **130**
Etschtal 173, 175, 182
Ettal 65, **66**
Euboea 222
Eussejne 102
Eutin 27
Évolène 102
Eze B 140

Faaker See 83
Fall 66
Falzaregopaß 173, **174**
Faro 163
Fassatal 173, 175
Fäßberg 26
Favorite, Schloß 48, 54
Fécamp 129, 130
Feldafing 66
Felderch, Schwarzwald B 49, 53, 54
Ferentino 202
Feuchtwangen 46
Fiesch 102
Fiesole 194
Finistère 129, 131
Flåteland 17, 18
Fleury 122
Films 84, **90**
Flimser Rheinschlucht 84
Flüelapaß 89, **91**
Flüelen 102
Foligno 194
Fontainebleau B 116, 121, **122**
Fontevrault 123
Forgonsee 47
Franche-Comté 109, 110
Franz-Josephs-Höhe 81, **82**
Franzensfeste 173, 174
Frascati 201, 202
Fréjus 132, 141
Freiburg 48, B 50, 53, **54**
Frederikshavn B, 18
Freudenberg 28
Freudenstadt 53, **54**
Frickenhausen 46
Friaul 204, 213, 214
Friedrichshafen 53, **55**
Fügen 82
Fuengirola 162
Furtwangen 54

Gadertal 173, **174**
Gaeta **202**
Galdhøpig 19
Gampenjoch 173, **175**
Gandria 176, B 177, 181, 183, **182**
Gardasee 176, B 177, 181, 182
Gardensee Occidentale 181, 182
Gaiserwacht 65
Kalabaka 222
Kalávryta 223
Kalterer See 173, 175
Kaltern 175
Kampanien 202
Kampenwand 67
Geirangerfjord B15, 17, **19**
Gelgelshöhe 14
Genazzano 201
Genf 92, 101, **103**
Genfer See 101, **103**
Genua 193
Genzano 202
Gerlos 81, **82**
Gerlospaß 81, 82
Geroldsau 54
Gersau 92
Gesäuse 68, **74**
Gibraltar 144, B 157, 161, **162**
Gien 112, B 117, 121, 122
Giona 222
Glanum 142
Glarner Alpen 65, 66, 76, 82
Gletsch 101
Glitterhind 19
Glottertal 53, **54**
Gmundensee 53, 55
Göttweig 73
Golf von Ágina 221
Golf von Korinth 221, 223
Golf von Morbihan 131
Golf von Neapel 196, 202, **203**
Goms 101, **102**
Gonet-Tal 131
Gornergrat 102
Gosau 74
Gosauseen 68, B 70, 74
Gotthardpaß 90
Grado 213, **214**
Grafenwörth 46
Grainau 66
Granada 152, B 153, 162
Grand Ballon 110
Grand Corniche 141, 143
Granville 129, **130**
Graswang 66
Graubünden 84, 90
Grimming 68, **74**
Grimselpaß 101, **102**
Grödner Joch 173, **174**
Grödner Dolomitenstraße 173, 174, 175
Großer Ahornboden 66
Großer Aletschgletscher 102
Großer Möseler 82
Großglockner 81, 82
Großglockner-Hochalpenstraße 76, 81, **82**
Großheubach 46
Großkirchheim 81
Großwall 66
Groß-Zecher 25, 26
Grotti 81
Grundlsee 74
Guadalquivir 161, 162, 163
Guadix 152, **162**
Guarda 91
Gudbrandstal 19
Gudow 26
Gudvangen 17, 18, 19
Guimiliau B127, 129, 131
Guttannen 102

Habach 165

Hafelekar 82
Hagenberg 67
Hall Solbad 76, **82**
Hallein 67
Hallstatt 68, **74**
Hallstätter See 74
Harburg 46
Hardangerfjord B 13, 17, 18
Hardangervidda 17, 18
Hasliltal 102
Hasloch 46
Haukelandgrund **17, 18**
Hauteville 103
Havre de Granja 19
Heddal B, 8, 9, **18**
Heiligenblut B 79, 81, **82**
Hennebourg, Burg 34
Herculaneum 201
Hermagor 83
Hermannsburg 20, 26, 26
Herrenchiemsee 65, 67
Herreninsel 67
Hexenloch 54
Hiddensee B5, 81, 89
Hieflau 74
Hippach 81, 82
Hirschals 8, 18
Hochrein 48, 53
Hochries 65
Hochtor 82
Hochschwand 54
Höllentalklamm 65, **66**
Höllentalklamm 65, 66
Hohe Lü 65
Hohenaschau, Burg 48, **67**
Hohenburg, Burg 83
Hohensalzburg 81, 82
Hohenschramberg, Burg 53
Hohenschwangau, Schloß 47
Hohe Tauern 81, 82, 174
Hohenklopenschweiz 102
Hohlenbeck 26
Honfleur 129, 130
Hósios Lukás 222
Hotzenwald 53, 54
Houlgate 129, 130
Hoven 18
Huelva 163
Hummering 35
Hunsrück 28, 33, 35

Idar-Oberstein 28, 33, **35**
Iffeldorf 66
Igloomenitsa 221, 222
Igualeja 162
Ilanz 90
Ile de Fédrun 131
Ilgen 45
Innsbruck 76, **82**
Inntal 82, 90, 91
Inzell 67
Ionisch 221, **222**
Isar 65, 66
Ischalp 91
Ischl 74
Ischia 196, 201, **203**
Iseo 182
Ishafl 19
Isola Bella 183
Isola dei Pescatori 183
Isola Madre 183
Istertal 19
Istrien 204, 213, **214**
Ithome 222
Itri 202

Jaramattal 144
Jenbach 76, 82
Jensten 175
Jenner 65, 67
Jimena 161
Johannisberg 33, 34
Johanneum, Schloß 36, 46
Jostedalsbrae 19
Jotunheimen 14, 17, 19
Juan-les-Pins 143
Jütland 18
Julierpaß 91
Julierpaß 89
Julierstraße 130
Jungfraujoch 102

Kärnten 76, 82, 83
Gaiserwacht 65
Kalabaka 222
Kalávryta 223
Kalterer See 173, 175
Kaltern 175
Kampanien 202
Kampenwand 67
Kanon 222
Kap Miseno 202
Kaprun 81, 82
Kap Sant Vicente 152, 161
Kap Sunion 216, B220, 221, 223
Karawanken 76, 81, 83
Karditsa 222
Karecese 171, 173, 175
Karlsruhe 48, 54
Karneid, Burg 172, 173, 175
Karnische Alpen 81, 83
Karwendelgebirge 65, 66, 76, 82
Kaser 73, 75
Kastelruth 173, 175
Kastel-Staadt 33, 35
Kastilien 144, 149, 150
Katara-Paß 221, **222**
Katz, Burg 34
Kaufbeuern 47, 67
Kauzenberg 35
Kernascléden 131
Kiel 26
Kieler Förde 27
Kinsarvik 18
Kinzheim 110
Kitzbühler 81
Kitzbüheler Alpen 81, 82
Kitzsteinhorn 81, 82
Klagenfurt 76, **83**
Klais 65
Klausen 173, **174**
Kleiner Lagazuoi 174
Kleines Matterhorn 102
Kleinheubach 46
Klein-Zecher 26
Kloster Neustift 174
Knelos 54
Koblenz 28, 33, **34**
Köln 28, B 29, 33, 34, B 32/33, 34, 65, 67
König See 56, B 64, 65, 67
Königswinter 34
Köppelbergen-Mauthen 83
Kolbenstein 66
Köpfelsee B 167, 173, 174
Konstanz 48, 53, **55**
Kooper 213, 214
Korfu 216, 221, 222
Korinth 221, 222
Kornaten-Inseln 215
Krems 73, **75**
Kreuzwertheim 46
Kreuzweiherstsum. Freilichtmuseum G, 25, 26
Krimmi 81
Krimmler Wasserfälle B 78, 81, 82
Kristiansand 18
Krk 215
Krks-Wasserfälle 215
Kronplatz 174
Kronplatz 174
Krumperdorf 83
Kühlungsborn 25, 26
Kühnhaid 46
Kürnach 46
Kusmwirdsbergen 19
Kvarner Gold 214

Laab 84, B0, 90
Laboe 27
La Baule 131
La Ciotat 141, 143
La Condamine 143
Lago di Lecco 182
Lago di Nemi 202
Lago d'Orta 176
Lago di Varese 176, B 181, **182**
Lago Maggiore 176, 181, 182, **183**
Lagos 181
La Grande Motte 142
La Granja 151
Lampaul-Guimiliau 129, **131**
La Napoule 141
Landsberg a. L. 45, **47**
Landwassertal 91
Langeais 112, **123**
Languedoc 141
Langkofel 55
La Rochepot 109, 111
Larvik 8, 17, **18**
La Spezia 193, **195**
La Turbie 143
Latium 201
Lauenburg 25, 26
Lauenburger Seen 20
Laufen, Schloß 53
Lausanne 101, 103
Lavant 82
Laveno 183
Lazise 181, **182**
Le Faouët **131**
Le Havre 129
Lenzerheide 89, **91**
Leon 150
Leopoldsberg 73
Les Baux B 135, 141, 142
Les Saintes-Maries-de-la-Mer 142
Le Tréport 129, **130**
Le Val-André 130
Liechtental, Kloster 48, 54
Lienz 81, **83**
Lierbachfalle 54
Lillehammer 17, 19
Limone 181, **182**
Lindau 53, **55**
Linz am Rhein 28, 34
Lislejell 17, 19
Lithános 222
Livorno 195
Locmaran 131
Locarno **183**
Lofoten 19
Lofthus 18
Loingtal 122
Loire 104, 112, 121, 122, 123
Loreley 33, 34
Loretotal 111, 121, 122, 123
Lorch 33, 34
Lombardei 181, **183**
Loreley 33, 34
Lövere 214
Lubéron B 136, 141
Lucca 184, 193, **195**
Lübeck 20, B 23, 25, 27
Lüneburger Heide 20, B 21, 25
Lüneburg 20, 25, **25**
Lummerrheim 26
Lugano 175
Luganer See 176, 181, 183
Luhmühlen 26
Lukmanlerpaß 84, 90
Lunz 74
Luzern 92, B 93, 102